Stein
Taschenbuch Rechnernetze und Internet

Website
http://www.fh-jena.de/~stein/

Taschenbuch Rechnernetze und Internet

von

Prof. Dipl.-Ing. Erich Stein

Mit 322 Bildern und 105 Tabellen

Fachbuchverlag Leipzig
im Carl Hanser Verlag

Prof. Dipl.-Ing. Erich Stein
Fachhochschule Jena, FB Wirtschaftsingenieurwesen
erich.stein@fh-jena.de

Die Deutsche Bibliothek – CIP-Einheitsaufnahme

Ein Titeldatensatz für diese Publikation
ist bei Der Deutschen Bibliothek erhältlich

ISBN 3-446-21542-5

Fachbuchverlag Leipzig
im Carl Hanser Verlag

© 2001 Carl Hanser Verlag München Wien
http://www.fachbuch-leipzig.hanser.de

Umschlaggestaltung: Parzhuber & Partner Werbeagentur GmbH
Druck und Binden: Kösel, Kempten
Printed in Germany

Vorwort

Rechnernetze – vom lokalen Ethernet, das den PC am Arbeitsplatz mit dem Notebook verbindet, bis zum weltweiten Internet – sind mit mehr als 300 Millionen Nutzern eine Realität des täglichen Lebens. Die Integration von Telekommunikation und Datenkommunikation, beispielsweise in Form der Internet-Telefonie, ist für den Anwender noch wenig sichtbar und trotzdem lukrativ. Die Integration von Diensten in einem einheitlichen Netz unter dem Einbezug von multimedialen Elementen und Inhalten ist in aller Munde.

Die Behauptung, dass wir im Informationszeitalter leben, ist plakativ, aber zutreffend. Jedoch wird der Einfluss der Kommunikationstechnik in Verbindung mit der ubiquitären Verfügbarkeit von fast universellen Endgeräten und breitbandigen Netzen erheblich sein. Es ist sehr wahrscheinlich, dass Wissenschaft, Wirtschaft und Gesellschaft im 21. Jahrhundert durch die technische Kommunikation stärker beeinflusst werden, als unsere Fantasie sich das vorzustellen vermag.

Die Kommunikation über Rechnernetze ist ein weites Gebiet, das sich rasch entwickelt. Gerade deshalb ist ein aktueller Überblick in Form eines Taschenbuchs für die schnelle Orientierung nützlich. Das vorliegende Werk möchte diese Aufgabe erfüllen. Dabei liegt der Schwerpunkt weniger auf den aktuellsten Produkten oder Softwarepaketen, sondern auf grundlegenden Konzepten, die auch für eine absehbare Zukunft von Bedeutung bleiben werden. Gleichwohl werden aktuelle Konzepte mit einbezogen. Es wird großes Gewicht auf Zusammenhänge und Querbezüge gelegt. Die Erfahrung aus der Lehre zeigt, dass auf diese Weise die Effizienz des Lernens und Verstehens verbessert werden kann.

Die Struktur des vorliegenden Taschenbuchs wurde im Interesse der Praxisnähe nicht strikt am OSI-Modell ausgerichtet, obwohl dieses eine der wichtigsten konzeptionellen Grundlagen für den Umgang mit Rechnernetzen bereitstellt. Gleichwohl ist eine grobe Zuordnung möglich, die sich aus der Leitabbildung (2. Umschlagseite) ergibt.

Kommentare, Hinweise und Verbesserungsvorschläge nehme ich jederzeit gern entgegen. Dank gebührt meiner Frau Doris für die Erstellung der Verzeichnisse und ausdauerndes Korrekturlesen sowie Frau E. Hotho vom Fachbuchverlag Leipzig für die Zusammenarbeit.

Jena, im Juli 2001

Erich Stein

Inhaltsverzeichnis

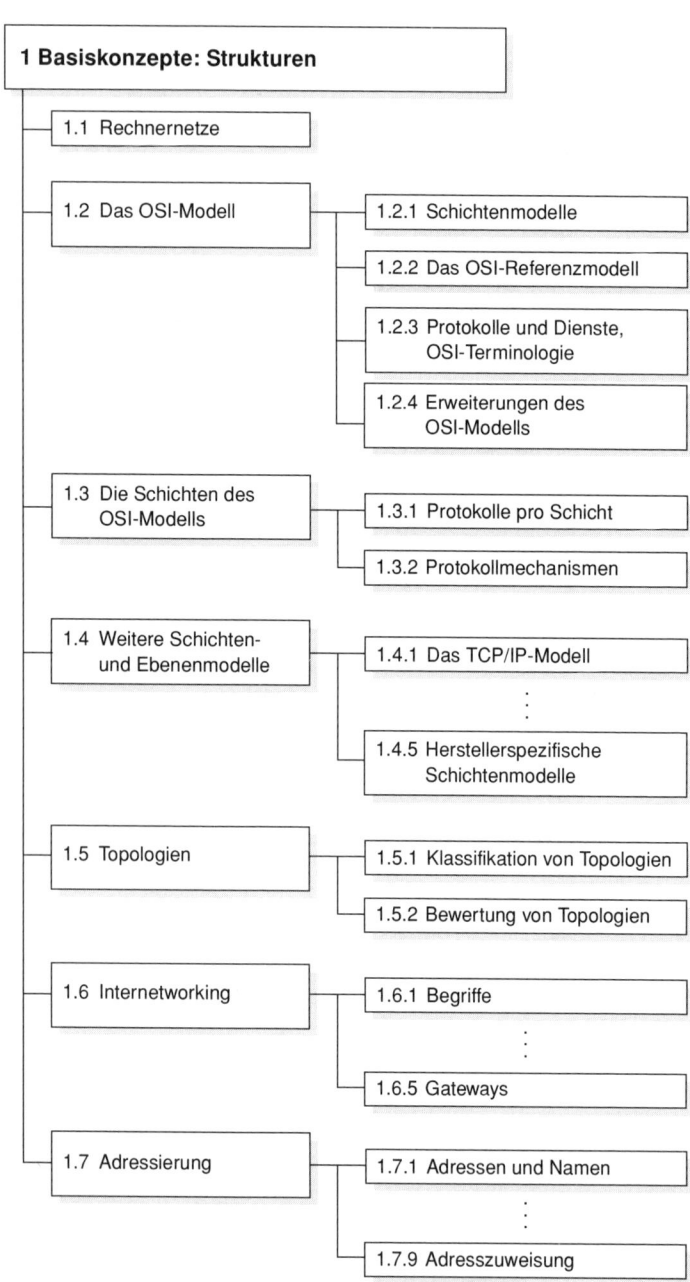

1 Basiskonzepte: Strukturen

1.1 Rechnernetze

> **Rechnernetze** (auch als **Rechnernetzwerke,** *computer networks,* bezeichnet) sind Netzwerke, deren Teilnehmer Rechner (computer) sind. Zwischen den Teilnehmern werden digitale Daten übertragen. Im Allgemeinen können beliebige Teilnehmer untereinander kommunizieren.

Telekommunikationsnetze dienen im Gegensatz dazu primär der Kommunikation zwischen Personen, die analoge Signale austauschen, wenn auch die Übertragung in digitaler Form geschieht.

Bild 1.1 zeigt die grundsätzliche Anordnung, die von sämtlichen Details abstrahiert. Das Netz wird – wie üblich – durch eine Wolke symbolisiert. An ihm sind die Teilnehmer (*Endknoten*) A, B, X, Y angeschlossen.

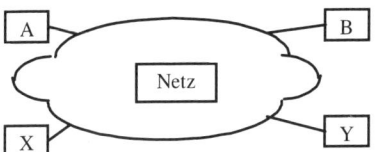

Bild 1.1   Netz mit Teilnehmern A, B, ...

Bei genauerer Betrachtung (Bild 1.2) enthält das Netz interne Systeme Z_i ($i = 1, 2, ...$), die sich entweder am Rand oder im Innern des Netzes befinden. Diese können allgemein als *Zwischensysteme* bezeichnet werden, die Teilnehmer A, B, ... sind dann die *Endsysteme*. Die Art der Zwischensysteme kann je nach Netz sehr unterschiedlich sein.

> End- und Zwischensysteme werden als **Knoten** (*nodes*) bezeichnet. Benachbarte Knoten werden durch **Teilstrecken** (*links*) direkt miteinander verbunden.

Die Kommunikation zwischen den Teilnehmern (z. B. A und Y) kann aus verschiedenen Sichten betrachtet werden. Bei der *Ende-zu-Ende-Sicht* abstrahieren die Teilnehmer vom Netz, sie haben beide die Illusion, dass sie direkt miteinander kommunizieren. Bei der *Netzschnittstellen-Sicht* geht jeder Teilnehmer davon aus, dass er mit dem Netz kommuniziert. Was innerhalb des Netzes oder an seinem entfernten Ende geschieht, interessiert hier nicht. Bei der *Teilstrecken-Sicht* werden die Vorgänge (Abläufe) auf den Teilstrecken (sofern diese unterscheidbar sind) getrennt betrachtet.

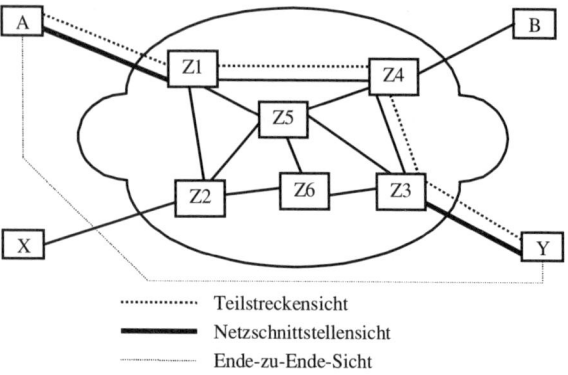

.... Teilstreckensicht
━━━━━━ Netzschnittstellensicht
.... Ende-zu-Ende-Sicht

Bild 1.2   Rechnernetz mit End- und Zwischensystemen

In allen Sichten werden Nutzdaten (Anwenderdaten) und Steuerinformation (Anforderungen, Quittungen etc.) über die jeweils betrachteten Abschnitte (vgl. Bild 1.2) übertragen. Die Abläufe sind kompliziert, da in der Regel die folgenden Anforderungen und Probleme bestehen:

- große Teilnehmerzahl (Beispiel: das globale Internet)
- heterogene (verschiedenartige) Netzteilnehmer
- Aufbau von Netzen aus (evtl. heterogenen) Teilnetzen bzw. Subnetzen
- Information kann bei der Übertragung verfälscht werden
- vorübergehende Überlastung bzw. Ausfälle von Teilstrecken oder Zwischensystemen.

Rechnernetze besitzen breite Anwendungsfelder, da elektronische Geräte häufig durch einen oder mehrere Rechner realisiert sind. Der Austausch digitaler Daten ist zwar die grundlegende Anwendung, jedoch werden zunehmend digitalisierte Sprach- und Bildsignale ebenfalls über Rechnernetze übertragen. Anwendungen werden insbesondere in den Kapiteln 5 und 11 behandelt.

📖 Literatur zu Rechnernetzen existiert in vielen Kategorien. Zum Nachschlagen sind /1.4/ als Wörterbuch und /1.8/, /1.16/ als Lexika geeignet. Lehrbücher sind /1.3/, /1.5/, /1.6/, /1.7/, /1.9/, /1.12/, /1.14/, /1.15/, /1.17/, /1.18/ und /1.19/. Kurze Übersichten finden sich in /1.10/, /1.13/.

1.2   Das OSI-Modell

1.2.1   Schichtenmodelle

Schichtenmodelle und in anderer, aber gleichwertiger Darstellung auch Schalenmodelle (→ Bild 1.3) spielen in der Kommunikationstechnik und allgemein in der Informatik an verschiedenen Stellen eine wichtige Rolle.

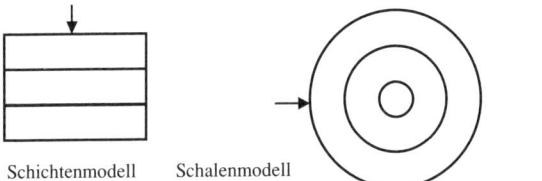

Schichtenmodell   Schalenmodell

*Bild 1.3
Schichten- und
Schalenmodelle*

Ihre Bedeutung verdanken sie den folgenden Überlegungen:

- **Teile und herrsche:** Ein komplexes System wird zerlegt, um es für Synthese und Analyse besser beherrschbar zu machen.
- **Unabhängigkeit der Schichten:** Eine Schicht nutzt nur die Schnittstellenspezifikation zur unmittelbar darunter liegenden Schicht. Das heißt, der innere Aufbau der Schichten ist belanglos, solange ihr Verhalten an der Schnittstelle gleichbleibt. Damit kann eine Schicht ausgetauscht oder ihr innerer Aufbau (Hard- oder Software) verändert werden, ohne dass das Gesamtsystem beeinflusst wird. Somit können Schichten modular (baukastenartig) kombiniert werden.
- **Abschirmung tiefer liegender Schichten:** Eine Schicht „sieht" nur das Verhalten der unmittelbar darunter liegenden Schicht, nicht aber das der anderen Schichten. Damit wird die wahrgenommene Komplexität des Systems reduziert (Kapselung oder Geheimnisprinzip).
- **Standardisierung:** Die Definition einzelner Schichten erleichtert die Standardisierung. Eine Schicht kann wesentlich schneller und leichter standardisiert werden als ein komplexes Gesamtsystem.

1.2.2   Das OSI-Referenzmodell

Die **ISO** (*International Standardization Organization*) hat ab 1977 das **ISO/OSI-Modell** der Kommunikation in offenen Systemen entwickelt (OSI steht für *Open Systems Interconnection*). Ziel war es, die komplexe Aufgabe der Kommunikation zwischen verschiedenartigen Endsystemen in weniger komplexe Teilaufgaben zu zergliedern, die den einzelnen Schichten des Modells zugeordnet sind, vgl. Bild 1.4. Insgesamt sind

7 Schichten vorhanden. Die unterste Schicht 1 repräsentiert die physikalische Ebene, also die Übertragungstechnik. Die Schichten 2–6 befassen sich mit zunehmend allgemeineren Funktionen der Kommunikation. Schicht 7 ist die Anwendungsschicht, die die Schnittstelle zwischen Kommunikations- und Anwendungssystem bildet. Die Schichten 1–4 werden zusammen als **Transportsystem**, die Schichten 5–7 als **Anwendungssystem** bezeichnet. Dies hat aber nichts mit der eigentlichen Anwendungssoftware (Anwenderprogramm bzw. Anwendungsprozess) zu tun, die im ISO/OSI-Modell nicht betrachtet wird.

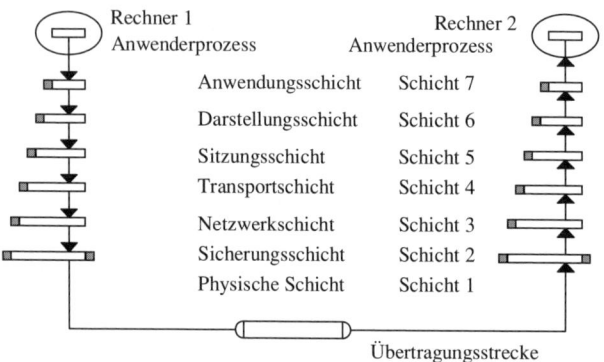

Bild 1.4   *Das ISO/OSI-Modell der Kommunikation in offenen Systemen*

Offene (Kommunikations-)Systeme bestehen aus (Hard- und Software-) Komponenten verschiedener Hersteller und sind bezüglich ihres Teilnehmerkreises und ihrer Ausdehnung nicht begrenzt. Die Offenheit wird durch einen Satz von offenen, d. h. frei zugänglichen und nutzbaren Standards für den Informationsaustausch gewährleistet. Offene Teilsysteme können mit anderen offenen Teilsystemen, die dieselben Standards verwenden, problemlos kommunizieren.

Die sieben Schichten des OSI-Modells (→ Bild 1.4) haben folgende Aufgaben:

- Schicht 1, **Bitübertragungsschicht** (physische Schicht, *physical layer*): Hier werden die physikalischen und technischen Eigenschaften der Übertragungsmedien definiert.
- Schicht 2, **Sicherungsschicht** (*data link layer*): Stellt sicher, dass auf einer Punkt-zu-Punkt-Übertragungsstrecke trotz gelegentlicher Störungen ein fehlerfreier Bitstrom übertragen wird.
- Schicht 3, **Vermittlungsschicht** (auch Netzwerkschicht, *network layer*): Sie leistet die **Adressierung** des Zielsystems und die Wegesuche durch

mehrere **Transitsysteme** (Zwischensysteme) hindurch. Das heißt, sie ermöglicht das **Internetworking** (Vernetzung von Netzwerken). Die Schichten 1–3 stellen zusammen eine Verbindung zwischen Endsystemen (Ende-zu-Ende) her.

- Schicht 4, **Transportschicht** (*transport layer*): stellt sicher, dass Folgen von Datenpaketen fehlerfrei, vollständig und in der richtigen Reihenfolge vom Sender zum Empfänger gelangen. Sie bildet Netzwerkadressen auf logische Namen ab, die für den Anwender aussagekräftig sind.

- Schicht 5, **Kommunikationssteuerungsschicht** (*session layer*): Auf- und Abbau von Kommunikationsbeziehungen (auch als Sitzung oder *session* bezeichnet) sowie deren Wiederherstellung nach Störungen im Transportsystem.

- Schicht 6, **Darstellungsschicht** (*presentation layer*): Vereinbarung der verwendeten Datenformate bzw. -codierungen und Umwandlungen zwischen verschiedenen Darstellungen.

- Schicht 7, **Anwendungsschicht** (*application layer*): Stellt der Anwendungssoftware Dienste zur Verfügung. Aus Sicht des Anwenders ist dies die wichtigste Schicht. Sie ist am leichtesten durch Betrachtung der einzelnen Dienste zu verstehen.

▶ Das OSI-Modell lässt sich durch die folgende Analogie verständlicher machen: Ein Manager möchte einem Geschäftspartner, der eine andere Sprache spricht, eine Nachricht zusenden. Der Manager ist mit dem Anwendungsprozess, der die Kommunikation anstößt, gleichzusetzen. Er spricht die Nachricht auf ein Diktiergerät. Seine Sekretärin bringt die Nachricht auf Papier und übersetzt diese in die Fremdsprache. Die Sekretärin wirkt somit als Darstellungsschicht. Danach gibt sie die Nachricht an den Lehrling, der den Versand der Nachricht verwaltungstechnisch abwickelt und damit die Sitzungsschicht repräsentiert. Der Hauspostmitarbeiter (gleich Transportschicht) bringt den Brief auf den Weg. Dazu klärt er mit der Netzwerkschicht (gleich Briefpost), welche Übertragungswege bestehen, und wählt den geeigneten aus. Der Postmitarbeiter bringt die nötigen Vermerke auf dem Briefumschlag an und gibt ihn weiter an die Verteilstelle, die der Sicherungsschicht entspricht. Von dort gelangt der Brief zusammen mit anderen in ein Transportmittel (LKW, Flugzeug) und nach eventuell mehreren Zwischenschritten zur Verteilstelle, die für den Empfänger zuständig ist. Auf der Seite des Empfängers wird dieser Vorgang nun in umgekehrter Reihenfolge durchlaufen, bis der Geschäftspartner den Brief schließlich in seiner Postmappe vorfindet. Diese grobe Analogie zeigt allerdings nicht auf, welche Möglichkeiten der Fehlerüberprüfung und -behebung das OSI-Modell vorsieht, da diese beim Briefversand nicht bestehen.

📖 In /1.1/ findet sich eine sehr ausführliche Behandlung des OSI-Modells.

1.2.3   Protokolle und Dienste, OSI-Terminologie

Die Begriffe **Protokoll** (*protocol*) und **Dienst** (*service*) sind grundlegend. Protokolle (einer Schicht) sind präzise Festlegungen der Protokollelemente und Formate, die zwischen gleichrangigen Instanzen zweier Systeme ausgetauscht werden. Eine **Instanz** (*entity*) ist die Abstraktion der von einer Schicht in einem bestimmten System erbrachten Dienste. Die Gesamtheit der Protokolle aller Schichten wird als **Protokollstapel** (*protocol stack*) bezeichnet. **Dienste** (einer Schicht) sind Funktionen der jeweiligen Schicht, die der nächsthöheren Schicht zur Verfügung gestellt werden. Schichten können somit als **Diensterbringer** (*service provider*) bzw. **Dienstnutzer** (*service user*) aufgefasst werden.

Bild 1.5 zeigt zwei Instanzen A, B der Schichten N, die über ein Protokoll der Schicht N kommunizieren. Die beiden Instanzen sind gleichberechtigt und werden deshalb als **Peers** bezeichnet. Jede Instanz benötigt zur Realisierung der Kommunikation die Dienste ihrer Schicht $N - 1$, die ihrerseits auf die Schicht $N - 2$ zugreift. Der Vorgang wird fortgesetzt, bis Schicht 1 erreicht ist.

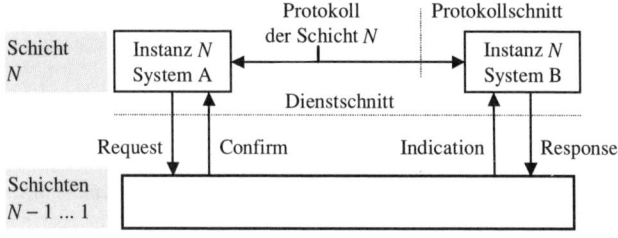

Bild 1.5   Protokolle und Dienste

Dienste werden mittels einer Anzahl von **Dienstelementen** (*primitives*) realisiert:

- **Request** (Anforderung): Eine Instanz (ein Dienstnutzer) veranlasst einen Diensterbringer zu einer bestimmten Operation, die ein Ereignis auslöst.
- **Indication** (Anzeige): Eine Instanz wird über ein Ereignis informiert.
- **Response** (Antwort): Eine Instanz antwortet auf eine Indication.
- **Confirm** (Bestätigung): Eine Instanz wird über das Ergebnis ihrer Anforderung informiert.

Diese vier Dienstelemente bilden zusammen einen bestätigten Dienst. Zur Darstellung der zeitlichen Abläufe werden Zeitdiagramme verwen-

1

det, Bild 1.6. Die Dienstelemente können in verschiedenen Dienstgruppen genutzt werden, z. B.

- CONNECT für den Verbindungsaufbau,
- DATA für den Datentransport und
- DISCONNECT für den Verbindungsabbau.

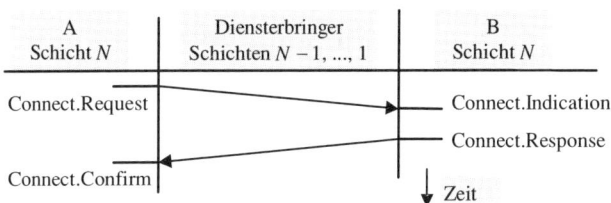

Bild 1.6   Bestätigter Dienst im Zeitdiagramm

Zudem muss die jeweils betrachtete Schicht genau spezifiziert werden. Statt der Nummer der Schicht werden Kennbuchstaben verwendet: **P** (für *Presentation Layer*, Schicht 6), **S** (für *Session*, 5), **T** (für *Transport*, 4), **N** für *Network*, 3) und **DL** (für *Data Link*, 2). Somit werden z. B. für einen Verbindungsaufbau auf der Transportschicht die folgenden Dienstelemente benötigt: T-CONNECT.request, T-CONNECT.indication, T-CONNECT.response und T-CONNECT.confirm.

Auf den verschiedenen Schichten werden Informationsblöcke gebildet und an andere Schichten weitergereicht. Die Informationsblöcke werden generell als **Pakete** (*packet*) bezeichnet, manchmal auch als **Block** (*block*). Je nach Schicht sind spezifische Bezeichnungen für Pakete üblich, wenn auch nicht immer einheitlich verwendet.

- Auf der Schicht 2 findet der Begriff **Rahmen** (*frame*) Anwendung. Rahmen werden auch als Blöcke (im engeren Sinn), kurze Rahmen mit fester Länge auch als **Zellen** (*cell*) bezeichnet.
- Pakete der Schicht 3 heißen **Datagramme** (*datagram*), zumindest wenn eine verbindungslose Kommunikation (→ Abschnitt 3.1.2) stattfindet. Der Begriff Paket (im engeren Sinn) ist ebenfalls gebräuchlich.
- Pakete der Schicht 4 werden – insbesondere im Zusammenhang mit TCP/IP → Abschnitt 9.2 – als **Segmente** (*segment*) bezeichnet. Der Begriff Nachricht kommt hier ebenfalls vor.
- Pakete der höheren Schichten 5–7 werden häufig pauschal als **Nachrichten** (*message*) bezeichnet.

Pakete, Rahmen, Datagramme und Segmente sind dadurch gekennzeichnet, dass sie eine festgelegte, maximale Länge aufweisen. Im Gegensatz dazu können die Nachrichten, die ein Anwendungsprozess über ein Rech-

nernetz übertragen haben möchte, sehr viel länger oder im Grenzfall beliebig lang sein (z. B. bei kontinuierlichen Signalen Sprache und Bewegtbild).
OSI besitzt eine eigene Terminologie für Informationsblöcke ($\rightarrow$ Bild 1.7).

Kommunikations-partner	Übergebene Information		
	Steuerinformation	Nutzdaten	kombiniert
Instanzen auf gleicher Schicht $(N) - (N)$	**PCI:** Protocol Control Information	**UD:** User Data	**PDU:** Protocol Data Unit
Benachbarte Instanzen $(N+1) - (N)$	**ICI:** (N)-Interface Control Information	**ID:** (N)-Interface Data	**IDU:** (N)-Interface Data Unit

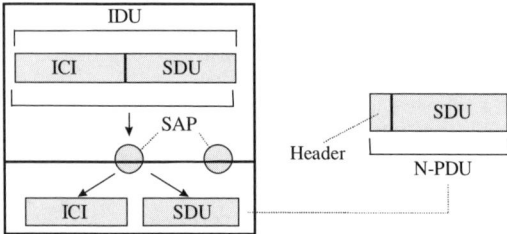

Bild 1.7   Zur Terminologie des OSI-Modells (SAP $\rightarrow$ Abschnitt 1.7.1), (nach /1.14/, S. 47)

Eine **PDU** (**Protokolldateneinheit**, *Protocol Data Unit*) ist ein Paket,
das zwischen gleichrangigen Instanzen (der Schicht *N*) zweier Systeme
ausgetauscht wird. Zur Kennzeichnung der betrachteten Schicht wird
deren Kennbuchstabe vorangestellt (z. B. APDU: Application PDU,
TPDU: Transport PDU).

Eine PDU besteht üblicherweise aus drei Feldern: **Vorspann** (*header*),
Nutzlast (*payload*) und **Nachspann** (*trailer*). Alle drei Felder können zur
Übertragung von **Protokollinformation** (*Protocol Control Information*,
PCI) genutzt werden. **Benutzerdaten** (SDU, *Service Data Unit*) können
nur im Nutzlastfeld transportiert werden. Dies führt zur Unterscheidung
von Daten-PDUs und Kontroll-PDUs, je nachdem, ob Benutzerdaten
übertragen werden oder nicht.

1.2.4   Erweiterungen des OSI-Modells

Das OSI-Modell wurde ursprünglich für vermaschte Weitverkehrsnetze
mit Paketvermittlung und verbindungsorientierter Kommunikation konzi-

piert. Dabei wird primär die Kommunikation zwischen genau zwei Teilnehmern betrachtet (weitere Kommunikationsbeziehungen sind Multicast und Broadcast → Abschnitt 5.2.6). Zusätzliche Konzepte für Rechnernetze (→ Abschnitt 5.1) haben zur Erweiterung des OSI-Modells Anlass gegeben /1.3/, /1.5/. Zur Beschreibung lokaler Netze wurde die Sicherungsschicht (Schicht 2) unterteilt in die Teilschichten **MAC** (*Media Access Control*, steuert den Zugriff zum Übertragungsmedium) und **LLC** (*Logical Link Control*, restliche Funktionen der Schicht 2). Die Netzwerkschicht (Schicht 3) besteht aus drei Teilschichten:

- **Subnetwork Access** (Schicht 3a). Sie arbeitet die teilnetzspezifischen Protokolle ab.
- **Subnet Enhancement** (Schicht 3b). Sie ergänzt Funktionen der Teilnetze so, dass die Anforderungen der Schicht 3c erfüllt werden.
- **Internet** (Schicht 3c). Bearbeitet teilnetzunabhängige Protokolle wie Routing mit globaler Adressierung.

Die physische Schicht (Schicht 1) wird ebenfalls weiter unterteilt. Die Definition einer Teilschicht **PMD** (*Physical Media Dependent*) erlaubt den Einsatz unterschiedlicher Übertragungsmedien ohne Auswirkungen auf die übrigen Schichten. Die Teilschicht PMD ist über die Teilschicht **MII** (*Media Independent Interface*) mit der Schicht 2 verbunden. Bild 1.8 fasst die Teilschichten zusammen.

7 Application	7 Anwendung
6 Presentation	6 Darstellung
5 Session	5 Kommunikationssteuerung
4 Transport	4 Transport

3   3c Internet
    3b Enhancement
    3c Subnetwork Access
	3 Vermittlung (Netzwerk)

2 2b Logical Link Control (LLC) 2a Medium Access Control (MAC)	2 Sicherung
1 1b Media-Independent Interface (MII) 1a Physical Media Dependent (PMD)	1 Bitübertragung

Bild 1.8   Unterteilung der OSI-Schichten

1.3   Die Schichten des OSI-Modells

Pro Schicht des OSI-Modells existiert eine Vielzahl standardisierter **Protokolle** (→ Abschnitt 1.3.1). Da eine Anzahl von Teilaufgaben in verschiedenen Schichten zu erfüllen ist, werden die zugehörigen Protokollfunktionen für sich – unabhängig von einer bestimmten Schicht – behandelt und als **Protokollmechanismen** bezeichnet (→ Abschnitt 1.3.2).

1.3.1   Protokolle pro Schicht

1.3.1.1   Schicht 1

Auf der Schicht 1 werden physikalische Eigenschaften einer Übertragungsstrecke beschrieben, z. B. die Eigenschaften des Übertragungsmediums, das verwendete Übertragungsverfahren sowie Bauform und Belegung der Steckverbindungen zwischen **DEE** und **DÜE** (→ Bild 1.9). Die **Datenendeinrichtung** (DEE, engl.: **DTE**, *Data Terminal Equipment*) ist das **Endgerät** (z. B. Arbeitsplatzrechner) des Benutzers, die **Datenübertragungseinrichtung** (DÜE, engl.: **DCE**, *Data Communications Equipment*) kann je nach Übertragungsverfahren ein Modem, ein ISDN-Adapter oder ein sonstiger Netzadapter sein.

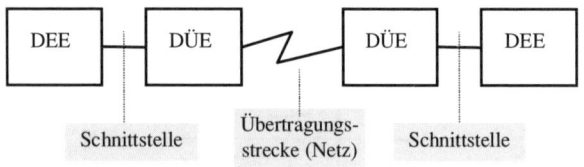

Bild 1.9   DEE und DÜE

Wichtige Standards für die Schicht 1 sind u.a.:

- **ITU-T V.24**: *List of Definitions for Interchange Circuits between DTE and DCE*. Beschreibt die Schnittstelle zwischen DEE und DÜE für die asynchrone Datenübertragung über Fernsprechleitungen.
- **X.21**: *Interface between DTE and DCE for Synchronous Operation on Public Data Networks*. Beschreibt die Schnittstelle zwischen DEE und DÜE für die synchrone Datenübertragung über öffentliche Datennetze. Dabei wird die DEE aus dem Netz getaktet.
- **ITU-T X.21bis**: *Use of Public Data Networks of DTE which is Designed for Interfacing to Synchronous V-Series Modems*. Beschreibt die Schnittstelle zwischen DEE und synchronen Modems der V-Serie (→ Abschnitt 8.2) in öffentlichen Datennetzen.
- **EIA/TIA RS-232-C**: Dieser Standard der EIA/TIA (→ Abschnitt 12.1) ist sehr ähnlich zu V.24.

1.3.1.2 Schicht 2

Die Schicht 2 realisiert eine fehlerfreie Punkt-zu-Punkt-Übertragung ganzer Rahmen zwischen benachbarten Stationen. Dabei können entweder zwei Stationen **direkt** miteinander oder mehrere Stationen über ein **Bussystem** verbunden sein (→ Bild 1.10). Das Bussystem wirkt als **Diffusionsnetzwerk**, d. h. jede Station kann das Signal jeder anderen Station direkt, ohne das Durchlaufen von zwischengeschalteten Systemen empfangen.

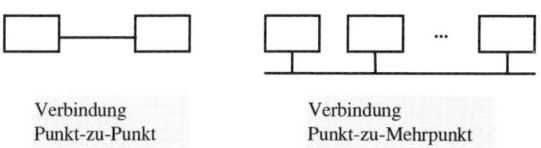

Verbindung
Punkt-zu-Punkt

Verbindung
Punkt-zu-Mehrpunkt

Bild 1.10   Zwei- und Mehrpunktverbindungen auf der Sicherungsschicht

Die Standards dieser Schicht leisten eine zeichenorientierte oder eine bitorientierte Übertragung (→ Abschnitt 2.6.2.2) oder werden in **LANs** verwendet (→ Abschnitt 6.1).

- **BSC** (*Binary Synchronous Communication*) und **DDCMP** (*Digital Data Communications Message Protocol*) sind ältere, zeichenorientierte Protokolle. Sie sind immer noch wichtig, werden aber zunehmend durch leistungsfähigere, bitorientierte Protokolle (z. B. SDLC, HDLC) abgelöst.

- **HDLC** (*High Level Data Link Control*) ist das wichtigste, bitorientierte Protokoll (→ Abschnitt 2.10). Es ist in einer Reihe von ISO-Standards genormt, z. B. ISO 8886 (*OSI Data Link Service*), ISO 3309 (*HDLC, Frame Structure*), ISO 4335 (*HDLC, Consolidation of Elements of Procedures*) und ISO 7809 (*HDLC, Consolidation of Classes of Procedures*). HDLC definiert ein sehr flexibles Protokoll, das auf bestimmte Anwendungsfälle hin spezialisiert werden kann.

- **LAPB** (*Link Access Procedure for Balanced Mode*) ist ein Spezialfall von HDLC und wird in X.25 (→ Abschnitt 7.2) eingesetzt. Es ist in ISO 7776 (*HDLC, X.25 LAPB-Compatible Data Link Procedures*) genormt.

- **LAPD** (*Link Access Procedure for D-Channels*) ist ebenfalls ein Spezialfall von HDLC und wird im D-Kanal von ISDN genutzt (→ Abschnitt 7.3). Wichtige Empfehlungen der ITU-T hierfür sind: ITU-T I.440 (*ISDN User-Network Interface, Data Link Layer, General Aspects*) und ITU-T I.441 (*ISDN User-Network Interface, Data Link Layer Specification*).

- In lokalen Netzwerken wird auf der Schicht 2 häufig das Protokoll **LLC** (*Logical Link Control*) (→ Abschnitt 6.1.3) eingesetzt, das ebenfalls auf HDLC beruht.

1.3.1.3   Schicht 3

Die **Netzwerkschicht** (Vermittlungsschicht) ist dafür verantwortlich, dass Pakete von einem Endsystem über das Netz und seine Zwischenknoten hinweg zum anderen Endsystem (Ende-zu-Ende) geleitet werden (→ Bild 1.11).

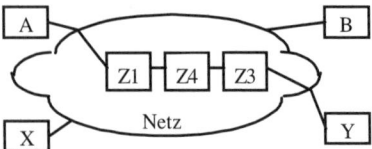

Bild 1.11   Ende-zu-Ende-Verbindung zwischen A und Z

Wichtige Standards für die Schicht 3 sind u.a.:

- **ITU-T X.25** (*Interface between DTE and DCE for Terminals Operating in the Packet Mode and Connected to Public Data Networks by Dedicated Circuits*). X.25 regelt also den Ende-zu-Ende-Datenaustausch zwischen zwei DEE, die an ein paketvermitteltes Netz angeschlossen sind, und beschreibt die Schnittstelle zwischen DEE und Netz.
- **ISO 8208** (*X.25 Packet Level Protocol for DTE*).
- **ITU-T I.450** (*ISDN User-Network Interface, Layer 3, General Aspects*) und **ITU-T I.451** (*ISDN User-Network Interface, Layer 3, Specification*).
- **IP** (*Internet Protocol*). IP (→ Abschnitt 9.2.1) bildet die Netzwerkschicht des globalen Internet und ist somit von entsprechend großer Bedeutung.

1.3.1.4   Schicht 4

Die **Transportschicht** stellt den miteinander kommunizierenden Endknoten eine Ende-zu-Ende-Verbindung zur Verfügung. Diese wird als transparent bezeichnet, da sie die Eigenschaften des dazwischen liegenden Netzes verbirgt (→ Bild 1.12).

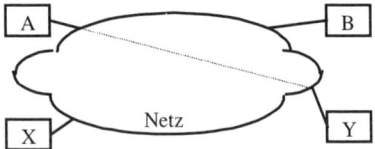

Bild 1.12   Transportverbindung zwischen A und Z

Einige Standards für die Transportschicht sind:

- **ISO 8072** (*Transport Service Definition*).
- **ISO 8073** (*Connection-Oriented Transport Protocol*).
- **ITU-T T.70** (*Network-Independent Basic Transport Service for the Telematic Services*).
- **TCP** (*Transmission Control Protocol*). TCP ($\to$ Abschnitt 9.2.3) bildet die Transportschicht des globalen Internet und ist zusammen mit IP von zentraler Bedeutung dafür.

1.3.1.5 Schicht 5

Die **Kommunikationssteuerungsschicht** (Sitzungsschicht) regelt den Ablauf der Kommunikation zwischen den Anwendungsprozessen auf den beteiligten Endsystemen. Einige Standards sind:

- **ISO 8326** (*Basic Connection-Oriented Session Service Definition*).
- **ISO 8327** (*Basic Connection-Oriented Session Protocol Definition*).
- **ITU-T.62** (*Control Procedures for Teletex and Group 4 Facsimile Services*).

1.3.1.6 Schicht 6

Die **Darstellungsschicht** sorgt für die korrekte Interpretation der übertragenen Informationen. Dazu wird die lokale Syntax (Codierung) der Information in Endsystemen in eine einheitliche Transfersyntax übersetzt ($\to$ Abschnitt 4.2). **Datenkompression** und **Verschlüsselung** gehören ebenfalls zu den Aufgaben der Schicht 6. Einige Standards sind:

- **ISO 8822** (*Connection-Oriented Presentation Service Definition*) und **ISO 8823** (*Connection-Oriented Presentation Protocol Specification*).
- **ISO 8824** (*Specification of ASN.1*) und **ISO 8825** (*Basic Encoding Rules for ASN.1*).
- **ITU-T T.73** (*Document Interchange Protocol for Telematic Services*).
- **ITU-T X.409** (*Presentation Syntax and Notation*).
- Standards für **Zeichencodes** nach ISO und ITU-T ($\to$ Abschnitt 11.1.2).

1.3.1.7 Schicht 7

Die **Anwendungsschicht** bietet dem Anwender (Prozess oder Person) Dienste an, die für ihn bedeutsam sind und von den Details der Kommunikation hinreichend abstrahieren. Einige Standards sind:

- **ISO 8649** (*Service Definition for the Association Control Service Element, ACSE*) und **ISO 8650** (*Protocol Specification for the ACSE*).

- **ISO 8571** (*FTAM, File Transfer, Access and Management*).
- **ISO 8831** (*JTM, Job Transfer and Manipulation*).
- **ISO 9040, ISO 9041** (*VT, Virtual Terminal Protocol, Basic Class*).
- **ISO 10021** (*MOTIS, Message Oriented Text Interchange System*).
- Die durch ITU-T standardisierten Textdienste Teletex, Telefax, Telefax (Mixed Mode), Videotex (Bildschirmtext) und MHS (Message Handling System).

Durch diese Standards wird häufig nicht ausschließlich die Schicht 7 festgelegt, sondern gleichzeitig auch darunter liegende Schichten. Insbesondere sind bei den Textdiensten der ITU-T alle Schichten festgelegt. Details zur Anwendungsschicht → Abschnitt 4.3.

1.3.2   Protokollmechanismen

Protokolle der verschiedenen OSI-Schichten enthalten zum Teil vergleichbare Funktionen. Diese werden zweckmäßig gemeinsam betrachtet und als **Protokollmechanismen** bzw. Protokollfunktionen (→ /1.2/, /1.9/, /1.10/, /1.14/) bezeichnet. Den Gegensatz dazu bilden die **schichtenspezifischen Protokolle**, die im Abschnitt 1.3.1 behandelt sind. Die Protokollmechanismen lassen sich nach Funktionsbereichen gliedern.

- **Basis-Protokollmechanismen**

Datentransfer: Dieser Protokollmechanismus wird fast überall benötigt, meistens bezieht er sich auf einen gewöhnlichen Transfer. Zusätzlich kann ein **Vorrang-Datentransfer** (*expedited data transfer*) sinnvoll sein, dessen Daten vor den normalen Daten ausgeliefert werden. Die Vorrang-Daten können dabei früher gesendete, normale Daten überholen.

Verbindungsverwaltung: Sorgt primär für den erfolgreichen Verbindungsaufbau. Eine Ablehnung der Verbindung durch den *Responder* oder den verwendeten Dienst wird dem *Requester* (Initiator) mitgeteilt. Der Protokollmechanismus muss mit verlorenen, duplizierten oder verspäteten Paketen zurechtkommen. Weiter realisiert er die bestätigte Dienstfunktion **Verbindungsabbau** (*disconnect*) und die unbestätigte Dienstfunktion **Verbindungsabbruch** (*abort*). Im ersten Fall können ausstehende Übertragungen noch ausgeführt werden, im zweiten Fall nicht.

Sequenznummern: Für die Fehlerbehandlung (auch Auslieferung in der richtigen Reihenfolge) und die Systemleistungsanpassung sind nummerierte Datenpakete erforderlich.

Quittierung: Der korrekte Empfang von Paketen wird vom Empfänger quittiert. Dazu kann ein eigenes **Quittungspaket** (ACK, *Acknowledgment*) verwendet werden oder die Quittung wird einem Datenpaket, das in der Gegenrichtung übertragen wird, mitgegeben. Diese Variante wird als

1

Huckepack-Quittung (*piggy back acknowledgment*) bezeichnet. Quittungen können sich auf mehrere, korrekt empfangene Pakete beziehen.

■ **Protokollmechanismen zur Fehlerbehandlung**

Zeitüberwachung (*timeout*): Falls eine vorgegebene Zeitspanne zwischen dem Absenden eines Paketes und dem Empfang einer Quittung überschritten wird, nimmt der Sender den Verlust des Paketes oder der Quittung an. Deshalb wird das Paket erneut gesendet. Die Wahl der Zeitspanne ist von großer Bedeutung (→ TCP, Abschnitt 9.2).

Prüfsummen zur Fehlererkennung: Pakete werden in der Regel durch redundante Information ergänzt, die dem Empfänger die Erkennung von Übertragungsfehlern ermöglicht (→ Abschnitt 2.8).

Übertragungswiederholung: Pakete, die nicht oder fehlerhaft empfangen wurden, werden vom Empfänger mittels einer **negativen Quittung** (NACK, *Negative ACKnowledgement*) nochmals angefordert. Dabei können ganze Folgen von Paketen oder – aus Effizienzgründen besser – nur einzelne Pakete wiederholt werden.

Fehlerkorrektur (*forward error correction*): Wenn einem Paket hinreichend redundante Information zugefügt wird, kann eine automatische Fehlerkorrektur beim Empfänger durchgeführt werden, ohne dass Pakete wiederholt werden (→ Abschnitt 2.8.2).

■ **Protokollmechanismen zur Längenanpassung**

Segmentierung/Reassemblierung: Die zulässige Paketlänge ist aus verschiedenen Gründen begrenzt. Falls die Nutzdaten länger sind als die auf einer Teilstrecke zulässige Länge, müssen sie segmentiert, also aufgespalten werden. Beim Empfänger muss die Segmentierung rückgängig gemacht werden (Reassemblierung), bevor die Nutzdaten dem Anwendungsprozess übergeben werden.

■ **Protokollmechanismen zur Systemleistungsanpassung**

Flusssteuerung (*flow control*): Schützt den Empfänger vor einer Überlastung durch den Sender. Dafür wird häufig ein Fenstermechanismus verwendet. Der Empfänger gibt dabei dem Sender vor, wie viele Pakete – deren Quittungen noch ausstehen – dieser maximal senden darf (→ Abschnitt 2.7).

Überlaststeuerung (*congestion control*): Schützt das Netz vor Überlastung durch die von allen Sendern gesendeten Pakete. Hierzu kann ebenfalls ein Fenstermechanismus eingesetzt werden, wenn die Fenstergröße (ausgedrückt als die maximale Anzahl der unbestätigten Pakete) in Abhängigkeit der Netzbelastung verändert wird.

Ratensteuerung (*rate control*): Beim Verbindungsaufbau können Sender und Empfänger (evtl. unter Mitwirkung des Netzes) eine zulässige Rate (gesendete Datenmenge pro Zeiteinheit) aushandeln.

- **Protokollmechanismen zur Übertragungsleistungsanpassung**

Multiplexen/Demultiplexen (*multiplexing/demultiplexing*): Hierbei werden mehrere (N)-Verbindungen auf eine ($N - 1$)-Verbindung abgebildet. Auf diese Weise können über eine logische Verbindung die Daten mehrerer Anwendungsprozesse übertragen werden.

Teilung / Vereinigung (*inverse multiplexing*): Dieser Protokollmechanismus stellt eine Umkehrung des Multiplexens dar: Eine (N)-Verbindung wird auf mehrere ($N - 1$)-Verbindungen verteilt. Dies ist sinnvoll, wenn die Endsysteme eine höhere Übertragungsleistung aufweisen als eine Verbindung des Transportsystems.

- **Nutzerbezogene Mechanismen**

Verbindungsklassen: Dienste können ihre Leistungen in verschiedenen Qualitätsstufen erbringen, die als Klassen bezeichnet werden. Beim Verbindungsaufbau kann eine geeignete Klasse ausgewählt werden.

Rechtevergabe: Bestimmte Rechte können zeitabhängig auf bestimmte Benutzer beschränkt werden.

Dienstgüte-Aushandlung: Ein Initiator kann beim Verbindungsaufbau eine bestimmte Dienstgüte (z. B. Durchsatz) verlangen, die vom Basisdienst und Responder voll oder teilweise akzeptiert wird. Der akzeptierte Wert (bzw. die Werte) wird dem Initiator beim Verbindungsaufbau mitgeteilt.

1.4   Weitere Schichten- und Ebenenmodelle

Das ISO/OSI-Modell ist als **Referenzmodell** weltweit akzeptiert. Es hilft bei der Einordnung, der Diskussion und dem Verständnis von Kommunikationssystemen. Die Anzahl von 7 Schichten hat sich im Lauf der Entwicklung so ergeben. Eine Kritik besteht darin, dass die Zahl der Schichten zu groß sei und die Dinge unnötig kompliziert macht. Tatsächlich gibt es Modelle, die mit weniger Schichten auskommen (→ Bild 1.13). Bei der Implementierung der Protokolle und Dienste in Software wird die starre Schichteneinteilung teilweise ignoriert, um den Implementierungsaufwand gering zu halten und eine brauchbare Leistung (gemessen am erreichten Durchsatz für Anwendungsdaten) zu gewährleisten.

1.4.1   Das TCP/IP-Modell

Das TCP/IP-Modell fasst im Gegensatz zum OSI-Modell die Schichten 5 – 7 zusammen, ebenso die Schichten 1 – 2 (→ Bild 1.13). Damit werden insgesamt 4 Schichten unterschieden, deren Kern durch TCP (entsprechend OSI-Schicht 4) und IP (OSI-Schicht 3) gebildet wird. Der TCP/IP-Protokollstapel ist jedoch schon älter als das OSI-Modell. Er wird wegen seiner Bedeutung für das Internet im Kapitel 9 ausführlich dargestellt.

7 6 5 4 3 2 1	7 - 5: Application System 4 - 1: Transport System	7 - 5: Application System 4: TCP 3: IP 2-1: Subnet	7 - 5: Anwendung 4 - 3: Netzwerk / Internet 2 - 1: Subnetz- werk
Schicht	OSI	TCP/IP	Allgemein

Bild 1.13   Weitere Schichtenmodelle

1.4.2   Schichten und Ebenen

Die im OSI-Modell definierten Schichten beziehen sich auf die eigentliche Informationsübertragung. Für bestimmte Aufgaben wird jedoch eine **Steuerung** (*control*) benötigt, die an der eigentlichen Informationsübertragung nicht beteiligt ist. Damit ein Rechnernetzwerk zuverlässig und mit guter Leistung funktioniert, muss es laufend überwacht werden. Aus der Analyse werden Maßnahmen zum **Management** des Netzes (→ Abschnitt 14.1) abgeleitet. Diese werden den betroffenen Netzknoten übermittelt und dort ausgeführt. Um diese Aufgaben einzuordnen, sind die Schichten des Schichtenmodells durch orthogonal dazu liegende **Ebenen** (*plane*) ergänzt /1.14/. In der Regel werden drei Ebenen unterschieden, die ihrerseits in Schichten eingeteilt sind (→ Bild 1.14).

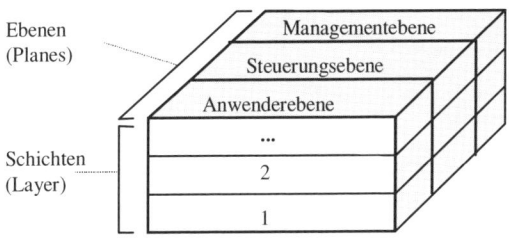

Bild 1.14   Schichten und Ebenen

Die genannten Ebenen beziehen sich teilweise auf unterschiedliche Abschnitte eines Übertragungsweges. Protokolle der Anwenderebene steuern die Abläufe zwischen Endknoten, während Protokolle der Steuerungsebene primär zwischen einem Endsystem und dem ersten Zwischensystem im Netz wirksam werden. Managementprotokolle werden für die Kommunikation von Managementsystemen mit Zwischensystemen benötigt.

1.4.3   Das B-ISDN-Referenzmodell

Das Schichtenmodell für **B-ISDN** bzw. **ATM** (→ Kapitel 7) zeigt eine konkrete Anwendung der Strukturierung in Schichten und Ebenen (→ Bild 1.15). Einzelne Schichten sind weiter unterteilt. Die **Anwenderebene** (*user plane*) repräsentiert die Funktionen für die Nutzdatenübertragung, die **Steuerungsebene** (*control plane*) beinhaltet die **Signalisierung**, die für die hier realisierte verbindungsorientierte Kommunikation (→ Abschnitt 7.7) erforderlich ist. Die **Managementebene** (*management plane*) ist aufgeteilt in das **Ebenenmanagement** (*plane management*) und das **Schichtenmanagement** (*layer management*). Das Ebenenmanagement ist für die Koordination aller Ebenen zuständig, das Schichtenmanagement führt schichtenspezifische Managementfunktionen aus.

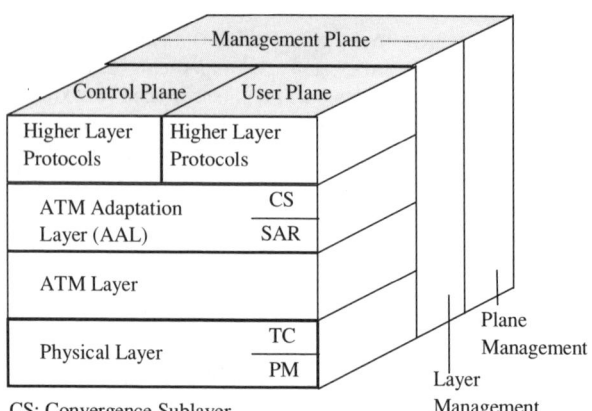

CS: Convergence Sublayer
SAR: Segmentation and Reassembly
TC: Transmission Convergence Sublayer
PM: Physical Medium Sublayer

Bild 1.15   Das Referenzmodell für B-ISDN bzw. ATM (vgl. /1.14/)

1.4.4 Schichtenmodell für WAN

Für **WAN** (*Wide Area Network*, Weitverkehrsnetz → Kapitel 7) erhält man ein vereinfachtes Schichtenmodell, das nur bis zur OSI-Schicht 3 reicht (→ Bild 1.16). Details zu den im Bild 1.16 genannten Protokollen bzw. Diensten: **SMDS** → Abschnitt 7.1.5, **X.25** → Abschnitt 7.2, **HDLC** → Abschnitt 2.10, **PPP** → Abschnitt 8.10. HDLC bildet die Basis für viele Protokolle der Sicherungsschicht. **LAPB** ist von HDLC abgeleitet, PPP setzt darauf auf. X.25 nutzt auf der Netzwerkschicht das Protokoll **PLP** (*Packet Level Protocol*). **Frame Relay** (→ Abschnitt 7.6) ist gegenüber X.25 einfacher und leistungsfähiger.

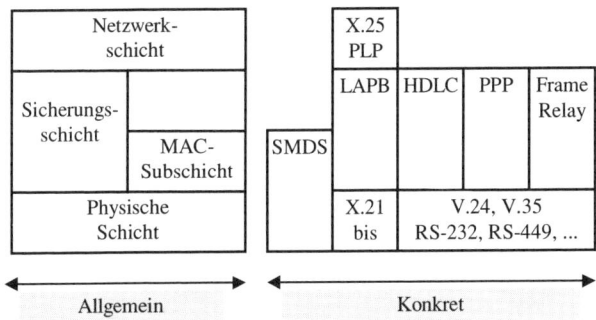

Bild 1.16   Schichtenmodell für WAN

1.4.5 Herstellerspezifische Schichtenmodelle

Die Schichtenmodelle nach ISO/OSI bzw. TCP/IP sind de jure bzw. de facto genormt bzw. standardisiert (→ Abschnitt 14.1). Bevor diese Festlegungen wirksam wurden, ist schon eine Anzahl herstellerspezifischer Schichtenmodelle entstanden. Deren Bedeutung ist jedoch rückläufig, da alle Hersteller dem Druck ausgesetzt sind, ihre Produkte mit herstellerunabhängigen Normen bzw. Standards kompatibel zu machen. Die größte Bedeutung haben **SNA** (*Systems Network Architecture*) von IBM, **DNA** (*Digital Network Architecture*) von DEC (Compaq) und **NetWare** von Novell erreicht. Nähere Angaben finden sich in /1.3/.

1.4.6 Schichtenmodell für Feldbusse

Feldbusse (→ Abschnitt 6.11) lassen sich ebenfalls in das OSI-Schichtenmodell einordnen. Sie sind – im Gegensatz zu Rechnernetzen – häufig in ihrer Ausdehnung begrenzt, auf **Master-Slave-Kommunikation** (→ Abschnitt 6.11.1) festgelegt und geschlossen in dem Sinn, dass sie nicht mit anderen verschiedenartigen Systemen kommunizieren. Damit ist der für offene Kommunikationssysteme erforderliche Aufwand nicht nötig und auch nicht tragbar. Im OSI-Modell für Feldbusse führt dies dazu, dass einzelne **Schichten entfallen**. In der Regel sind dies die Schichten 3 bis 6. Auf die Schicht 7 möchte der Anwender nicht verzichten, da er sich sonst zu sehr mit den Details des Kommunikationssystems befassen muss. Die Schicht 3 entfällt, wenn kein Internetworking erforderlich ist. Die Transportschicht ist nicht nötig, da eine zuverlässige Ende-zu-Ende-Verbindung primär nicht verlangt wird. Analog gilt dasselbe für die Sitzungsschicht. Unterschiedliche Datenrepräsentationen sind in Feldbussystemen vermeidbar, weshalb die Schicht 6 ebenfalls entfällt. Eine Ausnahme (→ Tabelle 1.1) bildet **MAP** (*Manufacturing Automation Protocol* → Abschnitt 6.11.8), das aber nicht als Feldbus einzuordnen ist.

Tabelle 1.1   Schichtenmodell für Feldbusse

Schicht	MAP 2.1	EPA	Mini-MAP	Feldbus (allgemein)	Profibus
7	MMS (RS-511), DS, FTAM (ISO 8571), ISO CASE Subset	MMS (RS-511)	---	Application Layer	FMS ——— LLI (DIN 19245 Teil 2)
6	---	---	---	---	--
5	ISO 8327 Session Kernel	---	---	---	--
4	ISO 8073 Klasse 4	---	---	---	--
3	ISO 8473 Internet verbindungslos	---	---	---	--
2	ISO 8802/2 LLC, Typ 1, Klasse 1	ISO 8802/2 LLC, Typ 3	ISO 8802/2	LLC MAC	DIN 19245 Teil 1
1	ISO 8802/4 a)	ISO 8804/2 b)	ISO 8804/2 b)	Physical Layer	DIN 19245 Teil 1

a) Token Bus, Breitband, b) Token Bus, Basisband

1.5 Topologien

1

> Die **Topologie** eines Netzes beschreibt die geometrische Anordnung der Netzknoten und ihrer Verbindungen.

Unterschiedliche Topologien ergeben unterschiedliche Eigenschaften der damit aufgebauten Netze. Die Kenntnis der Vor- und Nachteile ist die Basis für die Auswahl einer im Einzelfall geeigneten Topologie. Die Betrachtung der geometrischen Anordnung allein ist dabei nicht ausreichend. Das Verhalten der Übertragungsstrecken muss nach Diffusionsnetz und Teilstreckennetz unterschieden werden.

> Beim **Diffusionsnetz** (*shared medium*) wird das Signal eines Senders von allen angeschlossenen Empfängern unmittelbar (jedoch um die Signallaufzeit verzögert) empfangen. Jeder Empfänger muss selbst feststellen, ob er das Signal aufnimmt oder nicht. Beim **Teilstreckennetz** läuft das Signal des Senders über (genau) eine Teilstrecke, an deren Ende ein Empfänger das Signal aufnimmt und (falls erforderlich) auf einer anderen Teilstrecke wieder aussendet.

1.5.1 Klassifikation von Topologien

Topologien lassen sich nach ihrer Dimension einteilen. Eine n-dimensionale Topologie lässt sich in einem n-dimensionalen Raum kreuzungsfrei aufzeichnen. **Eindimensionale Topologien** sind Bus, Ring und Stern ($\rightarrow$ Bild 1.17). Sie werden primär bei lokalen Netzen (LAN $\rightarrow$ Kapitel 6) verwendet. Ein Bus bildet ein Diffusionsnetz, während ein Ring (in der Regel) als Teilstreckennetz realisiert ist. In beiden Fällen ist jedoch die **Broadcast-Eigenschaft** vorhanden. Dies bedeutet, dass das von einer Station gesendete Signal unmittelbar (nur um die Laufzeit verzögert) von allen anderen Stationen empfangen wird.

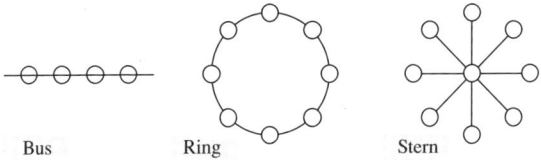

Bus   Ring   Stern

Bild 1.17 Eindimensionale Topologien

Zweidimensionale Topologien sind Baum, Gitter und systolische Arrays ($\rightarrow$ Bild 1.18). Die Baumtopologie ist für Rechnernetze ebenfalls wich-

tig, während andere zwei- (und auch mehr-) dimensionale Topologien für
Parallelrechner genutzt werden.

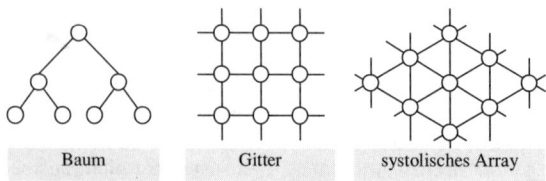

| Baum | Gitter | systolisches Array |

Bild 1.18   Zweidimensionale Topologien

Drei- und mehrdimensionale Topologien (→ Bild 1.19) sind für Rechnernetze als vermaschte Topologien besonders wichtig. Bei der voll vermaschten Topologie ist jeder Netzknoten mit jedem anderen direkt verbunden. Bei einer Anzahl von n Netzknoten werden dafür n $(n - 1)/2$
Teilstrecken benötigt, was für große n nicht mehr praktikabel ist.

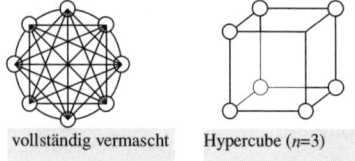

vollständig vermascht   Hypercube ($n=3$)

Bild 1.19   n-dimensionale Topologien

1.5.2   Bewertung von Topologien

Vor- und Nachteile verschiedener Topologien können anhand der folgenden Kriterien untersucht werden:

- **Verkabelungsaufwand**: Welche gesamte Kabellänge wird benötigt,
  wenn die geografische Anordnung der Netzknoten vorgegeben ist? Der
  Aufwand für das Einfügen eines zusätzlichen Netzknotens ist ein weiteres Kriterium.
- **Gesamtbandbreite**: Wenn die Bandbreite B aller Teilstrecken als
  gleich angenommen wird, kann die Gesamtbandbreite bei n Teilstrecken im günstigsten Fall $n \cdot B$ betragen.
- **Effizienz**: Darunter wird hier die Zahl der zu durchlaufenden Zwischenknoten verstanden. Der Aufwand für das Routing steigt mit der
  Anzahl der Zwischenknoten.
- **Ausfalltoleranz** (Robustheit): Beschreibt die Auswirkungen des Ausfalls einer Teilstrecke oder eines Netzknotens.

Günstige Bewertungen ergeben sich in den Fällen Bus (bei Verkabelungsaufwand und Effizienz) und voll vermaschte Topologie (bei Gesamtbandbreite und Effizienz und Ausfalltoleranz). Ungünstige Fälle sind der Bus
(bei Gesamtbandbreite und Ausfalltoleranz), der Stern (insbesondere
beim Ausfall der Station im Sternpunkt) und die vermaschte Topologie
(beim Verkabelungsaufwand). Die Beurteilung wird komplizierter, wenn
mehrere Kriterien zusammen betrachtet werden. Beispielsweise liefert
die Baumtopologie einen guten Kompromiss zwischen Verkabelungsaufwand, Gesamtbandbreite und Effizienz insbesondere dann, wenn aus der
Anwendung ein hierarchisch orientiertes Kommunikationsverhalten zu
erwarten ist.

1.6 Internetworking

1.6.1 Begriffe

> Ein **Internet** ist ein Netz, das aus **Subnetzen** (Teilnetzen) besteht, die
> untereinander vernetzt sind. Die Verbindung zwischen Subnetzen wird
> durch **Zwischensysteme** (*intermediate system*) hergestellt. Die in den
> Subnetzen vorhandenen Systeme werden hingegen als **Endsysteme**
> (*end system*) bezeichnet, sie bieten Dienste für die Netzwerknutzer an.

▶ *Beachte:* Der Begriff Internet ist ein generischer Begriff. *Das* Internet ist
  ebenfalls ein Internet, aber eine spezifische Implementierung, die als Kern-
  protokolle TCP/IP verwendet.

Zu Beginn der Rechnervernetzung wurden häufig zuerst lokale Netze aufgebaut. Diese können nach recht unterschiedlichen Konzepten (→ Kapitel 6)
funktionieren, weshalb sie sich in ihren Eigenschaften erheblich unterscheiden können. Später sollte das Internetworking existierende verschiedenartige Netzwerkinseln miteinander vernetzen. Ziel war es, die Anzahl der
erreichbaren Kommunikationspartner zu vergrößern und so den (betriebs-
wirtschaftlichen) Nutzen aus den getätigten Investitionen zu steigern.
Ein **Internet** (→ Bild 1.20) kann als ein **virtuelles Netzwerk** bezeichnet
werden. Obwohl es aus vielen, möglicherweise unterschiedlichen Subnetzen aufgebaut ist, kann jedes Endsystem mit jedem anderen kommunizieren. Das Endsystem bekommt die Abstraktion eines großen, einheitlichen Netzes geboten, das einen einheitlichen Adressraum und
einheitliche Protokolle (zumindest auf einigen OSI-Schichten) aufweist.
Solche Netze werden mit **Routern** /1.11/ als Zwischensysteme realisiert.

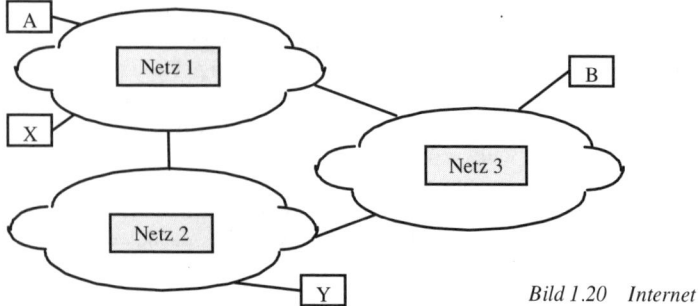

Bild 1.20   Internet

Neben Routern werden auch **Repeater**, **Brücken** (*bridge*) und **Gateways** /1.11/ als Zwischensysteme betrachtet.

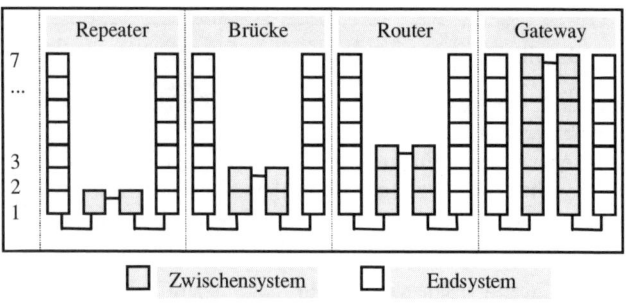

Bild 1.21   Zwischensysteme, Einordnung in das OSI-Modell

Repeater funktionieren auf der Schicht 1, Brücken auf den Schichten 1–2, Router auf den Schichten 1–3 und Gateways auf den Schichten 1–7 des OSI-Modells (→ Bild 1.21). Das Internetworking wird in den Abschnitten 6.2.4, 7.8 und 9.4 aus der Sicht konkreter Systeme weiter behandelt.

1.6.2   Repeater

Ein Repeater verbindet Netzwerksegmente (z. B. Ethernet-Segmente) unmittelbar miteinander (→ Bild 1.22). Er funktioniert auf der OSI-Schicht 1, regeneriert und verstärkt elektrische Signale. Repeater werden zur Vergrößerung der Ausdehnung eines Netzes eingesetzt.

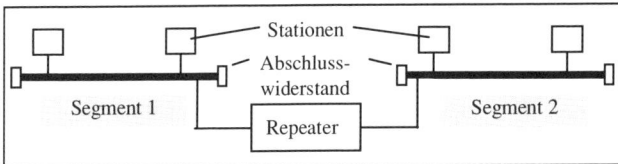

Bild 1.22   Repeater zwischen zwei Ethernet-Segmenten

1.6.3 Brücken

Brücken verbinden Segmente zu einem Netzwerk. Sie funktionieren auf der OSI-Schicht 2 und trennen Segmente logisch. Brücken /1.11/ **filtern Adressen** (es werden nur Rahmen weitergegeben, die tatsächlich die Brücke passieren müssen) und passen die Zugriffsmechanismen (→ Abschnitt 6.1.2) an, sofern diese auf den zu verbindenden Segmenten unterschiedlich sind. Brücken sind unabhängig von den höheren Protokollschichten. Sie werden primär zum **Verkehrsmanagement** eingesetzt, dessen Ziel es ist, lokalen Verkehr auch lokal zu begrenzen.

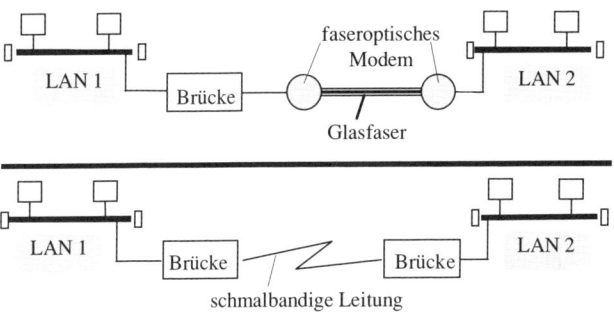

Bild 1.23   Einsatz einer Remote Bridge

Remote Bridges können zur Kopplung weit entfernter Netzwerkinseln eingesetzt werden (→ Bild 1.23). Dabei wird für die große Distanz entweder eine Glasfaserverbindung oder eine schmalbandige Telefon- oder Standleitung eingesetzt. Im ersten Fall reicht eine Brücke, im zweiten Fall sind Brücken an beiden Enden der schmalbandigen Verbindung erforderlich.

1.6.4   Router

Router verbinden Netze (die dadurch zu Subnetzen werden) zu einem Netz. Sie funktionieren auf der OSI-Schicht 3 und trennen die Subnetze logisch. Router sind vom eingesetzten Netzwerkprotokoll abhängig, sie müssen die Netztopologie kennen. Router werden zum Aufbau von Internets, also zur Vernetzung einzelner Netzwerke (Netzwerkinseln) zu größeren Netzen, eingesetzt.

Brouter (zusammengesetzt aus den Wörtern *bridge* und *router*) sind eine Kombination aus Brücke und Router. Sie funktionieren demzufolge auf den OSI-Schichten 2 und 3 und bieten einerseits die Protokolltransparenz einer Brücke und andererseits das Routing bestimmter Protokolle. Brouter werden eingesetzt, wenn Netze mit unterschiedlichen Protokollen zu verbinden sind.

1.6.5   Gateways

Gateways verbinden Netzwerke zu einem System, das heißt sie ermöglichen die Kommunikation zwischen Anwendungsprogrammen auf unterschiedlichen Endsystemen. Gateways funktionieren auf den OSI-Schichten 5 bis 7 und können so Anwendungsprotokolle ineinander übersetzen. Damit sind Gateways von den jeweiligen Anwendungsprogrammen abhängig.

1.7   Adressierung

1.7.1   Adressen und Namen

Adressen sind (numerische) Werte, die einen Knoten in einem Netz eindeutig bestimmen. Je nach OSI-Schicht existieren verschiedene Typen von Adressen. **Namen** sind (logische) Werte, die an Stelle einer numerischen Adresse verwendet werden können.

Adressen entsprechen Telefonnummern, Namen entsprechen dem Eigenoder Firmennamen des Inhabers der Telefonnummer. Die Abbildung von Namen auf Adressen wird durch **Namensdienste** bzw. **Verzeichnisdienste** geleistet, die somit einem Telefonbuch entsprechen.

Adressen lassen sich abhängig von ihrem Typ einer Schicht des OSI-Modells zuordnen (→ Bild 1.24). OSI selbst ordnet den Schichten 3–6

Adressen zu, die als SAP (*Service Access Point,* vgl. /1.5/) in Verbindung mit der jeweiligen Schicht benannt sind:

- **PSAP:** *Presentation SAP* auf Schicht 6.
- **SSAP:** *Session SAP* auf Schicht 5.
- **TSAP:** *Transport SAP* auf Schicht 4.
- **NSAP:** *Network-SAP* auf Schicht 3.

NSAP ist die netzweit eindeutige Adresse eines Knotens; TSAP, SSAP und PSAP sind Selektoren. Sie geben an, welcher Anwendungsprozess gerade die genannte Schicht nutzt. Die gesamte Adresse eines Anwendungsprozesses ergibt sich also aus der Konkatenation (Aneinanderreihung) der einzelnen Adressen zu PSAP + SSAP + TSAP + NSAP.

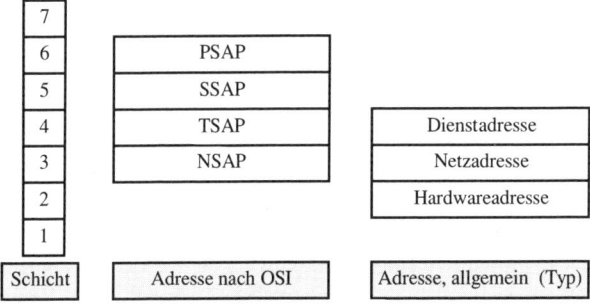

Bild 1.24   Adresstypen nach OSI-Schicht

Meistens stellt eine Adresse eine **Individualadresse** dar. Sie identifiziert also genau einen Teilnehmer. Weiter gibt es **Gruppenadressen** (für Multicast) und **Broadcast-Adressen** (für die Adressierung aller Teilnehmer in einem Netz). Ein Adressraum ist die Gesamtheit aller Adressen in einem Netz. Adressen können **lokal** sein, sie sind dann nur innerhalb eines Teilnetzes (Subnetzes) eindeutig. **Globale Adressen** sind in einem gesamten Netz eindeutig. Adressräume können flach oder hierarchisch strukturiert sein. Bei **flachen Adressräumen** besteht kein Zusammenhang zwischen der Adresse und der geografischen Lage (Position) einer Station. **Hierarchische Adressen** bestehen aus einzelnen Teilen, die einem hierarchischen Aufbau eines Netzes entsprechen. Dann haben benachbarte Stationen weitgehend benachbarte Adressen. Von den im Folgenden behandelten Adressen sind MAC-Adressen flach, aber global (zumindest für U/L = 0); IP-, OSI-, ATM- und X.121-Adressen sind hierarchisch und global.

📖 Angaben zur Adressierung und zum Aufbau spezifischer Adressen finden sich u. a. in /1.2/, /1.9/, /1.11/ und /1.14/.

1.7.2   MAC-Adressen

MAC-Adressen /1.11/ sind **Hardwareadressen**. Sie sind der Hardware des Netzwerkadapters in einem Netzknoten zugeordnet. Eine MAC-Adresse muss innerhalb eines Netzes, in dem Rahmen der Schicht 2 übertragen werden, eindeutig sein. Häufig werden MAC-Adressen jedoch global eindeutig vergeben, insbesondere dann, wenn – wie üblich – das Adressierungsschema nach IEEE 802 (→ Bild 1.25) verwendet wird.

Adressen mit 2 Byte Länge (IEEE 802.3)

I/G	Adress-bits
1 bit	15 bit

I/G: Individuelle bzw. Gruppen-Adresse (I/G = 0 bzw. I/G = 1)
U/L: Universally bzw. Locally Administered Adresse (U/L = 0 bzw. U/L = 1)
Broadcast-Adresse: FF-FF-FF-FF-FF-FF

Adressen mit 6 Byte Länge (IEEE 802.3 und Ethernet)

I/G	U/L	Hersteller-ID, OUI (Organizationally Unique Identifier)	laufende Nummer
1 bit	1 bit	22 bit	24 bit

Bild 1.25   Adressierungsschema nach IEEE 802

Adressen mit 16 bit Länge werden in der Praxis kaum verwendet. Die 48-Bit-Adressen werden global eindeutig vergeben. Dazu teilt IEEE jedem Hersteller von Netzadaptern einen Block von herstellerspezifischen Adressteilen (**OUI**, *Organizationally Unique Identifier*) zu. Der Hersteller ergänzt diesen Teil für jeden hergestellten Adapter mit einer laufenden Nummer. IEEE hat für zukünftige Netze auch 64-Bit-Adressen unter der Bezeichnung EUI-64 definiert, die bisherigen 48-Bit-Adressen werden als EUI-48 bezeichnet.

1.7.3   Adressierung nach OSI

Die in OSI verwendete Adressierung ist in ISO 7498-3 und ITU-T X.213 sowie in ISO 8348/DAD2 festgelegt. Dort wird ein hierarchischer Aufbau der **NSAP-Adresse** (*Network Service Access Point*) beschrieben, der diese Felder enthält (→ Bild 1.26):

- **IDP** (*Initial Domain Part*), bestehend aus AFI und IDI.
- **AFI** (*Authority Format Identifier*) enthält eine zweistellige Dezimalzahl (0–99), die das IDI-Format und die dafür zuständige Institution sowie die Syntax des DSP bestimmt.
- **IDI** (*Initial Domain Identifier*) gibt die Adressendomäne (beispielsweise DCC, ICD oder E.164 → Bild 1.27) und die für den DSP zustän-

dige Institution an. Die genaue Bedeutung des IDI folgt aus dem angegebenen AFI-Wert.

▪ **DSP** (Domain Specific Part), Adresse innerhalb der Adressendomäne.
Diese wird von der dafür zuständigen Institution vergeben und kann
die Adresse eines Teilnehmers sein.

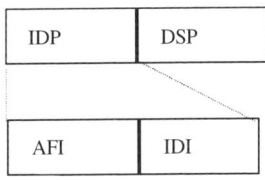

IDP: Initial Domain Part
DSP: Domain Specific Part
AFI: Authority Format Identifier
IDI: Initial Domain Identifier

Werte für AFI:
00 - 09   Nicht benutzt
10 - 35   Reserviert
36 - 59   Durch ITU-T und ISO zugewiesen
60 - 69   Für neue IDI-Formate, (ISO)
70 - 79   Für neue IDI-Formate, (ITU-T)
80 - 99   Reserviert

Bild 1.26   Das OSI-Adressformat

1.7.4   ATM-Adressen

ATM-Adressen /1.9/ sind ein Beispiel für OSI-Adressen nach Bild 1.26.
Für die Realisierung weltweiter ATM-Netze wurden mehrere Adressfor-
mate vorgesehen (→ Bild 1.27). Das **DCC-Format** (*Data Country Code*)
enthält Ländercodes nach ISO 3166. Das **ICD-Format** (*International
Code Designator*) identifiziert im Feld ICD eine internationale Organisa-
tion eindeutig. Der Inhalt dieses Feldes wird vom **BSI** (*British Standards
Institute*) zugeteilt. Das E.164-Format enthält im IDI-Feld eine E.164-
Nummer. Diese besteht aus 15 Dezimalziffern, die eine Landeskennung
und eine nationale Kennung (*national significant number*) repräsentieren.
Bei Verwendung einer E.164-Nummer sind ATM-Systeme weltweit ein-
deutig adressierbar. Die Felder AFI und IDI bilden zusammen den IDP
(*Initial Domain Part*). Der DSP (*Domain Specific Part*) besteht aus HO-
DSP, ESI und SEL. Der HO-DSP identifiziert einen Teil eines Adress-
raums, also ein Subnetz. Der ESI benennt ein bestimmtes Endsystem im
Subnetz. Das SEL-Feld kann durch das Endsystem interpretiert und für
die Auswahl eines bestimmten Anwendungsprozesses benutzt werden.

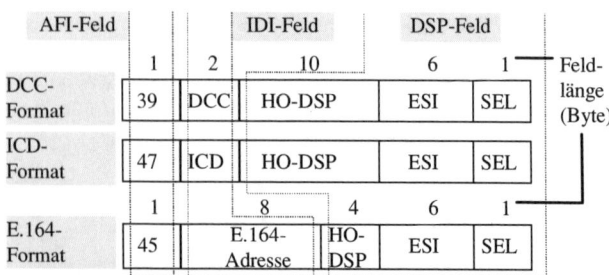

DCC (Data Country Code)
nach ISO 3166
ICD (International Code
Designator) nach BSI
E.164: Telefonnummer
nach ITU-T E.164

AFI: Authority and Format Identifier
IDI: Initial Domain Identifier
DSP: Domain Specific Part
HO-DSP: High-Order DSP
ESI: End System Identifier
SEL: Selector

Bild 1.27   Das ATM-Adressformat

1.7.5   X.121-Adressen

Adressen nach der Empfehlung ITU-T X.121 /1.9/ werden im *Packet Level Protocol* von X.25 zur Adressierung des Empfängers verwendet (→ Bild 1.28). Sie können ebenfalls in Frame Relay genutzt werden. Die Adresse besteht aus maximal 14 Dezimalziffern. Das Feld **PSN** erlaubt die Auswahl eines bestimmten Netzes (Netzbetreibers) in einem Land.

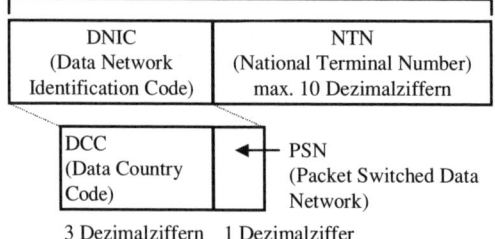

Bild 1.28   Format für X.121-Adressen

1.7.6   Adressierung nach TCP/IP

TCP/IP (→ Kapitel 9) kennt IP-Adressen und Portnummern. **IP-Adressen** sind die Adressen der Netzwerkschicht im TCP/IP-Protokollstapel.

1

Sie bestehen aus 32 bit (4 Byte, in der IP-Version 4, kurz IPv4) bzw. 128 bit (16 Byte in IPv6). Wegen ihrer Bedeutung für das Internet werden sie im Abschnitt 9.2.1 detailliert dargestellt. **Portnummern** ($\rightarrow$ Abschnitt 9.2.3, 9.2.4) werden von TCP und UDP zur Adressierung des darüber liegenden Dienstes benutzt. Sie sind also der OSI-Schicht 4 zuzuordnen. In OSI ist der TSAP das Äquivalent zur Portnummer.

1.7.7   Labels

In dem oben behandelten Adressierungsschema bezeichnen die Adressen ein Endsystem (global oder lokal) eindeutig. Bei verbindungsloser Kommunikation muss jedes Paket (jede **NPDU**) mit einer Zieladresse versehen sein. In verbindungsorientierten Netzen ist diese Forderung nach abgeschlossenem Verbindungsaufbau nicht mehr notwendig. Stattdessen können sich die Zwischensysteme (Router) darauf beschränken, für jede bestehende Verbindung logische Kanalnummern zu verwenden. Diese Nummern werden als **Labels** bezeichnet, sie sind nur lokal für jeweils eine Teilstrecke gültig (global gültige Labels wären nicht handhabbar und zu lang). Dabei muss das Zwischensystem lediglich die logische Nummer des Eingangskanals auf die des Ausgangskanals abbilden. Eine Verbindung zwischen zwei Endsystemen ist demnach eine Folge von Teilstrecken, von denen jede mit einem Label versehen ist. Eine solche Verbindung wird als **virtuelle Verbindung** bezeichnet. Da lokale Labels kürzer sind als globale Adressen, wird die NPDU durch die Verwendung von Labels kürzer. Labels werden in unterschiedlichen Netzen verwendet ($\rightarrow$ Tabelle 1.2).

Tabelle 1.2   Einige Labels und ihre Verwendung

Bezeichnung	Verwendung
LCN: Logical Channel Number	In X.25 $\rightarrow$ Abschnitt 7.2
DLCI: Data Link Connection Identifier	In Frame Relay $\rightarrow$ Abschnitt 7.6
VCI/VPI: Virtual Channel Identifier/ Virtual Path Identifier	In ATM $\rightarrow$ Abschnitt 7.7

1.7.8   Adressauflösung

Da im Ablauf eines Kommunikationsvorgangs mehrere OSI-Schichten beteiligt sind, werden auch die Adressen dieser Schichten benötigt. Beim Übergang zwischen Schichten müssen demzufolge Adressen ineinander abgebildet werden, dieser Vorgang wird als **Adressauflösung** (*address* *resolution) /1.9/* bezeichnet. Auf den höheren Schichten wird dies durch Verzeichnisdienste (→ Abschnitt 1.7.1, 11.3) geleistet. Die Abbildung von Netzadressen in Hardwareadressen wird durch **ARP** (*Address Resolution Protocol,* → Abschnitt 9.3.1) realisiert.

1.7.9   Adresszuweisung

Die einem Endsystem zugewiesene Adresse muss diesem mitgeteilt werden. Dafür gibt es grundsätzlich drei Möglichkeiten:

- Die Adresse wird **im Endsystem gespeichert**. Dies kann per Hardware (Schalter, PROM) oder Software (Festplatte) geschehen. Im einfachsten Fall erfolgt die Zuweisung lokal und manuell.

- Die Adresse wird **in einem LAN-Server gespeichert** und dem Endsystem auf Anfrage bzw. beim Booten mitgeteilt. Dies ist bei Endsystemen ohne permanente Speicher (Festplatte) sinnvoll, aber auch für die zentrale Konfiguration der Adressen (und weiterer kommunikationsrelevanter Informationen) über ein LAN. BOOTP (→ Abschnitt 9.3.3) und DHCP (→ Abschnitt 9.3.4) sind hierfür verwendbar. PPP (→ Abschnitt 8.10) ermöglicht ebenfalls eine Adresszuweisung.

- Die Adresse muss **nicht explizit mitgeteilt** werden. Damit kann ein beliebiges Endgerät an das Netz angeschlossen und sofort genutzt werden (plug and play). Dies trifft für die MAC-Adresse von Ethernet-Adaptern zu, die nach IEEE 802 eindeutig einem bestimmten Adapter zugeordnet ist (→ Abschnitt 1.7.2). Vorstellbar ist auch ein Verfahren, das eine noch nicht benutzte Adresse ermittelt und einem neuen Endsystem zuweist.

2 Basiskonzepte: Verbindungen Punkt-zu-Punkt

2.1 Aufgaben der Bitübertragungsschicht

2.2 Übertragungsmedien

2.3 Codierung und Modulation

2.4 Multiplex-Verfahren

2.5 Sicherungsschicht: Aufgaben und Konzepte

2.6 Rahmenbildung und Rahmensynchronisation

2.7 Flusssteuerung

2.8 Fehlersicherung

2.9 Fehlerbehebung, ARQ-Verfahren

2.10 HDLC und weitere Protokolle der Sicherungsschicht

2 Basiskonzepte: Verbindungen Punkt-zu-Punkt

Kapitel 2 behandelt die Schichten 1 (Bitübertragungsschicht) und 2 (Sicherungsschicht) des OSI-Modells. Die physikalischen und nachrichtentechnischen Aspekte werden relativ kurz zusammengefasst, die Funktionen der Sicherungsschicht werden ausführlicher behandelt.

📖 Vertiefende Informationen finden sich in /2.1/, /2.2/, /2.8/, /2.10/, /2.13/, /2.15/, /2.18/, /2.23/, /2.24/, /2.27/, /2.29/ und /2.30/.

2.1 Aufgaben der Bitübertragungsschicht

> Die **Bitübertragungsschicht** (physische Schicht, *physical layer*) überträgt einzelne Bits zwischen benachbarten Stationen.

Die logische Gruppierung mehrerer Bits wird erst auf der Sicherungsschicht eingeführt. Im Einzelnen erfüllt die Bitübertragungsschicht folgende **Aufgaben**:

- **Mechanisch**: definiert die Schnittstelle zwischen der Station (genauer: dem Netzwerkadapter einer Station) und dem Übertragungsmedium. Dies ist in der Regel eine mehrpolige Steckverbindung.
- **Elektrisch**: definiert die Codierung der Bits (Spannungspegel etc.) und die Datenübertragungsrate.
- **Funktional**: legt die einzelnen Funktionen fest, die im Netzwerkadapter vorhanden sind.
- **Prozedural**: beschreibt die Abläufe, die für die Bitübertragung erforderlich sind.

Wichtige Standards für die Bitübertragungsschicht sind **ITU-T V.24** und **X.21** (→ Abschnitt 8.1).

2.2 Übertragungsmedien

2.2.1 Übersicht

Für Rechnernetze können verschiedene **Übertragungsmedien** genutzt werden (→ Bild 2.1). Abhängig von den physikalischen Eigenschaften eines Mediums ergeben sich für die Anwendung verschiedene Vor- und

Nachteile. In der Praxis werden bei **leitungsgebundenen** Übertragungsmedien für kurze Strecken (bis ca. 100 m) Kabel mit verdrillten Kupfer-Doppeladern und für längere Strecken Glasfaserkabel bevorzugt. Der zunehmende Einsatz **leitungsungebundener** Übertragung (Freiraum-Übertragung) ist in vielen Anwendungen zu beobachten (drahtlose LAN → Abschnitt 6.9, Bluetooth →Abschnitt 6.10.3, drahtlose Netzzugänge → Abschnitt 8.8).

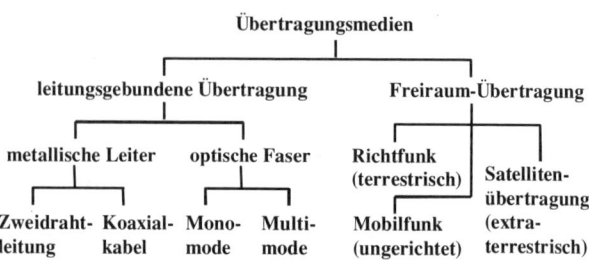

Bild 2.1   Klassifikation der Übertragungsmedien

Übertragungsmedien werden durch einige wichtige **Kenngrößen** beschrieben:

- **Bandbreite** (→ Abschnitt 5.3.3.2): Bei höherer Bandbreite (in Hz, MHz) des Übertragungsmediums lässt sich eine höhere Datenrate (Bitrate, gemessen in bit/s, Mbit/s) erreichen. Der genaue Zusammenhang zwischen Bandbreite und Datenrate hängt wesentlich vom gewählten Codierungsverfahren (→ Abschnitt 2.3.2) ab.

- **Dämpfung**: Bei geringer Dämpfung lassen sich längere Distanzen überbrücken. Die Dämpfung ist sehr stark von der übertragenen Frequenz abhängig. Geringe Dämpfung ergibt auch ein höheres **Signal-Rausch-Verhältnis**, das zu einer niedrigeren **Bitfehlerrate** führt und/ oder den Einsatz einfacherer Empfänger erlaubt.

- **Laufzeit** (→ Abschnitt 5.3.3.2) (Signalausbreitungsgeschwindigkeit): Die Signalausbreitungsgeschwindigkeit liegt in der Größenordnung der Lichtgeschwindigkeit. Der genaue Wert ist vom Aufbau des Übertragungsmediums und von der Frequenz (Wellenlänge) abhängig.

- **Verzerrungen**: Digitale Signale werden als Impulse einer bestimmten Form (zeitlicher Verlauf der Spannung) gesendet. Infolge frequenzabhängiger Dämpfung und Laufzeit wird die Form der Impulse verzerrt. Die verzerrten Impulse überlagern sich zusätzlich. Damit eine fehlerfreie **Signalrekonstruktion** (Wiedererkennung des gesendeten Impulses) möglich ist, dürfen die Verzerrungen ein bestimmtes Maß nicht überschreiten.

- **Störungen**: Neben **Rauschen**, das aus physikalischen Gründen unvermeidlich ist, entstehen Störungen durch Reflexionen und eingekoppelte fremde Signale. Das Nebensprechen bei Kupferkabeln (→ Abschnitt 2.2.2.1) muss durch eine geeignete Auslegung der Übertragungsstrecken berücksichtigt werden. Einwirkungen durch systemfremde Störungen können zu einer erhöhten Bitfehlerrate oder zur zeitweisen Unterbrechung der Kommunikation führen. Derartige Probleme werden im Gebiet der **EMV** (Elektromagnetische Verträglichkeit, **EMC**: *Electromagnetic Compatibility*) behandelt.

- **Verfügbarkeit**: Übertragungsstrecken können vorübergehend oder permanent ausfallen. Funkstrecken sind vom Zustand der Atmosphäre (Wetter) abhängig, was bei der Planung berücksichtigt werden muss. Ausfälle müssen durch das Netzmanagement (→ Abschnitt 14.1) erkannt und behandelt werden.

Tabelle 2.1 zeigt einen summarischen Vergleich der Eigenschaften leitungsgebundener Übertragungsmedien.

Tabelle 2.1   Vergleich von leitungsgebundenen Übertragungsmedien (vgl. /2.25/, S. 75)

Medium	verdrillte Kupferadern	Koaxialkabel, Basisband	Koaxialkabel, Breitband	Lichtwellenleiter
Merkmal				
Übertragungsart	analog, digital	digital	analog, digital	digital
Betriebsart	uni- / bidirektional	bidirektional	unidirektional	unidirektional
Datenrate	100 Mbit/s	bis 60 Mbit/s	bis 600 Mbit/s	bis 10 Gbit/s
Bitfehlerrate	10^{-5}	10^{-7} bis 10^{-8}	10^{-8} bis 10^{-9}	$< 10^{-12}$
Abhörsicherheit	gering	1)	1)	hoch
Störempfindlichkeit	groß	2)	2)	sehr gering
Verlegbarkeit	sehr gut	gut	gut, erfordert Sorgfalt	schwierig
Kosten	gering	hoch	hoch	relativ hoch

1) gute Abschirmung möglich, Kabel jedoch leicht anzapfbar
2) durch elektromagnetische Felder möglich

2.2.2   Leitungsgebundene Übertragung

📖 Kupferkabel werden in /2.26/, die Übertragung auf optischen Fasern in /2.22/ und /2.33/ ausführlicher behandelt.

2.2.2.1   Metallische Leiter

Metallische Leiter werden in Form von **verdrillten Kupfer-Doppeladern** und von **Koaxialkabeln** eingesetzt. Mehrere Kupfer-Doppeladern fasst man in der Regel zu einem **Kabel** zusammen. Zusätzlich zu den allgemein gültigen Kenngrößen (→ Abschnitt 2.2.1) sind hier weitere Größen von Bedeutung:

- **Wellenwiderstand**: Der Wellenwiderstand Z eines Kabels ist eine charakteristische Größe, die durch Geometrie und Material des Kabelaufbaus bestimmt wird. Ein Kabel muss beidseitig mit seinem Wellenwiderstand abgeschlossen sein, damit keine Reflexionen entstehen, die die Datenübertragung stören bzw. verhindern würden.
- **Nahnebensprechen** (NEXT: *Near End Crosstalk*): Dieses entsteht durch elektromagnetische Kopplungen zwischen Adernpaaren in einem Kabel. Das Nahnebensprechen ist besonders störend, da ein Empfänger (→ Bild 2.2) beim Empfang eines schwachen Signals zusätzlich das (relativ starke) Nebensprechen eines benachbarten Senders empfängt. Gemessen in dB.
- **Fernnebensprechen** (FEXT: *Far End Crosstalk*, auch FECT): Nebensprechen, das von einem Sender am entfernten Ende der Übertragungsstrecke eingekoppelt wird. FEXT ist in der Regel schwach gegenüber NEXT.
- **Verhältnis von Dämpfung zu Übersprechen** (ACR: *Attenuation Crosstalk Ratio*): ACR wird berechnet als Differenz zwischen NEXT und der Dämpfung a, die beide in dB gemessen werden. Ein höherer Wert von ACR bedeutet, dass das Nahnebensprechen gegenüber dem empfangenen Nutzsignal schwächer wird und somit die Übertragungssicherheit steigt.

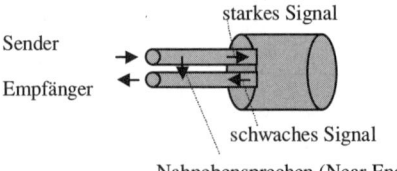

Nahnebensprechen (Near End Crosstalk)

Bild 2.2   Nebensprechen auf Kabeln

Kupferkabel sind aus mehreren **Doppeladern** aufgebaut. Bei Kabeln des Typs **UTP** (*Unshielded Twisted Pair*) und **STP** (*Shielded Twisted Pair*) ist jede Doppelader für sich verdrillt, bei STP zusätzlich abgeschirmt (→ Bild 2.3). Das gesamte Kabel kann zusätzlich abgeschirmt sein, was durch die Bezeichnung **S/STP** bzw. **S/UTP** (das erste S steht für *Screened*) ausgedrückt wird. Für die Zwecke der strukturierten Verkabelung wurden in Normenwerken Kabelklassen definiert (→ Abschnitt 13.7).

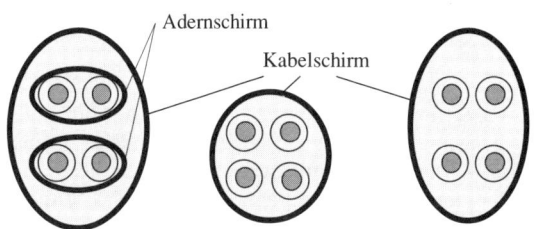

STP: Shielded Twisted Pair   Sternvierer-   UTP: Unshielded Twisted
   (2 verdrillte Adernpaare)   verdrillung   Pair (2 verdrillte Adernpaare)

Bild 2.3   Aufbau von verdrillten Kupferkabeln

Zu Koaxialkabeln → Abschnitt 13.7.4.

2.2.2.2   Optische Wellenleiter (Glasfaser)

Optische Wellenleiter (optische Faser, *optical fiber*) dienen zum Transport von Lichtstrahlen, die mit den zu übertragenden Daten moduliert sind. Eine Faser besteht aus einem **Kern** (*core*) und einem **Mantel** (*cladding*). Der **Brechungsindex** des Mantels ist niedriger als der des Kerns. Dadurch wird Licht, das in den Kern eingestrahlt wird, durch Totalreflexion am Übergang Kern – Mantel im Kern gehalten und breitet sich zickzackförmig im Kern aus (→ Bild 2.4). Die Faser wird durch eine weitere Hülle mechanisch geschützt. Als Werkstoffe können Glas oder Kunststoff verwendet werden. Für Anwendungen in der Kommunikationstechnik wird Glas bevorzugt. Es bietet eine geringere Dämpfung als Kunststoff, ist jedoch teurer.

Elektrische Signale werden durch **elektrooptische Sender** (**LED** *Light-Emitting Diode* oder **Laserdiode**) in optische Signale gewandelt (→ Bild 2.4). Nach der Übertragung auf der Glasfaser findet beim Empfänger eine **optoelektronische Wandlung** (**Fotodiode**) statt.

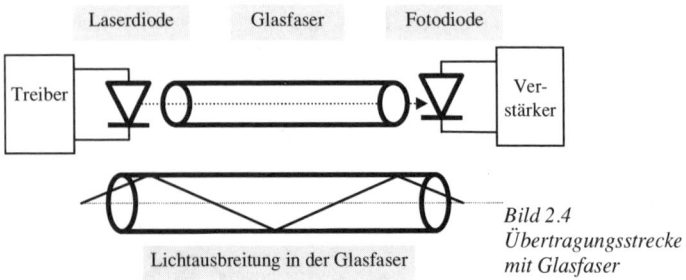

Bild 2.4
Übertragungsstrecke
mit Glasfaser

Glasfaser-Typen:

- **Multimode-Faser**: In der Faser können sich mehrere **Moden** ausbreiten. Die Pfadlängen und damit die Laufzeiten sind dabei unterschiedlich. Diese so genannte **Modendispersion** führt zur Verzerrung der gesendeten Lichtimpulse und begrenzt dadurch das **Bandbreite-Länge-Produkt** (Produkt aus Übertragungsdistanz und nutzbarer Bandbreite (→ Abschnitt 5.3.3.2)). **Multimode-Fasern** können als **Stufenindex-Faser** oder als **Gradientenindex-Faser** realisiert werden. Mit der Stufenindex-Faser wird ein Bandbreite-Länge-Produkt der Größenordnung 10 (Mbit/s) · km erreicht, bei der Gradientenindex-Faser sind es ca. 4 (Gbit/s) · km.

- **Monomode-Faser**: Durch die Verwendung eines sehr kleinen Kerndurchmessers (wenige µm) kann erreicht werden, dass nur ein Mode existieren kann. Dadurch entfällt die Modendispersion. Es zeigt sich aber, dass nun die **Materialdispersion** eine Grenze darstellt. Mit einem Bandbreite-Länge-Produkt der Größenordnung 250 (Gbit/s) · km liegt dieses jedoch um Größenordnungen höher als bei Multimode-Fasern.

Die genutzten optischen Wellenlängen ergeben sich aus dem typischen Verlauf der Dämpfung in Abhängigkeit von der Wellenlänge:

- Ein **erstes Dämpfungsminimum** (auch als optisches Fenster bezeichnet) findet man bei einer Wellenlänge um 850 nm. Die erreichbare Dämpfung liegt bei 2 dB/km.

- Bei einer Wellenlänge von 1,3 µm gibt es ein **zweites Dämpfungsminimum** mit geringerer Dämpfung (0,35 dB/km).

- Bei 1,55 µm existiert ein **drittes Dämpfungsminimum** (0,2 dB/km).

Bei 850 nm Wellenlänge werden Multimode-Fasern zusammen mit **LEDs** als Sender verwendet. Die erreichbaren Distanzen sind entsprechend gering. Bei 1,3 µm und 1,55 µm kommen Monomode-Fasern mit (den gegenüber LED wesentlich teureren) **Laserdioden** zum Einsatz. **WDM** (*Wavelength Division Multiplexing*) wird bei Glasfasern eingesetzt, um mehrere Datenströme über eine Faser zu übertragen (→ Abschnitt 2.4.3).

Glasfasern sind bei LANs im Bereich der Primär- und der Sekundärverkabelung (→ Abschnitt 13.7.1) zu finden. Bei Ethernet gibt es mehrere Varianten, die Glasfasern nutzen (→ Abschnitt 6.2). Im Bereich der MAN und WAN sind Glasfasern bei **FDDI** (→ Abschnitt 6.6) und SDH (→ Abschnitt 7.5) von zentraler Bedeutung. Im Bereich der Zugangsnetze (→ Kapitel 8) werden Glasfasern in Konzepten wie **FTTH** (*Fiber To The Home*), **FITL** (*Fiber In The Loop*) etc. (→ Abschnitt 8.3.1) zunehmend eingesetzt. **SERCOS** (*Serial Real Time Communication System* → Abschnitt 6, Bild 6.41) ist ein spezieller Feldbus für die elektrische Antriebstechnik, der primär aus Gründen der Störsicherheit optische Fasern nutzt.

2.2.3   Freiraum-Übertragung

2.2.3.1   Ungerichtete Ausbreitung

Die Ausbreitung elektromagnetischer Wellen im freien Raum ermöglicht eine leitungsungebundene Informationsübertragung. Bei relativ niedrigen Frequenzen strahlt eine Antenne isotrop, d. h. gleichmäßig in alle Richtungen. Damit kann ein Sender auf einer bestimmten Frequenz alle Empfänger erreichen, die auf derselben Frequenz empfangen und deren Distanz zum Sender hinreichend klein ist. Diese Broadcast-Eigenschaft hat den Nachteil, dass auf einer Frequenz nur ein Sender zu einem Zeitpunkt senden darf. Eine Halbduplex-Verbindung zwischen zwei Kommunikationspartnern ist so ebenfalls möglich. Falls eine Vollduplex-Verbindung erforderlich ist, werden zwei Frequenzen benötigt. Bei der Funkübertragung sind Frequenzen immer knapp. Ein Ausweg ist die Bildung von Funkzellen (→ Bild 2.5) durch geringe Sendeleistungen und eine Basisstation pro Funkzelle. Damit wird eine Wiederverwendung von Frequenzen möglich.

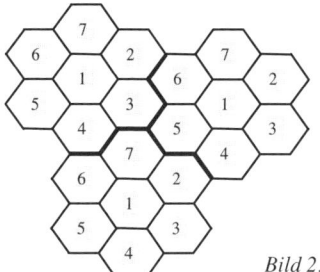

Bild 2.5   Geometrie von Funkzellen /2.25/, S. 77

Bei sorgfältiger Planung kann die Ebene durch Funkzellen mit nur sieben verschiedenen Frequenzen überdeckt werden.

2.2.3.2   Gerichtete Ausbreitung

Elektromagnetische Wellen können mit geeigneten Antennen gerichtet abgestrahlt und empfangen werden. Dazu muss die Antennenstruktur größer sein als die verwendete Wellenlänge. Insbesondere für Mikrowellen (Frequenzen von ca. 1 GHz bis ca. 20 GHz, entsprechende Wellenlängen von 30 cm bis ca. 1 cm) ist die Abstrahlung mit sehr kleinen Öffnungswinkeln machbar. Entsprechende Punkt-zu-Punkt-Verbindungen werden im terrestrischen (erdgebundenen) Richtfunk und bei der Satellitenübertragung (extraterrestrischer Richtfunk, → Bild 2.6) eingesetzt. Trotz relativ geringer Sendeleistung können erhebliche Distanzen überbrückt werden. Dabei ist eine Bandbreite verfügbar, die auch eine rasche Übertragung digitaler Daten zulässt.

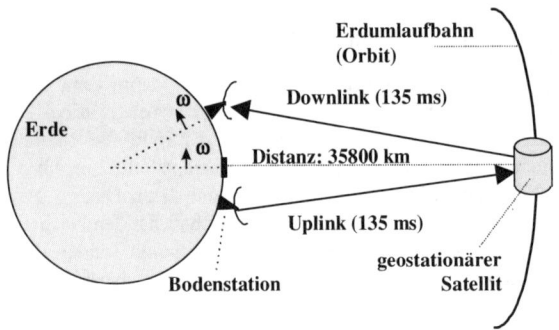

Bild 2.6   Übertragung mittels geostationärem Satellit /2.7/

2.3   Codierung und Modulation

2.3.1   Begriffe, Ziele

Eine Codierung kann unter anderem diese **Ziele** verfolgen:

- Darstellung alphanumerischer **Zeichen** in einer standardisierten Form. Beispielsweise wird das lateinische Alphabet häufig durch den ASCII-Code dargestellt (→ Bild 2.7).
- Codierung von **Zahlen**. Zahlenwerte können prozessorintern unterschiedlich dargestellt sein. Für ihre Übertragung in Netzen sind ebenfalls standardisierte Codes erforderlich.
- Codierung von **Symbolen** (beliebige Zeichen, einzelne Bits oder Bitketten) zur Übertragung über einen physikalischen Kanal.

- Codierung von **Signalen** der realen Welt (z. B. Sprache, Bilder) so, dass zur Übertragung eine möglichst geringe Bandbreite benötigt wird.

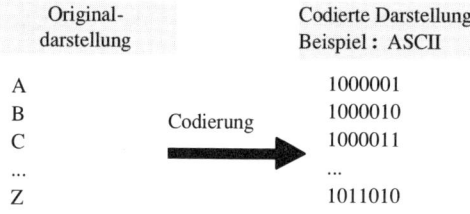

Bild 2.7   Codierung Beispiel ASCII-Code

Reale Signale (z. B. Sprache: Schallwellen, Bilder: zweidimensionale Verteilung der Lichtintensität) werden in der Regel zuerst in eine analoge elektrische Darstellung gebracht. Die Spannungsverläufe sind also kontinuierlich. Für die Verarbeitung und Übertragung werden jedoch meistens und noch zunehmend digitale (wertediskrete) Darstellungen bevorzugt. Zur Umwandlung zwischen den Signaldarstellungen existieren verschiedene Verfahren (→ Bild 2.8).

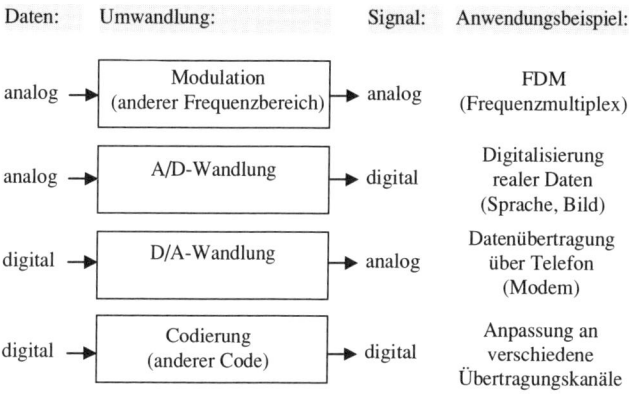

Bild 2.8   Möglichkeiten zur Signalwandlung

Im Hinblick auf die Signalübertragung unterscheidet man die folgenden Codierungsarten: Leitungscodierung, Kanalcodierung und Quellencodierung.

Die Codierungsarten erfüllen unterschiedliche Aufgaben (→ Bild 2.9). Die gestellten Anforderungen unterscheiden sich ebenfalls. Wenn alle Codierungsarten eingesetzt werden (beispielsweise bei der Sprach- oder Bildübertragung über Paketnetzwerke) ist beim Sender die Folge Quellen-, Kanal- und Leitungscodierung zu durchlaufen (→ Bild 2.10). Beim Empfänger ist die Reihenfolge umgekehrt.

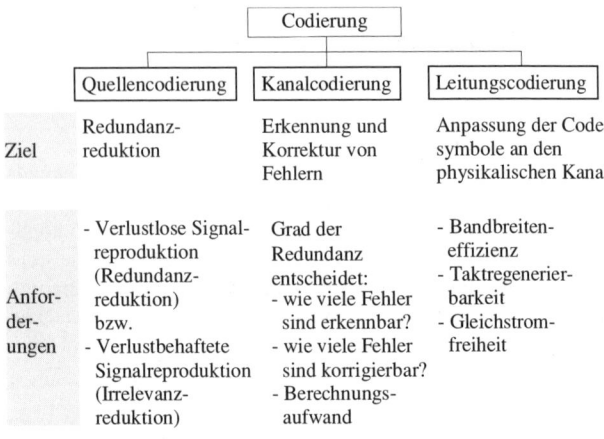

	Quellencodierung	Kanalcodierung	Leitungscodierung
Ziel	Redundanz-reduktion	Erkennung und Korrektur von Fehlern	Anpassung der Code-symbole an den physikalischen Kanal
Anfor-der-ungen	- Verlustlose Signal-reproduktion (Redundanz-reduktion) bzw. - Verlustbehaftete Signalreproduktion (Irrelevanz-reduktion)	Grad der Redundanz entscheidet: - wie viele Fehler sind erkennbar? - wie viele Fehler sind korrigierbar? - Berechnungs-aufwand	- Bandbreiten-effizienz - Taktregenerier-barkeit - Gleichstrom-freiheit

Bild 2.9   Begriffe zur Codierung (→ Abschnitte 2.3.2 ff.)

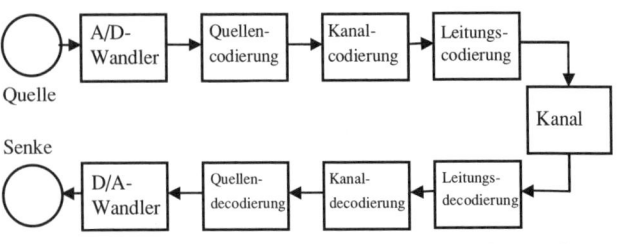

Bild 2.10   Einsatz von Codierungsverfahren in einem Kommunikationssystem

2.3.2   Leitungscodierung

Die **Leitungscodierung** (*line coding*) ordnet einem oder mehreren Bits ein bestimmtes **Symbol** (**Signalelement**) zu, das auf der Leitung übertragen wird.

Dabei sollen die folgenden Kriterien bestmöglich erfüllt werden:

- **Bandbreiteneffizienz**: Die für eine vorgegebene Datenrate (Anzahl der pro Zeiteinheit zu übertragenden Datenbits) erforderliche Bandbreite soll möglichst gering sein bzw. die auf einer Leitung mit gegebener Bandbreite mögliche Datenrate soll maximal sein.

- **Taktregenerierbarkeit**: Der Empfänger muss die Symbolzeiten (die Anfangs- und Endzeitpunkte eines Symbols) aus dem empfangenen Signal wiedergewinnen, da ihm der ursprüngliche Sendetakt nicht zur Verfügung steht.

- **Gleichspannungsanteil**: Bei der Übertragung über Leitungen, die keine Gleichspannungen übertragen können (deren untere Grenzfrequenz also größer als null ist), darf im Frequenzspektrum des Sendesignals der Wert null nicht vorkommen. Andernfalls ist es für den Empfänger schwierig bis unmöglich, das Signal korrekt zu erkennen.

Im einfachsten Fall werden für Leitungscodes zweiwertige Symbole mit unipolaren ($U+$, 0) oder bipolaren ($U+$, $U-$) Spannungspegeln verwendet. Der Spannungspegel kann für die Symboldauer konstant sein oder er kann sich zu bestimmten Zeitpunkten ändern. Für verfeinerte Codes werden mehrwertige (ternäre, quaternäre) Spannungspegel verwendet. Zudem können Bitketten der Länge n in Symbolketten der Länge m ($m \neq n$) abgebildet werden. Für einige wichtige Codes sind Zeitdiagramme der Pegelverläufe in Bild 2.11 zusammengestellt.

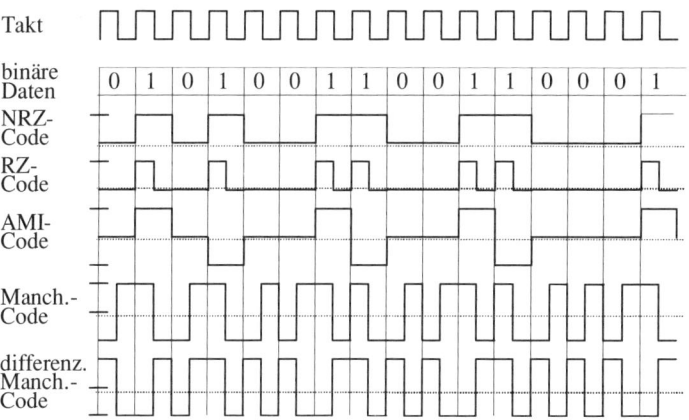

Bild 2.11   Leitungscodes

Der **NRZ-Code** (*Non-Return to Zero*) verwendet als Signalelement eine Spannung von (beispielsweise) 0 V für eine logische 0 und (beispielsweise) +5 V für eine logische 1. Beide Signalemente weisen für die Symboldauer, die hier der Bitdauer entspricht, konstante Werte auf. Beim **RZ-Code** (*Return to Zero*) ist das Signalelement für eine logische 1 der im Bild 2.11 dargestellte Impuls (+5 V für die erste Hälfte der Symboldauer, 0 V für die zweite Hälfte). Beim **AMI-Code** (*Alternate Mark Inversion*) wird als Symbol für eine logische 1 abwechselnd ein konstanter Wert von +5 V bzw. -5 V verwendet.

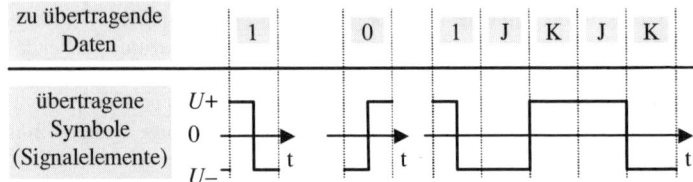

- Signalelemente für 0, 1: Flanke zur Bitmitte ($U+$ → $U-$ oder umgekehrt)
- Codeverletzung (*code violation*) J, K: keine Flanke

Bild 2.12   Begriffe Bit, Symbol, Signalelement (Beispiel: Manchester-Code)

Bild 2.12 zeigt Signalelemente des Manchester-Codes, die bipolare Spannungspegel $U+$ und $U-$ sowie eine Flanke zur Bitmitte (deshalb auch als Biphase-Code bezeichnet) aufweisen. Die Signalelemente J und K entsprechen nicht dieser Definition und werden deshalb als **Codeverletzungen** (*code violation*) bezeichnet. Diese werden für besonders wichtige Kennzeichnungen eingesetzt, z. B. Rahmenanfang oder -ende (→ Token Ring, Abschnitt 6.3.3). Die Manchester-Codierung setzt für jedes zu codierende Bit das entsprechende Signalelement ein (→ Bild 2.11). Dabei können sich weitere Flanken zwischen aufeinander folgenden Signalelementen ergeben. Beim differenziellen Manchester-Code hängt die Auswahl eines Signalelements vom vorhergehenden Signalelement wie folgt ab: für eine logische 0 muss zum Symbolanfang eine Flanke (Übergang 0 zu 1 oder umgekehrt) entstehen, bei einer logischen 1 darf hingegen keine Flanke auftreten.

Der 4B5B-Code ist ein Beispiel eines (*m*-zu-*n*)-Codes. Dabei werden 16 verschiedene Bitkombinationen auf 32 Codewörter abgebildet. Die Hälfte der 32 Codewörter kann demnach für die Codierung zusätzlicher Informationen genutzt werden, die entsprechenden Codewörter können als Codeverletzungen betrachtet werden. Die Codewörter werden so gewählt, dass nie mehr als zwei Nullen nacheinander auftreten. Zusätzlich wird eine NRZI-Codierung (*Non-Return to Zero Invert*) eingesetzt. Diese codiert

eine Null mit demselben Spannungspegel wie das vorhergehende Bit, bei
einer Eins wird der Spannungspegel invertiert. Insgesamt erhält man ein
Leitungssignal mit zahlreichen Übergängen (gute Taktregenerierung) und
einer gegenüber der NRZ-Codierung nur um 25 % höheren Bandbreite.
Weitere Codes (8B10B, 8B6T, MLT-3) werden in /2.28/ beschrieben.

2

Für eine exakte Bewertung der verschiedenen Codierungen müssen deren
Frequenzspektren und Bitfehlerraten in Abhängigkeit des Signal-Rausch-
Abstands analysiert werden /2.29/. Eine grobe Bewertung lässt sich wie
folgt durchführen: Da die belegte Bandbreite mit der Häufigkeit der Sig-
nalwechsel steigt, sind die Manchester-Codes bezüglich der Bandbrei-
teeffizienz ungünstig, der NRZ- und AMI-Code sind günstig, der RZ-
Code liegt dazwischen. Bezüglich der Taktregenerierbarkeit gilt die
umgekehrte Reihenfolge, da das Auftreten vieler Signalübergänge zu
einem ausgeprägten Anteil der Taktfrequenz im Signalspektrum führt.
Bezüglich der Gleichspannungsfreiheit sind die Codes Manchester und
AMI günstig.

2.3.3   Kanalcodierung

Ziel der **Kanalcodierung** (*channel coding*) ist es, die Kommunikation
gegen Übertragungsfehler zu sichern. Dazu werden die Daten als Codewörter codiert, die den Eigenschaften des Übertragungskanals angepasst
sind. Grundsätzlich kann die Kanalcodierung **fehlererkennende** oder
fehlerkorrigierende Codes verwenden (*error detection* bzw. *error correction*) (→ Abschnitt 2.8). Damit Fehler erkannt bzw. korrigiert werden
können, müssen die Nutzdaten durch **redundante** Daten ergänzt werden,
die aus den Nutzdaten abgeleitet sind und zusammen mit diesen übertragen werden. Der Empfänger kann dann die von ihm empfangenen, redun-
danten Daten mit denen vergleichen, die er selbst aus den empfangenen
Nutzdaten berechnet hat. Wenn er dabei Unterschiede feststellt, kann er
davon ausgehen, dass Übertragungsfehler aufgetreten sind.

2.3.4   Quellencodierung/Datenkompression

Bei der Kanalcodierung wird die zu übertragende Datenmenge vergrößert. Die **Datenkompression** (*source coding, data compression*) verfolgt
hingegen das Ziel, die Datenmenge zu **reduzieren**. Verfahren zur Datenkompression lassen sich einteilen in Entropiecodierung, Quellencodierung und hybride Codierung. Die **Entropiecodierung** ist verlustfrei, d. h.
die Originaldaten können exakt wiederhergestellt werden. Dazu entfernt
der Sender die im Signal enthaltene **Redundanz**, der Empfänger fügt sie

wieder hinzu. Beispielsweise kann eine Folge *n* gleicher Zeichen durch ein Zeichen und den Wiederholungsfaktor *n* übertragen werden. Die **Quellencodierung** verwendet Wissen über die zu codierenden Signale. Sie entfernt die im Signal enthaltene **Irrelevanz** (dies sind Anteile, die der Empfänger nicht oder nur schlecht wahrnehmen kann, z. B. Farbverläufe bei rasch veränderlichen Kanten in Bildern). Die Quellencodierung ist meistens verlustbehaftet, erreicht aber dafür wesentlich höhere Kompressionsgrade als die Entropiecodierung.

Hybride Codierungsverfahren sind meistens Kombinationen aus Entropie- und Quellencodierung. Bild 2.13 ordnet einige bekannte Verfahren in dieses Schema ein, weitere Information enthalten /2.12/ und /2.31/.

Entropie-codierung	Lauflängencodierung Huffman-Codierung Arithmetische Codierung	
Quellen-codierung	Prädiktion	DPCM (Differential Pulse Code Modulation) DM (Delta Modulation)
	Transformation	FFT (Fast Fourier Transform) DCT (Discrete Cosine Transform)
	Nach Wichtigkeit (Layered Coding)	Bitposition Unterabtastung Subband Coding
	Vektorquantisierung	
Hybride Codierung	JPEG (Joint Photographic Experts Group) MPEG (Motion Picture Experts Group) H.263 (Video Codec für p · 64 kbit/s)	

Bild 2.13   Übersicht Datenkompression (nach /2.31/, S. 118)

2.3.5   Modulation

2.3.5.1   Begriffe

Informationstragende elektrische Signale sind in der Regel **Basisbandsignale** (Tiefpasssignale), die einen Frequenzbereich von 0 bis f_{max} belegen. In LANs werden die Basisbandsignale direkt übertragen. Für die Nutzung von Multiplex-Verfahren ($\rightarrow$ Abschnitt 2.4) und bei der drahtlosen Übertragung muss jedoch der Frequenzbereich nach höheren Frequenzen verschoben werden. Dazu wird die **Modulation** genutzt. Das Nutzsignal wird auf einen **Träger** (*carrier*) aufmoduliert und liegt dann als so genanntes **Breitbandsignal** (auch Bandpasssignal) in einem Frequenzbereich zwischen f_{min} und f_{max} vor. Dabei unterscheidet man:

- **Analoge Modulation**: Der Träger ist eine sinusförmige Schwingung.

- **Digitale Modulation**: Der Träger ist ein **Puls** (eine periodische Folge von Impulsen einer bestimmten Form), deshalb auch die Bezeichnung Pulsmodulation.

2

2.3.5.2 Analoge Modulation

Die allgemeine Form einer modulierten Sinusschwingung lautet:

$$a_m(t) = (1+a)\sin(2\pi f + \varphi)$$

Dabei ist $a_m(t)$ der Augenblickswert der Amplitude des modulierten Signals (hier dimensionslos angegeben), $(1+a)$ die Amplitude, f die Frequenz und φ die Phase des Trägers. Die Größen a, f und φ können durch das aufzumodulierende Nutzsignal verändert werden. Entsprechend ergeben sich die analogen Modulationsarten ($\rightarrow$ Bild 2.14):

- **AM, Amplitudenmodulation** (*Amplitude Modulation*): a wird moduliert,

- **FM, Frequenzmodulation** (*Frequency Modulation*): f wird moduliert und

- **PM, Phasenmodulation** (*Phase Modulation*): φ wird moduliert.

Die Verfahren unterscheiden sich bezüglich des Aufwandes für Modulation und Demodulation (Rückgewinnung des Nutzsignals aus dem modulierten Signal), der für das modulierte Signal erforderlichen Bandbreite und Störsicherheit der Übertragung. Die analogen Modulationsverfahren können in Kombination eingesetzt werden, was bei Modems ($\rightarrow$ Abschnitt 8.3), xDSL ($\rightarrow$ Abschnitt 8.5) und bei der Funkübertragung häufig genutzt wird.

📖 Analoge Modulationsverfahren werden in /2.20/ ausführlich behandelt.

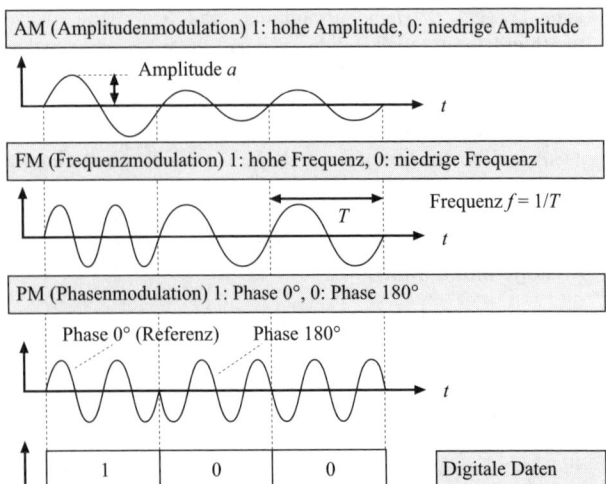

Bild 2.14   Analoge Modulationsverfahren, Darstellung im Zeitbereich

2.3.5.3   Digitale Modulation

Digitale Modulationsverfahren verwenden als Träger einen Puls (Puls-folge). Ein Puls ist eine periodische Folge von Impulsen einer bestimmten Amplitude A, Frequenz $f = 1/T$ und Impulsdauer D ($\rightarrow$ Bild 2.15).

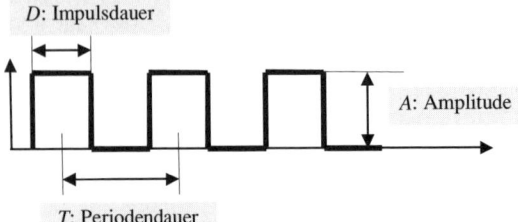

Bild 2.15   Zur Pulsmodulation, das Nutzsignal wird durch Änderung von A, D oder T auf den Puls aufmoduliert

Die wichtigsten digitalen Modulationsverfahren sind:

■ **PAM** (Pulsamplitudenmodulation): Für jeden Impuls ist die Amplitude A proportional zum augenblicklichen Wert des Nutzsignals.

- **PFM** (Pulsfrequenzmodulation): Die augenblickliche Frequenz $f = 1/T$ der Impulsfolge ist proportional zum Augenblickswert des Nutzsignals.

- **PPM** (Pulsphasenmodulation): Die Phase eines Impulses (die Abweichung seines Startzeitpunktes vom Startzeitpunkt im unmodulierten Fall) ist proportional zum Augenblickswert des Nutzsignals. Die Frequenz der Pulsfolge ist konstant.

- **PDM** (Pulsdauermodulation): Die Dauer D eines Impulses ist proportional zum Augenblickswert des Nutzsignals. Die Frequenz der Pulsfolge ist konstant.

- **PCM** (Pulscodemodulation): Hier werden binäre Impulsfolgen als Zahlenwerte interpretiert, die den Nutzsignalwert repräsentieren.

- **DPCM** (Differenzielle PCM) und **DM** (Deltamodulation) unterscheiden sich von der PCM dadurch, dass nur Differenzen zwischen aufeinander folgenden Signalwerten übertragen werden. DPCM und DM können als Verfahren zur Quellencodierung betrachtet werden, die bei Signalen mit langsam veränderlichen Signalwerten eine erhebliche Redundanzminderung bewirken.

📖 Digitale Modulationsverfahren werden in /2.21/ ausführlich behandelt.

2.4 Multiplex-Verfahren

2.4.1 Begriffe und Übersicht

Unter **Multiplex** versteht man die Übertragung mehrerer Signale über einen Übertragungskanal. Dabei muss der Empfänger in der Lage sein, die verschiedenen Signale wieder voneinander zu trennen.

Beim **Raummultiplex** (*space division multiplexing*, SDMA: *Space Division Multiple Access*) wird jedem Signal eine eigene Leitung zur Verfügung gestellt (→ Bild 2.16 a). Beim **Zeitmultiplex** (*time division multiplex*, TDMA: *Time Division Multiple Access*) (→ Bild 2.16 b) steht den Signalen eine gemeinsame Leitung zur Verfügung, die sie abwechselnd zugeteilt bekommen. Dazu wird für n Signale eine Zeitperiode T in Zeitschlitze der Dauer T/n unterteilt. Das Signal i erhält also in jeder Periode den Zeitschlitz i. Beim **Frequenzmultiplex** (*frequency division multiplex*, FDMA: *Frequency Division Multiple Access*) bzw. **Codemultiplex** (*code division multiplexing*, CDMA: *Code Division Multiple Access*) (→ Bild 2.16 c) steht ebenfalls ein gemeinsamer Kanal zur Verfügung. Die einzelnen Signale belegen aber verschiedene Frequenzlagen bzw. sind mit unterscheidbaren Codes codiert.

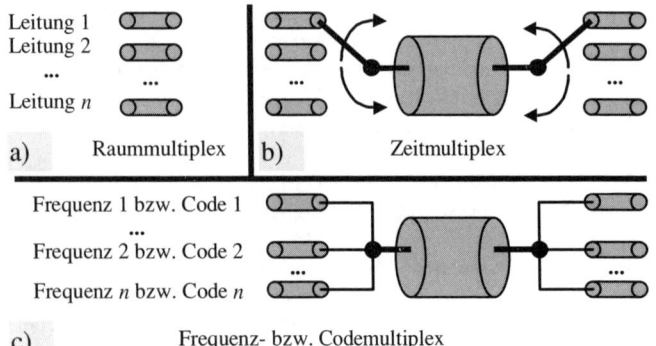

a) Raummultiplex b) Zeitmultiplex

c) Frequenz- bzw. Codemultiplex

Bild 2.16   Übersicht Multiplex-Verfahren

Die genannten Multiplex-Verfahren werden als **synchrone Multiplex-Verfahren** (→ Bild 2.17) bezeichnet, da die einzelnen Signale gleiche (oder zumindest konstante) Anteile der insgesamt verfügbaren Übertragungskapazität erhalten. Die Paketübertragung (→ Abschnitt 3.2.3) realisiert ebenfalls ein (Zeit-)Multiplex-Verfahren, da Pakete verschiedener Kommunikationsbeziehungen über eine Leitung übertragen werden. Das Verfahren wird jedoch als asynchron bezeichnet, da Übertragungskapazität nach Bedarf aufgeteilt wird. Zum Begriff statistischer Multiplex (*statistical multiplexing*) → Abschnitt 2.4.4.

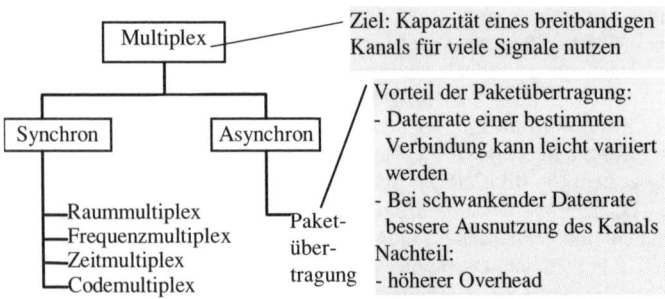

Bild 2.17   Einordnung der Multiplex-Verfahren

Die synchronen Multiplex-Verfahren TDM, FDM und CDM lassen sich übersichtlich in einem dreidimensionalen Raum mit den Dimensionen Zeit (*t*), Frequenz (*f*) und Code (*p*) darstellen (→ Bild 2.18). Durch Unterteilen der dargestellten Scheiben bezüglich weiterer Achsen ergeben sich Hinweise auf mögliche Kombinationen von Multiplex-Verfahren.

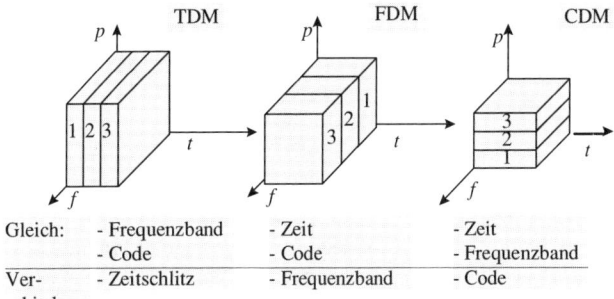

Bild 2.18 *Darstellung synchroner Multiplex-Verfahren im Raum (Zeit, Frequenz, Code) (/2.5/, S. 63)*

2.4.2 Raummultiplex

> Beim **Raummultiplex** werden den Signalen räumlich verschiedene Übertragungswege zur Verfügung gestellt.

Für n Signale werden n Leitungen verwendet. Das klassische Telefonnetz verwendet Raummultiplex mit Hilfe der Leitungsvermittlung ($\rightarrow$ Abschnitt 3.2.2). Dabei wird jeder Kommunikationsbeziehung (Telefongespräch) für ihre Dauer eine durchgeschaltete Leitung exklusiv zur Verfügung gestellt.

Bei Freiraum-Übertragung wird ein **gemeinsames Medium** (*shared medium*) verwendet, das einen Raummultiplex-Betrieb verhindert (außer bei gerichteter Ausbreitung). Jedoch kann die Reichweite der gesendeten Signale durch die Sendeleistung in Relation zur Empfänger-Empfindlichkeit gesteuert werden. Somit kann dieselbe Frequenz außerhalb bestimmter Entfernungen wieder verwendet werden, ohne dass die Signale sich gegenseitig stören ($\rightarrow$ Funkzellen, Bild 2.5).

2.4.3 Frequenzmultiplex

> **Frequenzmultiplex** wird realisiert, indem die einzelnen Signale auf Träger unterschiedlicher Frequenz aufmoduliert werden ($\rightarrow$ Bild 2.19).

Dabei ist eine geeignete Modulationsart zu wählen. Die (lineare) Summe aller Signale wird auf den Übertragungskanal gegeben. Beim Empfänger werden die einzelnen Signale durch Demodulation mit der jeweils richtigen Trägerfrequenz wiedergewonnen.

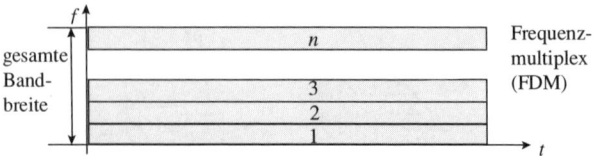

Bild 2.19   Frequenzmultiplex

Wellenlängenmultiplex ist im Prinzip dasselbe wie Frequenzmultiplex. Bei optischen Fasern spricht man jedoch von Wellenlängenmultiplex, wenn verschiedene Signale auf Lichtwellen mit verschiedener Wellenlänge aufmoduliert werden. Wellenlängenmultiplex auf Glasfasern besitzt eine große und zunehmende Bedeutung.

2.4.4   Zeitmultiplex

Beim Zeitmultiplex wird ein **Rahmen** (*frame*) mit einer festgelegten Dauer definiert. Dieser wird in **Zeitschlitze** (*time slot*) unterteilt, die den einzelnen Signalen zugeordnet werden ($\rightarrow$ Bild 2.20). Die Realisierung erfolgt durch (konzeptionell einfache) digitale Schaltungen. Wenn n Signale der Bandbreite B im Zeitmultiplex übertragen werden sollen, ist ein Übertragungskanal der Bandbreite $n \cdot B$ erforderlich, da die einzelnen Signale zeitlich komprimiert werden müssen.

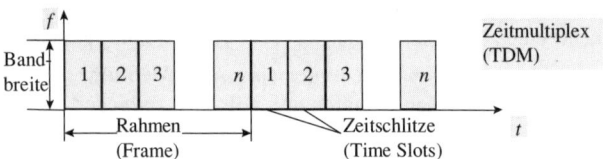

Bild 2.20   Zeitmultiplex

Beim **synchronen Zeitmultiplex** (STDM, STM) muss der Beginn eines Rahmens jeweils durch ein Rahmenzeichen (*framing code*) gekennzeichnet werden. Da jedes Signal dieselbe Anzahl Bits erhält, kann ein bestimmtes Signal durch Abzählen der Bits lokalisiert werden. Ein Nachteil des synchronen Zeitmultiplex liegt darin, dass ein Kanal seinen Zeitschlitz auch dann behält, wenn gerade nichts gesendet wird.

Beim **asynchronen Zeitmultiplex** (ATDM, ATM, auch statistischer Zeitmultiplex $\rightarrow$ Bild 2.21) erhalten in einem Rahmen nur diejenigen Signale einen Zeitschlitz, für die tatsächlich etwas übertragen werden muss. Dadurch kann die verfügbare Übertragungskapazität im statistischen Mittel besser ausgenutzt werden. Die Zuordnung von Signal und Zeitschlitz muss jedoch mit übertragen werden, wodurch die Datenmenge zunimmt.

STM (Synchronous Transfer Mode, auch STDM): geringer Overhead, jedes Signal erhält dieselbe Bandbreite, Zuordnung durch Abzählen

Fram-ing	Signal 1	Signal 2	...	Signal n	Signal 1	...

Header	Signal 1	Signal 1	Signal 7	Kanal frei	Signal 13	Header	...

ATM (Asynchronous Transfer Mode, auch ATDM): höherer Overhead, jedes Signal erhält eine variable Bandbreite, Zuordnung mittels Header

Bild 2.21   Synchroner und asynchroner Zeitmultiplex

Zeitmultiplexverfahren werden u. a. in den folgenden Systemen eingesetzt:

- **PDH** (Plesiochrone digitale Hierarchie) → Abschnitt 7.4.
- **SDH/SONET** (Synchrone digitale Hierarchie/*Synchronous Optical Network*) → Abschnitt 7.5.
- **ATM** (*Asynchronous Transfer Mode*) → Abschnitt 7.7.

2.4.5   Codemultiplex

Codemultiplex ordnet jedem der zu übertragenden Signale einen eigenen Code zu. Alle Signale können über ein gemeinsames Medium (gleicher Raum, gleiche Frequenz- und Zeitlage) übertragen werden. Der Empfänger kann ein bestimmtes Signal eindeutig decodieren, wenn er dessen Code kennt.

Bild 2.22 veranschaulicht das Prinzip anhand einer Walsh-Hadamard-Sequenz der Länge 8. Diese besteht aus 8 Elementen (*chips*), die jeweils den Wert +1 oder −1 aufweisen. Jedes Bit, das zu übertragen ist, wird ebenfalls als Wert +1 (logische Null) oder −1 (logische Eins) interpretiert und beim Sender mit der gewählten Walsh-Hadamard-Sequenz multipliziert. Das resultierende Signal wird übertragen und beim Empfänger mit derselben Sequenz multipliziert (decodiert).

Da die Codes zueinander orthogonal sind (→ Bild 2.22), entsteht bei der Decodierung ein Wert +8 oder −8, wenn der „passende" Code empfangen wurde, sonst der Wert 0 (→ Bild 2.23). Dieses Prinzip der Decodierung funktioniert auch, wenn mehrere überlagerte Signale empfangen werden. Allerdings müssen Sender und Empfänger zeitlich synchronisiert sein, da sonst die Eigenschaft der Orthogonalität verloren geht. Deshalb werden in der Praxis Codes verwendet, die auch bei zeitlichen Verschiebungen orthogonal bleiben /2.19/.

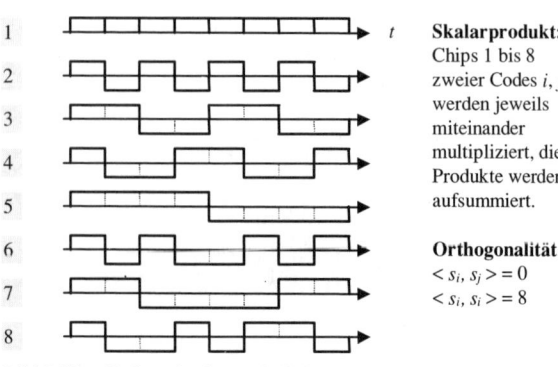

Bild 2.22   Codemultiplex (vgl. /2.5/)

Sender mit Codenummer 4 sendet logische Null:
$(+1, -1, -1, +1, +1, -1, -1, +1)$

Empfänger mit Codenummer 4 sendet logische Eins:
$(-1, +1, +1, -1, -1, +1, +1, -1)$

Empfänger mit Codenummer 4 empfängt logische Eins, mit
Codenummer 4 gesendet: → Produkt pro Chip:
$(-1, -1, -1, -1, -1, -1, -1, -1)$, Summe = -8

Empfänger mit Codenummer 5 besitzt Code:
$(+1, +1, +1, +1, -1, -1, -1, -1)$,
empfängt logische Eins, mit Codenummer 4 gesendet: → Produkt pro
Chip: $(-1, +1, +1, -1, +1, -1, -1, +1)$, Summe = 0

Bild 2.23   Übertragung mit Walsh-Hadamard-Sequenzen (vgl. /2.5/)

2.4.6   Aufwärts- und Abwärtsmultiplex

Der Vorgang des Multiplexens lässt sich im Schichtenmodell darstellen
(→ Bild 2.24). Meistens werden mehrere (N)-Verbindungen per Multiplex zu einer (N–1)-Verbindung zusammengefasst. Dies wird genauer als
Aufwärts-Multiplexen (*upward multiplexing*, die Sichtweise ist − bezogen auf das Schichtenmodell − von oben nach unten) bezeichnet. Grund
dafür ist die bessere Ausnutzung einer (N–1)-Verbindung. Wenn nur eine
(N–1)-Verbindung verfügbar ist, sind per Multiplex trotzdem mehrere
(N)-Verbindungen möglich. Falls für eine leistungsfähige (N)-Verbindung
nur weniger leistungsfähige (N–1)-Verbindungen verfügbar sind, können
per **Abwärts-Multiplexen** (*downward multiplexing*) mehrere (N–1)-Ver-
bindungen gebündelt werden. Das Abwärts-Multiplexen wird auch als
inverses Multiplexen (*inverse multiplexing*) bzw. **Teilung/Vereinigung**
(*splitting/recombining*) bezeichnet.

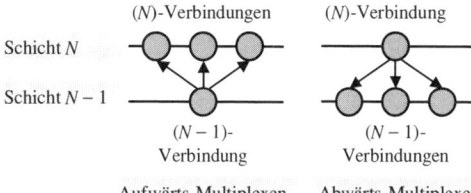

Aufwärts-Multiplexen   Abwärts-Multiplexen

Bild 2.24   Multiplex im Schichtenmodell

Beim Aufwärts-Multiplexen müssen die einzelnen Datenströme mit einer Identifikation versehen werden, damit das Demultiplexen korrekt erfolgen kann. Für jeden Datenstrom ist möglicherweise eine eigene Flusssteuerung erforderlich. Zudem muss die Kapazität der $(N-1)$-Verbindung fair auf die N-Verbindungen aufgeteilt werden.

Beim Abwärts-Multiplexen müssen die einzelnen Blöcke nummeriert werden, damit sie beim Empfänger wieder in richtiger Reihenfolge zusammengesetzt werden können. Außerdem muss die Vergabe von $(N-1)$-Verbindungen geregelt werden, insbesondere wenn verschiedenartige Verbindungen zur Wahl stehen.

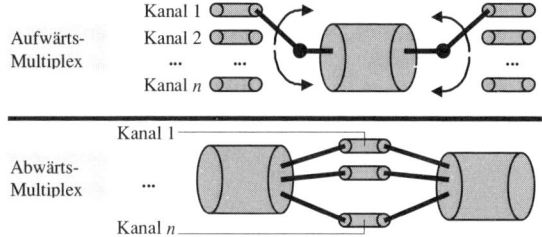

Bild 2.25   Aufwärts- und Abwärtsmultiplex

Bild 2.25 zeigt eine logische Darstellung für Auf- und Abwärtsmultiplex. Abwärtsmultiplex wird auch als **Kanalbündelung** bezeichnet und beispielsweise bei ISDN und bei Multilink PPP eingesetzt.

2.5   Sicherungsschicht: Aufgaben und Konzepte

2.5.1   Aufgaben

> Die **Sicherungsschicht** überträgt ganze **Rahmen** (*frames*) über eine Teilstrecke (*link*). Die Rahmen müssen fehlerfrei übertragen werden. Da Übertragungsfehler grundsätzlich nicht vermeidbar sind, müssen Möglichkeiten zur Fehlererkennung und -beseitigung bestehen.

Die **Bitübertragungsschicht** (OSI-Schicht 1 → Abschnitt 2.1) hingegen ist nur für die Übertragung einzelner Bits über eine Teilstrecke (*link*) zuständig.

Im Einzelnen erledigt die Sicherungsschicht die folgenden Aufgaben:

- **Rahmensynchronisation** (*frame synchronisation*): Anfang und Ende eines Rahmens müssen erkannt werden.
- **Flusssteuerung** (*flow control*): Der Sender darf den Empfänger nicht mit Rahmen überschwemmen, er muss die Empfangsbereitschaft des Empfängers berücksichtigen.
- **Fehlersicherung** (*error control*): Bei der Übertragung aufgetretene Fehler müssen behoben werden.
- Unterscheidung von **Nutzdaten** und **Steuerinformation**: Der Empfänger muss zwischen Nutzdaten und Steuerinformation unterscheiden können, da beide auf demselben Übertragungsweg übertragen werden sollen.
- **Übertragungssteuerung** (*link management*): Eine geordnete, fehlerfreie Übertragung muss durch geeignete Mechanismen für Koordination und Kooperation sichergestellt werden.

Vielfachzugriffsverfahren (→ Abschnitt 6.1.2) gehören ebenfalls zur Sicherungsschicht.

Wenn man die Funktionen der Bitübertragungsschicht (→ Abschnitt 2.1–2.3) hinzunimmt, lässt sich der gesamte Aufbau einer Teilstrecke in einer Übersicht darstellen (→ Bild 2.26). In einzelnen Anwendungen sind nicht alle Funtionsblöcke erforderlich. Dies betrifft z. B. die **Verwürfelung** (*scrambling*, bezweckt das Aufbrechen von langen Null- und Eins-Folgen zur spektralen Formung des Leitungssignals) und die Modulation (falls keine Breitbandübertragung verlangt wird).

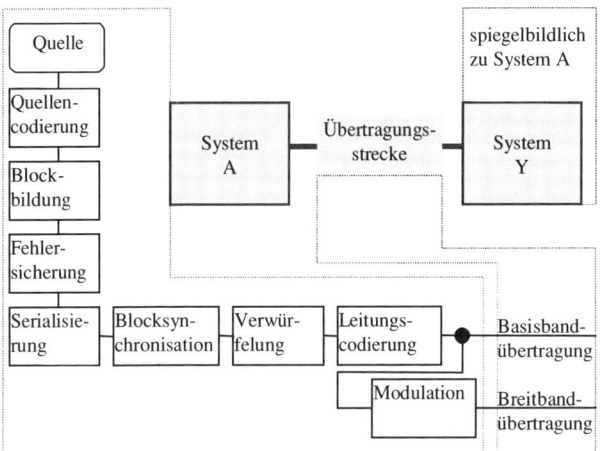

Bild 2.26 Allgemeiner Aufbau einer Übertragungskette (vgl. /2.7/, S. 38)

2.5.2 Uni- und bidirektionale Übertragung

Eine unidirektionale Übertragung von A nach B lässt in der Gegenrichtung (B nach A) keine Kommunikation zu. Fast immer ist eine bidirektionale Übertragung gewünscht, bei der beide Übertragungsrichtungen nutzbar sind.

Eine Teilstrecke kann uni- oder bidirektional genutzt werden. Der Begriff **Simplex** bezeichnet eine unidirektionale Übertragung, **Duplex** eine bidirektionale Übertragung. Im **Halbduplex**-Betrieb werden die beiden Übertragungsrichtungen abwechselnd genutzt, im **Vollduplex**-Betrieb gleichzeitig (→ Bild 2.27).

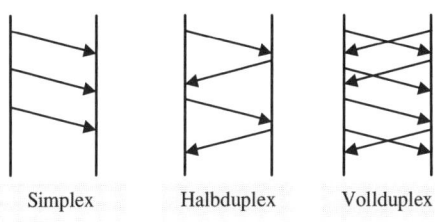

Simplex   Halbduplex   Vollduplex

Bild 2.27
Uni- und bidirektionale Übertragung

Bei einer bidirektionalen Übertragung werden in der Gegenrichtung nicht nur Nutzdaten übertragen, sondern auch **Quittungen** (*acknowledgement*).

Eine Quittung kann auch einem Nutzdatenpaket mitgegeben werden, diese wird als *Piggyback*-Quittung bezeichnet.

2.6   Rahmenbildung und Rahmensynchronisation

2.6.1   Aufgaben

Die Bildung von Rahmen soll sicherstellen, dass die übertragenen Signale einer Kommunikationsbeziehung zugeordnet und korrekt interpretiert werden können. Die **Rahmensynchronisation** ermöglicht die eindeutige Erkennung von Rahmenanfang und -ende. Dafür gibt es drei Möglichkeiten:

- Rahmenanfang und -ende werden durch eine festgelegte **Markierung** (*flag*) gekennzeichnet, z. B. bei HDLC (→ Abschnitt 2.10).
- Der Rahmenanfang wird markiert, die **Rahmenlänge** wird explizit im Header angegeben, z. B. bei TCP (→ Abschnitt 9.2.3).
- Die Rahmenlänge ist **konstant** und fest vereinbart. Damit muss nur der Rahmenanfang markiert werden, z. B. bei ATM (→ Abschnitt 7.7).

Die Rahmensynchronisation setzt eine zuverlässige **Bitsynchronisation** (Taktregenerierung) voraus.

2.6.2   Varianten

2.6.2.1   Asynchrone Übertragung

Bei der asynchronen Übertragung werden einzelne Zeichen übertragen. Jedes Zeichen wird als Rahmen (→ Bild 2.28) dargestellt, der ein **Startbit**, *n* Datenbits und ein (oder mehr) **Stoppbits** enthält. Die Taktgeber im Sender und Empfänger liefern nominal dieselbe Frequenz, sind aber unabhängig voneinander. Dadurch ist eine (geringe) Frequenzdifferenz unvermeidlich. Für die Übertragungsdauer eines Zeichens wird durch das Startbit bzw. durch dessen Startflanke eine hinreichende Synchronisation hergestellt. Damit kann der Empfänger die zeitliche Lage der empfangenen Bits bestimmen und das empfangene Signal in der Bitmitte abtasten.

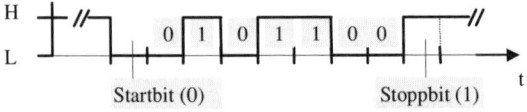

Bild 2.28   Asynchrone Übertragung

Zwischen zwei Zeichen liegt eine Pause, deren Dauer mindestens die Länge des Stoppbits beträgt. Bei der asynchronen Übertragung wird ein bestimmter Zeichencode (häufig der ASCII-Code → Abschnitt 11.1.2) zugrunde gelegt, der (auf dem Bildschirm und Drucker) darstellbare Zeichen und Steuerzeichen enthält. Damit ist die Übertragung nicht transparent, d. h., es können nicht beliebige Bitkombinationen übertragen werden. Zur Interpretation eines Steuerzeichens als „normales" Zeichen kann das Escape-Zeichen vorangestellt werden.

2

Die asynchrone Übertragung ist einfach, die Zahl der pro Zeichen übertragbaren Nutzbits in der Praxis maximal 8 und der Zusatzaufwand zur Übertragung von Start- und Stoppbits ist hoch.

2.6.2.2 Synchrone Übertragung

Im Gegensatz zur asynchronen Übertragung werden die Taktgeber von Sender und Empfänger aufeinander **synchronisiert**. Dies erfolgt zu Beginn eines Rahmens durch **Synchronisationsbits**. Die Synchronisation wird während der Übertragung aufrechterhalten. Da man den Takt des Senders in der Regel nicht auf einer eigenen Leitung übertragen möchte, muss der Leitungscode (→ Abschnitt 2.3.2) genügend Taktinformation beinhalten.

Die synchrone Übertragung kann bitorientiert oder zeichenorientiert durchgeführt werden (→ Bild 2.29):

- Bei der **bitorientierten** Variante wird ein festes Bitmuster (häufig 01111110 als **Rahmenbegrenzung** (*flag*) gewählt. Als Nutzdaten sollen beliebige Bitmuster mit beliebiger Länge übertragen werden. Damit eine Folge von sechs Einsen in den Nutzdaten nicht als Rahmenbegrenzung interpretiert wird, wird das **Bitstopfen** (*bit stuffing*) angewendet. Dabei wird nach jeweils fünf Einsen vom Sender eine Null eingefügt und vom Empfänger wieder entfernt. Somit kann die Bitfolge für die Rahmenbegrenzung in den Nutzdaten nicht auftreten.
- Bei der **zeichenorientierten** Variante werden – wie bei der asynchronen Übertragung – Zeichen eines bestimmten Codes übertragen, allerdings ohne Start- und Stoppbits. Escape-Zeichen werden wie bei der asynchronen Übertragung verwendet.

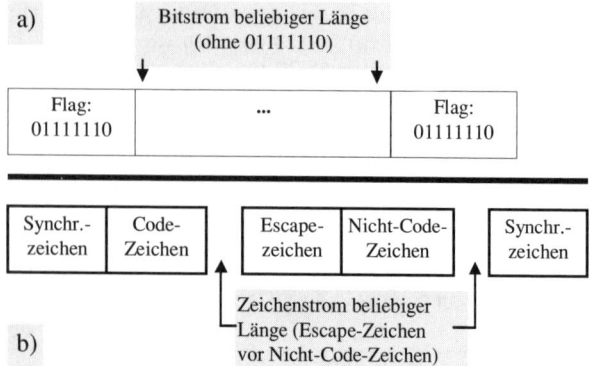

Bild 2.29   Synchrone Übertragung: a) bit- und b) zeichenorientiert

2.7   Flusssteuerung

2.7.1   Aufgaben

Die **Flusssteuerung** (*flow control*, auch Flusskontrolle) hat die Aufgabe zu verhindern, dass ein schneller Sender einen langsamen Empfänger mit Daten überschwemmt.

Der Empfänger besitzt einen Pufferspeicher, der eine bestimmte Anzahl empfangener Rahmen zwischenspeichern kann, bevor der Protokollstapel diese übernimmt. Große Pufferspeicher sind vorteilhaft, aber teuer. Folglich benötigt der Empfänger einen Mechanismus, mit dem er den Sender veranlassen kann, eine bestimmte Zeit zu warten. Hierzu sendet der empfangsbereite Empfänger dem Sender eine Quittung, die ihm erlaubt, bis zu n Blöcke zu senden.

2.7.2   Verfahren

2.7.2.1   Stop-and-Wait

Bei diesem Verfahren sendet der Sender genau einen Rahmen. Danach wartet er auf eine Quittung (Empfangsbestätigung) des Empfängers, nach deren Erhalt er einen weiteren Rahmen sendet. Abläufe dieser Art werden in Zeitdiagrammen dargestellt (→ Bild 2.30). In diesem sehr einfachen Fall ist angenommen, dass alle Rahmen in der Reihenfolge des Absendens unverfälscht beim Empfänger eintreffen. Vorteil des Stop-and-Wait-Verfahrens ist der geringe Aufwand für das Protokoll. Nachteil ist ein geringer Durchsatz, insbesondere auf Übertragungsstrecken mit langer Laufzeit, auf denen kurze Rahmen übertragen werden. Grund dafür ist, dass die Übertragungsstrecke nur während kurzer Zeit mit einer Übertragung beschäftigt ist und dann relativ lange auf eine Quittung (**ACK**: *Acknowledgement*) wartet.

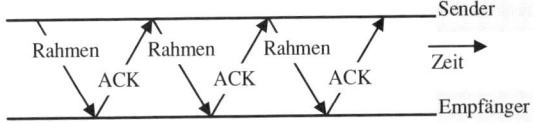

Bild 2.30 Zeitdiagramm für Stop-and-Wait

2.7.2.2 Sliding Window

Eine höhere Auslastung der Übertragungsstrecke lässt sich erreichen, wenn mehrere Rahmen nacheinander gesendet werden, bevor eine Quittung erwartet wird. Dies wird als **(Schiebe-)Fensterverfahren** (*sliding window*) bezeichnet (→ Bild 2.31). Dabei darf der Sender eine Anzahl n (Fenstergröße) Rahmen senden, ohne eine Quittung zu erhalten. Wenn diese Anzahl ausgeschöpft ist, muss der Sender warten, bis eine Quittung eintrifft. Die maximale Fenstergröße n_{max} ist ein vordefinierter Parameter. Die Rahmen haben zur eindeutigen Kennzeichnung Sequenznummern. Rahmen links des Sendefensters (→ Bild 2.31) wurden bereits gesendet, Rahmen im Sendefenster dürfen noch ohne Quittungseingang gesendet werden. Beim Senden eines Rahmens verschiebt sich die linke Fenstergrenze um einen Block nach rechts, das Fenster schrumpft. Bei Erhalt einer Quittung verschiebt sich die rechte Fenstergrenze um einen Rahmen nach rechts, das Fenster dehnt sich (aber nur bis n_{max}). Bei $n = 0$ darf nichts weiter gesendet werden. Für die Nummerierung der Rahmen sollen k bit (k möglichst klein) verwendet werden, d. h., die Rahmennummern sind modulo k dargestellt. Damit lässt sich eine maximale Fenstergröße von $2^k - 1$ darstellen. Nach Erreichen der größten Rahmennummer folgt die 0 als nächste Nummer (*wrap around*). Bei kleinen k kann dies zu Problemen führen, indem die Sequenznummer unter Umständen nicht mehr eindeutig einen Rahmen benennt.

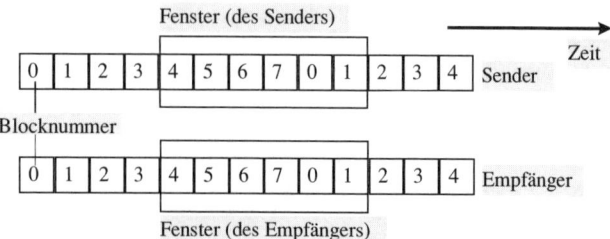

Bild 2.31   Schiebefensterverfahren

Die für die Flusssteuerung verwendeten Verfahren werden – in erweiterter Form – auch für die Fehlerbehebung (→ Abschnitt 2.9) genutzt.

2.8   Fehlersicherung

In Rechnernetzen ist meist eine fehlerfreie Übertragung erforderlich, beispielsweise für Daten oder Programme. Ein falsch empfangenes Bit kann bereits die Übertragung völlig nutzlos machen. Da Übertragungsfehler physikalisch unvermeidlich sind, werden Verfahren zu ihrer Beseitigung benötigt. Prinzipiell können Fehler durch **Übertragungswiederholung** (*automatic repeat*) oder durch eine (automatische) **Fehlerkorrektur** (*error correction*, FEC: *Forward Error Correction*) behoben werden.

Übertragungsfehler können durch **Rauschen** oder durch **Störungen** verursacht werden. Der Empfänger ist dann nicht mehr in der Lage, aus dem empfangenen Signal das gesendete Symbol/Bit korrekt zu decodieren. Bitfehler können isoliert (**Einzelbitfehler**) oder in Gruppen (**Bündelfehler**, *burst error*) auftreten. Ein Maß für den Umfang der Übertragungsfehler ist die **Bitfehlerrate** (Anzahl falscher Bits bezogen auf die Anzahl insgesamt gesendeter Bits), die als Mittelwert über einen längeren Zeitraum gemessen wird. Durch die Fehlerbeseitigung können nicht alle Fehler behoben werden, so dass eine **Restfehlerwahrscheinlichkeit** zurück bleibt. Deshalb wird die Fehlerbeseitigung so ausgelegt, dass die Restfehlerrate akzeptabel ist.

2.8.1   Codierung zur Fehlererkennung

Zur **Fehlererkennung** wird zusätzliche, **redundante Information** übertragen, durch deren Auswertung der Empfänger Übertragungsfehler feststellen kann. Die **Fehlerbehebung** geschieht dann durch Anforderung einer Übertragungswiederholung beim Sender.

2.8.1.1 Fehlererkennung durch Paritätsbits

Die **Parität** einer Bitkette (Wort) der Länge n ist die Anzahl der Einsen in diesem Wort. Ein Code, dessen Worte alle eine gerade Anzahl von Einsen aufweisen, besitzt eine gerade Parität. Bei einer ungeraden Parität ist die Anzahl der Einsen immer ungerade.

Aus einem Code mit Wörtern der Länge $n - 1$ entsteht durch Anhängen eines Paritätsbits ein Code mit gerader bzw. ungerader Parität ($\rightarrow$ Bild 2.32). Codes dieser Art, bei denen die Nutzbits unverändert als Block übertragen und die Prüfbits dann angehängt werden, heißen **systematische Blockcodes**. Paritätsbits können sehr einfach durch Exklusiv-Oder-Verknüpfungen berechnet werden.

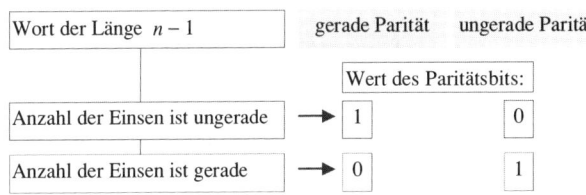

Bild 2.32   Bestimmung des Paritätsbits

Code ohne Parität		Code mit einem Paritätsbit	
Hexadezimal-Darstellung	Binär-Darstellung	gerade Parität	ungerade Parität
0	0000	00000	00001
1	0001	00011	00010
2	0010	00101	00100
3	0011	00110	00111
4	0100	01001	01000
5	0101	01010	01011
6	0110	01100	01101
7	0111	01111	01110
8	1000	10001	10000
9	1001	10010	10011
A	1010	10100	10101
B	1011	10111	10110
C	1100	11000	11001
D	1101	11011	11010
E	1110	11101	11100
F	1111	11110	11111

Bild 2.33   4-Bit-Code und Erweiterung durch Paritätsbit

▶ In Bild 2.33 haben die Codeworte 0000 und 1111 eine Distanz von 4, die Distanz zwischen 0111 und 0101 ist 1. Die Hamming-Distanz des 4-Bit-Codes ist 1. Durch Anhängen eines Paritätsbits entsteht ein 5-Bit-Code, dessen Hamming-Distanz 2 ist. Um von einem gültigen Codewort zu einem anderen zu gelangen, müssen also zwei Bits geändert werden. Somit sind Übertragungsfehler erkennbar, wenn sie nur ein Bit betreffen. Der fehlerhafte Empfang von zwei Bits kann nicht erkannt werden. Allgemein wird eine ungerade Anzahl von Bitfehlern erkannt, eine gerade Anzahl nicht. Diese Erkenntnis hilft aber in der Praxis nicht weiter.

Die **Distanz zweier Codewörter** ist die Anzahl der Bitpositionen, in denen sich diese Codewörter unterscheiden. Die **Hamming-Distanz** eines Codes ist der Minimalwert der Distanzen zwischen allen möglichen Paaren von Codewörtern.

Allgemein gilt: Ein Code mit der Hamming-Distanz d kann $d - 1$ Fehler erkennen.

Paritätsbits können auf einzelne Zeichen oder auf längere Datenblöcke angewendet werden. Bei Datenblöcken kann die Wahrscheinlichkeit unerkannter Fehler zu hoch werden, wenn nur ein Paritätsbit verwendet wird. Deshalb verwendet man **mehrfache Paritätsprüfungen** und ordnet dazu die Bits mehrerer Zeichen in einer Matrix an ($\rightarrow$ Bild 2.34). Für jede Zeile wird eine Längsparität und für jede Spalte eine Querparität ermittelt. Damit können alle 2-Bit-Fehler, alle 3-Bit-Fehler und ein Teil der möglichen 4-Bit-Fehler erkannt werden ($\rightarrow$ Bild 2.34). Die Anwendung eines Paritätsbits auf ein Zeichen verringert dessen Fehlerrate ungefähr um den Faktor 10^{-2}. Bei der kombinierten Paritätsprüfung mit Längs- und Querparität sinkt die Fehlerrate auf ca. 10^{-4}.

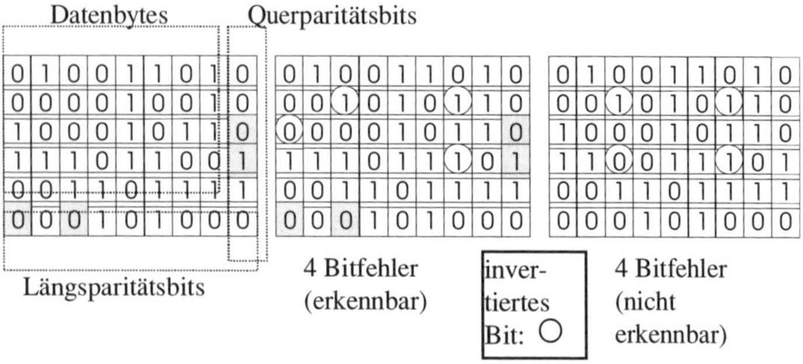

Bild 2.34   Kombinierte Paritätsprüfung

2.8.1.2 Fehlererkennung durch Prüfsummen

Die durch Bitfolgen dargestellten Zeichen werden als numerische Werte aufgefasst. Zeichen werden zu Blöcken zusammengefasst und die Summe aller numerischen Werte wird berechnet. Die Summe kann verkürzt mit einer Bitanzahl entsprechend ein oder zwei Zeichen dargestellt werden. Die so ermittelte Prüfsumme wird bei der Übertragung an die Nutzdaten angehängt. Prüfsummen werden bei IP ($\rightarrow$ Abschnitt 9.2) verwendet, vgl. RFC 1071, RFC 1141, RFC 1624, RFC 1145, RFC 1146 (RFC wird im Abschnitt 12.4.5 erklärt).

2.8.1.3 Fehlererkennung durch CRC

Das **CRC-Verfahren** (*Cyclic Redundancy Check*) verwendet zyklische Blockcodes. Ein systematischer Blockcode (Nutz- und Prüfbits sind in zwei Blöcken angeordnet) wird als **zyklisch** bezeichnet, wenn die zyklische Vertauschung der Bits eines Codewortes wieder ein gültiges Codewort ergibt.

Zyklische Codes lassen sich auf einfache Weise mit rückgekoppelten Schieberegistern erzeugen und prüfen. Die redundante Information wird als Blockprüffolge (**FCS**: *Frame Check Sequence*) berechnet und an die Nutzdaten angehängt. Dazu werden die Bits der Nutzinformation als Koeffizienten eines Polynoms aufgefasst. Dieses Polynom wird durch ein festgelegtes **Generatorpolynom** dividiert, der Divisionsrest bildet die Blockprüfsumme. Sender und Empfänger berechnen die Blockprüfsumme in gleicher Weise. Wenn nun der Empfänger zwischen der empfangenen und der von ihm selbst berechneten Blockprüfsumme einen Unterschied feststellt, weiß er, dass die Übertragung fehlerhaft war. Der Ablauf ist nun folgender:

- Die n Nutzbits werden wie folgt interpretiert:

$$U(x) = u_{n-1}x^{n-1} + u_{n-2}x^{n-2} + \ldots + u_1 x + u_o$$

- Das Generatorpolynom ist vom Grad k, es gilt $g_k = g_0 \neq 0$:

$$G(x) = g_k x^k + g_{k-1}x^{k-1} + \ldots + g_1 x + g_o$$

- An die Nutzinformation werden k Nullbits angehängt, k ist der Grad des Generatorpolynoms. Dies entspricht dem Polynom $x^k U(x)$.
- $x^k U(x)$ wird unter Verwendung von Modulo-2-Arithmetik durch $G(x)$ dividiert. Dabei entsteht ein Restpolynom $R(x)$, das höchstens vom Grad $k - 1$ ist. Bei der Modulo-2-Arithmetik sind die Operationen Addition, Subtraktion und Exklusiv-Oder-Verknüpfung identisch.

- Die Koeffizienten von $R(x)$ werden in das CRC-Feld eingetragen. Somit enthält die Nutzinformation mit angehängtem CRC-Feld das Polynom $B(x) = x^k U(x) - R(x)$. Dieses Polynom ist durch $G(x)$ teilbar.
- Der Empfänger teilt das empfangene Polynom durch $G(x)$. Bei fehlerfreier Übertragung ergibt $B(x)/G(x)$ den Rest 0.

Ein CRC-Verfahren mit einem 16-Bit-CRC-Feld kann alle Bursts mit 16 oder weniger bit Länge erkennen. Ungefähr 99,997 % aller längeren Bursts werden ebenfalls erkannt. Bei einem 32-Bit-CRC-Feld sind die entsprechenden Werte 32 bit und 99,99999995 %.

2.8.2   Codierung zur Fehlerkorrektur

Codeworte der Länge n werden durch Hinzufügen redundanter Information auf die Länge m vergrößert. Der Quotient n/m wird als Coderate bezeichnet. Gebräuchliche Werte sind ½, ¾ und 7/8. Man unterscheidet **Block-** und **Faltungscodes** (*block code, convolutional code*). Bei Blockcodes wird die redundante Information – wie bei der Verwendung von Paritätsbits – aus Blöcken von Nutzinformationen berechnet. Bei Faltungscodes wird die Redundanz fortlaufend aus aufeinander folgenden Bits berechnet.

Die Fehlerkorrektur ist gekennzeichnet durch einen relativ **hohen Verarbeitungsaufwand** und eine **niedrige Coderate**, die zu einer schlechten Kanalausnutzung führt. Deshalb wird sie in der Regel nur dort eingesetzt, wo eine Übertragungswiederholung nicht praktikabel ist. Beispiele sind terrestrische Funksysteme (**GSM:** *Global System for Mobile Communications*), stark bandbegrenzte, leitungsgebundene Übertragungssysteme (*trellis coded modulation* bei Modems), Fernseh-Verteilnetze und die Kommunikation über Satelliten und mit interplanetaren Raumsonden (*deep space communication*). Die Fehlerkorrektur wird auch in digitalen Speichern (Arbeitsspeicher und Massenspeicher, z. B. CD-ROM) eingesetzt.

2.9   Fehlerbehebung, ARQ-Verfahren

ARQ-Verfahren (*Automatic Repeat Request*) leisten die Behebung erkannter Fehler, indem verfälscht empfangene oder verlorene Pakete vom Sender nochmals gesendet werden.

📖 ARQ-Verfahren werden u. a. in /2.5/, /2.16/, /2.25/ und /2.29/ behandelt.

2.9.1 Aufgaben und Konzepte

Die Erkennung von Übertragungsfehlern wird durch fehlererkennende bzw. fehlerkorrigierende Codes geleistet. Zusätzlich treten andere Probleme auf. Die Verzögerung eines Rahmens auf der Übertragungsstrecke kann schwanken und unter Umständen große Werte annehmen. Rahmen können ganz verloren gehen, wenn ein Rahmen so stark verfälscht ist, dass der Empfänger ihn nicht mehr als solchen erkennen kann. Deshalb ist über die Flusssteuerung hinaus ein Mechanismus erforderlich, der sich um die Beseitigung dieser Fehler kümmert. Da fehlende und fehlerhafte Rahmen nochmals übertragen werden (dies so oft wie nötig, allerdings wird bei Erreichen einer vorher festgelegten Anzahl Wiederholungen die Kommunikation mit einer Fehlermeldung abgebrochen), bezeichnet man diese Mechanismen als **ARQ** (*Automatic Repeat Request*). Korrekt empfangene Rahmen werden durch **positive Quittungen** (*acknowledgment*) quittiert, falsch empfangene Rahmen können durch **negative Quittungen** (*reject*) nochmals angefordert werden (→ Bild 2.35). Nicht empfangene Rahmen stellt der Sender dadurch fest, dass er innerhalb einer festgelegten Zeit (*timeout*) keine Quittung für einen gesendeten Rahmen erhält. Er führt daraufhin von sich aus eine Wiederholung der Übertragung durch.

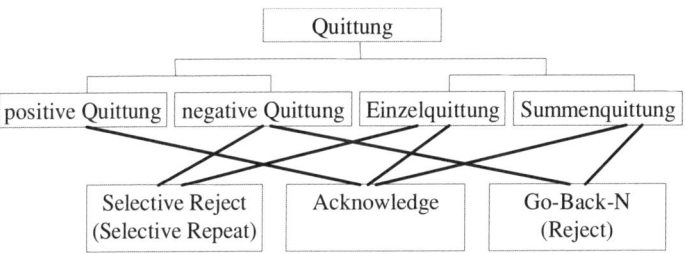

Beachte:
- Eine positive Quittung enthält die Sequenznummer des nächsten erwarteten Blocks.
- Eine negative Quittung enthält die Sequenznummer eines fehlerhaften Blocks.

Bild 2.35   Quittungen: Bedeutung

Die Bedeutung (Semantik) von Quittungen kann also positiv oder negativ sein und sich auf einzelne Rahmen oder eine Folge von Rahmen (Summenquittung) beziehen. Quittungen werden ausgelöst durch den Empfang einer Rahmens oder den Ablauf eines Zeitgebers (*timeout*).

2.9.2   Stop-and-Wait bei ARQ

Das ARQ-Verfahren mit Stop-and-Wait sendet einen Block und wartet auf eine Quittung (→ Bild 2.36). Die Blöcke R0 und R1 werden mit ACK0 und ACK1 quittiert. Der Block R2 geht verloren, was den Sender nach Ablauf des *Timeout* veranlasst, R2 nochmals zu senden. Später geht ACK4, das ist die Quittung für Block R4, verloren. Nach Ablauf des *Timeout* wird R3 nochmals gesendet.

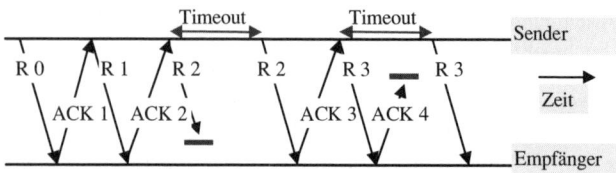

Bild 2.36   ARQ mit Stop-and-Wait (vgl. /2.16/, S. 108/)

2.9.3   Go-Back-N

Go-Back-N verwendet ein Fenster der Größe N, d. h., der Sender darf maximal N Blöcke senden, für die eine Quittung noch aussteht. Der Empfänger quittiert jeden korrekt empfangenen Block mit der Sequenznummer des nächsten erwarteten Blocks. Im Beispiel Bild 2.37 werden die Blöcke R0 und R1 korrekt übertragen, dann geht R2 verloren. Der Empfänger reagiert mit einer negativen Quittung (NAK2) für Block R2. Der Sender empfängt NAK2 zu einem Zeitpunkt, in dem R3, R4, R5 schon gesendet wurden. Deshalb werden im nächsten Sendevorgang R2 und alle folgenden Blöcke wiederholt. Beim Empfänger werden in der Zwischenzeit R3, R4, R5 verworfen. Anschließend wird R2 korrekt empfangen und mit ACK3 quittiert. Damit läuft die Übertragung fehlerfrei weiter.

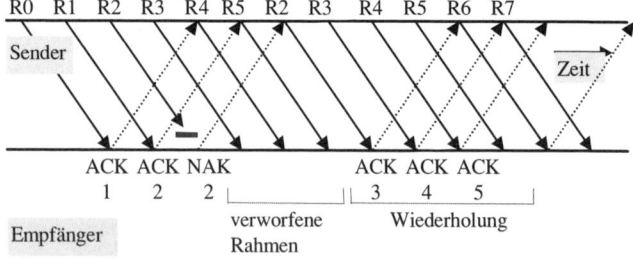

Bild 2.37   ARQ mit Go-Back-N (nach /2.16/, S. 109)

Die **Effizienz eines ARQ-Verfahrens** ist definiert als der Anteil an der verstrichenen Zeit, in der der Sender Pakete sendet.

2

Die Effizienz für eine fehlerfreie Übertragung ergibt sich zu (vgl. /2.32/, S. 75):

$$Effizienz = \min\left\{\frac{N\,TRANS}{TRANS + ACK + 2PROP}, 1\right\}$$

Die Parameter N = Fensterlänge, TRANS = Sendedauer eines Paketes, ACK = Sendedauer einer Quittung, PROP = Laufzeit des Signals sind für beide Übertragungsrichtungen als gleich angenommen. Die Formel besagt, dass die Effizienz von einem Minimalwert (bei $N = 1$) linear mit N ansteigt, bis der Maximalwert 1 erreicht ist. Bei einer Effizienz von 1 ist der Kanal voll ausgelastet, d. h., der Sender macht keine Pausen.

2.9.4 Selective Reject

Ein beispielhafter Ablauf (→ Bild 2.38) geht davon aus, dass die Rahmen R0 und R1 mit ACK1 und ACK2 quittiert wurden. Anschließend gehe R2 verloren, was durch NAK2 gemeldet wird. In der Zwischenzeit sendet der Sender R3 bis R5. Nach Eintreffen von NAK2 wird lediglich R2 wiederholt, anschließend wird mit R6, R7, ... weitergefahren. Das Sortieren der empfangenen Rahmen in die richtige Reihenfolge ist die Aufgabe des Empfängers. Der Vorteil liegt darin, dass ausschließlich der verlorene Rahmen wiederholt gesendet wird.

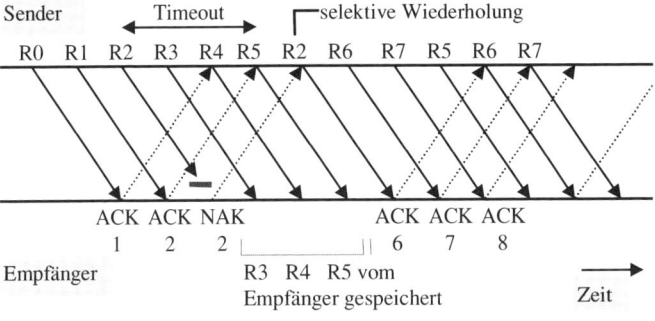

Bild 2.38   ARQ mit Selective Reject (nach /2.16/, S. 109)

2.10   HDLC und weitere Protokolle der Sicherungsschicht

2.10.1   Grundlegende Eigenschaften

> **HDLC** (*High Level Data Link Control*) ist ein bitorientiertes Protokoll der Sicherungsschicht für Simplex-, Halb- und Vollduplex-Übertragung. Es kann für Punkt-zu-Punkt- und Punkt-zu-Mehrpunkt-Verbindungen genutzt werden und bietet mehrere Betriebsarten.

HDLC ist das wichtigste Protokoll der Sicherungsschicht. Es ist in ISO 33009 und ISO 4345 genormt, weitere wichtige Protokolle (→ Abschnitt 2.10.5) sind von ihm abgeleitet. Es unterscheidet drei Typen von Stationen:

- **Primäre Station** (*primary station*): steuert die Kommunikation mittels Commands.
- **Sekundäre Stationen** (*secondary stations*): antworten auf Commands mittels Responses. Für jede sekundäre Station besteht eine eigene logische Verbindung.
- **Kombinierte Stationen**: können primäre oder sekundäre Station sein.

Weiter unterschiedet HDLC zwei Typen von **Link-Konfigurationen**:

- **Unsymmetrisch**: eine primäre und mehrere sekundäre Stationen mit Voll- und Halbduplex-Übertragung.
- **Symmetrisch**: zwei kombinierte Stationen mit Voll- und Halbduplex-Übertragung.

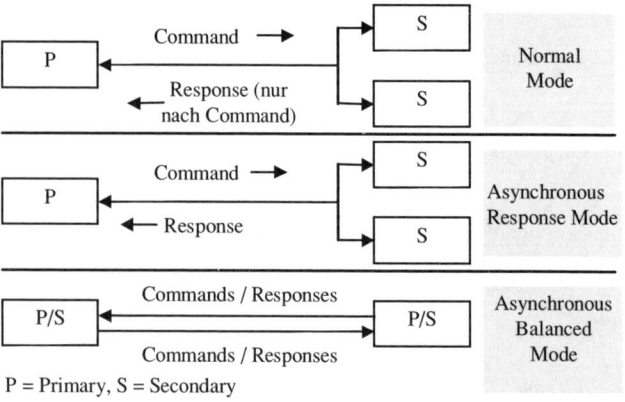

P = Primary, S = Secondary

Bild 2.39   Betriebsarten (Modes) einer HDLC-Verbindung

HDLC kennt drei Betriebsarten (→ Bild 2.39), die so definiert sind:

- *Normal Response Mode* (**NRM**): wird bei unsymmetrischer Konfiguration verwendet. Die primäre Station kann die Übertragung auslösen, die sekundäre Station darf nur auf Commands der primären Station antworten.

- *Asynchronous Balanced Mode* (**ABM**): wird bei symmetrischer Konfiguration verwendet. Jede kombinierte Station kann die Übertragung auslösen.

- *Asynchronous Response Mode* (**ARM**): wird bei unsymmetrischer Konfiguration verwendet. Die sekundäre Station kann eine Übertragung ohne Erlaubnis der primären Station auslösen.

2

2.10.2   Rahmenaufbau

Der Rahmenaufbau in HDLC (→ Bild 2.40) spiegelt die genannten Funktionen wider. Die Funktion in HDLC besteht darin, dass zwei Stationen I-, S- und U-Rahmen austauschen. Im Steuerfeld ist jeder Rahmen entsprechend gekennzeichnet. **I-Rahmen** enthalten Anwenderinformation sowie Information zur Flusssteuerung und Fehlerbehebung im Piggyback-Verfahren. **S-Rahmen** enthalten ARQ-Information, wenn das Piggyback-Verfahren nicht verwendet wird. Die **U-Rahmen** enthalten zusätzliche Funktionen für die Link-Steuerung. Steuerfelder mit 8 bit enthalten Sequenznummern $N(S)$, $N(R)$ mit je 3 bit Länge. In 16-Bit-Steuerfeldern sind die Sequenznummern 7 bit lang. U-Rahmen enthalten immer ein 8-Bit-Steuerfeld. Das Informations-Feld ist nur in I-Rahmen und einigen U-Rahmen vorhanden. Seine Länge muss ein ganzzahliges Vielfaches von 8 sein. Seine maximale Länge wird durch das konkrete System begrenzt. Das FCS-Feld enthält einen CRC-Wert, der über den Rahmen ohne Flags ermittelt wird. Als Polynome werden das CCITT-CRC (x^{16} + x^{12} + x^5 + 1) oder CRC-32 verwendet. Die Übertragung ist synchron (→ Abschnitt 2.6.2), als Flag zur Kennzeichnung von Rahmenanfang und -ende wird das Bitmuster 01 11 11 10 genutzt. Durch Bitstopfen (*bit stuffing*) wird sichergestellt, dass diese Bitkombination innerhalb des Rahmens nicht auftritt. Das Adressfeld wird immer verwendet, auch bei Punkt-zu-Punkt-Verbindungen. Die Adresse repräsentiert die Zieladresse oder die Adresse der antwortenden Station. Der Einsatz einer erweiterten Adresse muss vorab festgelegt werden.

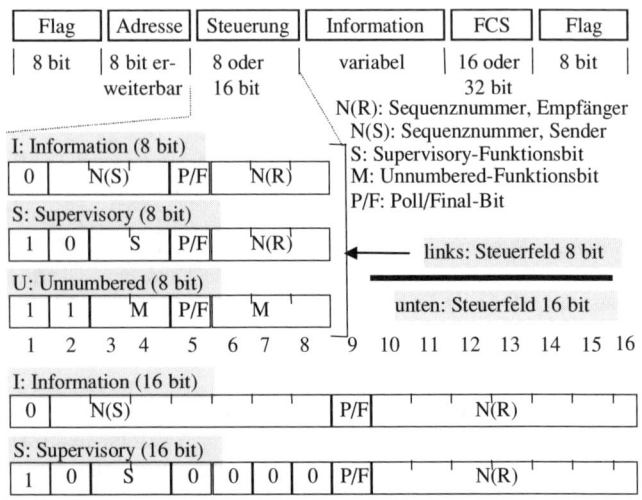

Erweitertes Adressfeld: n Felder mit je 8 bit, das erste Bit der
Felder 1, ..., $n - 1$ enthält 0, das erste Bit des Feldes n enthält 1

Bild 2.40   Rahmenaufbau in HDLC /2.29/

2.10.3   Commands in HDLC

HDLC verwendet eine verbindungsorientierte Kommunikation. Somit
müssen die Commands den folgenden Ablauf nach sich ziehen:

- **Initialisierung** der Verbindung,
- Austausch von **Nutzdaten** und **Steuerinformation** zur Flusssteuerung
  und Fehlerbehebung und
- **Beenden** der Verbindung.

Die verfügbaren Commands mit der jeweiligen Bezeichnung und Bedeutung enthält Tabelle 2.2. Die Gliederung der Tabelle in die Blöcke *Information* (I), *Supervisory* (S) und *Unnumbered* (U) entspricht den gleichna-
migen Bezeichnungen des Steuerfeldes in Bild 2.40.

Tabelle 2.2 Commands und Responses in HDLC

Name	C/R	Beschreibung
Information (I)	C/R	Austausch von Nutzdaten
Supervisory (S)		
Receive Ready (RR)	C/R	Positive Quittung, bereit zum Empfang von I-Rahmen
Receive not Ready (RNR)	C/R	Positive Quittung, nicht bereit zum Empfang
Reject (REJ)	C/R	Negative Quittung, gehe N zurück
Selective Reject (SREJ)	C/R	Negative Quittung, selektiv
Unnumbered (U)		
Setze Normal Response/Extended Mode (SNRM, SNRME)	C	Setze Modus, Extended = 7-Bit-Sequenznummern
Setze Asynchronous Response/Extended Mode (SARM, SARME)	C	Setze Modus, Extended = 7-Bit-Sequenznummern
Setze Asynchronous Balanced/Extended Mode (SABM, SABME)	C	Setze Modus, Extended = 7-Bit-Sequenznummern
Setze Initialisierungs-Modus (SIM)	C	Initialisiere Link-Steuerungs-funktion in der adressierten Station
Disconnect (DIS)	C	Beende die Verbindung
Unnumbered Acknowledgment (UA)	R	Quittiere die Ausführung eines Set Mode Command
Disconnected Mode (DM)	C	Beende die Verbindung
Request Disconnect (RD)	R	Anforderung des DIS-Commands
Request Initialization Mode (RIM)	R	Anforderung des SIM-Commands
Unnumbered Information (UI)	C/R	Austausch von Steuerdaten
Unnumbered Poll (UP)	C	Austausch von Steuerdaten
Reset (RSET)	C	Setze N(R), N(S) zurück
Exchange Identification (XID)	C/R	Anforderung/Zustellung von Statusinformation
Test (TEST)	C/R	Austausch identischer Informationsfelder zum Test
Frame Reject (FRMR)	R	Meldet den Empfang unbrauchbarer Rahmen

C, R: C = Command, R = Response, C/R = Command oder Response

2.10.4   Abläufe

Bild 2.41 illustriert einige Abläufe in HDLC. Der Verbindungsaufbau (→ Bild 2.41 a) wird mit SABM eingeleitet, der Verbindungsabbau mit DIS. Beide Commands werden mit einer Response des Typs UA quittiert. Bild 2.41 b zeigt den bidirektionalen Datenaustausch mit I-Rahmen und Sequenznummern der Sender A und Y. In der Notation I, j, k bedeutet I die Übertragung eines I-Rahmens, j ist die Sequenznummer des Senders A und k die Sequenznummer des Senders Y. Bild 2.41 c zeigt den Ablauf bei Verlust des Rahmens I, 4, 0.

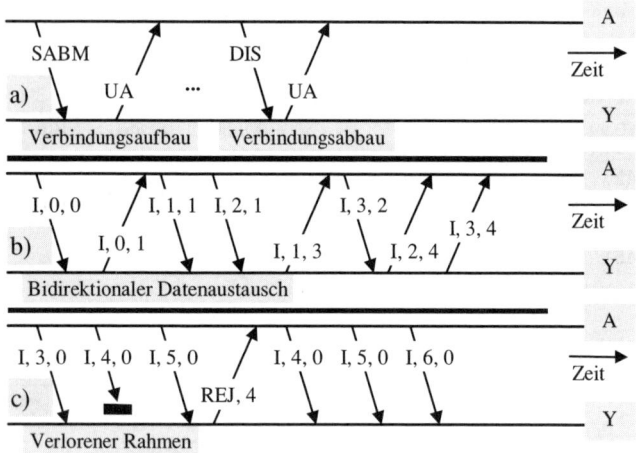

Bild 2.41   Abläufe in HDLC (Beispiele)

2.10.5   Weitere Protokolle der Sicherungsschicht

HDLC bildet die Basis für weitere wichtige Protokolle der Sicherungsschicht. **LAPB** (*Link Access Procedure, Balanced*) wird von ITU-T als Teil von X.25 (→ Abschnitt 7.2) für die Schnittstelle zwischen einem Endsystem und dem Paketnetz verwendet. LAPB nutzt nur die Betriebsart **ABM** und behält den Rahmenaufbau von HDLC bei. **LAPD** (*Link Access Procedure, D-Channel*) ist in ISDN (→ Abschnitt 7.3) das Protokoll der Sicherungsschicht im D-Kanal. LAPD weist im Detail einige Unterschiede zu HDLC auf. **LLC** (*Logical Link Control*) ist das Protokoll der Sicherungsschicht für LAN (Lokale Netzwerke), die nach IEEE 802 spezifiziert sind (→ Abschnitt 6.1). Der Rahmenaufbau in LLC unterscheidet sich von dem in HDLC. Gründe dafür liegen in der Aufteilung der Schicht 2 in die Teilschichten MAC und LLC sowie in der Notwendigkeit, jedem Rahmen Empfänger- und Senderadresse mitzugeben. In *Frame Relay* ($\rightarrow$ Abschnitt 7.6) wird auf der Sicherungsschicht das Protokoll **LAPF** (*Link Access Procedure for Frame-Mode Bearer Service*) verwendet. Unterschiede zwischen LAPF und HDLC bestehen insbesondere im Adressfeld, das bei LAPF 2, 3 oder 4 Byte lang sein kann.

2

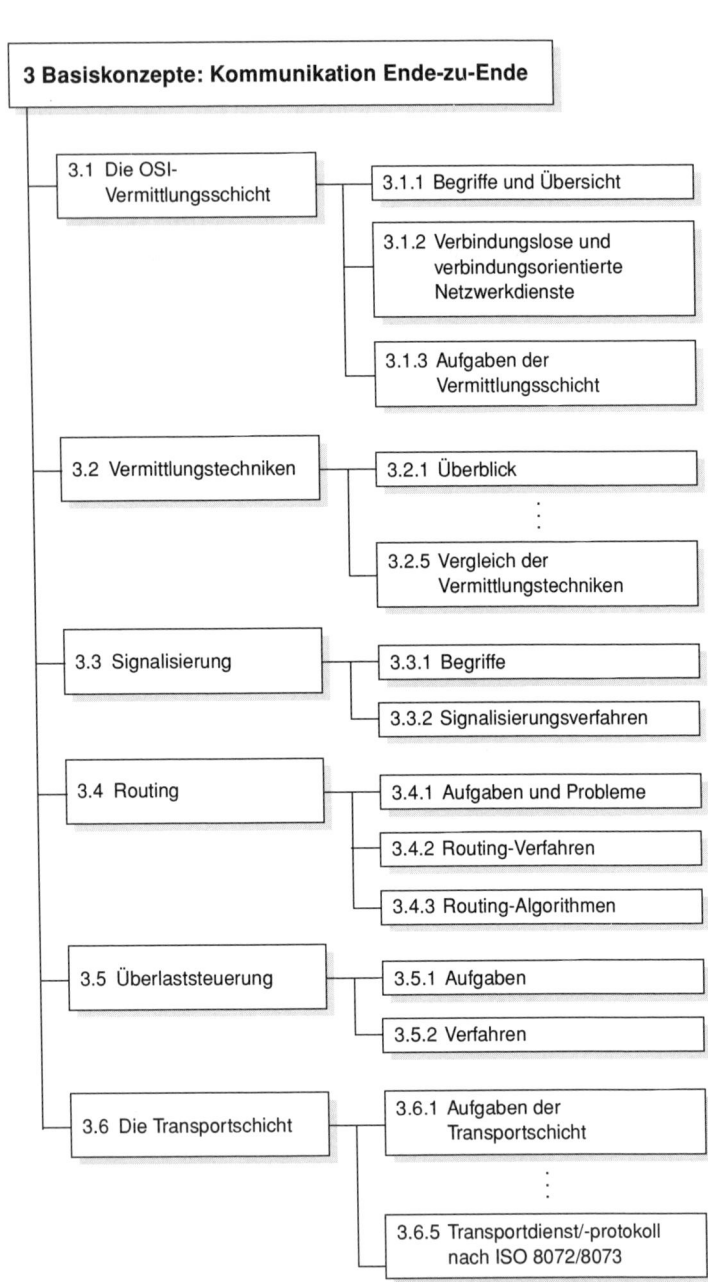

3 Basiskonzepte: Kommunikation Ende-zu-Ende

3.1 Die OSI-Vermittlungsschicht

3.1.1 Begriffe und Übersicht

Die **OSI-Vermittlungsschicht** (auch **Netzwerkschicht**, *network layer*) besorgt den Aufbau, den Betrieb und den Abbau von Netzwerkverbindungen (d. h. Verbindungen der OSI-Schicht 3) zwischen Endsystemen. Die technische Realisierung dieser Funktionen wird als **Vermittlungstechnik** bezeichnet.

📖 Die OSI-Vermittlungsschicht wird in /3.3/, /3.6/, /3.7/, /3.10/, /3.12/, /3.14/ und /3.15/ behandelt. In /3.1/ steht die Netzwerkschicht des Internet im Vordergrund, während /3.13/ den Schwerpunkt auf herkömmliche Kommunikationsnetze legt.

3.1.2 Verbindungslose und verbindungsorientierte Netzwerkdienste

Die Unterscheidung zwischen **verbindungsloser** und **verbindungsorientierter** Kommunikation ist auf der Vermittlungsschicht von besonderer Bedeutung. Ein verbindungsloser Netzwerkdienst (**CLNS**: *Connectionless Network Service*) überträgt jedes einzelne Paket (hier als **Datagramm** bezeichnet) unabhängig von vorangehenden oder folgenden Paketen. Dabei wird die Übertragung nicht garantiert, dieses Verhalten wird als *best effort* bezeichnet. Für jedes Paket wird in jedem Zwischenknoten eine Routing-Entscheidung getroffen. Deshalb muss jedes Paket die Zieladresse enthalten. Als Konsequenz dieses Verfahrens können die einzelnen Pakete unterschiedliche Wege nehmen. Je nach Verzögerung (Lauf- und Wartezeiten) kann die Reihenfolge des Eintreffens beim Empfänger verschieden sein von der Reihenfolge beim Absenden. Zudem können Datagramme verloren gehen oder Duplikate dem Empfänger zugestellt werden. Da die Datagramme einer Kommunikationsbeziehung unabhängig voneinander übertragen werden, ist eine Flusssteuerung nicht möglich. Ebenso kann dem Dienstnutzer keine Zusicherung bezüglich der erbrachten Dienstgüte gegeben werden.

Bei einem verbindungsorientierten Netzwerkdienst (**CONS:** *Connection Oriented Network Service*) wird zuerst eine virtuelle Verbindung (virtuell bedeutet hier das Gegenteil von durchgeschaltet) aufgebaut. Dazu wird ein Datagramm-Paket verwendet, das in den durchlaufenen Knoten die aufzubauende Verbindung bekannt gibt und dafür eine Verbindungsidentifikation (Label → Abschnitt 1.7.7) erhält. Wenn die Verbindung aufgebaut ist, nehmen alle folgenden Pakete denselben Weg. Somit genügt es, den Paketen die Verbindungsidentifikation mitzugeben. Adressen sind dann nicht mehr erforderlich. Es ist sichergestellt, dass die Pakete in der richtigen Reihenfolge beim Empfänger ankommen. Flusssteuerung, Dienstgüteaushandlung und Abrechnung/Tarifierung sind durchführbar.

▶ CLNS und IP (→ Abschnitt 9.2.1) sind ähnlich, CONS wird beispielsweise in X.25 (→ Abschnitt 7.2) verwendet.

3.1.3   Aufgaben der Vermittlungsschicht

Die Vermittlungsschicht ist für die folgenden **Aufgaben** zuständig:

- **Routing:** dient der Ermittlung geeigneter Kommunikationspfade zwischen Quellen- und Zielsystem. Ein Pfad kann zahlreiche **Zwischensysteme** enthalten.
- **Fehlererkennung:** Fehler sollen soweit irgend möglich erkannt werden. Dazu werden auch Dienste der Sicherungsschicht genutzt.
- **Fehlerbehebung:** Fehler sollen in sinnvollem Umfang behoben werden. Im einfachsten Fall können fehlerbehaftete Pakete verworfen werden; falls die Vermittlungsschicht verbindungsorientiert arbeitet, können Übertragungswiederholungen bei der Fehlerbehebung helfen.
- Netzwerkverbindungen über **Teilnetze** hinweg: Eine Netzwerkverbindung kann über eine Anzahl von Teilnetzen führen, deren Dienstgüten erhebliche Unterschiede aufweisen können. In solchen Fällen gibt es zwei Möglichkeiten: 1. Die Teilnetze werden direkt miteinander verbunden. Dann ist die Dienstgüte des Gesamtnetzes vergleichbar mit der schlechtesten Dienstgüte der Teilnetze. 2. Das schlechteste Teilnetz wird durch zusätzliche Funktionen mit einer höheren Dienstgüte ausgestattet, die sich im Gesamtnetz bemerkbar macht.
- Erhaltung der **Paketreihenfolge**: Die Vermittlungsschicht kann möglicherweise die reihenfolgerichtige Zustellung der Pakete gewährleisten. Falls nicht, muss sich die darüber liegende Transportschicht darum kümmern.
- Vereinbarung und Sicherstellung einer bestimmten **Dienstgüte**: Eine zu Beginn der Netzwerkverbindung ausgehandelte Dienstgüte soll für die Verbindungsdauer garantiert sein. Hier kommen u. a. die folgenden

Parameter in Betracht: 1. **Restfehlerrate**: Verhältnis der nicht berichtigten fehlerhaften, verlorenen oder duplizierten Pakete zur Gesamtzahl der Pakete. 2. **Verfügbarkeit** des Dienstes: Sie wird hauptsächlich durch Verfügbarkeit (→ Abschnitt 5.3.4) der Zwischenknoten und der Teilstrecken bestimmt. 3. **Zuverlässigkeit**: Wahrscheinlichkeit, dass Pakete fehlerfrei beim richtigen Empfänger ankommen. 4. **Durchsatz**: Die Anzahl der pro Zeiteinheit korrekt übertragenen Nutzdaten. 5. **Verzögerung**: Sie wird bestimmt durch die Laufzeit auf den Übertragungsstrecken (→ Abschnitt 5.3.3) und die Warte- und Bearbeitungszeiten in den durchlaufenen Routern. 6. **Überlaststeuerung**: Die dem Anwender zugesagte Dienstgüte soll durch lokale Überlastung von Netzknoten und Teilstrecken nicht verschlechtert werden.

3

3.2 Vermittlungstechniken

3.2.1 Überblick

Seit dem ersten handvermittelten Telefonnetz wurden verschiedene Vermittlungstechniken entwickelt und eingeführt (→ Bild 3.1).

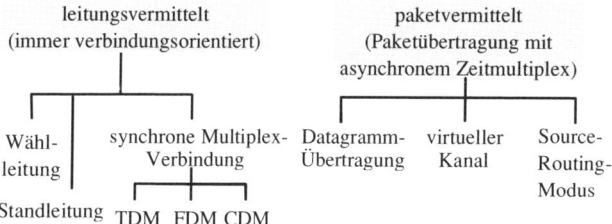

Bild 3.1 Übersicht Vermittlungstechniken (vgl. /3.4/, S. 73)

Die **Leitungsvermittlung** (*circuit switching*) ist im **Telefonnetz** nach wie vor von großer Bedeutung. In der Regel wird eine **Wählleitung** (*switched circuit*) zu Beginn einer Kommunikationsbeziehung aufgebaut und nach deren Ende wieder abgebaut. Eine **Standleitung** (Mietleitung, *leased line*) ist eine zwischen zwei Teilnehmern fest geschaltete Leitung. **Synchrone Multiplex-Verfahren** werden eingesetzt, um auf einem breitbandigen, physischen Kanal gleichzeitig viele logische Verbindungen bereitzustellen. Hierfür werden, je nach physischem Kanal, die Multiplex-Verfahren TDM, FDM und CDM (→ Abschnitt 2.4) eingesetzt. Die **Paketvermittlung** (*packet switching*) bildet die Basis der eigentlichen Rechnernetze.

Bei der **verbindungslosen Paketübertragung** werden **Datagramme** (*datagram*) einzeln und unabhängig voneinander übertragen. Die **verbindungsorientierte** Paketübertragung nutzt **virtuelle Verbindungen** (Kanäle), die – ähnlich wie bei der Leitungsvermittlung – auf- und abgebaut werden. Die zu übertragenden Daten werden in der Regel in mehrere/ viele Pakete zerteilt, die sequenziell übertragen werden. Der Fall der **Nachrichtenvermittlung** (*message switching*) ist hingegen dadurch gekennzeichnet, dass eine vollständige Nachricht des Benutzers auf einmal übertragen wird. Das *Source Routing* (→ Token Ring, Abschnitt 6.3) kann als Sonderfall der Paketvermittlung betrachtet werden.

Alle Formen der Paketvermittlung benötigen Zwischenspeicher, die Pakete so lange zwischenspeichern, bis sie weitergeleitet werden können. Deshalb wird auch der Begriff *Store and Forward* für die Paketvermittlung verwendet.

Bild 3.2 fasst die wichtigsten Punkte zusammen.

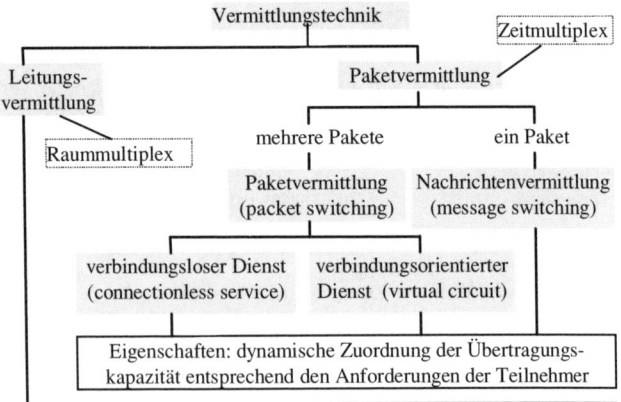

Bild 3.2   Leitungs- und Paketvermittlung im Vergleich

3.2.2   Leitungsvermittlung

Konventionelle Kommunikationsnetze wie das öffentliche Telefonnetz (Fernsprechnetz) verwenden das Prinzip der Leitungsvermittlung. Für jedes Paar von Kommunikationspartnern wird eine eigene, physische Verbindung aufgebaut und nach abgeschlossener Kommunikation wieder abgebaut. Durch den Verbindungsaufbau entsteht eine Wartezeit bis zum

Beginn der Kommunikation. Dafür steht jederzeit eine garantierte Bandbreite zur Verfügung und die Verzögerung auf dem Übertragungsweg ist konstant und minimal. Die Verbindungskosten sind proportional zur Verbindungsdauer, auch wenn darin Pausen enthalten sind.

3.2.3   Paketvermittlung

3

Bei der **Paketvermittlung** (*packet switching*) werden Nutzdaten in **Pakete** (*packet*) aufgeteilt, die zusammen mit anderen Paketen im asynchronen Zeitmultiplex über Teilstrecken übertragen werden. Teilstrecken sind über **Router** mit weiteren Teilstrecken verbunden, wodurch eine teilweise vermaschte Topologie entsteht. Die verschiedenen Varianten der Paketvermittlung (→ Abschnitt 3.2.1) bieten den Vorteil, dass die verfügbare Übertragungskapazität den Teilnehmern entsprechend ihrem Bedarf dynamisch zugeordnet werden kann. Die Kosten sind von der Zahl (und Länge) der übertragenen Pakete abhängig, entsprechen also der tatsächlichen Nutzung des Netzes. Als Nachteil ergibt sich bezogen auf eine einzelne Kommunikationsbeziehung eine nicht garantierte Bandbreite sowie eine relativ große und variable Verzögerung.

Bei der Paketvermittlung werden die Zwischensysteme im Netz als Router (vgl. Abschnitt 1.6.4) bezeichnet. Der grundlegende Ablauf in einem Router (→ Bild 3.3) besteht aus dem Zwischenspeichern ankommender Pakete (*store*), der Ermittlung des nächsten Zwischensystems auf dem Weg zum Ziel (Routing-Entscheidung, *routing decision*) und der Weitergabe (*forwarding*) über eine Warteschlange an der richtigen Ausgabeschnittstelle. Die Routing-Entscheidung wird anhand der Zieladresse – die sich im Header eines Pakets befindet – und der Routing-Tabelle getroffen. Der Begriff Routing bezieht sich auf die Erstellung der Routing-Tabellen (→ Abschnitt 3.4).

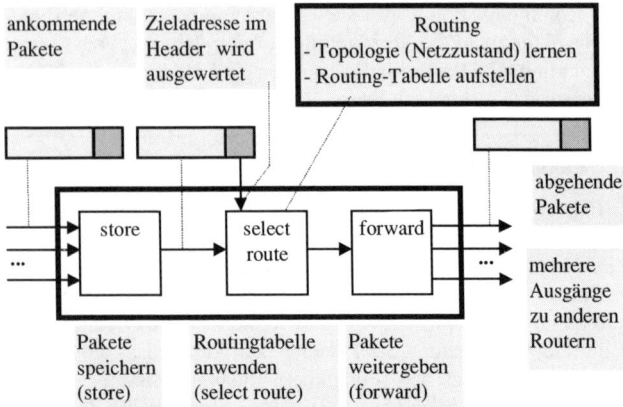

Bild 3.3   Paketvermittlung: Store and Forward

In Abhängigkeit von Übertragungsfehlern, überlasteten oder zeitweise ausgefallenen Teilstrecken und Routern können bei der Paketvermittlung diverse Fehler entstehen:

- Pakete können verloren gehen.
- Die Pakete einer Kommunikationsbeziehung können in falscher Reihenfolge beim Empfänger ankommen und
- ein Paket kann mehrfach (als Duplikat) beim Empfänger ankommen.

Für die Beseitigung dieser Fehler ist die Transportschicht zuständig (→ Abschnitte 3.6, 9.1.2, 9.2.3).

Die Paketvermittlung wird in vielen Netzen genutzt. Einige Beispiele sind:

- LANs, z. B. Ethernet, Token Ring, FDDI (→ Kapitel 6).
- MANs, z. B. DQDB (→ Abschnitt 7.1).
- WAN, z. B. X.25 (→ Abschnitt 7.2).
- Frame Relay (→ Abschnitt 7.6).
- ATM (→ Abschnitte 3.2.4, 7.7).

Frame Relay und ATM werden auch unter dem Begriff der Zellenvermittlung (→ Abschnitt 3.2.4) eingeordnet. Darüber hinaus werden Pakete auch über Netze mit Eigenschaften der Leitungsvermittlung übertragen. Beispielsweise wird SDH (→ Abschnitt 7.5) auch als Transportnetz für Pakete aller Art (IP-Datagramme, X.25-Pakete, Frame-Relay-Pakete, ATM-Zellen, ...) genutzt.

3.2.4 Zellenvermittlung

Die Paketvermittlung wird durch das Prinzip *Store and Forward* relativ langsam. Die Pakete werden vollständig gespeichert, Adressen ausgewertet und Prüfsummen überprüft bzw. neu berechnet. Zur Erhöhung der effektiven Übertragungsgeschwindigkeit wurden Konzepte wie *Fast Packet Switching* bzw. *Fast Packet Relaying* entwickelt (→ Bild 3.4). Die Grundidee dabei ist es, Pakete so schnell als möglich weiterzugeben. Das geht nur bei einfachen Paketstrukturen, bzw. wenn nur wenige Inhalte des Pakets ausgewertet werden müssen. Zusätzlich wird angestrebt, das Routing möglichst vollständig in Hardware statt in Software zu realisieren.

3

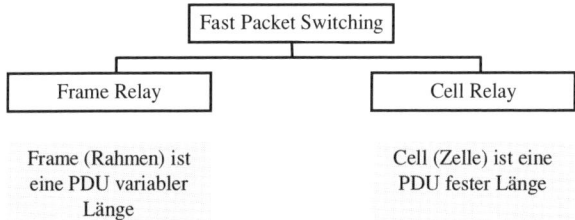

Bild 3.4   Frame und Cell Relay (/3.2/, S. 12)

Zu Frame Relay → Abschnitt 7.6, zu Cell Relay in der Realisierung von ATM → Abschnitt 7.7. Beide Verfahren nutzen kurze Labels (→ Abschnitt 1.7.7) statt vollständiger Adressen für das Forwarding. Die Rahmenlänge in Frame Relay ist variabel, die Zellenlänge in ATM fest.

📖 Ein Vergleich zwischen herkömmlicher Paketvermittlung und Frame Relay findet sich in /3.14/, S. 303.

3.2.5 Vergleich der Vermittlungstechniken

Tabelle 3.1 fasst einige Charakteristika der Vermittlungstechniken zusammen. Dabei ist die Art der Speicherung am wichtigsten. Eine direkte Verbindung (bei der Leitungsvermittlung) benötigt keine Zwischenspeicherung im Netz. Bei *Store and Forward* ist zunächst eine Zwischenspeicherung auf Massenspeicher realisiert worden. Die Zwischenspeicherung auf einem schnellen Halbleiterspeicher wird durch den Begriff *Hold and Forward* abgegrenzt. Ein weiteres Unterscheidungsmerkmal ist die Existenz (bei der Leitungsvermittlung ist das Konzept einer PDU nicht notwendig) bzw. Länge der verwendeten **PDUs** (*Protocol Data Unit*).

Tabelle 3.1:Vergleich der Vermittlungstechniken (vgl. /3.2/, S. 59)

Vermittlungs-technik	Verzögerung	Art der Zwischen-speicherung	PDU (Protokoll-dateneinheit)
Leitungs-vermittlung	minimal	direkte Verbindung	gibt es nicht
Nachrichten-vermittlung	hoch	Store and Forward	variable Länge
Paketvermittlung	mittel	Hold and Forward	variable Länge
Frame Relay Switching	klein	Hold and Forward	variable Länge
Cell Relay Switching	sehr klein	Hold and Forward	feste kleine Länge

3.3   Signalisierung

3.3.1   Begriffe

Signalisierung (Zeichengabe, *signaling* oder *signalling*) ist der Aus-tausch aller Informationen, die zum Aufbau, zur Überwachung und zum Abbau von Verbindungen in einem Telekommunikationsnetz erforderlich sind.

Diese Aufgabe wird kurz als *Call Control* oder *Connection Control* (**CC**) bezeichnet. Die Signalisierung kann grundsätzlich auf zwei verschiedene Arten realisiert werden:

- **In-Band-Signalisierung** (*in band signaling*, auch **CAS**: *Channel Associated Signaling*): Die Signalisierungsinformation wird im glei-chen logischen Kanal übertragen wie das Nutzsignal. In-Band-Signali-sierung ist das ältere Verfahren.

- **Außer-Band-Signalisierung** (*Out of Band Signaling*, **CCS**: *Common Channel Signaling*, Zentralkanalzeichengabe): Die Signalisierungsin-formation wird in einem anderen logischen Kanal (andere Frequenz, anderer Zeitschlitz/Zeitlage) übertragen als das Nutzsignal. Der Signa-lisierungskanal steht einer Vielzahl von Nutzkanälen zur Verfügung. Außer-Band-Signalisierung ist das modernere Verfahren, das den Vor-teil einer höheren Flexibilität aufweist.

▶ Signaling bezeichnet im Englischen auch die Leitungscodierung bzw. die Übertragung des Leitungssignals, also etwas anderes als Signalisierung im Sinn von Zeichengabe.

3

Die Signalisierung im Zugangsnetz (**Teilnehmersignalisierung**) und im Verbindungsnetz (**Netzsignalisierung**) sind klar zu unterscheiden. Für die **Ende-zu-Ende-Signalisierung** werden beide Funktionen benötigt (→ Bild 3.5).

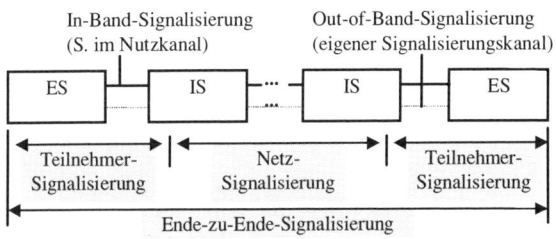

Bild 3.5   Begriffe zur Signalisierung

📖 Weitere Informationen zur Signalisierung → /3.2/, /3.9/.

3.3.2   Signalisierungsverfahren

Einige verbreitete Signalisierungsverfahren sind in Bild 3.6 eingeordnet.

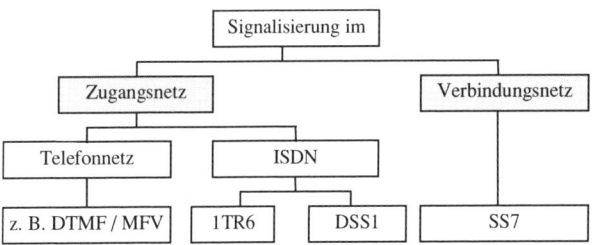

Bild 3.6   Übersicht verbreiteter Signalisierungsverfahren

- **DTMF** (*Dual Tone Multiple Frequency*) bzw. **MFV** (Mehrfrequenz-Wahlverfahren) dienen zur Signalisierung an der Teilnehmerschnittstelle in Telefonnetzen. Dabei werden Ziffern (Hexadezimalziffern) als Summe zweier Sinusschwingungen bestimmter Frequenz dargestellt. DTMF ist eine In-Band-Signalisierung.
- **1TR6** (veraltet): Nationales Protokoll der Deutschen Telekom zur Signalisierung im D-Kanal. Wird ab dem Jahr 2006 nicht mehr unterstützt.
- **DSS1** (*Digital Signalling System No. 1*) wird bei ISDN für die Signalisierung im D-Kanal verwendet und kurz auch als **Euro-ISDN** bezeichnet (→ Abschnitt 7.3.3).

- **SS7** (*Signalling System No. 7*) (→ Abschnitt 7.3.3) wird in allen modernen Netzen verwendet, z. B. **ISDN** (netzintern), **GSM, IN** (*Intelligent Network*) und **TMN** (*Telecommunication Management Network* → Abschnitt 14.1.5).
- Auch im Internet ist eine Signalisierung erforderlich. Hierfür sind die Protokolle **ICMP, IGMP** und weitere zuständig (→ Abschnitte 9.2.2, 9.7.3).

3.4   Routing

Das **Routing** (Wegewahl, Leitweglenkung) ermittelt Wege (Pfade, Routes) von einem Quellen- zu einem Zielsystem. Zwischen Quellen- und Zielsystem liegen (in der Regel mehrere) **Router** (Vermittlungsrechner). Die Router ermitteln einen Weg (Route) auf Basis der Adresse des Zielsystems oder der Adresse eines Subnetzes, in dem sich das gesuchte Zielsystem befindet.

▶ Weitere Begriffe: Die Bezeichnung Gateway wird im Zusammenhang mit dem Internet manchmal für Router verwendet. Ein Router wird auch als Switch bezeichnet, wenn er Zellen vermittelt. Brücken (Bridge → Abschnitte 1.6 und 6.2.4) übertragen ebenfalls Pakete zwischen Teilnetzwerken, allerdings auf Basis der Hardwareadresse, nicht der Netzwerkadresse. In letzter Zeit wird zunehmend von Layer-x-Switches gesprochen. Obwohl die Begriffe nicht einheitlich definiert und verwendet werden, liegt die Intention im Durchschalten von PDUs der Schicht x mittels Hardware, statt durch Software.

📖 Routing-Verfahren werden in /3.1/, /3.4/, /3.5/, /3.7/, /3.10/, /3.12/, /3.14/ und /3.15/ behandelt.

3.4.1   Aufgaben und Probleme

Im Folgenden wird zwischen Routing-Verfahren, Routing-Strategien und Routing-Algorithmen unterschieden.

- **Routing-Verfahren** geben eine summarische, wenig detaillierte Beschreibung, wie das Routing durchgeführt wird und welche Teile das Verfahren umfasst.
- **Routing-Strategien** beschreiben etwas genauer, wie geeignete Wege unter Beachtung festgelegter Kriterien ermittelt werden.
- **Routing-Algorithmen** beschreiben exakt und vollständig, wie eine Routing-Strategie als Algorithmus formuliert wird, der direkt (eins-zu-eins) in ein Programm für einen Router umgesetzt werden kann.

Es ist sinnvoll, den Vorgang der **Wegewahl** (*route discovery*) und den der **Weitergabe von Paketen** (*forwarding*) strikt auseinander zu halten.

- Das Forwarding besteht darin, eine Routing-Tabelle (s. u.) auf ein bestimmtes Paket anzuwenden.
- Die Routing-Tabelle muss natürlich zuerst aufgestellt werden. Dieser Vorgang heißt Routing. Routing-Tabellen können manuell erstellt werden. Aus verschiedenen Gründen ist jedoch eine Erstellung mit Hilfe von Routing-Protokollen vorzuziehen.

Weiter ist das Routing in Abhängigkeit der jeweils betrachteten Kommunikationsbeziehung unterschiedlich durchzuführen:

- Die meisten Routing-Verfahren sind für die 1:1-Kommunikation (**Unicast**) ausgelegt.
- Routing-Verfahren für **Multicast** ($1:n$, wobei n für eine Teilmenge aller möglichen Empfänger steht, auch als Gruppenkommunikation bezeichnet) werden zukünftig wichtiger (Video-Konferenz, Video-Server). Für Multicast-Routing $\rightarrow$ Abschnitt 9.7.4.
- **Broadcast** ist ein Sonderfall des Multicast, bei dem alle Teilnehmer eines Netzes bzw. eines Subnetzes als Empfänger angesprochen sind. In Diffusionsnetzen ($\rightarrow$ Abschnitt 1.5) ist ein Broadcast inhärent realisiert, indem jeder Knoten sowieso alle Pakete empfängt. In **NBMA**-Netzen (*Non Broadcast Multiple Access,* Netze mit verbindungsorientierter Kommunikation über Punkt-zu-Punkt-Verbindungen, z. B. ATM, Frame Relay und X.25) ist dies nicht der Fall, Broadcasts müssen deshalb durch mehrfache Routing-Vorgänge nachgebildet werden.

Grundidee des Routing

Die Grundidee des Routing in Paketnetzen ($\rightarrow$ Bild 3.7) geht davon aus, dass in jedem Zwischensystem Zi (Router) eine Routing-Tabelle vorhanden ist. Der Router extrahiert die in einem ankommenden Paket enthaltene Zieladresse und sieht in seiner Routing-Tabelle ($\rightarrow$ Tabelle 3.2) nach, an welches nächste Zwischensystem das Paket weiterzugeben ist. Falls der Zielknoten direkt mit dem Ziel verbunden ist, ist kein Zwischensystem, sondern das Ziel selbst in der Routing-Tabelle eingetragen.

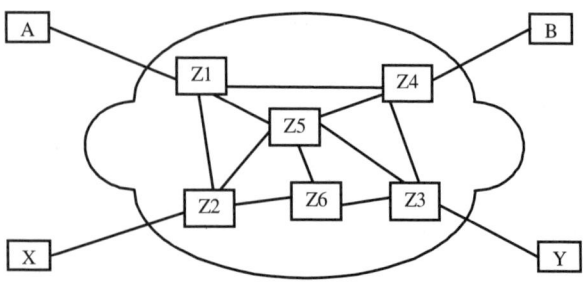

Bild 3.7   Ablauf beim Routing

Das in Tabelle 3.2 enthaltene Routing wählt offensichtlich **kürzeste Wege**, auf denen die kleinste Anzahl von Zwischensystemen zu durchlaufen ist. In der Praxis werden jedoch auch andere Kriterien (sog. **Metriken**) zur Wegewahl verwendet (→ Abschnitt 3.4.3).

Tabelle 3.2   Inhalte der Routing-Tabellen für die Zwischensysteme Z_i in Bild 3.7. Die Einträge geben das nächste Zwischensystem auf dem Weg zum Ziel an

Ziel	Routing-Tabelle für					
	Z1	Z2	Z3	Z4	Z5	Z6
A	A	Z1	Z5	Z1	Z1	Z2
B	Z4	Z5	Z4	B	Z4	Z3
...	...	...	...	...	...	...
X	Z2	X	Z6	Z5	Z2	Z2
Y	Z5	Z6	Y	Z3	Z3	Z3

Die Frage ist nun, wie die Routing-Tabellen ermittelt werden. Dazu werden in verschiedenen Routing-Verfahren unterschiedliche Antworten gegeben.

3.4.2   Routing-Verfahren

3.4.2.1   Übersicht

Routing-Verfahren beschreiben, wie Routing-Tabellen erstellt werden.

Es gibt verschiedene Verfahrenstypen, die sich nach Bild 3.8 einordnen lassen.

- Bei **statischen** (nicht adaptiven) **Verfahren** wird die Routing-Tabelle einmal erstellt und dann nicht mehr verändert. Die Routing-Tabelle wird aufgrund festgelegter **Routing-Metriken** ermittelt. Statische

Routing-Verfahren können jedoch nicht auf Veränderungen im Netz reagieren, so dass ihr Nutzen begrenzt ist.

- **Adaptive** (dynamische) Routing-Verfahren können sich der aktuellen Situation im Netz anpassen, indem die Routing-Tabellen regelmäßig oder bei Bedarf angepasst werden. Basis für die Anpassung sind ebenfalls Routing-Metriken.
- **Isolierte Routing-Verfahren** wählen den Ansatz, dass jeder Knoten nur die ihm verfügbare, lokale Information für seine Routing-Entscheidungen verwendet.
- **Zentrale Routing-Verfahren** übertragen die Ermittlung der Routing-Tabellen einer zentralen Stelle, die aufgrund ihrer umfassenden Information über den Zustand des Netzes qualitativ hochwertige Routing-Entscheidungen treffen kann. Die Reaktionsgeschwindigkeit auf Veränderungen im Netz kann jedoch gering sein. Ein zentral gesteuertes Routing erfordert eine ausfallsichere Plattform, um den Ausfall der gesamten Routing-Funktion zu verhindern. Außerdem kann es einen Engpass bilden, der die gesamte Übertragungsleistung des Netzes ungünstig beeinflusst.
- **Verteilte Routing-Verfahren** sind dadurch gekennzeichnet, dass jeder Router seine Routing-Entscheidungen selbstständig auf Basis der ihm zur Verfügung stehenden Information ermittelt. Die Nachteile des zentralen Routing werden dabei vermieden. In der Praxis werden hauptsächlich verteilte, adaptive Routing-Verfahren eingesetzt. Die wichtigsten Verfahren verwenden Distanz-Vektor-Algorithmen (→ Abschnitt 3.4.3.1) und Link-State-Algorithmen (→ Abschnitt 3.4.3.2).

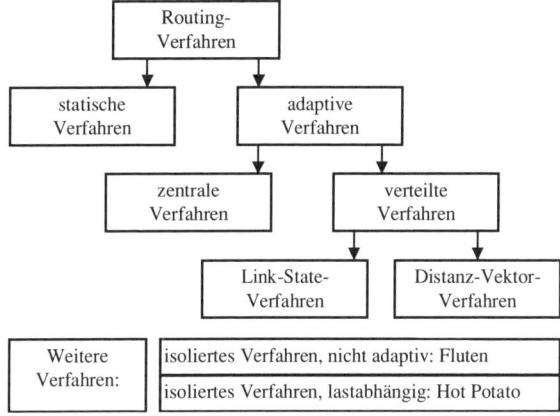

Bild 3.8   Einteilung der Routing-Verfahren

Die genannten Routing-Verfahren bzw. Elemente daraus lassen sich in vielfältiger Weise kombinieren.

3.4.2.2   Routing-Verfahren Fluten

Fluten (*flooding*) ist ein isoliertes, nicht adaptives Verfahren. Isoliert bedeutet, dass jeder Knoten nur die ihm verfügbare lokale Information verwendet. Diese kann die Länge einer Warteschlange vor einer abgehenden Leitung oder den Zustand eines Nachbarn beinhalten. Das Verfahren gibt jedes erhaltene Paket an alle Nachbarknoten weiter, mit Ausnahme des Knotens, von dem das Paket erhalten wurde. Dadurch entstehen viele Duplikate im Netz. Falls deren Lebensdauer nicht begrenzt wird, wird das Netz in kürzester Zeit hoffnungslos überlastet sein. Jedes Duplikat kann einen Zeitstempel erhalten, der es ermöglicht, das Paket nach Ablauf einer bestimmten Zeitspanne zu vernichten. Wenn einem Paket ein Zählwert (*hop count*) mitgegeben wird, der nach Durchlaufen eines jeden Zwischenknotens um Eins dekrementiert wird, kann das Paket beim Erreichen des Zählwertes null vernichtet werden. Das Fluten ist ein einfaches Verfahren, das zu einer hohen Netzlast führt. Es ist sehr robust und funktioniert auch dann, wenn viele Knoten ausfallen. Der kürzeste Weg wird immer gefunden, wenn auch später eintreffende Duplikate erkannt und verworfen werden müssen.

3.4.2.3   Routing-Verfahren Hot Potato

Ein Knoten, der ein Paket zur Weitergabe erhält, betrachtet dieses als „heiße Kartoffel", die er schnellstmöglich wieder loswerden möchte. Dazu kann das Paket auf die abgehende Leitung mit der kürzesten Warteschlange gelegt werden. Die Folge ist, dass Pakete erhebliche Umwege nehmen können, da nicht sichergestellt ist, dass die gewählte Leitung einen günstigen Weg in Richtung auf das Ziel ergibt. Das Hot-Potato-Verfahren ist empfindlich gegen Überlast, denn es werden immer noch Pakete angenommen, wenn der Weg zum Ziel bereits verstopft ist.

3.4.3   Routing-Algorithmen

Die beiden Verfahren Distanz-Vektor-Routing und Link-State-Routing sind in der Praxis sehr wichtig. Bild 3.9 zeigt an Beispielen, welche Wege (Pfade) gewählt werden. Beim Distanz-Vektor-Verfahren wird ein kürzester Weg gewählt, der die kleinstmögliche Anzahl von Zwischensystemen (*hops*) enthält. Beim Link-State-Verfahren ist jeder Teilstrecke *(link)* ein

Gewicht nach einer festgelegten Metrik (z. B. Kosten, Distanz, Bandbreite, Auslastung etc.) zugeordnet. Ein kürzester Weg ist dadurch gekennzeichnet, dass die Summe der Gewichte minimal ist.

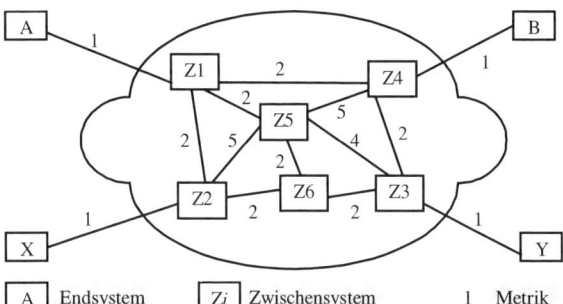

Distanz-Vektor-Verfahren:	**Link-State-Verfahren:**
von B nach X über Z4, Z5, Z2: insgesamt 4 Teilstrecken bzw. 3 Zwischensysteme → optimal. Weg über Z4, Z1, Z2 ist ebenfalls optimal. Weg über Z4, Z3, Z6, Z2 führt über 4 Zwischensysteme → nicht optimal.	von B nach X über Z4, Z2, Z1: Kosten = Summe der Metriken = 1+ 2 + 2 + 1 = 6 → optimal. Weg über Z4, Z3, Z6, Z2: Kosten = 8 → ungünstig. Weg über Z4, Z5, Z6, Z2: Kosten = 11 → sehr ungünstig.

Bild 3.9   Routing-Verfahren: Distanz-Vektor und Link-State

Für die beiden wichtigen Routing-Verfahren Distanz-Vektor und Link-State werden nun die Algorithmen im Detail beschrieben. Für weitere Routing-Verfahren im Internet → Abschnitte 9.4 und 9.5.

3.4.3.1   Distanz-Vektor-Algorithmus

Der Distanz-Vektor-Algorithmus (auch als **Bellman-Ford-Algorithmus** bekannt) wird für die verteilte Berechnung von Routing-Tabellen verwendet. Dabei berechnet zunächst **jeder Knoten für sich** eine Routing-Tabelle. Die Einträge sind Tupel, die – wie der Name des Verfahrens andeuten soll – je eine Adresse (Vektor) und die zugehörige Distanz enthalten. Die Tupel werden den **benachbarten Knoten** mitgeteilt und zur Aktualisierung (*update*) deren Routing-Tabellen genutzt. Nach einiger Zeit (Konvergenzdauer) besitzen alle Knoten optimale Routing-Tabellen. Das Distanz-Vektor-Verfahren wird periodisch im Abstand weniger Sekunden durchgeführt. Damit kann der Ausfall einzelner Knoten oder Kanten

(Übertragungsstrecken) berücksichtigt werden. Ein Knoten, der keine periodische Routing-Information liefert, gilt als ausgefallen. Die umgebenden Knoten ändern daraufhin ihre Routing-Tabellen so, dass der ausgefallene Knoten umgangen wird, soweit bestehende Pfade dies zulassen.

Beim Bellman-Ford-Algorithmus ist – wie beim Dijkstra-Algorithmus – jede Kante des Graphen mit einem Gewicht belegt, die Distanz zum Ziel ist als Summe der Gewichte auf dem Weg zum Ziel definiert. Die Routing-Tabelle enthält für jeden Eintrag ein Feld, das die Distanz zum Zielknoten (auf einem Pfad entsprechend dem angegebenen *Next Hop*) enthält. Jeder Knoten sendet die ihm bekannten Wertepaare (Ziel, Distanz) an seine Nachbarn. Wenn ein Knoten eine Nachricht von seinem Nachbarn *N* erhält, prüft er alle Einträge und ändert seine Routing-Tabelle, falls der Nachbar einen kürzeren Pfad zu einem Ziel kennt. Der Algorithmus lässt sich in **Pseudocode** wie folgt angeben /3.5 a/, S. 181:

■ Gegeben sind: eine lokale Routing-Tabelle, ein Gewicht für jede Kante, die zu einem anderen Knoten führt, sowie eine empfangene Routing-Nachricht.

■ Gesucht wird eine aktualisierte Routing-Tabelle.

■ Initialisierung:
  - Jeder Eintrag in einer Routing-Tabelle enthält ein Feld *Distanz*;
  - Initialisiere die Routing-Tabelle mit einem Eintrag, dessen *Ziel* dem lokalen Knoten entspricht, dessen *Next-Hop* nicht angegeben ist und dessen *Distanz* auf 0 gesetzt ist.

■ Algorithmus:

```
Wiederhole endlos {
  warte auf die nächste Routing-Nachricht von einem Nachbarn N;
  für jeden Eintrag in der Nachricht {
    V sei das Ziel im Eintrag, D die zugehörige Distanz;
    Berechne C als D plus das Gewicht der Kante, über die die
      Nachricht empfangen wurde;
    Prüfe und aktualisiere die lokale Routing-Tabelle:
    if (es gibt keine Route zu V) {
      ergänze einen Eintrag in die lokale Routing-Tabelle mit dem
        Ziel V, dem Next Hop N und der Distanz C:
    }
  } else if (es gibt eine Route mit dem Next-Hop N) {
    ersetze die Distanz in der existierenden Route durch C;
    } else if (eine Route existiert mit einer Distanz größer als C) {
      ändere den Next-Hop auf N und die Distanz auf C;
    }
  }
}
```

Ein Vorteil des Distanz-Vektor-Algorithmus ist seine Einfachheit. Der größte Nachteil liegt in der langen Konvergenzdauer. Dies führt dazu, dass bei raschen Änderungen der Topologie Inkonsistenzen in den Routing-Tabellen entstehen, die zu großen Verzögerungen und zu Paketverlusten führen können.

3

3.4.3.2 Link-State-Routing, Dijkstra-Algorithmus

Das **Link-State-Routing** (auch Link-Status-Routing) wird in der Literatur auch als **SPF-Routing** (*Shortest Path First*) bezeichnet, obwohl andere Routing-Verfahren ebenfalls kürzeste Pfade ermitteln. Das Verfahren beinhaltet – wie das Distanz-Vektor-Verfahren – eine verteilte Berechnung des Routing. Die zwischen den Knoten ausgetauschten Nachrichten beinhalten den Status einer Verbindung zwischen zwei Knoten, der durch ein Gewicht in einer bestimmten Metrik ausgedrückt wird. Diese Nachrichten werden per Broadcast an alle Knoten gesendet. Damit besitzt jeder Knoten die globale und vollständige Zustandsinformation über das Netz. Jeder Knoten kann nun für sich einen Graphen für das Netz erstellen. Anschließend berechnet jeder Knoten seine Routing-Tabelle mit Hilfe des Dijkstra-Algorithmus (s. u.). Das Routing kann also – wie beim Distanz-Vektor-Verfahren – an den aktuellen Zustand des Netzes adaptiert werden. Die Adaption findet schneller statt, da alle Knoten gleichzeitig über Statusänderungen informiert werden.

Die Grundidee des Link-State-Routing geht davon aus, dass zunächst die Topologie des Netzes ermittelt wird. Dazu sind die folgenden Schritte notwendig:

- Jeder Router kümmert sich selbst darum, seine Nachbarn und ihre Namen kennen zu lernen.
- Jeder Router bildet ein **LSP** (*Link State Packet*) mit den Namen seiner Nachbarn und den Gewichten der zugehörigen Links.
- Die LSP werden an alle Router verschickt, jeder Router speichert die zuletzt erhaltenen LSP aller anderen Router.
- Damit kennt jeder Router die vollständige Topologie des Netzes. Dies ermöglicht den einzelnen Routern die Berechnung von Pfaden zu jedem Ziel.

Der **Dijkstra-Algorithmus** wird nun zur Berechnung der kürzesten Wege ausgeführt. Der Algorithmus geht von einem bestimmten Knoten, dem Quellenknoten, aus und berechnet eine Routing-Tabelle R für diesen Knoten. In der Routing-Tabelle sind für alle möglichen Zielknoten die nächsten Knoten, die in Richtung auf den Zielknoten zu durchlaufen sind, und die Distanz D von jedem Knoten zum Quellenknoten enthalten. Für jeden Knoten im Netz ist eine Routing-Tabelle zu ermitteln.

Für den Dijkstra-Algorithmus sind nebst der Beschreibung des Graphen einige Datenstrukturen erforderlich. Die Knoten werden von 1 bis n nummeriert, damit kann die Knotennummer als Index zum Datenzugriff verwendet werden. D ist ein Vektor, dessen i-te Komponente den aktuellen Wert der kürzesten Distanz vom Quellenknoten zum Knoten i enthält. Die i-te Komponente des Vektors R speichert den nächsten Knoten (*next hop*), der auf dem Weg zum Knoten i zu durchlaufen ist. Die Menge S der noch zu untersuchenden Knoten kann als doppelt verkettete Liste von Knotennummern gespeichert werden. Der Algorithmus lässt sich in Pseudocode wie folgt angeben /3.5 a/, S. 179:

- Gegeben ist ein Graph mit einem Quellenknoten und nichtnegativen Gewichten für jede Kante.
- Berechnet wird die kürzeste Distanz vom Quellenknoten zu jedem möglichen Zielknoten und eine Tabelle für den jeweils nächsten Knoten, der in Richtung auf den Zielknoten zu durchlaufen ist.
- Initialisierung:
  - Initialisiere eine Menge S mit allen Knoten ohne den Quellenknoten.
  - Initialisiere einenVektor D, in dem $D[v]$ das Gewicht der Kante vom Quellenknoten zum Knoten v darstellt, falls eine solche Kante existiert; falls nicht erhält $D[v]$ das Gewicht unendlich.
  - Initialisiere R so, dass $R[v]$ den Wert v erhält, falls eine Kante von der Quelle zu v existiert; falls nicht, erhält v den Wert 0.
- Algorithmus:

```
while (Menge S ist nicht leer) {
 wähle einen Knoten u aus S, so dass D[u] minimal ist;
 if (D[u] ist unendlich) {
   Fehler: es gibt keinen Pfad zu Knoten in S; Ende;
 }
 entferne u aus der Menge S;
 für jeden Knoten v, für den (u,v) eine Kante ist {
   if (v ist in S) {
     c = D[u] + Gewicht(u, v);
     if (c < D[v]) {
       R[v] = u;
       D[v] = c;
     }
   }
 }
}
```

Der Dijkstra-Algorithmus lässt verschiedene Metriken zu. Im einfachsten Fall ist die Distanz gleich der Anzahl der durchlaufenen Zwischensysteme. Dazu werden alle Gewichte auf den Wert 1 gesetzt. In WANs kann die Bandbreite eines Link als Gewicht sinnvoll sein. Gewichte können auch die Ansicht des Netzwerkadministrators (*administrative policy*) zu bevorzugten Pfaden widerspiegeln.

3

3.4.3.3   Pfad-Vektor-Algorithmus

Das Pfad-Vektor-Verfahren ist dem Distanz-Vektor-Verfahren ähnlich. Statt der Distanz zum Ziel wird jedoch ein Pfad zum Ziel angegeben. Dieser enthält eine Sequenz der zu durchlaufenden AS (→ Abschnitte 9.1.1, 9.4.1). **BGP** (*Border Gateway Protocol*) ist ein Pfad-Vektor-Protokoll, das im Internet verwendet wird (→ Abschnitt 9.4.4). Es verwendet keine Metriken. Durch die vordefinierten Pfade wird ein *Policy-based routing* realisiert, das es dem Netzbetreiber erlaubt, bestimmte Pfade auszuschließen oder uninteressant zu machen.

3.5   Überlaststeuerung

> Ein Netz kann mit seinen Betriebsmitteln (Teilstrecken, Router) eine bestimmte **Last** (*load*, Übertragungsanforderungen) bewältigen. Wenn die Last existierende Kapazitäten gegen 100 % ausnutzt, liegt eine Überlast vor, auf die das Netz in geeigneter Weise reagieren muss.

3.5.1   Aufgaben

In einem Telefonnetz wird das Eintreten von Überlast verhindert. Falls die von einem Teilnehmer gewünschte physische Leitung mangels freier Teilstrecken nicht geschaltet werden kann, wird der Verbindungswunsch abgelehnt. Trotzdem wird bei vielen abgelehnten Verbindungswünschen eine hohe Belastung des Vermittlungssystems bestehen. Bei Paketnetzen kann eine Überlastsituation entstehen, wenn zu viele Pakete gleichzeitig übertragen werden wollen. Dadurch können Teilstrecken und/oder Router überlastet werden. Dies führt zu Wartezeiten für die Übertragung, die mit zunehmender Last stark zunehmen (→ Abschnitt 5.4.3). Falls keine geeigneten Maßnahmen ergriffen werden, kann eine Überlast zum Kollaps führen. Die Aufgabe der Überlaststeuerung besteht also darin, bei jeder Teilstrecke und jedem Knoten die Last auf einen bestimmten Wert zu begrenzen.

3.5.2   Verfahren

Grundsätzlich sind zum Umgang mit Überlast die folgenden Ansätze verwendbar /3.11/:

- **Überdimensionierung des Netzes** (*overprovisioning*): Das Netz wird so großzügig ausgelegt, dass keine Überlast auftreten kann. Dieser Ansatz ist aus wirtschaftlichen Gründen kaum praktikabel.
- Die **Überlast** wird aus dem Netz **entfernt**. Dies ist nur sinnvoll, wenn die Vermittlungsschicht Kriterien besitzt, welche Pakete entfernt werden sollen. Dazu können von den höheren Schichten Pakete geeignet markiert werden. Beispiele sind das DE-Bit bei Frame Relay (→ Abschnitt 7.6.3) und das CLP-Bit bei ATM (→ Abschnitt 7.7.4).
- **Quellen** werden **gedrosselt**. Die Quellen können vom Netz aufgefordert werden, vorübergehend weniger Verkehr in das Netz einzuspeisen. Dies können die Quellen auch von sich aus tun, wenn sie eine zu hohe Netzbelastung feststellen. Verfahren dieser Art werden beispielsweise in TCP (→ Abschnitt 9.2.3) genutzt.
- Neue Kommunikationsbeziehungen werden – analog zum Telefonnetz – nur zugelassen, wenn das Netz aktuell über genügend freie Kapazitäten verfügt. Dieser Ansatz wird in ATM (*Admission Control*, → Abschnitt 7.7.4) realisiert.

3.6   Die Transportschicht

> Die Transportschicht stellt den zuverlässigen Transport von Nachrichten (Paketfolgen) zwischen zwei Endsystemen sicher.

📖 Details zur Transportschicht finden sich u. a. in /3.3/, /3.7/, /3.8/, /3.12/ und /3.15/.

3.6.1   Aufgaben der Transportschicht

Die Transportschicht bildet den Mittelpunkt eines Protokollstapels. Sie setzt auf der Vermittlungsschicht auf und ist die oberste Schicht des **Transportsystems** (zu dem die Schichten 1–4 zählen). Die Transportschicht arbeitet nur mit Endsystemen und abstrahiert von den Details des darunter liegenden Netzes. Die Vermittlungsschicht steht unter der Kontrolle des Netzbetreibers, der Anwender hat keinen Einfluss auf sie. Die Transportschicht kümmert sich um Probleme, die von der Vermittlungsschicht nicht behandelt werden. Dazu gehören die Überbrückung von Ausfällen der Vermittlungsschicht und Nachlieferung von Paketen, die in der Vermittlungsschicht verloren gegangen sind. Die Transportschicht kann beliebig lange Nachrichten übertragen. Eine (lange) Nachricht wird in **Segmente** unterteilt, die als einzelne **TPDUs** übertragen werden. Beim Empfänger werden die Segmente wieder zur ursprünglichen Nachricht zusammengesetzt.

3.6.2   Dienstgüte

3

> Die **Dienstgüte** (*quality of service*, auch *grade of service*) beschreibt die Qualitätsmerkmale, die ein Diensterbringer seinem Dienstnutzer zur Verfügung stellen kann.

Eine Aufgabe der Transportschicht besteht darin, die Dienstgüte der Vermittlungsschicht zu verbessern. Folglich führt eine gut funktionierende Vermittlungsschicht zu einer einfachen Transportschicht. Bei einer fehleranfälligen Vermittlungsschicht muss die Transportschicht versuchen, dem Transportdienstbenutzer trotzdem eine akzeptable Dienstgüte anzubieten. Die Dienstgüte wird durch einzelne Dienstgütemerkmale beschrieben. Die für diese Merkmale gewünschten Parameter können beim Verbindungsaufbau ausgehandelt werden. Falls die möglichen Werte der Parameter nicht akzeptabel sind, kann ein Verbindungsaufbau auch abgelehnt werden.

Die folgenden Dienstgüteparameter können für den Transportdienstbenutzer von Bedeutung sein:

- **Verbindungsaufbaudauer:** Dies ist die Zeitspanne von der Anforderung einer Transportverbindung bis zum Eintreffen der Bestätigung. Der Parameter spezifiziert den maximal akzeptablen Wert dieser Zeitspanne.
- **Ausfallwahrscheinlichkeit beim Verbindungsaufbau:** Anteil der fehlgeschlagenen Verbindungsaufbauversuche zur Summe aller Verbindungsaufbauwünsche.
- **Durchsatz:** Anzahl der Nutzbits, die pro Zeiteinheit erfolgreich übertragen werden. Der Durchsatz ist für jede Übertragungsrichtung getrennt zu ermitteln.
- **Übertragungsverzögerung:** Zeitspanne von einem T-DATA.request zu der entsprechenden T-DATA.indication, also genau die Zeitspanne zwischen dem Absenden einer Nachricht durch den Transportdienstbenutzer auf dem Quellenknoten bis zum Eintreffen beim Transportdienstbenutzer auf dem Zielknoten. Auch hier sind zwei Werte für die beiden Übertragungsrichtungen zu unterscheiden.
- **Restfehlerrate:** Quotient der Summe aller fehlerhaften, verloren gegangenen oder duplizierten Pakete zur Summe aller übertragenen Pakete.

- **Ausfallwahrscheinlichkeit beim Transfer:** Quotient aller fehlgeschlagenen Übertragungen zur Summe aller Übertragungsversuche in einem bestimmten Zeitraum.

- **Verzögerung beim Verbindungsabbau:** Die Zeitspanne zwischen dem Auslösen eines Verbindungsabbaus durch den Transportdienstbenutzer und der tatsächlichen Trennung am entfernten Ende.

- **Ausfallwahrscheinlichkeit beim Verbindungsabbau:** Quotient der gescheiterten Verbindungsabbauwünsche zu der Summe aller Verbindungsabbauwünsche.

- **Schutz:** Mechanismen zum Schutz der übertragenen Nachrichten gegen unerwünschte Manipulationen (→ Abschnitt 5.5).

- **Priorität:** Möglichkeit, vorrangige Verbindungen zuerst abzuwickeln und nachrangige entsprechend zu verzögern.

- **Störausgleichsverhalten** (*resilience*): Wahrscheinlichkeit, dass die Transportschicht bei internen Problemen oder Überlastungen spontan eine Verbindung auslöst, d. h. abbricht.

3.6.3   Dienstelemente

Die Dienstelemente (→ Tabelle 3.3) beinhalten Funktionen wie Verbindungsaufbau (CONNECT), Verbindungsabbau (DISCONNECT), Datentransfer (DATA) und beschleunigten Datentransfer (EXPEDITED-DATA) sowie Quittungen (DATA-ACKNOWLEDGE). Diese Dienstelemente beziehen sich auf einen verbindungsorientierten Dienst. Ein verbindungsloser Dienst wird durch die Dienstelemente UNIDATA erbracht. Bei allen Dienstelementen kennzeichnet das vorangestellte T die Transportschicht, die nachgestellten Angaben request, indication, response und confirm sind in Bild 3.6 definiert

Tabelle 3.3   Dienstelemente der Transportschicht (/3.12/, S. 209)

VO	T-CONNECT.request(callee, caller, exp_wanted, qos, user_data)
VO	T-CONNECT.indication(callee, caller, exp_wanted, qos, user_data)
VO	T-CONNECT.response(qos, responder, exp_wanted, user_data)
VO	T-CONNECT.confirm(qos, responder, exp_wanted, user_data)
VO	T-DISCONNECT.request(user_data)
VO	T-DISCONNECT.indication(reason, user_data)
VO	T-DATA.request(user_data)
VO	T-DATA.indication(user_data)
VO	T-DATA-ACKNOWLEDGE.request(user_data)
VO	T-DATA-ACKNOWLEDGE.indication ()

Tabelle 3.3   Dienstelemente der Transportschicht (Fortsetzung)

VO	T-EXPEDITED-DATA.request(user_data)
VO	T-EXPEDITED-DATA.indication(user_data)
VL	T-UNITDATA.request(callee, caller, user_data)
VL	T-UNITDATA.indication(callee, caller, qos, user_data)

VO = Verbindungsorientiert, VL = Verbindungslos

Die verfügbaren Dienstelemente können wie folgt eingesetzt werden /3.12/:

- Verbindungsaufbau: die Reihenfolge in Bild 3.10, Muster 1 ist von oben nach unten: T-CONNECT.request, T-CONNECT.indication, T-CONNECT.response, T-CONNECT.confirm. Die Verbindung wurde erfolgreich aufgebaut.
- Teilnehmer lehnt Verbindung ab (Muster 1): T-CONNECT.request, T-CONNECT.indication, T-DISCONNECT.request, T-DISCONNECT. indication.
- Transportschicht lehnt Verbindung ab (Muster 3): T-CONNECT. request, T-CONNECT.indication.
- Verbindungsabbau (Muster 2): T-DISCONNECT.request, T-DISCON-NECT.indication.
- Gleichzeitiger Verbindungsabbau durch beide Teilnehmer (Muster 4): T-DISCONNECT.request (zweimal).
- Verbindungsabbruch durch die Transportschicht (Muster 5): T-DIS-CONNECT.indication (zweimal).
- Normaler Datentransfer (Muster 2): T-DATA.request, T-DATA.indication.
- Beschleunigter Datentransfer (Muster 2): T-EXPEDITED-DATA. request, T-EXPEDITED-DATA.indication.

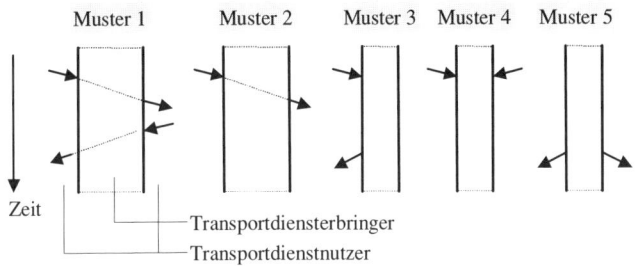

Bild 3.10   Ablauffolge der Dienstelemente

Eine zusammenfassende Festlegung der möglichen Abläufe in der Transportschicht gibt der Transportprotokollautomat nach ITU-T X.214 (→ Bild 3.11). Die verbindungslosen Dienstelemente T-UNIDATA erscheinen dort nicht, da sie nicht an Zustände gebunden sind.

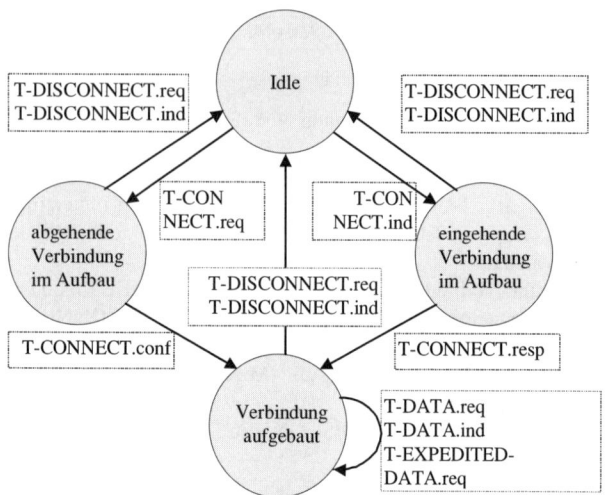

Bild 3.11   Transportprotokoll-Automat nach ITU-T X.214 (/3.3/, S. 257)

3.6.4   Transportprotokoll

Der Aufwand für ein Transportprotokoll hängt wesentlich von der Qualität des darunter liegenden Vermittlungsdienstes ab. Zur Vereinfachung der Diskussion werden Vermittlungsdienste in drei **Qualitätsklassen** (Netzklassen) eingeteilt:

- **Typ A:** hochwertiger, fast fehlerfreier Dienst ohne N-RESETs (N-RESETs können von der Netzwerkschicht zur Problembehebung ausgelöst werden, dabei können Pakete verloren gehen). Einige LAN entsprechen dem Typ A. Transportprotokolle für Netze des Typs A sind einfach und leicht verständlich.
- **Typ B:** perfekte Datenübertragung, aber mit N-RESETs. Die meisten X.25-Protokolle und WAN sind vom Typ B. Transportprotokolle für Netze des Typs B sind komplizierter als für Typ A.
- **Typ C:** unzuverlässiger Dienst mit verlorenen und duplizierten Paketen und möglicherweise auch N-RESETs. WANs mit verbindungsloser

Datagramm-Übertragung, Paket-Funknetze und viele Teilnetze des
Internet sind vom Typ C. Die hierfür erforderlichen Transportprotokolle sind aufwändig und kompliziert.

Auf Basis des OSI-Modells wird eine Familie von Transportprotokollen
beschrieben, die aus fünf Klassen 0 bis 4 besteht (→ Tabelle 3.4). Die
Klassen sind auf bestimmte Netztypen angepasst.

3

Tabelle 3.4   Protokollklassen für OSI-Transportprotokolle (vgl. /3.12/, S. 213)

Protokoll-klasse	verwendet in Netzklasse	Einsatzbereich
0	A	Einfaches Protokoll für Transportdienst über einem zuverlässigen, verbindungsorientierten Vermittlungsdienst (z. B. X.25). Bietet nur Verbindungsauf- und -abbau.
1	B	Wie Klasse 0, Transportverbindung bleibt bei kurzzeitiger Unterbrechung in der Vermittlungsschicht bestehen. Dazu sind Sequenznummern erforderlich. Keine Fehlerüberwachung oder Flusssteuerung.
2	A	Wie Klasse 0, jedoch mehrere Transportverbindungen über eine Verbindung der Vermittlungsschicht. Flusssteuerung möglich.
3	B	Kombination der Klassen 1 und 2: Behandlung von N-Resets und Multiplexen. Flusssteuerung wird immer verwendet.
4	C	Aufwändiges Protokoll für Transportdienst über einem unzuverlässigen, verbindungslosen Vermittlungsdienst. Enthält alle Funktionen der Klasse 3, kümmert sich zusätzlich um verlorene, duplizierte und vertauschte Pakete.

Eine sinnvolle Kombination von Protokollen kann HDLC (Schicht 2,
Abschnitt 2.10), X.25 (Schicht 3, → Abschnitt 7.2) und ein Transportprotokoll der Klasse 1 sein. HDLC garantiert eine fast vollständige Fehlerkorrektur und Erhaltung der Rahmenreihenfolge. X.25 liefert eine fast
fehlerfreie, virtuelle Verbindung mit korrekter Paketreihenfolge. Damit
kann das Transportprotokoll sehr einfach sein und sich weitgehend auf
den Verbindungsauf- und -abbau beschränken.

3.6.5   Transportdienst/-protokoll nach ISO 8072/8073

Die Normen ISO 8072/ISO 8073 sind für Transportprotokolle in öffentlichen Netzen wichtig. Dort sind zehn verschiedene **TPDU-Typen**
(*Transport Protocol Data Unit*) definiert (→ Bild 3.13). Jeder Typ kann

bis zu vier Felder entsprechend Bild 3.12 enthalten. Der Längenindikator gibt die Länge des gesamten Headers (fester plus variabler Teil) an. Der Maximalwert ist 254 Byte. Der feste Teil des Headers hängt vom Typ ab, im variablen Teil stehen Optionen, die nicht immer benötigt werden. Benutzerdaten können in verschiedenen TPDU enthalten sein, nicht nur in Daten-TPDU.

Längen-indikator	Header (fester Teil)	Header (variabler Teil)	Benutzer-daten

Bild 3.12   Allgemeiner Aufbau einer TPDU

Weitere Felder der TPDU-Typen haben die folgende Bedeutung: Mit dem Feld Cdt (Credit) kann der Empfänger dem Sender mitteilen, wie viele TPDUs er bei der ersten Übertragung senden darf. Dieses Feld ist jedoch nur für Protokolle der Klasse 4 relevant. Die Felder Destination Reference und Source Reference identifizieren die beiden kommunizierenden Prozesse. Das Feld Class-Option erlaubt die Wahl einer Protokollklasse und zweier Optionen. Das Feld Reason gibt den Grund für einen Verbindungsabbau an. Das Feld E, TPDU N besteht aus zwei Teilen. E steht für ein einzelnes Bit EOT, das mit dem Wert 1 das Ende einer TSDU (*Transport Service Data Unit*) anzeigt, die in TPDUs segmentiert wurde. Der Rest dieses Feldes und weitere Felder sind für die Flusssteuerung von Bedeutung. Das Feld Variable Part enthält Parameter für Optionen. Im Feld User Data können bis zu 32 Datenbytes enthalten sein.

Bytes 1	1	2	2	1	variabel	variabel
LI	1110 Cdt	0 0	Source R.	Class Opt.	Var. Part	User Data

Connection Request (Verbindungsaufbauwunsch)

LI	1101 Cdt	Dest. Ref.	Source R.	Class Opt.	Var. Part	User Data

Connection Confirm (Verbindungsaufbaubestätigung)

LI	1000 0000	Dest. Ref.	Source R.	Reason	Var. Part	User Data

Disconnect Request (Abbauwunsch oder Ablehnung des Aufbauwunsches)

LI	1100 0000	Dest. Ref.	Source R.	Var. Part

Disconnect Confirm (Bestätigung für Auflösung der Verbindung)

LI	1111 0000	Dest. Ref.	E,TPDU N	User Data

Data (Übertragung von Benutzerdaten)

LI	0001 0000	Dest. Ref.	E,TPDU N	Var. Part	User Data

Expedited Data (Übertragung von Vorrangdaten)

LI	0110 Cdt	Dest. Ref.	TPDU Exp	Var. Part

Data Acknowledgment (Bestätigung für den Erhalt von TPDUs)

LI	0010 0000	Dest. Ref.	TPDU Exp	Var. Part

Expedited Data Acknowledgment (Bestätigung für Vorrang-TPDUs)

LI	0101 Cdt	Dest. Ref.	TPDU Exp

Reject (enthält Nummer der nächsten erwarteten TPDU)

LI	0111 0000	Dest. Ref.	Rej. Cause	Var. Part

Error (Signalisierung von Protokollfehlern)

Bild 3.13   TPDUs des OSI-Transportprotokolls (vgl. /3.12/, S. 218, /3.3/, S. 263–280)

▶ LI: Längenindikator; Cdt: Credit (Fensterlänge); Dest. Ref. bzw. Source R. (Ref., R steht für Reference) identifizieren die Verbindung; E: EOT ist 1 bit zur Kennzeichnung der letzten TPDU in einer Folge zusammengehöriger TPDUs; TPDU N: Sequenznummer; TPDU Exp: erwartete TPDU; Class Option: zur Absprache über die Protokollklasse

Für die Transportprotokolle des Internet → Abschnitte 9.2.3, 9.2.4.

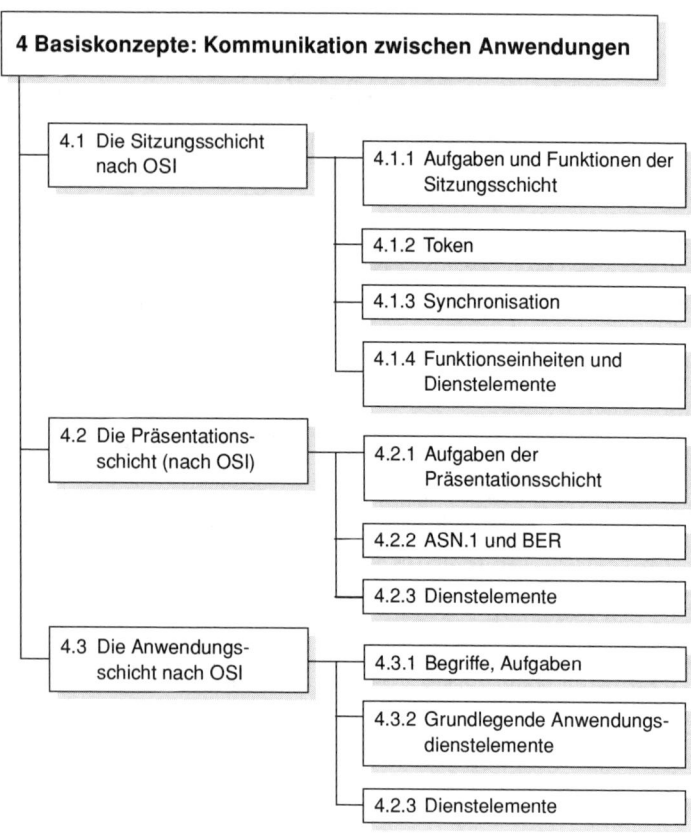

4 Basiskonzepte: Kommunikation zwischen Anwendungen

4.1 Die Sitzungsschicht nach OSI

4.1.1 Aufgaben und Funktionen der Sitzungsschicht

4.1.2 Token

4.1.3 Synchronisation

4.1.4 Funktionseinheiten und Dienstelemente

4.2 Die Präsentationsschicht (nach OSI)

4.2.1 Aufgaben der Präsentationsschicht

4.2.2 ASN.1 und BER

4.2.3 Dienstelemente

4.3 Die Anwendungsschicht nach OSI

4.3.1 Begriffe, Aufgaben

4.3.2 Grundlegende Anwendungsdienstelemente

4.2.3 Dienstelemente

4 Basiskonzepte: Kommunikation zwischen Anwendungen

4.1 Die Sitzungsschicht nach OSI

Die **Sitzungsschicht** (Schicht 5, auch als Kommunikationssteuerungsschicht, *session layer* bezeichnet) bietet ihrem Benutzer (der Darstellungsschicht oder dem Benutzerprozess) die Möglichkeit, eine Verbindung aufzubauen, über die geordnet Daten übertragen werden können. Dafür stehen **Dienstelemente** zur **Dialogsteuerung** und zur **Synchronisation** des Datentransfers zur Verfügung. Die wesentlichen Konzepte der Sitzungsschicht sind **Tokens** für die Berechtigungssteuerung und Haupt- und Nebensynchronisationspunkte zur Gliederung der Datenströme in Dialogeinheiten.

📖 Die Sitzungsschicht wird in /4.1/, /4.2/, /4.3/, /4.4/, /4.6/ und /4.7/ behandelt. /4.5/ gibt einen knappen Überblick.

4.1.1 Aufgaben und Funktionen der Sitzungsschicht

Die Sitzungsschicht erfüllt die folgenden Aufgaben für die Darstellungsschicht:

- Einrichten und Auflösen einer Sitzungsverbindung
- Normaler und beschleunigter Datentransfer
- Dialogsteuerung
- Synchronisierung der Sitzungsverbindung
- Benachrichtigung über irreparable Fehler.

Zur Ausführung ihrer Aufgaben verfügt die Sitzungsschicht über die folgenden Funktionen:

- Zuordnung der Sitzungsverbindung zur Transportverbindung
- Flusssteuerung der Sitzungsverbindung
- Beschleunigter Datenaustausch
- Sitzungsverbindung wiederherstellen
- Sitzungsschicht-Verwaltung.

Die Abbildung einer Sitzung auf eine Transportverbindung kann auf drei verschiedene Arten geschehen, → Bild 4.1. Im einfachsten Fall (Bild 4.1 a) wird genau für die Dauer einer Sitzung eine Transportverbindung eingerichtet. Falls mehrere Sitzungen direkt aufeinander folgen, können diese dieselbe Transportverbindung benutzen (Bild 4.1 b). Wenn eine Transportverbindung hin und wieder ausfällt, kann die Sitzungsschicht dies gegenüber der Anwendungsschicht überbrücken, indem sie eine neue Transportverbindung aufbaut (Bild 4.1 c). Auf einer Transportverbindung kann jedoch höchstens eine Sitzung gleichzeitig ablaufen.

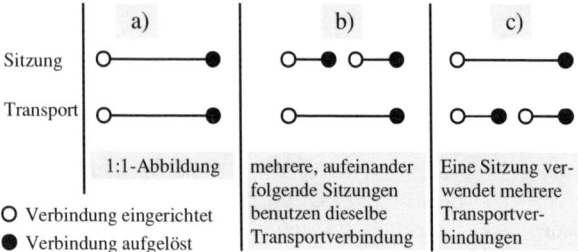

Bild 4.1   Abbildung von Sitzungen auf Transportverbindungen (vgl. /4.6/, S. 280)

4.1.2   Token

> **Token** sind Berechtigungsmarken für bestimmte Dienste. Der Besitzer des Tokens hat ein exklusives Recht auf den zugehörigen Dienst. Das Token kann die Ausführung des Dienstes zulassen oder verzögern.

Die Vergabe von Token wird beim Sitzungsaufbau ausgehandelt, dabei hat der rufende Teilnehmer zu Beginn Priorität. Es gibt Token verschiedener Typen:

- *Data Token*: Es repräsentiert im Halbduplex-Betrieb die Sendeberechtigung. Ein Teilnehmer darf nur senden, wenn er das *Data Token* besitzt.
- *Synchronize Minor Token*: zum Setzen eines Nebensynchronisationspunktes.
- *Major/Activity Token*: zum Initiieren von Aktivitäten bzw. Setzen von Hauptsynchronisationspunkten.

Für den Umgang mit den Token gibt es mehrere **Dienstelemente**:

- **S-TOKEN-GIVE**: Damit können Token unbestätigt übergeben werden. Durch S-TOKEN-GIVE.Request wird die Abgabe eines Tokens eingeleitet, durch S-TOKEN-GIVE.Indication wird die Annahme durch die andere Sitzungsinstanz abgeschlossen. Der Typ des Tokens wird durch einen Parameter angegeben.
- **S-TOKEN-PLEASE**: zur unbestätigten Anforderung eines Tokens durch S-TOKEN-PLEASE.Request und S-TOKEN-PLEASE. Indication. Die Instanz, die zur Abgabe des Tokens aufgefordert wird, ist jedoch nicht verpflichtet, dieser Aufforderung nachzukommen.
- **S-CONTROL-GIVE**: zur Übergabe aller Token.

4.1.3   Synchronisation

Der zeitliche Ablauf von Sitzungen wird durch Begriffe wie Aktivität, (*activity*), Dialogeinheit (*dialog unit*), Haupt- und Nebensynchronisationspunkt (*major-sync-point, minor-sync-point*) beschrieben.

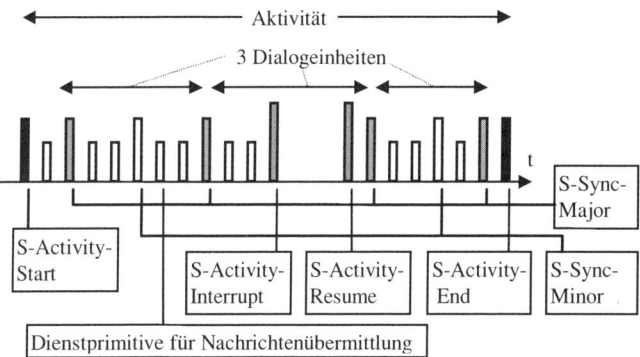

4

Bild 4.2   Zeitlicher Ablauf einer Sitzung (/4.5/, S. 687)

Eine **Aktivität** fasst zusammengehörige Datenaustauschoperationen zwischen den Dienstelementen S-Activity-Start und S-Activity-End zusammen (→ Bild 4.2). Eine Aktivität kann durch S-Activity-Interrupt bzw. S-Activity-Resume unterbrochen bzw. wieder aufgenommen werden. Dies bedeutet das Ende der bestehenden Sitzung und den späteren Aufbau einer neuen Sitzung. Nach Auftreten eines Fehlers in einer Kommunikationsinstanz können die Sitzungsinstanzen durch eine Synchronisation wieder in einen bekannten Zustand versetzt werden. Dazu dienen Haupt- und Nebensynchronisationspunkte. Zwischen zwei aufeinander folgenden **Hauptsynchronisationspunkten** befindet sich genau eine **Dialogeinheit**. Bei einer Neusynchronisierung erfolgt eine Rückkehr zum letzten Hauptsynchronisationspunkt. Durch **Nebensynchronisationspunkte** werden die Dialogeinheiten weiter unterteilt. Bei einer Neusynchronisierung kann zu jedem Nebensynchronisationspunkt zurückgekehrt werden, der seit dem letzten Hauptsynchronisationspunkt gesetzt wurde.

Die **Dienstelemente** für den Umgang mit Aktivitäten sind:

- S-ACTIVITY-START: Beginn einer Aktivität.
- S-ACTIVITY-END: Ende einer Aktivität.
- S-ACTIVITY-DISCARD: Abbruch einer Aktivität.
- S-ACTIVITY-INTERRUPT: Unterbrechung einer Aktivität.
- S-ACTIVITY-RESUME: Eine unterbrochene Aktivität wird wieder aufgenommen.

4.1.4   Funktionseinheiten und Dienstelemente

Logisch zusammenhängende Dienstelemente werden in **Funktionseinheiten** (FU, *Functional Unit*) zusammengefasst, → Tabelle 4.1.

Tabelle 4.1   Funktionseinheiten und Dienstelemente der Sitzungsschicht (vgl. /4.1/, S. 297ff.)

Funktionseinheit	Dienstelemente	Funktion
Kernel	S-CONNECT S-DATA S-RELEASE S-USER-ABORT S-PROVIDER-ABORT	Sitzung aufbauen Daten übertragen Sitzung normal abbauen Abbruch durch Benutzer Abbruch durch Dienstleister
Half Duplex	S-TOKEN-PLEASE S-TOKEN-GIVE	Token-Anforderung Token-Übergabe
Duplex	keine zusätzlichen	--
Negotiated Release	S-RELEASE S-TOKEN-PLEASE S-TOKEN-GIVE	Sitzung normal abbauen Token-Anforderung Token-Übergabe
Expedited Data	S-EXPEDITED-DATA	Beschleunigter Datentransfer
Minor Synchronize	S-SYNC-MINOR S-TOKEN-PLEASE S-TOKEN-GIVE	Nebensynchronisationspunkt Token-Anforderung Token-Übergabe
Major Synchronize	S-SYNC-MAJOR S-TOKEN-PLEASE S-TOKEN-GIVE	Hauptsynchronisationspunkt Token-Anforderung Token-Übergabe
Resynchronize	S-RESYNCHRONIZE	Resynchronisation
Activity Management	S-ACTIVITY-START S-ACTIVITY-RESUME S-ACTIVITY-INTERRUPT S-ACTIVITY-DISCARD S-ACTIVITY-END S-TOKEN-PLEASE S-TOKEN-GIVE	Beginn einer Aktivität Wiederaufnahme einer A. Unterbrechung einer A. Aufgabe einer Aktivität Beenden einer Aktivität Token-Anforderung Token-Übergabe

Die Dienstelemente der Funktionseinheit *Kernel* werden in jeder Sitzung benutzt. Zusätzlich ist mindestens die Funktionseinheit *Half Duplex* oder *Duplex* erforderlich, weitere Funktionseinheiten sind optional. Funktionseinheiten lassen sich zu Gruppen kombinieren, die als **Profile** bezeichnet werden. Beispiele hierfür sind:

- **BCS** (*Basic Combined Subset*): Es umfasst den Kernel und die Funktionseinheit Halbduplex.
- **BAS** (*Basic Activity Set*): enthält die Funktionseinheiten für das Aktivitätsmanagement und für Fehlermeldungen.

- **BSS** (*Basic Synchronized Subset*): enthält die Funktionseinheiten für die Synchronisation.

Bild 4.3 zeigt die Struktur der Sitzungsschicht im Überblick.

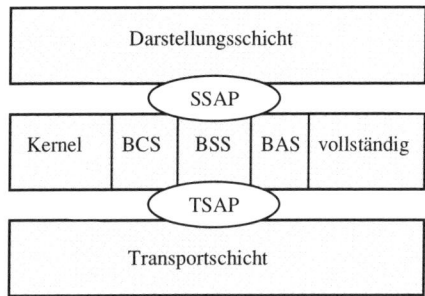

Kernel BCS BSS BAS vollständig

4

Bild 4.3   Struktur der Sitzungsschicht

Die Bedeutung der Dienstelemente der Funktionseinheit **Kernel** ist:

- S-CONNECT: **Sitzungsaufbau**
- S-DATA: Normaler **Datentransfer**
- S-RELEASE: Ordnungsgemäßes **Sitzungsende**.
- S-USER-ABORT: Abrupter Abbruch, durch den Benutzer ausgelöst.
- S-PROVIDER-ABORT: Abrupter Abbruch, durch den Diensterbringer ausgelöst.

4.2   Die Präsentationsschicht (nach OSI)

📖 Die Präsentationsschicht wird in /4.1/, /4.2/, /4.3/, /4.4/, /4.6/ und /4.7/ behandelt. /4.5/ gibt einen knappen Überblick.

4.2.1   Aufgaben der Präsentationsschicht

Hauptaufgabe der **Darstellungsschicht** (auch **Präsentationsschicht**, *presentation layer*) ist es, Dateneinheiten der Anwendungsschicht unter Wahrung ihres Informationsgehaltes zu übertragen. Da in den Endsystemen unterschiedliche Codierungen (als **lokale Syntax** bezeichnet) vorliegen können, wird eine einheitliche, genormte Codierung (als **Transfersyntax** bezeichnet) für die Übertragung verwendet.

Eine **abstrakte Syntax** wird benötigt, um Datenstrukturen und Inhalte logisch zu beschreiben. Die abstrakte, logische Beschreibung der Datenstrukturen ist nach OSI in allen beteiligten Systemen dieselbe. Die systeminterne Darstellung wird als konkrete, lokale Syntax bezeichnet, sie kann in Abhängigkeit vom Prozessor und vom Betriebssystem unterschiedlich sein. Für die Übertragung wird die lokale Syntax mit Hilfe der abstrakten Syntax in die (konkrete) Transfersyntax übersetzt (→ Bild 4.4).

Paare aus einer abstrakten Syntax und einer Transfersyntax werden als *Presentation Context* bezeichnet.

Der *Presentation Context* bestimmt die **Übersetzungsregeln** für die Codierung/Decodierung (→ Bild 4.4).

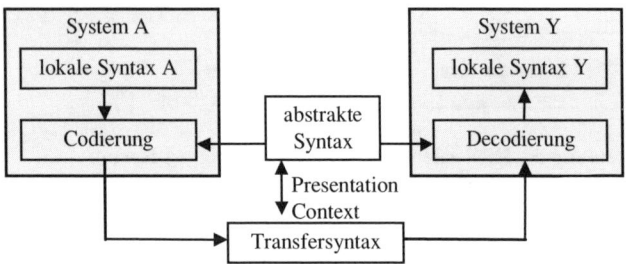

Bild 4.4   Zusammenhang lokale, abstrakte und Transfer-Syntax

Die Präsentationsschicht hat insgesamt die folgenden Aufgaben zu erfüllen:

- Verbindungsauf- und -abbau
- Context Management
- Datentransfer mit Datentransformation
- Durchreichedienste.

Die Aufgaben **Verschlüsselung** und **Datenkompression** können nach der Systematik des OSI-Modells der Darstellungsschicht zugeordnet werden. Hier wurde jedoch eine Einordnung in die Themen Sicherheit (→ Abschnitt 5.5.3) bzw. Multimedia gewählt.

4.2.2   ASN.1 und BER

ASN.1 (*Abstract Syntax Notation One*) ist eine Sprache zur Spezifikation abstrakter Syntaxen. Mittels ASN.1 können Datentypen und ihre Werte beschrieben werden. **BER** (*Basic Encoding Rules*) beschreibt eine Transfersyntax, erlaubt also die eindeutige Beschreibung der Daten (Typ und Wert) auf der Bitebene.

ASN.1 und BER sind von ITU-T (X.208 bzw. X.209) und ISO (ISO 8824 bzw. ISO 8825) standardisiert. ASN.1 wird für mehrere Zwecke eingesetzt:

■ zur Definition abstrakter Syntaxen für Anwendungsdaten
■ zur Beschreibung von Anwendungs- und Darstellungs-PDUs
■ zur Beschreibung der **MIB** (*Management Information Base*) beim Systemmanagement sowohl nach OSI als auch nach SNMP.

ASN.1 leistet dasselbe wie eine abstrakte Syntaxbeschreibung in einer **BNF-Grammatik** (Backus-Naur-Form) oder eine Typbeschreibung in einer Programmiersprache wie Pascal.

4

Ein **Datentyp** (kurz: **Typ**) kann als Menge (collection) von Werten aufgefasst werden. Ein Typ kann eine unendlich große Anzahl von Werten annehmen. Dies ist beim Typ INTEGER der Fall. Typen können **einfach** (*primitive*) sein (diese sind atomar, bestehen also nicht aus Komponenten). **Zusammengesetzte Typen** (*structured* oder *constructed*) bestehen aus Komponenten, denen jeweils wieder ein Typ zugeordnet ist. ASN.1 unterscheidet vier Klassen von Datentypen bzw. *Tags* (→ Tabelle 4.2).

Tabelle 4.2   Tags in ASN.1

Klasse des Datentyps	Aufbau des Typs	Definition	Gültigkeit
UNIVERSAL	elementar, zusammengesetzt	vordefiniert	internationaler Standard
APPLICATION	zusammengesetzt	selbst definiert	eine Anwendung, mehrere Organisationen
PRIVATE	zusammengesetzt	selbst definiert	eine Organisation
CONTEXT-SPECIFIC	zusammengesetzt	selbst definiert	ein strukturierter Typ innerhalb einer Anwendung

Jeder Datentyp (mit Ausnahme von ANY und CHOICE) wird durch ein *Tag* gekennzeichnet, das aus dem Klassennamen (→ Tabelle 4.2) und einer Nummer besteht, z. B. UNIVERSAL 3 oder PRIVATE 17. Die eingebauten (vordefinierten) Datentypen sind in Bild 4.5 kurz beschrieben. Die **Transfersyntax** wird erhalten, indem die *Basic Encoding Rules* (BER) auf die abstrakte Syntax angewendet werden. Dazu wird jeder Wert eines Typs durch ein Datenelement dargestellt, das aus **drei Feldern** besteht, die je ein oder mehrerere Oktette enthalten können:

■ Das **Identifier-Feld** kennzeichnet den vorliegenden Typ gemäß ASN.1.
■ Das **Länge-Feld** enthält die Anzahl der Oktette im Feld Inhalt.
■ Das **Feld Inhalt** enthält den eigentlichen Wert, bei strukturierten Typen können dies weitere Datenelemente sein.

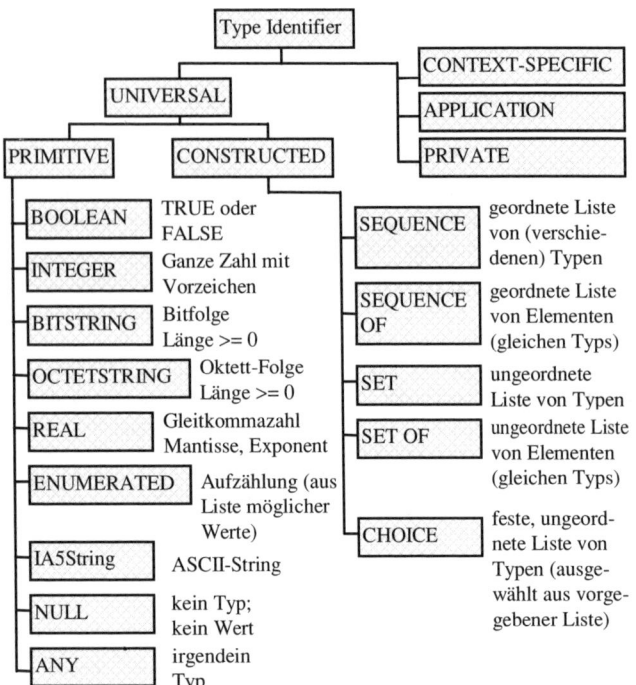

Bild 4.5   Datentypen in ASN.1

Datenelemente dieser Form werden als **TLV** (*Type Length Value*) bezeichnet. Das Typfeld muss den Typ eindeutig spezifizieren. Das Identifier-Feld (→ Bild 4.6) besteht aus einem Byte oder – falls die Tagnummer größer als 30 ist – aus mehreren Bytes. Das Längenfeld besteht aus einem Byte (falls Länge < 128) oder aus mehreren Bytes. Für bestimmte Typen muss das Längenfeld nicht im Voraus bekannt sein. Dann wird das Längenfeld als ein Oktett mit dem Wert 80_{16} und das Ende des Datenelements durch zwei Oktette mit dem Wert 0000_{16} dargestellt.

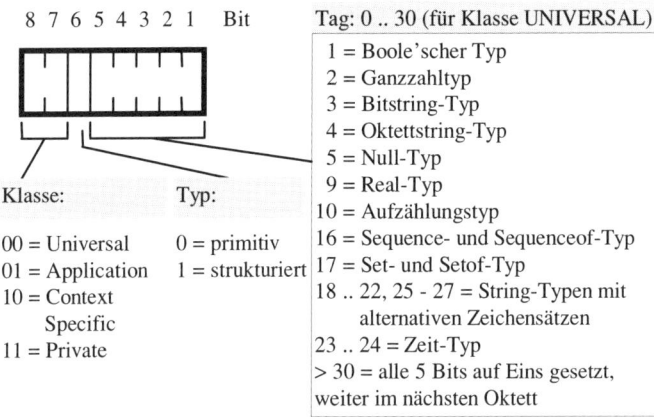

8 7 6 5 4 3 2 1   Bit

Klasse: Typ:

00 = Universal   0 = primitiv
01 = Application   1 = strukturiert
10 = Context
   Specific
11 = Private

Tag: 0 .. 30 (für Klasse UNIVERSAL)

1 = Boole'scher Typ
2 = Ganzzahltyp
3 = Bitstring-Typ
4 = Oktettstring-Typ
5 = Null-Typ
9 = Real-Typ
10 = Aufzählungstyp
16 = Sequence- und Sequenceof-Typ
17 = Set- und Setof-Typ
18 .. 22, 25 - 27 = String-Typen mit
        alternativen Zeichensätzen
23 .. 24 = Zeit-Typ
> 30 = alle 5 Bits auf Eins gesetzt,
weiter im nächsten Oktett

4

Bild 4.6   Aufbau des Typfeldes in BER

4.2.3   Dienstelemente

Die Präsentationsschicht (Darstellungsschicht) enthält echte Dienste (die eine Funktion beinhalten) und Durchreichedienste (→ Tabelle 4.3), die nur die Verbindung zwischen Anwendungs- und Sitzungsschicht herstellen. Der Verbindungsaufbau wird durch die P-CONNECT-Dienstelemente veranlasst, der geordnete Verbindungsabbau durch P-RELEASE und der abrupte Verbindungsabbau durch P-ABORT. Die Dienstelemente des Context Management können einen Presentation Context (→ Abschnitt 4.2.1) aushandeln. Dazu besitzt jede Instanz eine Liste der ihr bekannten abstrakten Syntaxen und der zugehörigen Transfersyntaxen. Die Anwendungsschicht teilt der Präsentationsschicht beim Verbindungsaufbau die gewünschte abstrakte Syntax mit. Die Präsentationsschicht ergänzt die verfügbaren Transfersyntaxen und sendet die Liste an die Partnerinstanz. Diese wählt einen ihr bekannten Presentation Context aus der Liste aus. Er wird für die Übertragung verwendet. Falls keine Einigung auf einen Presentation Context möglich ist, kann die Verbindung nicht hergestellt werden. Nach einem erfolgreichen Verbindungsaufbau übergibt die Anwendungsschicht ihre Datenpakete an die Präsentationsschicht unter Angabe der abstrakten Syntax und des enthaltenen syntaktischen Typs. Die Präsentationsschicht kann nun den Presentation Context auswählen und die Datenpakete in die Transfersyntax übersetzen. Diese Übersetzung wird beim Empfänger rückgängig gemacht.

Tabelle 4.3   Dienstelemente der Präsentationsschicht (/4.6/, S. 296)

Dienst	Dienstelemente	Parameter
Verbin-dungsauf-bau	P-CONNECT-REQUEST	Presentation-Context-Definition-List, Quality-of-Service, Initial-Assignment-of-Tokens, ...
	P-CONNECT-RESPONSE P-CONNECT-CONFIRM	Result-List, Quality-of-Service, Initial-Assignment-of-Tokens, ...
Verbin-dungsab-bau	P-RELEASE-REQUEST	User-Data, Reason
	P-RELEASE-INDICATION	„
	P-RELEASE-RESPONSE	„
	P-RELEASE-CONFIRM	„
	P-U-ABORT-REQUEST	„
	P-U-ABORT-INDICATION	„
	P-P-ABORT-INDICATION	„
Context Manage-ment	P-DEFINE-CONTEXT-REQUEST P-DEFINE-CONTEXT-INDICA-TION	Presentation-Context-Id Definition-List
	P-DEFINE-CONTEXT-RESPONSE	Result-List
	P-DEFINE-CONTEXT-CONFIRM	„
	P-DELETE-CONTEXT-REQUEST	Presentation-Context-Id-List
	P-DELETE-CONTEXT-INDICA-TION	
	P-DELETE-CONTEXT-RESPONSE	Result-List
	P-DELETE-CONTEXT-CON-FIRM	„
Daten-transfer	P-DATA-REQUEST P-DATA-INDICATION P-EXPEDITED-DATA-REQUEST P-EXPEDITED-DATA-INDICA-TION	User-Data: Presentation-Context-Id, Tag, Value

Die Durchreichedienste der Präsentationsschicht (→ Tabelle 4.4) stellen dem Anwender die Funktionen der Sitzungsschicht für die Dialogsteuerung zur Verfügung.

Tabelle 4.4 Durchreichedienste der Darstellungsschicht (REQ = Request, IND = Indication, RESP = Response, CONF = Confirm) (/4.6/, S. 295)

P-TOKEN-GIVE-REQ, -IND	P-ACTIVITY-START-REQ, -IND
P-TOKEN-PLEASE-REQ, -IND	P-ACTIVITY-INTERRUPT-REQ, -IND, -RESP, -CONF
P-SYNC-MINOR-REQ, -IND, -RESP, -CONF	P-ACTIVITY-RESUME-REQ, -IND
P-SYNC-MAJOR-REQ, -IND, -RESP, -CONF	P-ACTIVITY-END-REQ, -IND, -RESP, -CONF
P-RESYNCHRONIZE-REQ, -IND, -RESP, -CONF	P-ACTIVITY-DISCARD-REQ, -IND, RESP, -CONF

4

4.3   Die Anwendungsschicht nach OSI

📖 Die Anwendungsschicht wird in /4.1/, /4.2/, /4.3/, /4.4/, /4.6/ und /4.7/ behandelt. /4.5/ gibt einen knappen Überblick.

4.3.1   Begriffe, Aufgaben

> Die Anwendungsschicht (application layer) stellt den Anwendern (Personen) bzw. den Anwendungen/Anwendungsprozessen (Software), die auf ihr aufsetzen, bestimmte Dienstleistungen direkt zur Verfügung.

Die Anwendungen selbst befinden sich außerhalb des OSI-Modells. Die Anwendungsschicht enthält eine Anzahl von **Anwendungsdiensteelementen** (ASE, *Application Service Element*), die Dienste für Anwendungsprozesse erbringen. Die ASEs werden in zwei Gruppen eingeteilt (→ Bild 4.7): ASEs mit allgemeinen Aufgaben (**CASE**, *Common Application Service Element*) und ASEs mit spezifischen Aufgaben (**SASE**, *Specific Application Service Element*).

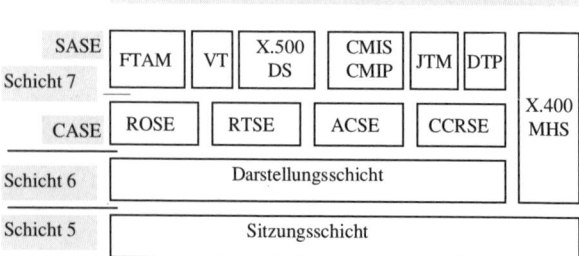

Bild 4.7   Dienste der Anwendungsschicht

Zur Gruppe CASE gehören ACSE, ROSE, RTSE und CCRSE (→ Tabelle 4.5). Die weiteren, in Tabelle 4.5 aufgeführten Dienste sind SASE, die Liste enthält jedoch nur eine Auswahl.

Tabelle 4.5   Übersicht der Dienstelemente/Dienste der Anwendungsschicht

Dienstelement bzw. Dienst	Funktion/Standards bzw. Normen
CASE: Common ASE	
ACSE (Association Control Service Element) → Abschnitt 4.3.2.1	Baut elementare Verbindungen zwischen Anwendungsinstanzen (Application Association) auf und ab. Dienst: ITU-T X.217, ISO 8649 Protokoll: ITU-T X.227, ISO 8650
RTSE (Reliable Transfer Service Element) → Abschnitt 4.3.2.2	Zuverlässiger Datentransfer; Transfer vollständig und genau einmal. Dienst: ITU-T X.218 Protokoll: ITU-T X.228
ROSE (Remote Operations Service Element) → Abschnitt 4.3.2.3	Entfernter Operationsaufruf für die asymmetrische Zusammenarbeit zwischen Client und Server Dienst: ITU-T X.219 Protokoll: ITU-T X.229 Norm: ISO 9072/1
CCRSE (Commitment, Concurrency and Recovery Service Element) → Abschnitt 4.3.2.4	Verteilte Transaktionsverarbeitung inkl. Synchronisation und Fehlerbehebung zur Wahrung der Datenkonsistenz. Dienst: ISO 9804 Protokoll: ISO 9805
SASE: Specific ASE	
FTAM (File Transfer, Access and Management)	Entfernter Dateizugriff bzw. Dateiverwaltung. Norm: ISO 8571

Tabelle 4.5 Übersicht der Dienstelemente/Dienste der Anwendungsschicht (Fortsetzung)

Dienstelement bzw. Dienst	Funktion/Standards bzw. Normen
JTM (Job Transfer and Manipulation) → Abschnitt 4.3.3.1	Initiiert, beobachtet und steuert die Verarbeitung auf einem entfernten Rechner. Dienst: ISO 8831 Protokoll: ISO 8832
VT (Virtual Terminal)	Zugriff eines lokalen Terminals auf eine entfernte Anwendung ohne gegenseitige Kenntnis der Interna. Dienst: ISO 9040 Protokoll: ISO 9041
MHS (Message Handling Service)	Austausch von Meldungen zwischen Anwendungsprozessen bzw. Personen. Empfehlungen: ITU-T X.400 und weitere
MMS (Manufacturing Message Service) → Abschnitt 4.3.3.3	Definiert Format und Bedeutung von Meldungen für die Fabrikautomation Normen: ISO / IEC 9605, DIN 66306
DS (Directory Service)	Verzeichnisdienst zur Abbildung von Namen auf Adressen. Empfehlungen: ITU-T X.500 und weitere
CMIP (Common Management Information Protocol), CMIS (Common Management Information Service) → Abschnitt 14.1.5	CMIS dient dem Zugriff auf entfernte Managementobjekte, CMIP transportiert Managementinformation. Normen: ISO 9595, 9596
DTP) (Distributed Transaction Processing) → Abschnitt 4.3.3.2	Ermöglicht verschachtelte Transaktionen mit vielen Beteiligten und unterschiedlichen Koordinatoren

4

Die genannten Dienste existieren in ähnlicher Form auch in der TCP/IP-Welt (→ Kapitel 11, Abschnitt 14.1.4). Pauschal gesagt entsprechen sich die folgenden Paare von Diensten näherungsweise: VT ≈ Telnet, FTAM ≈ FTP, MOTIS ≈ SMTP, CMIP ≈ SNMP.

4.3.2   Grundlegende Anwendungsdienstelemente

4.3.2.1   ACSE

ACSE (*Association Control Service Element*) /4.1/ stellt Assoziationen (Verbindungen) zwischen Anwendungsprozessen her. Eine Assoziation begründet einen Anwendungskontext, der durch einen eindeutigen Namen benannt wird.

Die Prozesse können durch Prozesstitel benannt werden, die mit dem ASN.1-Typ EXTERNAL codiert werden. ACSE kennt Dienstelemente zum Auf- und Abbau sowie zum Abbruch einer Assoziation (→ Tabelle 4.6).

Tabelle 4.6   ACSE-Dienstelemente (vgl. /4.1/, S. 370ff.)

ACSE-Dienst-element	Beschreibung	Request/ Indication	Response/ Confirm
A-Associate	baut eine Assoziation auf	x / x	x / x
A-Release	löst eine Assoziation auf	x / x	x / x
A-Abort	Abbruch durch Benutzer	x / x	- / -
A-P-Abort	Abbruch durch Diensterbringer	- / x	- / -

x: vorhanden; - : nicht vorhanden

Die Protokolldateneinheiten in ACSE sind:

- AARQ: A-Association Request/Indication
- AARE: A-Association Response/Confirm
- RLRQ: A-Release Request/Indication
- RLRE: A-Release Response/Confirm
- ABRT: A-Abort Request/Indication

Die Abläufe werden in jeder Instanz durch eine **ACPM** (*Association Control Protocol Machine* – ein abstrakter Automat, der durch ein Zustandsdiagramm oder eine Zustandstabelle beschrieben wird) gesteuert. Entsprechend der Rolle einer Instanz (*Requester*, *Acceptor*, → Bild 4.8) wird zwischen der anfordernden ACPM (Requesting ACPM) und der annehmenden ACPM (Accepting ACPM) unterschieden.

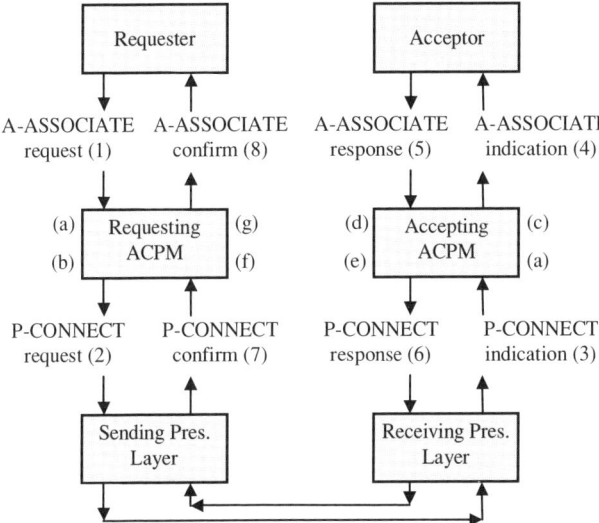

Bild 4.8   Ablauf beim Aufbau einer Assoziation (/4.1/, S. 377)

Der Ablauf bei ACSE ist wie folgt (→ Bild 4.8): Die die Assoziation anfordernde Instanz nimmt vom Anwendungsprozeß (Requester) einen A-ASSOCIATE.request mit den gewünschten Parametern entgegen (1), falls sie noch keine Verbindung unterhält. Die AARQ-APDU wird gebildet und in einem P-CONNECT.request (2) an die Präsentationsschicht weitergegeben. Nach dem Durchlaufen des Protokollstapels und des Übertragungssystems erscheint bei der Partnerinstanz eine P-CONNECT.indication (3). Diese wird nur angenommen, falls sich die ACPM im Ruhezustand befindet und die enthaltenen Parameter akzeptabel sind. Nach Annahme erhält der angesprochene Anwendungsprozeß eine A-ASSOCIATE.indication (4). Dieser antwortet im Normalfall mit einem A-ASSOCIATE.response (5), der von der annehmenden APCM verarbeitet und als P-CONNECT.response an die Präsentationsschicht weitergegeben wird (6). Der annehmende Anwendungsprozeß kann die Assoziation jedoch auch ablehnen, was über entsprechend gesetzte Parameterwerte mitgeteilt wird. Die PDUs gelangen zurück zum anfordernden Prozeß (7), (8), der die enthaltenen Parameter auswertet. Die ACPM kennt insgesamt 8 Zustände. Tabelle 4.7 erläutert die im Ablauf nach Bild 4.8 relevanten Zustände.

Tabelle 4.7   Zustände der ACPM (vgl. Bild 4.8) /4.1/

Zustand	Bedeutung
a	A-ASSOCIATE.request wird angenommen, falls sich die ACPM im Ruhezustand befindet, also noch keine Assoziation unterhält (Zustand 0)
b	Nach Senden der AARQ APDU wird Zustand 1 (warten auf AARE APDU) angenommen
c	Nach Senden der AARQ APDU wird Zustand 2 (warten auf A-ASSOCIATE.response) angenommen
d	Annahme, falls Zustand 2 besteht und eine A-ASSOCIATE. response oder ein A-Abort-Dienstelement empfangen wird
e	Nach Senden der AARE SPDU wird Zustand 5 (Assoziation besteht) eingenommen
f	Annahmen, falls Zustand 1 besteht und eine AARE APDU oder ein A-Abort-Dienstelement empfangen wird
g	Nach Senden des Dienstelements wird Zustand 5 (Assoziation besteht) eingenommen

4.3.2.2   RTSE

RTSE (Reliable Transfer Service Element) /4.6/ überträgt eine Benut-zernachricht **vollständig** und **genau einmal**. Ist dies wegen nicht behebbarer Fehler in einer bestimmten Zeitspanne nicht möglich, erhält der Sender eine negative Quittung.

RTSE setzt auf ACSE auf. Es leistet einen Datenaustausch, dessen Zuver-lässigkeit höher ist als diejenige der Darstellungsschicht. Dazu wieder-holt RTSE im Fehlerfall den Datentransfer, bis er vollständig abgeschlos-sen ist. Die Zuverlässigkeit wird durch Quittungen dokumentiert, die RTSE dem Sender ausstellt, ohne dass der Empfänger sich darum küm-mern muss. Über RTSE sind nur **einfache Assoziationen** möglich. Für **verkettete Assoziationen** ist CCRSE (→ Abschnitt 4.3.2.4) erforderlich. Der Ablauf in den oberen OSI-Schichten ist in Bild 4.9 skizziert.

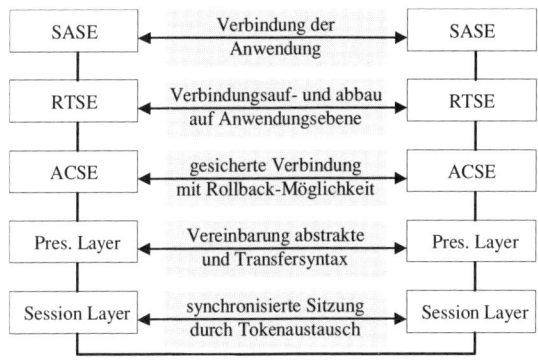

Bild 4.9   RTSE: Ablauf in den oberen OSI-Schichten

RTSE greift direkt auf die folgenden Dienste der Darstellungs- bzw. Sitzungsschicht zu: Aktivitätsverwaltung, Synchronisation (nur Neben-synchronisationspunkte), normale Datenübertragung (P-DATA), Exception Report und Tokenverwaltung (P-TOKEN-PLEASE, P-CONTROL-GIVE). Tabelle 4.8 stellt die Dienstelemente in RTSE zusammen.

Tabelle 4.8   RTSE-Dienstelemente (vgl. /4.6/, S. 305)

RTSE-Dienstelement	Beschreibung	Request/ Indication	Response/ Confirm
RT-OPEN	baut eine RT-Beziehung auf	x / x	x / x
RT-CLOSE	baut eine RT-Beziehung ab	x / x	x / x
RT-TRANSFER	gesicherte Übertragung eines Datenblocks	x / x	- / x
RT-TURN-PLEASE	Tokenanforderung	x / x	- / -
RT-TURN-GIVE	Tokenübergabe	x / x	- / -
RT-U-ABORT	Abbruch durch den Benutzer	x / x	- / -
RT-P-ABORT	Abbruch durch Darstellungsschicht	- / x	- / -

RTSE kann zusammen mit ROSE einfache, verteilte Anwendungen unterstützen.

4.3.2.3   ROSE

ROSE *(Remote Operations Service Element)* nutzt die Dienstprimitive von RTSE, wenn diese im Applikationskontext definiert sind. Sonst setzt es direkt auf ACSE auf. Der **Initiator** *(invoker)* löst eine Operation aus, der **Ausführende** (*performer*) führt sie aus. Eine Operation kann Folge-operationen nach sich ziehen.

In ISO 9072/1 sind die folgenden **Operationsklassen** definiert:

- Klasse 1: synchron, mit Bestätigung für Erfolg oder Misserfolg.
- Klasse 2: asynchron, mit Bestätigung für Erfolg oder Misserfolg.
- Klasse 3: asynchron, negative Bestätigung nur bei Misserfolg.
- Klasse 4: asynchron, Bestätigung nur bei Erfolg.
- Klasse 5: asynchron, ohne Bestätigung.

Synchron bedeutet, dass eine Operation abgeschlossen sein muss, bevor eine weitere gestartet werden kann. Dies ist für Dialoge angebracht. Für Dateitransfers können **asynchrone Operationen**, die sich zeitlich über-lappen können, vorteilhaft sein. Der Standard empfiehlt die Verwendung der Klassen 1 und 2, da bei den anderen Klassen Probleme wie mehrfa-che oder gar keine Ausführung auftreten können. Die ROSE-Dienstele-mente sind in Tabelle 4.9 aufgeführt.

Tabelle 4.9   ROSE-Dienstelemente (req = request, ind = indication)

Dienstelement	Parameter
RO-INVOKE.req, .ind	InvokeID, OpCode, Eingabe-Argument-liste
RO-RETURN-RESULT.req, .ind	InvokeID, Ausgabe-Argumentliste
RO-RETURN-ERROR.req, .ind	InvokeID, Fehlercode
RO-REJECT.ind	InvokeID, Problemcode

ROSE wirkt mit anderen Dienstelementen zusammen (→ Bild 4.10).

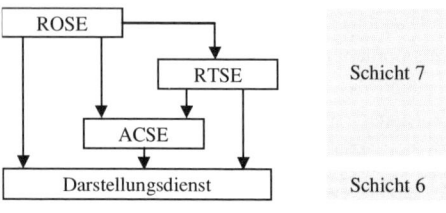

Schicht 7

Schicht 6

Bild 4.10   Zusammen-wirken von ROSE mit anderen Dienstelemen-ten bzw. mit der Dar-stellungsschicht /4.6/

4.3.2.4   CCRSE

RTSE (→ Abschnitt 4.3.2.2) ist für einfache Übertragungen gedacht. Für die **Transaktionsverarbeitung** wird CCRSE (*Commitment, Concur-rency and Recovery Service Element*) zusammen mit DTP (→ Abschnitt 4.3.3.2) eingesetzt. CCRSE ist dabei für das *Commitment* (Abschließen) und das *Rollback* (Zurücksetzen) der einzelnen Schritte einer Transaktion zuständig, während DTP die Koordination der gesamten Transaktion steuert.

> Eine **Transaktion** ist eine Folge von Aktionen, die entweder vollständig oder gar nicht (alle vor Beginn der Transaktion bestehenden Zustände bleiben unverändert) ausgeführt wird.

Die Eigenschaften einer Transaktion werden in der Abkürzung **ACID** (*Atomicity* – Atomizität, *Consistency* – Konsistenz, *Isolation* – Isoliertheit, *Durability* – Dauerhaftigkeit) zusammengefasst. **Atomizität** bedeutet, dass eine Transaktion entweder vollständig oder gar nicht ausgeführt wird. In verteilten Systemen mit potenziell unzuverlässigen Verbindungen sind dafür geeignete Verfahren notwendig. **Konsistenz** bedeutet, dass Daten von einem konsistenten Zustand in einen anderen konsistenten Zustand überführt werden. Widersprüchliche Daten (Inkonsistenzen) werden also verhindert. **Isoliertheit** stellt sicher, dass Teilergebnisse einer Transaktion, die während ihrer Ausführung entstehen, von außerhalb nicht sichtbar werden. Die **Dauerhaftigkeit** ist gewährleistet, wenn die Ergebnisse einer erfolgreich abgeschlossenen Transaktion unter allen Umständen (Leitungsunterbrechung, Systemabsturz etc.) dauerhaft gespeichert bleiben.

Die Bezeichnung CCR (Commitment, Concurrency, and Recovery) weist auf diese Aspekte hin:

- Erfolgreicher Abschluss der Transaktion (*commitment*),
- Umgang mit parallel ablaufenden Transaktionen unter Ausschluss gegenseitiger Beeinflussung (*concurrency*, Konkurrenzsteuerung) und
- Zurücksetzen (*recovery*), falls die Transaktion nicht erfolgreich abgeschlossen werden kann.

Zentrale Konzepte für die Transaktionsverarbeitung sind der **atomare Aktionsbaum** (*atomic tree*) und das **zweistufige Festschreiben** der Ergebnisse (*two-phase commit*) am Ende der Transaktion. Eine Transaktion wird von einem Master ($\rightarrow$ Bild 4.11) gesteuert. Die beauftragten, untergeordneten Instanzen (Subordinates) melden die Ergebnisse an den Master zurück. Nur wenn alle Subordinates ihre Aufgaben erfolgreich erfüllt haben, kann die Transaktion abgeschlossen werden. Andernfalls muss zurückgesetzt werden. Die Bezeichnung Baum weist darauf hin, dass ein Subordinate selbst wieder Master gegenüber weiteren Subordinates sein kann, vgl. Bild 4. 11.

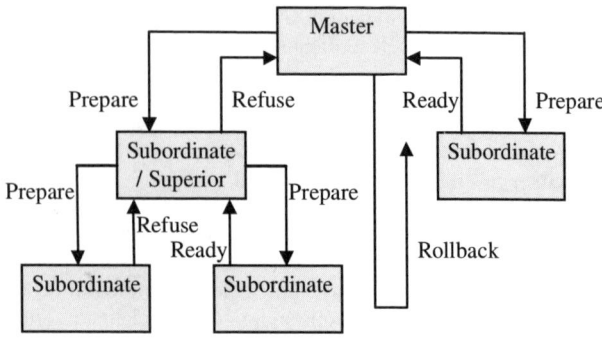

Bild 4.11   Atomarer Baum (vgl. /4.6/, S. 311)

Die erste Phase einer Transaktion wird mit Hilfe des Dienstelements C-BEGIN (→ Tabelle 4.10 und Bild 4.12) eingeleitet und mit C-PREPARE abgeschlossen. Falls mindestens einer der Subordinates mit C-REFUSE antwortet, muss die Transaktion mit C-ROLLBACK zurückgesetzt werden. Wenn alle Subordinates mit C-READY antworten (also erfolgreich waren), leitet der Master mit C-COMMIT die Phase zwei ein. Die Transaktion ist abgeschlossen, wenn alle Subordinates mit C-DONE geantwortet haben.

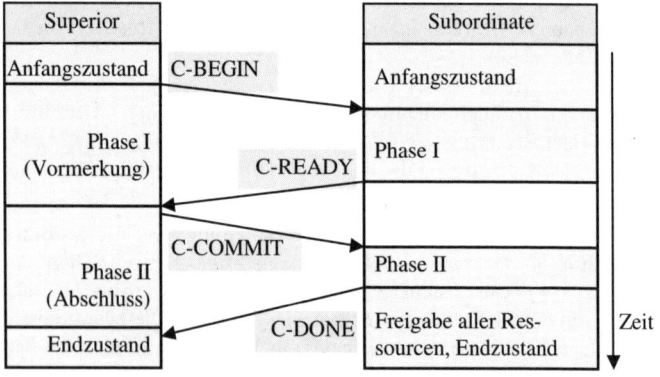

Bild 4.12   Ablauf beim Two-Phase-Commit (/4.6/, S.312)

Die in CCRSE verfügbaren Dienstelemente sind in Tabelle 4.10 zusammengestellt.

Tabelle 4.10   CCRSE-Dienstelemente /4.6/

Phase	Dienstelement	Beschreibung
I	C-BEGIN .req, .ind	Aufforderung an den Subordinate zum Beginn einer Transaktion
I	C-PREPARE .req, .ind	Aufforderung an den Subordinate, C-READY bzw. C-REFUSE zu senden
I	C-READY .req, .ind	Der Subordinate bestätigt seine Bereitschaft zum C-COMMIT
I	C-REFUSE .req, .ind	Der Subordinate weist die Aufforderung zum C-COMMIT zurück
II	C-COMMIT .req, .ind	Der Superior fordert den Subordinate auf, die Transaktion dauerhaft zu machen
II	C-DONE .req, .ind	Der Subordinate bestätigt, dass er die Transaktion korrekt abgeschlossen hat
II	C-ROLLBACK .req, .ind	Der Superior fordert den Subordinate auf, alle in der Transaktion bisher durchgeführten Änderungen rückgängig zu machen
II	C-ROLLBACK .resp, .conf	Der Subordinate bestätigt das Zurücksetzen aller Änderungen
I, II	C-RESTART .req, .ind	Der jeweilige Partner wird aufgefordert, auf einen früheren Zustand zurückzusetzen
I, II	C-RESTART .resp, .conf	Der Partner bestätigt die Ausführung des Zurücksetzens

4

4.3.3   OSI-Anwendungsdienste

Von den in Tabelle 4.5 genannten Diensten der SASE-Gruppe existieren mehrere (VT, FTAM, MOTIS, CMIP, CMIS) in ähnlicher Form in der TCP/IP-Welt. Deshalb werden im Folgenden nur die Dienste JTM, DTP und MMS kurz beschrieben.

4.3.3.1   JTM

JTM (Job Transfer and Manipulation) leistet den Austausch von Dokumenten (sog. *Job Specifications*), die sich auf **Verarbeitungsaufträge** für ein bestimmtes System beziehen. Daran beteiligt sind der JTM-Dienst und eine Reihe von *Agencies*, denen bestimmte Teilaufgaben zufallen (→ Bild 4.13). Der Anwendungsprozess, der einen Verarbeitungsauftrag auslöst, wird als *Initiating Agency* bezeichnet, der ausführende Prozess als *Execution Agency*. Die *Source Agency* (z. B. ein lokaler Massenspeicher) liefert Informationen/Daten, die für die Auftragsausführung benötigt werden. Ein weiterer Anwendungsprozess kann als *Job Monitor* beteiligt sein. Dieser erhält vom JTM-Dienst Informationen über den Zustand der Auftragsausführung. Nach Abschluss des Auftrages werden Ergebnisse an die *Sink Agency* übermittelt. Die *Agencies* müssen sich nicht auf verschiedenen Systemen befinden.

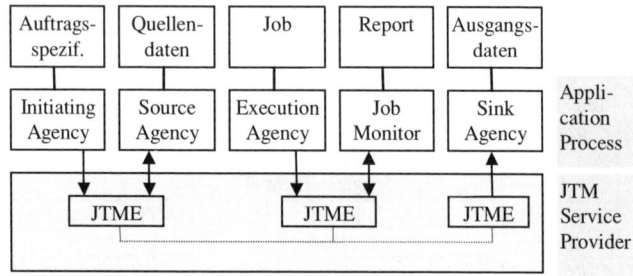

JTME = Job Transfer and Manipulation Entity

Bild 4.13   Prozesse und Entities in JTM (vgl. /4.2/, S. 803)

Tabelle 4.11   JTM-Dienstelemente (vgl. /4.2/, S. 803ff.)

Dienst	Funktion
J-INITIATE-WORK	Initiating Agency beauftragt ihre lokale JTME
J-GIVE	Ein JTME verlangt ein Dokument von einer Source oder Execution Agency
J-DISPOSE	JTME übergibt ein Dokument an eine Execution oder Sink Agency
J-TASKEND	Die Execution Agency meldet das Ende einer Aktivität an ihre lokale JTME
J-STATUS	Eine JTME verlangt Information über den Fortgang einer Aktivität
J-KILL	Eine JTME beendet alle Aktivitäten eines Auftrags abrupt
J-STOP	Eine JTME hält alle Aktivitäten eines Auftrags vorübergehend an

JTM bietet umfangreiche Dienste, weshalb hier nur die *Basic Class* betrachtet sei. Diese unterstützt nur einen Job, der keine Sub-Jobs erzeugen kann. Die *Initiating Agency* wird im Folgenden als JTM *Service Requester* bezeichnet. JTM *Service Responder* sind diejenigen *Agencies*, die Anforderungen vom JTM *Service Provider* erhalten. Mit den Dienstelementen der *Basic Class* (→ Tabelle 4.11) ergeben sich beispielhaft die in Bild 4.14 dargestellten Abläufe.

4

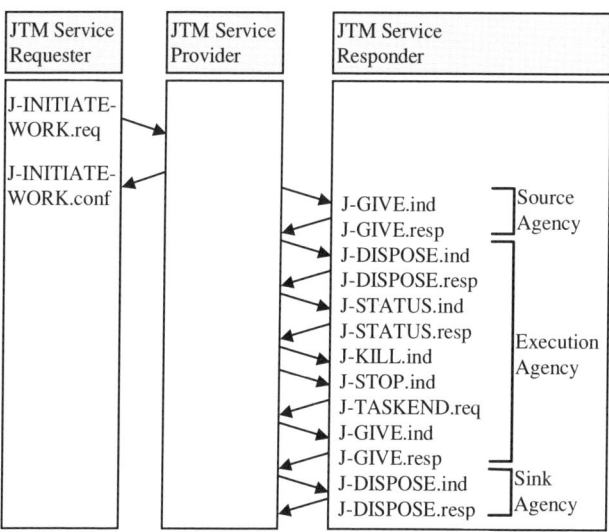

Bild 4.14 Ablauf bei JTM Basic Class (/4.2/, S. 804)

4.3.3.2 DTP

DTP (*Distributed Transaction Processing*) ermöglicht die Transaktionsverarbeitung unter Beteiligung mehrerer Systeme. Anwendungsprozesse auf Clients und Servern nutzen das ASE (Application Service Element) DTP, das seinerseits auf CCRSE (→ Abschnitt 4.3.2.4) und ACSE (→ Abschnitt 4.3.2.1) aufsetzt (→ Bild 4.15). Clients können Transaktionen auslösen, die mehrere Server mit einbeziehen.

Server	Client	Client	Server
AP	AP	AP	AP
DTP	DTP	DTP	DTP
ACSE / CCRSE	ACSE / CCRSE	ACSE / CCRSE	ACSE / CCRSE
Darstellungs-schicht	Darstellungs-schicht	Darstellungs-schicht	Darstellungs-schicht

Netzwerk

AP = Anwendungsprozess, DTP = Distributed Transaction Processing

Bild 4.15   Struktur einer DTP-Anwendung (vgl. /4.2/, S. 806)

4.3.3.3   MMS

Der MMS-Dienst (Manufacturing Message Specification) wurde für Anwendungen in der **Fertigungsautomatisierung** entwickelt. Im Gegensatz zu **Feldbussen** (→ Abschnitt 6.11) wird auf den höheren Schichten der Automatisierungshierarchie eine offene Kommunikation im Sinne des OSI-Modells verlangt. Die benötigten Dienstprimitive hängen vom Automatisierungsgerät ab, das an der Kommunikation teilnimmt. Die **Dienstprimitive** sind in **Funktionseinheiten** (*functional units*) gegliedert (→ Tabelle 4.12). MMS ist in ISO/IEC 9605 bzw. DIN 66306 genormt.

Tabelle 4.12   MMS-Dienste (Auswahl) /4.2/

Funktions-einheit	Dienstprimitiv (bestätigt: ja/nein)	Funktions-einheit	Dienstprimitiv (bestätigt: ja/nein)
Context Manage-ment	Initiate (ja) Release (ja) Abort (nein)	Job Control	Start (nein) Stop (nein)
Datei holen	ObtainFile (ja)	Variablen-zugriff	Read (ja) Write (ja)
Dateitrans-fer	FileOpe (ja) FileClose (ja) FileRead (ja)	Gerätestatus	Status (nein) Unsoliticed Status (nein)
Programm laden	LoadFromFile (nein) StoreToFile (nein)	Allgemeine Dienste	Reject (nein) Cancel (ja) Identify (nein)

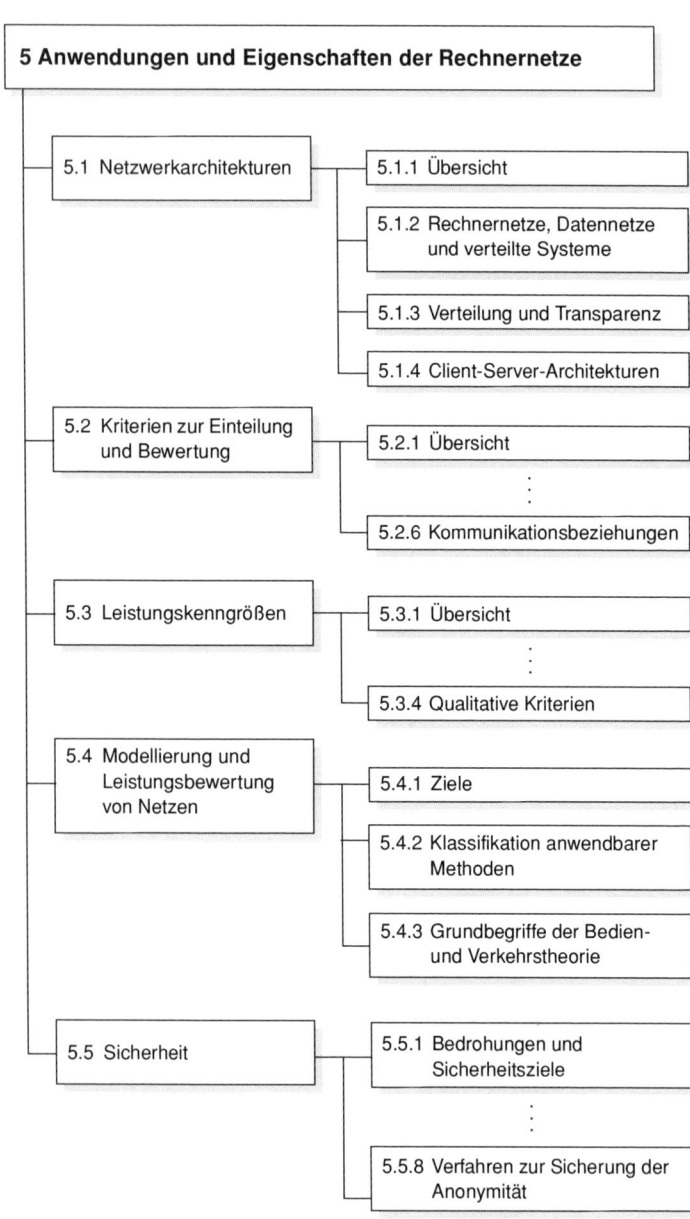

5 Anwendungen und Eigenschaften der Rechnernetze

5.1 Netzwerkarchitekturen

- 5.1.1 Übersicht
- 5.1.2 Rechnernetze, Datennetze und verteilte Systeme
- 5.1.3 Verteilung und Transparenz
- 5.1.4 Client-Server-Architekturen

5.2 Kriterien zur Einteilung und Bewertung

- 5.2.1 Übersicht
- ⋮
- 5.2.6 Kommunikationsbeziehungen

5.3 Leistungskenngrößen

- 5.3.1 Übersicht
- ⋮
- 5.3.4 Qualitative Kriterien

5.4 Modellierung und Leistungsbewertung von Netzen

- 5.4.1 Ziele
- 5.4.2 Klassifikation anwendbarer Methoden
- 5.4.3 Grundbegriffe der Bedien- und Verkehrstheorie

5.5 Sicherheit

- 5.5.1 Bedrohungen und Sicherheitsziele
- ⋮
- 5.5.8 Verfahren zur Sicherung der Anonymität

5 Anwendungen und Eigenschaften der Rechnernetze

5.1 Netzwerkarchitekturen

5.1.1 Übersicht

Eine Netzwerkarchitektur ist die vereinfachte Beschreibung des Netzwerkaufbaus. Die Architektur kann als **Bauplan** (*blueprint*) verstanden werden, der abstrakte Eigenschaften (im Gegensatz zu benutzerbezogenen Eigenschaften, → Abschnitt 5.3) beschreibt. Dabei sind verschiedene Aspekte zu unterscheiden:

- Der Aufbau des verwendeten **Protokollstapels** (*protocol stack*) ist ein wichtiges Architekturmerkmal (→ Kapitel 1–4, 9). Oft ist es sinnvoll und notwendig (zumindest auf einigen Schichten) Protokolle aus verschiedenen Protokollstapeln anzubieten.

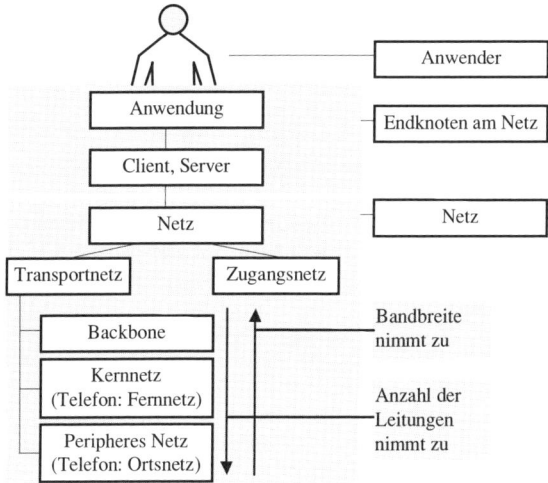

Bild 5.1   Topologische Struktur von Netzen (funktional unterschiedliche Teile)

- Die **topologische Struktur** ist ein weiteres, wichtiges Merkmal. Die Unterscheidung **Transportnetz** und **Zugangsnetz** (*access network,* ermöglicht den Zugang des Teilnehmers zum Transportnetz) weist darauf hin, dass beide Teile unterschiedliche Eigenschaften aufweisen müssen. Im Transportnetz werden von „innen" (teilnehmerfern) nach „außen" der **Backbone**, das **Kernnetz** (beim Telefonnetz das Fernnetz) und das **periphere Netz** (Ortsnetz) unterschieden. Der Backbone besteht aus relativ wenigen, aber sehr breitbandigen Verbindungen (*long fat pipe*). Das periphere Netz weist viele, jedoch schmalbandige Verbindungen auf.

- Die **logische Struktur** eines Netzes betrachtet die Gliederung in Subnetze und die Funktion der zugehörigen Knoten. **Client-Server-Architekturen** ($\rightarrow$ Abschnitt 5.1.4) werden je nach Anwendung mit unterschiedlichen logischen Strukturen realisiert.

Bild 5.1 unterscheidet zwischen dem Netz, Endknoten am Netz und den Anwendern. Transportnetze werden in den Kapiteln 6, 7, 9 und 10 behandelt, Zugangsnetze in Kapitel 8.

5.1.2   Rechnernetze, Datennetze und verteilte Systeme

Ein **Datennetz** (*data network*) überträgt digitale Signale zwischen Paaren oder Gruppen von Anwendern. Dabei können Kommunikationsbeziehungen wahlfrei zwischen beliebigen Kommunikationspartnern hergestellt werden. Das Netz stellt den Anwendern die OSI-Schichten 1–3 zur Verfügung, d. h. das vom Netz vorgegebene Schicht-3-Protokoll ist vom Anwender einzuhalten.

Das Netz transportiert also Pakete für den Anwender, es interessiert sich jedoch nicht für deren Bedeutung und Wirkungen. Deshalb werden von verschiedenen Autoren auch die Begriffe *Bearer Service* (Trägerdienst), Netzdienst, Transportdienst und Übermittlungsdienst verwendet ($\rightarrow$ Bild 5.2). Die Dienste eines Datennetzes können als *netznah* und *anwendungsfern* charakterisiert werden.

Ein **Rechnernetz** (*computer network, Rechnerverbund*) verbindet autonome Rechner. Es stellt den Anwendern Dienste bereit, die die OSI-Schichten 1–7 umfassen. Ziel der Rechnernetze ist die gemeinsame Nutzung von Ressourcen (*resource sharing*), die sich an verschiedenen Stellen im Netz befinden.

Ein Rechnernetz transportiert also nicht (anonyme) Pakete, sondern PDUs, die in Bezug auf den jeweiligen Dienst eine bestimmte Bedeutung beinhalten. Die auf Rechnernetzen ausgeführten Dienste werden verschiedentlich als Teledienste, Telematikdienste oder Kommunikationsdienste (→ Bild 5.2) bezeichnet. Diese Dienste werden von den Anwendungen (Anwendungsprogrammen) genutzt. Sie können deshalb als *anwendungsnah* bezeichnet werden.

Anwendung	Anwendungen (z. B. Flugbuchung, Datenbankrecherche, Electronic Commerce, ...)	oberhalb von OSI-Schicht 7
Rechnernetz	Tele-Service (Teledienst, Telematikdienst, Kommunikationsdienst)	typisch: OSI-Schichten 1 - 7
Datennetz	Bearer Service (Netzdienst, Transportdienst, Übermittlungsdienst)	typisch: OSI-Schichten 1 - 3

Bild 5.2   Bearer Service, Tele-Service und Anwendung

Ein verteiltes System (*distributed system*) verbindet autonome Rechner so, dass für den Benutzer die Abstraktion eines einzelnen, homogenen Systems repräsentiert wird. Dies bedeutet, dass die Verteilung **transparent** ist. Das System verbirgt Ort und Art der Ausführung seiner Funktionen.

In einem Rechnernetz ist sich der Anwender der Existenz und Erreichbarkeit verschiedener Rechner bewusst. Das Netz wird in der Regel heterogen sein, also verschiedenartige Rechner (Hardware, Betriebssystem) umfassen. Ein verteiltes System wird ebenfalls heterogene Komponenten enthalten. Ein verteiltes Betriebssystem verbirgt die Heterogenität und realisiert die Transparenz.

Rechnernetze und verteilte Systeme sind in der Praxis nicht sauber abzugrenzen. Zweck der Rechnernetze ist die **Kommunikation** (Austausch von Daten bzw. Informationen). **Koordination** (mehrfacher Informationsaustausch mit dem Zweck, ein abgestimmtes Verhalten der Partner zu finden) ist eine Erweiterung der Kommunikation. **Kooperation** (laufender Informationsaustausch mit dem Zweck, gemeinsam zu Ergebnissen zu kommen, die besser oder umfassender sind, als dies jeder Partner allein erreichen könnte) ist der Zweck der verteilten Systeme. Kooperation (Verteilung) ist auf Kommunikation angewiesen, während Kommunikation keine Verteilung impliziert.

📖/5.1/ und /5.18/ widmen sich vollständig den verteilten Systemen, /5.11/, Kapitel 9 gibt einen Überblick konkreter Konzepte.

5.1.3   Verteilung und Transparenz

Aus der Sicht des Betreibers von Rechnernetzen werden diese als Verbund von Ressourcen gesehen, die für viele Anwender verfügbar gemacht werden sollen (*resource sharing*). Ziele sind:

- **Funktionsverbund**: Verschiedene Knoten enthalten spezifische Funktionen, die über das Netz anderen Knoten zur Verfügung gestellt werden.
- **Datenverbund**: Daten, die auf einem Knoten gespeichert sind, können auch von anderen Knoten genutzt werden.
- **Lastverbund**: Die Last (Anzahl der Verarbeitungsaufträge pro Zeiteinheit) eines Knotens kann auf andere, weniger belastete Knoten verteilt werden. Dadurch wird der Durchsatz (Anzahl der pro Zeiteinheit erledigten Verarbeitungsaufträge) für den Benutzer erhöht.
- **Verfügbarkeitsverbund**: Der Ausfall einzelner Knoten kann ohne wesentliche Leistungsreduktion toleriert werden, wenn die benötigten Funktionen und Daten redundant im Netz verfügbar sind.

Der Verbund kann auch aus der Sicht der **Verteilung** (*distributed system*) betrachtet werden (→ Bild 5.3).

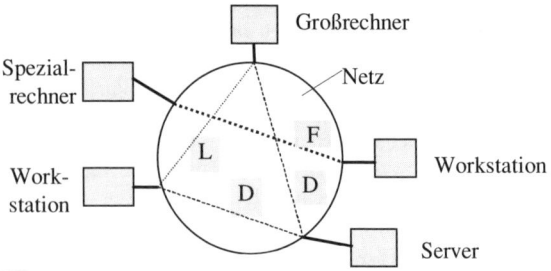

F: Funktionsverteilung zwischen Workstation und Spezialrechner
D: Datenverteilung zwischen Workstation, Server und Großrechner
L: Lastverteilung zwischen Workstation und Großrechner

Bild 5.3   Möglichkeiten der Verteilung

Bei der **Datenverteilung** ergeben sich spezifische Probleme. Daten können durch **Partitionierung** (der Datenbestand wird in disjunkte, nichtüberlappende Teile zerlegt) oder **Replikation** (Kopien eines Datenbestandes werden auf anderen Knoten abgelegt) verteilt werden. Eine Replikation ermöglicht (im Gegensatz zur Partitionierung) einen Verfügbarkeitsverbund. Die Replikation kann jedoch zu **Inkonsistenz** führen (widersprüchliche Daten auf verschiedenen Knoten), was durch geeignete Maßnahmen verhindert bzw. beseitigt werden muss.

Aus Sicht des Anwenders soll die Verteilung möglichst **transparent** (nicht wahrnehmbar) sein. Da dies nicht in allen Belangen machbar oder sinnvoll ist, ist der Begriff Transparenz näher zu umschreiben, vgl. ISO 10746-3:

- **Ortstransparenz** (*location transparency*): Der Ort der Ausführung ist für den Anwender transparent.

- **Zugriffstransparenz** (*access transparency*): Der Anwender bemerkt nicht, ob ein lokaler oder ein entfernter Zugriff erfolgt.

- **Leistungstransparenz** (*performance transparency*): Die Unterschiede in den Zugriffs- und Ausführungszeiten zwischen lokalen und entfernten Operationen sind für den Benutzer unwesentlich.

- **Fehlertransparenz** (*failure transparency*): Fehler, die auf die Verteilung zurückzuführen sind, bleiben dem Benutzer verborgen.

5

5.1.4 Client-Server-Architekturen

5.1.4.1 Allgemeines

Ein Netz kann aus Sicht der Anwendungen gleichberechtigte Teilnehmer miteinander verbinden. Solche Netze werden als **Peer-to-Peer-Netze** bezeichnet. Client-Server-Architekturen ordnen den Netzteilnehmern hingegen unterschiedliche Funktionen zu (→ Bild 5.4).

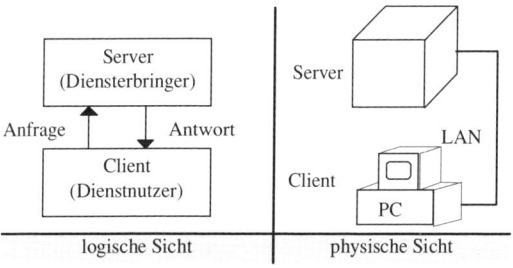

Bild 5.4   Prinzip der Client-Server-Architektur

Ein **Client** ist ein Dienstnutzer, der Anfragen an einen Server (Diensterbringer) stellt. Der **Server** ermittelt und überträgt die Antwort an den Client. In der Praxis werden Server-Typen eingesetzt, die bestimmte Dienste erbringen und entsprechend benannt werden:

- **Dateiserver** (*file server*): speichert Dateien für eine Vielzahl von Clients und gibt diese auf Anfrage heraus.

- **Druckerserver** (*print server*): erledigt Druckaufträge für die im Netz existierenden Clients.

- **Datenbankserver** (*database server*): beinhaltet Datenbanken, die auf Anfrage von Clients abgefragt werden. Die Ergebnisse der Abfrage werden den Clients übermittelt.
- **Kommunikationsserver** (*communications server*): ermöglicht den Clients in einem Netz die Kommunikation in externe Netze.

Clients können für die Kommunikation mit einem bestimmten Servertyp ausgelegt sein. In der Regel können sie jedoch mit mehreren verschiedenartigen Servern kommunizieren.

Zur Festlegung der Aufgabenverteilung zwischen Client und Server wird ein vereinfachtes Schichtenmodell (→ Bild 5.5) zugrunde gelegt. Die Schichten sind:

- **Darstellung** (*presentation*): beinhaltet die grafische Benutzeroberfläche, die die Interaktion des Anwenders mit der Anwendung ermöglicht.
- **Verarbeitung** (*processing, application logic, business logic*): beinhaltet die Anwendungsprogramme, die vom Anwender genutzt werden.
- **Datenhaltung** (*data storage*): beinhaltet Strukturen und Funktionen zur Speicherung und Manipulation der von den Anwendungsprogrammen genutzten Daten.

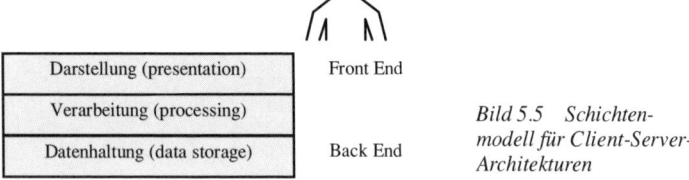

Bild 5.5   Schichtenmodell für Client-Server-Architekturen

Die einfachste Verteilungsalternative besteht darin, Darstellung, Verarbeitung und Datenhaltung auf einem Zentralrechner auszuführen (→ Bild 5.6). Logisch findet also keine Verteilung statt, obwohl dezentrale Arbeitsplätze über ein Kommunikationssystem (im einfachsten Fall eine sternförmige Punkt-zu-Punkt-Verkabelung, ein LAN kann ebenfalls verwendet werden) mit dem Zentralrechner kommunizieren.

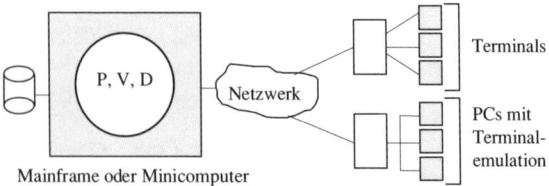

Bild 5.6   Architektur mit Zentralrechner (P = Presentation/Darstellung, V = Verarbeitung, D = Datenhaltung) (vgl. /5.18/, S. 307)

5.1.4.2   Zweischichtige Client-Server-Architektur

Client-Server-Architekturen (C/S-Architekturen) weisen Servern und Clients unterschiedliche Aufgaben zu. **Zweischichtige C/S-Architekturen** (*two-tier*, → Bild 5.7) überlassen dem Server die Datenhaltung. Bei der Variante *fat client* werden Darstellung und Verarbeitung vom Client erledigt. Beim *fat server* (gleichbedeutend mit *thin client*) übernimmt der Server zusätzlich die Verarbeitung. Die über das Netz ausgeführten Funktionen sind für die beiden Fälle verschieden (→ Bild 5.7):

- **RFA** (*Remote File Access*): Zugriff auf eine entfernte Datei und deren Übertragung zum Client. Entspricht im wesentlichen dem OSI-Dienst FTAM (→ Abschnitt 4.3.1). FTP (→ Abschnitt 11.10) und NFS (→ Abschnitt 11.4) haben ähnliche Funktionen.

- **RDA** (*Remote Database Access*): Der Anwender sendet eine Datenbankanfrage an den Server. Die übertragene Datenmenge kann wesentlich geringer sein als bei RFA.

- **Called Stored Procedures** (gespeicherte Prozeduren): Dies sind Anwendungsprogramme für die Datenbankabfrage, in die datenbankspezifische Anweisungen (z. B. **SQL**: *Structured Query Language*) eingebettet sind. Die Programme werden zusammen mit der Datenbank abgelegt. Dadurch muss der entfernte Benutzer lediglich den Aufruf der Called Stored Procedure mit zugehörigen Argumentwerten übertragen.

5

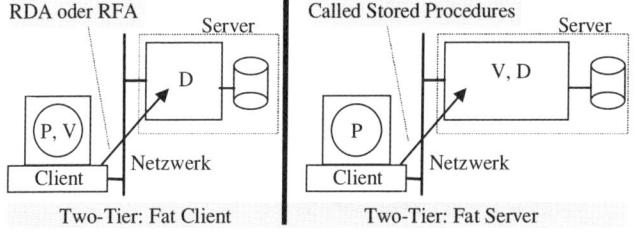

Bild 5.7   Zweischichtige Client-Server-Architektur (P = Presentation/Darstellung, V = Verarbeitung, D = Datenhaltung) (vgl. /5.18/, S. 307)

5.1.4.3   Dreischichtige Client-Server-Architektur

Dreischichtige C/S-Architekturen (*three tier architecture*) führen **zwei** Schichten mit Servern ein (→ Bild 5.8). Eine Server-Schicht ist mit **Anwendungsservern** (*application server*) besiedelt. die andere mit **Datenservern** (*data server*). Die Clients sind über ein eigenes Netz mit den Anwendungsservern verbunden. Sie senden mittels RDA (s. o.), RPC

(→ Abschnitt 11.3), *message queuing* (→ Nachrichten-Warteschlangen, Nachrichten werden nach dem E-Mail-Prinzip asynchron, also ohne auf Antwort zu warten, übertragen) oder *Transaktionsverfahren* (→ Abschnitt 4.3.2.4) Aufträge an die Anwendungsserver. Diese wenden sich bei Bedarf an die Datenserver. Anwendungs- und Datenserver sind untereinander durch ein eigenes Netz verbunden.

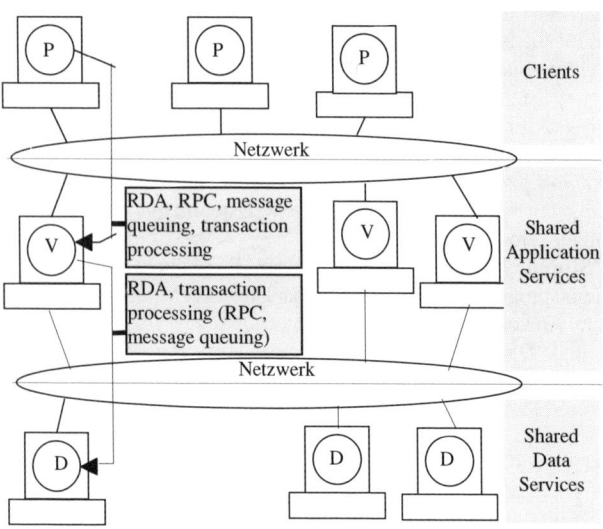

Bild 5.8   Dreischichtige Client-Server-Architektur (P = Presentation/Darstellung, V = Verarbeitung, D = Daten) (vgl. /5.18/, S. 309)

5.1.4.4   Vergleich von Client-Server-Architekturen

Die dargestellten C/S-Architekturen weisen verschiedene Vor- und Nachteile auf (→ Tabelle 5.1). Die Tendenz des Vergleichs lautet: Höhere Leistung und Flexibilität wird mit größerem Aufwand und erhöhter Komplexität erkauft.

Tabelle 5.1   Vergleich von Client-Server-Architekturen (/5.18/, S. 310)

Eigenschaft	einschichtige Architektur	zweischichtige Architektur	dreischichtige Architektur
primärer Systemtyp	Routineanwendungen, Transaktionsverarbeitung	Für Gruppen und Abteilungen. Routineanwendungen und Entscheidungsunterstützung	Routineanwendungen und Entscheidungsunterstützung auf Unternehmensebene
Skalierbarkeit	gering	gering–mittel	hoch
Position im Technologie-Lebenszyklus	Rückgang oder Repositionierung als High-End Server	Wachstum	Wachstum
Flexibilität bei Entwurf und Realisierung	gering	gering–mittel	hoch
Komplexität der Realisierung	schwieriger wegen enger Integration	einfacher (geeignet für Prototyping)	schwieriger
Rapid Application Development	nein	ja	eventuell (hängt von der Komplexität der Anwendung ab)
Sicherheit, Leistungsfähigkeit, Datenschutz	hoch (mit OLTP und Database Recovery Support) 1), 2)	gering–mittel (abhängig vom Einsatz von Stored Procedures)	hoch (mit Middleware für Transaktionsverarbeitung) 3)
einfaches Management	ja (wegen Zentralisierung)	ja (kleine Systeme) nein (große Systeme)	nein (erhöhte Komplexität wegen Dezentralisierung)

5

1) OLTP: Online Transaction Processing, 2) Database Recovery Support: Zurücksetzen einer Datenbank in einen konsistenten Zustand nach Transaktionsfehlern oder Systemabsturz, 3) Middleware: eine Softwareschicht zwischen der Anwendungssoftware und dem Betriebssystem, die zur Vereinfachung der Kommunikation in verteilten Systemen eingesetzt wird

5.2   Kriterien zur Einteilung und Bewertung

5.2.1   Übersicht

Netze lassen sich nach Anwendungen und Eigenschaften klassifizieren und anhand von Kenngrößen bewerten (→ Bild 5.9). Eigenschaften und Kenngrößen können technischer Natur sein, sie sind dann für den Anwender nicht unmittelbar von Interesse. Benutzerbezogene Kenngrößen sind hingegen wesentlich für die Zufriedenheit des Benutzers. Kenngrößen können gemessen und durch Zahlen angegeben werden. Sie bewerten also quantitative („harte") Kriterien. Qualitative („weiche") Kriterien sind von gleich großer Bedeutung, auch wenn keine präzisen numerischen Werte dafür angegeben werden können.

Anwendungen und Eigenschaften	Benutzerbezogene Kriterien	
	Quantitative „harte" Kriterien	Qualitative „weiche" Kriterien

Anwendungsbereiche
Anwendungen
Öffentlich oder privat
Ausdehnung
Betriebsziele
Zweck
Kommunikationsbeziehungen
Netzwerkarchitektur
	Modell nach
	  ANSI X3.102
	Quality of Service
	Bandbreite und
	  Verzögerung
	Datenraten
	Fehlerraten
		Skalierbarkeit
		Verfügbarkeit
		Brauchbarkeit
		Kompatibilität
		Sicherheit
		Management-
		  Fähigkeit
		Robustheit

Bild 5.9   Kriterien für Rechnernetze

5.2.2   Anwendungsbereiche

Obwohl aus technischer Sicht die Kommunikation zwischen Anwendungsprozessen (→ Bild 5.10 a) im Vordergrund steht, führt diese in vielen Fällen zur Kommunikation zwischen Personen (→ Bild 5.10 b). Beispiele sind Electronic Mail, Videokonferenzen oder Rundfunkübertragungen im Internet. Die Kommunikation zwischen technischen Prozessen über Rechnernetze (→ Bild 5.10 c) ist ebenfalls von großer und zunehmender Bedeutung.

Multi-Service-Netze versus Single-Service-Netze

Das klassische Telefonnetz bietet im Prinzip genau einen Dienst, die Sprachkommunikation. Es ist genau auf diese Anwendung zugeschnitten und optimiert. Durch ISDN (→ Abschnitt 7.3) wurde das Telefonnetz zu einem Netz erweitert, das mehrere Dienste integriert. Der Begriff Multi-

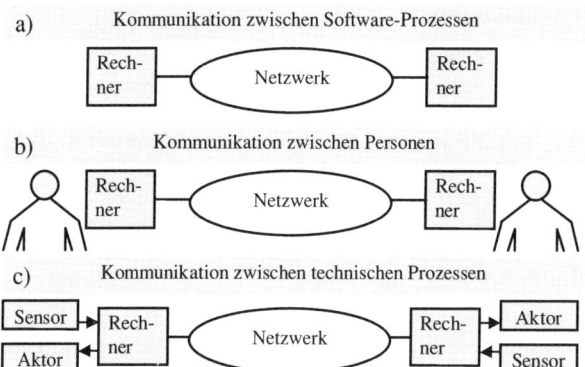

Bild 5.10   Kommunikation in Rechnernetzen

Service-Netz (→ Bild 5.11) soll ausdrücken, dass ein Netz verschiedenartige Dienste (mit Daten sowie Sprach- und Bildsignalen) in einer einheitlichen Netzwerk-Infrastruktur integriert. Dadurch ergeben sich für Betreiber wie für Anwender Vorteile. Der Aufwand für mehrere spezialisierte Netze wird vermieden und die Flexibilität der Nutzung wird erhöht. Eine aktuelle Entwicklungstendenz strebt ein Multi-Service-Netz über ein einheitliches Paket- oder Zellen-Netz an. Dies kann längerfristig zu einer Konvergenz von Rechner- und Telekommunikationsnetzen führen.

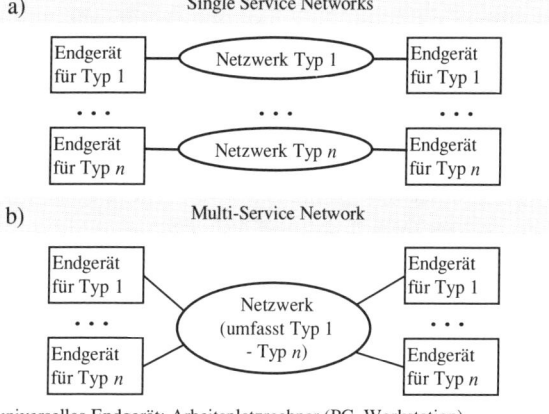

universelles Endgerät: Arbeitsplatzrechner (PC, Workstation)

Bild 5.11   a) Single-Service- und b) Multi-Service-Netze

5.2.3   Anwendungen

Anwendungen und Dienste

Anwendungen im Zusammenhang mit Netzen sind Anwendungsprogramme, die (jedoch nicht notwendigerweise) von Personen genutzt werden. Die Anwendungsprogramme rufen die im Netz verfügbaren Dienste über ihr **API** (*Application Programming Interface*, Anwendungsprogrammierschnittstelle) auf. Der Dienst wird durch Kommunikationssoftware (Protokollstapel) realisiert, die (zumindest in den unteren Schichten) ein fester Bestandteil des Betriebssystems der zugrunde liegenden Plattform (Rechner) ist.

Anwendungen und Anwendungstypen

Die Zahl der Anwendungen ist nicht überschaubar und nimmt weiter zu. Deshalb wird eine Klassifikation in Anwendungstypen vorgenommen (→ Bild 5.12). ITU-T legte diese Klassifikation in der Empfehlung I.211 als Basis für die Definition von Breitbanddiensten fest. Interaktive Dienste benötigen eine bidirektionale Kommunikation.

- **Dialogdienste** (*conversation*) beinhalten einen fortlaufenden, bidirektionalen Nachrichtenaustausch. Dazu gehören sinngemäß auch Konferenz, entfernte Verarbeitungsausführung und Transaktionsausführung. Eine kurze Antwortzeit (**Echtzeit**) ist wesentlich.

- **Nachrichtenübermittlung** (*messaging*) impliziert im Gegensatz zu den Dialogdiensten eine Zwischenspeicherung der Nachrichten und entsprechend längere Laufzeiten. Sender und Empfänger können asynchron (zu verschiedenen Zeiten) senden bzw. empfangen.

- **Informationsabfrage** (*retrieval*) bezweckt den Zugriff auf zentral gespeicherte Daten. Neben leistungsfähigen Abfragemechanismen sind vor allem Server mit hoher Verarbeitungs- und Ein-Ausgabe-Leistung wichtig.

Verteildienste (→ Bild 5.12) sind unidirektional, soweit kein Rückkanal zur Verfügung steht. Ein Verteildienst mit Rückkanal bietet zusätzlichen Nutzen, beispielsweise für den Abruf bestimmter Beiträge (Inhalte, Programme) oder für Rückmeldungen (Beispiel *tele voting*). Dabei beträgt die Übertragungskapazität des Rückkanals nur einen kleinen Bruchteil der Kapazität des Verteilkanals.

Beispiele für Anwendungen sind in Bild 5.12 genannt. Aus der Sicht des Netzes stellen Anwendungen bestimmte Anforderungen (→ Tabelle 5.2), die zu erfüllen sind, damit der Anwender den erwarteten Nutzen erhält.

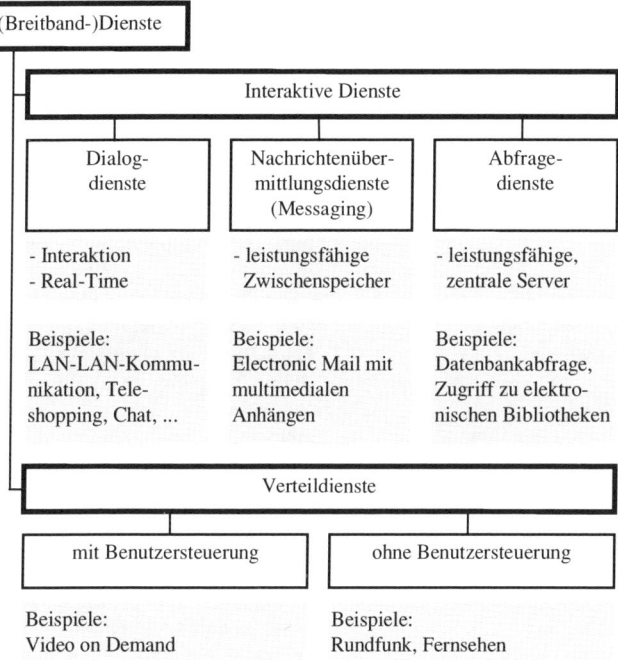

5

Bild 5.12   Dienste nach ITU-T I.211

Tabelle 5.2   Dienste, Eigenschaften und Anforderungen an die Dienstgüte (in Anlehnung an /5.4/, S. 108)

Dienst (Diensttyp)	Kommunikationsbeziehungen	Dienstgüte
Dateitransfer (vo)	1:1	Zuverlässigkeit, hoher Durchsatz, Sicherheit
Virtuelles Terminal (vo)	1:1	Zuverlässigkeit, geringe Verzögerung, Sicherheit
Electronic Mail (vo)	1:1, 1:N	Zuverlässigkeit, Sicherheit
Entfernte Auftragsausführung (vo, to)	1:1	Zuverlässigkeit, Sicherheit
Telefondienst (vo)	1:1, 1:N	geringe Fehlerrate, geringe Verzögerung, garantierter Durchsatz, Sicherheit
Telefax/Telex (vo)	1:1	Zuverlässigkeit, Sicherheit

Tabelle 5.2   Dienste, Eigenschaften und Anforderungen an die Dienstgüte (in Anlehnung an /5.4/, S. 108) (Fortsetzung)

Dienst (Diensttyp)	Kommunikationsbeziehungen	Dienstgüte
Verteiltes Dateisystem (to)	1:1, 1:*N*	Zuverlässigkeit, geringe Verzögerung, geringe Antwortzeit, Sicherheit
Entfernter Prozeduraufruf (to)	1:1, 1:*N*	Zuverlässigkeit, geringe Verzögerung, geringe Antwortzeit, Sicherheit
Video on Demand (vo)	1:1	hoher Durchsatz, geringe Verzögerungsschwankung
Videokonferenz (vo, vl)	1:1, 1:*N*, *N*:*M*	hoher Durchsatz, geringe Verzögerungsschwankung, Sicherheit
Joint Editing	*N*:*M*	Zuverlässigkeit, Sicherheit, geringe Antwortzeit
Application Sharing	*N*:*M*	Zuverlässigkeit, Sicherheit, geringe Antwortzeit
Elektronische Geschäftsabwicklung	1:1 (auch mehrfach)	Zuverlässigkeit, Sicherheit, Authentizität
Echtzeitanwendungen (vl, vo, to)	1:1, 1:*N*, *N*:*M*	geringe Fehlerrate, geringe Verzögerung, garantierter Durchsatz, Sicherheit

vo = verbindungsorientiert, vl = verbindungslos, to = transaktionsorientiert

5.2.4   Öffentlich oder privat

LAN (*Local Area Network*) sind **private Netze**, die im Wesentlichen ohne Vorschriften und Nutzungsgebühren von jedermann installiert und betrieben werden können. Trotzdem sind LAN weitgehend standardisiert, da nur so hinreichend große Märkte mit funktionierendem Wettbewerb und zueinander kompatiblen Produkten entstehen können. LANs sind **geografisch** auf das Grundstück eines Eigentümers **beschränkt**. (Ausnahme: drahtlose Verbindungen zwischen LAN-Inseln auf verschiedenen Grundstücken.) **Großflächige Netze** (WAN, MAN) sind auf **Netzbetreiber** (*carrier*) angewiesen, die Netze betreiben und zur Nutzung anbieten. Netzbetreiber sind öffentliche oder private Institutionen, die im Rahmen der rechtlichen Vorschriften (→ Abschnitt 12.4.6) tätig sind. Ein Unternehmen kann für sich selbst ein WAN betreiben ohne darauf Dienste für andere zu erbringen. Dazu werden Leitungen von Netzbetreibern „gemietet" und zu einem scheinbar firmeneigenen Netz verbunden. Das Unternehmen ist selbst für den Betrieb und das Management dieses Netzes verantwortlich. Solche Netze werden als **Firmennetze** (*corporate networks*) bezeichnet. **VPN** (*Virtual Private Networks*) sind Netze deren Verhalten einem privaten Netz entspricht, obwohl sie auf der Infrastruktur des Internet aufgebaut sind ($\rightarrow$ Abschnitt 10.4).

5.2.5   Ausdehnung

Die Einteilung der Rechnernetze nach ihrer Ausdehnung verwendet die folgenden Begriffe:

- **PAN** (*Personal Area Network*) oder **Piconetz**: Die Ausdehnung beträgt wenige Meter und entspricht der Arbeitsumgebung einer Person an ihrem Arbeitsplatz. Die primäre Anwendung ist die Kommunikation zwischen Bestandteilen eines (Rechner-)Arbeitsplatzes.

- **SAN** (*Storage Area Network* bzw. *System Area Network*): Die Ausdehnung beschränkt sich auf einen Raum (Rechenzentrum). Wird zur Vernetzung der Komponenten eines großen Rechnersystems eingesetzt. Insbesondere werden Massenspeicher untereinander und mit anderen Netzen (LAN, WAN) vernetzt. Beispiele für SANs sind Fibre Channel und HIPPI ($\rightarrow$ Abschnitt 6.7).

- **LAN** (*Local Area Network*): Die Ausdehnung liegt zwischen ca. 10 m und einigen km. Hauptzweck ist die Kommunikation innerhalb von Arbeitsgruppen und Abteilungen.

- **MAN** (*Metropolitan Area Network*): Die Ausdehnung liegt im Bereich einer Großstadt (bis ca. 100 km). Eine Anwendung liegt in der Vernetzung sehr leistungsfähiger Rechner.

- **WAN** (*Wide Area Network*): Die Ausdehnung ist größer als bei MANs. Potenziell sehr viele Teilnehmer.

- **GAN** (*Global Area Network*): Das Netz besitzt eine weltweite Ausdehnung. Potenziell universelle Erreichbarkeit.

Bild 5.13 gibt eine grobe Zuordnung der Ausdehnung zu dem typisch dafür verfügbaren Bereich von Datenraten.

5

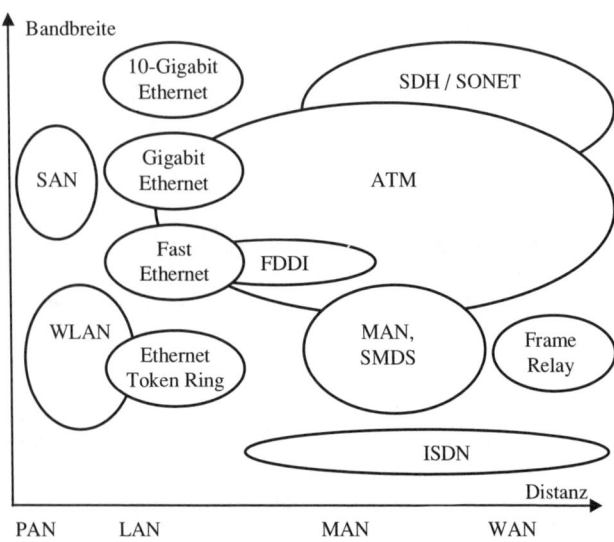

Bild 5.13   Einordnung von Netzen anhand ihrer Ausdehnung (in Anlehnung an /5.3/)

5.2.6   Kommunikationsbeziehungen

> Eine **Kommunikationsbeziehung** (Kommunikationsstruktur, Kommunikationsmuster) gibt an, wie viele Teilnehmer in welcher Weise miteinander kommunizieren.

Die einfachste Kommunikationsbeziehung besteht zwischen genau zwei Kommunikationspartnern, die bidirektional miteinander kommunizieren. Dies wird als **Unicast** bezeichnet und durch die Notation **1:1** gekennzeichnet. Unicast impliziert eine Punkt-zu-Punkt-Verbindung ($\rightarrow$ Bild 5.14). **Multicast** (**Gruppenkommunikation**) wird als **1:*n*** und **Broadcast** als **1:*m*** abgegeben. Beim Multicast sendet 1 Sender an *n* Empfänger (Mitglieder der Gruppe). Beim Broadcast steht *m* für alle Teilnehmer in einem Netz. Beide Fälle beinhalten eine Punkt-zu-Mehrpunkt-Kommunikation ($\rightarrow$ Bild 5.14). Multicast ist in Rechnernetzen von zunehmender Bedeutung ($\rightarrow$ Abschnitt 9.7).

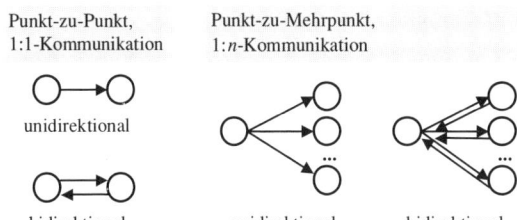

Punkt-zu-Punkt,
1:1-Kommunikation

Punkt-zu-Mehrpunkt,
1:n-Kommunikation

unidirektional

bidirektional   unidirektional   bidirektional

Bild 5.14   Einfache Kommunikationsbeziehungen

Erweiterte Kommunikationsbeziehungen (→ Bild 5.15) beschreiben die
Kommunikation zwischen mehreren Teilnehmern. Kommunikationsbe-
ziehungen dieser Art nehmen in der Praxis an Bedeutung zu
(→ Abschnitt 11.15).

5

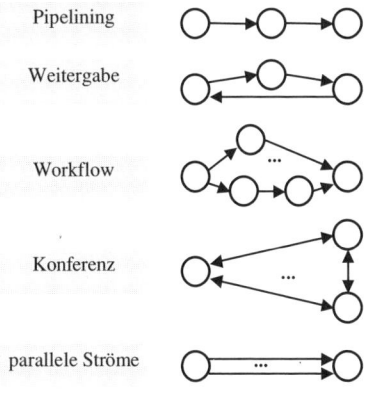

Pipelining

Weitergabe

Workflow

Konferenz

parallele Ströme

*Bild 5.15
Erweiterte Kommunikationsbeziehungen (in Anlehnung an
/5.4/, S. 148)*

5.3   Leistungskenngrößen

5.3.1   Übersicht

Leistungskenngrößen beschreiben konkrete Eigenschaften von Rechnernetzen quantitativ, also durch messbare, „harte" Zahlenwerte. Diese
können benutzerbezogen (technologieunabhängig) oder technikbezo-
gen sein.

▶ Die Abgrenzung ist nicht eindeutig, tendenziell werden technische Leistungskenngrößen zu benutzerbezogenen verdichtet/aggregiert.

5.3.2   Benutzerbezogene Leistungskenngrößen

Benutzerbezogene Leistungskenngrößen werden in ANSI X3.102 in einem einfachen Modell zusammengestellt (→ Bild 5.16). Dieses Modell geht von einem verbindungsorientierten Dienst aus und bewertet die Phasen Zugang, Übertragung und Abbau nach den Kriterien Geschwindigkeit, Korrektheit der Ausführung und Zuverlässigkeit.

	Geschwindig-keit	Korrektheit	Zuverlässigkeit
Zugang	Zugangs-dauer	Wahrscheinlichkeit für falschen Zugang	- Wahrscheinlichkeit für verweigerten Zugang - Wahrscheinlichkeit für Totalausfall
Übertragung von Benutzer-daten	Übertragungs-dauer	- Fehlerwahrschein-lichkeit - Wahrscheinlichkeit für falsche Zustellung	Verlustwahr-scheinlichkeit
		Wahrscheinlichkeit für verweigerte Übertragung	
Abbau	Abbaudauer	Wahrscheinlichkeit für verweigerten Abbau	

Bild 5.16   Benutzerbezogene Leistungskenngrößen nach ANSI X3.102

5.3.3   Quality of Service

5.3.3.1   Übersicht

QoS (*Quality of Service, Dienstgüte*) beschreibt die Eigenschaften eines Kommunikationssystems bezüglich der für einen bestimmten Dienst erbrachten Leistung. Dienstgüteattribute sind Leistung und Leistungsschwankungen, Zuverlässigkeit und Sicherheit.

▶ In den Abschnitten 3.1.2 bzw. 3.6.2 wurde QoS konkret in Bezug auf die Vermittlungs- bzw. die Transportschicht behandelt. Zu QoS im Internet → Abschnitt 9.8.

Jedes der genannten Dienstgüteattribute beinhaltet eine Anzahl von Dienstgüteparametern (→ Tabelle 5.3).

Tabelle 5.3   Leistungsparameter (in Anlehnung an /5.4/, S. 133)

Attribut	Dienstgüte-parameter	Bedeutung
Leistung	- Durchsatz	- Zugesicherte Menge an Benutzerdaten, die pro Zeiteinheit fehlerfrei übertragen werden
	- Verzögerung	- Zugesicherte maximale Verzögerung zwischen Übertragungsanfrage und -anzeige
Leistungs-schwankun-gen	- Jitter	- Zugesicherte maximale Schwankung der Verzögerung
	- Fehlerraten	- Zugesicherte, maximale Wahrscheinlichkeit von SDU-Verlusten und -Verfälschungen
	- Garantien	- Zusage, wieweit der Diensterbringer die Leistungsparameter garantieren kann
Zuverlässig-keit	- Vollständigkeit	- Die Zusicherung, dass alle gesendeten SDUs mindestens einmal ihr Ziel erreichen
	- Eindeutigkeit	- Die Zusicherung, dass alle gesendeten SDUs genau (oder höchstens) einmal ihr Ziel erreichen
	- Reihenfolge-erhaltung	- Die Zusicherung, dass alle SDUs das Ziel in derselben Reihenfolge erreichen, in der sie abgesendet wurden
Sicherheit	→ Abschnitt 5.5	→ Abschnitt 5.5

Der Grad der Verbindlichkeit von Aussagen zur Dienstgüte kann sehr unterschiedlich sein (→ Tabelle 5.4). Paketnetzwerke lassen keine Garantien für Datenrate und Verzögerung zu. Dieses Verhalten wird als *best effort* bezeichnet. Am anderen Ende des Verbindlichkeitsspektrums steht das leitungsvermittelnde Netz, das festgelegte Werte für Bandbreite und Verzögerung garantiert. Bei der Angabe von Dienstgüteparametern wird vorausgesetzt, dass die Infrastruktur fehlerfrei funktioniert. Ausfälle müssen durch geeignete Maßnahmen (Netzwerkmanagement → Abschnitt 14.1) behandelt werden.

Tabelle 5.4   Leistungszusagen (/5.4/, S. 145)

Garantiestufe	Bedeutung
So-gut-wie-möglich (Best effort)	Gewünschte Werte werden, soweit möglich, eingehalten. Es gibt jedoch keinerlei Garantien.
Unvollkommen (Imperfect)	Grenzwerte werden theoretisch eingehalten. Es gibt jedoch einige Komponenten des Diensterbringers, die keine definitive Zusage geben können.
Vorausschauend (Predicted)	Grenzwerte werden garantiert, falls die zukünftige Auslastung des Diensterbringers nicht höher ist als die vergangene.
Statistisch	Grenzwerte werden mit einer festgelegten Wahrscheinlichkeit garantiert.
Deterministisch	Grenzwerte werden garantiert, solange Hard- und Software des Diensterbringers fehlerfrei arbeiten.

5.3.3.2   Bandbreite, Verzögerung und Durchsatz

Die **Bandbreite** (*bandwidth*) B einer Teilstrecke ist eine physikalische Größe, die in Hz (MHz) angegeben wird ($\rightarrow$ Bild 5.17 a). Je nach verwendeter **Leitungscodierung** ergibt sich eine (Roh-)**Datenrate** R in bit/s ($\rightarrow$ Bild 5.17 b).

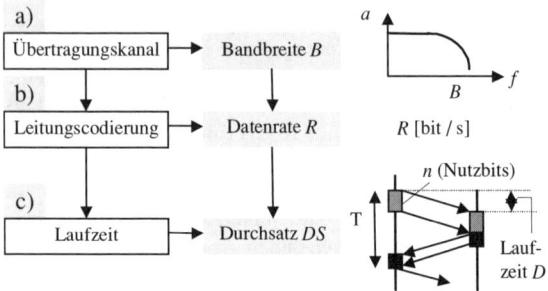

Bild 5.17   Datenrate, Bandbreite und Durchsatz

Die **Laufzeit** (*delay, latency*) D auf einer Teilstrecke wird durch die Signalausbreitungsgeschwindigkeit bestimmt. Zwischensysteme führen zu weiteren Verzögerungsanteilen ($\rightarrow$ Bild 5.18). Der **Durchsatz** (*throughput*) DS ist die Anzahl der Bits, die in einer bestimmten Zeit übertragen werden können ($\rightarrow$ Bild 5.17 c). Solange der Sender auf Quittungen warten muss, wird der Übertragungskanal von ihm nicht genutzt. Als Folge ergibt sich eine Reduktion des Durchsatzes. Bei der bidirektionalen Kommunikation führt eine Aussendung zu einer Antwort. Die Antwortzeit setzt sich aus mehreren Anteilen zusammen. Die minimal mögliche Antwortzeit entspricht der (Netz-)**Umlaufzeit** (**RTT**, *Round Trip Time*). Durch Wartezeiten (→ Bild 5.18) in Zwischen- und Endsystemen kann die Antwortzeit wesentlich größer werden als die Umlaufzeit.

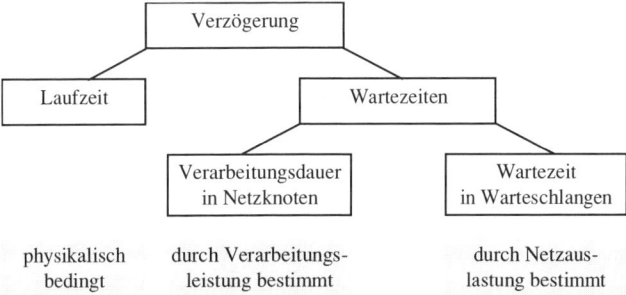

5

Bild 5.18   Verzögerungsanteile in einem Paketnetz

Der Dienstgüteparameter Durchsatz lässt sich bei fehlerfreier Paketübertragung und Verwendung eines Stop-and-Wait-Schemas wie folgt berechnen (/5.13/, S. 20–28):

Die Laufzeit D der Bits zwischen Sender und Empfänger ist

$$D = d/v$$

d ist die Distanz, v die Ausbreitungsgeschwindigkeit auf dem Übertragungsmedium. Sie liegt bei $2{,}3 \cdot 10^8$ m/s auf Kupferkabeln und $2 \cdot 10^8$ m/s in optischen Fasern, also in der Größenordnung der Lichtgeschwindigkeit ($3 \cdot 10^8$ m/s). Die Netzumlaufzeit **RTT** (*Round Trip Time*) ist das Doppelte der Laufzeit. Die tatsächliche Verzögerung L zwischen dem Senden des ersten Bit und dem Empfangen des letzten Bit eines Pakets ist wegen der Warte- und Verarbeitungszeiten in den Zwischensystemen

$$L = D + T_s + T_w$$

wobei T_s die **Sendedauer** für das Paket und T_w die Summe der Wartezeiten in den Zwischensystemen darstellt. Die Sendedauer ergibt sich zu:

$$T_s = N/R$$

N ist die Datenmenge in bit und R die Datenrate in bit/s. Die **Bitrate** ist die Anzahl der pro Zeiteinheit gesendeten Bits. Die **Bitdauer** T_B (das ist die Zeitdauer für das Senden eines Bit) beträgt:

$$T_B = 1/R$$

Der **Durchsatz** *DS* ist die Anzahl der total gesendeten Bits vom Sende-zeitpunkt des ersten Bit bis zum Empfang des ersten Bits der Quittung durch den ursprünglichen Sender:

$$DS = N / 2D + 2T_W + N / R)$$

In einem einfachen, dennoch wichtigen Fall wird pausenlos gesendet und Wartezeiten in Zwischensystemen kommen nicht vor (Übertragung über eine direkte Verbindung, Link). Bei $T = 0$ werde mit dem Senden des ersten Bit begonnen, bei $T = D = d/v$ läuft dieses Bit gerade beim Empfänger ein. Die Anzahl der Bits, die auf dem Übertragungsmedium unterwegs sind, ergibt sich folglich zu

$$BLP = D / T_B = D R$$

Dieses Produkt wird (nicht ganz exakt) als **Bandbreite-Laufzeit-Produkt** bezeichnet.

5.3.3.3   Datenraten

Je nach Anwendung sind Datenraten von weniger als 1 kbit/s bis zu über 1 Gbit/s erforderlich ($\rightarrow$ Tabelle 5.5).

Tabelle 5.5   Erforderliche Datenraten für verschiedene Anwendungen

Anwendung	erforderliche Datenrate
Persönliche Kommunikation	(0,3–9,6) kbit/s
E-Mail-Übertragung	(2,4–9,6) kbit/s
Fernsteuerung	(9,6–56) kbit/s
Digitale Sprachübertragung (Telefonqualität)	64 kbit/s
Datenbankabfrage	bis 1 Mbit/s
Audiosignale (hohe Qualität)	(1–2) Mbit/s
Videosignale (komprimiert)	(2–10) Mbit/s
Videosignale (z. B. für Telemedizin)	bis 50 Mbit/s
Dokumentverwaltung (*Document Imaging*)	(10–100) Mbit/s
Bildkommunikation (*Scientific Imaging*)	bis 1 Gbit/s
Video (Bewegtbild)	(1–2) Gbit/s

Durch Wahl eines geeigneten Übertragungssystems können diese Datenraten verfügbar gemacht werden ($\rightarrow$ Tabelle 5.6). Die Schnittstelle zwischen Endgerät und Netz muss ebenfalls die geforderte Datenrate zulassen.

Tabelle 5.6 Verfügbare Datenraten in verschiedenen Kommunikationssystemen

Verbindung/Kommunikationssystem	Datenrate
Modem an Wählleitung	(1,2–56) kbit/s
Dateiübertragung über serielle Schnittstelle	bis 115 kbit/s
WAN-Verbindung, Franctional T1	64 kbit/s
Parallele Schnittstelle	300 kbit/s
WAN-Verbindung T1	1,544 Mbit/s
Token Ring LAN	4, 16, 100 Mbit/s
Ethernet LAN	10, 100, 1000, 10000 Mbit/s
WAN-Verbindung, T3	44,184 Mbit/s
HSSI (High-Speed Serial Interface)	52 Mbit/s
FDDI (Fiber Distributed Data Interface)	100 Mbit/s
Fibre Channel	1 Gbit/s
SDH, SONET (verfügbar)	50 Mbit/s–2,5 Gbit/s
SDH, SONET (zukünftig)	> 10 Gbit/s

5

5.3.3.4 Jitter

Die **Schwankung der Verzögerungszeit** (*jitter*) ist bei Paketnetzen grundsätzlich unvermeidlich und kann für den Anwender von besonderer Bedeutung sein. Sie wird durch die folgenden Begriffe charakterisiert:

- **Asynchrones Verhalten:** Die Verweildauer der Pakete zwischen Sender und Empfänger ist völlig offen und kann im Extremfall beliebig groß sein. Dies entspricht dem Begriff best effort (→ Tabelle 5.4). Bei der Übertragung von Rechnerdaten ist dieses Verhalten in der Regel akzeptabel.
- **Synchrones Verhalten:** Die Verweildauer der Pakete ist unbekannt und veränderlich, aber nach oben begrenzt. Der Grenzwert kann angegeben werden. Für die Sprach- und Bildübertragung in Paketnetzen ist synchrones Verhalten eine Mindestanforderung, die jedoch nicht hinreichend sein muss.
- **Isochrones Verhalten:** Die Verweildauer ist für alle Pakete gleich. Dieses Verhalten ist für die Sprach- und Bildübertragung in Paketnetzen geeignet.

5.3.3.5 Fehlerraten

Die Bitfehlerwahrscheinlichkeit auf einem Übertragungsmedium (→ Tabelle 5.7) ist von großer Bedeutung für die Dienstgüte. Wenn die

Bitfehlerrate eines Mediums zu hoch ist, muss eine Fehlerkorrektur ($\rightarrow$ Abschnitt 2.8.2) eingesetzt werden. Die von der Anwendung geforderte Restfehlerwahrscheinlichkeit bestimmt den dafür nötigen Aufwand. Beipielsweise wird für die Datenübertragung mittels GSM eine Restfehlerwahrscheinlichkeit von $< 10^{-7}$ verlangt, während die Fehlerwahrscheinlichkeit des Übertragungskanals mehrere Größenordnungen höher liegt.

Tabelle 5.7   Bitfehlerwahrscheinlichkeit für wichtige Übertragungsmedien (ohne Fehlerkorrektur)

Übertragungsmedium	Bitfehlerwahrscheinlichkeit (Größenordnung)
Funkkanal	10^{-1}–10^{-3}
Fernsprechleitung	10^{-5}
Digitales Datennetz	10^{-6}–10^{-7}
Koaxialkabel im LAN	10^{-9}
Lichtwellenleiter	10^{-12}

5.3.4   Qualitative Kriterien

Neben den **quantitativen Kenngrößen** werden Netze durch weitere Eigenschaften gekennzeichnet. Diese sind meistens nur qualitativ zu ermitteln, aber deswegen nicht weniger wichtig. Zu den **qualitativen Kriterien** gehören:

- **Skalierbarkeit** (*scalability*): Ein Netz, das mit einer bestimmten Größe gut funktioniert, soll idealerweise auch gut und effizient funktionieren, wenn es wesentlich größer (oder kleiner) ausgelegt wird.
- **Verfügbarkeit** (*availability*): drückt aus, zu welchem Prozentsatz der geplanten Betriebszeit (häufig 24 Stunden pro Tag, 365 Tage pro Jahr) das Netz den Anwendern mit der spezifizierten Leistung zur Verfügung steht.
- **Brauchbarkeit** (*usability*): beschreibt die Zufriedenheit des Benutzers im Hinblick auf eine einfache Nutzung und akzeptable Leistung des Netzes.
- **Kompatibilität** (*compatibility*): sagt aus, ob und wie weit ein Netz mit existierenden Endgeräten und Anwendungen genutzt werden kann.
- **Sicherheit** (*security*): Insbesondere in offenen Netzen ist die Sicherheit ein zentrales Anliegen. Abschnitt 5.5 gibt einen Überblick dazu.
- **Management-Fähigkeit** (*manageability*): Ein Netz funktioniert nur zufrieden stellend, wenn es laufend überwacht wird und unerwünschte Zustände in Richtung auf den erwünschten Sollzustand verändert werden. Dies entspricht einer Regelung im Sinne der Regelungstechnik.

Der **Anwendungsbereich** eines Netzes kann mehr oder weniger eng spezifiziert werden. Ein **spezialisiertes Netz** kann in seinem Anwendungsbereich bessere Leistungen liefern. Dagegen kann es für Anwendungen außerhalb dieses Bereiches nur eingeschränkt oder vielleicht gar nicht genutzt werden.

Die **Robustheit** (*robustness*) eines Netzes verlangt, dass es in Problemsituationen immer noch eine brauchbare Leistung erbringt. Problemsituationen können durch **Ausfälle** (*failure*) von Zwischensystemen, Teilstrecken oder ganzen Teilnetzen entstehen. Nicht festgestellte Übertragungsfehler, fehlerhafte Teilfunktionen (z. B. Software-Bugs), unzureichende Ressourcen (Prozessorkapazität, Arbeitsspeicher), Konfigurationsfehler und weitere Unzulänglichkeiten können die Leistung eines Netzes beeinträchtigen oder ganz verhindern. Ein robustes Netz kann durch die Partitionierung in Subnetze entstehen, wenn die Zwischensysteme in der Lage sind, die Ausbreitung von Fehlerfolgen zu verhindern. Nach der Beseitigung eines Fehlers sollte ein Netz innerhalb einer angemessenen Zeitspanne wieder zum normalen Betrieb zurückfinden. Ohne diese Eigenschaft, die als **Selbst-Stabilisierung** bezeichnet wird, wird der Wiederanlauf eines Netzes nach einer Störung aufwändig und langwierig. Eine präzise und rasche **Fehlererkennung und -lokalisierung** ist ein wichtiges Hilfsmittel zur Sicherstellung einer hohen Verfügbarkeit. Die Konfiguration von Netzen (→ Abschnitt 14.1.3) soll mit möglichst wenig manueller Tätigkeit verbunden sein. Im Idealfall existiert eine **Autokonfiguration**, die manuelle Eingriffe überflüssig macht. Eine Optimierung der Netzwerkleistung durch manuelle Eingriffe soll möglich sein, jedoch unter Ausschluss des Risikos, das Gegenteil zu bewirken.

5

5.4   Modellierung und Leistungsbewertung von Netzen

5.4.1   Ziele

Die **Leistungsbewertung** von Netzen (*performance evaluation*) soll Größen wie **Durchsatz** (*troughput*), **Antwortzeit** (*response time*) und **Auslastung** (*utilization*) ermitteln.

Dabei können mehrere Ziele verfolgt werden:

- Bei noch nicht realisierten Systemen ist eine Vorhersage der Leistungsfähigkeit verlangt.
- Bei operationellen Systemen geht es um das Erkennen und Lokalisieren von **Engpässen**, damit diese gezielt beseitigt werden können.

Grundlage für die Leistungsbewertung sind abstrakte **Modelle** der entsprechenden realen Netze. Dafür werden primär **Warteschlangenmodelle** und **Petri-Netze** eingesetzt.

📖 /5.2/, Kap. 4, /5.9/, Kap. 11 und Anhang D sowie /5.11/ Kap. 3, 4 geben einen Überblick zur Leistungsbewertung. Die Werke /5.8/, /5.10/, /5.15/ und /5.21/ sind vollständig diesem Themenkreis gewidmet.

5.4.2   Klassifikation anwendbarer Methoden

Zur Leistungsbewertung können verschiedene **Methoden** (→ Bild 5.19) eingesetzt werden:

- Durch **Messung** mit Hilfe von Messmonitoren, die in ein aktives System eingefügt werden (→ Abschnitt 14.2). Die Realisierung kann über Hardware- oder über Softwaremonitore erfolgen. Hardware ist aufwändiger, kann aber genauere Ergebnisse liefern. Softwaremonitore sind in vielen Betriebssystemen als Werkzeuge (*tools*) enthalten.
- **Analyse** mit Hilfe von Modellen. Das Netz und der darauf abzuwickelnde Verkehr werden zunächst durch vereinfachte, aber möglichst realistische **Modelle** beschrieben. Zur Untersuchung der Modelle stehen **analytische Verfahren** und die **Simulation** wahlweise zur Verfügung. Analytische Verfahren ermitteln Leistungskenngrößen mit mathematischen Verfahren. Dazu können **stochastische Modelle** (Warteschlangennetze mit statistisch verteilten Ereignissen) oder **operationelle Modelle** (gemessene Systemparameter werden für ein festes Zeitintervall verwendet) als Ausgangsbasis genutzt werden. Bei der Simulation wird das zeitliche Verhalten von Netzen auf dem Rechner nachgebildet. Die Simulation ist aufwendig, hilft aber auch in Fällen, in denen eine analytische Lösung nicht möglich ist.

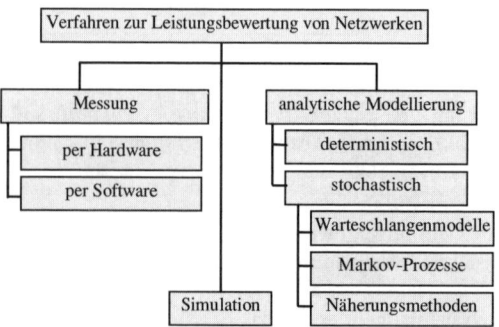

Bild 5.19   Einordnung von Verfahren zur Leistungsbewertung

5.4.3 Grundbegriffe der Bedien- und Verkehrstheorie

Ein elementares **Bediensystem** (**Warteschlangensystem**, *queuing system* → Bild 5.20) besteht aus einer oder mehreren Bedieneinheiten (*server*), die parallel oder sequenziell angeordnet sind, sowie einer **Warteschlange,** in der Aufträge bis zu ihrer Verarbeitung warten können. Elementare Bediensysteme können zu komplizierteren Bediensystemen zusammengesetzt werden.

Ein Bediensystem nimmt Aufträge entgegen, die mit einer bestimmten Ankunftsrate eintreffen. Falls alle Warteschlangenplätze belegt sind, wird eine Anforderung abgewiesen, d. h. sie geht verloren. Nach dem Vorrücken einer Anforderung durch die Warteschlange bis zum Server (Wartezeit) wird sie bearbeitet. Die Bearbeitungsdauer ist ebenfalls durch eine statistische Verteilung gekennzeichnet. Die Analyse von Bediensystemen kann wie folgt ablaufen:

- Gegeben ist die (erwartete) Last als Anzahl der Aufträge pro Zeiteinheit und evtl. Charakteristika der Last, wie die Verteilung der erforderlichen Bedienzeiten.
- Interessierende Größen, die durch die Analyse zu ermitteln sind, können die Wartezeit, die Länge der Warteschlange und die Anzahl der pro Zeiteinheit abgeschlossenen Aufträge sein.

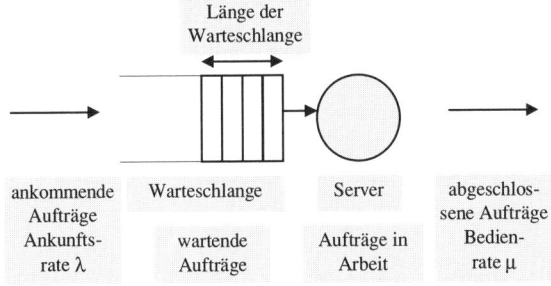

Bild 5.20   Ein elementares Bediensystem

Für elementare Wartesysteme sind u. a. die folgenden Größen relevant:

λ	Ankunftsrate, die Anzahl der pro Zeiteinheit ankommenden Aufträge
s	mittlere Bedienzeit, Mittelwert der Aufenthaltsdauer im Server
σ_s	Standardabweichung der Bediendauer
ϱ	Auslastung, die Wahrscheinlichkeit, dass der Server belegt ist
q	mittlere Anzahl der Aufträge im System, die Länge der Warteschlange plus 1
t_q	mittlere Verweildauer der Aufträge im System
σ_q	Standardabweichung von q
σ_{tq}	Standardabweichung von t_q

Unter den Annahmen:

- die Ankunftsrate ist **poissonverteilt**, das bedeutet, dass in einer Zeitspanne t die Anzahl k Ereignisse gegeben ist durch:

$$p(k) = \frac{(\lambda t)^k}{k!} e^{-\lambda t} \tag{5.1}$$

- es gibt **keine Prioritäten**, die Abwicklung der Aufträge erfolgt nach der Bedienstrategie (Warteschlangendisziplin) FCFS (*First Come, First Served*),
- das System ist **verlustfrei**, d. h., es verfügt über eine **unbegrenzte** Anzahl von **Warteplätzen,**

ergeben sich für ein einfaches Bediensystem mit einem Server **näherungsweise** die folgenden Zusammenhänge:

Parameter: $A = \frac{1}{2}\left[1 + \left(\frac{\sigma_s}{s}\right)^2\right]$ $\tag{5.2}$

Für allgemeine Bedienzeit:

Mittlere Anzahl der Aufträge: $q = \rho + \frac{\rho^2 A}{1 - \rho}$ $\tag{5.3}$

Mittlere Wartezeit: $t_q = s + \frac{\rho s A}{1 - \rho}$ $\tag{5.4}$

Auslastung: $\rho = \lambda s$ $\tag{5.5}$

Für exponentiell verteilte Bedienzeit:

Mittlere Anzahl der Aufträge: $q = \frac{\rho}{1 - \rho}$ $\tag{5.6}$

Mittlere Wartezeit: $\quad t_q = \dfrac{s}{1-\rho}$ (5.7)

Standardabweichung von q: $\quad \sigma_q = \dfrac{\sqrt{\rho}}{1-\rho}$ (5.8)

Standardabweichung von t_q: $\quad \sigma_{tq} = \dfrac{s}{1-\rho}$ (5.9)

Für konstante Bedienzeit:

Mittlere Anzahl der Aufträge: $\quad q = \dfrac{\rho^2}{2(1-\rho)} + \rho$ (5.10)

Mittlere Wartezeit: $\quad t_q = \dfrac{s(2-\rho)}{2(1-\rho)}$ (5.11)

Standardabweichung von q: $\quad \sigma_q = \dfrac{1}{1-\rho}\sqrt{\rho - \dfrac{3\rho^2}{2} + \dfrac{5\rho^3}{6} - \dfrac{\rho^4}{12}}$ (5.12)

Standardabweichung von t_q: $\quad \sigma_{tq} = \dfrac{s}{1-\rho}\sqrt{\dfrac{\rho}{2} - \dfrac{\rho^2}{12}}$ (5.13)

Durch Auswertung der Näherungsformeln erhält man schnell einen Eindruck zum Verhalten von Warteschlangensystemen. Bild 5.21 zeigt das Anwachsen der Warteschlange bei zunehmender Auslastung. Wenn die Auslastung gegen 1 geht, wächst ihre Länge über alle Grenzen. Dies muss in operationellen Systemen durch geeignete Maßnahmen (Überlaststeuerung) verhindert werden.

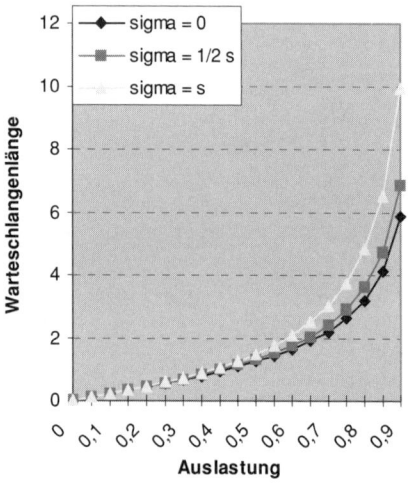

Bild 5.21   Abhängigkeit der mittleren Warteschlangenlänge von der Auslastung

5.5   Sicherheit

5.5.1   Bedrohungen und Sicherheitsziele

In geschlossenen Kommunikationsnetzen geht man in der Regel davon aus, dass unbefugte Eingriffe nicht geschehen und auch nicht in einfacher Weise möglich sind. In offenen Rechnernetzen – die durch das Internet exemplarisch repräsentiert werden – ist die Situation anders. Hier ist eine Vielzahl von **Bedrohungen** (→ Bild 5.22) vorstellbar und auch real. Jeder Bedrohungsart steht ein Sicherheitsziel gegenüber:

- Verlust der **Vertraulichkeit** (*loss of privacy*): Informationen werden von einer nicht dazu befugten Instanz abgehört und können in der Folge missbräuchlich genutzt werden. Sicherheitsziel: Vertraulichkeit (*privacy*).
- Verlust der **Integrität** (*loss of integrity*): Nachrichten werden auf dem Übertragungsweg verfälscht. Der Empfänger geht jedoch davon aus, dass er eine unverfälschte (integere) Nachricht erhalten hat. Sicherheitsziel: Integrität (*integrity*).
- Verlust der **Authentizität/Echtheit** (*loss of authenticity*): Eine „konstruierte" Nachricht stammt nicht von dem angegebenen Sender, sondern von einem Fälscher. Der Empfänger ist nicht in der Lage, diesen Unterschied zu bemerken. Sicherheitsziel: Authentizität (*authenticity*).
- Verlust der **Verbindlichkeit** (positiv ausgedrückt: **Nicht-Abstreitbarkeit**, *non-repudiation*): Ein Empfänger (Sender) kann erfolgreich

abstreiten, eine Nachricht empfangen (gesendet) zu haben. Ohne Verbindlichkeit ist z. B. eine sinnvolle Geschäftsabwicklung im Internet nicht vorstellbar. Sicherheitsziel: Verbindlichkeit (*non-repudiation*).

- Verlust der **Verfügbarkeit** (*denial of service*): Ein gewünschter Dienst bzw. in einem Netz vorhandene Daten sind nicht verfügbar, weil ein Angreifer dies verhindert. Sicherheitsziel: Verfügbarkeit (*availability*).

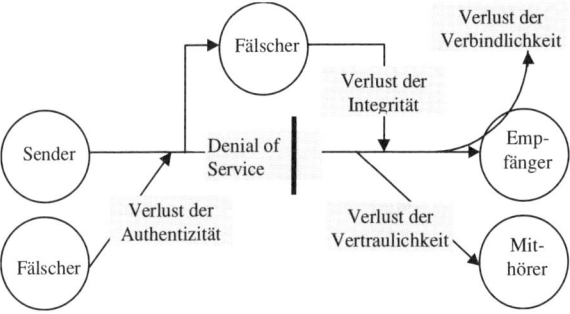

Bild 5.22   Übersicht der Bedrohungen

Die genannten Bedrohungen können als passive oder aktive Angriffe ausgeführt werden. **Passive Angriffe** bestehen im Abhören der Nachricht oder auch in der **Verkehrsanalyse**, bei der aufgezeichnet wird, wer mit wem in welcher Häufigkeit kommuniziert. **Aktive Angriffe** beziehen sich auf die Verfügbarkeit, die Integrität und die Authentizität. Passive Angriffe sind wesentlich schwerer zu erkennen als aktive Angriffe.

Die genannten Sicherheitsziele lassen sich durch den Einsatz kryptographischer Verfahren erreichen. Je nach Zweck sind unterschiedliche Verfahren geeignet oder mehrere Verfahren sind kombiniert einzusetzen.

📖/5.7/ und /5.11/, Kap. 11 geben einen Überblick zur Sicherheitsproblematik. /5.5/, /5.16/ befassen sich hauptsächlich mit Krpyptographie, während /5.19/ und /5.12/, Kap. 5 die Sicherheit in Rechnernetzen in den Vordergrund stellen.

5.5.2   Grundbegriffe zur Kryptographie

Die **Kryptographie** (*cryptography*) ist ein Teilgebiet der Informatik, das sich mit der Konstruktion und Bewertung von Verschlüsselungsverfahren beschäftigt. Ziel ist dabei der Schutz von verschlüsselten Informationen gegen unbefugte Kenntnisnahme.

▶ Im Unterschied dazu behandelt die Codierungstheorie die Codierung von Information für eine effiziente bzw. sichere Übertragung (→ Abschnitt 2.3).

> Die **Kryptoanalyse** verfolgt das Ziel Kryptoverfahren zu brechen, also unwirksam zu machen. Kryptographie und Kryptoanalyse werden zusammen als **Kryptologie** bezeichnet.

Durch **Verschlüsseln (Chiffrieren)** wird der **Klartext** (*plain text*) in **Chiffretext** transformiert, durch **Entschlüsseln (Dechiffrieren)** wird der Klartext wiedergewonnen (→ Bild 5.23). Die Chiffre ist also eine Abbildungsvorschrift für Klartext in Chiffrat. Ein **Kryptosystem** besteht aus der Chiffre, dem **Schlüssel** (*key*) und dem **Dechiffrierverfahren**. Der für Ver- und Entschlüsselung erforderliche Aufwand heißt **Kryptokomplexität**. Der Empfänger einer verschlüsselten Nachricht befindet sich im Besitz eines zur Entschlüsselung geeigneten Schlüssels, der dazu erforderliche Aufwand ist gering. Ein Angreifer darf den Schlüssel nicht kennen (sonst ist die Verschlüsselung wirkungslos), er benötigt deshalb zum Entschlüsseln einen extrem hohen Aufwand. Auf dieser Unsymmetrie beruht die Wirksamkeit einer Verschlüsselung.

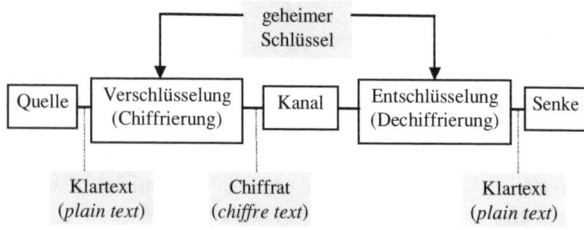

Bild 5.23   Symmetrische Verschlüsselung

Eine Verschlüsselung wird im Wesentlichen durch das Vertauschen (Transposition) von Zeichen und die Ersetzung (Substitution) von Zeichen durch andere geleistet. Diese Operationen werden – gesteuert durch den Schlüssel – in vielen Durchgängen (Runden) wiederholt. Dabei erfüllt der Verschlüsselungsalgorithmus Prinzipien wie **Diffusion** (jedes Zeichen im Chiffretext soll von möglichst vielen Klartextzeichen und dem gesamten Schlüssel abhängen), **Konfusion** (der Zusammenhang zwischen Klartext, Schlüssel und Chiffretext soll möglichst komplex sein) und **Lawineneffekt** (kleine Änderungen im Klartext sollen zu großen Änderungen im Chiffretext führen).

Symmetrische und asymmetrische Verschlüsselungsverfahren

Die in Bild 5.23 dargestellte Verschlüsselung wird als **symmetrisch** bezeichnet, da derselbe Schlüssel für Ver- und Entschlüsselung verwendet wird. Der **Schlüssel** muss **geheim** bleiben (deshalb auch die Bezeichnung *secret key cryptography*). Die Aufgabe der Verteilung von Schlüsseln an berechtigte Empfänger wird als **Schlüsselmanagement** (*key management*) bezeichnet. Eine **unsymmetrische** Verschlüsselung (*public key cryptography* → Bild 5.24) benutzt für Ver- und Entschlüsselung verschiedene Schlüssel.

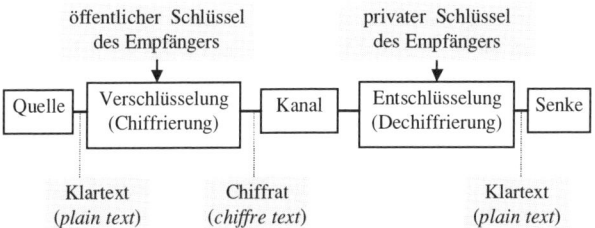

Bild 5.24   Public-Key-Verschlüsselung

Dazu wird ein zweiteiliger Schlüssel konstruiert, dessen Teile zusammen gehören. Der öffentliche Teil kann in einem Directory gespeichert werden, der private Teil muss geheim gehalten werden. Damit kann ein Sender seine Nachricht mit dem öffentlichen Schlüssel des Empfängers verschlüsseln, während dieser zur Entschlüsselung seinen privaten Schlüssel benutzt. Der Schlüsselaustausch kann also entfallen.

Blockchiffre und Stromchiffre

Eine Blockchiffre unterteilt den Klartext in Blöcke fester Länge, die unabhängig voneinander mit jeweils demselben Schlüssel verschlüsselt werden. Eine Stromchiffre verschlüsselt einen Klartextstrom (eine beliebig lange Folge von Klartextzeichen oder -bits) mit einem Schlüsselstrom (→ Bild 5.25). Dazu wird meistens eine Exklusiv-Oder-Verknüpfung verwendet.

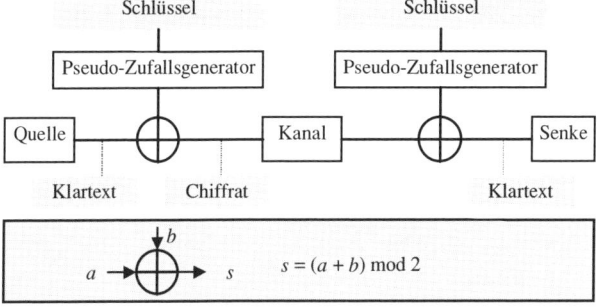

Bild 5.25   Stromchiffre

Kryptoanalyse

Für die Kryptoanalyse kommen primär die folgenden Ansätze in Betracht:

- **Chiffretextangriff:** Der Angreifer kennt nur den Chiffretext.
- Angriffe mit **bekanntem Klartext.** Der Angreifer kennt zusammengehörigen Klar- und Chiffretext.
- Angriffe mit frei **wählbarem Klartext.** Der Angreifer hat die Möglichkeit, einen selbstgewählten Klartext verschlüsseln zu lassen.

Ziel des Angreifers ist die Ermittlung des verwendeten Verschlüsselungsverfahrens und des Schlüssels. Im Prinzip bietet das Ausprobieren aller möglichen Schlüssel einen Weg für die Kryptoanalyse. Durch die Verwendung genügend langer Schlüssel muss sichergestellt werden, dass dieser Weg auch bei Verwendung der leistungsfähigsten Rechner in nützlicher Frist nicht zur Entschlüsselung führt. Die erforderliche Sicherheit (und somit die Schlüssellänge) ergibt sich aus den Anforderungen, die von der betrachteten Anwendung gestellt werden.

5.5.3   Verfahren zur Sicherung der Vertraulichkeit

5.5.3.1   Symmetrische Verfahren

Ein **Blockchiffre-Verfahren** (*block cipher*) verschlüsselt Blöcke fester Länge in ein Chiffrat derselben Länge.

Die wichtigsten symmetrischen Verschlüsselungsverfahren sind **DES** (*Data Encryption Standard*), **IDEA** (*International Data Encryption Algorithm*), **RC 2** bis **RC 6** (*Rivest's Cipher* in verschiedenen Varianten) und **AES** (*Advanced Encryption Standard*). Tabelle 5.8 stellt Blockchiffre-Verfahren zusammen. Die Verfahren unterscheiden sich im Aufwand und in der Sicherheit. Das Ausprobieren aller möglichen Schlüssel reduziert die Sicherheit von Verfahren mit geringer Schlüssellänge. Schlüssel von 56 bit Länge oder weniger werden beim gegenwärtigen Stand der Prozessortechnik als ungenügend empfunden.

Tabelle 5.8   Wichtige symmetrische Verschlüsselungsverfahren (vgl. /5.7/, S. 224, /5.19/)

Verfahren	DES	IDEA	RC 2	RC 5	RC 6
Blocklänge	64 bit	64 bit	64 bit	32, 64, 128 bit	128 bit
Schlüssel-länge	56 bit	128 bit	variabel	0–2040 bit	128, 192, 256 bit
Runden	16	8		0–255	20
Standard	FIPS 46-1		RFC 2268		

> **Stromchiffre-Verfahren** (*stream cipher*) verschlüsseln einen (kontinuierlichen) Datenstrom bit- oder byteweise.

Stromchiffre-Verfahren können nach ISO/IEC 10116 in den Betriebsarten **ECB** (*Electronic Code Book*), **CBC** (*Cipher Block Chaining*), **OFB** (*Output Feedback*) und **CFB** (*Cipher Feedback*) eingesetzt werden /5.7/. RC 4 ist eine Stromchiffre, die in S/MIME alternativ zu RC 2 eingesetzt wird.

5.5.3.2   Asymmetrische Verfahren

Das **RSA-Verfahren** (nach seinen Entwicklern *Rivest, Shamir, Adleman* benannt) ist das bekannteste **asymmetrische** Verschlüsselungsverfahren (Public-Key-Verfahren). Es beinhaltet eine Verschlüsselungsfunktion E (encryption), eine Entschlüsselungsfunktion D (decryption), öffentliche k_p (public) und private k_s (secret) Schlüssel. Jeder Kommunikationspartner besitzt ein Schlüsselpaar k_p, k_s. Eine Nachricht M (Message) soll durch eine Folge von Ver- und Entschlüsseln wieder als Klartext entstehen:

$$D\ (E\ (M, k_p),\ k_s) = M$$

Die Nachricht M wird mit dem öffentlichen Schlüssel k_p des Empfängers verschlüsselt $E\ (M, k_p)$, übertragen und mit dem privaten Schlüssel k_s des Empfängers wieder entschlüsselt. Dabei sollen E und D einfach zu berechnen sein, während die Ermittlung von k_s aus der Kenntnis von k_p nicht mit vertretbarem Aufwand möglich sein darf. Das RSA-Verfahren beruht auf Primzahlen, die man leicht finden und miteinander multiplizieren kann. Wenn man jedoch nur das Produkt kennt, ist es praktisch unmöglich, die Faktoren in absehbarer Zeit zu ermitteln.

Weitere Verfahren für asymmetrische Kryptosysteme wurden auf Basis diskreter Logarithmen in endlichen Gruppen entwickelt.

5.5.4   Verfahren zur Sicherung der Integrität und Authentizität

Die Integrität und Authentizität von Nachrichten sind eng miteinander verbunden. Wenn die Authentizität unsicher ist, spielt die Integrität keine Rolle. Die Umkehrung dieser Aussage trifft genauso zu.

> Eine **Hash-Funktion** berechnet aus einer Nachricht beliebiger Länge einen **Hash-Wert** (*Message Digest*) fester Länge. Der Hash-Wert wird ohne Verwendung eines Schlüssels berechnet. Verschiedene Nachrichten liefern verschiedene Hash-Werte, die deshalb als (Finger-) Abdruck

der Nachricht bezeichnet werden. Praktisch nutzbare Hash-Funktionen müssen **Einwegfunktionen** sein, d. h., aus einem Hash-Wert kann die Nachricht nicht rekonstruiert werden.

Die Integrität einer Nachricht kann sichergestellt werden, indem der Sender aus der Nachricht eine **kryptographische Prüfsumme** berechnet und diese mit der Nachricht überträgt. Der Empfänger berechnet aus der erhaltenen Nachricht ebenfalls die Prüfsumme. Wenn diese mit der erhaltenen Prüfsumme übereinstimmt, ist die Integrität der Nachricht verifiziert. Für die Berechnung der Prüfsumme sind zwei Ansätze zu unterscheiden /5.7/, /5.12/:

- Verfahren **ohne Schlüssel**: Diese verwenden so genannte kryptographische Hash-Funktionen. Die wichtigsten Hash-Funktionen sind **MD 5** (*Message Digest 5*, vgl. RFC 1321), **SHA-1** (*Secure Hash Algorithm*, vgl. ISO 10118-3) sowie **RIPEMD-128** und **RIPEMD-160** (RIPE steht für Réseaux IP Européens, MD für Message Digest, vgl. ISO 10118-3). Die Hash-Funktionen SHA-1 und RIPEMD-160 werden für Signaturen (→ Abschnitt 5.5.5) verwendet.
- Verfahren **mit** Verwendung eines geheimen **Schlüssels**: Die Prüfsummen werden dann als kryptographische Prüfsumme **Authentifizierungscode** bzw. **MAC** (*Message Authentication Code*) bezeichnet. MAC können auf Basis von Blockchiffren (z. B. DES) oder von kryptographischen Hash-Funktionen (HMAC, vgl. RFC 2104) ermittelt werden.

Für die wichtigsten Hash-Funktionen → Tabelle 5.9, weitere Details in /5.19/, S. 291 ff.

Tabelle 5.9   Wichtige Hash-Funktionen (/5.7/, S. 229)

	MD 5	SHA-1	RIPEMD-128	RIPEMD-160
Entwurf	Rivest, Dusse, 1991	NIST, 1992	RIPE-Konsortium, 1996	RIPE-Konsortium, 1996
Blockgröße	512 bit	512 bit	512 bit	512 bit
Hash-Wert	128 bit	160 bit	128 bit	160 bit
Standard/Norm	RFC 1321	FIPS 180-1, ISO 10118-3	ISO 10118-3	ISO 10118-3

5.5.5   Verfahren zur Sicherung der Verbindlichkeit

Asymmetrische Verschlüsselungsverfahren können auch zur Sicherstellung der Verbindlichkeit genutzt werden. Eine **digitale Unterschrift** (*digital signature*) soll den Absender einer Nachricht eindeutig identifizieren und die Integrität ihres Inhalts beweisen. Ein Public-Key-Verfahren kann dies wie folgt leisten: Der Absender A verschlüsselt die Nachricht M zuerst mit seinem geheimen Schlüssel und dann mit dem öffentlichen Schlüssel des Empfängers. Das Chiffrat C ergibt sich zu:

$$C = E\,(E\,(M, k_{sA}), k_{pA}).$$

Der Empfänger B entschlüsselt mit seinem geheimen Schlüssel und dann mit dem öffentlichen Schlüssel des Absenders:

$$D\,(D\,(C, k_{sB}), k_{pA}) = M.$$

Der Empfänger speichert die originale Nachricht. Niemand außer ihm kann die Nachricht entschlüsseln, da nur er seinen privaten Schlüssel kennt. Die Nachricht kann nur von A verschlüsselt worden sein, da nur er seinen privaten Schlüssel kennt. Somit ist die Authentizität des Absenders sichergestellt. B kann die erhaltene Nachricht nicht manipulieren, denn dazu wäre der private Schlüssel von A nötig. Die Integrität der Nachricht ist also gewährleistet. Die Verbindlichkeit ist sichergestellt, da A nicht in der Lage ist, die Urheberschaft der Nachricht abzustreiten. Der Vollständigkeit halber soll die Nachricht vor der Verschlüsselung mit einem Zeitstempel versehen werden. Die Authentizität kann und soll durch ein Zertifikat ($\rightarrow$ Abschnitt 5.5.6) abgesichert werden.

5

5.5.6   Schlüsselmanagement

Für die Verteilung symmetrischer Schlüssel sind sichere Kanäle notwendig. Diese können außerhalb des sonst genutzten Kommunikationssystems liegen (z. B. persönlicher Transport durch Kurier). Dabei entsteht ein sehr hoher Aufwand, da Schlüssel aus Sicherheitsgründen hin und wieder gewechselt werden müssen. Hingegen kann ein symmetrischer Schlüssel mit Hilfe einer Public-Key-Verschlüsselung über einen ansonsten unsicheren Kanal übertragen werden ($\rightarrow$ Abschnitt 10.3).

Die **Schlüsselvereinbarung** nach Diffie-Hellman (/5.12/, S. 350) ermöglicht die Vereinbarung eines geheimen Schlüssels über einen unsicheren Kanal. Alice und Bob (eine in der Literatur gängige Bezeichnung für Nutzer kryptographischer Verfahren) kennen zwei öffentliche Werte, einen Modul m (eine große Primzahl) und eine ganze Zahl g. Der Algorithmus läuft so ab:

- Alice berechnet eine große Zufallszahl a und berechnet $X = g^a \bmod m$
- Bob berechnet eine große Zufallszahl b und berechnet $Y = g^b \bmod m$
- Alice sendet X an Bob
- Bob berechnet $K1 = X^b \bmod m$

- Bob sendet *Y* an Alice
- Alice berechnet *K2* = Y^a mod *m*.

Die Werte *K1* und *K2* sind gleich g^{ab} mod *m*. Sie stellen den gemeinsamen geheimen Schlüssel dar. Dieser kann ohne Kenntnis von *a* oder *b* nicht erzeugt werden. Die Umkehrung der von Alice und Bob durchgeführten Exponentiation benötigt extrem viele Berechnungsschritte und dauert entsprechend lang. Diese Eigenschaft stellt die Geheimhaltung des Schlüssels sicher.

Die Norm ISO 11770-2 beschreibt eine Anzahl von Mechanismen zur Schlüsselverteilung auf der Basis von Blockchiffre-Verfahren und Einwegfunktionen. Neben der direkten Vereinbarung von Schlüsseln zwischen zwei Kommunikationspartnern kann eine dritte, vertrauenswürdige Instanz (**TTP**, *Trusted Third Party*) dazu benutzt werden.

Die Norm ISO 11770-3 spezifiziert Mechanismen zur Schlüsselverteilung oder -vereinbarung mittels asymmetrischer Verfahren. Dazu gehört auch die sichere Verteilung öffentlicher Schlüssel. **Zertifikate** bescheinigen die Zugehörigkeit eines öffentlichen Schlüssels zu der genannten Institution oder Person. Der Sender benötigt ein Zertifikat des Empfängers, der Empfänger benötigt das Zertifikat des Senders für die Prüfung der Authentizität und Integrität. Zertifikate werden vorwiegend nach der ITU-T-Empfehlung X.509 eingesetzt, so z. B. bei S/MIME (→ Abschnitt 10.3.3.5), IPSec (→ Abschnitt 10.3.3.2), SSL und TLS (→ Abschnitte 10.3.3.3 bzw. 10.3.3.6) und SET (→ Abschnitt 11.16.4). Der Zertifizierungsdienst nach X.509 wird in /5.19/ detailliert beschrieben.

Verschlüsselung wird nicht nur aus berechtigten Sicherheitsinteressen des Einzelnen eingesetzt, sondern kann auch für illegale Zwecke missbraucht werden. In diesen Fällen können Strafverfolgungs- und Staatsschutzbehörden eine rechtlich zulässige Überwachung (→ Abschnitt 12.4.6.3) nicht mehr ohne weiteres ausführen. Als Gegenmaßnahmen sind die Beschränkung auf den Einsatz **schwacher** Verschlüsselungsverfahren (durch Verwendung kurzer Schlüssel) oder die **Hinterlegung** von Dechiffrierschlüsseln (*key escrow*, *key recovery*) vorstellbar. Diese können jedoch durch die **Steganographie** (eine verschlüsselte Nachricht wird in anderen Daten, z. B. Bilddaten, verborgen) unterlaufen werden.

5.5.7   Verfahren zur Sicherung der Verfügbarkeit

Die Verfügbarkeit von Ressourcen in Netzen kann durch Angriffe des Typs **DoS** (*Denial of Service*) bedroht sein. Im Internet sind solche Angriffe ein aktuelles Thema /5.20/. Der Angreifer sendet Pakete mit großer Intensität in der Absicht, das Zielsystem zu überlasten und es damit lahmzulegen. Dabei kann er normale Dienste einsetzen oder Dienste, die (zumindest dem Angreifer bekannte) Fehler bzw. Schwachstellen enthalten. Die Leistungsfähigkeit des vom Angreifer verwendeten Systems muss der des angegriffenen Systems mindestens entsprechen. Zur Schaffung dieser Voraussetzung (und zur Maskierung der Identität des Angreifers) werden **DDoS-Angriffe** (*Distributed Denial of Service*) vermehrt eingesetzt. Dabei werden vom Angreifer auf vielen fremden Rechnern Programme platziert, die den eigentlichen Angriff koordiniert durchführen. Die Administratoren der missbrauchten Rechner haben keine Kenntnis dieser Vorgänge, da die Angriffsprogramme illegal eingeschleust und getarnt im Dateisystem abgelegt werden. Zur Erkennung von Angriffen müssen so genannte **IDS** (Intrusion Detection System) eingesetzt werden.

5

5.5.8   Verfahren zur Sicherung der Anonymität

Die Wahrung der Anonymität kann in Rechnernetzen ein berechtigtes Anliegen sein /5.6/. Der Lösungsansatz der umcodierenden Mixe (/5.14/, S. 237–238) stellt Zwischensysteme bereit, die zwischen Sender und Empfänger geschaltet werden. Jeder Mix sorgt dafür, dass von außerhalb keine Zuordnung zwischen ein- und ausgehenden Nachrichten möglich ist. Somit könnte selbst ein Angreifer, der alle Ein- und Ausgänge abhören kann, nicht feststellen, welche Nachrichten wohin gesendet werden. Die Mixe sind vertrauenswürdige Instanzen mit bekannten, öffentlichen Schlüsseln. Da eine Nachricht mehrere Mixe durchläuft, können einzelne, nicht vertrauenswürdige Mixe toleriert werden.

Der Ablauf ist wie folgt: Der Absender wählt zuerst eine Folge von n Mixen aus. Er verschlüsselt die Nachricht mit dem öffentlichen Schlüssel des Empfängers, dann mit dem öffentlichen Schlüssel des Mixes n. Das Chiffrat wird mit dem Schlüssel des nächsten Mixes ($n - 1$) verschlüsselt und mit der Adresse des Mixes n versehen. Dieser Vorgang wird so lange wiederholt, bis der Mix 1 erreicht ist. An diesen wird das $(n + 1)$-mal verschlüsselte Chiffrat gesendet. Die Mixe entschlüsseln das Chiffrat mit ihrem geheimen Schlüssel, mischen die Nachrichten durch und füllen sie mit Zufallsdaten auf, damit die Nachrichtenlänge keine Rückschlüsse über korrespondierende Nachrichten ermöglicht. Dann senden sie das Ergebnis an den nächsten Mix weiter.

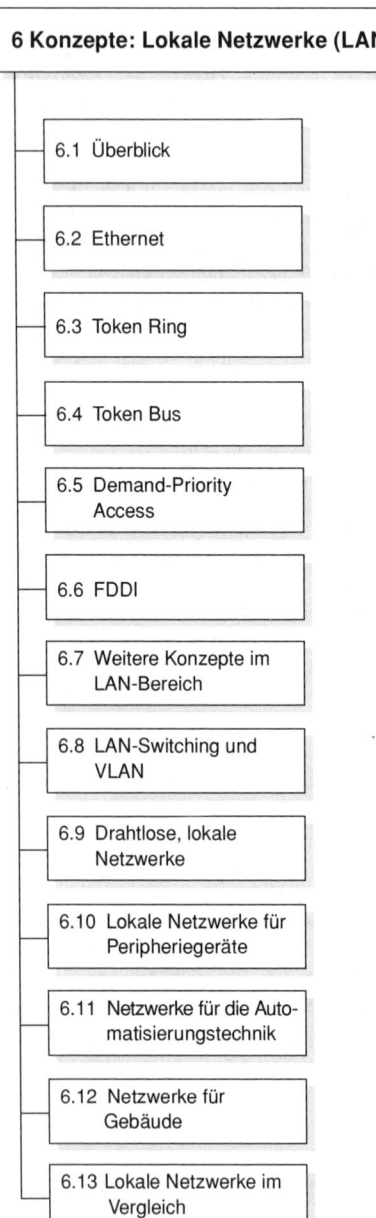

6 Konzepte: Lokale Netzwerke (LAN)

6.1 Überblick

6.2 Ethernet

6.3 Token Ring

6.4 Token Bus

6.5 Demand-Priority Access

6.6 FDDI

6.7 Weitere Konzepte im LAN-Bereich

6.8 LAN-Switching und VLAN

6.9 Drahtlose, lokale Netzwerke

6.10 Lokale Netzwerke für Peripheriegeräte

6.11 Netzwerke für die Automatisierungstechnik

6.12 Netzwerke für Gebäude

6.13 Lokale Netzwerke im Vergleich

6 Konzepte: Lokale Netzwerke (LAN)

📖 Lokale Netze werden u. a. behandelt in /6.1/, /6.2/, /6.4/, /6.5/, /6.13/ bis /6.16/, /6.20/, /6.21/, /6.23/ und /6.30/ bis /6.35/.

6.1 Überblick

6.1.1 IEEE 802 im Überblick

IEEE 802 ist das Standardisierungsgremium innerhalb des IEEE, das sich mit fast allen Aspekten der Standardisierung von LANs befasst. Die einzelnen Standards sind mit IEEE 802.i (i = 1, 2, ...) und möglicherweise angehängten Buchstaben bezeichnet. Bild 6.1 zeigt die Zuordnung der Standards für die wichtigsten LAN-Konzepte anhand des Schichtenmodells. Dabei ist die OSI-Schicht 2 in **MAC** (*Media Access Control*) und **LLC** (*Logical Link Control*) unterteilt. IEEE betreibt eine Anzahl weiterer Standardisierungsvorhaben (→ Tabelle 6.1).

Netzwerk-schicht	802.1 High Level Interface (Internetworking)			
Sicher-ungs-schicht	802.2 Logical Link Control			
	802.3 MAC	802.4 MAC	802.5 MAC	802.6 MAC
physische Schicht	802.3 physisch	802.4 physisch	802.5 physisch	802.6 physisch

Bild 6.1   Schichtenmodell nach IEEE 802

Tabelle 6.1 gibt einen Überblick der Komitees und Beratergruppen im IEEE-Projekt 802 (zu IEEE → Abschnitt 12.4.5).

Tabelle 6.1   IEEE-Komitees und ihre Standards (vgl. /6.2/, /6.17/)

Nr.	Bezeichnung	Inhalte
802.1	High-Level Interface	Behandelt gemeinsame Aspekte aller LANs nach IEEE 802, z. B. Adressierung, Management und Internetworking.

Tabelle 6.1   IEEE-Komitees und ihre Standards (vgl. /6.2/, /6.17/) (Fortsetzung)

Nr.	Bezeichnung	Inhalte
802.1D	MAC Bridges, including Spanning Tree Algorithm	Standard für den Einsatz von MAC-Brücken auf Basis des Spannbaum-algorithmus.
802.1p	Traffic Priorization	Verwendet ein 3-Bit-Prioritätsfeld zur Differenzierung der Dienstgüte pro Paket.
802.1Q	Virtual Bridged LANs (VLAN Tagging)	Ergänzung des Ethernet-Rahmens um 4 Byte für VLAN-bezogene Informationen.
802.2	Logical Link Control	Definiert das LLC-Protokoll (obere Hälfte der OSI-Schicht 2, auch Schicht 2b).
802.3	CSMA/CD	Ethernet (CSMA/CD); MAC-Schicht.
802.3u	Fast Ethernet	Ethernet mit 100 Mbit/s.
802.3z	Gigabit Ethernet	Ethernet mit 1 Gbit/s.
802.4	Token Passing Bus	Behandelt den Token Bus.
802.5	Token Passing Ring	Behandelt den Token Ring.
802.6	Metropolitan Area Networks	Behandelt MAN (Metropolitan Area Network) in Form von DQDB.
802.7	Broadband Technical Advisory Group	Berät andere Gremien in 802 zu Breitbanddiensten.
802.8	Fiber Optic Technical Advisory Group	Berät andere Gremien in 802 zur Glasfasertechnik.
802.9	Integrated Voice and Data Networks	Behandelt einen LAN-Typ, der Daten und Sprache gleichermaßen übertragen kann. IsoENET (Isochronous Ethernet).
802.10	Network Security	Behandelt die Sicherheit in LANs.
802.11	Wireless LANs	Behandelt drahtlose, lokale Netze.
802.12	100 BASE-VG bzw. 100VG-AnyLAN	Behandelt ein schnelles LAN (100 Mbit/s). War ein Konkurrenzvorschlag zu 100 BASE-T.
802.14	Cable Data Modem	Behandelt den Einsatz von Kabelnetzen für die Datenkommunikation.
802.15	Wireless Personal Area Network	Drahtlose Netze über kurze Distanzen. Datenrate 1 Mbit/s bzw. 20 Mbit/s.
802.16	Broadband Fixed Wireless	Drahtlose Netze ohne Mobilität, jedoch über größere Distanzen (MAN)

6.1.2 Vielfachzugriffsverfahren im Überblick

> Vielfachzugriffsverfahren regeln den Zugriff der Teilnehmer auf ein Diffusionsnetz (*shared medium*, → Abschnitt 1.5) so, dass Kollisionen nicht auftreten bzw. sich nicht auswirken.

📖/6.25/ bietet eine gründliche Behandlung von Vielfachzugriffsverfahren.

Bild 6.2   Klassifikation der Vielfachzugriffsverfahren (/6.1/, S. 78)

Vielfachzugriffsverfahren (→ Bild 6.2) regeln den Zugriff mehrerer Teilnehmer auf ein gemeinsames Übertragungsmedium. Im Fall der synchronen Multiplex-Verfahren (**TDMA**: *Time Division Multiple Access*, **FDMA**: *Frequency DMA*, **CDMA**: *Code DMA* → Abschnitt 2.4) ist der Zugriff (statisch oder dynamisch) reserviert. Die Reservation geschieht statisch manuell oder dynamisch durch einen Verbindungsaufbau. Die **Zuteilung eines Zugriffs** kann **zentral** oder **dezentral** erfolgen. Eine zentrale Zuteilung durch eine Station wird als *Polling* (**Abfrage**) bezeichnet. Sie ist bei Feldbussen in Form des Master-Slave-Betriebs verbreitet (→ Abschnitt 6.11). Eine dezentrale Zuteilung ist beim Token Passing (→ Abschnitt 6.3.2 und 6.4.1) und bei DQDB (→ Abschnitt 7.1) realisiert. **Wettbewerbsverfahren** werden unter dem Oberbegriff **Aloha** (wurde von der University of Hawaii Ende der 60er Jahre entwickelt) zusammengefasst. Sie werden in Broadcast-Medien eingesetzt. **CSMA/CD** (→ Abschnitt 6.2.2) ist eine wichtige Aloha-Variante, die im Ethernet eingesetzt wird. **CSMA/CA** ist ein weiteres Wettbewerbsverfahren, das in **CAN** (→ Abschnitt 6.11.6) verwendet wird.

6.1.3   Link Layer

Offensichtlich sind die physische und die MAC-Schicht in den einzelnen LAN-Konzepten verschieden (→ Bild 6.1). Die obere Hälfte der OSI-Schicht 2 (als **LLC**: *Logical Link Control* bezeichnet) ist jedoch einheitlich. Die LLC-Subschicht nach IEEE 802.2 verwendet Begriffe und Konzepte aus HDLC (→ Abschnitt 2.10). Sie bietet **drei Diensttypen** an:

- **Unbestätigter Datagrammdienst (Typ 1)**: Keine Fehlerüberwachung oder Flusssteuerung, diese Aufgaben sind von den Protokollen höherer Schichten zu erfüllen.
- **Verbindungsorientierter Dienst (Typ 2)**: Eine logische Verbindung wird aufgebaut, Fehlerüberwachung und Flusssteuerung sind vorhanden.
- **Bestätigter Datagrammdienst (Typ 3)**: Eine (verbindungslose) Kombination aus Typ 1 und Typ 2.

Die meisten Netze aus IEEE 802 setzen Typ 1 ein. In der Folge ist die LLC-Schicht in manchen LAN-Protokollstapeln nicht mehr explizit erkennbar. Dies kommt in der LLC-PDU nach IEEE 802.2 (→ Bild 6.3) zum Ausdruck.

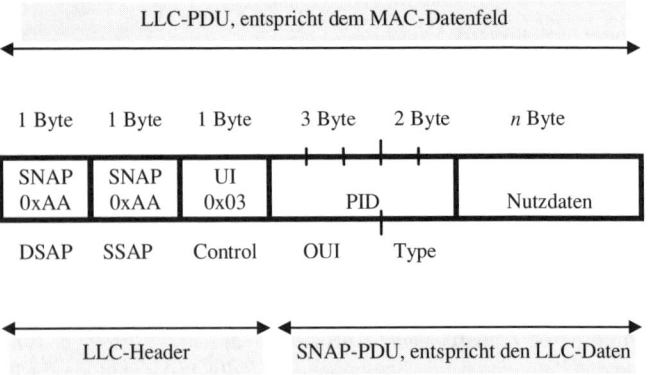

Bild 6.3   Rahmenformat der LLC-Schicht nach IEEE 802.2 (/6.13/, S. 130)

Die Felder SSAP und DSAP sind beide fest auf den Wert 0xAA gesetzt. Das Steuerfeld enthält den Wert 0x03, was nach HDLC einen **UI-Rahmen** (*Unnumbered Information*) kennzeichnet, also den LLC-Dienst Typ 1 impliziert. Anschließend folgen fünf Bytes für **PID** (*Protocol Identification*), die den im Subnetz verwendeten Protokolltyp global eindeutig spezifizieren. Dazu werden drei Bytes für ein **OUI-Feld** (→ Abschnitt 1.7.2) und zwei Bytes für den Typ des von der entsprechenden Organisation definierten Protokolls angegeben. Auf den PID folgen die Nutzdaten.

PID und Nutzdaten werden zusammen als **SNAP-*PDU*** *(Subnetwork Access Protocol – Protocol Data Unit)* bezeichnet.

6.2 Ethernet

📖 Detaillierte Angaben zum Themenkreis Ethernet finden sich u. a. in /6.2/, /6.5/, /6.7/, /6.14/, /6.17/, /6.20/, /6.30/ und /6.31/.

6.2.1 Varianten des Ethernet

Ethernet ist mittlerweile die Bezeichnung für eine **Familie** von LAN-Konzepten mit einer gemeinsamen Basis, aber auch signifikanten Unterschieden (→ Tabelle 6.2). Geblieben ist weitgehend der Rahmenaufbau und das Zugriffsverfahren CSMA/CD. Die Topologie hat sich von einer anfänglichen Bustopologie mit Koaxialkabeln über eine Sterntopologie mit Twisted-Pair-Kabeln und Multiport-Repeatern zu einer Sterntopologie mit bidirektionalen, geschalteten Punkt-zu-Punkt-Verbindungen verändert.

6

Tabelle 6.2   Ethernet-Varianten und -Ergänzungen

Bezeichnung	IEEE-Standard	verabschiedet	Datenrate	Übertragungsmedium
10BASE5	802.3	1983	10 Mbit/s	Koaxial, RG-8 A/U
10BASE2	802.3a	1988	10 Mbit/s	Koaxial, RG-58
1BASE5	802.3e	1988	1 Mbit/s	StarLAN: TP, inkl. Kat. 3
10BASE-T	802.3i	1990	10 Mbit/s	2 UTP-Bündel, Kat. 3, 4, 5
10BROAD36	802.3b	1988	10 Mbit/s	Broadband Ethernet: Koaxial, 75 Ω
FOIRL	802.3d	1987	10 Mbit/s	Fiber-Optic Inter Repeater Link. 2 Multimode-Fasern (62,5/125 µm)
10BASE-FB	802.3j	1992	10 Mbit/s	Fiber Backbone: Punkt-zu-Punkt-Verbindung zwischen Repeatern
10BASE-FL	802.3j	1992	10 Mbit/s	Fiber Link: Punkt-zu-Punkt-Verbindung zwischen Stationen oder Repeatern
10BASE-FP	802.3j	1992	10 Mbit/s	Fiber Passive: Sterntopologie mit passivem Stern
100BASE-TX	802.3u	1995	100 Mbit/s	2 Paare UTP, Kategorie 5 oder STP

Tabelle 6.2   Ethernet-Varianten und -Ergänzungen (Fortsetzung)

Bezeichnung	IEEE-Standard	verabschiedet	Datenrate	Übertragungsmedium
100BASE-T4			100 Mbit/s	4 Paare UTP, Kategorie 3, 4, 5
100BASE-FX			100 Mbit/s	2 optische Fasern
FDX	802.3x	1997	100 Mbit/s	Full-Duplex Ethernet with Flow Control
100BASE-T2	802.3y	1997	100 Mbit/s	2 Paare UTP, Kat. 3
1000BASE-CX	802.3z	1998	1 Gbit/s	Twinax, 150 Ω
1000BASE-LX	802.3z	1998	1 Gbit/s	Multi- und Monomode-Faser, 1300 nm
1000BASE-SX	802.3z	1998	1 Gbit/s	Multimode-Faser, 850 nm
1000BASE-T	802.3ab	1999	1 Gbit/s	4 Paare UTP, Kat. 5 oder besser, 100 Ω
Link Aggregation	802.3ad	1999		parallele Links zwischen Switches zur Erhöhung der Datenrate
10GBASE	802.3ae	2002 ?	10 Gbit/s	Glasfaser bei 1310 nm und 1550 nm. Nutzung von WDM

CX = Twinax-Kupferkabel, LX = Long Wavelength (1300 nm), SX = Short Wavelength (850 nm), T = Twisted Pair

IEEE 802 verwendet das folgende Bezeichnungsschema:
< Datenrate > < Übertragungsverfahren > < Segmentlänge >
Die einzelnen Angaben bedeuten: Datenrate in Mbit/s, Übertragungsverfahren: Basisband oder Breitband, Segmentlänge in Vielfachen von 100 m.

▶ Beispiele:
   - 10BASE5: Basisband-Übertragung, 10 Mbit/s, Segmentlänge 500 m
   - 10BASE-T: Basisband-Übertragung, 10 Mbit/s, verdrillte Zweidrahtleitung
   - 10BASE-F: Basisband-Übertragung, 10 Mbit/s, optische Faser
   - 10BROAD36: Breitband-Übertragung, Mbit/s, Koaxialkabel 75 Ω

6.2.2   Prinzip des Ethernet

Die Zugriffssteuerung in Ethernet erfolgt dezentral mit Hilfe des **CSMA/CD-Verfahrens** (*Carrier Sense Multiple Access/Collision Detect*). Eine sendebereite Station hört das Medium ab (*carrier sense*). Falls es belegt ist, muss die Station warten, bis das Medium frei und eine anschließende Wartezeit (*interframe gap*) vergangen ist. Dann kann die Station senden. Falls keine weitere Station sendet, kann die Übertragung fehlerfrei ablaufen. Wenn jedoch eine andere Station gleichzeitig mit dem Senden beginnt, tritt eine **Kollision** auf. Da sendende Stationen das Medium weiter abhören (*carrier sense*), können diese das Auftreten einer Kollision erkennen (*collision detect*). Nach einer Kollision stellen die sendenden Stationen (nach einer festgelegten Zeit → *jam signal*) ihre Sendung ein. Anschließend wartet jede Station für eine bestimmte Zeit (*backoff*), die sie selbst als Zufallswert ermittelt. Dies soll verhindern, dass die an der Kollision beteiligten Stationen zur gleichen Zeit mit der nächsten Sendung beginnen und dadurch wieder kollidieren.

Bild 6.4 zeigt links eine Situation, in der die Station A zur Zeit $t = 0$ beginnt zu senden (alle Zeitangaben beziehen sich auf den Ort der Station A). Nach der Laufzeit t_L trifft das erste Bit bei der Station Y ein. Die Dauer des gesendeten Rahmen ist t_R. Unmittelbar vor der Zeit t_L beginne die Station Y ebenfalls zu senden. Die Kollision tritt ein, wird von Y erkannt und breitet sich auf dem Medium von rechts nach links aus. Zur Zeit $2\,t_L$ erscheint die Kollision bei A. Da A zu dieser Zeit seinen Rahmen bereits vollständig gesendet hat, kann A die Kollision nicht feststellen. In Bild 6.4 rechts sendet A einen längeren Rahmen der Dauer $t_{R'}$. A kann die Kollision erkennen. Der Grenzfall, bei dem die Kollision gerade noch erkannt wird, ist offensichtlich dann erreicht, wenn $t_{R'} \geq 2\,t_L$ gilt. Dies ist die so genannte **Laufzeitbedingung**, die für das Funktionieren des Ethernet erfüllt sein muss.

6

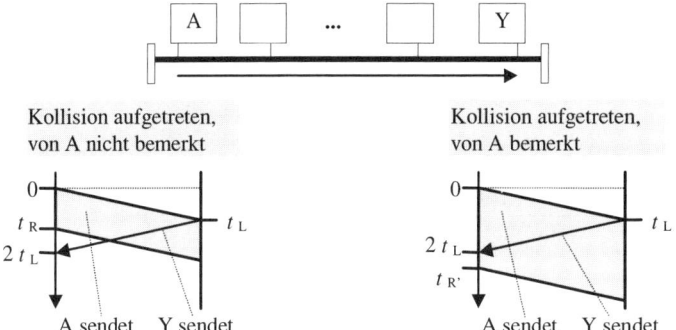

Bild 6.4   Zur Erklärung der Laufzeitbedingung

In CSMA kann sich eine sendebereite Station wie folgt verhalten:

- *Nonpersistent CSMA*: Bei freiem Medium wird sofort gesendet, bei belegtem Medium legt die Station eine Wartezeit ein (die durch eine Zufallszahl bestimmt wird) und prüft danach wieder, ob das Medium frei ist. Falls ja wird gesendet, falls nein folgt eine weitere Wartezeit.
- *1-Persistent CSMA*: Bei freiem Medium wird sofort gesendet, falls es belegt ist, wird es abgehört. Sobald das Medium frei ist, wird gesendet. 1-persistent entspricht p-persistent mit $p = 1$.
- *p-Persistent CSMA*: Falls das Medium frei ist, wird mit der Wahrscheinlichkeit p gesendet und mit der Wahrscheinlichkeit $(1 - p)$ für eine Zeiteinheit gewartet (Schritt 1). Falls das Medium belegt ist, wird es abgehört; sobald es frei ist, wird Schritt 1 ausgeführt. Falls der Zugriff um eine Zeiteinheit verzögert wurde, folgt anschließend Schritt 1.

Der Wert p muss geeignet gewählt werden (/6.31/, S. 175). Falls n Stationen auf den Medienzugriff warten, muss np auf jeden Fall kleiner als 1 sein. Ein sehr kleiner Wert von p führt jedoch zu sehr langen Wartezeiten. Im Ethernet nach IEEE 802.3 wird das Verfahren *1-Persistent CSMA* verwendet. Zusätzlich wird ein exponentieller Backoff verwendet, bei dem der Mittelwert der zufälligen Wartezeit nach jeder Kollision verdoppelt wird. Nach 16 erfolglosen Zugriffsversuchen wird mit einer Fehlermeldung abgebrochen.

6.2.3   Rahmenformat

Zwei Varianten des **Rahmenformats** sind in Bild 6.5 dargestellt.

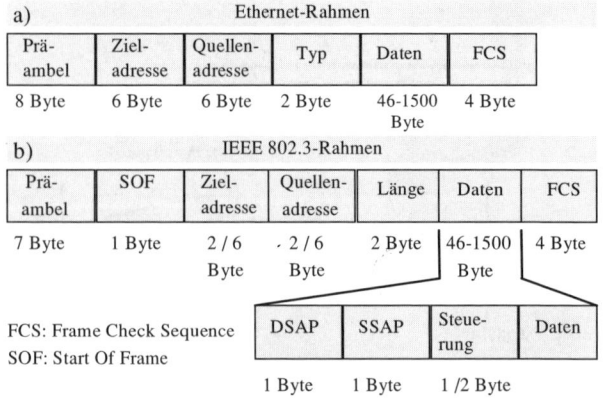

Bild 6.5   Rahmenformat beim Ethernet a) Ethernet b) IEEE 802.3

Die Felder haben diese Bedeutung:

- **Präambel**: 7 bzw. 8 Byte mit dem Wert 10101010 (LSB zuerst). Die Präambel dient zur Taktsynchronisation der Empfänger.
- **SOF** (*Start of Frame*): 1 Byte mit dem Wert 10101011, kennzeichnet den Beginn des Rahmens.
- **Adressen** (→ Abschnitt 1.7.2).
- **Typ** (bei Ethernet II): Identifiziert das im Datenfeld enthaltene Protokoll der Netzwerkschicht.
- **Länge**: gibt die Länge des Datenfeldes in Byte an. Die Gesamtlänge des Rahmens (inkl. Präambel und FCS) muss mindestens 64 Byte betragen, damit die Kollisionserkennung (→ Laufzeitbedingung) sichergestellt ist. Die maximale Rahmenlänge darf nicht größer als 1500 Byte sein.
- **Daten**: falls die minimale Rahmenlänge von 64 Byte nicht erreicht wird, werden hier **Füllzeichen** (*padding bytes*) eingetragen.
- **FCS** (*Frame Check Sequence*): verwendet ein CRC-Prüfwort über die Felder Adressen, Typ/Länge und Daten. Generatorpolynom ($\rightarrow$ Abschnitt 2.8.1.3): $G(x) = x^{32} + x^{26} + x^{23} + x^{22} + x^{16} + x^{12} + x^{11} + x^{10} + x^8 + x^7 + x^5 + x^4 + x^2 + x + 1$.

6

Für das **Rahmenformat** von Ethernet bestehen **Varianten**, die sich im Feld nach der Quelladresse unterscheiden. Im **Ethernet-Rahmen** (auch als Ethernet 2, DIX oder Blue Book bezeichnet) heißt dieses Feld Typfeld, es spezifiziert das Netzwerkprotokoll, das im Datenfeld enthalten ist. Der minimal zulässige Wert des Typfeldes ist dabei 1501. Im **IEEE 802.3-Rahmen** ist stattdessen die Länge des Datenfeldes in Byte angegeben. Der maximal zulässige Wert ist 1500. Im Datenfeld stehen zuerst **DSAP** (*Destination Service Access Point*), **SSAP** (*Source SAP*) und ein oder zwei Steuerbytes. **DSAP** und **SSAP** kennzeichnen SAPs gemäß OSI-Modell (→ Abschnitt 1.7.1) im Ziel- und im Quellsystem. Ebenso kann der **SNAP-Rahmen** (→ Abschnitt 6.1.3) auf das Längenfeld folgen. Die weitere Variante 802.3 Raw Novell Ethernet ist dadurch gekennzeichnet, dass im Typfeld der Wert 0xFF steht.

6.2.4   Netzaufbau

Bevor die Ethernet-Varianten betrachtet werden, müssen einige **Begriffe** zu Topologien und Medien definiert werden.

> Eine **Bustopologie** nutzt ein **gemeinsames Medium** (*shared medium*). Die Folge ist, dass nur ein Teilnehmer zu einem Zeitpunkt senden darf. **Dedizierte Medien** (*dedicated media*) stehen einem Teilnehmer allein zur Verfügung. Wenn in einem Netz n Dedicated Media vorhanden sind, können (im günstigsten Fall) n Teilnehmer gleichzeitig senden.

Für Ethernet sind **drei Fälle** zu unterscheiden (Bild 6.6):

- Die **Bustopologie** (Bild 6.6 a), auf der Broadcast-Nachrichten transportiert werden. Das Signal eines Senders wird von allen anderen Teilnehmern (mit einer Verzögerung entsprechend der Distanz) direkt empfangen, was auch durch die Bezeichnungen **Diffusionsnetz** und *shared medium* ausgedrückt wird. Die Folge ist, dass nur ein Teilnehmer pro Zeitpunkt senden darf.
- Der Einsatz eines **Hub** (Bild 6.6 b) führt zu einer Topologie, die physisch als Stern erscheint, aber logisch weiterhin eine Bustopologie ist. Der Hub wird auch als **Multiport-Repeater** bezeichnet, da er Signale, die er auf einem Port empfängt, auf allen anderen Ports wieder ausgibt. Die Begriffe *broadcast* und *shared medium* treffen ebenso zu wie beim Bus.
- Der Einsatz eines **Switch** (auch als **LAN switch** oder *switching hub* bezeichnet, Bild 6.6 c) führt zu einer **Sterntopologie**, die allerdings kein *shared medium* mehr beinhaltet. Die einzelnen Teilnehmer haben ihre Anschlussleitung für sich (*dedicated medium*) und der Switch verbindet Teilnehmer für die Dauer der Kommunikation paarweise miteinander. Dies ist im Bild schematisch durch einen Kreuzschienenverteiler angedeutet. Ein *Store-and-Forward Switch* nimmt einen ganzen Rahmen auf, analysiert ihn und gibt ihn weiter. Ein *Cut-Through Switch* nutzt die Tatsache, dass die Zieladresse am Beginn eines Rahmens zu finden ist. Sobald der Switch die Zieladresse gelesen hat, wird der Rest des Rahmens ohne weitere Verzögerung weitergegeben. Der Store-and-Forward Switch gibt nur einwandfreie Rahmen weiter, während der Cut-Through Switch fehlerhafte Rahmen nicht erkennen kann (er wertet das CRC-Feld nicht aus). Viele Produkte beherrschen beide Switching-Arten und wählen je nach Häufigkeit des Auftretens fehlerhafter Blöcke eine davon aus, vgl. /6.31/, S. 110.

Das **Internetworking** ($\rightarrow$ Abschnitt 1.6) befasst sich mit dem Verbinden von Netzen (die dadurch **Subnetze** werden) zu einem gesamten Netz. Bezüglich Ethernet standen als Zwischensysteme zu Beginn Repeater und Brücken im Vordergrund, Router wurden ebenfalls eingesetzt.

> Ein **Segment** (nicht zu verwechseln mit der Segmentierung von Paketen) wird durch eine Gruppe von Teilnehmern gebildet, die an demselben *shared medium* angeschlossen sind. Eine *collision domain* ist derjenige Bereich, über den sich Kollisionen ausbreiten.

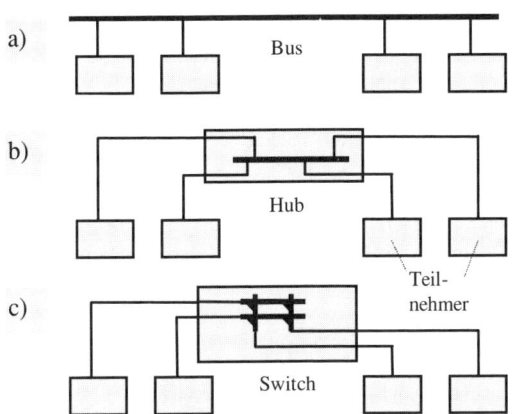

a)

Bus

b)

Hub

Teil-
nehmer

c)

Switch

Ports: Ein- und Ausgänge der Zwischensysteme

Bild 6.6   Netzaufbau beim Ethernet. a) Bus, b) Hub, c) Switch

Das einfachste Ethernet ist der Bus (→ Bild 6.6 a), der gleichzeitig ein Segment und eine *collision domain* darstellt. Die verschiedenen **Zwischensysteme** werden in Ethernet-Netzen wie folgt genutzt:

- **Repeater** (→ Bild 6.7 b) verbinden mehrere Segmente zu einem größeren Segment, das sich als eine *collision domain* verhält. Repeater sind logisch transparent, sie werden zur Vergrößerung der physischen Ausdehnung (Netzdurchmesser bzw. Netzumfang) eingesetzt. Die Segmente müssen vom gleichen Typ sein. In der Folge können auch mehr Teilnehmer angeschlossen werden, so dass die Netzbelastung steigt. Bei zu hoher Last wird der Durchsatz jedoch geringer, da viele Kollisionen auftreten.

- **Brücken** (→ Bild 6.7 c) werden eingesetzt, um Segmente physisch und logisch voneinander zu trennen. Brücken geben Rahmen weiter, deren MAC-Adresse in einem anderen Segment liegt. Die *collision domains* enden also an der Brücke. Die Last pro Segment wird begrenzt (Verkehrsmanagement) und in den Segmenten kann parallel (gleichzeitig) kommuniziert werden. Dies wird durch die Tatsache unterstützt, dass benachbarte Stationen dazu tendieren mehr unter sich zu kommunizieren als mit entfernten Stationen. Brücken lernen die Topologie der Netzsegmente selbst (die Brücke heißt dann transparent, *transparent bridge* bzw. lernend, *learning bridge*), indem sie die Quellen-MAC-Adresse x in einem ankommenden Rahmen dem Port p zuordnen, auf dem der Rahmen ankommt. Wenn die Brücke einen Rahmen mit der Ziel-MAC-Adresse x empfängt, muss dieser also auf dem Port p wieder ausgegeben werden. Da Brücken MAC-Rahmen auswerten, muss das auf den Segmenten genutzte MAC-Protokoll dasselbe sein. Es gibt aber auch Brücken, die MAC-Rahmen übersetzen (*translation bridge*).

- **Router** (→ Bild 6.7 d) verbinden eigenständige LANs miteinander, diese können (nicht so wie beim Einsatz von Brücken) verschiedenen Typs (heterogen) sein. Router werten Pakete der Netzwerkschicht und somit Netzwerkadressen aus (z. B. IP-Adressen, → Abschnitt 9.2.1). Die Details der darunter liegenden Schichten 2 und 1 bleiben verborgen. In LANs werden Router eingesetzt, wenn heterogene Teilnetze zu verbinden sind und der Zugang zu WANs (→ Kapitel 7) verlangt wird. Router und Brücken werden häufig gemischt in einem Netz vorhanden sein.

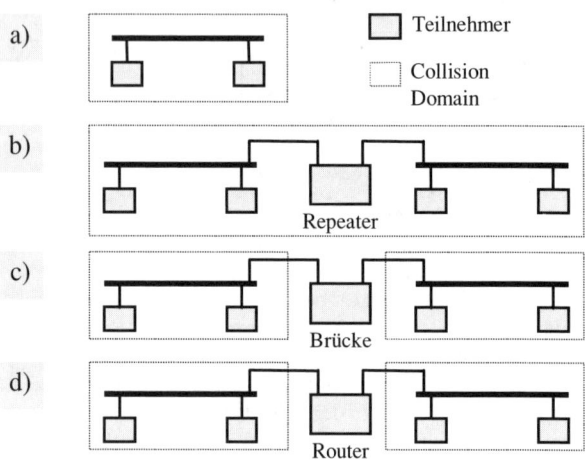

Ports: Ein- und Ausgänge der Zwischensysteme

Bild 6.7   Zwischensysteme im Ethernet a) ein Segment, b) Repeater, c) Brücke, d) Router

Im Ethernet können *shared media* und *switched media* auch in Kombination eingesetzt werden.

6.2.5   Ethernet mit 10 Mbit/s

6.2.5.1   Übersicht

Für Ethernet mit 10 Mbit/s existieren mehrere Varianten (→ Tabellen 6.2, 6.3). In Abhängigkeit der Übertragungsmedien ergeben sich verschiedene **Topologien**. Die anfänglich verwendeten Koaxialkabel lassen eine reine

Bustopologie zu. Mit verdrillten Doppeladern ist eine Bustopologie wenig attraktiv. Stattdessen wird eine **Sterntopologie** bevorzugt, die in vielen Gebäuden in Form von Telefonleitungen bereits vorhanden ist. Der Sternpunkt ist dann ein aktiver Knoten und zu den einzelnen Teilnehmern werden Doppeladern paarweise verlegt. Damit ist ein **Vollduplex-Betrieb** (gleichzeitiges Senden und Empfangen) möglich. **Glasfasern** können ebenfalls in einer Sterntopologie genutzt werden.

Tabelle 6.3 Ethernet-Varianten mit 10 Mbit/s (/6.31/, S. 181, /6.2/, S. 100)

	10BASE5	10BASE2	10BASE-T	10BASE-FP
Medium	Koaxialkabel, 50 Ω	Koaxialka-bel, 50 Ω	UTP, 100 Ω	Multimode-Glasfaser
Stecker	DB 15 (vgl. Bild 6.8)	BNC	RJ-45	ST 1) (SC, MIC)
Leitungscode	Manchester-Code	Manchester-Code	Manchester-Code	Manchester-Code (ein/ aus)
Topologie	Bus	Bus	Stern	Stern
max. Segmentlänge	500 m	185 m	100 m	500 m
Knoten pro Segment	100	30	--	33
Kabeldurch-messer	10 mm	5 mm	0,4–0,6 mm	Faser: 62,5/ 125 µm

1) ST entspricht IEC BFOC/2.5

6.2.5.2 Ethernet mit Koaxialkabeln

Die älteste Ethernet-Variante ist **10BASE5** (auch *Thick Ethernet*). Die Topologie entspricht Bild 6.6 a), wobei das Buskabel an jedem Ende mit einem 50-Ω-Widerstand abgeschlossen ist. Teilnehmer (Stationen) werden nach Bild 6.8 an den Bus angekoppelt. Die Bezeichnungen auf der linken Seite geben die logische Sicht, auf der rechten Seite die technische Sicht wieder. Die **MAU** (*Medium Attachment Unit*) wird mechanisch direkt mit dem Buskabel verbunden, das Transceiver-Kabel darf maximal 50 m lang sein. Aufgaben der MAU sind das Senden und Empfangen von Signalen auf dem Übertragungsmedium und das Erkennen von Signalen und Kollisionen.

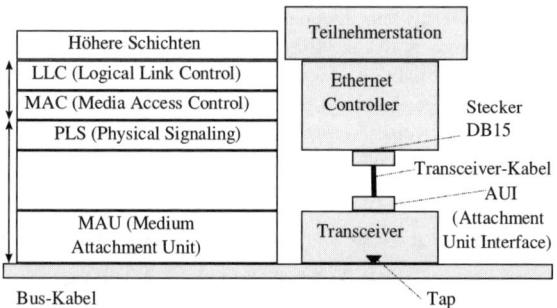

Bild 6.8   Ankopplung bei 10BASE5 (/6.5/, S. 109)

Da das Thick-Ethernet-Kabel sehr teuer ist, wurde die Variante **10BASE2**
(*Thin Ethernet*, auch *Cheapernet*) entwickelt. Das dünnere Kabel ist flexib-
ler und somit leichter zu verlegen. Seine Dämpfung ist jedoch höher, was zu
einer kürzeren Segmentlänge führt. Die MAU ist in die Station integriert.
Das Buskabel ist bei 10BASE2 kein durchgängiges Kabel, vielmehr werden
Kabelstücke mit BNC-Steckern versehen und mit T-Stücken verbunden.
Am dritten Anschluss des T-Stücks wird die Station angeschlossen.

Mehrere Ethernet-Segmente können über **Repeater** gekoppelt werden
→ Bild 6.9. Mittels geeigneter Repeater können 10BASE5- und
10BASE2-Segmente gemischt werden. Remote Repeater bestehen aus
zwei Repeater-Hälften, zwischen denen eine Vierdrahtleitung (Länge bis
1000 m) liegt, an die jedoch keine weiteren Stationen angeschlossen werden dürfen. Durch Repeater dürfen keine Schleifen gebildet werden, die
Anzahl hintereinander geschalteter Repeater ist wegen der Laufzeitbedingung (→ Abschnitt 6.2.2) auf drei beschränkt.

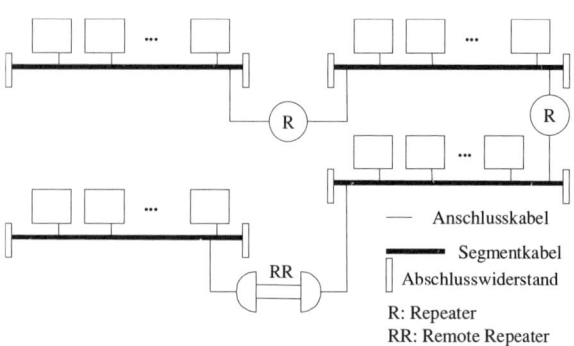

Bild 6.9   Ethernet mit mehreren Segmenten, über Repeater gekoppelt

6.2.5.3 Ethernet mit Doppeladern

Noch preiswertere Übertragungsmedien sind **verdrillte Zweidrahtleitungen** (**TP**, *Twisted Pair*), wie sie auch für Telefonnetze verwendet werden (zu Terminologie und Standards → Abschnitt 13.7.3). Aus physikalischen Gründen wird eine **Sterntopologie** (→ Bild 6.10) verwendet, der Sternpunkt wird als **Hub** (*Sternkoppler*) bezeichnet. Er stellt einen Multiport-Repeater dar, der Signale, die er an einem Eingang empfängt, an allen Ausgängen wieder ausgibt. Hubs arbeiten also auf der OSI-Schicht 1. Sie können kaskadiert werden, was topologisch als Stern aus Sternen interpretiert werden kann. Durch den Einsatz von Hubs ändert sich das Netz logisch gesehen nicht. Alle Teilnehmer sind nach wie vor in einer Broadcast Domain und nehmen am Zugriffsverfahren CSMA/CD teil. Die Sterntopologie existiert nur scheinbar, physisch und logisch bleibt die Busstruktur erhalten. Ein Hub kann allerdings den Anschluss unterschiedlicher Medien zulassen. Zwischen zwei beliebigen Stationen dürfen maximal fünf Segmente und vier Repeater liegen. Als Segment zählt hier eine Punkt-zu-Punkt-Verbindung oder ein Segment des Typs 10BASE5 oder 10BASE2.

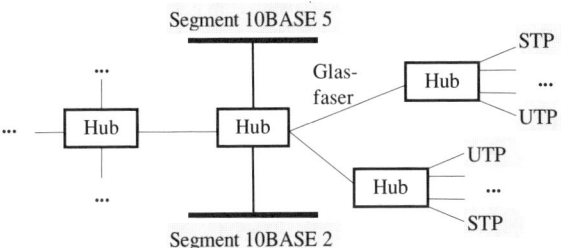

Bild 6.10   Ethernet-Netz mit Hubs

So genannte **intelligente Hubs** sind ebenfalls Koppler, die einen Sternpunkt bilden. Ihre Funktionalität geht jedoch über die OSI-Schicht 1 hinaus, indem sie auch als Brücke oder Router wirken können. Begriffsbildungen dieser Art sind nicht gerade systematisch und einheitlich. Sie entstehen oft aus Marketingüberlegungen.

6.2.5.4 Ethernet mit Glasfasern

Mit **Glasfasern** ist eine Bustopologie nicht ohne weiteres möglich, da die benötigten Koppler zwischen Busfaser und Teilnehmer-Anschlussfaser problematisch sind. Optische Richtkoppler (→ Bild 6.11) sind Bauelemente mit je zwei Ein- und Ausgängen. Die an einem Eingang ankommende Lichtenergie soll gleichmäßig auf die beiden Ausgänge verteilt werden, zwischen den beiden Eingängen ist keine Kopplung erwünscht.

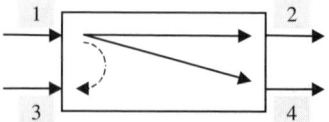

Übertragung 1 → 2 bzw. 1 → 4 mit geringer Einfügedämpfung (*insertion loss*), im Idealfall 3 dB. Keine Übertragung 1 → 4 (im Idealfall). Real: Dämpfung (*isolation*) > 40 dB

Bild 6.11   Optischer Richtkoppler; Definitionen

Beim Einsatz von Glasfasern (soweit sie sich nicht auf eine einzelne Teilstrecke beschränken) wird eine Sterntopologie bevorzugt. Der Sternpunkt kann passiv oder aktiv ausgeführt werden. Ein passiver Sternpunkt ist rein optisch realisiert, so dass in ihm keine Umwandlungen zwischen optischen und elektrischen Signalen erforderlich sind (→ Bild 6.12 a). Dazu werden mehrere (typisch 8) Fasern parallel in Kontakt gebracht und über eine bestimmte Länge leicht miteinander „verschweißt". Die über eine Faser ankommende Lichtenergie wird im Idealfall gleichmäßig auf die anderen Fasern verteilt. Durch die gleichmäßige Verteilung der verfügbaren Lichtenergie ist die Dämpfung des passiven Sterns sehr hoch, so dass nur wenige Teilnehmer (nach IEEE 802.3j maximal 33) angeschlossen werden können. Aktive Sternkoppler (→ Bild 6.12 b) arbeiten mit elektrischen Signalen, die an den Schnittstellen zu den Glasfasern in optische Signale und umgekehrt gewandelt werden. Der Aufwand wird entsprechend groß, dafür sind mehr Teilnehmer zulässig.

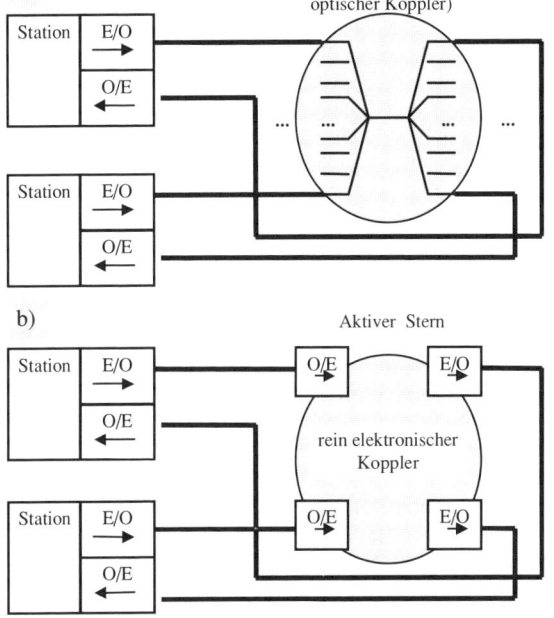

Bild 6.12 Ethernet mit Glasfaser a) Passiver Stern b) Aktiver Stern

Für Ethernet mit 10 Mbit/s sind in IEEE 803.3j die folgenden Glasfaser-varianten vorgesehen:

- **10BASE-FB** (*Fiber Backbone*): Punkt-zu-Punkt-Verbindung zwischen zwei Repeatern. Maximale Distanz 2 km. Ein Repeater überträgt synchron, indem ein ankommendes optisches Signal regeneriert und mit dem lokalen Takt des Repeaters wieder ausgesendet wird.
- **10BASE-FL** (*Fiber Link*): Punkt-zu-Punkt-Verbindung zwischen Stationen oder Repeatern. Maximale Distanz 2 km. Im Gegensatz zu 10BASE-FB überträgt der Repeater asynchron.
- **10BASE-FP** (*Fiber Passive*): Sterntopologie mit passivem Stern. Maximale Distanz 1 km.

Alle Varianten nutzen Glasfaserpaare, in denen je eine Faser für eine Übertragungsrichtung zuständig ist. Die zugrunde liegende Referenzfaser ist eine Multimode-Faser mit einem Kern- bzw. Manteldurchmesser von 62,5 μm bzw. 125 μm. Der Manchester-Code wird so in optische Signale umgesetzt: Eine hohe Spannung bedeutet Lichtfluss (hell), niedrige Spannung bedeutet dunkel.

6.2.6   Ethernet mit 100 Mbit/s

Fast Ethernet erhöht die Datenrate auf 100 Mbit/s. Alle Varianten
(→ Tabelle 6.4) verwenden die Sterntopologie. Die mit T bezeichneten
Varianten nutzen das Zugriffsverfahren und Rahmenformat nach IEEE
802.3. Die mit X bezeichneten Varianten verwenden die ursprünglich für
FDDI (→ Abschnitt 6.6) definierte physische Schicht. Die meisten Varianten unterstützen – im Gegensatz zu früheren Ethernet-Varianten – den
Vollduplex-Betrieb, der eine Datenrate pro Station von maximal
200 Mbit/s zulässt. 100BASE-TX wird hauptsächlich für die Etagenverkabelung (Tertiärverkabelung, → Abschnitt 13.7) genutzt, 100BASE-FX
findet zunehmend Anwendung bei der Sekundärverkabelung, 100BASE-
T4 und 100BASE-T2 haben in der Praxis keine Bedeutung.

Vollduplex-Übertragung. Das bei Ethernet verwendete Busmedium
erzwingt, dass zu einem Zeitpunkt nur eine Station senden darf. Damit ist
aus der Sicht einer Station eine Halbduplex-Übertragung realisiert. Eine
Vollduplex-Übertragung kann die Datenrate im Idealfall auf das Doppelte
vergrößern. Mit der Einführung von 10BASE-T standen getrennte Adernpaare für das Senden und Empfangen zur Verfügung. Multiport-Brücken
und Switches führten zunehmend zu Punkt-zu-Punkt-Verbindungen, also
zum Verzicht auf *shared media*. Dies führte zum Vollduplex-Ethernet, das
im Wesentlichen ein Switched Ethernet ohne Kollisionserkennung und
-auflösung ist (ein Switched Ethernet ist nicht notwendigerweise ein Vollduplex-Ethernet). Damit stellt jede Station für sich eine *collision domain*
dar. Der Rahmenaufbau von IEEE 802.3 kann beibehalten werden, ebenso
der CSMA/CD-Algorithmus in den Stationen, obwohl keine Kollisionen
mehr auftreten. Hingegen wird auf der MAC-Schicht eine Flusssteuerung
eingeführt. Diese verhindert, dass die Pufferspeicher in Switches überlau-
fen. Der Mechanismus sieht Pausen-Rahmen vor, die den Sender auffor-
dern, für eine bestimmte Dauer keine weiteren Rahmen zu senden.

Die meisten Varianten von 100-Mbit/s-Ethernet und alle von 1 Gbit/s-
Ethernet können im Vollduplex betrieben werden. Hingegen ist dies bei
10BASE5, 10BASE2, 10BASE-FB und 100BASE-T4 nicht möglich.

10-Mbit/s-Ethernet und 100-Mbit/s-Ethernet kann gemischt eingesetzt
werden, da Switches mit Ports für beide Geschwindigkeiten verfügbar sind.
Die Autonegotiation (/6.31/, S. 191) stellt eine Option in 100BASE-T dar,
über die Stationen ihre verfügbaren Fähigkeiten wie Datenrate und Vollduplex mitteilen können.

Tabelle 6.4 Varianten für Fast Ethernet (/6.15/, S. 45, /6.31/, S. 186, /6.2/, S. 108–109)

Variante	Medium
100BASE-T4	Kabel mit 4 Doppeladern, UTP, 100 Ω, Kat. 3, 4, 5. Leitungscode 8B6T, NRZ. Kein Vollduplex
100BASE-FX	2 Multimode-Glasfasern (62,5/125 µm). Leitungscode 4B5B, NRZI. Vollduplex
100BASE-TX	Kabel mit 2 Doppeladern, UTP, Kat. 5; alternativ 2 Doppeladern, STP, 150 Ω. Leitungscode MLT-3. Vollduplex
100BASE-T2	Kabel mit 2 Doppeladern, UTP, Kat. 3, 4, 5. Leitungscode PAM5. Vollduplex

Datenrate 100 Mbit/s, Segmentlänge einheitlich 100 m, Netzwerkausdehnung 200 m (bei 100BASE-FX 400 m)

6

6.2.7   Ethernet mit 1 Gbit/s

Gigabit-Ethernet erhöht die Datenrate auf 1 Gbit/s, behält aber das CSMA/CD-Protokoll und das Rahmenformat der Ethernet-Varianten mit 10 Mbit/s und 100 Mbit/s bei. Tabelle 6.5 zeigt die wichtigsten Kenngrößen der in IEEE 802.3 standardisierten Versionen.

Tabelle 6.5 Varianten für Gigabit-Ethernet (/6.15/, S. 46, /6.31/, S. 196)

Variante	Medium
1000BASE-T	4 Paare UTP, Kategorie 5, Distanz bis 100 m. Leitungscodierung 4D-PAM5
1000BASE-CX	Twinax-Kupferkabel bis 25 m. Je ein Paar pro Richtung. Leitungscodierung 8B10B
1000BASE-SX	LWL-Multimodefaser (770–860) nm. Bei Kerndurchmesser 50 µm: Distanz 440 m, bei Kerndurchmesser 62,5 µm: Distanz 260 m. Leitungscodierung 8B10B
1000BASE-LX	LWL-Multimodefaser (1270–1355) nm. Distanz bis 550 m bei Kerndurchmesser 50 oder 62,5 µm. Distanz bis 5 km bei Singlemode-Faser mit Kerndurchmesser 10 µm. Leitungscodierung 8B10B

Das Anwendungsbeispiel Bild 6.13 zeigt mehrere Server und Arbeitsgruppen-Hubs, die über einen Switching Hub verbunden sind. Die Verbindungen werden entweder mit 1 Gbit/s oder mit 100 Mbit/s betrieben, wobei die Workstations mit 100 Mbit/s ausreichend versorgt sind.

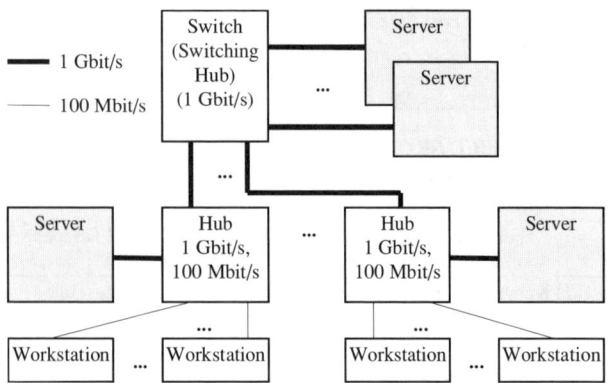

Bild 6.13   Anwendungsbeispiel für Ethernet 1 Gbit/s und 100 Mbit/s (/6.31/, S. 194)

Im Schichtenmodell ist zwischen MAC-Schicht und der Leitungscodierung eine weitere Teilschicht namens **GMII** (*Gigabit Medium-Independent Interface*) vorgesehen, die (außer für 1000 BASE-T) optional eingefügt werden kann. Diese Schicht definiert 8 bit breite, synchrone Schnittstellen für das Senden und Empfangen und ermöglicht die Kombination von MAC- und PHY-Chips verschiedener Hersteller.

Für Halbduplex-Verbindungen mit Hubs existieren zwei Erweiterungen des CSMA/CD-Verfahren. Die *Carrier Extension* hängt so viele Symbole an kurze MAC-Frames an, dass die gesamte Rahmenlänge mindestens 4096 Bitzeiten – und damit länger als die Laufzeit im Netz – wird. *Frame Bursting* erlaubt es einer Station, mehrere kurze Rahmen unmittelbar nacheinander ohne Carrier Extension zu senden. Dadurch wird die zusätzliche Netzbelastung durch Carrier Extension reduziert. Für Verbindungen mit Switches werden diese Mechanismen nicht benötigt, da kein gemeinsam genutztes Medium vorliegt und deshalb keine Kollisionen auftreten können.

6.2.8   Ethernet mit 10 Gbit/s

10GE (10-Gigabit-Ethernet) erhöht die Datenrate weiter auf 10 Gbit/s /6.17/. Von großer Bedeutung ist die Tatsache, dass 10GE Distanzen von bis zu 40 km überbrücken wird und so auch in MAN eingesetzt werden kann. Das Ethernet-Rahmenformat wird wiederum beibehalten, allerdings wird ausschließlich eine Vollduplex-Übertragung spezifiziert (→ Abschnitt 6.2.6). Als Datenraten werden 10 Gbit/s und 9,58464 Gbit/s spezifiziert, letztere im Hinblick auf die Kompatibilität mit STM-64 bzw. SONET OC-192c (→ Abschnitt 7.5). Als Übertragungsmedien sind Singlemode-Fasern bei 1310 nm und 1550 nm bereits spezifiziert, über die Berücksichtigung von Multimode-Fasern wird noch diskutiert. Die Nutzung von **WDM** (*Wavelength Division Multiplex*) ist noch offen. Als Leitungscode wird eine 64B66B-Codierung vorgesehen, im LAN soll auch 8B10B verwendet werden können. Tabelle 6.6 stellt die bisher definierten Varianten zusammen.

Tabelle 6.6   Varianten für 10-Gigabit-Ethernet /6.17/

Variante	Medium
10GBASE-LX	Singlemode-Glasfaser, 1310 nm, Codierung 64B66B für LAN, bis 10 km
10GBASE-EX	Singlemode-Glasfaser, 1550 nm, Codierung 64B66B für LAN, bis 40 km
10GBASE-LW	Singlemode-Glasfaser, 1310 nm, Codierung 64B66B für WAN, bis 10 km
10GBASE-EW	Singlemode-Glasfaser, 1550 nm, Codierung 64B66B für WAN, bis 40 km

6

6.2.9   Ethernet mit Breitband-Übertragung

Breitband-Ethernet überträgt keine digitalen Basisbandsignale, sondern moduliert (→ Abschnitt 2.3.5) diese auf Träger einer bestimmten Frequenz. Somit werden analoge Signale übertragen. Auf mehreren Trägern verschiedener Frequenz können so in der (relativ großen) Bandbreite eines Koaxialkabels mehrere Ethernet-Systeme betrieben werden (Frequenzmultiplex). Breitbandsysteme ermöglichen größere Distanzen als Basisbandsysteme, dies jedoch um den Preis von Zwischenverstärkern. Da diese in einem Frequenzband praktisch nur unidirektional ausgeführt werden können, benötigen Breitbandsysteme getrennte Hin- und Rückkanäle. Zwei Topologien sind verwendbar (→ Bild 6.14). Hinkanäle gehen von der Kopfstation aus, Rückkanäle enden dort. Beim Konzept der passiven Kopfstation (Zweikabelsystem) senden die Stationen auf dem unteren Kabelstrang auf der Frequenz f_1. Die Kopfstation empfängt und verstärkt die Signale und sendet sie auf dem oberen Kabelstrang wieder aus. Damit kann jede Station das Signal jeder anderen Station empfangen. Das Konzept mit aktiver Kopfstation kommt mit einem Kabel aus (Einkabelsystem). Dafür muss die Kopfstation die auf f_1 empfangenen Signale auf f_2 umsetzen. Die eingezeichneten Verstärker verstärken jeweils das Frequenzband um f_1 oder f_2. Sie können nach Bedarf eingefügt werden. Das Breitband-Ethernet wurde als 10BROAD36 in IEEE 802.3b standardisiert und in MAP/TOP (→ Abschnitt 6.11.8) eingesetzt.

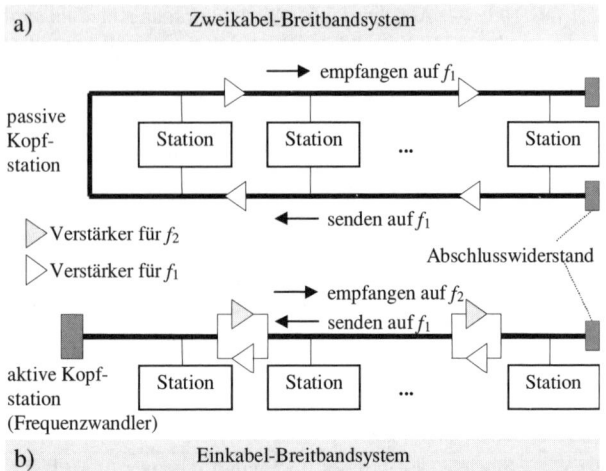

Bild 6.14   Breitbandübertragung a) Zweikabelsystem, b) Einkabelsystem
(/6.31/, S. 94)

6.3   Token Ring

📖 Token Ring wird u. a. dargestellt in /6.5/, /6.14/ und /6.31/.

6.3.1   Varianten

Das Konzept des Token Ring existiert in mehreren Varianten (→ Tabelle 6.7). Diese unterscheiden sich in der Datenrate, im Übertragungsmedium und Leitungscode, in der maximalen Rahmenlänge und in der genauen Funktion des Tokens.

Tabelle 6.7   Varianten des Token Ring

Datenrate (Mbit/s)	4	16	100	100
Medium	UTP, STP, Faser	UTP, STP, Faser	UTP, STP	Faser
Leitungscode	Differentieller Manchestercode	Differentieller Manchestercode	MLT-3	4B5B, NRZI
max. Rahmenlänge (Byte)	4550	18200	18200	18200
Zugriffssteuerung	TP oder DTR	TP oder DTR	DTR	DTR

TP: Token Passing, DTR: Dedicated Token Ring → Abschnitt 6.3.5

6.3.2   Prinzip

Der Besitz des Tokens (wörtlich: *Marke*) berechtigt eine Station zum Buszugriff. Solange keine Station senden möchte, kreist ein Frei-Token auf dem Ring. Eine sendebereite Station kann das Token übernehmen, es in ein Besetzt-Token verwandeln und seine Daten anhängen. Der so gebildete MAC-Rahmen umkreist den Ring. Wenn er beim adressierten Empfänger vorbeikommt, wird er von diesem kopiert, setzt aber seinen Umlauf fort. Erst der ursprüngliche Sender nimmt den Rahmen vom Ring (→ Bild 6.15).

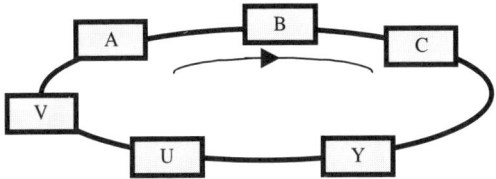

- A (Sender): sendet einen Rahmen an Y
- Der Rahmen läuft auf dem Ring um, d. h., er wird von jeder Zwischenstation weitergegeben
- Y (Empfänger): kopiert den Rahmen vom Ring, gibt ihn aber gleichzeitig weiter
- A (Sender) erhält den Rahmen zurück und nimmt ihn vom Ring
- Anschließend gibt A ein Frei-Token aus
- Die nächste sendebereite Station kann das Frei-Token aufnehmen, es in ein Besetzt-Token verwandeln und ihren Rahmen anhängen.

Bild 6.15   Funktion des Token Ring

Genauer erfolgt die Freigabe des Tokens beim Token Ring mit 4 Mbit/s, nachdem der Sender das letzte gesendete Paket vollständig zurückgehalten hat. Ein Sender darf maximal für die Dauer der **THT** (*Token Holding Time*) senden (typisch 10 ms), danach muss er ein Frei-Token weitergeben. Beim Token Ring mit 16 Mbit/s gibt der Sender unmittelbar nach Ende des letzten Rahmens ein Frei-Token aus. Das Frei-Token kann nun von der nächsten, im Ring folgenden, sendebereiten Station übernommen werden.

Token Ring verwendet damit ein **dezentrales Zuteilungsverfahren** (→ Bild 6.15) für den Medienzugriff, es gibt also keine ausgezeichnete Station. Für die korrekte Funktion sind mehrere Bedingungen zu erfüllen. Es muss genau ein Token auf dem Ring sein, mehrere oder gar kein Token sind Fehlerfälle, die behandelt werden müssen. Der Besitz des Tokens muss nach einer bestimmten Zeit an eine andere Station übergehen, damit die Fairness beim Medienzugriff sichergestellt ist. Zur Überwachung – und falls erforderlich zur Wiederherstellung – der Ringfunktion wird eine Station als **aktiver Monitor** (*active monitor*) bestimmt. Alle anderen Stationen sind **passive Monitore** (*standby monitors*), die bei Ausfall des aktiven Monitors selbst aktiv werden können.

6.3.3   Rahmenformat und Funktionen

Der Token Ring mit 4 Mbit/s ist in IEEE 802.5 standardisiert.

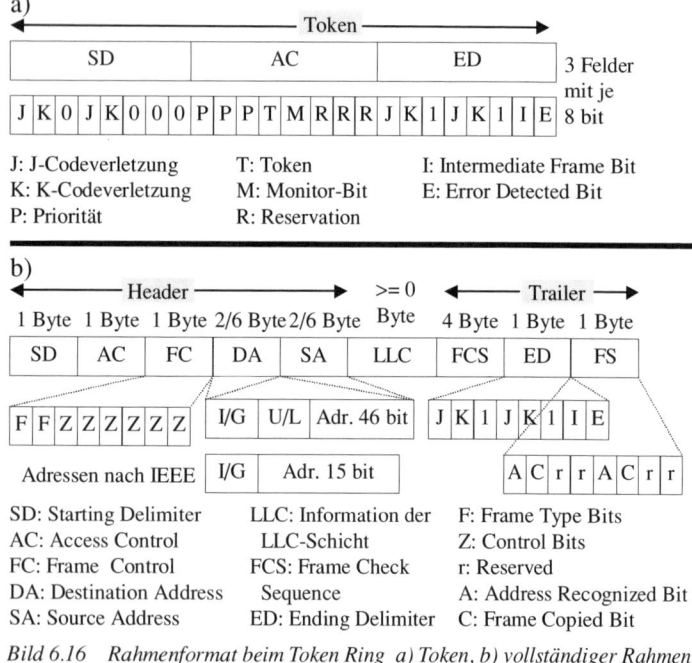

Bild 6.16   Rahmenformat beim Token Ring a) Token, b) vollständiger Rahmen

Die **Felder** des Token-Ring-Rahmens (→ Bild 6.16) haben die folgende **Bedeutung**:

- Das **Token** (→ Bild 6.16 a) besteht aus den Feldern **SD**, **AC** und **ED**. Dieser Rahmen stellt ein Frei-Token dar, gekennzeichnet durch $T = 0$ im Feld AC. Ein Rahmen mit Daten oder Steuerinformation enthält weitere Felder und ist durch $T = 1$ erkennbar.
- **SD** (*Start Delimiter*): Kennzeichnet den Rahmenanfang. Der Eindeutigkeit halber werden dafür Codeverletzungen J und K verwendet.

- **AC** (*Access Control*): Enthält drei P-Bits (*Priority*), drei R-Bits (*Reservation*), das Token-Bit sowie das M-Bit (*Monitor*). Token- und Informationsrahmen können mit einer Priorität (P-Bits) versehen werden, die zwischen 0x000 (niedrigste Priorität) und 0x111 (höchste Priorität) liegen kann. Eine sendebereite Station kann bei der Weitergabe eines Rahmens eine **Reservierung** (R-Bits) eintragen, falls dort nicht schon eine Reservierung mit einer höheren Priorität enthalten ist. Die Station, die diesen Rahmen vom Ring nimmt, generiert daraufhin ein Frei-Token mit der den ankommenden R-Bits entsprechenden Priorität. Dieses Frei-Token kann nun von jeder Station übernommen werden, die einen Rahmen gleicher oder höherer Priorität übertragen will. Damit Stationen mit niedriger Priorität nicht permanent blockiert werden, ist die Station, die ein Token mit erhöhter Priorität generiert hat, verantwortlich dafür, dass die Priorität wieder auf den ursprünglichen Wert herabgesetzt wird. Das **M-Bit** wird von einem Sender zunächst auf 0 gesetzt. Der aktive Monitor setzt es auf 1, wenn das Paket bei ihm vorbeikommt. Falls der Monitor ein Paket mit gesetztem M-Bit erhält, ist dieses also nicht korrekt vom Ring genommen worden und der Monitor kann diese Fehlersituation beheben.

- **ED** (*End Delimiter*): Kennzeichnet das Rahmenende. Das I-Bit (*Intermediate*) zeigt mit $B = 0$ an, dass keine weiteren Rahmen folgen. Wenn mit einem Token weitere Rahmen übertragen werden, ist (außer beim letzten Rahmen) $B = 1$. Das **E-Bit** (*Error Detected*) wird von (irgend-) einer Station, die einen Fehler feststellt, auf $E = 1$ gesetzt.

- **FC** (*Frame Control*) zeigt mit den ersten beiden Bits (**F**: *Frame Type*) an, ob ein **Datenrahmen** (FF = 01) oder ein **MAC-Rahmen** (FF = 00), der für die Ringsteuerung benötigt wird, vorliegt. Die Z-Bits geben (bei FF = 00) an, welche Operation ausgeführt werden soll.

- **DA** (*Destination Address*) und **SA** (*Source Address*) beinhalten die bekannten IEEE-Adressen ($\rightarrow$ Abschnitt 1.7.2).

- Das **LLC-Feld** enthält Nutz- bzw. Steuerdaten.

- **FS** (*Frame Status*): Mit den Bits **A** (*Address Recognized*) und **C** (*Frame Copied*) kann der Empfänger dem Sender mitteilen, ob er seine Empfängeradresse im Rahmen erkannt hat (falls nicht, ist die Adresse nicht existent oder die Station nicht in Betrieb) und ob er den Rahmen vom Ring kopiert (also tatsächlich empfangen) hat.

6.3.4   Netzaufbau

Beim Token Ring sind die Teilnehmer aktiv in den Ring eingefügt. Sie empfangen und regenerieren das an einem Eingang (*upstream*) ankommende Signal, werten es aus und geben es am Ausgang an die nächste Teilstrecke (*downstream*) weiter. Wenn eine Station ausfällt oder abgeschaltet wird, ist zunächst der Ring unterbrochen. Um dies zu verhindern, werden Stationen über **Ringleitungsverteiler** (auch als TCU: *Trunk Coupling Unit* oder MSAU: *Multi Station Access Unit* bezeichnet, → Bild 6.17) in den Ring eingefügt. Die Stationen sind physisch sternförmig an den Ringleitungsverteiler angeschlossen. Trotzdem bleibt die Topologie logisch gesehen eine Ringtopologie. Durch Relais im Ringleitungsverteiler (nicht gezeichnet) lässt sich jede Station in den Ring einfügen oder daraus entfernen. Die Schalter S1, S2, S3 (→ Bild 6.17 und Tabelle 6.8) deuten schematisch an, welche Verbindungen im Netzadapter für die Funktionen Empfänger, Sender usw. erforderlich sind.

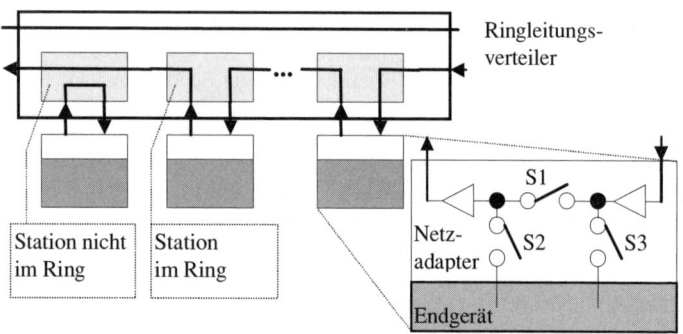

Bild 6.17   Aufbau eines Ringleitungsverteilers

Tabelle 6.8   Schaltertabelle zu Bild 6.17 (vgl. /6.5/, S. 141)

Funktion	Schalterzustand		
Endgerät ist	S1	S2	S3
Empfänger	geschlossen	offen	geschlossen
Sender	offen	geschlossen	geschlossen
Nicht angeschlossen	geschlossen	offen	offen

Elementare Token Ringe können über **Brücken** zu größeren Netzen verbunden werden. Dabei wird das *source routing* eingesetzt, bei dem der Sender den gesamten Weg eines Rahmens durch das Netz vorgibt. Der Weg wird als Folge von Paaren aus Segmentnummer – Brückennummer (→ Bild 6.18) angegeben. Das Routingfeld wird im Token Ring-Rahmen unmittelbar nach der Quelladresse eingefügt. Die Anwesenheit des Routingfeldes wird in der Quelladresse durch Setzen des I/G-Bits (→ Abschnitt 1.7.2) auf 1 kenntlich gemacht.

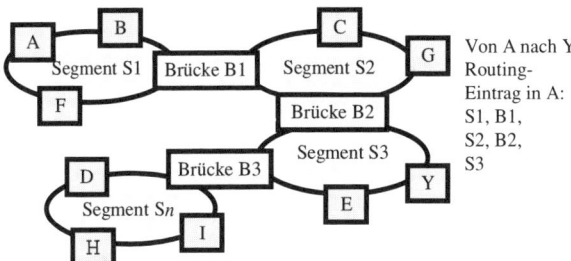

Bild 6.18 Brücken zur Kombination von Elementar-Ringen

6.3.5   Weiterentwicklungen

6

Der ursprüngliche Token Ring wurde durch drei Konzepte weiterentwickelt:

- **Switched Token Ring**. Sein Ansatz entspricht dem des Switched Ethernet: von jedem Port des Switch zu genau einem Teilnehmer besteht eine dedizierte Verbindung mit 16 Mbit/s. An den Ports eines Switch können Teilnehmer mit 4 Mbit/s und auch mit 16 Mbit/s angeschlossen werden, was zu einer erhöhten Flexibilität führt. Damit ist das Prinzip des *shared medium*, wie es beim konventionellen Token Ring besteht, ergänzt durch *dedicated media* zwischen dem Switch und den einzelnen Teilnehmern. Mit Token Ring Switches können auch *Backbones* aufgebaut werden. Backbones sind Netze höherer Leistung, die einzelne Netze (Teilnetze) zu einem gesamten Netz zusammenfügen.

- **Full-Duplex Token Ring** (auch als **DTR**: *Dedicated Token Ring* bezeichnet). Dieser Vorschlag ist in IEEE 802.5r standardisiert. Er ist analog zum Full Duplex Ethernet und sieht auf jeder dedizierten Verbindung zwischen Switch-Port und Teilnehmer eine Vollduplex-Übertragung vor. Damit steigt die effektive Datenrate auf 32 Mbit/s.

- **HSTR** (*High-Speed Token Ring*), standardisiert in IEEE 802.5t. Er ist analog zum Fast Ethernet, indem einfach die Datenrate von 16 Mbit/s auf 100 Mbit/s erhöht wird. Auf der physischen Schicht des HSTR werden die Vorgaben der physischen Schicht von Fast Ethernet übernommen. Da Fast Ethernet durch starken Wettbewerb preisgünstig ist, kann HSTR davon profitieren.

Weitere Konzepte für den Token Ring sind in Entwicklung. Dazu gehören eine Gbit/s-Variante (IEEE 802.5v), ein Konzept zur Realisierung von VLAN ($\rightarrow$ Abschnitt 6.8) und das Konzept der Link Aggregation. Link Aggregation bedeutet die Verbindung zweier Switches durch parallele Links zur Erhöhung der Bandbreite.

6.4   Token Bus

📖 Details zum Token Bus finden sich in /6.5/.

6.4.1   Prinzip des Token Bus

ARCNET (*Attached Resource Computing Network*) ist ein Beispiel eines Basisbandsystems mit Token Passing und Stern- oder Bustopologie, das für LANs jedoch nicht mehr hergestellt wird. Als Übertragungsmedien waren Koaxialkabel RG-62A/U (93 Ω), Twisted Pair oder faseroptische Kabel vorgesehen. Die maximale Distanz zwischen Stationen betrug ca. 1800 m, die Datenrate 2,5 Mbit/s. ARCNET wird jedoch für die Nutzung als Feldbus ($\rightarrow$ Abschnitt 6.11) wieder diskutiert.

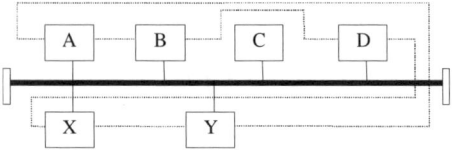

Bild 6.19   Prinzip des Token Bus

Der **Token Bus** nach IEEE 802.4 ist auch die Basis für **MAP** ($\rightarrow$ Abschnitt 6.11.8). Er verwendet einen Bus als **physische** Topologie, der ein **logischer** Token Ring überlagert ist ($\rightarrow$ Bild 6.19). Die Reihenfolge der Stationen im Ring ist im Gegensatz zum Token Ring unabhängig von deren Ort. Die Funktion des Token Passing ist dieselbe wie im Token Ring. Durch den Austausch von Token-Rahmen muss sichergestellt werden, dass jede Station das Token an ihre Nachfolgestation weitergibt und dass der Ring geschlossen ist.

6.4.2   Rahmenformat und Funktionen

Der Rahmenaufbau ist ähnlich wie beim Token Ring. Das Feld *Frame Control* besteht aus einem Byte, die Bitfolge 00001000 stellt das **Token** dar, die Bitfolge 01PPP000 steht für für den **Datenrahmen**. Die Bits PPP geben die Priorität an, es gibt vier **Dienstklassen**.

Die logischen Abläufe auf dem Token Bus sind weit komplexer als auf dem Ethernet. Die folgenden **Funktionen** sind erforderlich:

- **Initialisierung** des logischen Rings beim Start oder nach katastrophalen Fehlern.
- **Einfügen und Herausnehmen** von Stationen in den Ring bzw. aus dem Ring.

- **Verwaltung des Tokens**: Nach einer Datentransferphase – und damit spätestens nach Ablauf der Token Holding Time – muss eine Station ein neues Token generieren und an ihre Folgestation senden. Dabei muss jederzeit sichergestellt sein, dass genau ein Token auf dem Ring existiert.

Auf der physischen Schicht verwendet der Token Bus entweder eine **Basisband-** oder eine **Breitbandübertragung** (→ Abschnitt 2.3.5.1). Als **Modulationsverfahren** wird im einfachsten Fall phasenkontinuierliches **FSK** (*Frequency Shift Keying*), eine Frequenzmodulation mit zwei Frequenzen entsprechend 0 und 1 eingesetzt. Die Breitbandübertragung entspricht einem Frequenzmultiplex-Verfahren, bei dem die Signale mehrerer Token Busse auf Träger unterschiedlicher Frequenz aufmoduliert und auf demselben Medium übertragen werden. Damit kann die große Bandbreite eines Koaxialkabels (ca. 450 MHz) besser ausgenutzt werden als bei einer Basisbandübertragung.

6

6.5   Demand-Priority Access

100Base-VG bzw. 100VG-AnyLAN war ein Vorschlag mehrerer Firmen, der als Konkurrenzvorschlag zu 100Base-T und damit als Aufstiegspfad für Anwender von Ethernet und Token Ring gedacht war. Er wurde in **IEEE 802.12** standardisiert. Die Datenrate beträgt 100 Mbit/s. Die Bezeichnung AnyLAN soll ausdrücken, dass Ethernet und Token Ring abgedeckt werden. Die Vorteile von Ethernet (Einfachheit) und Token Ring (deterministisches Verhalten) sind kombiniert. Die Ethernet-Rahmenstruktur wird beibehalten. Die Rahmenstruktur des Token Ring kann ebenfalls verwendet werden, aber nicht im gleichen Netzsegment. **VG** bedeutet *Voice Grade*, also UTP-Kabel der Kategorie 3 (→ Abschnitt 13.7.2). Verwendbar sind 4-paarige UTP-Kabel der Kategorie 3, 2-paarige UTP-Kabel der Kategorien 4 oder 5, STP-Kabeln und optische Faserkabel. Bei der Verwendung von 4-paarigen Kabel transportiert jedes Adernpaar 25 Mbit/s. Als Leitungscode wird eine 5B6B-Codierung mit NRZ verwendet.

6.5.1   Zugriffsverfahren

Als Zugriffsverfahren wird nicht mehr CSMA/CD verwendet, sondern das Verfahren *Demand Priority Access* mit den zwei Prioritätsstufen normal und hoch. Endgeräte melden Übertragungswünsche beim Hub an. Falls das Netz gerade frei ist, wird die Anforderung vom Hub sofort bestätigt und das Endgerät beginnt zu senden. Liegen mehrere Anforderungen vor, werden diese **reihum** (*round robin*, in der Reihenfolge der Portnummern des Hubs) durch *Polling* (Aufruf) erfüllt. Dabei werden Anforderungen mit hoher Priorität vorrangig erfüllt. Aus Gründen der Fairness erhält jede Station höchstens zwei Zugriffe direkt hintereinander. Anforderungen mit normaler Priorität, die schon längere Zeit warten, werden mittels eines Aging-Mechanismus (Alterungsmechanismus) auf eine höhere Priorität gesetzt, um eine vollständige Blockade zu vermeiden. Ein Hub darf zu einem übergeordneten Hub so viele Rahmen übertragen, wie er Downlink-Ports besitzt.

Das Verfahren Demand Priority Access ist deterministisch und stabil, die Nenndatenrate kann typisch zu 95 % ausgenutzt werden. Eine minimale Rahmenlänge von 64 bit ist nicht mehr erforderlich. Aus den folgenden Gründen ist das Verfahren nicht für den Backbone-Bereich geeignet:

■ Demand-Priority verliert bei hoher Übertragungsgeschwindigkeit und langen Laufzeiten an Effizienz.

■ Durch das Kaskadieren mehrerer Hubs entstehen komplexe Polling-Strukturen.

6.5.2   Netzaufbau

IEEE 802.12 nutzt eine reine Sterntopologie → Bild 6.20.

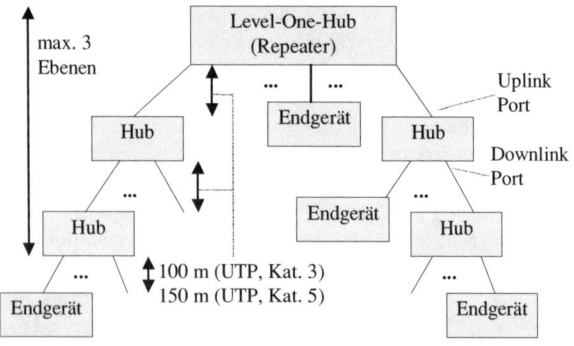

Bild 6.20   Aufbau eines 100VG-AnyLAN

Die maximalen Distanzen zwischen Hubs betragen je nach Kabeltyp 100 m oder 150 m. Damit lassen sich zwischen zwei Endgeräten maximal 600 m bzw. 900 m überbrücken. Mittels Lichtwellenleitern kann die maximale Entfernung zwischen Hub und Endgerät bis zu 2000 m betragen. Mit Dual-Mode-Interfaces ist es möglich, 10BASE-T- und 100BASE-VG-Segmente zu mischen.

6.6 FDDI

📖 In /6.11/ wird FDDI ausführlich dargestellt, /6.5/ und /6.14/ geben einen Überblick.

6.6.1 Prinzip

FDDI (*Fiber Distributed Data Interface*) weist große Ähnlichkeiten mit dem Token Ring auf. Bei FDDI werden jedoch optische Fasern in einem Doppelring verwendet, der auf eine Datenrate von 100 Mbit/s und einen Umfang von 100 km ausgelegt ist. Als Leitungscode wird ein 4B5B-Code (→ Abschnitt 2.3.2) anstatt des Manchester-Code verwendet. Das Rahmenformat von FDDI hat gegenüber Token Ring eine vorangestellte Präambel, die zur Taktsynchronisation der Empfänger benötigt wird und mindestens 16 Idle-Symbole (Länge je 5 bit) enthält. Bei FDDI fehlt das AC-Feld (Access Control), der **Token-Rahmen** besteht aus den Feldern Preamble, SD, FC und ED. Der Token-Mechanismus funktioniert bei FDDI anders. Wegen des großen Ringumfangs und der hohen Datenrate können bei FDDI viele Bits gleichzeitig auf dem Ring unterwegs sein. Damit dieser möglichst gut ausgelastet wird, gibt eine Station, die das Token besitzt, dieses sofort nach dem Senden des letzten Rahmens frei (*early token release*). Damit können sich mehrere Rahmen gleichzeitig auf dem Ring befinden. Für das Entfernen der Rahmen vom Ring sind weiterhin die jeweiligen Absender zuständig. Die Zugriffssteuerung erfolgt zeitgesteuert mit dem **TTR-Protokoll** (*Timed Token Rotation Protocol*) anhand der folgenden Größen:

- **TTRT** (*Target Token Rotation Time*): Ein Entwurfsparameter, der bei der Initialisierung des Rings vorgegeben wird.
- **TRT** (*Token Rotation Time*): Die Zeit zwischen dem Aussenden eines Frei-Tokens und dem erneuten Eintreffen eines Frei-Tokens. TRT wird von jeder Station für sich gemessen und kann sich von Umlauf zu Umlauf in Abhängigkeit der Last im Ring ändern. Der Minimalwert von TRT ergibt sich, wenn keine Station sendebereit ist, aus der Signallaufzeit auf dem Ring und der Durchlaufzeit durch die Stationen (diese wird mit 600 ns pro Station angenommen). Der Minimalwert wird als **RL** (*Ring Latency*) bezeichnet.
- **THT** = TTRT − TRT. THT ist die *Token Holding Time*, nach der eine Station, die das Token besitzt, dieses wieder abgeben muss. Im Gegensatz zum Token Ring ist THT hier eine Variable.

FDDI kann **zwei Klassen** von Verkehr transportieren: **synchronen Verkehr**, der eine garantierte, maximale Verzögerung zwischen Sender und Empfänger benötigt, und **asynchronen Verkehr**, für den es keine Garantien gibt. TTRT ist für die Aufteilung der verfügbaren Bandbreite zwischen den beiden Verkehrsklassen von Bedeutung. Dabei dürfen Rahmen aus synchronem Verkehr bei jedem aktuellen Wert von THT übertragen werden. Rahmen aus asynchronem Verkehr dürfen nur übertragen werden, wenn THT > 0 ist.

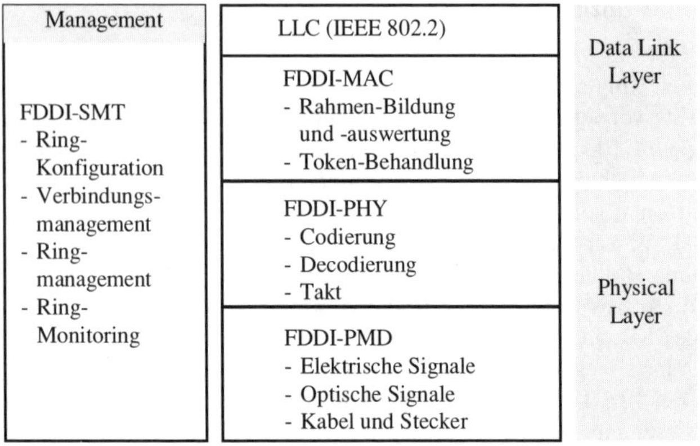

Management	LLC (IEEE 802.2)	Data Link Layer
FDDI-SMT - Ring- Konfiguration - Verbindungs- management - Ring- management - Ring- Monitoring	FDDI-MAC - Rahmen-Bildung und -auswertung - Token-Behandlung	
	FDDI-PHY - Codierung - Decodierung - Takt	Physical Layer
	FDDI-PMD - Elektrische Signale - Optische Signale - Kabel und Stecker	

Bild 6.21   Schichtenmodell für FDDI

Das Schichtenmodell für FDDI (→ Bild 6.21) zeigt eine zusätzliche Aufteilung der physischen Schicht in **FDDI-PHY** (*Physical Layer Protocol*) und **FDDI-PMD** (*Physical Medium Dependent*). FDDI-PHY beinhaltet Funktionen, die vom Übertragungsmedium unabhängig sind. Somit kann durch Austausch der FDDI-PMD-Schicht das Übertragungsmedium ohne weitere Konsequenzen ausgetauscht werden. Dies wird beispielsweise bei **CDDI** (*Copper Distributed Data Interface*) getan, wo aus Kostengründen für kleine Distanzen **UTP-Kabel** eingesetzt werden. Über die Schichten 1 und 2a (**FDDI-MAC**) erstreckt sich eine Ebene (→ Abschnitt 1.4.2) **FDDI-SMT**, die für das **Ringmanagement** genutzt wird. Dazu gehören Funktionen wie Konfiguration, Überwachung und Fehlerbehandlung (zum Netzwerkmanagement → Abschnitt 14.1). FDDI ist in ANSI X3T9.5 und in ISO 9314 genormt.

6.6.2   Netzaufbau

FDDI sieht **zwei Ringe** vor, die gegenläufig betrieben werden und als **Haupt- und Ersatzring** ausgelegt sind. Bei einer Unterbrechung beider Ringe (an derselben Stelle) können die benachbarten Stationen den Ring wieder schließen (→ Bild 6.22) und die Unterbrechung wirkt sich – abgesehen von dem verdoppelten Ringumfang – nicht aus. Der Ersatzring wird hier als **kalte Reserve** bezeichnet. **Heiße Reserve** bedeutet, dass im fehlerfreien Fall beide Ringe betrieben werden. Im Fehlerfall wird dann aber die pro Station verbleibende Übertragungskapazität unzureichend sein.

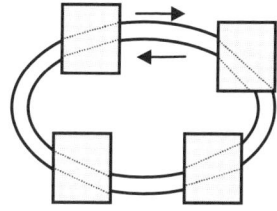
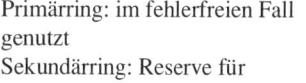
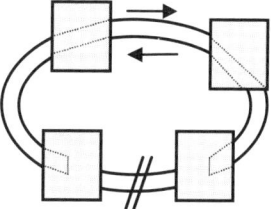

Primärring: im fehlerfreien Fall genutzt Sekundärring: Reserve für Fehlerfälle	Zusammenschaltung von Primär- und Sekundärring bei Leitungs- unterbrechung (Wrap Around)

Bild 6.22   Doppelring zum Abfangen von Leitungsunterbrechungen

FDDI sieht verschiedene Möglichkeiten ($\rightarrow$ Bild 6.23) zum Anschluss von Stationen an den Ring vor, um Kompromisse zwischen Aufwand und Leistung bzw. Robustheit zu ermöglichen:

- Eine **DAS** (*Dual Attachment Station*) verfügt über zwei PHY-Funktionsblöcke, einen oder zwei MAC-Funktionsblöcke und einen *bypass switch*. Damit kann die Station über beide Ringe kommunizieren. Wenn beide Ringe unabhängig voneinander betrieben werden sollen, sind zwei MAC-Blöcke erforderlich. Durch Schließen des *bypass switch* wird die Station aus dem Ring entfernt, ohne dass dieser unterbrochen wird.

- Ein **DAC** (*Dual Attachment Concentrator*) wird wie eine DAS an den Ring angeschlossen. An ihn können SAS und **SAC** (*Single Attachment Concentrator*) angeschlossen werden ($\rightarrow$ Bild 6.23), die zusammen eine Baumstruktur bilden können.

- Eine **SAS** (*Single Attachment Station*) ist weniger aufwendig als eine DAS. Sie ist durch mindestens einen **Konzentrator** (DAC oder SAC) vom Ring abgeschirmt, was negative Einflüsse auf die Betriebssicherheit des Rings vermeidet.

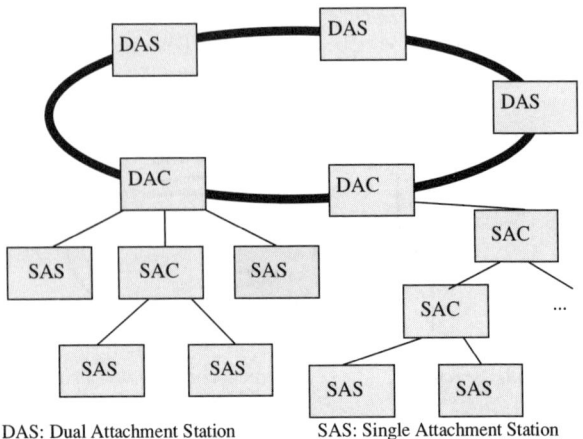

DAS: Dual Attachment Station   SAS: Single Attachment Station
DAC: Dual Attachment Concentrator   SAC: Single Attachment Concentrator

Bild 6.23   Aufbau eines FDDI-Rings

6.6.3   FDDI-2

FDDI ist für asynchronen und synchronen Verkehr geeignet. Isochroner Verkehr ist durch die Forderung gekennzeichnet, dass die Rahmen in konstanten Zeitabständen ankommen müssen. Diese Eigenschaft ist für die Übertragung von Sprach- und Bildsignalen wesentlich. FDDI-2 ist eine Weiterentwicklung, die **asynchronen, synchronen und isochronen Verkehr** gleichermaßen transportieren soll. Dazu wird eine hybride Ringsteuerung vorgesehen. Der **H-Mux** (*Hybrid Multiplexer*, ein Teil der MAC-Schicht, → Bild 6.24) sorgt dafür, dass in einer festgelegten zeitlichen Folge der P-MAC (Packet MAC) und der I-MAC (Isochronous MAC) auf die physische Schicht zugreifen und ihre jeweiligen Rahmen übertragen können. Dies bedeutet, dass Bandbreite für isochronen Verkehr reserviert wird. Die restliche Bandbreite wird für asynchronen Verkehr genutzt. Stationen geben ihre Bandbreite-Wünsche über das Station Management bekannt. Eine ausgezeichnete Station – der *Cycle Master* – richtet daraufhin entsprechende isochrone Kanäle ein und teilt dies allen Stationen mit. Der *Cycle Master* überwacht ebenfalls die Nutzung dieser Kanäle. Die Anpassung zwischen dem I-MAC und den leitungsvermittelten Übertragungssystemen, deren Daten ja über FDDI-2 übertragen werden sollen, wird durch einen **CS-Mux** (*Circuit Switching Multiplexer*) durchgeführt.

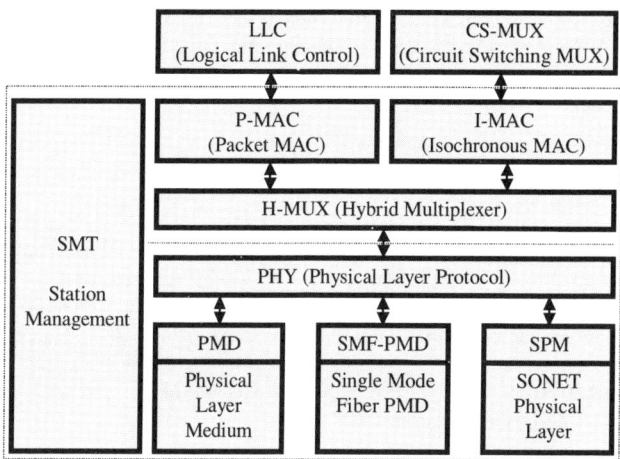

Bild 6.24   Schichtenmodell für FDDI-2

6.7   Weitere Konzepte im LAN-Bereich

Fibre Channel und **HIPPI** (*High-Performance Parallel Interface*) wurden zur Verbindung zwischen leistungsfähigen Rechnern (Großrechner und Supercomputer) sowie zur Verbindung dieser Rechner mit ihren Peripheriegeräten entwickelt. Somit sind sie nach heutiger Terminologie (→ Abschnitt 5.2.5) als **SAN** (*System* oder *Storage Area Network*) einzustufen. Fibre Channel nutzt eine serielle, HIPPI eine parallele Übertragung. Für HIPPI wurde auch eine Variante mit serieller Übertragung entwickelt. Fibre Channel und HIPPI sind in ANSI X3T11 genormt. Beide Konzepte eignen sich prinzipiell für schnelle LANs, konnten sich aber in diesem Anwendungsbereich nicht durchsetzen.

6.7.1   Fibre Channel

Fibre Channel verwendet **optische Faserkabel** und auch abgeschirmte Zweidrahtleitungen (**STP**). Der Standard sieht vor:

- 2 Paare STP, Distanz 25 m.
- 2 Multimode-Fasern, Distanz 2 km.
- 2 Monomode-Fasern, Distanz 10 km.

Die Datenübertragungsrate beträgt 100 Mbit/s, 200 Mbit/s, 400 Mbit/s oder 800 Mbit/s. Dazu wird eine 8B10B-Codierung (→ Abschnitt 2.3.2) verwendet. Pro Rahmen können zwischen 0 und 2048 Byte Nutzdaten übertragen werden. Die physische Schicht und die Leitungscodierung von Fibre Channel wurden für das Gigabit Ethernet (→ Abschnitt 6.2.7) übernommen.

📖/6.31/ gibt einen Überblick zum Fibre Channel.

6.7.2   HIPPI

HIPPI: *High-Performance Parallel Interface* verwendet ein Flachbandkabel mit 50 Doppeladern für Datenraten von 800 Mbit/s oder 1,6 Gbit/s. Dabei werden 32 bzw. 64 Bits parallel übertragen, die in Blöcke von jeweils 256 Worten organisiert sind. Als Übertragungsmedien sind spezifiziert:

- STP mit 50 Adernpaaren (1 oder 2 Kabel), Distanz 25 m.
- 4 Multimode-Fasern, Distanz 1 km.
- 4 Monomode-Fasern, Distanz 10 km.

6.8   LAN-Switching und VLAN

📖 LAN-Switching wird in /6.2/ umfassend behandelt. Die Referenz zu VLAN ist /6.10/.

6.8.1   Begriffe

> Das Konzept des **LAN Switching** verwendet Verbindungen, die während der Dauer einer Kommunikationsbeziehung praktisch einer durchgeschalteten Leitung entsprechen (*switched media*). Die zuvor verwendeten gemeinsamen Medien (*shared media*) stellen hingegen Broadcast-Kanäle dar.

Deshalb ist auf einem *shared medium* nur eine Kommunikationsbeziehung pro Zeitpunkt möglich. In *switched media* sind – abhängig von der Topologie – meistens viele Kommunikationsbeziehungen gleichzeitig möglich. Die Ausnutzung der Infrastruktur steigt also mit der Anzahl der gleichzeitig bestehenden Verbindungen.

> Ein **VLAN** (*Virtual LAN*) ist ein LAN, das die an einem physischen LAN angeschlossenen Teilnehmer zu logisch getrennten LANs zuordnet. Dadurch ergeben sich **getrennte Benutzergruppen**, trotz der gemeinsamen, einheitlichen Infrastruktur.

VLANs nutzen das LAN Switching, das die Vorteile leitungs- und paket-vermittelter Netze miteinander verbindet. VLANs ermöglichen die Abbildung virtueller Organisationen, die in der Regel durch häufige Änderungen charakterisiert sind, auf eine LAN-Infrastruktur. Die Kommunikation zwischen getrennten VLAN ist nur über Router möglich.

6.8.2 Ansätze für VLAN

Für die Realisierung von VLANs existieren verschiedene **Ansätze** mit unterschiedlichen Vor- und Nachteilen:

- **Gruppierung von Ports mittels intelligenten Hubs:** Die Ports eines intelligenten Hubs (→ Abschnitt 6.2.5.3) können interaktiv durch den Netzwerkadministrator einer bestimmten Benutzergruppe zugeordnet werden.
- **Gruppierung von Ports durch LAN-Switches:** Die Ports eines Switch werden den Benutzergruppen zugeordnet. Dabei kann an jedem Port genau ein Teilnehmer (*port switching*) oder ein LAN-Segment (*segment switching*) angeschlossen sein.
- **Switching mit MAC-Adresse:** Die Zugehörigkeit eines Benutzers zu einer Benutzergruppe wird durch seine MAC-Adresse bestimmt.
- **Switching mit Netzwerkadressen** (*Layer 3 Switching*): Hier entscheidet Information im Header der Netzwerkschicht (Vermittlungsschicht) über die Gruppenzugehörigkeit. Diese Information kann beispielsweise die Netzwerkadresse oder das Netzwerkprotokoll sein.
- **Regelbasierte VLANs:** Bestimmte Paketinhalte (Felder oder Teile davon) werden gelesen, daraus wird mit Hilfe von Regeln die Zuordnung des Pakets zu einem VLAN bestimmt.

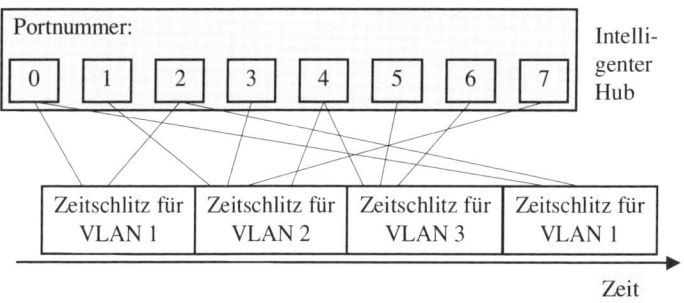

Bild 6.25   VLAN mit intelligentem Hub (/6.10/, S. 235)

Bild 6.25 zeigt einen intelligenten Hub, der intern alle Pakete über einen
schnellen Bus überträgt. Über diesen Bus wird ein Zeitraster gelegt, dessen Zeitschlitze im Zeitmultiplex den verschiedenen VLAN zugeordnet
werden. Jedes Port des Hub wird vom Netzwerkadministrator einem
VLAN und somit einem Zeitschlitz zugeordnet. Dieses Verfahren ist einfach und sicher, bietet aber wenig Flexibilität.

Mit Hilfe eines Switch können ebenfalls VLANs realisiert werden. In
Bild 6.26 werden die Teilnehmer auf Grund der am Switch belegten Portnummer zu Gruppen zugeordnet. Wenn an jedem Port ein Netzwerksegment angeschlossen ist (*segment-based switch*), werden alle Teilnehmer
des Segments ebenfalls Teilnehmer des zugeordneten VLAN. Beim *port-
based switch* ist an jedem Port genau ein Teilnehmer angeschlossen, der
einem VLAN zugeordnet werden kann. Mehrere Switches können verbunden werden um die Zahl der Stationen im Netz zu erhöhen. Dazu
müssen die Switches untereinander in geeigneter Weise kommunizieren.

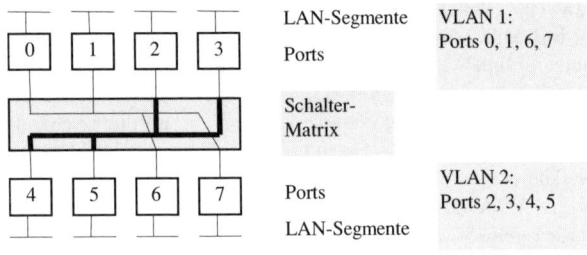

| | | LAN-Segmente | VLAN 1: |
| | | Ports | Ports 0, 1, 6, 7 |

| | | Schalter-
Matrix | |

| | | Ports | VLAN 2: |
| | | LAN-Segmente | Ports 2, 3, 4, 5 |

Bild 6.26   VLAN mit LAN-Switch (/6.10/, S. 238)

Ein VLAN kann mit Hilfe von Schicht-2-Switches aufgebaut werden
(→ Bild 6.27). Sie werten die MAC-Zieladressen in den Paketen aus, um
diese innerhalb des jeweiligen VLAN weiterzugeben. Switches mit acht
bis zu mehreren hundert Ports und der Fähigkeit, mehrere hundert bis
tausend Adressen auszuwerten, sind verfügbar.

In Bild 6.27 besteht das VLAN1 aus Arbeitsplatzrechnern mit den MAC-
Adressen A–F und dem Server mit der MAC-Adresse G. Die Änderung
der Zuordnung des Arbeitsplatzrechners F von VLAN1 zu VLAN2 ist
problemlos möglich, ohne F an ein anderes Segment anzuschließen.
Diese Änderung kann jedoch auf der Netzwerkschicht zu Problemen führen. Beispielsweise verlangt IP, dass alle Stationen eines Segments dieselbe Netzwerk-ID (→ Abschnitt 9.2.1) aufweisen. Ein geeigneter LAN-

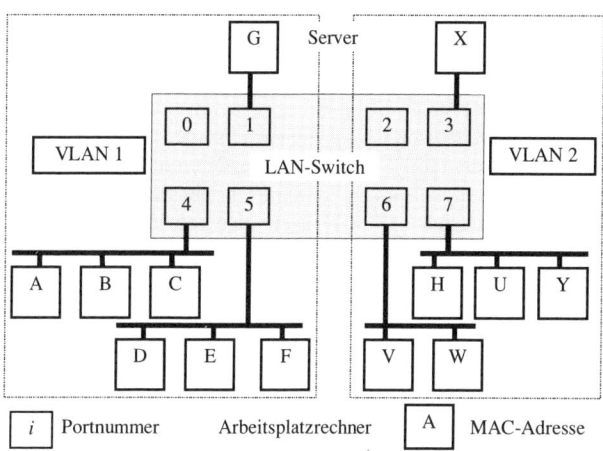

Bild 6.27   VLAN mit Layer-2-Switching (/6.10/, S. 241)

Switch kann dieses Problem jedoch lösen. VLANs mit Layer-2-Switches sind flexibel, liefern eine hohe Bandbreite und sind gut erweiterbar. VLANs können auch auf Basis der Netzwerkadresse, also auf der OSI-Schicht 3, aufgebaut werden. Dafür werden jedoch Router oder LAN-Switches mit Routingfunktionen auf Schicht 3 benötigt. In Abhängigkeit vom eingesetzten Produkt gibt es unterschiedliche Lösungswege. Bild 6.28 zeigt einen Schicht-3-Switch, der VLAN1 und VLAN2 realisiert,

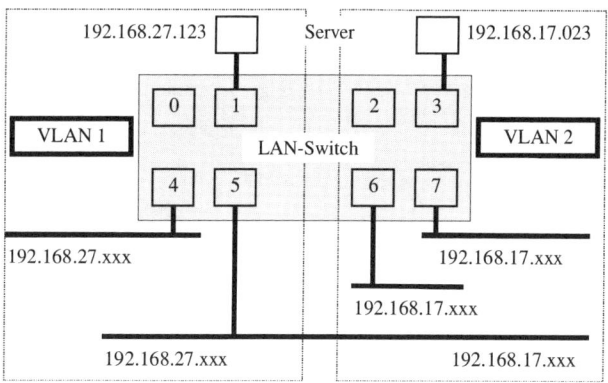

Bild 6.28   VLAN auf der Basis von IP-Subnetzen (/6.10/, S. 250)

die mit den Klasse-C-Adressen (→ Abschnitt 9.2.1) 192.168.27.xxx bzw. 192.168.17.xxx versehen sind. Der Switch lässt (in diesem Fall) zu, dass an einem Port Stationen aus zwei Subnetzen (hier 192.168.27.xxx und 192.168.17.xxx) angeschlossen sein können.

Regelbasierte VLAN werden auf Grund von Paketinhalten (einzelne Felder, Teile von Feldern, einzelne Bits) definiert. Pakete, deren Inhalt bestimmten Regeln (→ Tabelle 6.9) entspricht, gehören zu einem VLAN. Diese Methode ermöglicht eine äußerst flexible Definition von VLANs. Nachteil ist der hohe Aufwand für die Auswertung der Pakete in den Switches.

Tabelle 6.9   Regelbasierte VLAN: Beispiele für Regeln (/6.10/, S. 255)

- alle IP-Adressen eines bestimmten Subnetzes
- alle Rahmen mit einem bestimmten Wert im Ethernet-Typfeld
- alle Rahmen mit einem bestimmten Wert im SNAP-Feld
- eine bestimmte IP-Adresse

Tabelle 6.10 gibt einen summarischen Vergleich der Eigenschaften verschiedener VLAN-Konzepte.

Tabelle 6.10   Vergleich von VLAN-Realisierungen /6.10/, S. 257)

	Intell. Hub	LAN Switch	MAC-Adresse	Netzw.-Adresse	Regel-basiert
Verbindung zwischen Arbeitsgruppen	nein	nein	nein	ja	ja
Einfache Zuordnung	ja	ja	nein	unterschiedl.	unterschiedl.
Flexibilität	keine	keine	mäßig	mäßig	hoch
Erhöhte Bandbreite	nein	ja	ja	ja	ja
Multicast	schlecht	schlecht	schlecht	gut	gut
Mehrere VLANs pro Port	nein	nein	möglich	möglich	möglich
Sicherheit	hoch	hoch	unterschiedl.	unterschiedl.	wählbar
VLAN über Switches	nein	möglich	möglich	ja	ja

Ein Standard für VLAN wird in IEEE 802.1Q beschrieben. Dieser geht aus dem De-facto-Standard ISL (Inter-Switch Link) von Cisco hervor. Zur Kennzeichnung VLAN-bezogener Information wird in den Ethernet-Rahmen ein Feld (VLAN Tag) der Länge 4 Byte eingefügt (→ Bild 6.29).

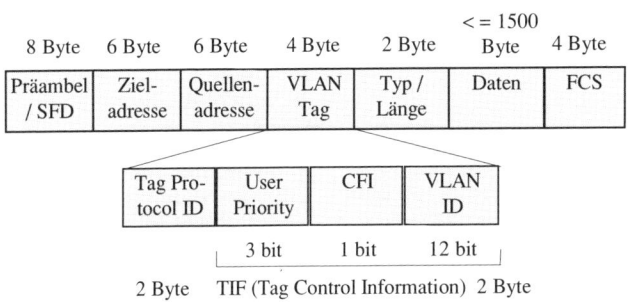

Bild 6.29   Rahmenaufbau nach IEEE 802.1Q (/6.2/, S. 180)

Die Felder im VLAN Tag sind:

- **TIF** (*Tag Control Information*, bestehend aus 2 Byte → Bild 6.29). Ein bestimmtes VLAN wird durch die **VLAN ID** (12 bit) gekennzeichnet, die *User Priority* (3 bit) dient der Kennzeichnung von zeitkritischen Paketen und das CFI-Bit (*Canonical Format Indicator*) wird nur für die Kommunikation über Token Ring benutzt.
- Das Feld **TPID** (*Tag Protocol Identifier*) wird für die Übertragung über Token Ring und FDDI benötigt sowie für SNAP-Rahmen (→ Abschnitt 6.1.3). Für Ethernet ist dieses Feld belanglos und wird auf den Wert 0x8100 gesetzt.

6.9   Drahtlose, lokale Netzwerke

Vertiefende Informationen zu drahtlosen Netzen sind in /6.9/, /6.13/, /6.18/ und /6.27/ enthalten.

6.9.1   Begriffe

Netze mit Freiraum-Übertragung (Mobilfunknetze, sofern eine Funk-übertragung verwendet wird) ermöglichen die **Mobilität der Endgeräte** und ihrer **Benutzer**. Drahtlose LAN werden mit dem Begriff WLAN (Wireless LAN) bezeichnet. Netze mit fest installierten Leitungen werden durch den Begriff **Festnetz** abgegrenzt.

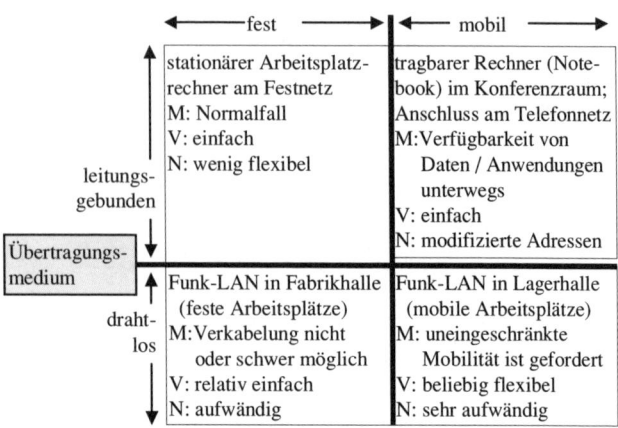

		◄── fest ──►	◄── mobil ──►

Übertragungs-medium	leitungs-gebunden	stationärer Arbeitsplatz-rechner am Festnetz
		M: Normalfall
		V: einfach
		N: wenig flexibel
			tragbarer Rechner (Note-book) im Konferenzraum;
			Anschluss am Telefonnetz
			M:Verfügbarkeit von
			    Daten / Anwendungen
			    unterwegs
			V: einfach
			N: modifizierte Adressen

	draht-los	Funk-LAN in Fabrikhalle
		  (feste Arbeitsplätze)
		M:Verkabelung nicht
		    oder schwer möglich
		V: relativ einfach
		N: aufwändig
			Funk-LAN in Lagerhalle
			  (mobile Arbeitsplätze)
			M: uneingeschränkte
			    Mobilität ist gefordert
			V: beliebig flexibel
			N: sehr aufwändig

M: Motivation, V: Vorteil, N: Nachteil

Bild 6.30   Varianten der Mobilität

Gerätemobilität bedeutet, dass ein Endgerät an jedem Ort an ein (kom-patibles) Netz angeschlossen werden kann ohne zusätzlichen Aufwand für seine Einbindung in das Netz. **Benutzermobilität** meint die Freiheit des Benutzers, von einem beliebigen Ort aus und zu jeder Zeit mit jeder-mann zu kommunizieren. Bild 6.30 fasst Kategorien der Mobilität und einige relevante Aspekte zusammen.

> Ein mobiles Netz wird als **Infrastrukturnetz** bezeichnet, wenn die mobilen Teilnehmer über feste Zugangspunkte kommunizieren. **Ad-hoc-Netze** benötigen keine Infrastruktur, die mobilen Knoten kom-munizieren direkt untereinander und steuern den Ablauf der Kommuni-kation in Kooperation.

6.9.2   Physikalische Eigenschaften drahtloser Kanäle

Mobilfunkkanäle sind durch eine hohe Übertragungsdämpfung, entspre-chend geringe Reichweiten, vielfältige Störungen und in der Folge eine hohe Bitfehlerrate (Größenordnung 10^{-2}–10^{-3}) gekennzeichnet. Durch die physikalischen Eigenschaften der Ausbreitung elektromagnetischer Wellen und (fast immer) vorhandene Hindernisse findet eine Mehrwe-geausbreitung statt ($\rightarrow$ Bild 6.31). Der Empfänger erhält das Signal des Senders mehrfach mit unterschiedlicher Amplitude und Laufzeit. Die einzelnen Signale überlagern sich, das Summensignal schwankt stark und kann zeitweise völlig ausgelöscht werden. Dieser Effekt wird als schnelles Fading bezeichnet. Er nimmt mit zunehmender Relativgeschwindigkeit zwischen Sender und Empfänger zu. Das langsame Fading führt zu einem insgesamt schwächeren Signal bei zunehmender Entfernung zwischen Sender und Empfänger.

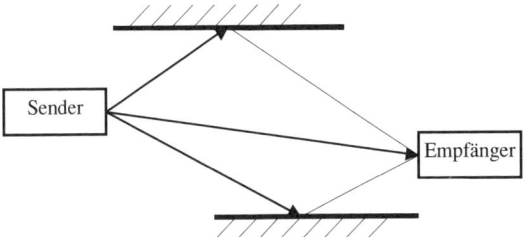

Bild 6.31   Mehrwegeausbreitung durch Reflexion

Der drahtlose Übertragungskanal weist die Broadcast-Eigenschaft auf; das Signal eines Senders wird also von den anderen empfangsbereiten Knoten aufgenommen. Voraussetzung hierfür ist, dass diese eine genügende Signalamplitude erhalten, sich also in hinreichend geringer Entfernung zum Sender befinden. Somit kann das Problem entstehen, dass einige Knoten (exponierte Knoten → Bild 6.32) den Sender hören können, andere (verdeckte Knoten) hingegen nicht. Das Auftreten von Kollisionen an einem Knoten hängt also von seiner Lage in Bezug auf die anderen Knoten ab. Aus diesem Grund lässt sich die Kollisionserkennung (*collision detection*) bei drahtlosen Netzen nicht sinnvoll einsetzen.

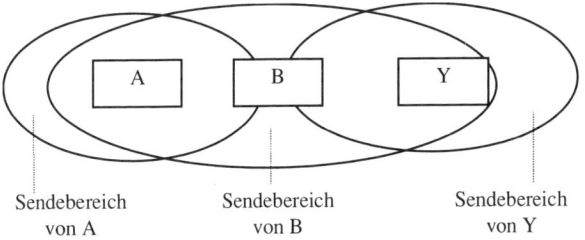

Aus Sicht von A: B ist exponiert, Y verdeckt
Aus Sicht von B: A, Y sind exponiert
Aus Sicht von Y: B ist exponiert, A verdeckt

Bild 6.32   Exponierte und verdeckte Stationen

6.9.3   Kollisionsvermeidung

Zur Kollisionsvermeidung kann ein Empfänger, der gerade einen Rahmen empfängt, alle umliegenden Knoten mit einem „Besetztton" informieren. Weitere, sendebereite Stationen müssen dann warten, bis der Kanal frei ist: Danach muss jede Station eine weitere, zufällig gewählte Wartezeit (backoff) einhalten, bevor sie senden darf. Kollisionen können auch durch Reservierungsverfahren verhindert werden. Reservierungen können zentral oder dezentral ausgeführt werden.

📖 Details finden sich in /6.34/, S. 335–336. Zur Kollisionsvermeidung in IEEE 802.11 → Abschnitt 6.9.5.

6.9.4   Netzarchitektur und Schichtenmodell

Für drahtlose, lokale Netze (WLAN) ist IEEE 802.11 gegenwärtig der wichtigste Standard. Netze nach IEEE 802.11 werden primär als Infrastrukturnetze aufgebaut, können aber auch Ad-hoc-Netze sein. Die mobilen Knoten (Endgeräte) A, B, ..., Y (→ Bild 6.33) sind in

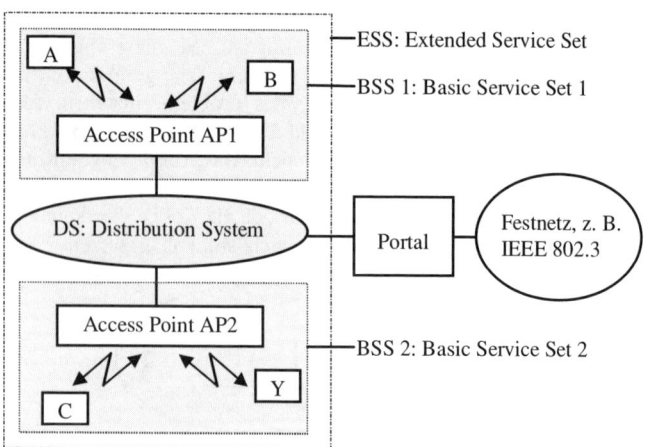

Bild 6.33   Netzarchitektur nach IEEE 802.11

Gruppen eingeteilt, die über denselben, festen **Zugangspunkt** (*access point*) kommunizieren und als **BSS** (*Basic Service Set*) bezeichnet werden. Mehrere Zugangspunkte können über ein festes Netz, das **DS** (*Distribution System*) verbunden sein. Dieses erlaubt über ein **Portal** auch den Zugang zu übergeordneten Netzen. Das **ESS** (*Extended Service Set*) umfasst das DS und alle BSS.

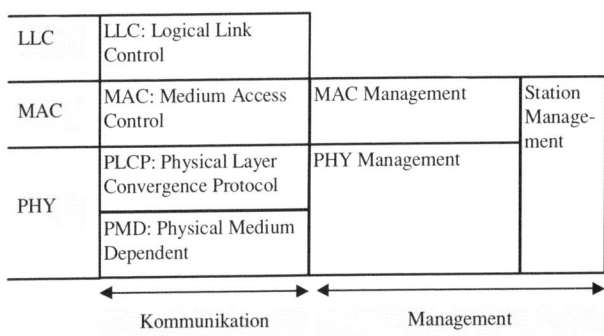

Bild 6.34   Schichtenmodell nach IEEE 802.11

6

Das Schichtenmodell nach IEEE 802.11 (→ Bild 6.34) spezifiziert die physische Schicht PHY und die Medienzugriffsschicht MAC. Die PHY-Schicht wird unterteilt in **PMD** (*Physical Medium Dependent*) und **PLCP** (*Physical Layer Convergence Protocol*). PMD ist für die Codierung der Daten zuständig, PLCP überprüft den Kanalzustand (*carrier sense*) und stellt der MAC-Schicht eine vom Übertragungsmedium unabhängige Schnittstelle zur Verfügung. Insgesamt sind **drei verschiedene PHY-Schichten** spezifiziert:

- **Funkübertragung mit FHSS** (*Frequency Hopping Spread Spectrum*): Verschiedene Netze mit überlappenden Funkbereichen werden durch verschiedene Hüpfsequenzen (Hüpfcode, die vorgegebene Folge der sequenziell zu verwendenden Frequenzen) getrennt. FHSS ist ein älteres Verfahren.

- **Funkübertragung mit DSSS** (*Direct Sequence Spread Spectrum*): Dieses neuere Verfahren ordnet jedem Teilnehmer einen Code (eine Pseudo-Zufallsfolge) zu, den dieser mit der zu sendenden Bitfolge verknüpft. Dadurch wird das Frequenzspektrum des gesendeten Signals über eine relativ große Bandbreite gespreizt. Alle Sender belegen dieselbe Bandbreite. Der Empfänger verwendet dieselbe Pseudo-Zufallsfolge wie der gewünschte Sender und kann dadurch dessen Signal rekonstruieren. DSSS ist unempfindlich gegen schmalbandige Störungen und Fading (→ Abschnitt 6.9.2). Da die Nutzsignale auf dem Funkkanal kaum stärker als das unvermeidliche Rauschen sind, ist die Erkennung des Signals schwierig. Ohne Kenntnis der verwendeten Pseudo-Zufallsfolge ist die Rekonstruktion des gesendeten Signals fast unmöglich.

- **Infrarotübertragung**: Als Träger wird Licht im nahen Infrarot (Wellenlänge 850–950 nm) verwendet. Die maximale Reichweite liegt bei 10 m.

Die MAC-Schicht ist wie üblich für den Medienzugriff verantwortlich und bietet zusätzliche Funktionen wie Verschlüsselung und Fragmentierung. Bei drahtloser Übertragung soll die Verschlüsselung die Vertraulichkeit gewährleisten. Die Fragmentierung kann bei hohen Bitfehlerraten eingesetzt werden um die Rahmenfehlerrate zu begrenzen. Dadurch lassen sich Wiederholungen fehlerhaft empfangener Pakete begrenzen.

Das PHY-Management kümmert sich primär um die Wahl des zu verwendenden Sendekanals, während das MAC-Management den **Wechsel zwischen verschiedenen Access Points** (das so genannte *roaming*) steuert. **Das Station-Management** koordiniert alle anderen Funktionen.

6.9.5   Die MAC-Schicht

Die MAC-Schicht nach IEEE 802.11 (/6.13/, S. 352–355) stellt zwei Dienste und drei Zugriffsverfahren bereit. Der asynchrone Datendienst wird immer angeboten, er leistet einen *best effort*. Der zeitbegrenzte Datendienst ist optional, er kann gewisse Zeitgarantien geben. Das Zugriffsverfahren **DFWMAC** (*Distributed Foundation Wireless MAC*) existiert in den Varianten DFWMAC-DCF mit CSMA/CA, DFWMAC-DCF mit RTS/CTS und DFWMAC-PCF.

DFWMAC-DCF mit CSMA/CA (*Carrier Sense Multiple Access, Collision Avoidance*) versucht, Kollisionen durch ein geeignetes Backoff-Verfahren zu vermeiden. Da jedoch Kollisionen weder verhindert noch aufgelöst werden können, werden korrekt empfangene Pakete vom Empfänger quittiert. Falls die Quittung ausbleibt, wiederholt der Sender das Paket automatisch. Bei DFWMAC-DCF mit RTS/CTS (*Request To Send, Clear To Send*) meldet der Sender einen Übertragungswunsch mittels eines RTS-Pakets an. Der Empfänger kann mit CTS diesen Wunsch akzeptieren. Die voraussichtliche Belegungsdauer des Übertragungsmediums wird in den Paketen mit angegeben, so dass die Stationen, die diese Pakete empfangen, über die Belegung informiert sind. Dieser Mechanismus vermeidet das Problem verdeckter Endgeräte. In DFW-MAC-PCF *(Point Coordination Function)* existiert ein Zugangspunkt, der als einziger spontan senden darf. Der Zugangspunkt fragt die anderen Stationen ab (*polling*), ob sie etwas zu senden haben. Durch diese zentrale Zuteilung werden Kollisionen verhindert und Zeitgrenzen können eingehalten werden.

6.9.6 Weitere drahtlose, lokale Netze

Drahtlose Netze werden in vielen Varianten entwickelt und standardisiert /6.27/. Neben den WLAN nach IEEE 802.11 sind insbesondere von Interesse:

- **Bluetooth** (→ Abschnitt 6.10.3).
- **HIPERLAN** Typ 1 (*High Performance LAN*) wird von ETSI (→ Abschnitt 12.4) entwickelt. Das Ziel ist ein Infrastruktur- und Ad-hoc-WLAN für Distanzen bis 50 m und Datenraten von 23,5 Mbit/s.
- **WATM** (*Wireless ATM*, zu ATM → Abschnitt 7.7) beschreibt eine Entwicklungsrichtung, die ATM-Netze mit Mobilität ergänzen möchte. Die Wireless ATM Working Group des ATM Forum (→ Abschnitt 12.4.5) koordiniert die Arbeiten.
- **BRAN** (*Broadband Radio Access Network*) ist eine Entwicklung von ETSI, die mehrere Netztypen beinhaltet /6.27/. Unter anderem werden dort auch drahtlose Zugangsnetze (→ Abschnitt 8.8.3) spezifiziert.

6

6.10 Lokale Netzwerke für Peripheriegeräte

6.10.1 USB

USB (*Universal Serial Bus*) ist eine serielle Schnittstelle für PC-Peripheriegeräte wie Maus, Tastatur und Modem. Der PC übernimmt als Host die Steuerung des Busses. An einem Bus können bis zu 127 Peripheriegeräte (*devices*) angeschlossen werden, dazu wird eine physische Baumtopologie (→ Bild 6.35) verwendet. Logisch besteht eine Sterntopologie mit dem Host als Sternpunkt. Die Peripheriegeräte werden vom Betriebssystem automatisch erkannt (*plug and play*). Geräte können während des Betriebs angeschlossen oder entfernt werden. Die maximale Datenrate beträgt 12 Mbit/s.

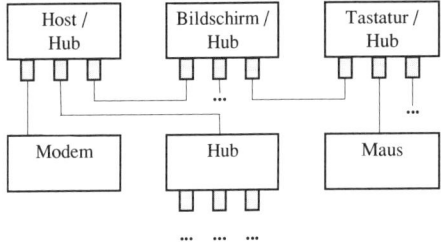

Bild 6.35   Topologie des USB

6.10.2   Firewire

Der **Firewire** wurde in **IEEE 1394** standardisiert. Ursprüngliches Ziel war die Vernetzung von PCs mit digitalen Audio- und Videogeräten. Der Anwendungsbereich ist seither jedoch wesentlich breiter geworden. Datenübertragungsraten von 200 Mbit/s, 400 Mbit/s und 800 Mbit/s sind standardisiert. Geplant sind 3,2 Gbit/s. Isochroner und asynchroner Verkehr wird unterstützt. Firewire verwendet eine Sterntopologie ($\rightarrow$ Bild 6.36), an deren radialen Ästen Ketten (*daisy chains*) von Teilnehmern angeschlossen werden können. Mit 16-Bit-Adressen können 2^6 Äste mit je 2^{10} Knoten adressiert werden. Neben den Datenleitungen sind zwei Adern für die Stromversorgung der Peripheriegeräte vorgesehen ($\rightarrow$ Bild 6.36). Peripheriegeräte können während des Betriebs zugefügt oder entfernt werden.

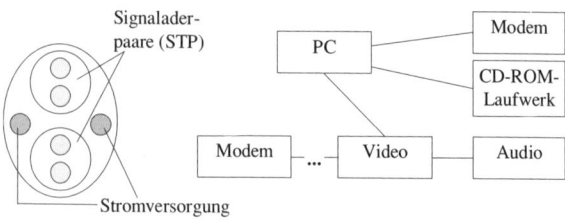

Bild 6.36   Die Topologie des Firewire

· 6.10.3   Bluetooth

Bluetooth ist ein **Funknetz** sehr geringer Ausdehnung (**Piconetz**), das zum Ersatz von Kabelverbindungen zwischen Geräten wie Notebooks, Organizern, Peripheriegeräten, Mobiltelefonen etc. dient. Bluetooth ist ein **Ad-hoc-Netzwerk**, benötigt also keine eigene Infrastruktur.

Die **IrDA-Schnittstelle** (*Infrared Data Association*) wurde ebenfalls als Ersatz für Kabelverbindungen konzipiert. Auf Grund der Übertragung mit infrarotem Licht ist jedoch eine **Sichtverbindung** zwischen den Teilnehmern erforderlich. IrDA bietet lediglich eine Schnittstelle zwischen zwei Teilnehmern, die Distanz ist auf 2 m und die Datenrate auf 115 kbit/s begrenzt.

Bluetooth bietet Distanzen von ca. 10 m bei Datenraten von ca. 700 kbit/s. Das Konzept nutzt das lizenzfreie **2,4-GHz-Band** und wird von vielen Firmen (mehr als 200) unterstützt. Es ist auf geringstmögliche Kosten (Einchip-Realisierung der Netzwerkschnittstelle) und niedrigen Energieverbrauch (Batteriebetrieb) ausgelegt. Die hochfrequente Sendeleistung beträgt maximal 100 mW. Bild 6.37 zeigt ein typisches Bluetooth-Netz, das über ein Mobiltelefon mit Weitverkehrsnetzen gekoppelt werden kann.

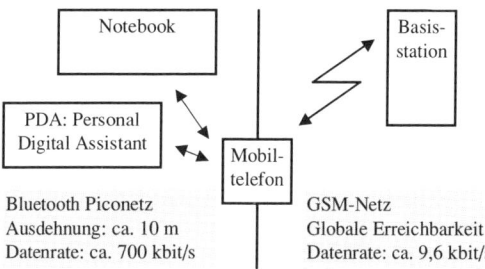

Bild 6.37   Bluetooth

6

Eine Picozelle enthält einen Master und maximal 7 Slaves. Auf der physischen Schicht wird ein Frequenzhüpfverfahren mit Zeitmultiplex zur Trennung der Übertragungsrichtungen **TDD** (*Time Division Duplex*) verwendet. Jeder Bluetooth-Knoten kann Master oder Slave sein. Zu jedem Zeitpunkt darf nur ein Master existieren. Der Knoten, der ein Piconetz einrichtet, wird automatisch dessen Master. Alle Knoten eines Piconetzes verwenden denselben Hüpfcode (→ Abschnitt 6.9.4) mit derselben Phasenlage. Das Frequenzhüpfverfahren liefert 1600 Frequenzwechsel pro Sekunde. Die Zeitspanne zwischen zwei Frequenzwechseln heißt Slot und dauert 625 µs. In Ländern, die eine Bandbreite von mindestens 80 MHz zulassen, werden 79 Hüpffrequenzen im Abstand von jeweils 1 MHz verwendet. Im statistischen Mittel kommen alle Frequenzen in einer Hüpfsequenz gleich häufig vor. Der Master bestimmt die Hüpfsequenz aufgrund seiner eindeutigen Kennung, so dass die Eindeutigkeit einer Hüpfsequenz garantiert ist. Somit werden Picozellen durch Codemultiplex (CDMA) entkoppelt. Innerhalb einer Picozelle steuert der Master den Medienzugriff durch Abfrage (Polling) und Reservation.

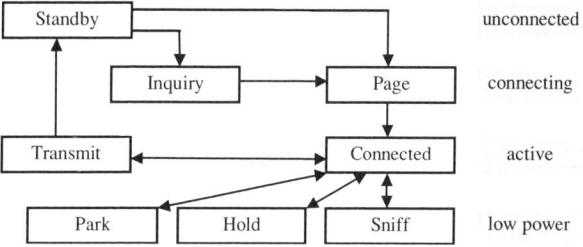

Bild 6.38   Zustände eines Bluetooth-Knotens

Bluetooth definiert mehrere Zustände mit **reduziertem Energiever-brauch** (→ Bild 6.38). Jeder Knoten, der nicht abgeschaltet oder aktiv ist, befindet sich im **Standby-Zustand**. Dabei hört er periodisch alle 1,28 s, ob **Paging-Nachrichten** auf dem Funkkanal gesendet werden. Beim Empfang eines für den Knoten bestimmten **Weckcodes** aktiviert sich der Knoten selbstständig. Paging-Nachrichten werden von Mastern gesendet, die die Adresse des Empfängers bereits kennen. Falls nicht, werden **Inquiry-Nachrichten** gesendet. Die Zustände *sniff, hold* und *park* führen zu reduziertem Energieverbrauch, der bei Park am niedrigsten ist. Umso niedriger der Energieverbrauch, umso länger die Wartezeit zum Aktivieren des Knotens.

Bluetooth bietet zwei verschiedene **Dienste**:

- **Synchroner, verbindungsorientierter Dienst** (SCO: *Synchronous Connection Oriented Link*): Für die Übertragung von Sprachsignalen reserviert der Master zwei aufeinander folgende Slots in festen Zeitintervallen.

- **Asynchroner, verbindungsloser Dienst** (ACL: *Asynchronous Connectionless Link*): Der Master steuert das Piconetz durch Polling.

Bluetooth kann wahlweise einen ACL, drei SCO oder einen ACL und gleichzeitig eine SCO betreiben. Jede SCO-Verbindung weist eine Datenrate von 64 kbit/s auf. ACL können symmetrisch mit bis zu 432 kbit/s und asymmetrisch mit 721 kbit/s bzw. 57 kbit/s in der Gegenrichtung konfiguriert werden. Das Rahmenformat (→ Bild 6.39) zeigt den Rahmen, der in einem Slot gesendet wird. Der Access Code wird aus der eindeutigen Kennung des Masters abgeleitet und jedem Rahmen mitgegeben. Er dient auch zur Synchronisation der Slaves.

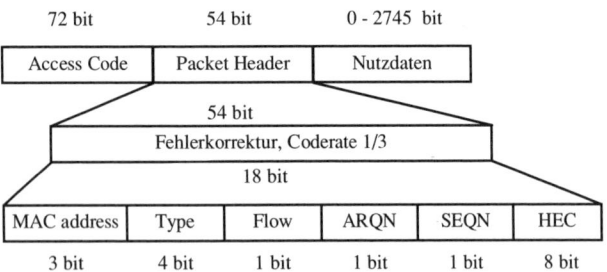

Bild 6.39   Bluetooth: Rahmenaufbau

Die MAC-Adresse des Headers erlaubt die Adressierung des Masters und der maximal 7 Slaves. 16 Link-Typen können unterschieden werden. Falls Quittungen erforderlich sind, werden diese im nächsten Slot im

Zeitduplex (TDD) übertragen. Dafür werden 1-Bit-Sequenznummern (SEQN) und Quittungsnummern (ARQN) – das so genannte Alternating Bit Protocol – verwendet. Das HEC-Feld (Header Error Control) ist für die Fehlersicherung des Headers zuständig. Der Header wird zusätzlich mit einem fehlerkorrigierenden Code der Rate 1/3 gesichert, so dass statt 18 Headerbits insgesamt 54 übertragen werden. Für höhere Datenraten können Multi-Slot-Rahmen (bestehend aus 3 oder 5 aufeinander folgenden Slots) übertragen werden. Für SCO-Verbindungen existieren weitere Ein-Slot-Rahmen mit unterschiedlich starker Fehlersicherung der Header. Damit kann die Übertragung an die Fehlerrate des Kanals angepasst werden. Sprachdaten über SCO werden bei Übertragungsfehlern nicht wiederholt. Stattdessen wird CVSD (Continuous Variable Slope Delta Modulation) – eine besonders robuste Art der Sprachcodierung – genutzt. Mehrere Piconetze können dadurch zu einem Scatternet verbunden werden, dass ein Knoten abwechselnd Teilnehmer in mehreren Piconetzen sein kann. Jedes Piconetz nutzt eine andere Hüpfsequenz. Ein Knoten wird Teilnehmer eines Piconetzes, indem er sich auf die Hüpfsequenz dieses Netzes synchronisiert. Dabei wird die Mitgliedschaft im bisherigen Piconetz beendet. Der Knoten muss die Hüpfsequenz des Masters des Piconetzes kennen, dem er sich anschließen will.

6

6.11 Netzwerke für die Automatisierungstechnik (Feldbusse)

📖 Feldbusse werden u. a. in /6.3/, /6.6/, /6.12/, /6.24/, /6.26/ und /6.28/ behandelt.

6.11.1 Begriffe

> Im Bereich der Fabrikautomatisierung werden Top-Down die **Betriebs-, die Leit-, die Zellen-, die Prozess- und die Aktor-Sensor-Ebene** unterschieden. Entsprechend den unterschiedlichen Aufgaben dieser Ebene haben sich darauf zugeschnittene Kommunikationssysteme entwickelt.

Auf der Betriebs- und Leitebene (→ Bild 6.40) werden **konventionelle LAN** und MAP/TOP (→ Abschnitt 6.11.8) eingesetzt. Von der Leit- bis zur Prozessebene kommen die **Feldbusse** (*field bus*, manchmal auch als Prozessnetze bezeichnet) zum Einsatz, darunter werden Aktor-Sensor-Busse verwendet. Obwohl die Bezeichnungen nicht einheitlich verwen-

det werden, steht Feldbus häufig als **Oberbegriff** für Kommunikationssysteme der Automatisierungstechnik.

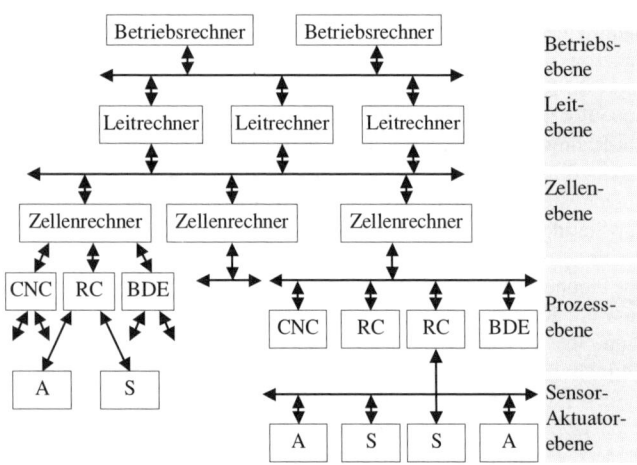

A: Aktor (Aktuator), S: Sensor, BDE: Betriebsdatenerfassung, CNC:
Computerized Numerical Control, RC: Robot Control

Bild 6.40   Ebenen der Fabrikautomatisierung

Eine große Zahl von Feldbussen wurde entwickelt, vermarktet und eingesetzt. Die internationale Normung konnte das Ziel eines einheitlichen
Feldbusses nicht erreichen. In der neuesten Norm **IEC 61158** sind die
folgenden Feldbusse genormt: Typ 1: Foundation Fieldbus, Typ 2: Cont-
rolNet, Typ 3: Profibus, Typ 4: P-Net, Typ 5: Foundation Fieldbus High-
Speed Ethernet, Typ 6: SwiftNet, Typ 7: WorldFIP und Typ 8: Interbus.
Eine Klassifikation von Feldbussen ist auf Basis der Zugriffssteuerung
möglich (→ Bild 6.41). Dabei wird zunächst zwischen **Monomaster- und
Multimaster-Steuerung** unterschieden, während bei Rechnernetzen häufig eine Peer-to-Peer-Beziehung am Anfang steht. Bei einem Monomaster-
System erfolgt die Zugriffssteuerung zentral durch den Master. Die Slaves
dürfen nur senden, wenn sie vorher vom Master dazu aufgefordert werden
(nachrichtenorientiert) oder ihnen ein bestimmter Zeitschlitz fest zugeteilt
ist (zeitschlitzorientiert). Multimaster-Systeme gehen davon aus, dass die
Master **Peers** sind und den Zugriff untereinander (dezentral) koordinieren.
Dazu werden die Verfahren CSMA (→ Abschnitt 6.2) und Token Passing
(→ Abschnitt 6.3) genutzt. CSMA/CA → Abschnitt 6.11.6. Reine Multi-

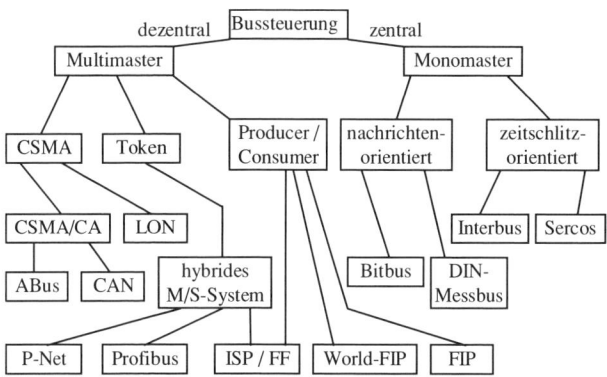

M/S: Master / Slave; FIP: Flux d'information vers le processus;
ISP: Interoperable System Project; FF: Foundation Fieldbus

Bild 6.41   Einteilung von Feldbussen (in Anlehnung an /6.22/)

master-Systeme sind weniger verbreitet als **hybride Master-Slave-Systeme**. Bei diesen ist jedem Master eine Anzahl von Slaves zugeordnet, wobei ein Slave durchaus von mehreren Mastern beauftragt werden kann. Ein wichtiges hybrides Konzept ist Profibus ($\rightarrow$ Abschnitt 6.11.3).

Das Konzept *Producer Consumer* sieht eine Vielzahl von Stationen vor, die Daten anbieten und insofern dieselbe Rolle spielen wie ein Slave oder ein Master. Die Art der angebotenen Daten wird mittels eines Identifiers gekennzeichnet. Die Nutzer dieser Daten sind die Consumer, die im Prinzip selbst entscheiden können, welche Daten sie benötigen.

6.11.2   Besonderheiten bei Feldbussen

Bei Feldbussen (also nicht unbedingt bei Kommunikationssystemen der Betriebs- und der Leitebene) ist eine offene Kommunikation im Internet nicht erforderlich. Andererseits werden hohe Anforderungen an die **Latenzzeit** gestellt, die im Kommunikationssystem entsteht. Alle (oder zumindest kritische) Daten müssen innerhalb einer festgelegten Zeitspanne garantiert übermittelt werden (**Echtzeitverhalten**). Der Aufwand (und damit die Kosten) für die Anschaltung eines Feldgerätes an das Bussystem muss gering sein. Protokollstapel, die nach dem OSI-Modell strukturiert sind, erfordern andererseits umfangreiche Ressourcen (Prozessorleistung, Speicherkapazität) und lange Verarbeitungszeiten. Aus diesen Gründen wird bei Feldbussen ein **reduziertes Schichtenmodell** verwendet (→ Abschnitt 1.4.6). Bei Feldbussen wird mitunter eine eigene Sprechweise genutzt, beispielsweise Telegramm statt Rahmen.

6.11.3   Profibus

Profibus (*Process Field Bus*) ist der Oberbegriff für die drei Varianten **Profibus FMS** (*Fieldbus Message Specification*), **Profibus DP** (*Distributed Periphery*) und **Profibus PA** (*Process Automation*). Allen Profibus-Varianten liegt ein reduziertes Schichtenmodell (→ Bild 6.42) zugrunde. Profibus ist ein hybrides System. Die Master koordinieren den Buszugriff mit Hilfe eines **logischen Token Ring** (→ Bild 6.43). Der Besitz

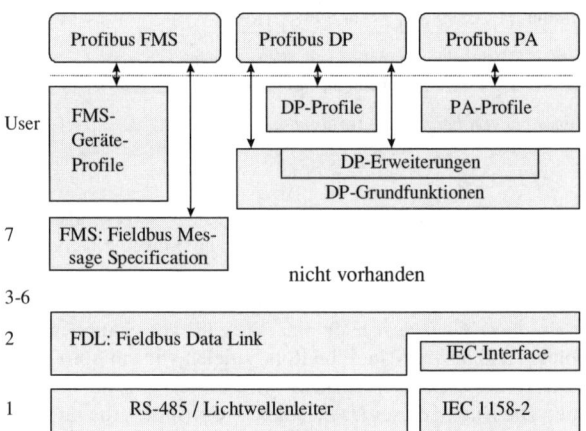

Bild 6.42   Schichtenmodell der Profibus-Varianten FMS, DP, PA

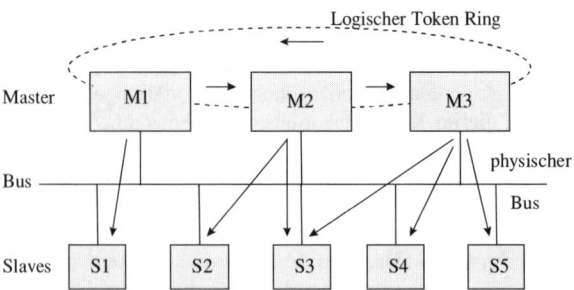

Bild 6.43   Physischer Bus und logischer Token Ring

des Tokens berechtigt zum Buszugriff. Jeder Master kommuniziert dann mit seinen Slaves und gibt das Token an den im Ring folgenden Master weiter. Zur Sicherstellung eines deterministischen, zeitlichen Verhaltens wird die Tokenumlaufzeit begrenzt. Beim Ausfall eines Masters können die verbleibenden Master den Ring durch Rekonfiguration wieder schließen.

Als Übertragungsmedien verwendet Profibus-FMS geschirmte, verdrillte Zweidrahtleitungen oder Lichtwellenleiter. Profibus-PA bietet die Schutzart eigensicher und kann damit in explosionsgefährdeten Bereichen eingesetzt werden. Die Slaves können über das Buskabel mit Hilfsenergie versorgt werden. Die Datenrate ist mit 31,25 kbit/s bei einer maximalen Distanz von 1900 m spezifiziert. Die Norm IEC 1158-2 beschreibt die zugehörige physische Schicht.

6

Die Sicherungsschicht des Profibus **FDL** (*Fieldbus Data Link*) bietet bestätigte und unbestätigte, zyklische und azyklische Dienste sowie Broadcast- und Multicast-Kommunikation. Es gibt vier verschiedene Rahmenformate (→ Bild 6.44).

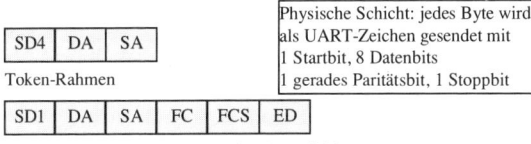

SD4	DA	SA

Physische Schicht: jedes Byte wird als UART-Zeichen gesendet mit 1 Startbit, 8 Datenbits 1 gerades Paritätsbit, 1 Stoppbit

Token-Rahmen

SD1	DA	SA	FC	FCS	ED

Rahmen mit konstanter Länge ohne Datenfeld

SD3	DA	SA	FC	Daten	FCS	ED

Rahmen mit konstanter Länge, Datenfeld 8 Byte

SD2	LE	LEr	SD2	DA	SA	FC	Daten	FCS	ED

Rahmen mit variabler Länge, Datenfeld max. 246 Byte

SD1 bis SD 4	Startbyte (Start Delimiter) zur Unterscheidung der verschiedenen Rahmenformate
LE, Ler	Länge des Rahmens, redundante Angaben zur Fehlersicherung
DA	Zieladresse (Destination Address)
SA	Quellenadresse (Source Address)
FC	Steuerbyte (Frame Control) zur Kennzeichnung von Aufruf-, Quittungs- und Antworttelegrammen und für weitere Steuerinformation
FCS	Prüfbyte (Frame Check Sequence) zur Fehlersicherung
ED	Endebyte (End Delimiter)

Bild 6.44   Rahmenformate beim Profibus

Pflichtdienste	
Initiate	Verbindungsaufbau
Abort	Verbindungsabbruch
Reject	Zurückweisen eines fehlerhaften Dienstes
Status	Auslesen des Geräte-/Anwenderstatus
Identify	Auslesen der Teilnehmer-Identifikation
Get-OV	Auslesen des Objektverzeichnisses

Optionale Dienste	
Read	Objekt lesen
Write	Objekt schreiben
Phys-Read	Lesen mit physischer Adressierung
Phys-Write	Schreiben mit physischer Adressierung
Information Report	Übertragung von Broadcast-/Multicast-Meldungen
Download-Dienste	Übertragung von Datenblöcken

Alarm-Dienste	
Event Notification	Ereignis melden
Acknowledge Event Notification	Ereignis quittieren
Alter Event Condition Monitoring	Ereignisüberwachung ein-/ ausschalten

Bild 6.45   Dienste in Profibus FMS

FMS (*Fieldbus Message Specification*) ist eine Untermenge von **MMS** (*Manufacturing Message Specification* → Abschnitt 4.3.3.3). Eine Übersicht der FMS-Dienste gibt Bild 6.45.

6.11.4   P-Net

P-Net verwendet einen **passiven Ring** als Topologie (→ Bild 6.46). Passiv bedeutet, dass die Teilnehmer (im Gegensatz zum Token Ring) nicht in den Ring eingeschleift, sondern an diesen angekoppelt sind. Der Buszugriff wird zwischen den Mastern durch **virtuelles Token Passing** koordiniert, das wie folgt abläuft:

- Jeder Master enthält zwei Zähler A, B.
- Die Zähler A zählen die Taktzyklen seit dem Ende des letzten Übertragungsvorgangs. Beim Erscheinen eines Telegramms auf dem Bus werden die Zähler A sofort zurückgesetzt. Wenn die Zähler A auf 40, 50, 60, ... stehen, werden die Zähler B inkrementiert.
- Jeder Master vergleicht den Stand des Zählers B mit (dem numerischen Wert) seiner Adresse. Bei Gleichheit darf der Master auf den Ring zugreifen und seine Slaves abfragen.
- In jedem Master ist die Anzahl der vorhandenen Master abgelegt. Nach Erreichen des entsprechenden Zählerstandes werden alle Zähler B auf Eins zurückgesetzt. Damit erhält jeder Master zyklisch einen Buszugriff.

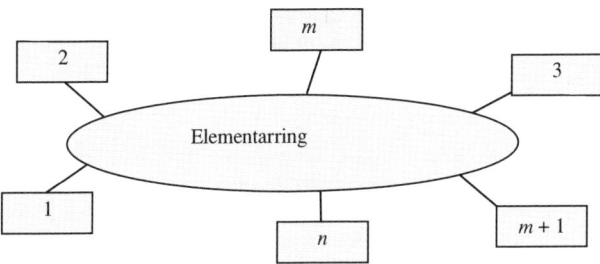

1, 2, ..., *m*: Master; *m*+1, *m*+2, ... *n*: Slaves

Bild 6.46   P-Net Elementarring

6

- Damit das Timing des virtuellen Token Passing korrekt ist, muss jeder Slave innerhalb von 30 Taktzyklen (ca. 390 µs) antworten und ein Master kann pro Zyklus maximal ein Telegramm absenden.

Elementarringe können über **Controller** gekoppelt werden (→ Bild 6.47), wofür Teilfunktionen der OSI-Schicht 3 definiert sind. Ein Master adressiert den Teilnehmer eines anderen Elementarringes durch die Empfängeradresse, erweitert durch die Adressen und Portnummern der zu durchlaufenden Controller (dies entspricht dem Source Routing beim Token Ring → Abschnitt 6.3.4). Die Controller speichern den für sie relevanten Teil des Rückpfades, um Antworttelegramme an den anfragenden Master zurückzuliefern.

Bei P-Net sind die Teilnehmer galvanisch vom Übertragungsmedium getrennt. Zusätzlich steht eine explosionsgeschützte Variante zur Verfügung. Pro Elementarring können maximal 125 Teilnehmer, davon 32

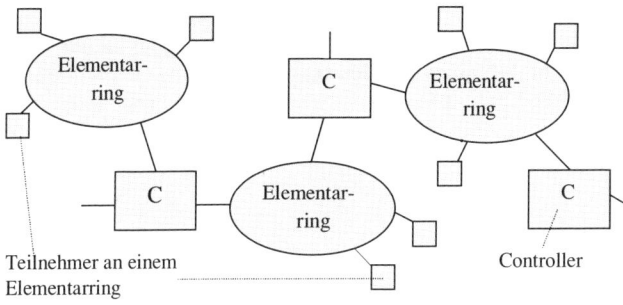

Teilnehmer an einem
Elementarring

Controller

Bild 6.47   P-Net mit Internetworking

Master angeschlossen werden. Die Übertragungsrate ist mit 76,8 kbit/s bei einem Ringumfang von 1200 m spezifiziert.

6.11.5   Interbus

Interbus verwendet ein Master-Slave-Konzept auf einer **Ringtopologie**. Der Ring kann als **verteiltes Schieberegister** verstanden werden, auf ihm laufen so genannte **Summenrahmentelegramme** um. Für jeden Slave sind Felder in diesen Telegrammen reserviert, die Daten vom Master zum Slave und von diesem zurück zum Master transportieren (→ Bild 6.48). Damit stellt Interbus eine **Vollduplex-Kommunikation** zur Verfügung.

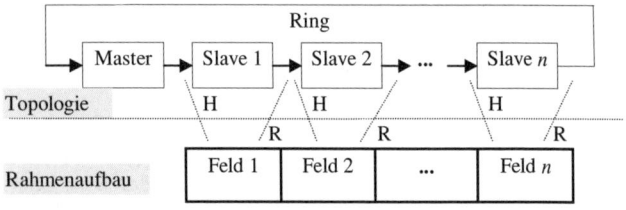

H (Hin): Feld *i* enthält Daten vom Master an Slave *i*
R (Rück): Feld *i* enthält Daten vom Slave *i* an Master

Bild 6.48   Zuordnung zwischen Slave und Feld im Summenrahmentelegramm

Der logische Ring erscheint als physischer Baum (→ Bild 6.49), da Hin- und Rückrichtung in einem Kabel zusammengefasst sind. Die Zweige des Baumes können unterschiedliche Segmente sein. Der Fernbus erlaubt Distanzen zwischen Teilnehmern von maximal 400 m und eine gesamte Ausdehnung von 13 km. Der Installationsfernbus kann 50 m lang sein und maximal 32 Teilnehmer enthalten. Der Peripheriebus ist für noch kleinere Teilnehmergruppen nützlich (Distanz max. 10 m, höchstens 8 Teilnehmer, 300 kbit/s, TTL-Pegel). Installationsfern- und Peripheriebusse werden über Busklemmen an den Fernbus angekoppelt. Diese erlauben für Diagnose- und Wartungszwecke auch das Abtrennen nachgeordneter Segmente.

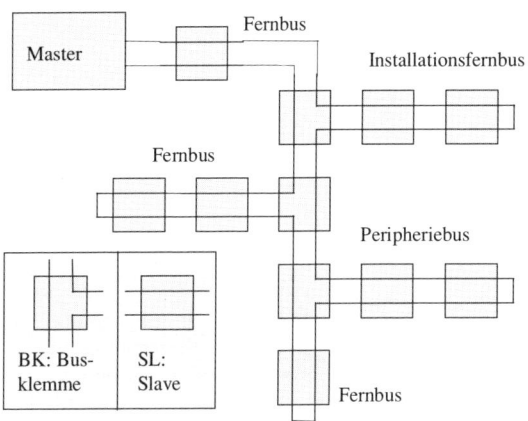

Bild 6.49   Strukturen beim Interbus

6.11.6   CAN

CAN (*Controller Area Network*) verwendet das Vielfachzugriffsverfahren **CSMA/CA** (*CA: Collision Avoidance*) auf einer Bus-Topologie. Dabei hören sendewillige Stationen das Medium ab (*carrier sense*) und beginnen mit der Übertragung, falls das Medium frei ist. Falls es belegt ist, wird unmittelbar nach Ende der laufenden Übertragung mit dem Senden begonnen, aber das Medium wird weiter abgehört. Falls mehrere Stationen gleichzeitig mit dem Senden beginnen, tritt eine **Kollision** ein, die jedoch wie folgt **aufgelöst** wird: Jede Nachricht beinhaltet eine Priorität, indem der Wert 0 als dominanter Spannungspegel und der Wert 1 als rezessiver Spannungspegel gesendet wird ($\rightarrow$ Bild 6.50). Somit setzt sich eine 0 gegenüber einer 1 durch. Damit ist jede Station in der Lage zu erkennen, ob eine Station höherer Priorität ebenfalls sendet (dies setzt die eindeutige Zuordnung einer Priorität zu genau einer Station voraus). In diesem Fall beendet die Station mit niedriger Priorität ihre Sendung. CSMA/CA setzt voraus, dass die Signallaufzeit auf dem Bus wesentlich geringer ist als die Bitdauer. Damit ist bei einer gegebenen Bitrate die maximale Ausdehnung eines CAN-Systems beschränkt. Praxis: geschirmte, verdrillte Zweidrahtleitung, 1 Mbit/s bei 40 m, 50 kbit/s bei 1000 m, 1,5 Mbit/s bei 200 m.

Der **Rahmenaufbau** bei CAN ($\rightarrow$ Bild 6.51) beginnt mit einem **Startbit** (dominanter Wert 0), im Ruhezustand führt das Medium den **rezessiven**

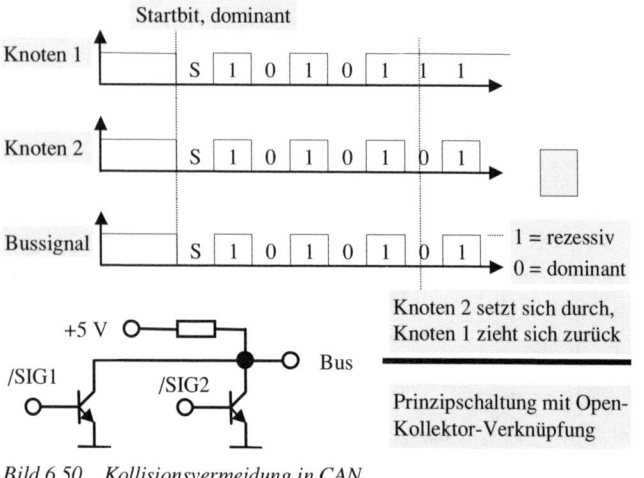

Bild 6.50   Kollisionsvermeidung in CAN

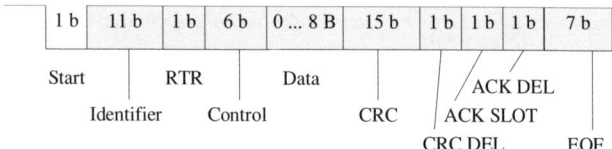

Bild 6.51   Rahmenaufbau bei CAN

Wert 1. Der **Identifier** identifiziert das Telegramm und wird für die Kollisionsvermeidung benötigt. Es gibt CAN-Varianten mit Identifiern der Länge 11 und 29 bit. Das RTR-Bit (Remote Transmission Request) wird auf 1 gesetzt, um ein Telegramm mit einem bestimmten Identifier anzufordern. Der Teilnehmer, der dieses Telegramm liefern kann, wird es nach dem laufenden Telegramm absenden. Das erste der 6 Control-Bits dient zur Unterscheidung von Identifiern der Länge 11 und 29 Bit. Das zweite Bit ist reserviert, die weiteren 4 Bits geben die Länge des Nutzdatenfeldes in Byte an. Das CRC-Feld stellt eine Hamming-Distanz von 6 sicher. CRC DEL (CRC Delimiter) muss immer 1 sein. Der Acknowledge Slot wird mit 1 gesendet. Ein anderer Teilnehmer kann diesen Wert mit 0 überschreiben, um eine Quittung an den Sender zu übermitteln. Das Feld

ACK DEL (Acknowledge Delimiter) muss immer den Wert 1 enthalten. In EOF (End of Frame) müssen ebenfalls alle Bits 1 sein. Abweichungen werden als Fehler gewertet.

6.11.7   AS-Interface

AS-Interface (*Aktor-Sensor-Interface*) wurde primär für die einfache, kostengünstige Anbindung **binärer Aktoren und Sensoren** an einen Master entwickelt. Dazu wird eine Bus- bzw. Baumtopologie mit einer nicht verdrillten und nicht abgeschirmten Busleitung verwendet. Der Master ruft alle Slaves **zyklisch** auf. Die Verkabelung wird mit einer Schneid-Klemm-Technik ausgeführt. Ohne Repeater können maximal 31 Slaves an einem Bus angeschlossen werden, wobei jeder Slave bis zu 4 binäre Aktoren und/oder Sensoren bedienen kann. Die Datenrate beträgt 167 kbit/s bei einer Distanz von 100 m. Damit ergibt sich bei 31 Slaves eine Zykluszeit von 5 ms. Daten und Hilfsenergie werden auf derselben Busleitung übertragen. Als Leitungscodierung wird APM (Alternierende Pulsmodulation, → /6.28/, S. 136, verwendet. Der Rahmenaufbau bei AS-Interface ist sehr einfach (→ Bild 6.52).

6

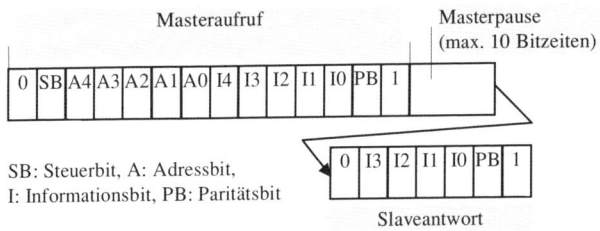

Bild 6.52   Rahmenaufbau bei AS-Interface

6.11.8   MAP/TOP

MAP (*Manufacturing Automation Protocol*) und **TOP** (*Technical Office Protocol*) sind Konzepte für lokale Netze im Bereich der Fabrikautomatisierung bzw. des technischen Büros. Beide nutzen eine an die jeweilige Aufgabe angepasste Auswahl existierender Protokolle.

MAP dient der Vernetzung innerhalb von **Fertigungszellen** sowie zwischen Fertigungszellen und mit anderen Netzen (→ Bild 6.53).

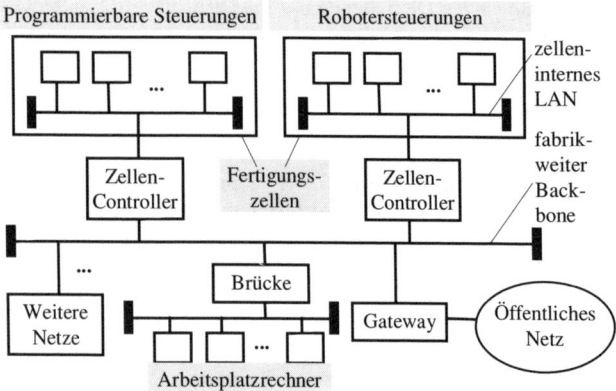

Bild 6.53   MAP-Netzwerk

MAP verwendet auf dem **fabrikweiten Backbone** in Busstruktur eine **Breitbandübertragung** mit einer Datenrate von 10 Mbit/s pro Band. Als Zugriffssteuerung wird **Token Passing** eingesetzt. Der Protokollstapel (→ Bild 6.54) wird als **Full MAP** bezeichnet. Innerhalb der Fertigungszellen wird eine Basisbandübertragung genutzt. Zur Verbesserung der Leistungsfähigkeit ist hier ein vereinfachter Protokollstapel namens **EPA** (*Enhanced Performance Architecture*) vorgesehen.

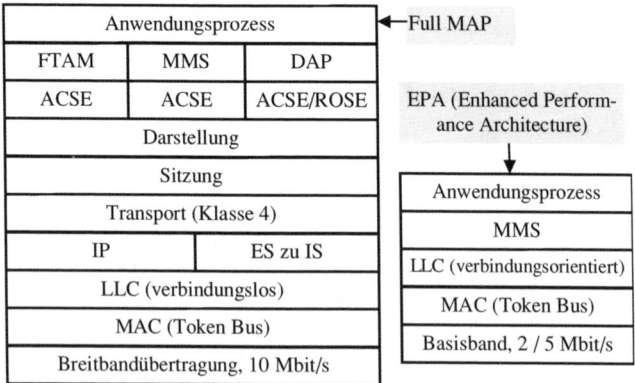

Bild 6.54   Protokollstapel für MAP

TOP unterscheidet sich von MAP dadurch, dass als Backbone ein Ethernet verwendet wird. Außerdem ist die Auswahl der Dienste in der OSI-Schicht 7 etwas anders (FTAM, MHS, JTM, VT und DAP).

6.11.9   Ethernet als Feldbus

Eine aktuelle Entwicklungsrichtung verfolgt den Einsatz des Ethernet als Feldbus. Dabei wird auch ein breiter Einsatz von Protokollen aus der TCP/IP-Familie (→ Kapitel 9) angestrebt. Zwei **Problemkreise** dieser Entwicklung sind:

- kostengünstige Realisierung durch hochintegrierte Schaltungen und optimierte Kommunikationssoftware, die einen brauchbaren Kompromiss zwischen Kommunikationsleistung und Ressourcenverbrauch (Wortbreite des Prozessors, Speicherbedarf für ROM und RAM) ergibt,
- Überwindung des **nichtdeterministischen Zeitverhaltens** von Ethernet, das bei zeitkritischer Kommunikation zunächst wenig geeignet ist.

Falls diese Probleme hinreichend gelöst werden können, wird ein breiter Einsatz von Ethernet auch außerhalb der klassischen LANs für Arbeitsplatzrechner erwartet.

📖/6.8/ gibt eine umfassende Darstellung des Themas Ethernet in der Automatisierungstechnik.

6.12   Netzwerke für Gebäude

6.12.1   Besonderheiten

Der Einsatz von Netzwerken für die **Gebäudeautomation** weist unter anderem folgende **Besonderheiten** auf:

- Anschluss einer erheblichen Zahl von sehr einfachen Netzknoten, meistens Aktoren oder Sensoren,
- niedrigstmögliche Kosten für die Ankopplung an das Netz sind von zentraler Bedeutung,
- die Installation muss einfach und problemlos möglich sein und
- die Umgebung ist relativ stark störungsbehaftet.

6.12.2   Konzepte

Ein wichtiges Beispiel stellt der **EIB** (*Europäischer Installationsbus*) dar. Er kann **verschiedene Übertragungsmedien** nutzen: Stromversorgungsleitungen (Datenrate 1,2 kbit/s bis max. 600 m), verdrillte, geschirmte Zweidrahtleitungen (9,6 kbit/s bis 1000 m), eine hochfrequente Funkstrecke (9,6 kbit/s) und Ethernet-Kabel (10 Mbit/s). Insgesamt können bis zu 60000 Teilnehmer in einem System adressiert werden. Dazu wird eine **hierarchische, logische Struktur** mit den Ebenen Anlage, Bereich und Linie verwendet (→ Bild 6.55). Die physische Topologie hängt vom Übertragungsmedium ab. Das Zugriffsverfahren ist **CSMA/CA**. Rahmen mit 14 und 255 Byte Nutzdaten sind verfügbar.

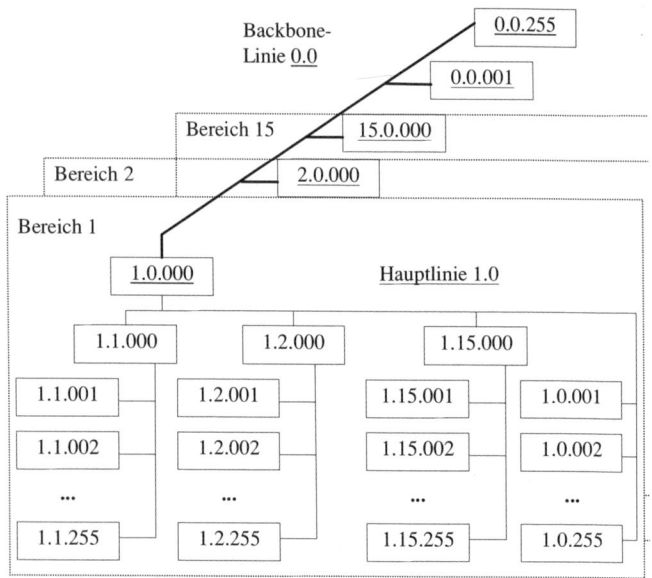

Bild 6.55   EIB: logische Struktur

6.13   Lokale Netzwerke im Vergleich

Die Menge der Konzepte zu lokalen Netzwerken ist beachtlich, die Anzahl realer Ausführungen riesig. Ein systematischer und detaillierter Vergleich ist aufwändig und setzt umfassende Kenntnisse und Mittel voraus. In der Praxis kommt die Marktposition der Anbieter und die Verbreitung von den Produkten zugrunde liegenden Standards und Normen (→ Abschnitt 12.4.3) hinzu. Eine Grobbewertung der verschiedenen Konzepte liefert die folgenden Ergebnisse:

- Ethernet ist als LAN vorherrschend. Es hat sich aber im Lauf der letzten fünf Jahre von einem gemeinsamen Medium der Datenrate

10 Mbit/s gewandelt zu einem Konzept mit Switching (getrennten Medien), Vollduplex-Übertragung und Verkehrsprioritäten. Dabei können fast alle verfügbaren Physical Layer genutzt werden und die Datenrate ist im Begriff von 1 Gbit/s auf 10 Gbit/s anzusteigen. Dabei wurde die Rückwärts-Kompatibilität (die Möglichkeit, bestehende Installationen weiterhin in einem größeren Netz zu verwenden) zum ursprünglichen, 25 Jahre alten Ethernet erhalten. Ethernet besitzt eine monopolartige Stellung und dehnt seine Verbreitung in industrielle Anwendungen aus. Eine weitere Ausdehnung im MAN-Bereich ist vorstellbar.

- Token Ring hat noch ca. 10 % Anteil bei existierenden Installationen, die Tendenz ist abnehmend.

- Fibre Channel und HIPPI sind für Nischenanwendungen (SAN) weiterhin von Bedeutung.

- 100VG-Any-LAN konnte sich gegenüber Ethernet nicht durchsetzen und ist vom Markt verschwunden.

- ATM ($\rightarrow$ Abschnitt 7.7) konnte sich im LAN-Bereich bisher nicht etablieren. Zudem ist offen, ob dies zukünftig zu erwarten ist.

- Im Bereich der Feldbusse ist eine Vereinheitlichung auf ein Konzept (oder auf einige wenige Konzepte) bisher misslungen. Es bleibt abzuwarten, wieweit Ethernet hier eine Richtungsänderung herbeiführen kann.

- Die Entwicklungen im Bereich drahtloser lokaler Netze (WLAN) werden die Einsatzbereiche von LANs erweitern.

- Netzwerke für Gebäude (für Geschäfts- wie für Wohngebäude) werden LANs völlig neue Anwendungen erschließen.

7 Konzepte: Großflächige Netzwerke (WAN und MAN)

7.1 DQDB

7.2 Paketvermittelnde Datennetze (X.25)

7.3 ISDN

7.4 PDH

7.5 SDH, SONET

7.6 Frame Relay

7.7 ATM

7.8 Internetworking: WAN – WAN und WAN – LAN

7.9 Konzepte für MAN und WAN im Vergleich

7 Konzepte: Großflächige Netzwerke (WAN und MAN)

7.1 DQDB

7.1.1 Übersicht

DQDB (*Distributed Queue Dual Bus*) ist ein Konzept für MANs, das auf zwei parallelen, gegenläufig betriebenen Bussen beruht. Sendewillige Stationen erhalten mittels einer **verteilten Warteschlange** das Zugriffsrecht auf einen Bus und können dann **Zellen** konstanter Länge übertragen. DQDB ist bei hoher Last effizient, jedoch nicht fair. Ein DQDB-Netz kann sich über einige 100 km erstrecken.

Die Zellen in DQDB sind gleich denen in ATM aufgebaut, so dass DQDB-Verkehr über ATM-Netze effizient übertragen werden kann. Für DQDB wird jedoch kein bestimmter Physical Layer vorgeschrieben.

7.1.2 Funktionsprinzip

Bild 7.1 zeigt das Funktionsprinzip, das auf zwei Bussen A und B beruht, auf die Stationen über ihre **AU** (*Access Unit*) zugreifen können. Jeder Bus transportiert Rahmen in eine Richtung (und zwar stromabwärts/ *downstream*, in Richtung zum Abschluss; die Gegenrichtung heißt stromaufwärts/*upstream*), jede Station kann von jedem Bus lesen und darauf schreiben. Somit können zwei Stationen kommunizieren, indem sie auf einem Bus senden und auf dem anderen empfangen. Der Slotgenerator erzeugt freie Rahmen der Dauer 125 μs. Die Rahmen enthalten einen Header mit 5 Byte und eine Nutzlast mit 48 Byte. Es wird unterschieden zwischen PA-Slots (*Pre-Arbitrated*) für isochronen Verkehr und QA-Slots (*Queued Arbitrated Access*) für asynchronen Verkehr. Die Regeln für den Zugriff auf QA-Slots sind:

- Eine Station darf eine vorbeikommende leere Zelle belegen, sofern keine Reservationen vorliegen.
- Eine stromabwärts gelegene Station kann einer stromaufwärts gelegenen Station Reservierungen auf dem gegenüberliegenden Bus zusenden.
- Jede Station lässt so viele leere Zellen passieren, wie Reservationen vorliegen.

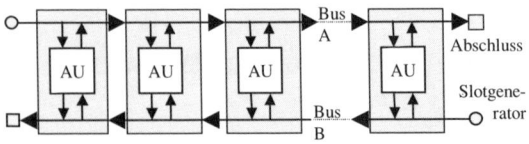

Bild 7.1   Aufbau des DQDB

Zur Realisierung der verteilten Warteschlange (Zugriffsmechanismus) enthalten die QA-Slots ein **R-Bit** (*Reservation, Request*, kennzeichnet den Reservationswunsch für einen Rahmen in der Gegenrichtung) und ein **B-Bit** (*Busy*, kennzeichnet einen belegten Rahmen → Bild 7.2). Für die Steuerung auf dem Bus A werden die Busy-Bits von Bus A und die Request-Bits von Bus B genutzt (für Bus B gilt das Umgekehrte). Für jeden Bus existiert eine verteilte Warteschlange.

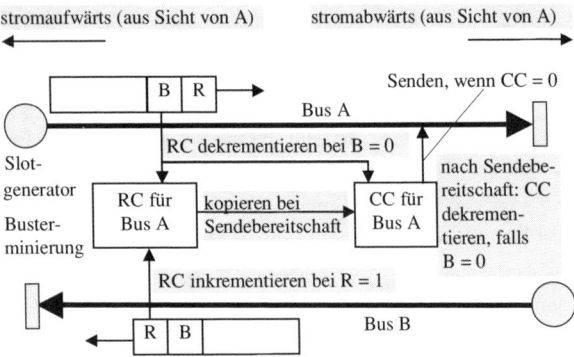

Bild 7.2   Zur Funktion des DQDB

Jede Station enthält die beiden Zähler **RC** *(Request Counter)* und **CC** *(Count-Down Counter)* für jeden Bus, hier wird die Übertragung auf Bus A betrachtet. RC wird durch gesetzte Request-Bits, die auf dem Bus B vorbeikommen, inkrementiert. Der Stand von RC gibt die Anzahl der stromaufwärts auf Bus B anstehenden Requests an. Andererseits wird RC durch freie Slots (gekennzeichnet durch B = 0) auf Bus A dekrementiert. Wenn eine Station senden möchte, kopiert sie den aktuellen Stand von RC in CC und setzt RC auf null. Anschließend wird RC wieder wie oben inkrementiert und dekrementiert. CC wird mit jedem auf Bus A vorbeikommenden freien Slot dekrementiert. Wenn CC den Wert null erreicht hat, darf die Station senden. Insgesamt realisiert dieser Mechanismus einen deterministischen, kollisionsfreien Zugriff der Stationen auf Bus A. Dasselbe Verfahren läuft unabhängig auf Bus B ab.

7.1.3   Eigenschaften

DQDB bietet gegenüber den herkömmlichen LANs eine wesentlich höhere Datenrate und Netzausdehnung. Im Vergleich zu Ethernet weist DQDB den Vorteil auf, dass Kollisionen nicht mehr auftreten und gegenüber dem Token Ring sind die Wartezeiten für den Medienzugriff reduziert. Asynchrone und isochrone Verbindungen sind gleichzeitig möglich, die Bandbreite kann dynamisch zwischen diesen aufgeteilt werden. Durch eine ringförmige Anordnung des Doppelbusses kann bei einer Leitungsunterbrechung ein Ausfall verhindert werden, indem die bisherige „Lücke" geschlossen und die Leitungsunterbrechung als Anfang bzw. Ende des neu konfigurierten Doppelbusses betrachtet wird. Dazu muss jede Station als Slot-Generator betrieben werden können. Ein Nachteil von DQDB liegt darin, dass bei einer zunehmenden Anzahl von Stationen auf dem Bus die Verzögerung wächst. Damit ist die Zahl der zulässigen Stationen begrenzt. Bei hoher Last ist DQDB problematisch (vgl. /7.5/, S. 159). Damit ist es für sehr hohe Geschwindigkeiten (Gbit/s) nicht besonders geeignet.

7

7.1.4   Rahmenaufbau

Von den 53 Byte jeder Zelle werden 5 Byte für den Header und 48 Byte für die Nutzlast verwendet (→ Bild 7.3). Das erste Byte enthält das Busy-Bit (B); das ST-Bit (Slot Type) zeigt den Slot-Typ (PA oder QA) an. Die Slotgeneratoren generieren PA- und QA-Rahmen in der erforderlichen Anzahl. Das Request-Bit (R) kommt vierfach vor, wobei jedes Bit einer der vier möglichen Prioritätsstufen entspricht. Der VCI (Virtual Channel Identifier) identifiziert Zellen, die zu einer bestimmten isochronen Verbindung zwischen zwei Stationen gehören. PT (Payload Type) charakterisiert die Nutzlast (der Wert ist 00 für alle Nutzlasttypen, andere Bitkombinationen zeigen Management-Information an), SP (Segment Priority) ist mit dem Wert 00 belegt und HCS (Header Check Sequence) beinhaltet eine CRC-Prüfsumme über den Segment Header.

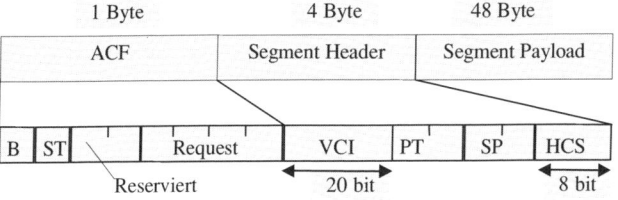

Bild 7.3   Rahmenaufbau bei DQDB (/7.5/, S. 160)

Im Segment Payload werden PDUs der höheren Protokolle transportiert, die vorher entsprechend segmentiert werden müssen.

📖 DQDB wird ausführlich in /7.13/, pp. 600–618 behandelt. /7.2/, S. 754–757 und /7.5/, S. 154–161 geben einen Überblick, während /7.7/ Eigenschaften analysiert.

7.1.5   Dienste auf DQDB

SMDS (*Switched Multi-Megabit/Metropolitan Data Service*, in Europa auch **CBDS**: *Connectionless Broadband Data Service*) ist ein − ausschließlich asynchroner − Dienst, der auf DQDB bzw. ATM (→ Abschnitt 7.7) als Transportnetz basiert. Die Deutsche Telekom bietet SMDS seit 1994 unter der Bezeichnung Datex-M an. Die Datenrate im Netz beträgt 34 Mbit/s, die Zugangskanäle erlauben Datenraten zwischen 64 kbit/s und 25 Mbit/s. Eine primäre Anwendung ist die temporäre Verbindung zwischen entfernten LANs. SMDS/CBDS beschränken sich auf einen asynchronen Datendienst. Die Entwicklungen bei Frame Relay (→ Abschnitt 7.6) und beim Internet (→ Kapitel 9, 10) haben jedoch die Bedeutung von SMDS reduziert.

7.2   Paketvermittelnde Datennetze (X.25)

7.2.1   Übersicht

Mit X.25 wird kurz ein öffentliches, paketvermittelndes Netz bezeichnet, wie es 1976 von der CCITT standardisiert wurde. X.25 beschreibt genau die Schnittstelle zwischen einem Endgerät und dem Netz. Datenraten von 300 bit/s bis 64 kbit/s sind standardisiert, seit 1992 auch bis 2 Mbit/s. Damit ist es für heutige Vorstellungen ein langsames Netz. X.25 wurde für die Verwendung von schlechten analogen Übertragungsstrecken mit einer hohen Bitfehlerrate ausgelegt.

X.25 erlaubt eine flächendeckende Datenkommunikation und ist weltweit verfügbar. In Anbetracht besserer Übertragungsleitungen wird es jedoch zunehmend durch Frame Relay (→ Abschnitt 7.6) konkurrenziert.

7.2.2   Netzwerkaufbau

Die Endgeräte werden – wie üblich – als **DEE** bzw. **DTE** (*Data Terminal Equipment*) und die Anschaltgeräte als **DÜE** bzw. **DCE** (*Data Circuit-*

Terminating Equipment) bezeichnet (→ Bild 7.4). Die Vermittlungsknoten heißen im ITU-T-Standard **DSE** (*Data Switching Exchange*). Paketierende Endgeräte werden direkt über eine X.25-Schnittstelle mit dem DCE und damit mit dem Netz verbunden. Nicht paketierende DTEs können mit einer X.28-Schnittstelle mit einem **PAD** (*Packet Assembler/ Disassembler*) verbunden werden. Dieser führt die Paketierung durch (bzw. macht sie rückgängig) und stellt über eine X.29-Schnittstelle die Verbindung mit dem Netz her. Der PAD selbst wird in X.3 beschrieben. Ein DTE kann auch über eine X.31-Schnittstelle und ISDN auf das paketvermittelnde Datennetz zugreifen. Netze unterschiedlicher Netzbetreiber werden über **X.75-Schnittstellen** gekoppelt. Die im Innern eines Netzes verwendeten Schnittstellen können davon verschieden sein.

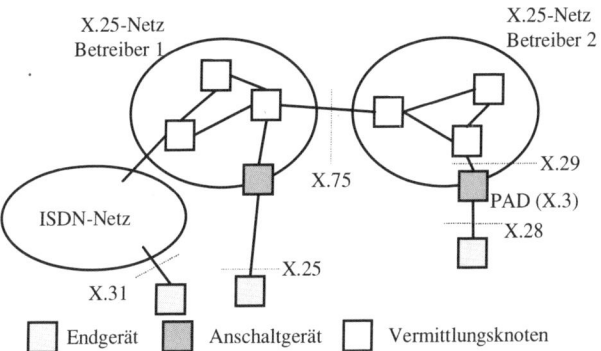

Bild 7.4   Struktur des paketvermittelnden Datennetzes

Mit X.25 können neben paketvermittelnden Netzen (Fall 1 in Tabelle 7.1) auch andere Netztypen verwendet werden. Im Fall 2 muss das Netz zuerst eine Leitung zur Gegenseite aufbauen, die dann aus Sicht der Netzwerkschicht als direkte Ende-zu-Ende-Verbindung erscheint. Dasselbe trifft für den Fall 3 zu, allerdings wird als DCE ein Modem der V-Serie (→ Abschnitt 8.3) benötigt, das über eine V.24-Schnittstelle mit dem DTE verbunden wird.

Tabelle 7.1   Mit X.25 einsetzbare Netztypen (/7.4/, S. 278–279)

Fall	Netz	DTE-DCE-Schnittstelle	
		Übertragung	Standard
1	Paketvermittelt	Digital	X.21
2	Leitungsvermittelt (digital)	Digital	X.21
3	Leitungsvermittelt (analog)	Analog (Modem)	X.21bis

7.2.3   Der X.25-Protokollstapel

X.25-Netze stellen permanente (**PVC**: *Permanent Virtual Circuit*) oder geschaltete (**SVC**: *Switched VC*) virtuelle Verbindungen mit den Phasen Verbindungsaufbau, Datenübertragung und Verbindungsabbau zur Verfügung. Dazu wurden die Schichten 1–3 des OSI-Modells mit Protokollen nach Bild 7.5 belegt. Schicht 1 nutzt (neben V.35 und RS-232C) X.21 und X.21bis (→ Abschnitt 8.1.4). Schicht 2 verwendet **LAPB**, das von HDLC abgeleitet ist (→ Abschnitt 2.10.5). X.25 bildet das Protokoll der Schicht 3, es wird auch als **PLP** (*Packet Layer Protocol*) bezeichnet.

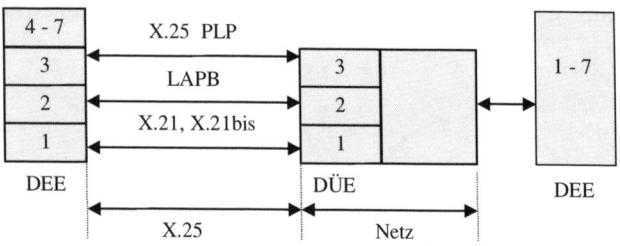

Bild 7.5   Schichtenmodell für X.25 (/7.4/, S. 278)

Bild 7.6 zeigt das Format der LAPB-Rahmen (Schicht 2) und der PLP-Pakete (Schicht 3). Der X.21-Rahmen ist identisch mit dem LAPB-Rahmen.

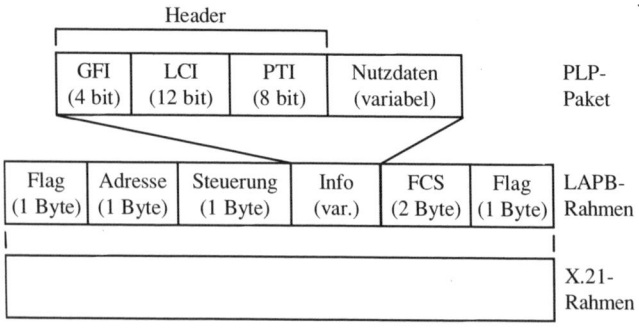

Bild 7.6   Rahmenformate (/7.8/, S. 231 und 232)

Die Felder des PLP-Pakets bedeuten:

- **GFI** (*General Format Identifier*): zur Identifikation des Pakets als Daten- oder Steuerpaket, zur Flusssteuerung und zur Empfangsbestätigung.

- **LCI** (*Logical Channel Identifier*): zur Identifikation des logischen Kanals auf der DTE/DCE-Schnittstelle. Die Netzwerkschicht stellt der übergeordneten Transportschicht maximal 4096 logische Kanäle zur Verfügung, die die Mehrfachausnutzung der physikalischen Anschluss-leitung erlaubt. Die LCI-Werte haben nur lokale Bedeutung. Jede virtuelle Verbindung besteht aus einer Folge von Teilstrecken mit jeweils eigenem LCI-Wert. Diese werden vom Netz während des Verbindungsaufbaus für jede Teilstrecke getrennt bestimmt. Das Routing der übertragenen Pakete wird dann auf Basis der LCI-Werte durchgeführt.
- **PTI** (*Packet Type Identification*): zur Identifikation des Pakettyps. Neben **Datenpaketen** gibt es 16 verschiedene Typen für **Steuerpakete** (→ Bild 7.7).
- **Nutzdaten:** enthält die Daten der höheren Protokollschichten. Bei Datenpaketen sind dies Nutzdaten, bei Steuerpaketen sind es Informationen zur Steuerung der Verbindung (z. B. X.121-Adressen).

Die weiteren Felder des LAPB-Rahmens haben die folgende Bedeutung, vgl. /7.5/, S. 88–90:

- **Flag:** ist das in HDLC übliche Flag. Durch **Bitstopfen** (→ Abschnitt 2.6.2) wird verhindert, dass dasselbe Bitmuster im Innern des Rahmens auftritt.
- **Adresse:** enthält bei Befehlen (*command*) die Schicht-2-Adresse der empfangenden Station, bei Meldungen (*response*) die Adresse der sendenden Station.
- **Steuerung:** beschreibt Command- und Response-Rahmen näher und gibt den Typ des Rahmens an (I-, S- oder U-Rahmen). Enthält auch **Sequenznummern** für die Flusssteuerung auf Schicht 2.
- **Info:** enthält das PLP-Paket.
- **FCS** (*Frame Check Sequence*): die übliche Prüfsumme.

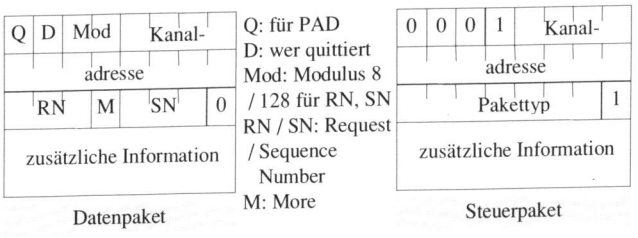

Bild 7.7   *Format für Daten- und Steuerpakete (Schicht 3, /7.4/, S. 288)*

📖 Detaillierte Informationen zu Pakettypen sind in /7.4/, S. 289 und in /7.10/, S. 139–141 enthalten. Für die Adressierung werden in X.25-Netzen Rufnummern nach X.121 (→ Abschnitt 1.7.5) verwendet.

7.3   ISDN

7.3.1   Übersicht

ISDN (*Integrated Services Digital Network*) integriert verschiedenartige Dienste wie Sprach-, Daten- und Bildkommunikation in einem Netz. Der Benutzer benötigt dafür nur einen Netzzugang (**UNI:** *User Network Interface*).

ISDN stellt Kanäle mit je 64 kbit/s zur Verfügung und stützt sich auf Übertragungsstrecken der PDH (Plesiochrone, digitale Hierarchie → Abschnitt 7. 4). **B-ISDN** (Breitband-ISDN) bietet dem Nutzer 155 Mbit/s und nutzt dazu Übertragungsstrecken der SDH (Synchrone, digitale Hierarchie → Abschnitt 7.5).

📖 ISDN wird in /7.14/, /7.2/ und /7.22/ ausfürlich behandelt.

7.3.2   Netzwerkaufbau

ISDN kann unterschiedliche Netze als Basis nutzen (→ Bild 7.8). Dabei werden Nutzdaten und Signalisierungsdaten getrennt übertragen (Außer-Band-Signalisierung, *Out-of-Band Signalling*). Nutzdaten können übertragen werden durch

- leitungsvermittelte Übertragung im B-Kanal,
- paketvermittelte Übertragung im B-Kanal und
- paketvermittelte Übertragung im D-Kanal.

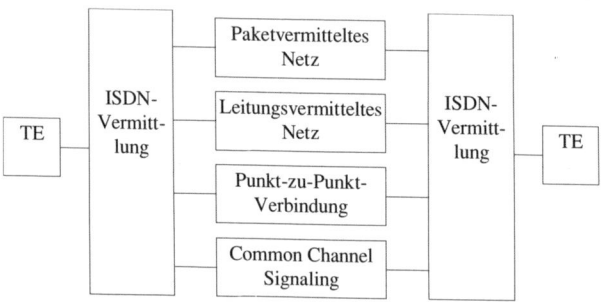

Bild 7.8   ISDN-Architektur (/7.23/, S. 233)

Dem Anwender stellt ISDN B-Kanäle (*Bearer Channel*) für Nutzdaten und D-Kanäle (Data Channel) für die Signalisierung zur Verfügung. Je nach Anschlusstyp **BA Basisanschluss** (BRI: *Basic Rate Interface* oder

BRA: *Basic Rate Access*) oder **PMX Primärmultiplex-Anschluss** (PRI: *Primary Rate Interface* oder PRA: *Primary Rate Access*) sind unterschiedliche Datenraten verfügbar.

7.3.3 ISDN-Schichtenmodell

Bei der Betrachtung des ISDN-Schichtenmodells (→ Bild 7.9) sind Endgerät, Ortsvermittlungsstelle und Fernvermittlungsstelle zu unterscheiden.

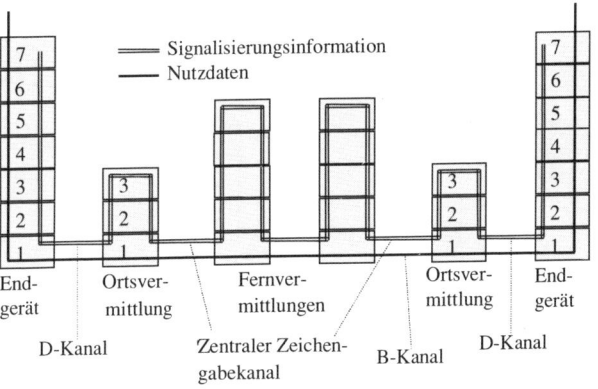

Bild 7.9 Protokollarchitektur für ISDN (vgl. /7.17/, S. 441)

Für die Nutzdaten wird auf der Schicht 1 eine transparente logische Verbindung aufgebaut. Die Empfehlungen I.430 (für BRI) und I.431 (für PRI) gelten für B- und D-Kanäle im Endgerät und der Ortsvermittlung gleichermaßen.

Für die Signalisierung existieren in der Ortsvermittlung drei Schichten. Schicht 2 verwendet **LAPD** (*Link Access Procedure for D Channel*, Empfehlungen Q.920 und Q.921). Auf Schicht 3 wird **DSS1** (*Digital Signalling System No. 1*, Empfehlungen Q.930 und Q.931) eingesetzt. DSS1 wird europaweit genutzt und deshalb kurz als **Euro-ISDN** bezeichnet.

In der Fernvermittlung wird (wie auch z. B. in GSM) das Signalisierungssystem SS7 (*Signalling System No. 7*, auch SS#7) verwendet. SS7 ist als Overlay-Netz aufgebaut, d. h., es ist physisch, nicht nur logisch, getrennt von den Nutzkanälen. Für ISDN sind die in Bild 7.10 rechts dargestellten Schichten relevant:

- **MTP-1, MTP-2, MTP-3** (*Message Transfer Part*): Diese Schichten sind für die Übertragung von SS7-Nachrichten zuständig und entsprechen in ihrer Funktion weitgehend den allgemeinen OSI-Schichten 1–3.

- **SCCP** (*Signal Connection Control Part*): entspricht dem oberen Teil der OSI-Schicht 3 und erlaubt den Austausch von Daten ohne Nutzkanalbezug und eine Ende-zu-Ende-Signalisierung.
- **ISUP** (*ISDN User Part*): zur Übertragung von Steuer- und Meldedaten, die zum Auf- und Abbau sowie zur Überwachung von leitungsvermittelten Verbindungen auf B-Kanälen benötigt werden.

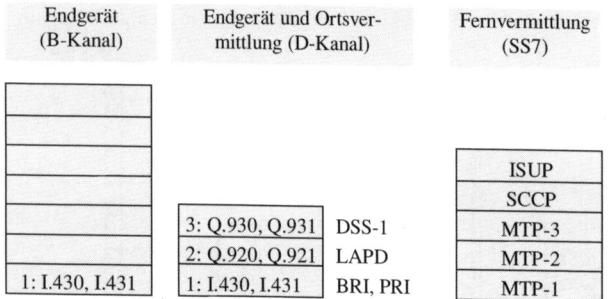

Bild 7.10   Protokollschichten in ISDN (/7.17/, S. 441 und /7.3 a/, S. 74)

7.4   PDH

Die **PDH** (*Plesiochrone digitale Hierarchie*) stellt ein synchrones Zeitmultiplex-System dar. Sie überträgt also Signale aus verschiedenen Quellen über einen gemeinsamen Kanal. Dabei sind die Bitraten der einzelnen Kanäle/Leitungen nicht exakt gleich, sondern nur näherungsweise (plesios ist griechisch und bedeutet nahe). Zum Ausgleich der Unterschiede werden **Stopfverfahren** verwendet.

PDH ist ein angemessenes Übertragungssystem für Sprache, für Bitströme, die per Modem über Zugangsnetze (→ Abschnitt 8.3) ankommen, und für Schmalband-ISDN. Damit besitzt PDH auch Bedeutung für Rechnernetze im WAN-Bereich.

📖 Nähere Angaben zu PDH finden sich in /7.15/, /7.2/, Abschn. 3.5 und /7.16/, S. 391–392.

7.4.1   Grundsätzliche Eigenschaften

Die Bitraten der PDH wurden 1972 von der CCITT (ITU-T) festgelegt. Die Regionen Nordamerika, Europa und Japan verwenden dabei unterschiedliche Bitraten → Tabelle 7.2.

Tabelle 7.2   Bitraten der PDH in kbit/s (vgl. /7.17/, S. 486)

Hierarchie-stufe	Nordamerika		Europa		Japan	Transatlantik
0		64		64	64	64
1	DS1	1544	E1	2048	1544	2048
2	DS2	6312	E2	8048	6312	6312
3	DS3	44736	E3	34368	32064	44736
4	DS4	274176	E4	139264	97728	139264
5			E5	564992		

Die Bezeichnung Ti gibt dieselbe Hierarchiestufe/Bitrate an wie DSi. Ti bezieht sich genau genommen auf das Übertragungssystem, DSi auf das Multiplex-Signal. E1, E2, E3, E4 und E5 werden aus Sicht der Telefonie auch als PCM 120, PCM 480, PCM 1920 und PCM 7680 bezeichnet.

Die Bitraten sind in der ITU-T-Empfehlung G.702 und die physikalisch/elektrischen Eigenschaften in G.703 festgelegt. Die Hierarchiestufe 1 ist in Europa mit E1 bzw. in Nordamerika mit T1 bezeichnet. Sie enthält 32 bzw. 24 Kanäle mit je 64 kbit/s. Die gewählte Basis von 64 kbit/s geht auf die ursprüngliche, digitale Sprachübertragung mittels PCM (Pulse Code Modulation) zurück. Dabei wurden Sprachsignale auf eine Bandbreite von 4 kHz begrenzt und entsprechend dem Nyquist-Kriterium mit einer Frequenz von 8 kHz (Periodendauer 125 µs) und einer Auflösung von 8 bit pro Abtastwert codiert. Dadurch ergibt sich eine Bitrate von 64 kbit/s pro Sprachkanal.

7.4.2   Multiplex-Struktur und Rahmenaufbau

Der Aufbau eines **E1-Rahmens** → Bild 7.11 ist sehr einfach: Die jeweils 8 Bits der Kanäle werden nacheinander übertragen. Dabei stehen die Kanäle 0 und 15 nicht für Nutzdaten zur Verfügung. Im Kanal 0 wird abwechselnd ein Rahmenkennungswort (Synchronisations-Bitmuster und Fehlerprüfinformation) und ein Rahmenmeldewort (für Fehlermanagement-Informationen) übertragen. Der Kanal 16 beinhaltet Signalisierungsinformation. Zur Leitungscodierung wird der HDB3-Code verwendet, als Übertragungsmedien stehen Koaxialkabel mit Wellenwiderstand 75 Ω oder verdrillte Zweidrahtleitungen mit 120 Ω zur Wahl. Die Spannungspegel auf der Senderseite betragen ± 2,37 V.

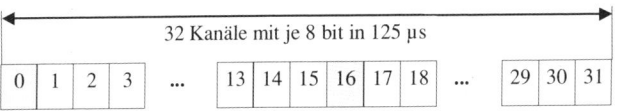

Bild 7.11   Ein E1-Rahmen (/7.17/, S. 489)

Rahmen einer **höheren Hierarchiestufe En** werden durch Digitalsignal-multiplexer gebildet, die dazu vier Rahmen der Stufe E$n - 1$ zusammenfassen. Da die einzelnen Rahmen aus verschiedenen Teilnetzen kommen, ist ihre Bitrate im Rahmen festgelegter Toleranzen unterschiedlich. Die Unterschiede werden durch Stopfverfahren ausgeglichen. Die Digitalsignalmultiplexer enthalten Pufferspeicher, die ankommende Rahmen zwischenspeichern, bis sie in den Multiplex-Rahmen eingefügt werden können.

Beim **Positiv-Stopfverfahren** wird der Pufferspeicher schneller gelesen als beschrieben. Je nach Füllstand des Pufferspeichers wird das Lesen an bestimmten Bitpositionen im Rahmen (*Stopfstellen*) unterbrochen und ein *Stopfbit* übertragen. Der Demultiplexer erfährt durch Stopfinformationsbits, ob an den möglichen Stopfstellen Stopfbits oder Nutzbits enthalten sind. Vorhandene Stopfbits werden vom Demultiplexer wieder entfernt.

Beim **Negativ-Stopfverfahren** wird der Pufferspeicher langsamer gelesen als beschrieben. Je nach Füllstand des Pufferspeichers werden im Multiplex-Rahmen vorhandene Stopfbits durch Informationsbits ersetzt. Der Demultiplexer wird über Stopfinformationsbits darüber informiert.

Beim **Positiv-Null-Negativ-Stopfverfahren** sind im Rahmen positive und negative Stopfstellen enthalten. Dieses Verfahren wird bei SDH ($\rightarrow$ Abschnitt 7.5) verwendet.

Der **E3-Rahmen** nach G.751 ($\rightarrow$ Bild 7.12) beginnt mit 10 Bits zur Identifikation des Rahmenbeginns (frame alignment), Bit 11 zeigt der Gegenstelle einen dringenden Alarm an und Bit 12 ist für die nationale Verwendung reserviert. Die Bits C1 bis C3 stellen die Stopfinformationsbits dar. Falls in der ersten Spalte C1 = C2 = C3 = 0 ist, wird das erste Stopfbit (St, 4. Zeile, Bit 5) als Stopfbit interpretiert, für C1 = C2 = C3 = 1 ist dieses Bit ein Nutzbit (Stopfen hat nicht stattgefunden). Für die Ci-Bits der Spalten 2, 3 und 4 und die St-Bits in Zeile 4, Bit 6, 7, 8 gilt derselbe Zusammenhang.

1	1	1	1	0	1	0	0	0	0	RAI	Res	Bits 13 .. 384
C1	C1	C1	C1									Bits 5 .. 384
C2	C2	C2	C2									Bits 5 .. 384
C3	C3	C3	C3	St	St	St	St					Bits 9 .. 384

Rahmenlänge 4 · 384 bit, Rahmensynchronisationssignal 1111 0100 00
RAI (Remote Alarm Indication): Alarm an Gegenstelle, Res: Reserviert
Cn: Anpassungs-Steuerungsbits (Justification Bits), St: Stopfbits

Bild 7.12   E3-Rahmen nach G.751 (/7.17/, S. 492, S. 494: der neue E3-Rahmen nach G.832)

Der Bitstrom wird im HDB3-Code mit einem Sendepegel von 1 V über ein 75-Ω-Koaxialkabel übertragen. E3-Rahmen nach G.832 stellen eine Anpassung von G.751 für die Übertragung von ATM-Zellen dar. Die Verwendung für E3-Frame-Relay-Strecken wird vom Frame Relay Forum (→ Abschnitt 12.4.5) empfohlen.

Der **E4-Rahmen** nach G.751 (→ Bild 7.13) ist nach demselben Schema aufgebaut wie der E3-Rahmen. Der Bitstrom wird im CMI-Code (Code Mark Inversion, /8.16/, S. 396) mit einem Sendepegel von ± 0,5 V über ein 75-Ω-Koaxialkabel übertragen.

1	1	1	1	0	1	0	0	0	0	RAI	Res	Res	Res	B. 17...488
C1	C1	C1	C1							Bits 5 .. 488				
C2	C2	C2	C2							Bits 5 .. 488				
C3	C3	C3	C3							Bits 5 .. 488				
C4	C4	C4	C4							Bits 5 .. 488				
C5	C5	C5	C5	St	St	St	St			Bits 9 .. 488				

Rahmenlänge 6 · 488 bit, Rahmensynchronisationssignal 1111 0100 00
RAI (Remote Alarm Indication): Alarm an Gegenstelle, Res: Reserviert
Cn: Anpassungs-Steuerungsbits (Justification Bits), St: Stopfbits

Bild 7.13   E4-Rahmen (/7.17/, S. 496)

7

7.5   SDH, SONET

SDH (*Synchronous Digital Hierarchy*) ist eine synchrone Multiplex-Übertragungstechnik für Glasfasern und Richtfunkstrecken. SDH wird als der primäre Standard für Netze im WAN-Bereich für die nächsten 2 bis 3 Jahrzehnte betrachtet.

SDH ist von der ITU-T standardisiert. Es ist abgeleitet von **SONET** (*Synchronous Optical Network*), das von Bellcore und AT&T seit 1985 entwickelt wurde. Die Standardisierung von SONET erfolgte durch ANSI. Heute sind die Unterschiede zwischen SONET und SDH gering, die beiden Konzepte sind interoperabel. Da PDH für B-ISDN (→ Abschnitt 7.7.1) mit Bitraten oberhalb von 100 Mbit/s nur bedingt einsetzbar ist, wurde SDH primär als Übertragungssystem für B-ISDN konzipiert. Es eignet sich aber auch für den transparenten Transport aller interessierenden Nutzlasten (ATM-Zellen, Multiplex-Signale der PDH-Hierarchie etc.).

7.5.1   Grundsätzliche Eigenschaften

SDH stellt ein synchrones Zeitmultiplex-Verfahren dar, das – ähnlich wie PDH – eine Multiplex-Hierarchie beinhaltet. Ziel ist die bestmögliche Ausnutzung der von Glasfasern gebotenen Übertragungskapazität. Im Gegensatz zu PDH sind die Takte der einzelnen Übertragungsstrecken strikt synchron und stehen zueinander in einem ganzzahligen Verhältnis, wodurch sich Vorteile und Vereinfachungen ergeben. Das Prinzip von SDH (→ Bild 7.14) ist einfach: die Byteströme aus n Quellen mit der Rate R werden per synchronem Multiplex zu einem Bytestrom der Rate n R zusammengefasst.

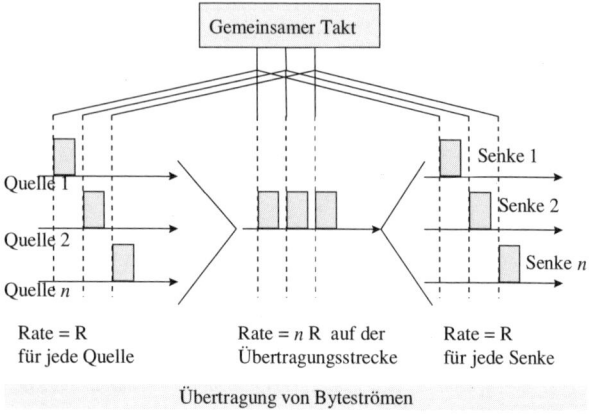

Bild 7.14   Das Prinzip von SDH

Durch die synchrone Arbeitsweise ist es – im Gegensatz zu PDH – möglich, ein Multiplex-Signal der Ordnung $n + 1$ direkt aus den Signalen aller darunter liegenden Hierarchiestufen 1, ..., n zu bilden. Ebenso kann ein Multiplex-Signal niedriger Ordnung direkt aus den Rahmen höherer Hierarchiestufen herausgelöst werden. Diese Funktionen werden als *add/drop* (→ Bild 7.16 a) bezeichnet. Das synchrone Multiplex-Verfahren ermöglicht auch den Transport und die Vermittlung von Bitströmen wie ATM-Zellen und PDH-Multiplex-Signalen. Diese Funktion wird als *cross-connect* (→ Bild 7.16 b) bezeichnet.

SDH kennt die Hierarchiestufen nach Tabelle 7.3. Die Rahmen der Stufe n werden mit **STM-n** (*Synchronous Transport Module-n*) bezeichnet. Die Stufen STM-1, STM-4, STM-16 und STM-64 werden normalerweise verwendet. SDH reserviert ca. 5 % der Rohdatenrate für **OAM**-Aufgaben (*Operations, Administration and Maintenance*).

Tabelle 7.3   SDH-Hierarchiestufen

Hierarchiestufe SDH	Bitrate	Hierarchiestufe SONET	Signalbezeich-nung SONET
--	51,84 Mbit/s	STS-1	OC-1
STM-1 *	155,52 Mbit/s	** STS-3	OC-3
STM-2	207,36 Mbit/s		
STM-3	466,56 Mbit/s	STS-9	OC-9
STM-4 *	622,08 Mbit/s	** STS-12	OC-12
STM-6	933,12 Mbit/s	STS-18	OC-18
STM-8	1244,16 Mbit/s	STS-24	OC-24
	1866,24 Mbit/s	STS-36	OC-36
STM-16 *	2488,32 Mbit/s	** STS-48	OC-48
STM-32	4976,64 Mbit/s	STS-96	OC-96
STM-64	9953,28 Mbit/s	STS-192	OC-192

7

STM: Synchronous Transport Module, STS: Synchronous Transport Signal, OC: Optical Carrier. Die mit * markierten Stufen bei SDH sind im Standard enthalten. Die mit ** markierten Hierarchiestufen in SONET haben die größte Verbreitung. STM-1 kann mit elektrischen oder optischen Schnittstellen, STM-4 und höher nur mit optischen Schnittstellen ausgeführt werden.

7.5.2   Funktionen in SDH

Die **Netzelemente** (*network elements*) in SDH sind wie folgt definiert (vgl. Bild 7.15 a und Bild 7.16):

- **TM** (*Terminal-Multiplexer*) besitzen mehrere plesiochrone oder synchrone Teilnehmerschnittstellen und eine oder zwei synchrone Leitungsschnittstellen. Sie ermöglichen den Zugang von Endgeräten zu einem SDH-Netz und fassen mehrere Signale zu einer SDH-Hierarchiestufe zusammen.
- **REG** (*Regenerator*) verstärkt optische Signale.
- **ADM** (*Add-Drop-Multiplexer*) haben dieselbe Funktion wie Terminal-Multiplexer. Sie können zusätzlich einzelne Kanäle (VC, Virtual Container, → Abschnitt 7.5.4) aus dem Multiplex-Datenstrom heraustrennen (*drop*) oder einfügen (*add*).
- **DCS** (*Digital Cross-Connect System* → auch Bild 7.16 b) können Kanäle (VC) zwischen verschiedenen Ein- und Ausgangsleitungen schalten.

SDH enthält Funktionen, die zur OSI-Schicht 1 gehören. Die Funktionsblöcke und ihre Schichtung (→ Bild 7.15) sind durch die folgenden Begriffe gekennzeichnet:

- **Optische Teilstrecken** (*photonic*): bezieht sich auf optische Signale auf Glasfasern und Umwandlungen elektrisch – optisch und umgekehrt.
- **Regenerator-Abschnitt** (*section*): bezeichnet einen Glasfaserabschnitt, der zwischen Regeneratoren (REG) oder zwischen einem Regenerator und einem anderen Netzelement angeordnet ist.
- **Multiplexer-Abschnitt** (*line*): Verbindung zwischen zwei aufeinander folgenden Netzelementen. Ein Multiplexer-Abschnitt entspricht einem Link (Punkt-zu-Punkt-Verbindung).
- **Pfad** (*path*): Verbindung zwischen TM (über ADM, DCS und Regeneratoren hinweg). Ein Pfad entspricht einer Ende-zu-Ende-Verbindung.

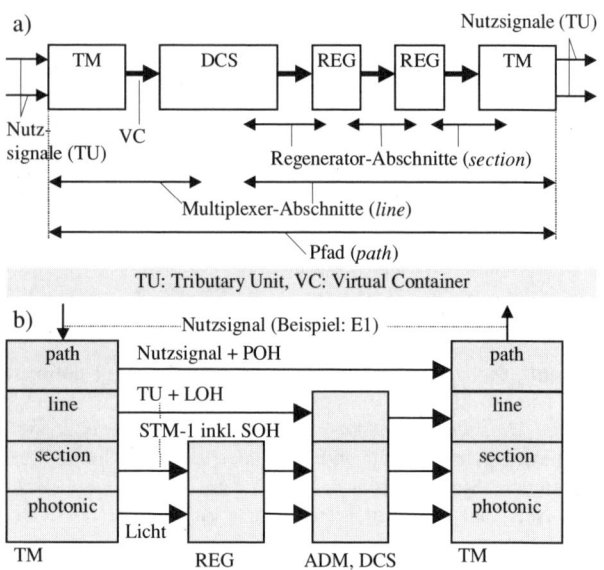

Bild 7.15   Funktionen in SDH a) Netzelemente (/7.17/, S. 498) b) Protokollschichten (/7.23/, S. 216–217)

Ein beispielhafter Ablauf der Kommunikation in SDH ist wie folgt (→ Bild 7.15 b): Über einen SDH-Pfad werden PDH-Rahmen der Hierarchiestufe E1 ausgetauscht. Diese werden mit dem POH (Path Overhead) versehen und in einen VC (Virtual Container) verpackt. Durch Hinzufügen eines Pointers entsteht eine TU (Tributary Unit). Für E1-Rahmen ist die TU12 geeignet. Die TU wird in einen STM-1-Rahmen eingefügt, der weitere TU aus anderen Verbindungen enthält. Der STM1-Rahmen wird durch einen SOH (Section Overhead) ergänzt und übertragen.

7.5.3 Topologie von SDH-Netzen

Die Topologie in SDH-Kernnetzen basiert auf einem Doppelring, ähnlich wie bei FDDI. Im ungestörten Betrieb (→ Bild 7.16 a) wird ein Ring genutzt, der zweite dient als kalte Reserve. Byteströme werden durch die ADM in den Ring eingefügt und aus ihm entnommen. Bei einer Kabelunterbrechung schließt das **APS** (*Automatic Protection System*) den Ring unter Verwendung des Reserverings (analog zu FDDI, → Bild 6.22 in Abschnitt 6.6.2). Durch Einsatz eines **DCS** (*Digital Cross-Connect System*, → Bild 7.16 b) können Ringe gekoppelt werden, indem einzelne Byteströme mittels DCS zwischen diesen durchgeschaltet werden. Im Endeffekt kann die Topologie des Netzes an Störungen und die aktuelle Belastung angepasst werden.

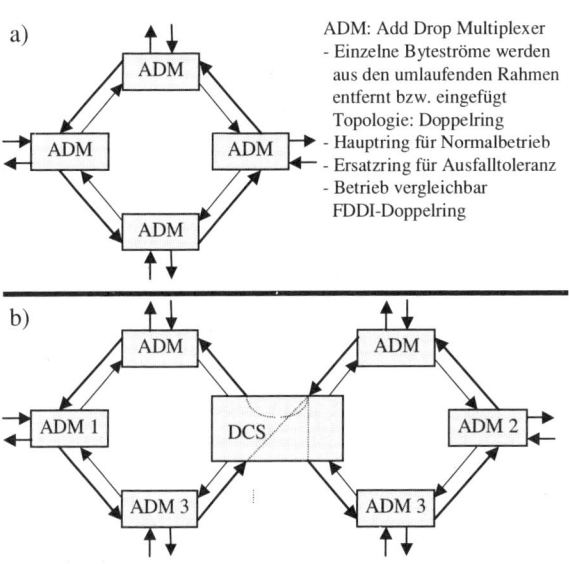

ADM: Add Drop Multiplexer
- Einzelne Byteströme werden aus den umlaufenden Rahmen entfernt bzw. eingefügt
Topologie: Doppelring
- Hauptring für Normalbetrieb
- Ersatzring für Ausfalltoleranz
- Betrieb vergleichbar FDDI-Doppelring

DCS: Digital Cross-Connect System. Byteströme werden zwischen Ringen „durchgeschaltet". Topologie ist „variabel"

Bild 7.16   SDH-Doppelring a) mit ADM /7.23/ b) Ringe über DCS gekoppelt (/7.3 a/, S. 359)

7.5.4 Multiplex-Struktur und Rahmenaufbau

SDH überträgt Nutz- und Steuerdaten in einer (potenziell unendlichen) Folge von Rahmen. Jeder Rahmen besteht aus **Overhead** (Steuerdaten)

und **Payload** (Nutzdaten und weitere Daten). Der STM-1-Rahmen
(→ Bild 7.17) besteht aus den Bereichen Nutzlast, RSOH (*Repeater Section Overhead*) und MSOH (*Multiplex Section Overhead*) und AU Pointer. Der Rahmen wird zeilenweise von links nach rechts und von oben nach unten übertragen. Die AU Pointer (Administrative Unit) zeigen auf die Position der Nutzinformation im Bereich Payload.

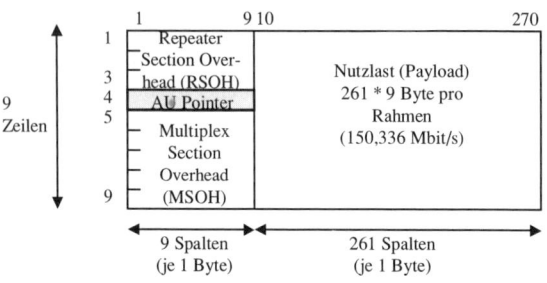

Bild 7.17   Aufbau des STM-1- Rahmens (/7.16/, S. 394)

Die Begriffe zum Rahmenaufbau sind wie folgt definiert:

- **Container** (C-*i*): Bereiche im Rahmen, die einer bestimmten Nutzlast entsprechen. Die Größe der Container C-11 bis C-4 wurde an die in der PDH (→ Abschnitt 7.4) definierten Datenraten angepasst. Das Einfügen plesiochroner Datenströme erfordert Bitstopfvorgänge. Jedem Container wird der POH (Path Overhead) hinzugefügt, der die Nutzdaten beschreibt.

- **Virtual Container** (VC-*i*): werden eingeteilt in VC niedriger Ordnung (VC-11 bis VC-13, VC-2 und VC-3) und VC höherer Ordnung (VC-4). VC niedriger Ordnung werden zu solchen höherer Ordnung zusammengefasst.

- **Tributary Unit** (TU-*i*): Sie sind erforderlich, weil die von außerhalb der SDH kommenden VC unterschiedliche Phasenlagen in Bezug auf den Multiplex-Rahmen aufweisen können. Deshalb werden die VC in die etwas größeren TU eingebettet. Der Beginn eines VC innerhalb der TU wird durch Pointer angegeben.

- **Tributary Unit Group** (TUG): Sie fassen TU-*i* gemäß Bild 7.18 zusammen.

- **Administrative Unit** (AU-*i*): Sie haben gegenüber VC höherer Ordnung dieselbe Funktion wie die TUG gegenüber VC niedriger Ordnung.

- **Administrative Unit Group** (AUG): werden analog zu den TUG aus AU-3 und AU-4 gebildet. Die zugehörigen Pointer sind die AU-Pointer (Zeile 4, Bytes 1–9 in Bild 7.17).

- **Synchronous Transport Module** (STM-*n*): Rahmen höherer Ordnung (*n* > 1) werden durch das Multiplexen entsprechend vieler Rahmen der nächsttieferen Hierarchiestufe gebildet.

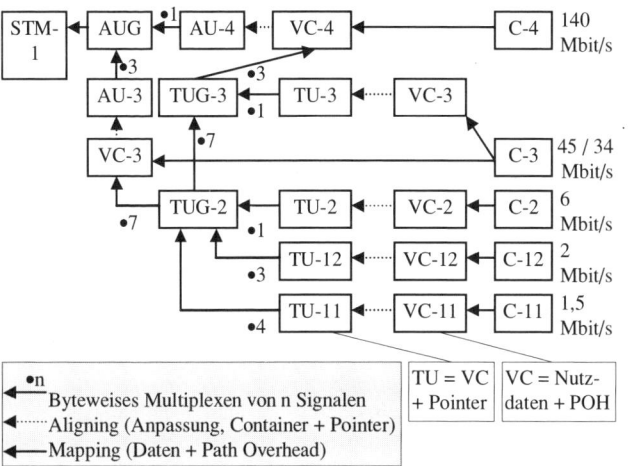

Bild 7.18   Multiplex-Schema für SDH nach ITU-T G.709 (vgl. /7.16/, S. 394, /7.17/, S. 500)

7.6   Frame Relay

7.6.1   Übersicht

Frame Relay ist ein Verfahren zur Paketübertragung in Wide Area Networks (WAN). Rahmen variabler Länge aus mehreren Verbindungen werden im asynchronen (statistischen) Zeitmultiplex über eine Leitung übertragen. Jede Verbindung erhält eine bestimmte Mindestdatenrate, die bei freier Leitungskapazität jedoch wesentlich überschritten werden kann. Frame Relay erlaubt den Transport einer Vielzahl von Protokollen höherer Schichten.

Das Konzept von **FR** (*Frame Relay*) wurde 1984 dem CCITT (heute ITU-T) vorgestellt. Eine merkliche Verbreitung setzte in den späten 80-er Jahren ein. 1990 wurde das Frame Relay Forum (→ Abschnitt 12.1) gegründet. Heute ist Frame Relay für die Datenübertragung etabliert, gleichzeitig wird es zunehmend für die Sprachübertragung eingesetzt.

Frame Relay kann als abgemagerte Variante von X.25 betrachtet werden. X.25 war auf Übertragungsstrecken mit hohen Fehlerraten ausgelegt und beinhaltet deshalb aufwändige Protokolle für die sichere Übertragung. Die wesentlich geringere Fehlerrate auf neueren digitalen Übertragungsystemen kommt mit einfacheren Protokollen aus. Dadurch lassen sich höhere Nutzdatenraten erzielen. Die wesentlichen Unterschiede von Frame Relay gegenüber X.25 sind:

- Das Multiplexen und Durchschalten logischer Verbindungen geschieht auf der OSI-Schicht 2.
- Es gibt keine Flusssteuerung und Fehlerbehebung (error control) auf den Frame-Relay-Übertragungsabschnitten. Falls erforderlich, müssen sich höhere Protokollschichten in den Endsystemen darum kümmern.
- Für die Signalisierung (→ Abschnitt 3.3) werden getrennte logische Verbindungen verwendet.

Die Datenrate in Frame Relay reicht von 56 bzw. 64 kbit/s in ganzzahligen Vielfachen bis 1,544 bzw. 2,048 Mbit/s. Datenraten bis 45 Mbit/s sind grundsätzlich machbar. Frame-Relay-Netze werden öffentlich von Service Providern zur Nutzung angeboten oder können als private Netze mit privaten Frame-Relay-Switches und gemieteten Standleitungen realisiert werden. Als Übertragungsinfrastruktur kann SDH (→ Abschnitt 7.5) oder PDH (→ Abschnitt 7.4) verwendet werden.

7.6.2   Verbindungen in Frame Relay

Frame Relay leistet eine verbindungsorientierte Kommunikation auf der OSI-Schicht 2. Ein Frame-Relay-Netz baut dazu bidirektionale, virtuelle Verbindungen – in der Regel über mehrere Zwischensysteme hinweg – zwischen zwei Endsystemen auf. Diese können permanent (**PVC**: *Permanent Virtual Circuit*) oder transient (**SVC**: *Switched Virtual Circuit*) sein. PVCs entsprechen einer logischen Standleitung, die immer in Betrieb ist. Permanente Verbindungen stehen bei Frame Relay im Vordergrund, da eine primäre Anwendung die Kopplung entfernter LANs war und ist. SVCs entsprechen Wählverbindungen mit der bekannten Folge Verbindungsaufbau, Datenaustausch und Verbindungsabbau. Als **Adressen** werden X.121- oder E.164-Rufnummern verwendet. Logische Verbindungen werden durch **DLCI** (*Data Link Connection Identifier*) gekennzeichnet. Beim Verbindungsaufbau wird die Adresse in eine Folge von DLCIs (Labels entsprechend Abschnitt 1.7.7) umgesetzt, die jeweils nur für einen Link lokal eindeutig sind.

Bild 7.19 zeigt ein Frame-Relay-Netz mit UNI und NNI. Endsysteme ohne FR-Schnittstelle können über FRAD (Frame Relay Access Device) angeschlossen werden.

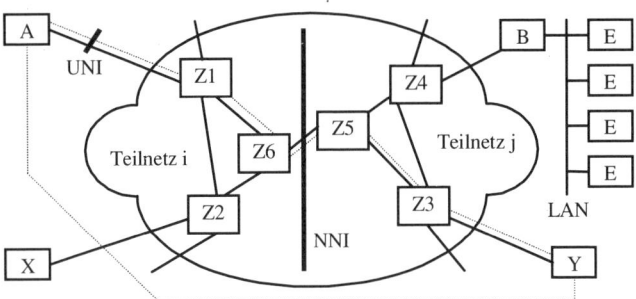

A, X, Y: Endsysteme (DTE) mit FR-Schnittstelle, z. B. Host
B: FRAD (Frame Relay Access Device, z. B. Bridge oder Router)
E: Endsysteme mit LAN-Schnittstelle
Z1, Z2, Z3, Z4: Frame Relay Switch oder Multiplexer (zum Zugangsnetz)
Z5, Z6: Frame Relay Switch im Kernnetzwerk
----: logische Verbindung

Bild 7.19   Aufbau von Frame-Relay-Netzen

7.6.3   Leistungsparameter und Überlaststeuerung

Der Frame-Relay-Provider garantiert dem Anwender eine vereinbarte Datenrate **CIR** (*Committed Information Rate*). Falls freie Bandbreite verfügbar ist, kann vorübergehend auch eine höhere Datenrate genutzt werden. Diese kann höchstens gleich der ebenfalls vereinbarten Access Rate, der Datenrate der Zugangsleitung sein. Die Datenrate wird nach Bild 7.20 als Anzahl der Bits in einem festgelegten Messintervall T_C gemessen. Für die garantierte Datenrate gilt: $CIR = B_c/T_c$ mit $B_c = Committed\ Burst\ Size$. Wird innerhalb des Messintervalls eine Bitzahl $B_c + B_e > B_c$ gesendet, dann werden die Rahmen mit den überzähligen Bits durch Setzen des **DE-Bits** (*Discard Eligible*) gekennzeichnet. Ein überlasteter Switch, der diese Pakete erhält, kann diese zur Reduktion der Überlast verwerfen. Das DE-Bit kann durch den Anwender oder den Provider gesetzt werden. Wenn innerhalb des Messintervalls eine Bitzahl größer als $B_c + B_e$ gesendet wird, werden diese in der Regel vom ersten durchlaufenen Switch, des Providers verworfen.
Diese Maßnahmen tragen dazu bei, die Überlastung des Netzes zu verhindern. Weiter sind dafür die Bits **FECN** (*Forward Explicit Congestion Notification*) und **BECN** (*Backward Explicit Congestion Notification*) zuständig. Ein überlasteter Switch kann in vorbeikommenden Rahmen das FECN-Bit setzen und damit den Empfänger auf die Überlast hinweisen. Höhere Protokollschichten des Empfängers können diese Informa-

tion für aus ihrer Sicht nützliche, Überlast-reduzierende Maßnahmen nutzen. Das BECN-Bit wird von Switches in Rahmen gesetzt, die in eine bestimmte Richtung unterwegs sind, falls aus der Gegenrichtung Rahmen mit gesetzten FECN-Bits ankommen. Der Empfänger der Rahmen mit gesetztem BECN-Bit erkennt dadurch, dass der von ihm benutzte Pfad überlastet ist.

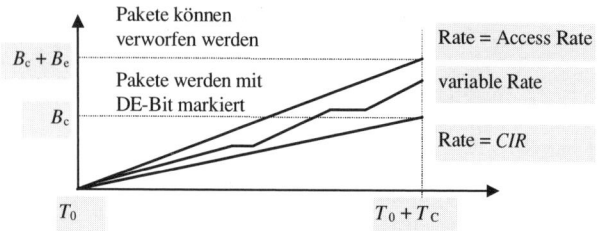

Bild 7.20   Zur Definition der Datenrate

7.6.4   Rahmenformat

Frame Relay verwendet auf der OSI-Schicht 2 das Protokoll **LAP-F** (*Link Access Procedure for Frame Mode Bearer Service*, Q.922). LAP-F basiert auf LAP-D und damit auf HDLC. LAP-F wird für die Signalisierung und für den Datentransfer genutzt.

Ein Rahmen in Frame Relay ($\rightarrow$ Bild 7.21) beginnt und endet mit dem aus HDLC bekannten Flag 01111110. Der Header enthält einen DLCI und einige Steuerbits. Er kann 2, 3 oder 4 Byte lang sein. Die Länge des DLCI ist entsprechend 10, 16 oder 23 bit. In der Regel wird ein DLCI mit 10 bit verwendet. Die Bits FECN, BECN und DE dienen der Überlaststeuerung. Das Bit EA0 (Extended Address) hat den Wert 0, EA1 den Wert 1. Das EA1-Bit kennzeichnet also das Ende des Headers. Das CR-Bit (Command/Response) wird in Frame Relay nicht genutzt, kann aber von höheren Protokollschichten verwendet werden.

Bei einer Header-Länge von 2 Byte ist der DLCI-Wert 0 für die In-Band-Signalisierung vorgesehen, die Werte 16–1007 für Frame-Relay-Verbindungen und der Wert 1023 für das LMI (Local Management Interface). Die anderen Werte sind reserviert. Diese Werte wurden ursprünglich vom Frame Relay Forum festgelegt. Für die neuere Festlegung nach ITU-T und ANSI, vgl. /7.10/, S. 177. Das DC-Bit unterscheidet zwischen DLCI und DL Core Control, vgl. /7.21/, S. 56. Das FCS-Feld enthält einen CRC-Wert, der sich beim Durchlaufen eines Switch ändert, da sich der DLCI-Wert ändert. Das FCS-Feld wird deshalb immer wieder neu

berechnet. Falls ein folgender Switch eine Abweichung zwischen emp-
fangenem und berechnetem CRC-Wert feststellt, wird der Rahmen verworfen. Die zulässige Rahmenlänge ist in Frame Relay nicht spezifiziert.
Als minimale obere Grenze wird ein Wert von 1600 Byte für das Nutzda-
tenfeld allgemein akzeptiert. Dieser sollte im Interesse der Interoperabilität von Geräten verschiedener Hersteller eingehalten werden.

Flag 1 Byte	Header 2 - 4 Byte	Nutzdaten Variable Länge	FCS 2 Byte	Flag 1 Byte	Rahmenaufbau (CCITT I.441)

7	6	5	4	3	2	1	0	
Upper DLCI					CR	EA0	Header 2 Byte
Lower DLCI		FECN	BECN	DE	EA1	
Upper DLCI					CR	EA0	Header 3 Byte
Lower DLCI		FECN	BECN	DE	EA0	
Lower DLCI oder DL Core Control			DC	EA1	
Upper DLCI					CR	EA0	Header 4 Byte
Lower DLCI		FECN	BECN	DE	EA0	
Lower DLCI			EA0	
Lower DLCI oder DL Core Control			DC	EA1	

Bild 7.21   Rahmenaufbau bei Frame Relay (/7.21/, S. 58)

7.6.5   Signalisierung und Management

Das lokale Management in Frame Relay wird über ein UNI mit Hilfe
einer speziellen virtuellen Verbindung mit dem Switch des Providers realisiert. Durch den periodischen Austausch von Keep-Alive-Nachrichten
wird der Status aller PVCs ermittelt. Im Lauf der Entwicklung wurden
mehrere Formate für Management-Nachrichten definiert:

- LMI (Local Management Interface), 1990.
- ANSI T1.617 Annex D, 1991.
- ITU-T Q.933 Annex A, 1992.
- ANSI T1.167 Annex B, 1997.

Alle vier Varianten werden als LMI bezeichnet, obwohl sie sich bezüglich Status-Anfrage- und Antwort-Nachrichten unterscheiden. Das
Zugangssystem muss dieselbe Variante verwenden wie das Netz.

Details finden sich in /7.10/, Kap. II-7.

7.6.6   Multiprotokoll-Kapselung

In Netzen werden häufig PDUs verschiedener Protokolle transportiert. Multiprotokoll-Router müssen in der Lage sein das verwendete Protokoll zu erkennen, um die PDUs korrekt zu behandeln. Die Frame-Relay-Standards sehen hingegen im Header kein Feld zur Identifikation des in den Nutzdaten enthaltenen Protokolls vor. Wenn eine virtuelle Verbindung nur einen Protokolltyp transportiert, kann dieser bei der Konfiguration der Verbindung festgelegt werden. Die IETF ($\rightarrow$ Abschnitt 12.1) hat deshalb eine Multiprotokoll-Kapselung für Frame Relay definiert (RFC 2427, RFC 1490: Multiprotocol Interconnect over Frame Relay).

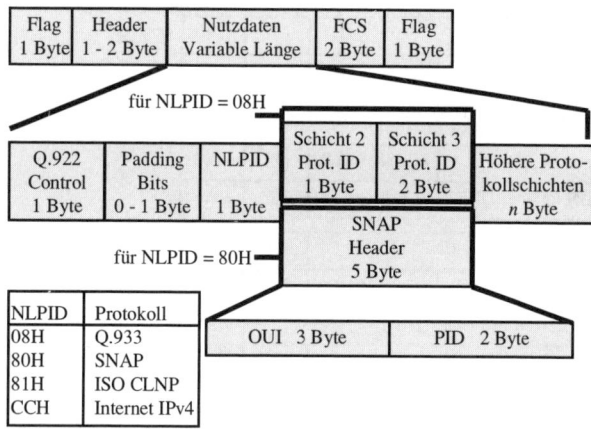

Bild 7.22   Multiprotokoll-Kapselung in Frame Relay (/7.17/, S. 475)

Darin ist festgelegt, wie verschiedene Protokolle der Schichten 3 und 2 gekapselt werden. Der Frame-Relay-Rahmen wird um vier Felder ergänzt. Das erste (Q.922 Control) ist ein UI-Feld (Unnumbered Information), das mit dem Wert 03H belegt und durch Padding Bits auf zwei volle Bytes aufgefüllt wird. Im **NLPID**-Byte (*Network Layer Protocol ID*) wird das gekapselte Protokoll benannt $\rightarrow$ Bild 7.22. Einige Zuordnungen von OUI/PID zum gekapselten Protokoll sind in Tabelle 7.4 enthalten.

Tabelle 7.4   Gekapselte Protokolle in Abhängigkeit von OUI und PID (/7.17/, S. 475)

OUI	PID (mit FCS)	PID (ohne FCS)	Netztyp
00 80 C2H (Brückenmodus)	00 01H	00 07H	IEEE 802.3
	00 02H	00 08H	IEEE 802.4
	00 03H	00 09H	IEEE 802.5
	00 04H	00 0AH	FDDI
		00 0BH	IEEE 802.6
		00 0DH	Fragmente
		00 0EH	BPDU (IEEE 802.1)
		00 0FH	Source Routing
00 00 00H	Ethernet-Typenfeldwerte	00 00 00H	

7

7.6.7 Multicast

Multicast ($\to$ Abschnitt 5.2.6) ist auch in Frame Relay vorgesehen. Dafür werden **permanente virtuelle Verbindungen** für die einzelnen Empfänger benutzt. Jeder Switch, der Multicast-Rahmen empfängt, gibt diese in Kopie an die nachgeordneten Empfänger der Multicast-Gruppe weiter. Dazu müssen in die Kopien die jeweiligen DLCI-Werte eingetragen werden. Die Aufgabe der Verteilung übernehmen **Multicast-Server** innerhalb des Frame-Relay-Netzes. Das Frame Relay Forum hat für drei Typen von Multicast-Anwendungen Lösungen aufgezeigt:

- **Einweg-Multicast:** Es gibt nur einen Sender, alle anderen Gruppenmitglieder sind Empfänger. Unicast zwischen dem Sender und jedem einzelnen Empfänger ist unabhängig vom Multicast möglich. Anwendung: Teleteaching ohne Interaktion.

- **Zweiweg-Multicast:** Es gibt einen Sender und viele Empfänger. Jeder Empfänger verfügt über einen eigenen Rückkanal zum Sender. Zusätzliche Unicasts zwischen Sender und Empfänger sind hier nicht vorgesehen. Anwendung: Teleteaching mit Rückmeldung.

- **N-Weg-Multicast:** Jeder Teilnehmer kann Sender oder Empfänger sein. Jeder gesendete Rahmen wird allen Empfängern zugestellt. Anwendung: Konferenz zwischen allen Mitgliedern der Multicast-Gruppe.

7.7   ATM

7.7.1   B-ISDN und ATM

ISDN ($\rightarrow$ Abschnitt 7.3) verfolgte das Ziel der Integration von Telekommunikationsdiensten wie Telefon und Telefax mit der Datenkommunikation. Dabei werden weite Distanzen bei relativ niedrigen Datenraten überbrückt. **B-ISDN** (*Breitband-ISDN*) zielt auf eine weitergehende Integration, indem Telekommunikations- und Datendienste sowie Verteildienste (Rundfunk, Fernsehen) auf einem einheitlichen Netz angeboten werden. Dazu ist eine wesentlich höhere Datenrate erforderlich als für ISDN, das zur Unterscheidung nun als **S-ISDN** (Schmalband-ISDN) bezeichnet wird. Die erforderliche Bandbreite erhält B-ISDN im Wesentlichen durch die Nutzung des Übertragungsmediums Glasfaser. Aufbau und Betrieb eines universellen, integrierten Netzes sind vorteilhaft gegenüber einzelnen, spezialisierten Netzen. Neue Dienste können einfacher eingeführt werden und zwischen den Dienstarten ist ein Lastausgleich möglich, der (im statistischen Mittel) zu einer besseren Auslastung des Netzes führt.

ATM (*Asynchronous Transfer Mode*) ist das Übertragungsverfahren, auf dem B-ISDN aufsetzt. Dazu müssen nicht notwendigerweise eigene ATM-Netze realisiert werden, vielmehr können bestehende WAN-Konzepte (primär SDH, $\rightarrow$ Abschnitt 7.5) für die Übertragung genutzt werden.

7.7.2   Funktionsprinzip

ATM nutzt das Konzept der **Zellenvermittlung** ($\rightarrow$ Abschnitt 3.2.4), das eine Paketvermittlung mit Paketen konstanter und kurzer Länge beinhaltet. ATM ist **verbindungsorientiert**, alle Pakete einer Verbindung werden auf demselben Weg (virtuelle Verbindung) transportiert. Dabei werden permanente (**PVC**: *Permanent Virtual Circuit*) und transiente (**SVC**: *Switched Virtual Circuit*) Verbindungen unterschieden. Die Funktionen Verbindungsaufbau, Wegewahl und die eigentliche Weiterleitung der Zellen (*forwarding*) sind strikt getrennt.

Ein **virtueller Kanal** (**VC**: *Virtual Channel*, $\rightarrow$ Bild 7.23) ist eine unidirektionale Verbindung zum Reihenfolge erhaltenden Transport von ATM-Zellen. Ein VC wird durch eine numerische Kennung (**VCI**: *Virtual Channel Identifier*) eindeutig identifiziert. Ein **virtueller Pfad** (**VP**: *Virtual Path*) ist ein Bündel mehrerer VC. Der VP wird durch einen **VPI** (*Virtual Path Identifier*) eindeutig gekennzeichnet. VCI und VPI sind Labels in der Bedeutung von Abschnitt 1.7.7. VCI haben nur lokale Bedeutung.

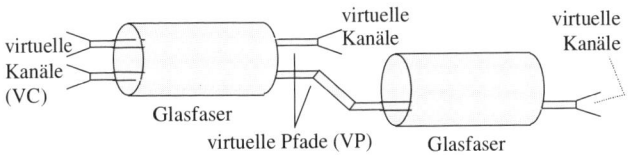

Bild 7.23   Virtuelle Kanäle (VC) und virtuelle Pfade (VP) (/7.4/, S.330)

Eine **virtuelle Kanalverbindung** (**VCC**: *Virtual Channel Connection*) ist eine Folge von VC, die zwischen zwei Netzzugangspunkten liegt. Analog wird eine **virtuelle Pfadverbindung** (**VPC**: *Virtual Path Connection*) durch eine Folge von VP beschrieben. Die in Bild 7.24 gezeigte Verbindung zwischen X und Y wird durch die VPI-Folge (2, 4, 6, 12) und die VCI-Folge (7, 9, 5) bezeichnet. Da die Verbindung zwischen Switch A und Switch C in einem virtuellen Pfad verläuft, wird der VCI-Wert im Switch B nicht umgesetzt.

7

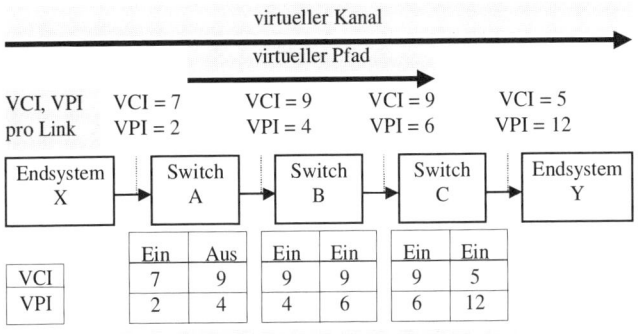

Bild 7.24   VCI und VPI bei ATM

Die Zellenvermittlung wird in ATM durch Switches (→ Bild 7.24) bewerkstelligt. Ein ATM-Switch kann recht einfach auf der Basis von einstufigen Banyan-Switches (→ Bild 7.25 a) aufgebaut werden. Dieser kann die beiden Eingänge direkt oder über Kreuz auf die beiden Ausgänge durchschalten. Ein gleichzeitiges Durchschalten beider Eingänge auf einen Ausgang würde eine Kollision nach sich ziehen und ist deshalb nicht möglich. Hingegen kann durch den Einsatz von Pufferspeichern zuerst die Zelle an einem Eingang und anschließend die Zelle am anderen Eingang auf einen bestimmten Ausgang durchgeschaltet werden. Die Werte (Bits) 0 und 1 (→ Bild 7.25 b) legen den Weg fest, den ein ankommendes Paket im Switch nimmt.

Der zweistufige Banyan-Switch wird aus vier einstufigen Switches entsprechend Bild 7.25 c) aufgebaut. Er kann vier Eingänge mit vier Ausgängen verbinden. Wie man leicht erkennt, können die Eingänge nicht beliebig permutiert mit den Ausgängen verbunden werden.

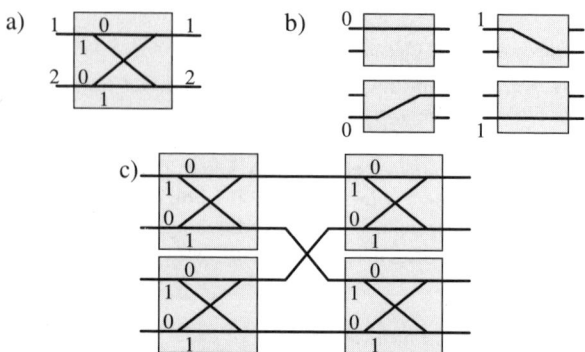

Bild 7.25   Banyan-Switch a) einstufiger Switch, b) Funktion des einstufigen Switch, c) zweistufiger Switch (/7.4/, S.332)

Die Anordnung in Bild 7.26 erweitert den zweistufigen Banyan-Switch auf acht Ein- und Ausgänge. Die Erweiterung kann fortgesetzt werden, so dass i-stufige Switch-Netzwerke mit 2^i Ein- und Ausgängen unter Verwendung von zwei $(i-1)$-stufigen und 2^{i-1} einstufigen Switches entstehen.

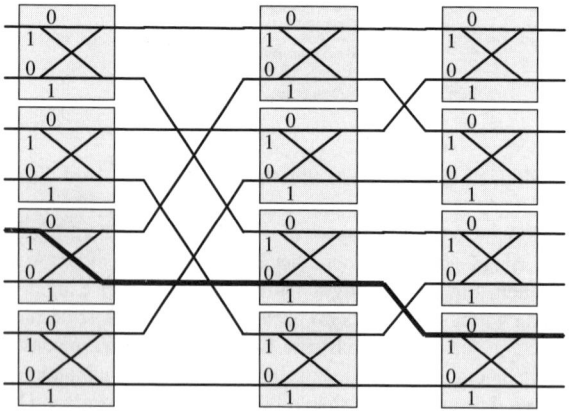

Bild 7.26   Dreistufiger Banyan-Switch (/7.4/, S. 333). Der Weg durch den Switch ist mit 110 gekennzeichnet

In Banyan-Switches ist ein so genanntes Self-routing möglich. Eine Zelle wird innerhalb des Switch zusätzlich mit einem Vorspann versehen, der den Weg vorgibt (→ Bild 7.26). Der hervorgehobene Weg ist durch den Vorspann 110 gekennzeichnet.

Switches benötigen Pufferspeicher, da die Zellen beim asynchronen Multiplexing in der Regel nicht sofort weitergegeben werden können. Entsprechend Bild 7.27 können die Pufferspeicher an verschiedenen Stellen angeordnet werden. Die Schalterelemente sind nur durch Kreuzungspunkte angedeutet. Hinweise zur Bewertung finden sich z. B. in /7.23/, Kap. 11.

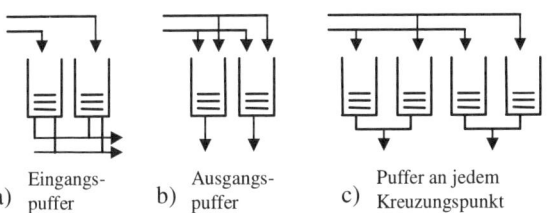

a) Eingangs-\
puffer   b) Ausgangs-\
puffer   c) Puffer an jedem\
Kreuzungspunkt

Bild 7.27   Zuordnung von Pufferspeichern zu Switches a) an den Eingängen, b) an den Ausgängen, c) an Ein- und Ausgängen (/7.4/, S.331)

7.7.3   ATM-Schnittstellen und Netzaufbau

Ein ATM-Netz besteht aus zwei Arten von Knoten:

- **ATM-Knoten** (*ATM Switches*). Sie sind für die Zellenvermittlung im Netz zuständig.
- **ATM-Endpunkte** (*ATM End Points*). Diese können Workstations, Router, DSU (Digital Service Unit) oder LAN Switches sein, die mit einer ATM-Schnittstelle ausgerüstet sind.

Bei Internetworking zwischen öffentlichen und privaten ATM-Netzen ergeben sich verschiedene Arten von **Schnittstellen** (→ Bild 7.28):

- **NNI** (*Network Node Interface*): Schnittstelle zwischen zwei ATM-Switches. Ein privates NNI verbindet zwei ATM-Switches in demselben privaten Netz, ein öffentliches (public) NNI hat dieselbe Aufgabe in einem (!) öffentlichen Netz. Die Abkürzung **PNNI** (*Private Network-Network Interface* bzw. *Private Network-Node Interface*) bezieht sich ausschließlich auf private Netze.
- **UNI** (*User Network Interface*): Schnittstelle zwischen ATM-Switch und ATM-Endpunkt. Ein privates UNI verbindet einen ATM-Endpunkt (ATM-Endpunkt ist immer privat) mit einem privaten ATM-Switch. Ein öffentliches UNI verbindet einen ATM-Endpunkt oder einen privaten ATM-Switch mit einem öffentlichen (public) ATM-Switch.

- **B-ICI** (*Broadband Interexchange Carrier Interconnect*): verbindet zwei ATM-Switches, die zu den Netzen verschiedener Service Provider gehören.
- **DXI** (*Data Exchange Interface*): wurde vom ATM-Forum spezifiziert um bestehende Geräte auf einfache Weise an ATM-Netze anzubinden. Dazu wird aber eine **DSU** benötigt.
- **FUNI** (*Frame UNI*): ist ähnlich DXI, benötigt aber keine DSU.
- Weitere Begriffe aus Bild 7.28 werden in Abschnitt 7.8.3.3 behandelt.

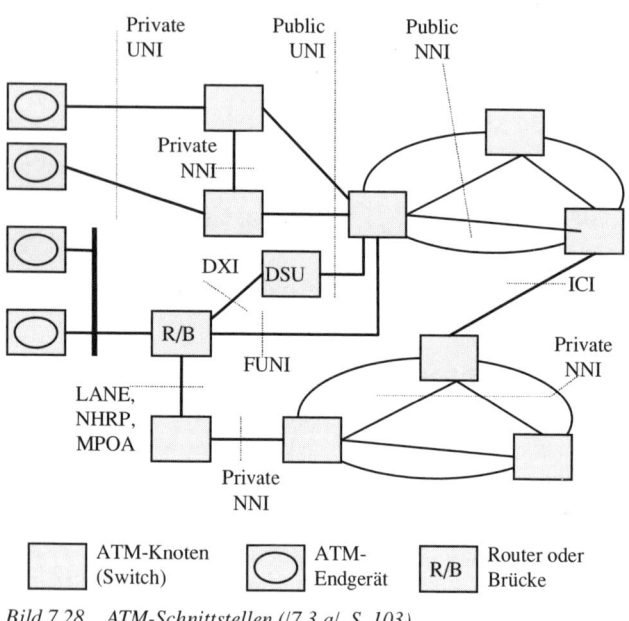

Bild 7.28   ATM-Schnittstellen (/7.3 a/, S. 103)

7.7.4   Schichtenmodell und Zellenformat

Das ATM-Schichtenmodell (→Abschnitt 1.4.3) ist bezüglich seiner *User* und *Control Planes* nach Bild 7.29 aufgebaut. ATM verlangt keine bestimmte physische Schicht. Für öffentliche Netze im WAN-Bereich ist SDH die geeignete Variante. Die ATM-Schicht ist für den Transport der ATM-Zellen zuständig. Die **AAL** (*ATM Adaptation Layer*) umfasst die Teilschichten **SAR** (*Segmentation And Reassembly*) und **CS** (*Convergence Sublayer*). SAR ist für die Segmentierung von Nutzdaten in ATM-Zellen und deren Reassemblierung verantwortlich. CS stellt die Verbindung zu den höheren Protokollschichten her, wobei die Funktion dieser Subschicht je nach Dienstklasse (→ Abschnitt 7.7.5) verschieden ist (→ linke Seite in Bild 7.29).

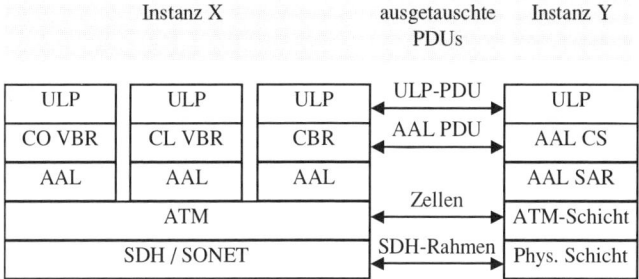

AAL: ATM Adaptation Layer, VBR: Variable Bit Rate, CBR: Constant Bit Rate, ULP: Upper Layer Protocol, SAR: Segmentation and Reassembly, CS: Convergence Sublayer

Bild 7.29   Das ATM-Schichtenmodell

Zellenformat

Der Aufbau von ATM-Zellen an der Schnittstelle zwischen Endsystem und Netz (**UNI**: *User Network Interface*) und an der Schnittstelle zwischen Netzknoten (**NNI**: *Network Node Interface*) ist unterschiedlich, → Bild 7.30. Die Felder VPI (Virtual Path Identifier) und VCI (Virtual Channel Identifier) bilden zusammen eine Kennung für den virtuellen Kanal. Die Aufteilung in VPI und VCI ermöglicht ein zweistufiges, hierarchisches Routing. Das Feld **PTI** (*Payload Type Identifier*) dient der Unterscheidung verschiedener Nutzlasttypen → Tabelle 7.5.

Tabelle 7.5   Nutzlasttypen (/7.4/, S. 323; vgl. /7.17/, S. 344–345)

PTI	Bedeutung
000, 001	Benutzerdaten (Netzüberlastung ist unterwegs nicht aufgetreten).
010, 011	Benutzerdaten (Netzüberlastung ist unterwegs aufgetreten).
100	O&M-Zelle (Operations and Maintenance) für die Kommunikation zwischen benachbarten Netzknoten.
101	O&M-Zelle für die Kommunikation Ende-zu-Ende.
110	Zelle für das Ressourcenmanagement. Erlaubt es dem Netz, den von Diensten ohne Echtzeitanforderungen generierten Verkehr zu beeinflussen.
111	Reserviert.

Das erste Bit des PTI-Feldes unterscheidet Benutzer- und O&M-Zellen, das zweite Bit zeigt Überlast an und das dritte Bit zeigt an, ob die Zelle die letzte in einer Folge zusammengehöriger Zellen ist (nur für AAL5). Benutzerdaten werden mit einem PTI-Wert von 000 bzw. 001 abgesendet. Wenn diese Zellen überlastete Zwischenknoten passieren, dürfen diese den PTI-Wert auf 010 bzw. 011 setzen. Das CLP-Bit (Cell Loss Priority) unterscheidet wichtige und weniger wichtige Zellen. Wenn in einem Vermittlungsknoten eine Warteschlange überzulaufen droht, werden zuerst Zellen mit gesetztem CLP-Bit verworfen. Alle Zellen einer Verbindung der Dienstklasse A (bzw. CBR) haben eine hohe Priorität. Diejenigen Zellen der Dienstklassen B, C, D, die für die Aufrechterhaltung einer gewissen Mindestgüte bedeutsam sind, erhalten eine hohe Priorität, alle anderen Zellen eine niedrige Priorität. Dadurch ergibt sich die Möglichkeit im Überlastfall zunächst weniger wichtige Zellen zu verwerfen und so einen vollständigen Ausfall der betroffenen Verbindung zu vermeiden. Das **HEC-Feld** (*Header Error Control*) enthält eine Prüfsumme über die ersten vier Bytes des Headers. Dadurch soll verhindert werden, dass durch Übertragungsfehler im Header Zellen an eine falsche Adresse zugestellt werden. Für Nutzdaten ist keine Fehlererkennung vorgesehen, diese ist – soweit erforderlich – von den höheren Protokollschichten zu leisten. Das **GFC-Feld** (*Generic Flow Control*) ist nur in UNI-Zellen enthalten. Es dient der Flusssteuerung zwischen Endgerät und Netz.

NNI

VPI	VCI	PTI	CLP	HEC	Information
12 bit	16 bit	3 bit	1 bit	8 bit	48 Byte

UNI

GFC	VPI	VCI	PTI	CLP	HEC	Information
4 bit	8 bit	16 bit	3 bit	1 bit	8 bit	48 Byte

Bild 7.30   Aufbau der ATM-Zellen (/7.4/, S. 322)

HEC

Das HEC-Feld dient nicht nur der Fehlererkennung und -korrektur (zur Berechnung des Feldinhaltes vgl. /7.4/, S. 327), sondern auch der Synchronisation der Empfänger auf den Zellenanfang. Da bei der Übertragung über Glasfasern auch Bündelfehler auftreten können, wird ein Verfahren nach Bild 7.31 benutzt. Solange keine Fehler auftreten, befindet sich der Empfänger im Fehlerkorrekturmodus. Wenn Einzelbitfehler auftreten, werden diese korrigiert. Beim Auftreten von Bündelfehlern wird die Zelle verworfen und der Empfänger wechselt in den Fehlererkennungsmodus. Alle fehlerbehafteten Zellen werden verworfen. Der Empfänger wechselt erst wieder in den Fehlerkorrekturmodus, nachdem er fehlerfreie Zellen empfangen hat.

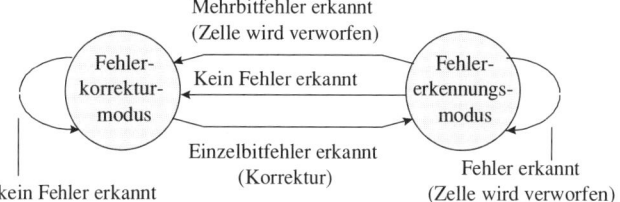

Bild 7.31   Fehlerbehandlung im Zellenheader (/7.4/, S. 327)

Zur Ermittlung der Zellgrenzen wird kein festgelegtes Bitmuster verwendet, sondern das HEC-Feld. Dazu sucht der Empfänger nach fehlerfreien Zellenheadern. Im Zustand *hunt* (→ Bild 7.32) werden aus einem Bitstrom jeweils 5 Byte entnommen und darauf geprüft, ob das fünfte Byte eine gültige Prüfsumme ist. Falls nicht, wird der Ausschnitt um ein Bit verschoben und wieder geprüft. Dieser Vorgang wiederholt sich, bis eine gültige Prüfsumme gefunden wird. Daraufhin wird der Zustand *presynch* angenommen, in dem der Empfänger in Schritten von 53 Byte nach weiteren gültigen Zellenheadern sucht. Falls er keine findet, wechselt er zurück in den Zustand *hunt*. Falls δ gültige Zellenheader in Folge gefunden wurden, wird angenommen, dass die Zellengrenze korrekt gefunden wurde. Der Zustand wechselt zu *synch*. Wenn nun mehr als α ungültige Zellenheader in Folge auftreten, ist die Synchronisation verloren gegangen, der Zustand wechselt zurück zu *hunt*.

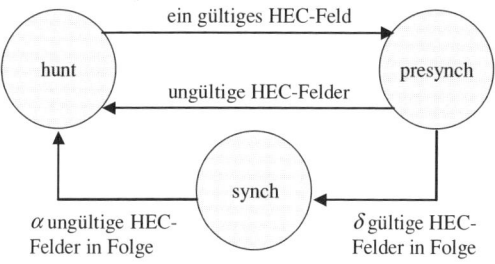

In der Regel: $\delta = 6$, $\alpha = 7$

Bild 7.32   Ermittlung der Zellengrenzen (/7.17/, S. 341)

7.7.5   Dienstklassen

Die in B-ISDN bzw. ATM-Netzen angebotenen Dienste werden der Übersichtlichkeit halber in Dienstklassen (*service category*) eingeteilt → Tabelle 7.6. Echtzeitfähig bedeutet, dass die Verweildauer der Zellen im Netz zwischen Sender und Empfänger konstant ist.

Tabelle 7.6   Dienstklassen für B-ISDN nach ITU-T (/7.17/, S. 356)

Klasse	Bitrate	verbindungs-orientiert/echtzeitfähig	AAL-Typ	Beispiele
A	konstant	ja / ja	Typ 1	Telefondienst. Emulation von durchgeschalteten Leitungen
B	variabel	ja / ja	Typ 2	Wie Klasse A, jedoch für Signale mit Datenkompression
C	variabel	ja / nein	Typ 3 Typ 5	Telefax, Emulation von X.25-Verbindungen, Remote Login
D	variabel	nein / nein	Typ 4	Dateitransfer, E-Mail, WWW

Das ATM-Forum (→ Abschnitt 12.4.5) verwendet eine andere Definition der Dienstklassen, (→ Tabelle 7.7).

Tabelle 7.7   Dienstklassen nach ATM-Forum (detailliert in /7.3 a/, S. 250–251)

Dienstklasse	Eigenschaften
CBR (Constant Bit Rate)	Nachbildung der Leitungsvermittlung
RT-VBR (Real Time Variable Bit Rate)	Geringe Verzögerung und Verzögerungsschwankung. Sprach- und Videoübertragung mit Bursts.
NRT-VBR (Non Real Time VBR)	Geringe Verzögerungsschwankung, jedoch höhere Verzögerung.
ABR (Available Bit Rate)	Nutzt verbleibende Kapazität eines Pfades. Minimale Zellenrate ist garantiert.
UBR (Unspecified Bit Rate)	Keinerlei Garantien.
GFR (Guaranteed Frame Rate)	Garantiert eine minimale Rate für TCP/IP-Pakete.

Die Dienstklassen nach Tabelle 7.6 und 7.7 sind rein qualitativ, ohne die Angabe konkreter Zahlenwerte beschrieben. Zur genaueren Beschreibung der Anforderungen eines Dienstes wurden die folgenden quantitativen **Verkehrsparameter** (*traffic parameter*, vgl. z. B. /7.23/, S. 260 ff.) definiert:

- **PCR** (*Peak Cell Rate*): beschreibt die maximale Datenrate, die für einen Dienst benötigt wird. Diese wird in Zellen pro Sekunde gemessen. Der Aufbau der Zellen ist im Abschnitt 7.7.4 beschrieben.

- **SCR** (*Sustained Cell Rate*): beschreibt die mittlere Datenrate, die ein Dienst verlangt. Dabei erfolgt die Mittelwertbildung über einen langen Zeitraum.
- **MCR** (*Minimum Cell Rate*): ist die Datenrate, die für einen Sender jederzeit mindestens verfügbar sein muss, damit der Dienst korrekt erbracht wird.
- **ICR** (*Initial Cell Rate*): beschreibt die Zellenrate, mit der eine Quelle nach einer Pause senden soll.
- **CDVT** (*Cell Delay Variation Tolerance*): gibt an, um wie viel die Zeitabstände zwischen zwei aufeinander folgenden Zellen kürzer sein dürfen als 1/PCR bzw. 1/SCR.
- **BT** (*Burst Tolerance*): nennt die maximale Zahl der Zellen, die in einem Burst (unmittelbar nacheinander) gesendet werden dürfen.

Die tatsächlichen Eigenschaften eines ATM-Netzes werden durch weitere Parameter – die (mit Ausnahme der fehlerbezogenen Parameter) beim Verbindungsaufbau zwischen Endsystemen und dem Netzwerk ausgehandelt werden können – genauer beschrieben. Diese QoS-Parameter sind:

- **CTD** (*Cell Transfer Delay*): beschreibt die mittlere und die maximale Übertragungsdauer einer Zelle vom Sender bis zum Empfänger.
- **CDV** (*Cell Delay Variation*): gibt an, wie stark die Übertragungsdauer von Zelle zu Zelle schwanken kann.
- **CLR** (*Cell Loss Ratio*): ist die Zahl der Zellen, die nicht oder zu spät beim Empfänger ankommen, bezogen auf die Zahl aller gesendeten Zellen. Zellverluste können durch zu lange Wartezeiten in Vermittlungsknoten und durch Übertragungsfehler entstehen.
- **CMR** (*Cell Misinsertion Rate*): ist die Anzahl der Zellen, die in einem bestimmten Zeitintervall infolge von Übertragungsfehlern bei einem falschen Empfänger ankommen.
- **CER** (*Cell Error Rate*): ist der prozentuale Anteil an Zellen, die durch Übertragungsfehler für den Empfänger nutzlos sind.
- **SECBR** (*Severely-Errored Cell Block Ratio*): gibt den Anteil der Blöcke an, in denen eine bestimmte Zahl von Zellen fehlerhaft übertragen wurde. Die Gesamtzahl von Zellen pro Block ist dabei als Konstante festgelegt. SECBR ist somit ein Maß für Bündelfehler, die auf den Übertragungsstrecken auftreten können.

Die Zuordnung von Parametern zu Dienstklassen ist in Tabelle 7.8 zusammengestellt.

7

Tabelle 7.8   (/7.23/, S. 262, vgl. auch /7.3 a/, S. 251)

Parameter	Dienstklasse					
	CBR	RT-VBR	NRT-VBR	ABR	UBR	Parameter
PCR, CDVT	spez.	spez.	spez.	spez.	spez.	Verkehr
SCR, BT	n. a.	spez.	spez.	n. a.	n. a.	Verkehr
MCR	n. a.	n. a.	n. a.	spez.	n. a.	Verkehr
CTD, CDV	CDV, max. CTD	CDV, max. CTD	CTD (nur Mittelwert)	nicht spez.	nicht spez.	QoS
CLR	spez.	spez.	spez.	spez.	nicht spez.	QoS
Überlaststeuerung	nein	nein	nein	ja	nein	--

spez: ist spezifiziert; nicht spez: ist nicht spezifiziert; n. a.: nicht anwendbar. Die Spalte Parameter gibt an, ob es sich um einen Verkehrs- oder einen QoS-Parameter handelt.

Mechanismen zur Überlaststeuerung

Wie bei anderen Netzen muss auch bei ATM eine Überlastung des Netzes verhindert und die Einhaltung der Verkehrsverträge sichergestellt werden. Die verwendeten Mechanismen sind je nach Dienstklasse verschieden. Die folgenden Konzepte werden in ATM verwendet:

- Das Endsystem verlangt beim Verbindungsaufbau vom Netz eine bestimmte Dienstgüte, indem es Verkehrsparameter (traffic parameter) spezifiziert.

- Das Netz prüft, ob es die gewünschten Verkehrsparameter erfüllen kann. Falls ja, wird die Verbindung zugelassen, falls nein, wird ihr Aufbau abgelehnt. Dieser Vorgang wird als Zulassungsprüfung (**CAC:** *Connection* bzw. *Call Admission Control*) bezeichnet. Er wird am UNI durchgeführt.

- Durch Anforderung des Endsystems und Zusage des Netzes ist ein **Verkehrsvertrag** (*traffic contract*) zustande gekommen.

- Nach abgeschlossenem Verbindungsaufbau wird die Einhaltung des Verkehrsvertrags durch eine **Verkehrssteuerung** (*traffic policing, source policing*) überwacht bzw. erzwungen. In solchen Zellen, die gegen den Verkehrsvertrag verstoßen, kann das CLP-Bit (→ Bild 7.30) gesetzt werden (dies wird als *cell tagging* bezeichnet). Die so markierten Zellen werden bei Netzüberlast als erste verworfen. Eine andere Möglichkeit besteht darin, nichtkonforme Zellen sofort zu verwerfen (*cell discard*). In der Terminologie des ATM Forums werden diese Maßnahmen als **UPC** (*Usage Parameter Control*) bezeichnet. Sie werden vom Eintritts-Switch (der erste Switch im Netz, bei dem Zellen vom Endsystem ankommen) durchgeführt. Der **GCRA-Algorithmus** (*Generic Cell Rate Algorithm*) wird für UPC eingesetzt (vgl. /7.23/, S. 395–398).

- **Netzlastformung** (*traffic shaping*) wird eingesetzt, um einen Zellen-strom zeitlich möglichst gleichmäßig zu verteilen. Dadurch wird die Spitzendatenrate und die Burstlänge begrenzt und in der Folge das Auftreten von lokaler Überlast reduziert. Netzlastformung kann vom Endsystem, vom Eintritts-Switch oder von weiteren Switches im Netz durchgeführt werden.

Nicht alle Mechanismen werden in jeder Dienstklasse eingesetzt. Für alle Dienstklassen (A–D) wird eine Zulassungsprüfung vorgenommen. In Klasse B wird das CLP-Bit eingesetzt, da eine Reservierung in Höhe der maximalen Zellenrate eine schlechte Netzauslastung nach sich ziehen würde. Für die Klassen C und D wird die verfügbare Übertragungskapa-zität durch eine Zelle für das Ressourcenmanagement ($\rightarrow$ Tabelle 7.5) ermittelt. Das Endsystem trägt seine verlangte Zellenrate ein und sendet die Zelle an den Empfänger. Jeder durchlaufene Switch prüft, ob er entsprechende Ressourcen verfügbar hat. Falls nicht, kann er die Zellen-rate reduzieren. Wenn die Ressourcenmanagement-Zelle zum Sender zurückkommt, enthält sie also die größte Zellenrate, die jeder Switch garantieren kann. Hingegen kann bei den Klassen C und D das CLP-Bit nicht eingesetzt werden, da die hier übertragenen Rechnerdaten keine Zellenverluste tolerieren können.

7

7.7.6   ATM-Standards

ATM wurde ab 1986 von der ITU-T für öffentliche Netze standardisiert. Das 1991 gegründete ATM-Forum erweiterte ab 1992 durch seine Stan-dards den Anwendungsbereich auch auf private Netze. Heute existiert eine große Anzahl von Standards, die sich mit ATM befassen. Bild 7.33 zeigt eine kleine Auswahl der wichtigsten davon.

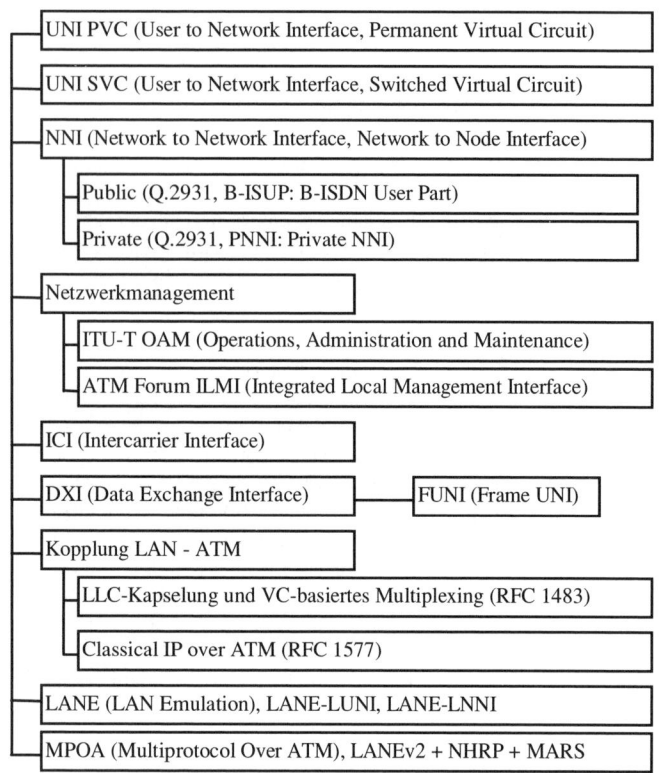

UNI PVC (User to Network Interface, Permanent Virtual Circuit)

UNI SVC (User to Network Interface, Switched Virtual Circuit)

NNI (Network to Network Interface, Network to Node Interface)

Public (Q.2931, B-ISUP: B-ISDN User Part)

Private (Q.2931, PNNI: Private NNI)

Netzwerkmanagement

ITU-T OAM (Operations, Administration and Maintenance)

ATM Forum ILMI (Integrated Local Management Interface)

ICI (Intercarrier Interface)

DXI (Data Exchange Interface) ———— FUNI (Frame UNI)

Kopplung LAN - ATM

LLC-Kapselung und VC-basiertes Multiplexing (RFC 1483)

Classical IP over ATM (RFC 1577)

LANE (LAN Emulation), LANE-LUNI, LANE-LNNI

MPOA (Multiprotocol Over ATM), LANEv2 + NHRP + MARS

Bild 7.33   ATM-Standards in der Übersicht (vgl. /7.3 a/, S. 19)

7.8 Internetworking: WAN – WAN und WAN – LAN

7.8.1 Überblick

Die große Zahl existierender Netzwerkkonzepte (→ Kapitel 6, 7) führt dazu, dass das **Internetworking** (auch kurz: **Interworking**) eine erhebliche Bedeutung erhält. Die verbundenen Netze werden dann als Subnetze bezeichnet. Beim Internetworking sind **zwei Fälle** zu unterscheiden:

- **Homogene Netze**: Die Subnetze sind vom gleichen Typ, so dass (auf bestimmten Schichten) überall einheitliche Protokolle eingesetzt werden. Das globale Internet (→ Kap. 9) ist insofern homogen, als es auf der OSI-Schicht 3 ausschließlich IP verwendet.

■ **Heterogene Netze**: Die Subnetze sind unterschiedlichen Typs. Dabei können die Topologie, Übertragungsmedien, Adressen, Protokolle und weitere Merkmale verschieden sein. Konsequenz aus der Heterogenität ist die Notwendigkeit für Brücken, Router und weitere Zwischensysteme.

7.8.2 Internetworking WAN – WAN

Das Internetworking (kurz *interworking*) zwischen Frame Relay und ATM ist für WAN von großer Bedeutung. Insbesondere wird ATM als Transportmedium für Frame Relay eingesetzt. Dabei sind zwei Fälle zu unterscheiden (/7.3 c/, S. 70, 87):

■ **Network Interworking**: Frame-Relay-Endgeräte bzw. Frame Relay **CPE** (*Customer Premises Equipment*, das sind Geräte, die nicht vom Netzbetreiber zur Verfügung gestellt werden, sondern von seinem Kunden selbst gekauft, angeschlossen und gewartet werden), die jeweils mit einem Frame-Relay-Netz verbunden sind, werden über ein ATM-Netz gekoppelt (→ Bild 7.34). Das ATM-Netz ist für die Frame-Relay-Rahmen transparent. Die Rahmen werden beispielsweise beim Eintritt in das ATM-Netz durch die Schicht AAL 5 (→ Tabelle 7.6) zu ATM-Zellen segmentiert und beim Austritt reassembliert.

■ **Service Interworking**: Ein Frame-Relay-Netz mit Frame-Relay-Endgeräten und ein ATM-Netz mit ATM-Endgeräten sind direkt so miteinander verbunden, dass die verschiedenartigen Endgeräte direkt miteinander kommunizieren können. Die Anpassung übernimmt eine **IWU** (*Interworking Unit*). Die auf den beiden Seiten eingesetzten Protokollstapel sind in /7.3 c/, S. 88 ersichtlich.

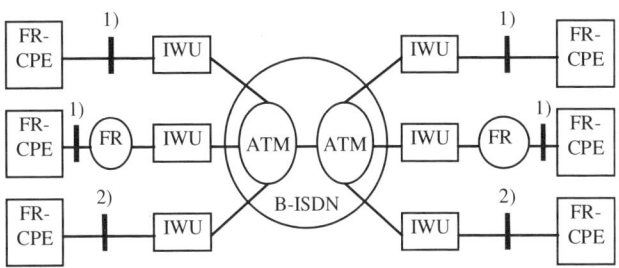

FR: Frame Relay, CPE: Customer Premises Equipment, IWU: Interworking Unit, 1) FR-UNI, 2) B-ISDN-UNI

Bild 7.34   Network Internetworking (/7.3b/, S. 71)

7.8.3   Internetworking WAN – LAN und LAN – LAN

7.8.3.1   Die Bedeutung von ATM

ATM ist für WAN von großer Bedeutung. Wenn ATM auch im LAN-Bereich eingesetzt werden kann, wird die Kopplung von WAN und LAN einfach. ATM ist nicht auf ein bestimmtes physisches Medium oder eine bestimmte Datenrate begrenzt. Es bietet einen Wachstumspfad zu höheren Datenraten und größeren Netzen. Bei zunehmendem Einsatz können sinkende Preise auch zur Verbreitung von ATM im LAN-Bereich führen. ATM-LAN werden nach /7.20/ als dritte LAN-Generation eingestuft (→ Tabelle 7.9).

Tabelle 7.9   LAN-Generationen (/7.20/, S. 293)

Generation	primärer LAN-Typ	Anforderungen
1	Ethernet Token Ring	Anbindung Terminal an Großrechner, Client-Server-Betrieb bei mäßigen Datenraten
2	FDDI	Backbone LAN, Anbindung leistungsfähiger Arbeitsplatzrechner
3	ATM-LAN	Durchsatz und Dienstgüte für Multimedia-Anwendungen

7.8.3.2   Anwendungsszenarien

Mit zunehmender Verbreitung von ATM-LAN nimmt die Bedeutung des Internetworking für ATM-Netze zu. Einige charakteristische Fälle sind in Tabelle 7.10 zusammengestellt. Dabei handelt es sich um einfache Fälle, in Wirklichkeit werden häufig Kombinationen daraus verwendet.

Tabelle 7.10   ATM und LAN (vgl. /7.20/, S. 293)

Fall	Bezeichnung
1	Gateway zu einem ATM-WAN
2	Kopplung entfernter LANs über ATM
3	ATM-LAN mit ATM-Hub
4	ATM-Switch bzw. ATM-LAN als Backbone
5	Workgroup ATM-System

Fall 1 (→ Bild 7.35) verwendet einen ATM-Switch als Konzentrator und Router zur Kopplung von LANs an ein ATM-WAN. Dies ermöglicht die weitere Nutzung herkömmlicher LAN (so genannte *Legacy LAN*). Mit einer

Datenrate von 155 Mbit/s im WAN steht für die Teilnehmer in 10 Mbit/s-LANs eine in vielen Anwendungsfällen akzeptable Bitrate zur Verfügung.

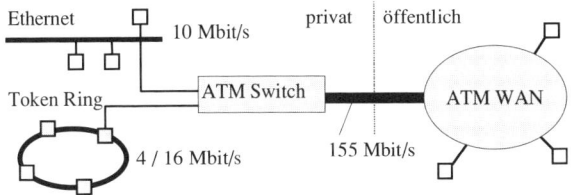

Bild 7.35   Fall 1: Gateway zu ATM-WAN

Fall 2 (→ Bild 7.36) koppelt entfernte LAN über ein ATM-Netz. Legacy LAN können ebenfalls weiter eingesetzt werden. Bezüglich der verfügbaren Bitrate gilt dieselbe Bemerkung wie zu Fall 1.

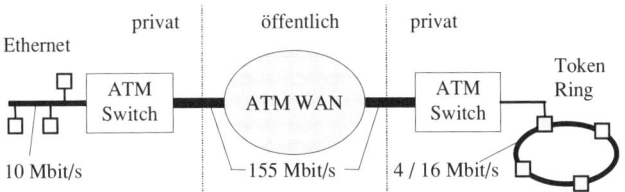

Bild 7.36   Fall 2: LAN-Kopplung über ATM

Fall 3 (→ Bild 7.37) verwendet einen ATM-Hub mit Ports für alle eingesetzten LAN-Varianten. Damit können vorhandene Rechner (Arbeitsplatzrechner, Server, ...) weiter genutzt werden. Ein *shared medium* ist nicht mehr vorhanden. Damit steht pro Teilnehmer (zumindest für Teilnehmer mit Ethernet 10 Mbit/s oder mit Token Ring) fast die volle Bandbreite zur Verfügung.

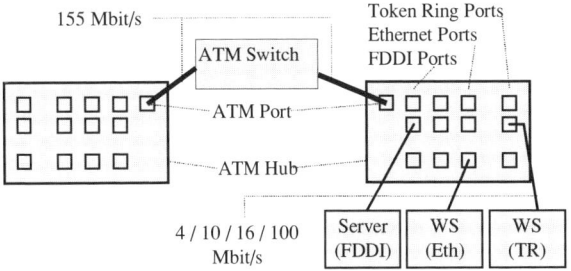

Bild 7.37   Fall 3: ATM LAN Hub

Fall 4 (→ Bild 7.38) ist auf einen ATM-Switch oder ein lokales Netz aus ATM-Switches zentriert, die zur Verbindung herkömmlicher LANs dienen. Der primäre Nutzen liegt darin, dass Legacy LANs unverändert weiter genutzt werden können, gleichzeitig steht im Backbone eine hohe Übertragungsleistung zur Verfügung. Die Erweiterbarkeit ist gut und eine graduelle Einführung von ATM ist möglich.

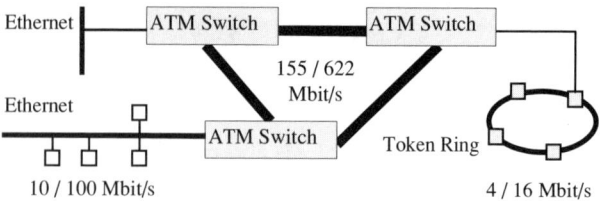

Bild 7.38   Fall 4: ATM-Backbone

Fall 5 (→ Bild 7.39) verwendet einen ATM-Switch zur direkten Verbindung zwischen lokalen ATM-Endsystemen. Dadurch entsteht ein reines ATM-System, das gegenüber Kombinationen eine reduzierte Komplexität und eine hohe Leistung aufweist.

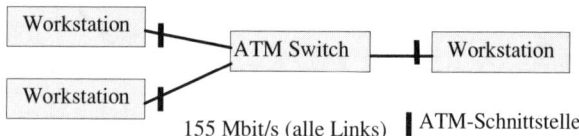

Bild 7.39: Fall 5: Workgroup ATM-System

7.8.3.3   Lösungskonzepte

Abschnitt 7.8.3.2 zeigt einige konkrete Fälle für das Internetworking unter Verwendung von ATM-Teilnetzen. Konzeptionell ist sicher eine **einheitliche ATM-Lösung** am einfachsten. Die Umrüstung aller Endgeräte auf ATM wird jedoch oft wirtschaftlich nicht vertretbar sein. Somit verbleiben im Hinblick auf die Interoperabilität von Endsystemen drei Aufgabenkreise (vgl. /7.20/, S. 298):

- ein Endsystem im LAN, eines im ATM-Netz,
- zwei Endsysteme in LANs gleichen Typs, Verbindung über ATM und
- zwei Endsysteme in LANs unterschiedlichen Typs, Verbindung über ATM.

Eine Kommunikation über **Router** kann das Problem grundsätzlich lösen, wenn einheitlich IP eingesetzt wird. Der Ablauf ist wie folgt:

- Die Pakete eines Endsystems im LAN werden an den lokalen Router geschickt.
- Dieser entfernt MAC- und LLC-Header (bzw. auch Trailer) und routet das resultierende IP-Paket in das entfernte LAN.
- Dort werden LLC- und MAC-Header wieder hinzugefügt und der Rahmen wird auf das LAN gegeben.
- Wenn eines (oder beide) Endgeräte direkt mit einem ATM-Netz verbunden sind, werden die Funktionen entsprechend AAL und ATM-Schicht ausgeführt bzw. rückgängig gemacht.

Der Einsatz von Routern hat den Nachteil, dass Verarbeitungsaufwand und Verzögerung zunehmen. Eine Alternative wird durch **ATM LAN Emulation** geboten. Diese Spezifikation des ATM Forum ermöglicht die Koexistenz von Legacy LAN und ATM-LAN. Dabei werden die ersten beiden der oben genannten Aufgabenkreise gelöst, nicht jedoch der dritte. Insgesamt wurden für die Koexistenz von herkömmlichen LANs (Legacy LANs) mit ATM verschiedene Lösungen ausgearbeitet (→ Bild 7.40).

7

	Protokolle
IETF: RFC 1483: LLC Encapsulation	Schicht 2, 3
IETF: RFC 1483: VC Based Multiplexing	Schicht 2, 3
IETF: RFC 1577: Classical IP Over ATM	IP
ATM Forum: LANE (LAN Emulation) v1, v2	Schicht 2
ATM Forum: MPOA (Multi-Protocol Over ATM)	Schicht 2, 3

Bild 7.40   Internetworking über ATM: Übersicht der Lösungen

Bei der **LLC-Kapselung** (*LLC Encapsulation*, RFC 1483 → Bild 7.41 a) können mehrere Protokolle über einen ATM-VC übertragen werden. Dazu wird der jeweiligen PDU ein LLC-Header nach IEEE 802.2 (→ Abschnitt 6.1.3) vorangestellt, der das Protokoll identifiziert. Die LLC-Datenpakete werden durch Kapseln in AAL-5 **CPCS-PDUs** (*Common Part Convergence Sublayer*) übertragen. Der gesamte Datenstrom wird über einen VC transportiert. LLC Encapsulation ist für PVCs geeignet. Die Rahmenaufbauten sind aus /7.17/, S. 384 ersichtlich.

Das **VC-basierte Multiplexen** (*VC Based Multiplexing*, RFC 1483 → Bild 7.41 a) ist vorzuziehen, wenn SVCs verfügbar sind. Der LLC-Header muss dann nicht mehr übertragen werden, da für jedes Protokoll ein eigener VC aufgebaut wird. Dadurch wird das Verfahren wesentlich effizienter als die LLC-Kapselung.

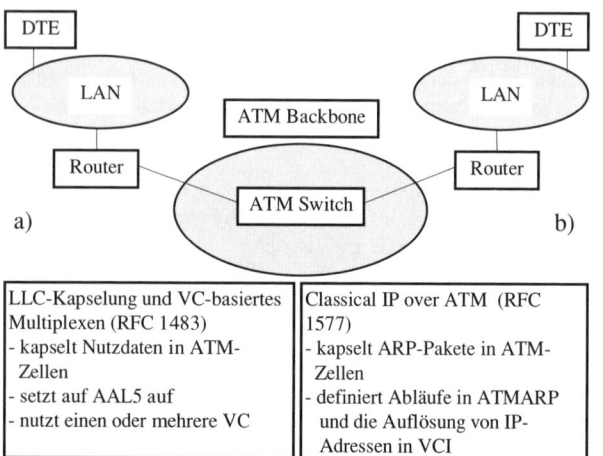

Bild 7.41   Hauptfunktionen a) bei der LLC-Kapselung und beim VC-basierten Multiplexen, b) bei Classical IP over ATM (/7.3 a/, S. 323)

Classical IP Over ATM (RFC 1577, → Bild 7.41 b) ist eine vollständige IP-Implementierung für ATM-Netze. Dazu werden die Teilnehmer eines ATM-Netzes in **LIS** (*Logical IP Subnet*) gruppiert. Alle Teilnehmer eines LIS müssen dieselbe IP-Netz- oder Subnetz-Adresse verwenden. Zwischen verschiedenen LIS muss über Router kommuniziert werden. In jedem LIS muss ein ATMARP-Server existieren. Da in ATM-Netzen kein Broadcast möglich ist, muss die Adressauflösung entsprechend ARP und RARP (→ Abschnitte 9.3.1, 9.3.2) durch den ATMARP-Server erledigt werden. Jeder Client ist selbst dafür zuständig, seine IP- und ATM-Adresse beim ATMARP-Server zu registrieren, bzw. die Adresszuordnung für den gewünschten Empfänger von dort anzufordern.

LANE (*LAN-Emulation*) ist die universellste Methode zur Integration von ATM-Netzen und herkömmlichen LANs. Dabei wird die MAC-Schicht des LAN vom ATM-Netz vollständig emuliert (nachgebildet). Das so gebildete, „virtuelle" LAN wird als **ELAN** (*Emulated LAN*) bezeichnet. Der Vorteil ist, dass bestehende LAN-Applikationen unverändert über ATM-Netze hinweg genutzt werden können. LANE v2 wurde vom ATM Forum in den Dokumenten LANE-**LUNI** (*LAN Emulation User-to-Network Interface*) und LANE-**LNNI** (*LAN Emulation Network-to-Network Interface*) spezifiziert. Es beinhaltet fünf Funktionen (→ Bild 7.42), die auf AAL-5 aufsetzen (/7.20/, S. 303, /7.3 c/, S. 111):

- **LEC** (*LAN Emulation Client*): befindet sich in einem ATM-System (ATM edge switch, Server mit ATM-Anbindung, Router). Der LEC

baut Verbindungen zu LES für Steuerungszwecke auf sowie Datenver-
bindungen zu anderen Clients, die durch MAC-Adressen identifiziert
sind. Bildet MAC-Adressen in ATM-Adressen ab.

- **LES** (*LAN Emulation Server*): registriert MAC-Adressen neuer Clients
  und führt anfängliche Adressabbildungen aus.
- **LECS** (*LAN Emulation Configuration Server*): unterstützt Clients bei
  der Auswahl eines LES.
- **BUS** (*Broadcast and Unknown Server*): realisiert Multicast-Verbindun-
  gen sowie Verbindungen, für die der sendende Client die Adresse des
  empfangenden Client nicht kennt.
- **SMS** (*Selective Multicast Server*): In LANEv1 ist ein einziger BUS für
  Multicast zuständig. Das in LANEv2 eingeführte Konzept des SMS
  verteilt diese Aufgabe auf mehrere Server. Ein SMS kann eine
  bestimmte Multicast-Gruppe bedienen.

7

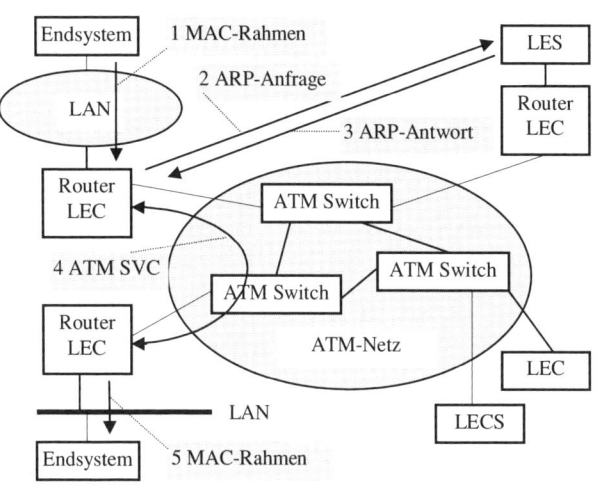

LEC: LAN Emulation Client, LES: LAN Emulation Server, LECS:
LAN Emulation Configuration Server, BUS: Broadcast and Unknown
Server, SMS: Selective Multicast Server

*Bild 7.42   ATM LAN Emulation (LANE, vgl. /7.17/, S. 387, /7.3 a/, S. 322, /7.3
c/, S. 111)*

Der Ablauf in LANE folgt den Schritten 1 bis 5 in Bild 7.42. Ein MAC-
Rahmen mit der MAC-Adresse des Zielsystems wird vom Endsystem an
den LEC gesendet (Schritt 1). Der LEC sendet eine ARP-Abfrage an den

LES (Schritt 2). Dieser ermittelt die ATM-Adresse des LEC (Router), der dem Zielsystem am nächsten liegt, und sendet eine ARP-Antwort zurück (Schritt 3). Dann wird zwischen den beiden LEC mit Hilfe des Signalisierungsprotokolls Q.2931 ein SVC aufgebaut (Schritt 4). Anschließend kann der ursprüngliche MAC-Rahmen in ATM-Zellen segmentiert werden, die zum Ziel-Router gesendet werden. Dieser entfernt die ATM-Header und reassembliert den ursprünglichen MAC-Rahmen.

Insgesamt können mit LANE emulierte LANs (ELAN) gebildet werden, die beliebige Netzknoten aus Ethernet, Token Ring und ATM beinhalten können. Ein Knoten kann dabei zu mehreren ELAN gehören. Für die Kommunikation zwischen ELAN sind jedoch Router erforderlich.

MPOA (*Multi-Protocol Over ATM, /7.17/,* S. 391 ff.) ermöglicht die Kommunikation zwischen ELAN ohne den Einsatz von zusätzlichen Routern. Dazu wird LANEv2 mit NHRP (*Next Hop Resolution Protocol*) und **MARS** (*Multicast Address Resolution Protocol*) integriert.

📖/7.17/, S. 391–395 gibt einen Überblick.

7.9   Konzepte für MAN und WAN im Vergleich

Ein grober Vergleich der wichtigsten Konzepte im MAN- und WAN-Bereich (→ Tabelle 7.11) zeigt die universelle Einsetzbarkeit von ATM auf. Dabei wird im WAN-Bereich auf SDH als (praktisch ebenfalls universelle) Transportinfrastruktur aufgesetzt. Die zukünftige Bedeutung von FDDI und DQDB wird voraussichtlich gering sein. Allerdings zeichnet sich eine Ausdehnung des 10-Gigabit-Ethernet (→ Abschnitt 6.2.8) in den MAN-Bereich ab, so dass dort eine neue Situationsbewertung erforderlich werden könnte.

Tabelle 7.11   Vergleich ausgewählter MAN- und WAN-Konzepte (vgl. /7.18/, S. 381)

	SDH	FDDI	DQDB	ATM
Stand	verbreitet	Rückgang	teilweise eingeführt, nicht für neue Netze	Wachstum
Standards	ja	ja	ja	ja
Datenrate bis Mbit/s	9953 Mbit/s	100 Mbit/s (FDDI II: 200 Mbit/s)	622 Mbit/s	155, 622 Mbit/s, zukünftig 2,488 Gbit/s

Tabelle 7.11   Vergleich ausgewählter MAN- und WAN-Konzepte (vgl. /7.18/, S. 381) (Fortsetzung)

	SDH	FDDI	DQDB	ATM
Eignung	WAN	LAN, MAN	MAN	LAN, MAN, WAN
Effizienter Fluss vieler, schwankender Datenströme	nein	ja	ja	ja
Jitter	nein	ja	gering	gering
sonstige Vorteile	wenig Overhead	billige Anschlüsse	sicherer als FDDI	universell
OSI-Schicht	1	1, 2	1, 2	1, 2

7

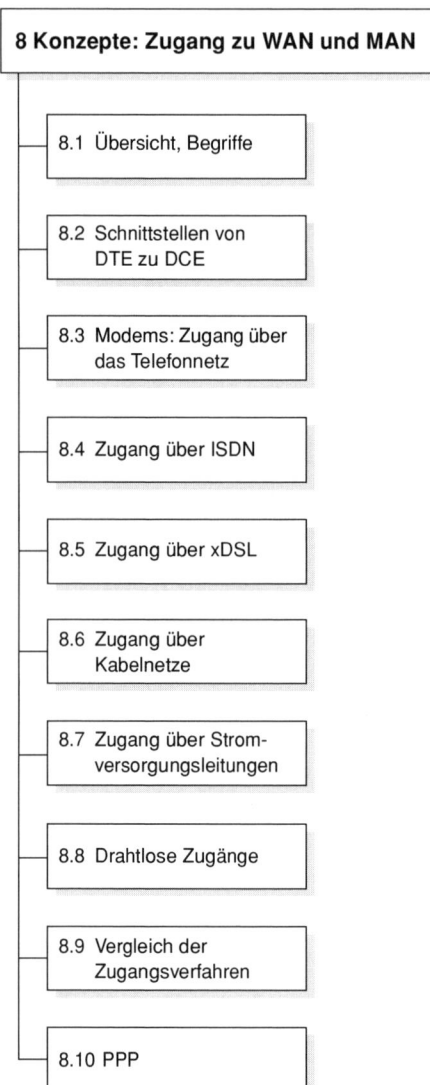

8 Konzepte: Zugang zu WAN und MAN

8.1 Übersicht, Begriffe

Zugangsnetze (*access networks*) verbinden den Teilnehmer mit dem eigentlichen Netz. Die Anforderungen an einen Zugang ergeben sich aus den genutzten Anwendungen.

Dabei führt die Diensteintegration dazu, dass das Zugangsnetz ebenfalls für alle Dienste/Anwendungen (→ Abschnitt 5.2.3) ausgelegt werden muss. Unter einem **FSN** (*Full Service Network*) versteht man ein Zugangsnetz, das alle zukünftig absehbaren Dienste (interaktive und Verteildienste, Breitband- und Schmalbanddienste) gleichermaßen erbringen kann und damit aus Sicht des Anwenders zukunftssicher sein soll /8.1/. Nur in Sonderfällen (z. B. bei schmalbandiger, drahtloser Übertragung) wird der Kunde zu Kompromissen bereit sein.

Zugangsnetze können ganz unterschiedlich realisiert werden:

- **Leitungsgebunden** wie beim **Telefonnetz** und **ISDN**. Höhere Datenraten als 56 kbit/s (mit Modem) bzw. 128 kbit/s (bei ISDN mit Kanalbündelung) werden mit **xDSL**-Zugängen erreicht. Während **symmetrische Kupferkabel** für den größten Teil der existierenden Zugänge verwendet werden, wird die **Glasfaser** hier in Zukunft eine größere Verbreitung erhalten. **Kabelnetze** werden ebenfalls als Zugangsnetze eingesetzt, sofern ein geeigneter Rückkanal zur Verfügung steht. Zudem sollen Stromversorgungsnetze als Zugänge zu Rechnernetzen erweitert werden.

- **Leitungsungebundene** (drahtlose) Zugänge sind mit ungerichteter (**schnurloses Telefon**, **Mobiltelefon**) oder gerichteter (**Richtfunk**) Übertragung möglich. **Satelliten** werden hier ebenfalls eine zunehmende Bedeutung erhalten. **Optische Zugänge** sind zur Zeit auf sehr kurze Distanzen beschränkt, es gibt aber Entwicklungen in Richtung auf breitere Anwendungsbereiche.

Insgesamt herrscht im Bereich der Zugangsnetze ein intensiver **Wettbewerb**, da der **letzte Kilometer** (*last mile*) vom Netzzugangspunkt zum Endkunden einen Engpass darstellt.

Gebräuchliche Begriffe für Übertragungsrichtungen sind in Bild 8.1 definiert.

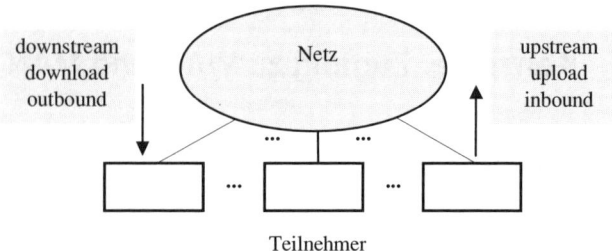

Teilnehmer

Bild 8.1   Begriffe für Übertragungsrichtungen

📖 Zugangsnetze werden in /8.1/ und /8.4/, Abschn. 5.4 behandelt.

8.2   Schnittstellen von DTE zu DCE

8.2.1   Begriffe, Übersicht

> Genormte **Verbindungsschnittstellen** (*interchange circuits*) zwischen DTE und DCE sind eine Voraussetzung zur Verbindung von Geräten verschiedener Hersteller. Dafür müssen mechanische (Steckverbindung) und elektrische Eigenschaften festgelegt werden.

Entsprechende Standards der ITU-T und EIA/TIA werden verwendet, die wichtigsten zeigt Bild 8.2. Netzinterne Schnittstellen werden soweit sinnvoll in Abschnitten zu den einzelnen Netzen behandelt.

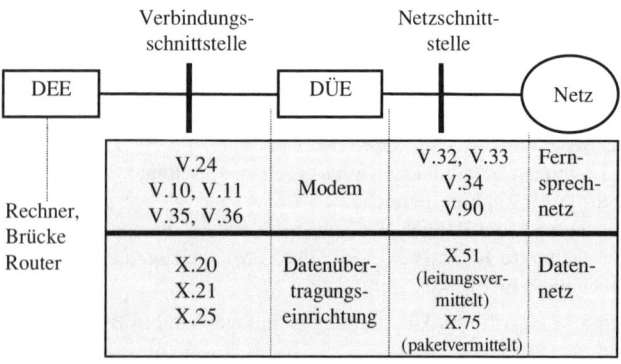

Bild 8.2   Übersicht Verbindungsschnittstellen

8.2.2   V.24 und RS-232

Die **Schnittstelle** (*interface*) nach ITU-T V.24 entspricht im Wesentlichen EIA/TIA RS-232-C. Sie ist sehr weit verbreitet, erlaubt jedoch nur eine maximale Datenrate von 20 kbit/s bei einer maximalen Distanz von 15 m. Bei kleineren Distanzen können jedoch wesentlich höhere Datenraten erreicht werden.

V.24 (auch in DIN 66020 Teil 1 genormt) beschreibt nur die **logische Definition** der Schnittstellenleitungen und die darauf ablaufenden Vorgänge. Die **elektrischen und mechanischen Eigenschaften** sind in ITU-T V.28 festgelegt. Eine logische Null wird durch eine Spannung von weniger als −3V repräsentiert, eine logische Eins durch mindestens + 4V. Maximal bzw. minimal sind +15 V bzw. −15 V zulässig. Alle Leitungen werden unsymmetrisch gegen Masse betrieben. Die Steckverbindung wird in **ISO 2110** als 25-polige **DB25-Steckverbindung** spezifiziert. Die Definition der Leitungen ist in Tabelle 8.1 dargestellt. Die Leitungen der Pins 1 bis 8 und 20 werden praktisch immer benötigt, während die anderen weniger wichtige Funktionen repräsentieren und deshalb oft weggelassen werden. Dann kann auch eine kleinere 9-polige **DB9-Steckverbindung** eingesetzt werden.

Die Pins 1 bzw. 7 werden als Schutzerde (*protective ground*) bzw. Betriebserde (*signal ground*) genutzt. Sendedaten (TxD: *Transmit Data*) verwenden Pin 2, Empfangsdaten (RxD: *Received Data*) Pin 3. Mit Pin 4 (RTS: *Request To Send*) wird von der DEE das Einschalten des Senders verlangt, die Sendebereitschaft wird über Pin 5 (CTS: *Clear To Send*) gemeldet. Pin 6 zeigt an, dass die DÜE betriebsbereit ist (DSR: *Data Set Ready*), Pin 20 meldet dasselbe für die DEE (DTR: *Data Terminal Ready*). Pin 22 (RI: *Ring Indicator*) meldet einen ankommenden Ruf. Pin 8 (RLSD/CD: *Received Line Signal Detector/Carrier Detector*; auch DCD: *Data Carrier Detect*) zeigt einen ausreichenden Pegel des empfangenen Signals an.

Takte werden auf den Pins 24, 15 und 17 übertragen. Auf Pin 24 (TC: *Transmitter Clock*) gibt die DEE der DÜE den Sendeschritttakt vor. Über Pin 15 (TxC: *Transmitter Clock*) taktet ein synchrones Modem die DEE beim Senden. Pin 17 (RxC: *Receiver Clock*) übernimmt dieselbe Funktion beim Empfangen.

Die Pins 14, 16, 19, 13 und 12 beziehen sich auf einen Hilfskanal. Die Signale td, rd, rts, cts und dcd sind sinngemäß wie die entsprechenden Signale des Hauptkanals zu interpretieren. Die Pins 9 und 10 sind für Testzwecke reserviert. Pin 18 (LL: *Local Loopback*) aktiviert einen Test, bei dem das gesendete Signal die lokale DÜE durchläuft und von dieser dann zum Sender zurückgegeben wird. Pin 21 verlangt einen *Remote Loopback*, sofern das Signal vom DEE gesendet wird. Der Loopback

8

wird dann vom entfernten Modem ausgeführt, wodurch beide Modems und die Übertragungsstrecke getestet werden. Die entfernte DEE wird über Pin 25 (TM: *Test Mode*) informiert, dass ein Test stattfindet.

Tabelle 8.1   Funktionen der Schnittstelle V.24 bzw RS-232 (vgl. /8.14/, S. 528)

Gruppe	V.24	RS-232 D	DIN 66020	Pin (DB 25)	Kurzbezeichnung Richtung (DEE–DÜE)
Erde	101	AA	E1	1	Schutzerde
	102	AB	E2	7	Betriebserde
Daten-	103	BA	D1	2	TxD →
leitungen	104	BB	D2	3	RxD ←
Steuer-	105	CA	S2	4	RTS →
signale	106	CB	M^2	5	CTS ←
	107	CC	M1	6	DSR ←
	108	CD	S1	20	DTR →
	125	CE	M^3	22	RI ←
	109	CF	M5	8	RLSD/CD ←
	110	CG	M6	21	RL/SQD → ←
	111	CH	S4	23	DSRD →
	112	CI		23	DSRD ←
	126	CK	S5	11	STF →
Takte	113	DA	T1	24	TC →
	114	DB	T2	15	TxC ←
	115	DD	T4	17	RxC ←
Hilfs-	118	SBA	HD1	14	td →
signale	119	SBB	HD2	16	rd ←
	120	SCA	HS2	19	rts →
	121	SCB	HM2	13	cts ←
	122	SCF	HM5	12	dcd ←
Weitere	--	--	--	9, 10	Reserviert für Test
	141	LL	141	18	LL
	142	DA	142	25	TM

8.2.3   V.35, V.36, V.37

Die Verbindungsschnittstellen **ITU-T V.35, ITU-T V.36 und ITU-T V.37** verwenden im Gegensatz zu V.24 **erdsymmetrische Takt- und Daten-leitungen**. Dadurch werden höhere Datenraten erreicht (in derselben Rei-henfolge: 48 kbit/s, 72 kbit/s, 144 kbit/s). Steuer- und Meldeleitungen bleiben unsymmetrisch. Die **elektrischen Eigenschaften** für unsymmet-rische Leitungen werden (mit Ausnahme von V.35) in **ITU-T V.10** (bzw. in **EIA/TIA RS-423-A**) spezifiziert, diejenigen für symmetrische Leitun-gen in **ITU-T V.11** (bzw. **EIA/TIA RS-422-A**). Die Funktion der Leitun-gen in V.35 bis V.37 entspricht der in V.24 (→ Tabelle 8.1).

8.2.4   V.10, V.11, RS-449

Für die erdsymmetrischen Takt- und Datenleitungen der Schnittstellen V.35 bis V.37 sind Stecker mit mehr Pins erforderlich. Der Stecker für **V.35** weist 34 Pins auf, als Spannungspegel werden –0,55 V (logische 1) bzw. +0,55 V (logische 0) verwendet. Für **V.36** werden Stecker nach **ISO 4903** (15-polig, für Datennetze) bzw. **ISO 4902** (37-polig für Fernsprechnetze) eingesetzt. Für **ITU-T V.10** wird eine Datenrate von 20 kbit/s über eine Distanz von maximal 50 m bzw. 100 kbit/s über 19 m spezifiziert. Bei **ITU-T V.11** werden über maximal 1000 m 100 kbit/s, über 50 m 2 Mbit/s und über 10 m 10 Mbit/s erreicht, sofern die Leitungen mit dem Wellenwiderstand abgeschlossenen sind.

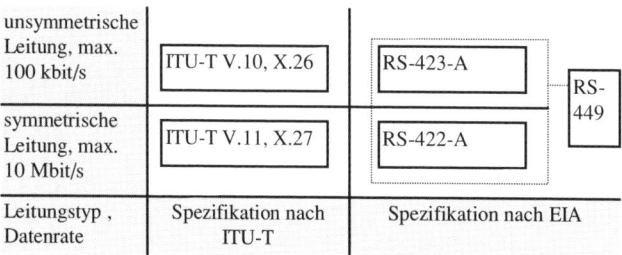

Bild 8.3   Schnittstellenspezifikationen für höhere Übertragungsraten

Bild 8.3 zeigt einige wichtige Standards im Zusammenhang.

8.2.5   X.21, X.21bis

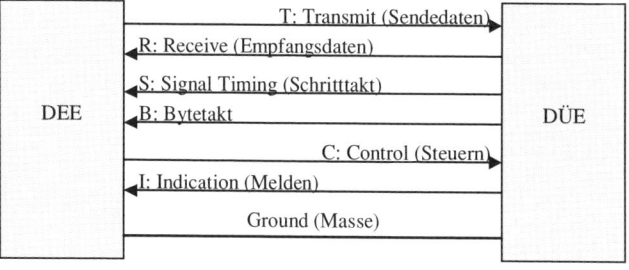

Bild 8.4   Schnittstellenleitungen nach X.21 (/8.6/, S. 279)

Leitungsvermittelte Datennetze besitzen keine große Bedeutung mehr. ITU-T X.21 (auch in DIN 66244, Teil 2 genormt) beschreibt eine Verbindungsschnittstelle für DEE–DÜE für die synchrone Übertragung in solchen Netzen, wird aber auch in Paketnetzen wie ITU-T X.25 eingesetzt. Die vorgesehenen Schnittstellenleitungen (→ Bild 8.4) ermöglichen den Verbindungsauf- und -abbau sowie die eigentliche Datenübertragung. Wählzeichen werden nach dem Code IA5 (→ Abschnitt 11.1.2) übertragen, nach Aufbau der Verbindung ist eine transparente Übertragung möglich.

ITU-T X.21bis (auch in DIN 66021, Teil 5 genormt) erlaubt den Einsatz von DEE mit V.24-Schnittstellen in digitalen Netzen mit Paket- oder Leitungsvermittlung.

8.2.6   Weitere Schnittstellen mit höherer Geschwindigkeit

Die oben behandelten Schnittstellen sind Geräteschnittstellen (externe Schnittstellen) und stellen primär 1:1-Verbindungen bereit. Als Schnittstellen zu DÜE können auch (geräteinterne) parallele Systembusse (PCI: Peripheral Component Interconnect) oder externe, serielle Busse (USB, Firewire → Abschnitt 6.10) genutzt werden. Einige weitere Schnittstellen für höhere Geschwindigkeiten sind /8.11/:

- **Ethernet** (→ Abschnitt 6.2).
- **ATM25:** Eine vom ATM-Forum spezifizierte Schnittstelle für ADSL-Netzabschlüsse mit 25,6 Mbit/s. Sie ermöglicht den durchgängigen Transport von ATM-Zellen zwischen Dienstanbieter und Teilnehmer. Funktionen (→ Bild 8.5) dieser Schnittstelle sind die Segmentierung und Reassemblierung von Datenpaketen in ATM-Zellen, die Erzeugung und Überprüfung der Zellen-Header und Leitungscodierung für das verwendete Übertragungsmedium.

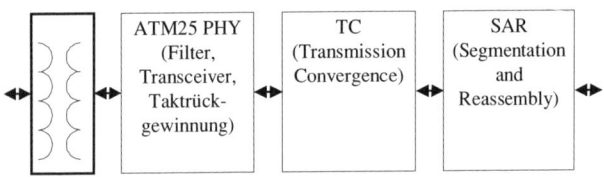

Bild 8.5   Aufbau der ATM25-Schnittstelle

- **ATM50:** Von der **FSAN-Initiative** (*Full Service Access Network*) erarbeitete Spezifikation für eine VDSL-Schnittstelle mit 50 Mbit/s.
- **UTOPIA, UTOPIA-2** (*Universal Test and Operations Physical Interface for ATM*): Vom ATM-Forum definierte Schnittstellen zwischen ATM-Bausteinen für die OSI-Schichten 1 und 2. UTOPIA-1 verwendet einen bidirektionalen Datenbus der Breite 8 Bit mit einer Taktfrequenz bis 25 MHz und ATM-Datenraten bis 155 Mbit/s. Bei UTOPIA-2 kann der Bus 8 oder 16 bit breit sein und mit bis zu 50 MHz getaktet werden.

Zudem kann mehr als ein Baustein der PHY-Schicht (OSI-Schicht 1) angesprochen werden.

- **TAXI** (*Transparent Asynchronous Receive/Transmit Interface*) steht für eine optische Schnittstelle, mit der Endgeräte oder FDDI-Netze an einen ATM-Switch angeschlossen werden können. Die Datenrate ist 100 Mbit/s, als Leitungscode wird eine 4B5B-Codierung genutzt.

Netzinterne Schnittstellen (z. B. ITU-T V5.1, ITU-T V5.2) werden hier nicht betrachtet.

8.3 Modems: Zugang über das Telefonnetz

8.3.1 Teilnehmeranschlussleitung

Begriffe: Local Loop, Last Mile

Die Teilnehmeranschlussleitung steht einem Teilnehmer exklusiv zur Verfügung. Sie ist also ein **dediziertes Medium** im Gegensatz zu einem gemeinsamen LAN-Medium. Die Teilnehmeranschlussleitung wird auch als *local loop* bezeichnet und überbrückt den letzten Kilometer (*last mile*) von der Ortsvermittlungsstelle zum Teilnehmer. Sie kann auch **drahtlos** realisiert werden (**WLL:** *Wireless Local Loop* → Abschnitt 8.8.3).

Das Zugangsnetz im Telefonnetz ist strukturiert in Hauptkabel, Kabelverzweiger, Verzweigungskabel, Endverzweiger und Endleitungen (→ Bild 8.6).

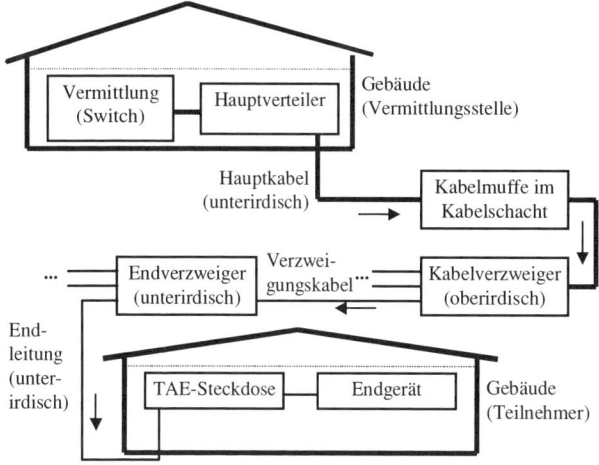

Bild 8.6   Struktur der Teilnehmeranschlüsse im Telefonnetz

Teilnehmeranschlussleitung im Telefonnetz

Die Teilnehmeranschlussleitung im **Telefonnetz** ist eine verdrillte Zwei-drahtleitung (Doppelader, **TP**: *Twisted Pair*, **UTP**: *Unshielded TP*) mit Kupferadern der Durchmesser 0,4; 0,6 oder 0,8 mm. Die Dämpfung dieser Leitung ist näherungsweise proportional zu ihrer Länge, proportional zur Wurzel der übertragenen Frequenz und umgekehrt proportional zum Aderndurchmesser. Damit sind Distanz und Bandbreite strikt begrenzt. Für größere Distanzen können Adern mit größerem Querschnitt eingesetzt werden. Im Telefonnetz ist eine Bandbreite von 3,4 kHz ausreichend, die erforderliche Länge beträgt einige wenige km. Die **Adern** werden mit **a** und **b**, die Teilnehmerschnittstelle selbst als **a/b-Schnittstelle** bezeichnet. Im Endgerät wird die Teilnehmeranschlussleitung durch die Teilnehmerschaltung abgeschlossen. Im herkömmlichen Telefonnetz werden deren Funktionen durch die Abkürzung BORSCHT (Battery Feed, Overvoltage Protection, Ringing, Signaling, Coding, Hybrid, Testing) zusammengefasst (vgl. /8.4/, S. 271).

Glasfasern für Zugangsnetze

Für zukünftige Teilnehmeranschlussleitungen ist das Übertragungsmedium Glasfaser geeignet. Dieses Konzept wird als **FTTH** (*Fiber To The Home*) bezeichnet, wenn die Glasfaser bis zum Teilnehmer führt. Die hohen Verlegekosten werden jedoch nur eine langfristige Umstellung zulassen. Ein Kompromiss wird durch **FTTC** (*Fiber To The Curb*) angestrebt. Hier führt die Glasfaser nur bis zum Straßenrand (*Curb*), für die letzten Meter werden vorhandene Kupferdoppeladern genutzt. **FTTB** (*Fiber To The Building*) ist ein ähnliches Konzept, während **FITL** (*Fiber In The Loop*) und **FTTx** (*x* steht als Platzhalter) als Oberbegriff für den Einsatz von Glasfasern im Teilnehmeranschlussbereich stehen. Zugangsnetze mit Glasfasern werden als **PON** (*Passive Optical Network,* Standardisierung in ITU-T G.983 in Arbeit), also ohne Zwischenverstärker (Gegensatz: **AON**: *Active Optical Network*) ausgeführt. Auf Seite der Ortsvermittlungsstelle ist das Glasfaserzugangsnetz durch eine **OLT** (*Optical Line Termination*), auf Seite des Kunden durch eine **ONU** (*Optical Network Unit*) terminiert.

8.3.2   Prinzipien für Modems

Ein Modem (Modulator/Demodulator) wird zur Datenübertragung in Telefonnetzen benötigt. Der Modulator verschiebt das bei $f = 0$ beginnende Frequenzspektrum des Digitalsignals (Basisbandsignal) in den vom Telefonnetz übertragbaren Frequenzbereich von 0,3–4 kHz. Der Demodulator macht diese Verschiebung wieder rückgängig.

▶ Der Grund für das Bandpassverhalten sind die eingesetzten Übertrager (Transformatoren), die zur galvanischen Entkopplung vorgesehen sind.

Jeder Teilnehmer benötigt ein Modem (→ Bild 8.7), die Modems der Kommunikationspartner müssen zueinander kompatibel sein. Die Kompatibilität wird durch die Einhaltung von Standards (→ Tabelle 8.2) sichergestellt.

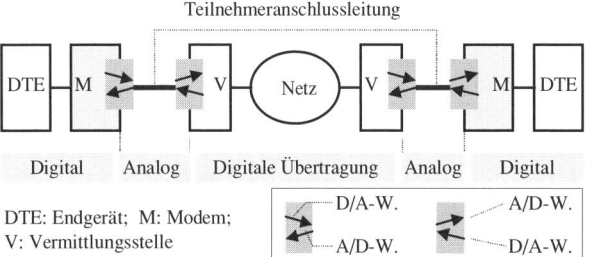

Bild 8.7 Modem zur Datenübertragung im Telefonnetz

8

Als Modulationsverfahren werden **FSK** (*Frequency Shift Keying*) oder **PSK** (*Phase Shift Keying*) verwendet (→ Tabelle 8.2). Beide kennzeichnen das gesendete Bit durch einen bestimmten Zustand des Trägersignals (Frequenz bzw. Phase). Bei PSK werden (im binären Fall) zwei Phasenlagen des Trägers gesendet. Die Phase 0° steht für eine logische 0, 180° für eine logische 1. Zur Demodulation wird ein Referenzträger mit fester bekannter Phase benötigt. Bei DPSK (Differential PSK) ist dieser nicht erforderlich. Dazu wird jedes Bit mit einer Phasenänderung codiert, wobei eine Phasenänderung von 90° einer logischen 0 und 270° einer logischen 1 entspricht.

Aus Gründen der Bandbreiteneffizienz werden (außer bei niedrigen Übertragungsraten) auf der Leitung mehrwertige Symbole verwendet. Ein Symbol, das 2^i verschiedene Zustände annehmen kann, überträgt also i Bits. Bei wachsendem i wird das Verhältnis der Symbolrate (auch Schrittrate, die Zahl der pro Zeiteinheit gesendeten Symbole) zur Bitrate kleiner. Bei fester Bandbreite der Leitung steigt also die Datenrate. Dies wird dadurch erkauft, dass mit zunehmendem i ein besseres Signal-Rausch-Verhältnis nötig ist. Auswirkungen ergeben sich auf den Realisierungsaufwand des Modems, die Fehlerrate und/oder die überbrückbare Distanz. Mehrwertige Symbole werden häufig durch Kombinationen der grundlegenden Modulationsarten (→ Abschnitt 2.3.5) erzeugt.

QAM (*Quadrature Amplitude Modulation*) kombiniert Amplituden- und Phasenmodulation (AM und PM → Abschnitt 2.3.5.2). Bild 8.8 zeigt die technische Realisierung eines QAM-Modulators. Bei 2^i-**QAM** werden in einem Symbol i Bits übertragen, womit die Bandbreiteneffizienz den Wert i bit/s/Hz erreicht. Mit zunehmendem i wird auch ein höheres Signal-Rausch-Verhältnis benötigt, da sonst eine hinreichend fehlerfreie Demodulation nicht mehr möglich ist. Übliche Werte sind $i = 4, 6, 8$.

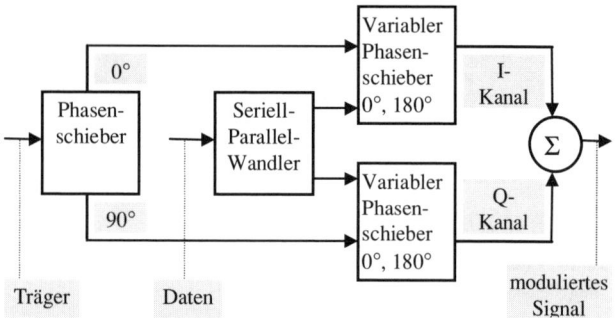

Bild 8.8   Prinzip eines QAM-Modulators (vgl. /8.11/, S. 25)

4-QAM repräsentiert ein Bitpaar (**Dibit**) durch einen Träger konstanter Amplitude mit vier verschiedenen Phasenlagen. Dies wird durch einen Zeiger in der komplexen Zahlenebene veranschaulicht (→ Bild 8.9).

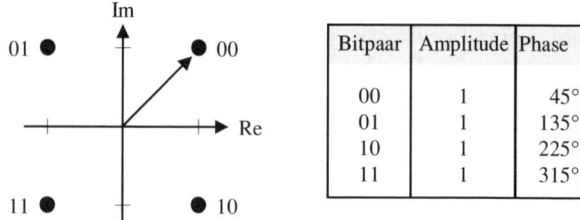

Bitpaar	Amplitude	Phase
00	1	45°
01	1	135°
10	1	225°
11	1	315°

Bild 8.9   4-QAM (vgl. /8.11/, S. 26)

64-QAM verwendet 64 verschiedene Symbole (→ Bild 8.10) und kann damit 6 Bits pro Symbol übertragen.

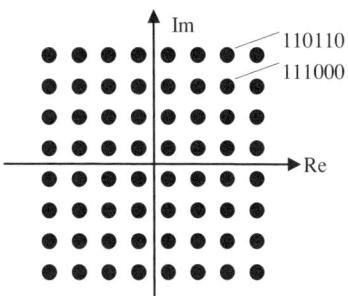

Bild 8.10   64-QAM (vgl. /8.11/, S. 26)

Für xDSL (→ Abschnitt 8.5) müssen die Modulationsarten nochmals weiterentwickelt werden.

8.3.3   Modem-Standards

Modems sind durch eine Vielzahl von Eigenschaften gekennzeichnet. In der Regel erlauben sie eine **Vollduplex-Kommunikation** über eine Zweidrahtleitung. Dabei können die Bitraten in beide Richtungen unterschiedlich (asymmetrisch) sein. Modems können **asynchron** (einzelne Zeichen) oder **synchron** (ganze, zeichen- oder bitorientierte Rahmen) übertragen. Bei der synchronen Übertragung werden die Daten synchron zu einem vorgegebenen Takt gesendet und empfangen. Dieser wird normalerweise vom Modem (synchrones Modem) erzeugt.

Ein Halbduplex-Modem bietet den Vorteil, dass in eine Richtung die volle verfügbare Bandbreite genutzt werden kann. Vollduplex-Modems können um den Preis eines zweiten Adernpaares mit einer 4-Draht-Verbindung realisiert werden. Lösungen mit einem Adernpaar (2-Draht) müssen entweder Frequenzmultiplex, Zeitmultiplex oder Gabelschaltungen mit Echokompensation verwenden (→ Abschnitt 8.4.3).

Modem-Standards werden von der ITU-T publiziert. Für die wichtigsten Standards und zugehörige Charakteristika (→ Tabelle 8.2). Modems werden über die a/b-Schnittstelle an die 2-Draht-Teilnehmeranschlussleitung angeschlossen. Für die Schnittstelle zwischen Modem und Endgerät werden die Standards ITU-T V.24 (Signale und ihre Bedeutung), ITU-T V.28 (elektrische Eigenschaften) und ISO 2110 (Steckverbindung) zugrunde gelegt.

8

Tabelle 8.2   Modem-Standards nach ITU-T (in Anlehnung an /8.20/, S. 103)

Modemtyp Betriebsart	Datenrate	Modulation Übertragung	Netzwerk Leitung	Hilfs-kanal
V.21 async., sync.	bis 300 bit/s	FSK duplex	Telefon-Wählnetz 2-Draht	--
V.22 async., sync.	300 bit/s 600 bit/s 1200 bit/s	2-, 4-DPSK duplex	Telefon-Wählnetz, Mietleitung 2-Draht	--
V.22bis async.	2400 bit/s	4-QAM duplex	Telefon-Wählnetz 2-Draht	75 bit/s
V.23 async., sync.	600 bit/s, 1200 bit/s	FSK halbduplex	Telefon-Leitung 2-Draht	75 bit/s
V.26 sync.	2400 bit/s	4-DPSK duplex	Mietleitung 4-Draht	75 bit/s
V.26bis sync.	1200 bit/s 2400 bit/s	2-, 4-PSK halbduplex	Telefon-Wählnetz 2-Draht	75 bit/s
V.27 sync.	4800 bit/s	8-PSK duplex	Mietleitung 2-Draht (halbduplex) 4-Draht (vollduplex)	75 bit/s
V.29 sync.	9600 bit/s	4-, 16-QAM duplex	Mietleitung 4-Draht	--
V.32 sync., async.	9600 bit/s	4-QAM duplex	Telefon-Wählnetz 2-Draht Echokompensation	75 bit/s
V.34 sync., async.	33600 bit/s	256-QAM 4-dim. TCM duplex	Telefon-Wählnetz 2-Draht Schnittstelle V.11	
V.90 sync.	56000 bit/s (down-stream) 33600 bit/s (upstream)	PCM, digital (downstream) . Wie V.34 (upstream) duplex	Telefon-Wählnetz 2-Draht	

downstream, upstream aus Sicht der Ortsvermittlung
TCM: Trellis Coded Modulation

V.34 nutzt die Modulation **256-QAM** und drei Verfahren der vierdimensionalen **TCM** (*Trellis Coded Modulation*) mit 16, 32 oder 64 Zuständen. Alle Datenraten von 2,4 kbit/s bis 33,6 kbit/s sind in Stufen von 2,4 kbit/s möglich. TCM integriert Modulation und Kanalcodierung zu einem gemeinsamen Prozess. Da die sichere Demodulation vielwertiger Symbole schwierig bzw. fehleranfällig ist, wird die Menge der zulässigen Symbolfolgen begrenzt. Bild 8.11 a) zeigt den Aufbau einer Modemverbindung nach V.34 mit 33600 bit/s. Nach V.90 werden 56000 bit/s erreicht, dies allerdings nur in der Richtung vom Server zum Teilnehmer (Bild 8.11 b). Dies wird durch das Weglassen der D/A-Wandlung zwischen Server und dem digitalen Netz möglich, vgl. /8.25/, S. 238.

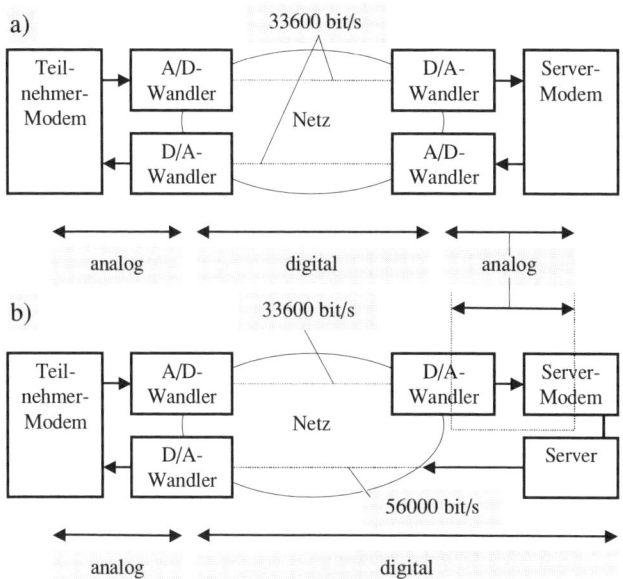

Bild 8.11   Modems mit a) 33,6 kbit/s und b) 56 kbit/s

8.3.4   Protokolle für Modemübertragung

Modems übertragen Bitströme transparent, ohne sich um Protokollfunktionen der höheren OSI-Schichten zu kümmern. **X-Modem** (→ Bild 8.12) ist ein einfaches Protokoll für den Dateitransfer über Modems. Dabei werden Datenblöcke mit Sequenznummern und Fehlersicherungsinformation versehen und sequenziell übertragen. Als fehlerhaft empfangene Blöcke werden beim Sender erneut angefordert. Verbesserte Versionen von X-Modem bieten eine höhere Übertragungsleistung. **Y-Modem** ist eine Weiterentwicklung, bei der Dateinamen mit übertragen werden. Zudem wird die Blocklänge in Abhängigkeit der Leitungsqualität angepasst. **Z-Modem** ist eine nochmals verbesserte Variante mit zusätzlichen Funktionen. **Kermit** ist ein weiteres, sehr flexibles Protokoll für den Dateitransfer über Modems. Es ist als C-Quellencode frei verfügbar und wird in **BBS-Systemen** (*Bulletin Board System*, vergleichbar mit den Newsgroups im Usenet, → Abschnitt 11.11) häufig eingesetzt. Die Familie der **MNP-Protokolle** (*Microcom Networking Protocol*) umfasst 10 Versionen (so genannte *level*), die sich hauptsächlich mit der Fehlerbehandlung und der Datenkompression bei der Modemübertragung befassen. MNP 3 und MNP 4 werden auch in ITU-T V.42 zur Fehlerbehandlung eingesetzt, während ITU-T V.42bis der Datenkompression dient und MNP 5 mit enthält.

X-Modem: Dateitransfer über Modem. **Y-Modem**: verbesserte Version von X-Modem. **Z-Modem**: erweitert den Funktionsumfang von Y-Modem. **Kermit**: Dateitransfer über Modems, als C-Quellenprogramm frei verfügbar.	**MNP 3**: Fehlersicherung durch CRC. **MNP 4**: Fehlersicherung durch ARQ, Paketlänge adaptiv gewählt. **MNP 5**: Datenkompression für Modemübertragung, verwendet MNP 4. **V.42**: Standard zur Fehlersicherung bei Modemübertragung, enthält MNP 3 und MNP 4. **V.42bis**: Datenkompression für Modemübertragung (Lempel Ziv), enthält MNP 5.

Bild 8.12   Protokolle für Modemübertragung

8.4   Zugang über ISDN

8.4.1   Übersicht

ISDN (→ Abschnitt 7.3) ermöglicht dem Teilnehmer die Nutzung verschiedener Dienste über einen einzigen Netzzugang. Dazu gehört insbesondere auch die Rechnerkommunikation. Daten werden auf der Teilnehmeranschlussleitung digital übertragen (→ Abschnitt 8.4.3), wodurch im Gegensatz zu Modems (unerwünschte) Analog-Digital-Wandlungen nicht mehr benötigt werden. Bestehende, analoge Teilnehmeranschlussleitungen können in der Regel für ISDN genutzt werden, so dass ein rascher, kostengünstiger Übergang auf ISDN möglich ist.

📖 ISDN wird in /8.13/ sehr ausführlich behandelt, /8.4/ und /8.8/ enthalten kürzere Darstellungen der wichtigsten Zusammenhänge.

8.4.2 Referenzmodell für den ISDN-Teilnehmerzugang

Das Bezugsmodell der ITU-T für den ISDN-Teilnehmeranschluss (→ Bild 8.13) legt eine Anzahl von Schnittstellen und Funktionen fest. Zunächst zu den Funktionen:

- **TE 1** (*Terminal Equipment Type 1*): Damit sind ISDN-fähige Endgeräte gemeint.
- **TE 2** (*Terminal Equipment Type 2*): bezeichnet herkömmliche Endgeräte ohne ISDN-Funktionalität.
- **TA** (*Terminal Adapter*): erlaubt den Anschluss von TE 2 an das ISDN. Terminal-Adapter gibt es mit den Schnittstellen a/b, V.24, X.21 und X.25 (vgl. /8.14/, S. 440).
- **NT 2** (*Network Termination 2*): Er schließt das Netz zum Teilnehmer hin ab und umfasst Funktionen der OSI-Schichten 2 und 3.
- **NT 1** (*Network Termination 1*): Er umfasst im Gegensatz zu NT 2 Funktionen der OSI-Schicht 1 und wird auch als transparenter Netzabschluss bezeichnet.
- **LT** (*Line Termination*): ist das Gegenstück an der Ortsvermittlungsstelle zum NT.
- **ET** (*Exchange Termination*): ist Bestandteil der Ortsvermittlungsstelle.

8

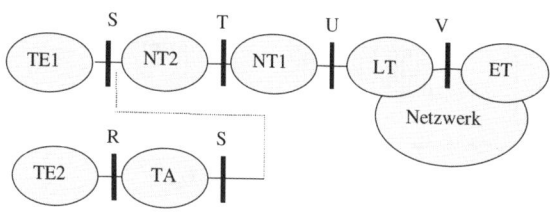

Bild 8.13   Bezugsmodell für den ISDN-Teilnehmeranschluss (/8.8/, S. 278–279)

Die Schnittstellen zwischen den Funktionsblöcken sind eindeutig benannt mit R, S, ... (→ Bild 8.13). Weitere Schnittstellenbezeichnungen:

- S_0 bezeichnet die S-Schnittstelle, wenn NT 1 und NT 2 zum NT zusammengefasst sind und damit auch S und T zusammenfallen. S_0 bezieht sich auf den Basisanschluss. U_{k0} ist die U-Schnittstelle, die zu S_0 gehört.
- S_{2M} ist die entsprechende S-Schnittstelle beim Primärmultiplex-Anschluss. Dieser benötigt eine 4-Draht-Leitung (Bezeichnung U_{k2}) oder optische Fasern (Bezeichnung U_{G2}) zur Ortsvermittlung.
- U_{p0} bezieht sich auf die Netzschnittstelle innerhalb von kleinen Nebenstellenanlagen.

8.4.3   Digitalisierung der Teilnehmeranschlussleitung

Über die ISDN-Teilnehmeranschlussleitung müssen zwei B-Kanäle (je 64 kbit/s) und ein D-Kanal (16 kbit/s), also insgesamt 144 kbit/s im Vollduplex-Betrieb übertragen werden. Um die bestehenden Teilnehmeranschlussleitungen weiter nutzen zu können, wurden zwei alternative Übertragungsverfahren entwickelt. Das **Zeitgetrenntlageverfahren** (*Ping-Pong-Verfahren, Zeitgabel* → Bild 8.14) verwendet Zeitmultiplex zur Trennung der beiden Übertragungsrichtungen, die zugehörige Schnittstelle heißt U_{p0}. Datenpakete mit je 20 Bit werden abwechselnd in beide Richtungen übertragen. Zwischen den Paketen ist eine genügend große Pause nötig, damit sich die gegenläufigen Pakete nicht überlappen. Deshalb muss die Datenrate innerhalb eines Paketes größer als die doppelte Nenn-Datenrate von 144 kbit/s sein. Verwendet wird der Wert 384 kbit/s. Die überbrückbare Distanz ist durch die Signallaufzeit und die infolge der Datenrate große Dämpfung relativ gering (ca. 2–3 km).

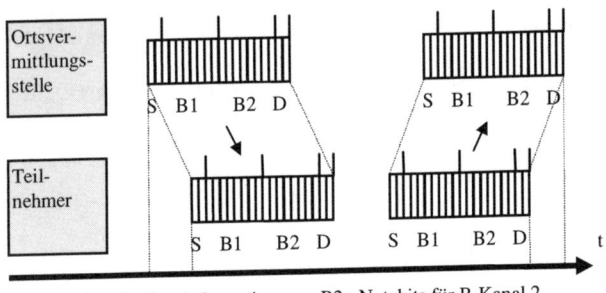

S: Synchronisationsinformation   B2: Nutzbits für B-Kanal 2
B1: Nutzbits für B-Kanal 1   D: anteilige Bits für D-Kanal

Bild 8.14   Zeitgetrenntlage- oder Ping-Pong-Verfahren (/8.8/, S. 285)

Das **Gleichlageverfahren** mit **Echokompensation** (Bezeichnung der Schnittstelle: U_{ko}) vermeidet eine Erhöhung der tatsächlichen Datenrate. Wie beim Telefonnetz wird mit Hilfe einer **Gabelschaltung** (*hybrid*) gleichzeitig in beide Richtungen gesendet. Dabei ist die Brutto-Bitrate in jeder Richtung 160 kbit/s. Die Gabelschaltung sorgt – wie schon im Telefonapparat – für eine Zweidraht-Vierdraht-Umsetzung mit der erforderlichen Richtungstrennung (→ Bild 8.15 b). Dadurch wird sichergestellt, dass der Empfänger einer Seite nur das Signal der Gegenseite empfängt. Da eine Gabelschaltung nicht ideal realisiert werden kann, und auf der Übertragungsleitung Echos auftreten können, ist der Empfänger mit unerwünschten Signalanteilen seines Senders konfrontiert. Damit das erwünschte Nutzsignal trotzdem korrekt decodiert werden kann, wird eine Echokompensation eingefügt (→ Bild 8.15 a). Der Echokompensator berechnet ein zum geschätzten Echosignal inverses Signal, das vom empfangenen Signal subtrahiert wird. Die Echoschätzung wird in einem komplizierten Vorgang adaptiv durchgeführt.

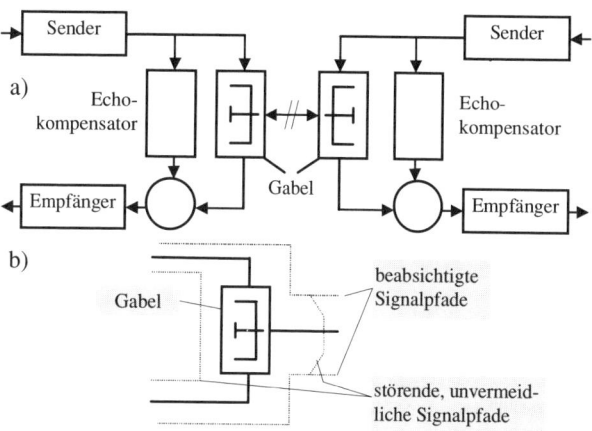

Bild 8.15   Gleichlageverfahren mit Echokompensation, a) Prinzip, b) Gabel-schaltung (vgl. /8.8/, S. 286)

Das Echokompensationsverfahren kommt mit einer Bitrate von 160 kbit/s aus und belegt damit (in Verbindung mit der 4B3T-Codierung, → Abschnitt 8.4.4) eine Bandbreite von 120 kHz. Die überbrückbare Distanz liegt damit – abhängig vom Aderndurchmesser – zwischen 4 und 8 km.

8.4.4   Leitungscodierung

Leitungscodes lassen sich durch die **Codierungsvorschrift** definieren und in **Zeitdiagrammen** veranschaulichen. Als Eigenschaften ergeben sich die **Effizienz** (die Anzahl der Bits, die mit einem Symbol übertragen werden können), das belegte Spektrum und die in Abschnitt 2.3.2 genannten Eigenschaften.

Binäre Codes codieren Bits (die nur die Werte 0 oder 1 annehmen können) in zwei verschiedene Spannungs- bzw. Strompegel. **Pseudoternäre Codes** verwenden drei Spannungspegel $U+$, 0, $U-$, wobei ein Bitwert (z. B. der Wert 1) abwechselnd durch $U+$ und $U-$ dargestellt wird. Dadurch werden die Gleichstromfreiheit und die Taktregenerierbarkeit verbessert. Bild 8.16 a) zeigt einen pseudoternären (bipolaren) Code. Der **B8ZS-Code** (→ Bild

8.16 b) ist eine Erweiterung mit geringerem Gleichstromanteil bei langen 0-Folgen. **Ternäre Codes** nutzen dreiwertige Symbole, wobei n Bits in m ($m < n$) ternäre Symbole umcodiert werden. **Quarternäre Codes** weisen vier verschiedene Symbole auf, so dass jeweils zwei Bits durch ein quaternäres Symbol dargestellt werden können.

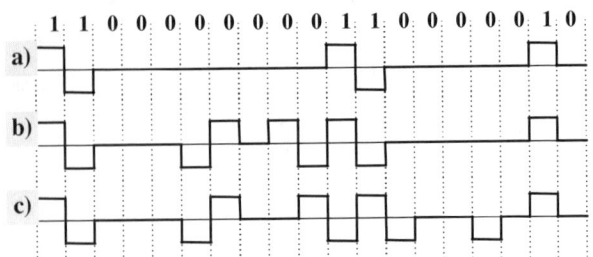

a: Bipolarer Code: Für eine "1" wird abwechselnd ein positiver und ein negativer Impuls gesendet

b: B8ZS-Code: Acht "0" werden ersetzt durch "000+-0+-", falls vorher ein positiver Impuls gesendet wurde, bzw. durch "000-+0+-" sonst

c: HDB3-Code: vier "0" werden wie folgt ersetzt:

	Anzahl der "1" seit der letzten Substitution	
Vorhergehender Impuls	ungerade	gerade
negativ	000-	+00+
positiv	000+	-00-

Bild 8.16   Leitungscodierung im Zusammenhang mit ISDN (/8.20/, S. 372)

Einige wichtige **Leitungscodes** im Zusammenhang mit ISDN sind:

- **AMI** (*Alternate Mark Inversion*): Eine logische 0 wird mit der Spannung 0 V codiert, eine logische 1 abwechselnd mit $U+$ oder $U-$. Der Code ist pseudoternär, gleichstromfrei und nicht selbsttaktend (d. h. der Taktanteil im Leitungssignal ist gering).

- **HDB3** (*High Density Bipolar* , → Bild 8.16c): Der AMI-Code wird so abgeändert, dass nach drei logischen 0 die nächste 0 in eine logische 1 verwandelt wird. Der Code ist pseudoternär, gleichstromfrei und selbsttaktend.

- **Modifizierter AMI-Code**: Eine logische 1 wird als Spannung 0 V codiert, eine logische 0 abwechselnd als $U+$ oder $U-$. Die Eigenschaften sind wie bei AMI. Bei Mehrfachzugriff kann sich eine logische 0 gegenüber einer 1 durchsetzen.

- **4B3T** (4 Binär, 3 Ternär, auch als **MMS43**: *Modified Monitored Sum* bezeichnet). Die Codierung wird nach Tabelle 8.3 ermittelt. Der Code ist gleichstromfrei, selbsttaktend und belegt eine geringere Bandbreite als pseudoternäre Codes.

- **2B1Q** (2 Binär, 1 Quarternär, auch 4-PAM: 4 Level Pulse Amplitude Modulation) : Die Codierung wird nach Bild 8.17 ermittelt. Der Code belegt eine geringere Bandbreite als 4B3T.

Der **4B3T-Leitungscode** wird nach Tabelle 8.3 ermittelt. Vier Bits werden durch drei ternäre Symbole repräsentiert. Die Codewörter der Spalte 1 weisen einen negativen Gleichstromanteil auf, in Spalte 2 ist er Null und in Spalte 3 positiv. Der Codierer berechnet laufend die Summe

$$I = \sum N_{positive\ Impulse} - \sum N_{negative\ Impulse}$$

I enthält also den aufintegrierten Gleichstromanteil. Wenn nun $I > 0$ ist, wird das ternäre Codewort aus den Spalten 1 und 2 entnommen. Für $I < 0$ sind die Spalten 2 und 3 zuständig. Für $I = 0$ wird das Codewort aus Spalte 2 entnommen und − falls das vorherige $I > 0$ war − aus Spalte 1. Falls das vorherige $I < 0$ war, wird Spalte 3 gewählt. Von den $3^3 = 27$ Codewörtern wird das Wort 000 nicht verwendet, die anderen Codewörter sind komplementär in den Spalten 1 und 3 (d. h. wenn + − − in Spalte 1 steht, enthält die Spalte 3 in derselben Zeile − + +). Der 4B3T-Code weist eine Effizienz von 1,33 bit/Symbol auf.

Tabelle 8.3   Codetabelle des 4B3T-Codes (vgl. /8.16/, S. 399–400)

Binärwort	Spalte 1	Spalte 2	Spalte 3
0000	− − −		+ + +
0001	− − 0		+ + 0
0010	− 0 −		+ 0 +
0011	0 − −		0 + +
0100	− − +		+ + −
0101	− + −		+ − +
0110	+ − −		− + +
0111	− 0 0		+ 0 0
1000	0 − 0		0 + 0
1001	0 0 −		0 0 +
1010		0 + −	
1011		0 − +	
1100		+ 0 −	
1101		− 0 +	
1110		+ − 0	
1111		− + 0	

8

Beim **2B1Q-Leitungscode** werden Bitpaare des zu codierenden Signals in genau ein quaternäres Symbol umgesetzt ($\rightarrow$ Bild 8.17). Die Effizienz beträgt also 2 bit/Symbol.

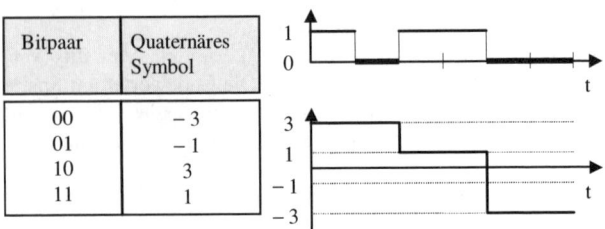

Bitpaar	Quaternäres Symbol
00	-3
01	-1
10	3
11	1

Bild 8.17   2B1Q-Leitungscode (vgl. /8.13/, S. 222)

Die **Spektren** der Codes 4B3T und 2B1Q sind in Bild 8.18 gegenüber gestellt. Die kleinere Bandbreite des 2B1Q-Codes führt zu einer geringeren Dämpfung und zu reduziertem Übersprechen. Da jedoch mehr Symbole unterschieden werden müssen, ist ein höheres Signal-Rausch-Verhältnis erforderlich. Ein genauer Vergleich ist nur im Einzelfall möglich. Tabelle 8.4 gibt eine Zusammenfassung der Eigenschaften und der Anwendungen.

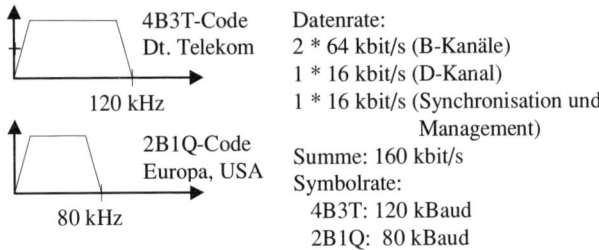

4B3T-Code
Dt. Telekom

120 kHz

2B1Q-Code
Europa, USA

80 kHz

Datenrate:
2 * 64 kbit/s (B-Kanäle)
1 * 16 kbit/s (D-Kanal)
1 * 16 kbit/s (Synchronisation und Management)
Summe: 160 kbit/s
Symbolrate:
4B3T: 120 kBaud
2B1Q: 80 kBaud

Bild 8.18   Leitungscodes für ISDN (auf der Teilnehmeranschlussleitung)

Tabelle 8.4   Leitungscodes im Zusammenhang mit ISDN

Code	Anzahl Werte	gleichstromfrei/ selbsttaktend	Anwendung
AMI (RZ) modifiziert	pseudoternär	ja / nein	S_0-Bus
HDB3	pseudoternär	ja / ja	ISDN-Primärmultiplex-Anschluss (S_{2M}, U_{k2}, V_{2m}) (Dt. Telekom)

Tabelle 8.4   Leitungscodes im Zusammenhang mit ISDN (Fortsetzung)

Code	Anzahl Werte	gleichstromfrei/ selbsttaktend	Anwendung
4B3T (MMS43)	ternär	ja / ja	ISDN-Basisanschluss mit Echokompensation (Dt. Telekom)
2B1Q	quaternär	nein / nein	ISDN (Europa, USA)

8.4.5   Der S_0-Bus

Der S_0-Bus ist ein passiver Bus, an den bis zu 8 ISDN-Endgeräte angeschlossen werden können. Für die Kommunikation vom NT zu den TE und umgekehrt wird je ein Adernpaar verwendet.

Topologie, Stecker

Bild 8.19 a) zeigt die Topologie des S_0-Bus. Zwei Adernpaare können optional verwendet werden. Als Stecker wird der Typ RJ-45 ($\rightarrow$ Bild 8.19 b) nach ISO 8877 bzw. EN 28877 eingesetzt. Die Leitungscodierung ist ein modifizierter AMI-Code mit Pegeln von ± 750 mV ± 10 %. Da mit einer Bruttodatenrate von 192 kbit/s ($2 \cdot 64$ kbit/s, $1 \cdot 16$ kbit/s, 48 kbit/s für Synchronisation und Steuerung) übertragen wird, beträgt die nominale Bitdauer 5,21 µs.

8

Funktionale Eigenschaften, Rahmenaufbau

Auf dem S_0-Bus sind zwischen dem NT1 und den TE (maximal 8 dürfen am S_0-Bus angeschlossen sein) die folgenden Funktionen abzuwickeln:

- Übertragung zweier B-Kanäle, eines D-Kanals und des D-Echokanals. Der D-Echokanal dient der Koordination des Zugriffs der TE auf den D-Kanal. Während die beiden B-Kanäle eindeutig an ein TE vergeben werden, können beim Zugriff der TE auf den D-Kanal Kollisionen auftreten. Wegen des verwendeten modifizierten AMI-Code ($\rightarrow$ Abschnitt 8.4.4) kann sich der logische Wert 0 gegenüber dem Wert 1 durchsetzen, falls mehrere TE gleichzeitig senden. Der NT gibt in den Echobits bekannt, was er von den TE empfangen hat. Ein TE darf senden, nachdem es hinreichend viele 1-Bits gesehen hat. Jede Sendung beginnt mit einigen 0-Bits. Irgendwann sendet ein TE jedoch ein 1-Bit, während ein anderes TE noch 0-Bits sendet. Der NT sendet also ein 0-Bit im Echokanal, woran das erstgenannte TE die Kollision erkennt und seine Sendung einstellt.

- Schritttakt, Oktetttakt und Rahmensynchronisation. Der Schritttakt wird aus dem Bitstrom von 192 kbit/s regeneriert, ebenso der Oktetttakt. Die Rahmensynchronisation wird über Codeverletzungen erreicht.

■ Fernspeisung, Aktivierung, Deaktivierung und Anschaltzustandsüberwachung.

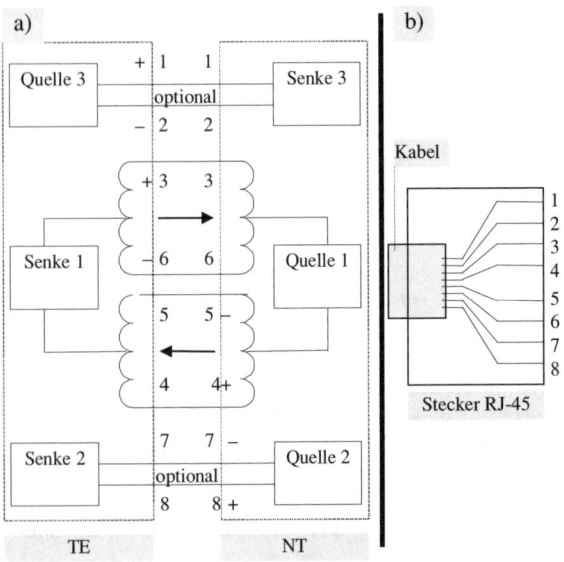

Bild 8.19   Aufbau des S_0-Bus, a) Prinzipschaltbild, b) Stecker (/8.14/, S. 444)

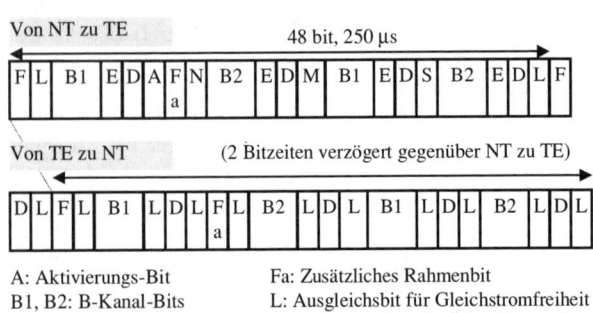

A: Aktivierungs-Bit   Fa: Zusätzliches Rahmenbit
B1, B2: B-Kanal-Bits   L: Ausgleichsbit für Gleichstromfreiheit
D: D-Kanal-Bit   M: Multiframing-Bit (Überrahmen-Bit)
E: D-Echokanal-Bit   N: Komplementär zu Fa (im binären)
F: Rahmenbit (Framing)   S: Reserviert für S-Kanal

B1, B2 je 8 bit, alle anderen Felder je 1 bit

Bild 8.20   Rahmenaufbau an der S_0-Schnittstelle

Bild 8.20 zeigt den Rahmenaufbau an der S_0-Schnittstelle. Der Rahmen von TE zu NT beginnt um das Doppelte der Bitdauer später als derjenige in Richtung NT $\rightarrow$ TE.

8.5   Zugang über xDSL

8.5.1   Übersicht

xDSL (**DSL**: *Digital Subscriber Line*, digitale Teilnehmeranschlussleitung; das x steht für ein bestimmtes Übertragungsverfahren) bietet gegenüber der ISDN-Teilnehmeranschlussleitung eine wesentlich höhere Datenrate, obwohl im Wesentlichen dieselben Kupfer-Doppeladern verwendet werden. Die gegenwärtig wichtigsten xDSL-Varianten sind:

- **ADSL** (*Asymmetric DSL*, $\rightarrow$ Abschnitt 8.5.3): Asymmetrisch bedeutet, dass die Datenrate zum Teilnehmer (*downstream*) verschieden ist von der zum Netzzugangspunkt (*upstream*). Beim Internet-Zugang wird in der Regel die benötigte Downstream-Datenrate wesentlich größer sein.
- **HDSL** (*High Bit Rate DSL*): Die älteste xDSL-Variante, die ausschließlich für Datenübertragung vorgesehen ist. Die Datenraten sind – wie auch bei SDSL – symmetrisch.
- **SDSL** (*Symmetric DSL, Single-Pair DSL*): benötigt im Gegensatz zu HDSL nur ein Adernpaar, dafür ist die Leistung eingeschränkt ($\rightarrow$ Tabelle 8.5).
- **UADSL** (*Universal ADSL*, auch ADSL Light): ist eine ADSL-Variante, die ohne einen aufwändigen Splitter ($\rightarrow$ Abschnitt 8.5.3) auskommt.
- **VDSL** (*Very High Bit Rate DSL,* $\rightarrow$ Abschnitt 8.5.4): bietet sehr große Bitraten über sehr kurze Distanzen. Asymmetrischer und symmetrischer Betrieb.

Bei der Beurteilung der xDSL-Varianten ($\rightarrow$ Tabelle 8.5) ist zu beachten, dass Datenrate und Distanz näherungsweise umgekehrt proportional sind. Bei VDSL mit Bitraten bis ca. 50 Mbit/s ist die Distanz auf weniger als 1 km begrenzt, während ADSL und HDSL ca. 5 km bei Datenraten der Größenordnung 2 Mbit/s erreichen. Meistens wird eine Koexistenz von schmalbandigen (Telefon, ISDN) und breitbandigen Diensten auf der xDSL-Anschlussleitung gefordert und gewährleistet.

8

Tabelle 8.5   Vergleich verschiedener xDSL-Varianten

	ADSL	HDSL	SDSL	VDSL
Bedeutung	Asymmetric DSL	High Data Rate DSL	Symmetric DSL	Very High Data Rate DSL
Datenrate Upstream	(16–640) kbit/s	1,544 bzw. 2,048 Mbit/s	1,544 bzw. 2,048 Mbit/s	(1,5–2,3) Mbit/s
Datenrate Downstream	64 kbit/s– 8,192 Mbit/s	1,544 bzw. 2,048 Mbit/s	1,544 bzw. 2,048 Mbit/s	(13–52) Mbit/s
Leitungslänge	(2,7–5,5) km	(3–4) km	(2–3) km	(0,3–1,5) km
Adernpaare	1	2 (bei 1,544 Mbit/s); 3 (bei 2,048 Mbit/s)	1	1
Belegte Bandbreite	ca. 1 MHz	ca. 240 kHz	ca. 240 kHz	ca. 30 MHz
Telefonüber-tragung	analog	nein	analog	analog und ISDN

📖 Die Werke /8.3/, /8.11/, /8.15/, /8.21/ und /8.22/ behandeln xDSL ver-tieft. /8.19/ und /8.25/ gehen kurz auf grundsätzliche Zusammenhänge ein.

8.5.2   Modulationsverfahren

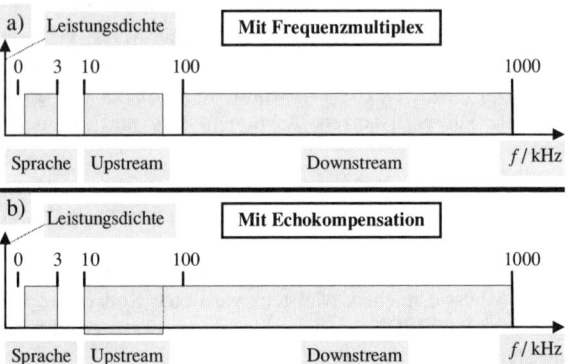

Bild 8.21   Frequenzbelegung bei ADSL, a) mit Frequenzmultiplex, b) mit Echo-kompensation

Auf xDSL-Anschlüssen wird eine Vollduplex-Übertragung verlangt. Dazu kann – wie schon bei Modems – entweder **Modulation** und **Echounter-**

drückung (*Echo Cancellation*) oder **Frequenzmultiplex** (FDM: *Frequency Division Multiplex*) eingesetzt werden. Da in der Regel eine von den anderen Diensten unabhängige Sprachübertragung gefordert ist, können die Frequenzbereiche entsprechend Bild 8.21 gewählt werden.

Für xDSL stehen die Modulationsverfahren DMT und CAP im Vordergrund. **DMT** (*Discrete Multitone*) wird auch als **OFDM** (*Orthogonal Frequency-Division Multiplexing*) bezeichnet. Dabei wird der Übertragungskanal in 256 Subkanäle unterteilt, von denen jeder ein QAM-Signal (→ Abschnitt 8.3.2) überträgt. Die Realisierung von DMT ist aufwendig und erfordert hochintegrierte digitale Signalprozessoren. Dafür kann das Spektrum des Signals an die Eigenschaften der Übertragungsleitung angepasst werden. **CAP** (*Carrierless Amplitude Phase Modulation*) nutzt im Gegensatz zu DMT nur einen Träger, der nicht mit übertragen wird. CAP ist relativ einfach zu realisieren. DMT wurde von ETSI und ANSI (→ Abschnitt 12.4) als Standard gewählt.

8.5.3 ADSL

8

Ein ADSL-Anschluss (→ Bild 8.22) benötigt zwei Modems, zwei Splitter und eine Zweidrahtleitung. Die Splitter trennen den Frequenzbereich des herkömmlichen Telefondienstes ab, so dass bei Ausfall des ADSL-Modems der Telefondienst verfügbar bleibt. Das Modem wird auf Teilnehmerseite als **ATU-R** (*ADSL Terminal Unit – Remote*) und auf Seite der Vermittlungsstelle als **ATU-C** (*Central Office*) bezeichnet. In der Vermittlungsstelle werden die ATU-C für mehrere Teilnehmer in einem **DSLAM** (*Digital Subscriber Loop Access Multiplexer*) zusammengefasst.

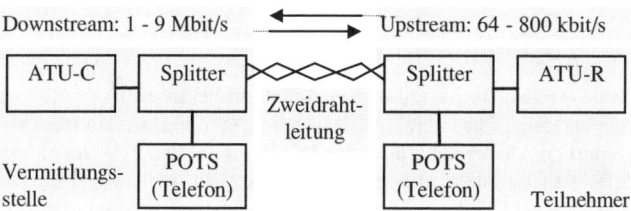

ATU: ADSL Terminal Unit (ADSL-Modem)
C: Central Office; R: Remote
POTS: Plain Old Telephone Service (bzw. ISDN)

Bild 8.22   ADSL-Anschluss (Prinzip)

Die Datenrate kann bei ADSL in Schritten von 32 kbit/s eingestellt werden. Damit ergibt sich die tatsächlich nutzbare Datenrate als Funktion der zu überbrückenden Entfernung. In Downstream-Richtung sind bei 2 Mbit/s ca. 4 km und bei 6 Mbit/s ca. 2 km zulässig.

UADSL (*Universal ADSL*) ist ein Vorschlag der UAWG (Universal ADSL Working Group), der in ITU-T G.992.2 standardisiert wurde. Der wesentliche Unterschied zu ADSL liegt im Wegfall des (insbesondere bei der Installation aufwendigen) Splitters. Die Datenraten sind 1,5 Mbit/s (downstream) und 512 kbit/s (upstream) bei Reichweiten wie ADSL.

8.5.4   VDSL

VDSL (*Very High Bit Rate DSL*) soll in Zukunft eine noch wesentlich höhere Bitrate als ADSL liefern. Dies ist mit herkömmlichen Kupferkabeln über die geforderten Distanzen nicht mehr möglich. Deshalb werden von der Vermittlungsstelle ausgehend Glasfasern eingesetzt (→ Bild 8.23). Ein Vorschlag des ATM Forum sieht folgende, von STM-1 (→ Abschnitt 7.5) abgeleitete Datenraten vor: 12,96–13,8 Mbit/s bei 1500 m; 25,92–27,6 Mbit/s bei 1000 m, 51,84–55,2 Mbit/s bei 300 m (vgl. /8.11/, S. 12).

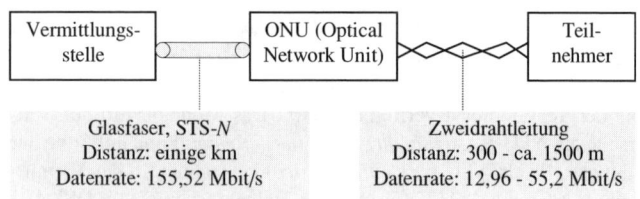

Bild 8.23   VDSL-Anschluss

8.6   Zugang über Kabelnetze

Kabelnetze werden für Verteildienste (Rundfunk, Fernsehen) in großem Umfang eingesetzt. Für interaktive Anwendungen ist jedoch ein Rückkanal erforderlich. Dieser kann über das Telefonnetz realisiert werden, was jedoch für den Benutzer unangenehm ist. Deshalb werden Kabelnetze durch eigene Rückkanäle ergänzt. Als Übertragungsmedium wurden früher ausschließlich **Koaxialkabel** eingesetzt, heute werden zunehmend Teilstrecken mit **Glasfasern** (**HFC**: *Hybrid Fiber Coax*) eingefügt. Die Bandbreite eines Kabelnetzes (→ Bild 8.24) ist beachtlich. Der Anwender benötigt ein Kabelmodem zum Zugriff auf den interessierenden Kanal. **DOCSIS** (*Data-Over-Cable System Interface Specification*, vgl. /8.1/, S. 141) ist eine Spezifikation für Kabelmodems, die von ITU-T und ANSI übernommen wurde.

🕮 Kabelnetze werden in /8.1/, Kap. 3, in /8.3/, S. 54–56 und in /8.25/, S. 244–250 behandelt.

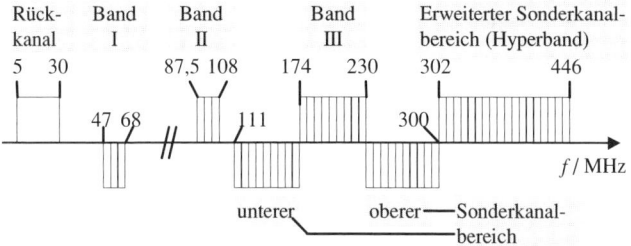

Bild 8.24   Kanalaufteilung des Kabelnetzes (vgl. /8.11/, S. 116)

8.7 Zugang über Stromversorgungsleitungen

Stromversorgungsnetze sind – zumindest in industrialisierten Ländern – überall verfügbar. Aus dieser Sicht ist ihre Nutzung als Zugangsnetz für Rechnernetze von Interesse. Voraussetzung dafür ist die Realisierung einer hinreichend großen Datenrate und die Beherrschung der elektromagnetischen Kompatibilität gegenüber anderen Nutzern des verwendeten Frequenzspektrums. Im Hoch- und Mittelspannungsnetz (→ Bild 8.25) führen die Energieversorgungsunternehmen schon seit langer Zeit Datenübertragung für Überwachungs- und Steuerungszwecke durch. Im Niederspannungsnetz liegt eine baumförmige Topologie vor, die als *shared medium* wirkt. In der Niederspannungs-Transformatorstation können Kopfstationen eingerichtet werden, die über Glasfasern mit dem Rechnernetz verbunden werden. Die Kopfstation kommuniziert über das Niederspannungsnetz mit bis zu mehreren hundert Haushalten.

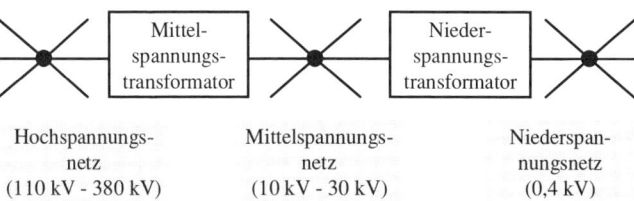

Bild 8.25   Struktur des Stromversorgungsnetzes

Bei der Datenübertragung auf Stromversorgungsnetzen sind die folgenden Probleme zu lösen:

- Tolerierung starker Störungen durch energiereiche Vorgänge. Dabei muss die Bitfehlerrate unterhalb eines festgelegten Wertes bleiben.
- Beherrschung der niedrigen und stark variierenden Leitungsimpedanz.
- Hohe Dämpfung auf der Übertragungsstrecke.
- Reduktion der Abstrahlung breitbandiger Datensignale so, dass andere Dienste in den genutzten Frequenzbereichen nicht gestört werden.

Lösungsansätze liegen in optimierten Modulationsverfahren und deren Realisierung in VLSI-Schaltungen.

📖 /8.9/ befasst sich ausführlich mit der Thematik.

8.8   Drahtlose Zugänge

8.8.1   Ziele und Lösungsansätze

Leitungsgebundene Zugänge sind mit hohen Installationskosten verbunden und erlauben nur die Nutzung an einem festen Ort. Drahtlose Zugänge vermeiden Kosten für die Verlegung von Leitungen und können auch von mobilen Teilnehmern genutzt werden. Drahtlose Zugänge mit ungerichteter Ausbreitung können durch Mobilfunknetze (→ Abschnitt 8.8.2) realisiert werden. Wenn keine Mobilität erforderlich ist, können Richtfunknetze (→ Abschnitt 8.8.3) eingesetzt werden. Kommunikationssatelliten (→ Abschnitt 8.8.4) können in bestimmten Fällen für den Netzzugang sinnvoll sein. Zugangsnetze mit optischer Übertragung in der Atmosphäre (→ Abschnitt 8.8.5) sind ebenfalls vorstellbar.

8.8.2   Zugang über Mobilfunknetze

GSM (*Global System for Mobile Communications*) ist das aktuelle, weit verbreitete Mobilfunksystem. Es wird als Mobilfunksystem der zweiten Generation betrachtet. GSM basiert auf Funkzellen (→ Abschnitt 2.2.3.1), deren Ausdehnung in Abhängigkeit der Teilnehmerdichte variiert. Zur Vermeidung von häufigem *hand over* (Wechsel der Funkzelle infolge der Mobilität des Teilnehmers) werden Overlay-Zellen verwendet. In Deutschland gibt es die Varianten GSM 900 (Frequenzband 880 MHz bis 960 MHz, für D-Netz) und GSM 1800 (Frequenzband 1710 MHz bis 1880 MHz, für E- und D-Netze). Die Bänder sind in je 200 kHz breite Kanäle unterteilt. Der Zugriff wird durch TDMA (→ Abschnitt 2.4.1) geregelt. Ein TDMA-Rahmen besteht aus acht Zeitschlitzen (Übertragungskanälen). Als Modulationsart wird **GMSK** (*Gaussian Minimum Shift Keying*, /8.10/) verwendet.

Die Charakteristiken von GSM im Hinblick auf die digitale Übertragung sind durch Mehrwegeausbreitung, Funkstörungen und entsprechend hohe Fehlerraten gekennzeichnet. Dies macht den Einsatz einer automatischen Fehlerkorrektur (FEC, → Abschnitt 2.8.2) und der Übertragungswiederholung ARQ (→ Abschnitt 2.9) erforderlich.

Die **Trägerdienste** (*Bearer Services*, → Abschnitt 5.1.2) in GSM bieten asynchrone und synchrone, leitungs- oder paketorientierte Datenübertragung mit Datenraten von 300 bit/s bis zu 9,6 kbit/s. Jeder Trägerdienst wird durch eine eigene Nummer angesprochen. **Telematikdienste** (*Tele Services*) in GSM sind u. a. Faxübertragung, Kurznachrichtendienste (**SMS**: *Short Message Service*) sowie der Zugang zu **MHS**-Systemen (*Message Handling System*). In GSM wurden zusätzlich **Dienstplattformen** /8.10/ definiert. Die Dienstplattform **MExE** (*Mobile Station Execution Environment*) bildet die Basis für **WAP** (*Wireless Application Protocol*, → Abschnitte 11.7.8 und 11.16.3), das den drahtlosen Zugang zum WWW erlaubt.

8

In GSM ist die Datenrate auf 9,6 kbit/s beschränkt. Höhere Datenraten werden durch Weiterentwicklungen möglich /8.17/:

- **HSCSD** (*High Speed Circuit Switched Data*): Datenrate bis 57,6 kbit/s durch Bündelung von zwei oder mehr Datenkanälen eines Trägers.

- **GPRS** (*General Packet Radio Service*): Paketübertragung (der Kanal wird nur belegt, solange es tatsächlich etwas zu senden gibt) und Kanalbündelung werden kombiniert. Die maximale Datenrate beträgt 160 kbit/s, realistisch sind ca. 115 kbit/s.

- **EDGE** (*Enhanced Data Rates for GSM Evolution*): eine Weiterentwicklung von HSCSD und GPRS mit den Bezeichnungen **ECSD** (*Enhanced CSD*, für leitungsvermittelte Dienste) und **EGPRS** (*Enhanced GPRS*, für paketvermittelte Dienste). Als realistische Datenrate werden 110 kbit/s bei voller Mobilität und 220 kbit/s im stationären Betrieb angenommen. Die Einführung von EDGE beginnt ab dem Jahr 2001.

EDGE verwendet die Modulationsart 8-PSK, mit der drei Bits in einem Symbol codiert werden können. Diese verbesserte Bandbreiteneffizienz führt zwar zu der höheren Datenrate, bewirkt aber bei qualitativ schlechten Verbindungen nicht mehr tolerierbare Fehlerraten. In diesem Fall wird adaptiv auf die ältere und robustere Modulationsart GMSK umgeschaltet. EDGE unterstützt vier Dienstklassen (→ Tabelle 8.6), die später auch für UMTS gelten werden. Dazu wurden Anwendungen mit vergleichbaren Anforderungen an die Dienstgüte (QoS, → Abschnitt 5.3.3) in je eine Klasse eingeteilt.

Tabelle 8.6   Verkehrsklassen für EDGE und UMTS nach ITU-R

Klasse Name	Anforderungen an QoS	Realisierungsaspekte	Anwendungen
1 Conversational	isochrones Verhalten	Pakete mit je 35 Byte im Abstand von je 20 ms, keine Übertragungswiederholung	Sprache, Videotelefon
2 Streaming	hohe Datenrate, größere Verzögerung zulässig, synchrones Verhalten		Video und Multimedia
3 Interactive	fehlerfreie, vollständige Übertragung, geringe Verzögerung		WWW, Datenbankabfragen
4 Background	hohe Zuverlässigkeit	ARQ auf der physischen Schicht	Dateitransfer, E-Mail

UMTS (*Universal Mobile Telecommunication System*) ist das Mobilfunksystem der dritten Generation, dessen Verfügbarkeit ab dem Jahr 2002 erwartet wird. Als Zugriffs- bzw. Multiplex-Verfahren wird WCDMA (Wide Band CDMA, zu CDMA → Abschnitt 2.4.5) statt FDMA/TDMA bei GSM eingesetzt. Dadurch ergeben sich höhere Datenraten, die in Abhängigkeit von der Geschwindigkeit des mobilen Nutzers aus Tabelle 8.7 hervorgehen.

Tabelle 8.7   Datenraten in UMTS

Datenrate	Geschwindigkeit des Nutzers
144 kbit/s	niedrig
384 kbit/s	hoch (bis 500 km/h)
2 Mbit/s	stationär (fest)

📖 Mobilfunknetze werden in /8.10/, /8.24/ sowie in /8.4/, Kap. 11 ausführlich dargestellt. /8.23/ gibt einen kurzen Überblick, /8.25/ stellt in Kap. 7 Grundlagen bereit.

8.8.3   Zugang über Richtfunk

Richtfunk ist die Übertragung elektromagnetischer Wellen mit scharf bündelnden Antennen (Richtantennen). Aus physikalischen Gründen ist dies nur bei hinreichend hohen Frequenzen möglich. Dafür erhält man eine Punkt-zu-Punkt-Verbindung, die im Raummultiplex mit anderen Verbindungen auf derselben Frequenz betrieben werden kann. Zugänge mit Richtfunk werden als **WLL** (*Wireless Local Loop*) bezeichnet. Einige Konfigurationen sind in Bild 8.26 zu sehen.

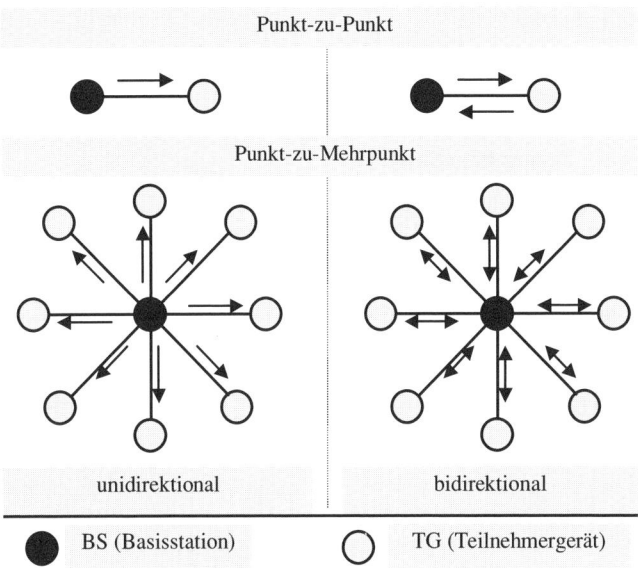

Bild 8.26 Konfigurationen für WLL

Einige Systemkonzepte sind (vgl. /8.3/, S. 153–155):

LMDS (*Local Multipoint Distribution System*): arbeitet im 26-GHz-Band mit Distanzen von 3–5 km. Mehrere breitbandige, bidirektionale Kommunikationsbeziehungen zwischen der Basisstation (*hub*) und den Teilnehmergeräten (*radio termination*) sind gleichzeitig möglich. In einem geografischen Sektor mit 15 ° Öffnungswinkel kann eine Gesamtdatenrate von 7 · 2 Mbit/s erreicht werden. LMDS ist insbesondere für Ballungsgebiete geeignet.

MMDS (*Multichannel Multipoint Distribution System*): Ist in Deutschland in den Frequenzbereichen um 2,5 GHz und 3,4 GHz eingeplant. Wegen den gegenüber LMDS niedrigeren Frequenzen ergeben sich größere Distanzen von bis zu 15 km. Da diese Frequenzbereiche auch von bestehenden Richtfunkstrecken benutzt werden, ist durch geeignete Planung eine Koexistenz mit diesen sicherzustellen.

PMP-Rifu (*Punkt-zu-Mehrpunkt-Richtfunk*): Ist ein Oberbegriff, der LMDS und MMDS zusammenfasst.

MVDS (*Multichannel Video Distribution System*): Ist ein Broadcast-System im Frequenzbereich von 40,5–42,5 GHz, das Distanzen von ca. 2–5 km überbrücken kann. Unidirektional werden Datenraten bis 40 Mbit/s erreicht.

📖 /8.4/, Abschn. 5.4.5 und /8.24/, Band 2, Kap. 8 gehen näher auf WLL ein. Das WLL-Referenzmodell nach ETSI wird in /8.4/ erklärt.

8.8.4   Zugang über Satelliten

Satelliten in einer Erdumlaufbahn können als drahtlose Zugangswege zu Netzen eingesetzt werden. Dabei sind **geostationäre** Satelliten (Umlauf in ca. 36000 km Höhe) und **LEO-Satelliten** (*Low Earth Orbit*, Umlauf in ca. 780 km Höhe) zu unterscheiden. Geostationäre Satelliten werden bereits für den Internetzugang genutzt, wobei nur der Download (vom Server zum Client) über die Satellitenstrecke geführt werden kann. Der Rückkanal wird mit Hilfe des konventionellen Telefonnetzes realisiert. Schmalbandige LEO-Satelliten sind als Konkurrenz zu Mobiltelefon-Netzen zu sehen. **Breitband-LEO**-Satelliten sollen Datenraten bis zu 155 Mbit/s (downstream) und 2 Mbit/s (upstream) zur Verfügung stellen. Satellitensysteme sind mit sehr hohen Investitionskosten verbunden, die deren Wirtschaftlichkeit in Frage stellen können. Die große Laufzeit auf geostationären Satellitenstrecken kann – insbesondere für interaktive Anwendungen – nachteilig sein. Zudem stellen die Downstream-Kanäle *shared media* dar, die sich viele Nutzer teilen müssen.

📖 Weitere Informationen zu Satellitensystemen in /8.4/, Kap. 15 und in /8.24/, Band 2, Kap. 11.

8.8.5   Zugang mittels optischer Übertragung

Zugänge mittels optischer Übertragung sind prinzipiell durch ungerichtete oder gerichtete Ausbreitung in der Atmosphäre möglich. Die ungerichtete Ausbreitung ist zwangsläufig mit einer hohen Dämpfung verbunden, so dass sie nur über kurze Distanzen eingesetzt werden kann. Beispiele sind drahtlose, optische LAN (vgl. /8.12/) oder PAN (IrDA, → Abschnitt 6.10.3 und /8.12/). Für Zugangsnetze ist eine größere Distanz erforderlich, die eine gerichtete Ausbreitung verlangt. /8.12/ gibt einen Einblick in relevante Probleme und Lösungsansätze.

8.9 Vergleich der Zugangsverfahren

Ein Vergleich der Zugangsverfahren findet sich in Tabelle 8.8. Da viele Verfahren intensiv weiterentwickelt werden, sind Zahlenwerte – insbesondere solche, die sich auf die Zukunft beziehen – als Anhaltswerte zu verstehen.

Tabelle 8.8   Vergleich der Zugangsverfahren

Verfahren	Vorteile	Nachteile	Kenngrößen	Status
Telefonteil- nehmerleitung	fast überall vorhanden	schmalbandig	Datenrate max. 56 kbit/s	verfügbar
ISDN-Teil- nehmerleitung	kann vorhan- dene UTP nutzen	gegenüber Telefon höhe- rer Aufwand	Datenrate max. 128 kbit/s	verfügbar
xDSL	kann vorhan- dene UTP weitgehend nutzen	gegenüber ISDN höhe- rer Aufwand	Datenrate bis ca. 8 Mbit/s	breiter Ein- satz beginnt
Kabelnetze	breitbandig	Rückkanäle problema- tisch / auf- wändig	Datenrate bis 38 Mbit/s (downstream). HFC, Modu- lation: QAM- 64	verfügbar, Ergänzung durch Rück- kanäle in Arbeit
Mobilfunk GSM	Mobilität	schmalbandig	Datenrate 9,6 kbit/s, mit EDGE real bis ca. 220 kbit/s	verfügbar inkl. GPRS, EDGE ab ca. 2002
Mobilfunk UMTS	höhere Band- breite	noch nicht verfügbar	Datenrate max. bis 2 Mbit/s	nach 2002
Richtfunk LMDS	Interessant für Ballungs- gebiete	Kurze Distanz 3–5 km	Frequenzbe- reich 26 GHz	ab 2000
Richtfunk MMDS	Große Dis- tanz (bis 15 km)	Koexistenz mit bestehen- dem Richt- funk	Frequenzbe- reiche 2,5 und 3,4 GHz	nach 2000
Richtfunk MVDS	Datenrate bis 40 Mbit/s	Geringe Dis- tanz 2–5 km	Frequenzbe- reich 40,5 bis 42,5 GHz	nach 2000

8

Tabelle 8.8   Vergleich der Zugangsverfahren (Fortsetzung)

Verfahren	Vorteile	Nachteile	Kenngrößen	Status
Satellit, geo-stationär	Große Flächenüber-deckung	Lange Signal-laufzeit, stört bei interakti-ven Diensten	/8.24/, Band 2, S. 435–442	verfügbar (Downlink)
Satellit, LEO	Globale Erreichbarkeit	Sehr aufwän-dig / teuer	schmalban-dig 2,4–9,6 kbit/s; breitbandig bis 155 Mbit/s (downstream) bis 2 Mbit/s (upstream)	nach 2002
Stromversor-gungsleitun-gen	Überall vor-handen	EMV-Pro-bleme	noch offen	ab 2001 ?

8.10   PPP

8.10.1   Grundsätzliche Eigenschaften

PPP (*Point-to-Point Protocol*) ist ein Protokoll zur Übertragung von PDUs der Vermittlungsschicht über Punkt-zu-Punkt-Verbindungen. Auf der Vermittlungsschicht wird häufig und zunehmend IP, aber auch AppleTalk und **IPX** (*Internetwork Packet Exchange* von Novell, abgeleitet von **XNS**: *Xerox Network System*) verwendet. PPP kapselt Pakete dieser Protokolle in einem PPP-Paket zusammen mit einer Identifikation für das jeweilige Protokoll. Dieses Paket wird dann über eine serielle Punkt-zu-Punkt-Verbindung übertragen. Die beteiligten Knoten können das zu verwendende Netzwerkprotokoll und weitere Funktionen (z. B. Authentifikation und Datenkompression) aushandeln. PPP setzt auf HDLC (→ Abschnitt 2.10) auf. Es benötigt eine Vollduplex-Übertragung, diese kann synchron (bitorientiert oder byteorientiert) oder asynchron (→ Abschnitt 2.6.2) sein. Fest geschaltete und Wählverbindungen sind nutzbar. PPP wird hauptsächlich für den Internet-Zugang über Wählleitungen eingesetzt.

PPP besteht aus mehreren Teilen (→ Bild 8.27):

- **HDLC** (*High Level Data Link Control* → Abschnitt 2.10) stellt hier den unteren Teil der Schicht 2 dar. Im oberen Teil der Schicht 2 werden
  – in Abhängigkeit der aktuell ausgeführten Phase – LCP, evtl. mit AUTH, oder NCP verwendet.

- **LCP** (*Link Control Protocol*) ist zuständig für das Einrichten, Konfigurieren und Testen eines Link. Die Authentifikation des Kommunikationspartners kann hier zusätzlich durchgeführt werden, das Authentifikationsverfahren hängt von der Implementierung ab.
- **NCP** (*Network Control Protocol*) zum Einrichten und Konfigurieren verschiedener Protokolle der Vermittlungsschicht. PPP kann PDUs aus verschiedenen Vermittlungsprotokollen (OSI-Schicht 3) gleichzeitig übertragen.

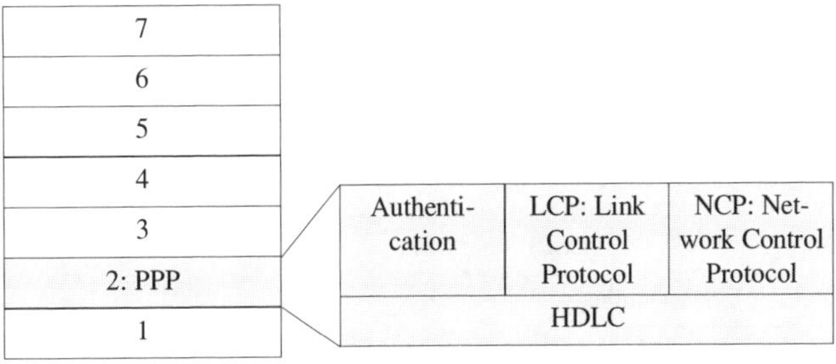

7			
6			
5			
4			
3	Authenti-cation	LCP: Link Control Protocol	NCP: Network Control Protocol
2: PPP			
1	HDLC		

Bild 8.27   Schichtenmodell für PPP (/8.5/, S. 248)

Das Protokoll-Feld (→ Bild 8.28) identifiziert die im Information-Feld enthaltene PDU. Werte für die **Protokollnummer**, die mit 0 beginnen benennen **Netzwerkprotokolle** (0x0021 steht für IP); Werte, die mit 8 beginnen, beziehen sich auf **Network-Control-Protokolle** (0x8021 steht für IPCP: IP Control Protocol); Werte, die mit 0xC beginnen, gelten für die **Link-Steuerung** (0xC021 steht für LCP).

01111110	alle Adressen	UI-Command	Protokoll-nummer	PDU gemäß Prot.-Nr.	CRC-Feld	01111110

Flag	Adresse 0xFF	Control 0x03	Proto-koll	Infor-mation	FCS	Flag
Bytes: 1	1	1	2	0 - 1500	2, 4	1

|◄— HDLC-Rahmen nach ISO 3309-1979, ISO 3309-1984 / PDAD1 —►|

Bild 8.28   Rahmenformat beim Point-to-Point-Protokoll (vgl. /8.5/, S. 249)

PPP wird in /8.7/ ausführlich und in /8.5/ kurz behandelt. Die Primärdokumentation findet sich in über 50 RFCs, von denen RFC 1547, 1661, 1662 und 2153 die wichtigsten sind. IPCP wird in RFC 1332 spezifiziert, die Protokollnummern gehen aus RFC 1700 hervor.

8.10.2   Das PPP-Phasendiagramm

Das PPP-Phasendiagramm (→ Bild 8.29) zeigt die in PPP möglichen Abläufe. Nachdem die Verfügbarkeit der physischen Schicht durch ein Signal wie *Carrier Detect* gemeldet wurde, baut LCP die Verbindung durch den Austausch von **Konfigurationspaketen** (*Configure Request, Configure Acknowledge*) auf. Ein Request kann auch ein bestimmtes Authentifikationsverfahren (z. B. Passwort, CHAP) verlangen. In der nächsten Phase (Netzwerkschicht konfigurieren) werden alle gewünschten Protokolle der Netzwerkschicht einzeln konfiguriert. Dazu werden NCP-Pakete ausgetauscht. In der Netzwerk-Phase werden auch Datenpakete der Netzwerkschicht ausgetauscht. LCP-Pakete sind ebenfalls möglich.

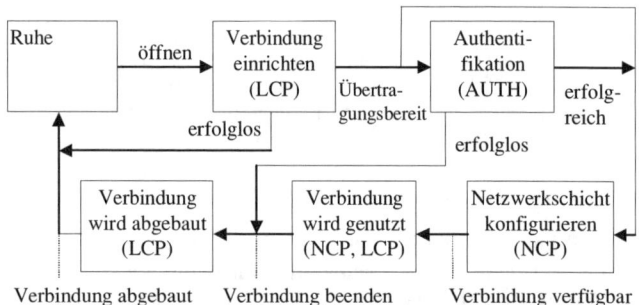

Bild 8.29   Phasen einer PPP-Verbindung (in Anlehnung an /8.5/, S. 252)

8.10.3   LCP

Das **LCP** (*Link Control Protocol*) beinhaltet vier Teilschritte:
- Verbindungsaufbau und Aushandlung von Optionen. LCP-Pakete beziehen sich auf die Link-Konfiguration (→ Bild 8.30, Codes 1–4), Link-Terminierung (Codes 5–6) und die Link-Steuerung (Codes 7–11).
- Authentifikation des Kommunikationspartners, sofern dies als Option verlangt wurde.
- Ermittlung der Übertragungsqualität der Verbindung. Dazu werden Echo Request und Echo Reply verwendet.
- Verfügbarkeit der Verbindung.
Der zweite und der dritte Teilschritt sind optional.

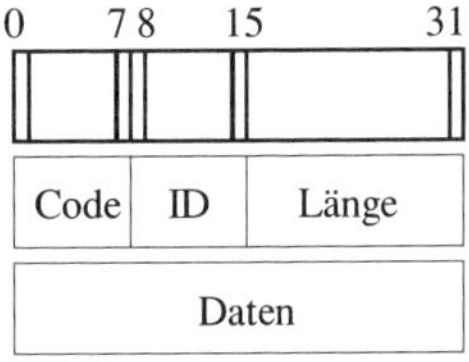

Code				
0	7 8	15	31	

Code	ID	Länge

Daten

Code	
1 Configure Request	7 Code Reject
2 Configure Ack	8 Protocol Reject
3 Configure Nak	9 Echo Request
4 Configure Reject	10 Echo Reply
5 Terminate Request	11 Discard Request
6 Terminate Ack	

ID: zur Kennzeichnung zusammengehörender Anfragen und Antworten
Länge: Länge des LCP-Pakets, inkl. Felder Code, ID, Länge und Daten
Daten: Format wird vom Code-Feld bestimmt.

Bild 8.30   Format des LCP-Pakets (/8.5/, S. 253)

LCP-Pakete sind nach Bild 8.30 aufgebaut. Das Feld Code bezeichnet die Art des Pakets wie Request, Acknowledgement oder Negative Acknowledgement. Das ID-Feld (Identification) kennzeichnet zusammengehörige Request- und Reply-Nachrichten.

8.10.4   NCP

8

Hauptzweck von PPP ist die Übertragung von PDUs der Netzwerkschicht, die in PPP-Pakete gekapselt werden. Die Netzwerkprotokolle IP (v4 und v6), IPX, NetBIOS, CLNP und weitere werden unterstützt. Im Protokoll-Feld ($\rightarrow$ Bild 8.28) bezeichnen Werte i zwischen 0x000 und 0x3FFF die PDU eines bestimmten Netzwerkprotokolls, Werte $j = i + $ 0x8000 (diese liegen zwischen 0x8000 und 0xBFFF) bezeichnen ein entsprechendes NCP-Paket.

9 Internet: Das offene globale Netz

9.1 Grundlagen

9.2 TCP/IP detailliert

9.3 Zusammenwirken mit Protokollen der Sicherungsschicht

9.4 IP-Routing

9.5 MPLS

9.6 Mobile IP

9.7 Multicast und Multimedia

9.8 Quality of Service

9 Internet: Das offene globale Netz

9.1 Grundlagen

9.1.1 Grundbegriffe

> Das Internet ist ein globales, offenes Netzwerk. Es besteht aus einer Vielzahl von Teilnetzwerken, die alle den **TCP/IP-Protokollstapel** verwenden. **IP** auf der OSI-Schicht 3 und **TCP** auf der OSI-Schicht 4 sind die zentralen Protokolle.

Auf den Schichten 1 und 2 können (fast) beliebige **Teilnetzwerke** verwendet werden, sofern deren Schnittstelle zu IP definiert ist. Auf dem Internet wird eine Vielzahl von **Diensten** angeboten (→ Kapitel 11), deren Eigenschaften und Verbreitung sehr unterschiedlich sind. Die wichtigsten Dienste sind das WWW und Electronic Mail. Die **Standardisierung** (→ Abschnitt 12.4) und Weiterentwicklung des Internet werden weltweit koordiniert.

Wichtige **Begriffe** zum Internet sind in Tabelle 9.1 zusammengestellt.

Tabelle 9.1   Grundlegende Begriffe zum Internet (RFC 1009, RFC 1122)

Segment, Nachricht	Eine PDU, die zwischen TCP-Instanzen ausgetauscht wird. Besteht aus einem TCP-Header und einem Feld für Benutzerdaten (→ Bild 9.3). **Nachricht:** Synonym für Segment.
Paket, Datagramm	Eine PDU, die zwischen IP-Instanzen ausgetauscht wird. Besteht aus IP-Header und einem Feld für Benutzerdaten (→ Bild 9.3). **Datagramm:** Synonym für Paket.
Rahmen	Eine PDU, die zwischen Instanzen der Sicherungsschicht ausgetauscht werden. Besteht aus einem Header, einem Feld für Benutzerdaten und einem Trailer.
Host	Rechnersystem, auf dem sich der **Nutzer** (*Client*) eines Internet-Dienstes befindet.
Router	Ein System, das PDUs an einem Eingang empfängt und sie zum entsprechenden Ausgang vermittelt.
Gateway	Ein Router auf der Vermittlungsschicht, d. h. auf der IP-Schicht. Außerhalb der Internet-Welt gilt eine andere Definition (→ Abschnitt 1.6.5).
EGP: Exterior Gateway Protocol	Routingverfahren, das zwischen autonomen Systemen eingesetzt wird.

Tabelle 9.1   Grundlegende Begriffe zum Internet (RFC 1009, RFC 1122) (Fort.)

AS: Autonomes System	Eine Menge von gekoppelten Teilnetzen und Systemen, die unter der Kontrolle eines Betreibers stehen und ein einheitliches Routingverfahren benutzen.
IGP: Interior Gateway Protocol	Routingverfahren, das innerhalb eines autonomen Systems eingesetzt wird.
Portnummer	Wird von den Protokollen auf der Transportschicht zum Demultiplexen benutzt, um empfangene Daten dem entsprechenden Anwendungsprotokoll oder Benutzerprozess zu übergeben.
Protokollnummer	Wird von den Protokollen auf der Vermittlungsschicht zum Demultiplexen benutzt, um empfangene Daten dem entsprechenden Transportprotokoll zu übergeben.

Die Struktur des globalen Internet

Die grundsätzliche Struktur des Internet (→ Bild 9.1) besteht aus mehreren **Backbones** (großflächige Netze mit hoher Übertragungskapazität), die an so genannten *Peering Points* miteinander verbunden sind. Große **ISP** (*Internet Service Provider*) können einen direkten Zugang zu den Backbones haben. Dies trifft für große Unternehmen ebenfalls zu. Die ISP bedienen kleinere Kunden über ihre Netze. Zusätzlich ist auch eine hierarchische Strukturierung (großer ISP, kleiner ISP, Kundennetz) üblich.

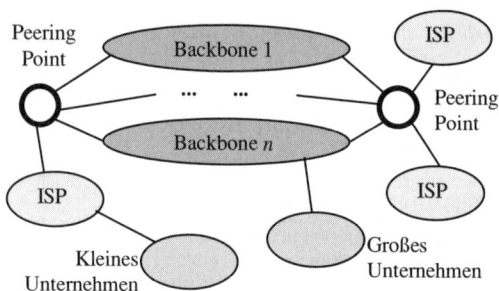

Bild 9.1   Multibackbone (/9.25/, S. 321)

9.1.2   Der TCP/IP-Protokollstapel im Überblick

TCP (*Transmission Control Protocol*) und **IP** (*Internet Protocol*) bilden den Kern des TCP/IP-Protokollstapels (TCP: OSI-Schicht 4, IP: OSI-Schicht 3). Darüber hinaus umfasst er viele weitere Protokolle → Bild 9.2.

Die Bedeutung von TCP und IP liegt darin, dass diese Protokolle im Internet durchgängig verwendet werden. Unterhalb von IP können viele unterschiedliche Links verwendet werden, oberhalb von TCP exisiert eine große und wachsende Anzahl von Anwendungen. IP wird in End- und in Zwischensystemen benötigt, TCP nur in Endsystemen.

📖 Protokolle der Transport-, der Vermittlungs- und teilweise der Sicherungs-schicht werden in Kapitel 9 behandelt, Protokolle der Anwendungsschicht (die in der Sicht des Internet die OSI-Schichten 5–7 zusammenfasst) in Kapi-tel 11. Verschiedene Konzepte und Protokolle zur Realisierung von Sicher-heitsfunktionen werden in Kapitel 10 behandelt.

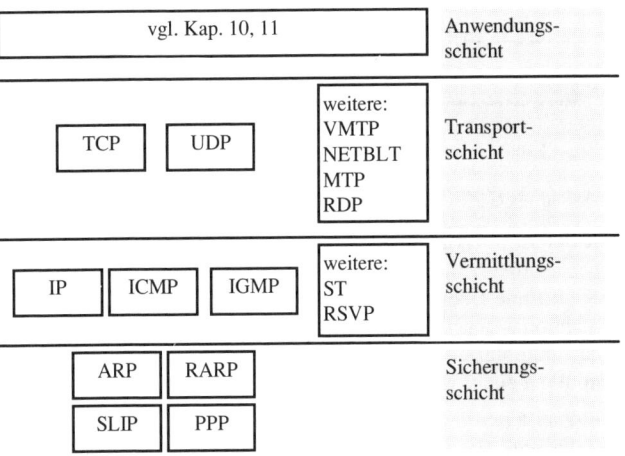

Bild 9.2   Die wichtigsten Protokolle im TCP/IP-Protokollstapel

Kommunikation über TCP/IP

Der Ablauf im Schichtenmodell (→ Bild 9.3) zeigt die PDUs der einzel-nen Schichten. Beim Sender (linke Seite) werden die Benutzerdaten der Transportschicht übergeben, die einen Header voranstellt. Derselbe Vor-gang wiederholt sich auf der Netzwerkschicht. Auf der Sicherungs-schicht wird dem Datagramm ein Header vorangestellt, am Ende wird ein Trailer angehängt. Beim Empfänger (rechte Seite) wird der Proto-kollstapel von unten nach oben durchlaufen, Header und Trailer werden wieder entfernt.

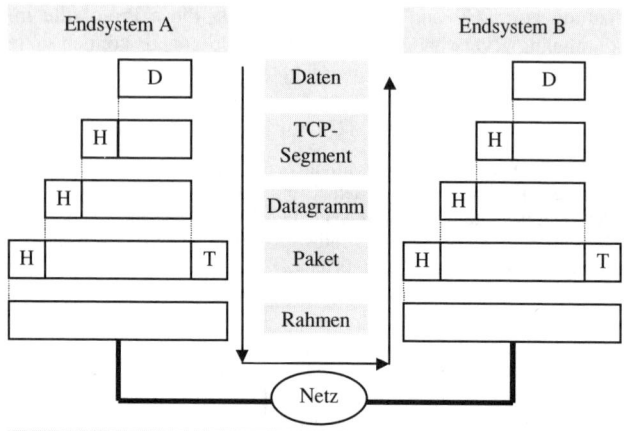

H: Header (Kopf, Vorspann), D: Daten, T: Trailer (Nachspann)

Bild 9.3   Ablauf im TCP/IP-Schichtenmodell

Protokolle der Netzwerkschicht

IP (*Internet Protocol*) bietet eine unzuverlässige und datagrammorientierte Ende-zu-Ende-Übertragung. Es ist verantwortlich für die Vermittlung und optional für die Segmentierung und Reassemblierung von Benutzerdatagrammen auf ihrem Weg über Teilnetze in Richtung auf das Zielsystem. IP ist eines der wichtigsten Protokolle im Internet.

ICMP (*Internet Control Message Protocol*) muss überall realisiert sein, wo IP genutzt wird. Es ist zuständig für die Meldung von Fehlern, die während der Übertragung eines IP-Datagramms auftreten können. Zusätzlich kann mittels ICMP Information über andere Systeme eingeholt werden. ICMP setzt auf IP auf.

IGMP → Abschnitt 9.7.3, RSVP → Abschnitt 9.8.2.

ST 2+ (*Internet Stream Protocol, Version 2*, RFC 1819, RFC 1190) ist ein experimentelles, verbindungsorientiertes Protokoll, das in Koexistenz mit IP auf der Vermittlungsschicht eingesetzt werden kann. ST 2+ ist für Echtzeitanwendungen gedacht, die eine garantierte Dienstgüte benötigen. Dies kann von IP nicht geleistet werden. ST 2 erlaubt den Aufbau von Punkt-zu-Mehrpunkt-Verbindungen. Es beinhaltet zwei Protokolle, eines für den Benutzerdatenaustausch und eines für Steuerungsaufgaben. Eine verbesserte Version ST 2+ wird in RFC 1819 beschrieben.

Protokolle der Transportschicht

TCP (*Transmission Control Protocol*) realisiert einen Dienst für den zuverlässigen und bidirektionalen (*full duplex*) Datenaustausch zwischen zwei Benutzern. Dazu muss zunächst eine Verbindung aufgebaut werden. Zuverlässig bedeutet, dass der Datenstrom in jede Richtung gegen Verlust, Vervielfachung und Reihenfolgeveränderung geschützt ist. TCP ist eines der wichtigsten Protokolle im Internet.

UDP (*User Datagram Protocol*) überträgt eigenständige Dateneinheiten, so genannte Datagramme, zwischen Anwendungen. Die Übertragung ist unzuverlässig, d. h., mit Verlust, Vervielfachung und Reihenfolgeveränderung muss gerechnet werden. Datagramme, die bei der Übertragung verfälscht wurden, werden von UDP erkannt und verworfen, sie erreichen also den Empfänger nicht. UDP kann von einigen Protokollen der Anwendungsschicht anstatt TCP eingesetzt werden. Nachteil dabei ist der Verzicht auf die Zuverlässigkeitseigenschaften von TCP, als Vorteil ergibt sich ein größerer Durchsatz. Neben TCP und UDP gibt es weitere Protokolle der Transportschicht, die im Hinblick auf bestimmte Anwendungen optimiert sind. Dazu gehören u. a. VMTP, NETBLT, MTP und RDP.

VMTP (*Versatile Message Transaction Protocol*, RFC 1045) unterstützt die transaktionsorientierte Kommunikation, die Anfrage und Antwort als Einheit betrachtet. Dazu gehören auch Prozedurfernaufrufe. Der Funktionsumfang von VMTP ist groß: Sicherheits- und Echtzeitfunktionen, asynchroner Nachrichtenaustausch und weitere. VMTP bietet eine At-Most-Once-Semantik (dies bedeutet, dass eine Nachricht – wenn überhaupt – höchstens einmal übertragen wird).

NETBLT (*Network Block Transfer Protocol*, RFC 998) bietet einen unidirektionalen, zuverlässigen, verbindungsorientierten Punkt-zu-Punkt-Transportdienst. Das Protokoll ist auf hohen Durchsatz bei großen Datenmengen optimiert. Dazu werden spezielle Protokollmechanismen wie selektive Übertragungswiederholung und ratenbasierte Flusssteuerung eingesetzt.

MTP (*Multicast Transport Protocol*) → Abschnitt 9.7.1.

RDP (*Reliable Data Protocol*, RFC 908) bietet einen bidirektionalen, verbindungsorientierten Punkt-zu-Punkt-Transportdienst. Es ist für Anwendungen konzipiert, die eine Reihenfolgeveränderung in den empfangenen Daten tolerieren können. Hingegen ist die Übertragung gegen Verlust, Vervielfachung und Verfälschung geschützt. RDP ist dem TCP-Protokoll ähnlich, weist aber einfachere Protokollfunktionen und somit eine geringere Komplexität auf.

9

Protokolle der Anwendungsschicht

Im TCP/IP-Protokollstapel sind die OSI-Schichten 5–7 in der Anwendungsschicht zusammengefasst. Diese werden in Kapitel 11 behandelt. Einige der im Folgenden beschriebenen Protokolle sind jedoch streng genommen ebenfalls der Anwendungsschicht zuzuordnen (z. B. BOOTP, DHCP, Routingprotokolle).

9.2   TCP/IP detailliert

9.2.1   IP

Aufgaben und Eigenschaften von IP

IP (*Internet Protocol*) ist ein Protokoll der **Netzwerkschicht** (Vermittlungsschicht), das **Datagramme** (*datagrams*, so werden die PDUs der Netzwerkschicht bezeichnet) vom absendenden Endsystem (**Quelle**, *source*) zum empfangenden Endsystem (**Ziel**, *destination*) überträgt. IP leistet eine **verbindungslose** und **unzuverlässige** Übertragung. Verbindungslos bedeutet, dass die einzelnen Datagramme unabhängig von anderen Datagrammen behandelt werden, unzuverlässig drückt aus, dass Datagramme verloren gehen können, sowie in falscher Reihenfolge oder mehrfach beim Empfänger eintreffen können. IP leistet einen *best effort*, d. h., Datagramme werden so gut und rasch wie möglich übertragen, es gibt dafür aber keinerlei Garantien. IP verwendet IP-Adressen, die ein Endsystem global eindeutig kennzeichnen. IP-Adressen besitzen eine innere Struktur, die Netzwerk-ID und Host-ID unterscheidet. Für das Routing (Abschnitt → 9.4) ist jedoch nur die Netzwerk-ID von Bedeutung.

Aufbau des IP-Headers (IPv4)

IP Version 4 (kurz IPv4) ist die Version von IP, die die größte Verbreitung aufweist.

0	4	8	16	19	31	Bit
V	IHL	TOS	Gesamtlänge			
Identification			F	FO		
TTL		PR	Header-Prüfsumme			
Quellenadressse						
Zieladressse						
Optionen + Pad						

Bild 9.4   IP-Header (IPv4, RFC 791)

Die Felder im IP-Header (→ Bild 9.4) haben die folgende Bedeutung:

- **V:** Version, hier der Wert 4.
- **IHL** (*Internet Header Length*): Länge des Headers in 32-Bit-Einheiten. Die Mindestlänge beträgt 20 Byte, sie wird bei der Verwendung von Optionen um jeweils 4 Byte vergrößert.
- **TOS** (*Type Of Service*): Feld *Precedence* mit 3 bit Länge; einzelne Bits **D** (*low Delay*), **T** (*high Throughput*), **R** (*high Reliability*); 2 nicht benutzte Bits. Wegen der Best-Effort-Eigenschaft von IP wird dieses Feld praktisch nicht benutzt. Es kann jedoch im Zusammenhang mit *Quality Of Service* (→ Abschnitt 9.8) wichtig werden.
- **Gesamtlänge:** Datagrammlänge (Header und Daten) in Byte.
- **Identification:** alle Fragmente eines Datagramms enthalten hier denselben Wert, der ihre Zusammengehörigkeit dokumentiert. Die **Fragmentierung** (*fragmentation*) eines Datagramms kann notwendig werden, wenn ein zwischen Quelle und Ziel liegendes Netz dieses nicht übertragen kann, weil seine Länge größer ist als die für das Netz gültige **MTU** (*Maximum Transmission Unit*). Die MTU wird von der Hardware des jeweiligen Netzes bestimmt. Bei der Fragmentierung (→ Bild 9.5) wird ein Datagramm in Fragmente zerlegt, jedes Fragment erhält einen IP-Header. Die Header zusammengehöriger Fragmente unterscheiden sich nur in den Feldern, die mit der Fragmentierung im Zusammenhang stehen. Der Empfänger macht die Fragmentierung im Prozess der **Reassemblierung** (*reassembly*) wieder rückgängig.
- **F** (*Fragmentierung*) besteht aus drei Bits: **M** (*More fragments*) kündigt weitere Fragmente an, **D** (*Don't fragment*) weist eine Zwischenstation an, nicht zu fragmentieren, und es gibt noch ein nicht definiertes Bit.
- **FO** (*Fragment Offset*): gibt die laufende Nummer des ersten Byte eines Fragments relativ zum ersten Byte des gesamten Datagramms an. Enthält den Wert null, wenn keine Fragmentierung verwendet wird.

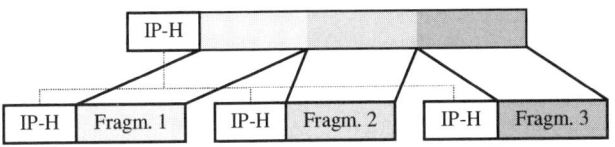

Bild 9.5   Zerlegung eines Datagramms in Fragmente (Fragmentierung)

- **TTL** (*Time To Live*): Zähler, der beim Senden des Datagramms auf einen Anfangswert gesetzt und von jedem Zwischensystem (bei jedem *hop*) dekrementiert wird. Beim Erreichen des Wertes null wird das Datagramm vernichtet. Dadurch wird eine Überlastung des Netzes durch nicht zustellbare Datagramme vermieden.

- **PR** (*Protocol*): Nummer des Protokolls, das oberhalb der Vermittlungs-schicht verwendet wird (TCP: 7, UDP: 17, ICMP: 1).
- **Header-Prüfsumme:** schützt verfälschte Datagramme gegen Zustel-lung an die falsche Adresse. Zur Berechnung werden 16-Bit-Werte in Einerkomplement-Arithmetik addiert. Die Prüfsumme ergibt sich als Einerkomplement der berechneten Summe.
- **Quellen- und Zieladresse:** Hier stehen IP-Adressen der Länge 4 Byte.
- **Optionen und Pad:** Die Optionen liefern zusätzliche Möglichkeiten zur Steuerung und Überwachung der IP-Übertragung (→ Tabelle 9.2). Die maximale Länge der Optionen beträgt 44 Byte. Nicht benutzte Bits werden mit **Füllbits** (*pad*) aufgefüllt.

Tabelle 9.2   Optionen in IPv4

Option	Bedeutung
End of option list	Kennzeichnet das Ende der Optionsliste.
No option	Zum Auffüllen von Bits zwischen den einzelnen Optio-nen.
Security	Kennzeichnet das Datagramm als geheim, führt aber nicht dazu, dass sofort verschlüsselt wird.
Source routing	Gibt eine Liste von Zwischensystemen an, die das Data-gramm auf dem Weg zum Ziel durchlaufen soll.
Record routing	Alle Zwischensysteme werden angewiesen, ihre IP-Adresse in das Optionsfeld einzutragen. Zweck: Doku-mentation der durchlaufenen Route.
Time stamp	Alle Zwischensysteme werden angewiesen, zusätzlich zu ihrer IP-Adresse einen Zeitstempel einzutragen. Zweck: Dokumentation des Zeitpunkts des Passierens eines Zwi-schensystems.

Aufbau des IP-Headers (IPv6)

Das rasche Wachstum des Internet führt zusammen mit den Beschrän-kungen von IPv4 (begrenzter Adressraum, starre Klasseneinteilung) zu Engpässen, die durch die Version 6 von IP beseitigt werden sollen. Die Felder im 40 Byte langen IPv6-Header (→ Bild 9.6) haben die fol-gende Bedeutung:

- **V** (*Version*): enthält den Wert 6.
- **TClass** (*Traffic Class*): Dringlichkeit des Pakets.
- **Flow Label:** Zur Angabe des Typs der enthaltenen Daten.
- **Payload Length:** Länge der Nutzdaten im Feld, das auf den Header (bzw. die Extension Headers) folgt. Die Länge wird in Byte (Oktett) angegeben, der maximale Wert beträgt 64 KByte. Durch ein Erweite-

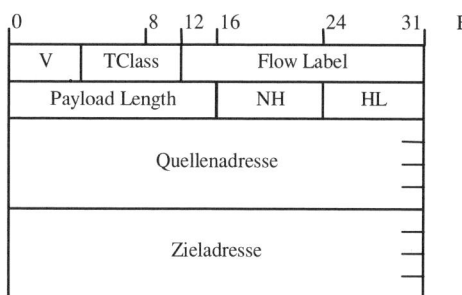

Bild 9.6   IP-Header (IPv6, RFC 1883)

rungsfeld (mit Extension Header des Typs Fragmentation) sind größere Werte möglich.

- **NH** (*Next Header*): Zahl, definiert den Typ eines nächsten Headers, der unmittelbar nach dem Feld Zieladresse folgen kann.

- **HL** (*Hop Limit*): Zahl (anfänglicher Maximalwert ist 254), die in jedem Zwischensystem dekrementiert (um 1 verringert) wird. Das Datagramm wird vernichtet, falls der Wert 0 wird, bevor das Ziel erreicht ist.

- **Quellen- und Zieladresse:** Die Länge der Adressen beträgt 16 Byte (128 bit), damit beträgt die Größe des Adressraums $3,4 \cdot 10^{38}$. Die Adressen sind hierarchisch aufgebaut um den Routing-Aufwand zu verringern. Eine sog. Cluster-Adresse bezeichnet eine geografische Region des Netzes.

Zusätzliche Information kann in bis zu sechs **weiteren Headern** (*extension header*) angegeben werden. Dafür stehen sechs mögliche **Typen** zur Verfügung:

- **Hop-by-Hop Options:** Diese müssen von jedem Router ausgewertet werden.

- **Routing:** Für Source Routing (analog zu IPv4), bis zu 24 IPv6-Adressen können angegeben werden.

- **Fragmentation:** identifiziert ein Fragment aus einer Folge von Fragmenten (analog zu IPv4).

- **Authentification:** enthält eine Prüfsumme, die die Authentifikation ($\rightarrow$ Abschnitt 10.3.3.2) des Senders erlaubt.

- **(ESP) Encapsulating Secure Payload:** enthält die Schlüsselnummer und die verschlüsselten Nutzdaten (ESP $\rightarrow$ Abschnitt 10.3.3.2).

- **Destination Options:** interessiert nur den Empfänger.

Die Header müssen, falls vorhanden, in einer bestimmten Reihenfolge angegeben werden. Jeder Header verweist in seinem Feld NH auf den Typ des nächsten Headers, der sich unmittelbar anschließt. Im letzten

Extension Header steht im Feld NH die Nummer des auf der Transport-schicht verwendeten Protokolls (analog zum PR-Feld in IPv4).
Bezüglich Sicherheit ist **IPSec** (→ Abschnitt 10.3.3.2) fester Bestandteil von IPv6.

Koexistenz von IPv4 und IPv6 bzw. Migration
Ein Wechsel von IPv4 zu IPv6 an einem Stichtag ist wegen der Größe des Internet nicht möglich und auch nicht wünschenswert. Deshalb müssen die beiden Versionen über längere Zeit **koexistieren**. Dafür gibt es zwei **Möglichkeiten:**

- **Tunneln:** IPv6-Pakete werden durch IPv4 unverändert weitergegeben. Die Pakete werden also nur in Systemen (Routern) ausgewertet, die auf IPv6 ausgelegt sind.
- **Parallele Implementierung** von IPv4 und IPv6 (*dual stack operation*): Systeme, auf denen beide Protokollstapel zur Verfügung stehen, können mit beiden Versionen kommunizieren.

Eine **Migration** von IPv4 zu IPv6 ist damit für einzelne Systeme, unabhängig von ihrer Umgebung, möglich.

IP-Adressklassen (IPv4)
Eine IP-Adresse besteht aus 4 Byte (4 Oktette), durch die jedes Endsystem im Internet global eindeutig identifiziert wird. Router erhalten ebenfalls IP-Adressen. IP-Adressen werden oft als Folge von 4 Dezimalzahlen angegeben, die durch Punkte getrennt sind (*dotted decimal notation*). Jede Dezimalzahl kann einen Wert zwischen 0 und 255 aufweisen. Adressen bestehen aus den beiden Teilen **Netzwerk-ID** (*Network Identification, netid*) und **Host-ID**. Zur Festlegung der Teile wurden verschiedene **Klassen** definiert (→ Tabelle 9.3 und Bild 9.7). **Klasse A** erlaubt wenige Netze mit vielen Hosts, **Klasse C** beschreibt kleine Netze, die jedoch in großer Anzahl zur Verfügung stehen. **Klasse D** ist für **Gruppenadressen** (*Multicast-Adressen*) vorgesehen. Adressen der **Klasse E**

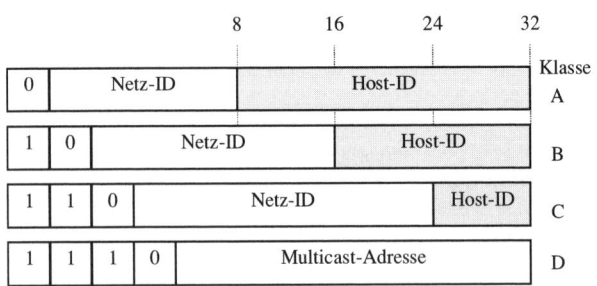

Bild 9.7   Aufbau der IP-Adressen

Tabelle 9.3   IP-Adressklassen: numerische Werte

Klasse	Anzahl Netze	Anzahl Hosts	Adressen (von–bis)
A	126	16777214	1.0.0.0–126.0.0.0
B	16384	65534	128.1.0.0–191.255.0.0
C	2097152	254	192.0.1.0–223.255.255.0
D			224.0.0.0–239.255.255.255
E			240.0.0.0–255.255.255.254

(die 4 höchstwertigen Bits enthalten 1111) sind für experimentelle Zwecke reserviert.

Bei IP-Adressen sind mehrere **Spezialfälle** zu beachten:

- **Broadcast-Adressen:** Sie bezeichnen alle Endsysteme eines bestimmten Netzes. Dazu werden alle Bits der Host-ID auf 1 gesetzt. Eine Broadcast-Adresse in einem Klasse-C-Netz lautet x.y.z.255, während ein **Broadcast über alle Netze** (*all network broadcast*) durch die Adresse 255.255.255.255 angegeben wird.

- **Loop-Back-Adressen:** Sie werden für Testzwecke verwendet, bei denen ein Endsystem sein gesendetes Paket zurückerhält. Die Klasse-A-Adresse 127 steht dafür zur Verfügung, 127.0.0.1 wird für **PING** (→ Abschnitt 14.2) verwendet.

- **Private Adressen:** Diese werden nicht im Internet geroutet, sie können also für rein private IP-Netze genutzt werden. RFC 1597 sieht hierfür die Adressen 10.x.x.x, 172.16.0.0 bis 172.31.254.254 und den Bereich von 192.168.0.0 bis 192.168.254.254 vor.

- **Multicast-Adressen** (Klasse D): 224.0.0.0–239.255.255.255.

- **Adressen mit dem Wert 0** in der Netzwerk-ID beziehen sich auf das lokale Netz, in dem sie angegeben werden. Der Wert 0 in der Host-ID bezieht sich auf den eigenen Host.

Die **Subnetz-Adressierung** (*subnetting*) stellt eine Verfeinerung von IP dar, bei der ein Netz (nach einer der Klassen A, B, C) in Subnetze unterteilt wird, die physisch voneinander unabhängig sind, aber über eine einheitliche Netz-ID erreicht werden können. Dazu wird eine bestimmte Anzahl von Bits der Host-ID als Subnetz-ID verwendet. Zur Unterscheidung der Netzadresse (Netz-ID plus Subnetz-ID) von der Hostadresse wird eine Subnetzmaske der Länge 32 bit verwendet (→ Bild 9.8). In dieser kennzeichnen Bits mit dem Wert 1 die Netzadresse, Bits mit dem Wert 0 verweisen auf die Hostadresse.

9

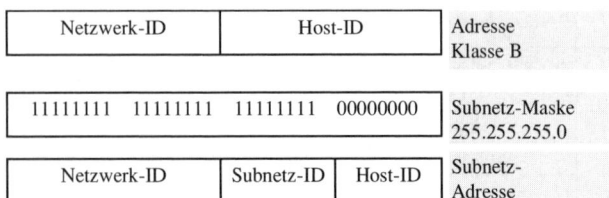

Bild 9.8   Adressierung mit Subnetzbildung (Subnetting)

Die **Subnetz-Adressierung** hat Auswirkungen auf die Broadcast-Adressierung (Broadcast-Adressierung bedeutet, dass alle Bits der Host-ID auf 1 zu setzen sind). Ein *subnet-directed broadcast* adressiert alle Knoten in einem Subnetz. Beispiel: Das Subnetz 128.1.1.0 mit der Subnetzmaske 255.255.255.0 führt zur Adresse 128.1.1.255 für subnet-directed broadcast. Ein *all-subnets-directed broadcast* adressiert alle Knoten aller Subnetze einer Netz-ID. Dazu sind die Bits der Host-ID und der Subnetz-ID auf 1 zu setzen und zusätzliche Maßnahmen beim Routing zu ergreifen /9.8/.

CIDR (*Classless Interdomain Routing*, RFC 1519) geht über die vordefinierten IP-Adressklassen hinaus. Die Bezeichnung classless bedeutet auch, dass das Verfahren auf alle IP-Adressklassen angewendet werden kann. Die Grundidee besteht darin, dass mehrere Netze, die beispielsweise an einem ISP-Netz angeschlossen sind, mit einem gemeinsamen IP-Präfix adressiert werden. Dies wird auch als **Supernetting** oder **Aggregation** bezeichnet, da Netze für die Vereinfachung des Routing zusammengefasst werden. CIDR vermeidet eine „Explosion" der Routingtabellen, die sonst im stark wachsenden Internet unvermeidlich gewesen wäre. IP-Adressen in CIDR werden zusammen mit einer 32-Bit-Adressmaske vergeben, die analog zur Subnetzmaske aufgebaut ist. Eine weitere Darstellung verwendet eine IP-Adresse in Dotted Decimal Notation, an die mit einem Schrägstrich die Anzahl der für CIDR signifikanten Bits angegeben wird. Beispiel: Das Klasse-B-Netz 128.1.0.0 kann auch durch eine klassenlose IP-Adresse mit der Adressmaske 255.255.0.0 spezifiziert werden. Die Angabe 128.1.0.0/16 ist gleichwertig, die Zahl nach dem Schrägstrich steht für Anzahl der Einsen in der Adressmaske. Klassenlose Adressierung erfordert klassenloses Routing (→ Abschnitt 9.4.4 unter BGP).

9.2.2   ICMP

ICMP (*Internet Control Message Protocol*, RFC 792) wird immer zusätzlich zu IP benötigt. Es tauscht Nachrichten für die Steuerung der Datenübertragung sowie Fehlermeldungen zwischen Routern und Hosts aus. ICMP-Nachrichten werden zur Übertragung in einem IP-Datagramm gekapselt. Der ICMP-Header ($\rightarrow$ Bild 9.9) ist je nach Nachrichtentyp ($\rightarrow$ Tabelle 9.4) unterschiedlich aufgebaut. Er enthält u. a. die folgenden Felder:

- **Type:** Gibt den Typ einer ICMP-Meldung an.
- **Code:** Kann den Typ näher beschreiben.
- **Prüfsumme:** Prüfsumme über die gesamte ICMP-Nachricht. Verwendet denselben Algorithmus wie IP.
- **Identifier und Sequenznummer:** kennzeichnet zusammengehörige Anfragen und Antworten (Typ 0 oder 8).
- **Optionale Daten:** Hier stehen Daten, die in einem *echo request* vom Sender zum Empfänger übertragen wurden. Im *echo reply* werden die Daten unverändert zurückgeschickt.
- Nachrichten des Typs *destination unreachable* senden den IP-Header und die ersten 64 Bits des nicht zustellbaren Datagramms an dessen Absender zurück.

📖 Eine vollständige Beschreibung aller ICMP-Nachrichten findet sich in /9.8/, ICMP für IPv6 wird in RFC 2463 beschrieben.

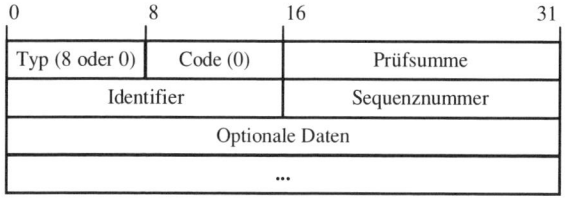

Bild 9.9   ICMP-Header (RFC 792)

Tabelle 9.4   Bedeutung der ICMP-Typen

Typ	Bedeutung
0	echo reply (Antwort auf eine Echo-Anforderung)
3	destination unreachable (Ziel nicht erreichbar)
4	source quench (Quelle muss mit dem Senden aufhören)
5	redirect (Route über einen anderen Router führen)
8	echo request (Echo-Anforderung)
9	router advertisement (Router versendet Router-Information)
10	router solicitation (Host fordert Router-Information an)
11	time exceeded for a datagram (TTL erreicht den Wert 0)
12	parameter problem on a datagram (Fehler im IP-Header oder notwendige Option fehlt)
13	timestamp request (Zeitstempel anfordern)
14	timestamp reply (Zeitstempel liefern)
17	address mask request (Subnetz-Maske anfordern)
18	address mask reply (Subnetz-Maske liefern)

9.2.3   TCP

Aufgaben von TCP

TCP (*Transmission Control Protocol*) hat als Protokoll der Transportschicht die Aufgabe eine zuverlässige Verbindung (keine fehlenden, falschen, duplizierten oder vertauschten Pakete beim Anwendungsprozess im Empfänger) zwischen genau zwei Endpunkten zu gewährleisten.

Eigenschaften von TCP

TCP weist viele Eigenschaften von HDLC (→ Abschnitt 2.10) auf. Es bietet **Vollduplex-Übertragung**, Fehlerbehandlung durch **Go-Back-N** (→ Abschnitt 2.9.3) und **Flusssteuerung** mittels *sliding window* (→ Abschnitt 2.7.2.2). TCP ist **byteorientiert** (*stromorientiert*), d. h., es transportiert einen Byte-Strom zuverlässig, Sequenz- und Quittungsnummern beziehen sich auf Bytes. Vor Beginn des Datenaustauschs wird eine Verbindung aufgebaut, falls beide Teilnehmer dem Aufbau zustimmen. Dabei findet keine Interaktion mit vorangehenden Verbindungen statt. Beim Verbindungsabbau werden noch ausstehende Pakete zuverlässig übermittelt.

TCP als Ende-zu-Ende-Protokoll

TCP stellt eine Verbindung zwischen den TCP-Instanzen zweier Endsysteme her → Bild 9.10. Diese Verbindung wird als virtuell bezeichnet, da sie vom Netz nicht wirklich bereitgestellt wird. Vielmehr sorgt die TCP-

Software dafür, dass die Anwendung die Illusion einer zuverlässigen Verbindung vorgespiegelt bekommt.

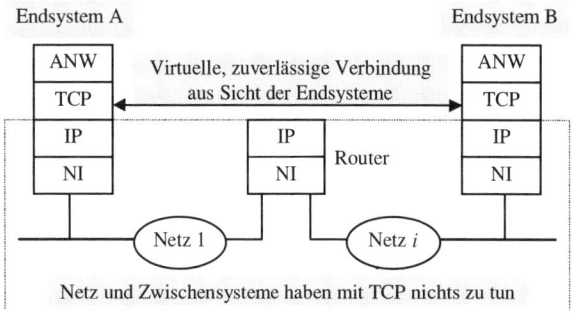

Bild 9.10   TCP als Ende-zu-Ende-System /9.7/

Aufbau des TCP-Headers

Die Funktionen von TCP spiegeln sich im Aufbau des TCP-Headers wider (→ Bild 9.11). Die Bedeutung der einzelnen Felder ist:

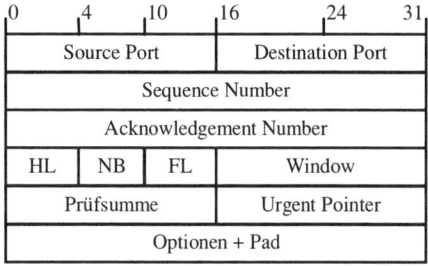

Bild 9.11   TCP-Header (RFC 793)

- **Source Port, Destination Port:** identifiziert Anfangs- und Endpunkt einer Verbindung. Diese entsprechen den Anwendungsprozessen, die als Sender bzw. Empfänger agieren. Für bestimmte Dienste sind sog. *well known ports* festgelegt (s. u.).
- **Sequence Number:** Sequenznummer (Folgenummer) des ersten Bytes in diesem Segment. Falls **SYN** gesetzt ist, handelt es sich um die **anfängliche Sequenznummer** (**ISN** *Initial Sequence Number*), das erste Datenbyte hat dann die Nummer ISN + 1.
- **Acknowledgement Number:** für Piggyback-Quittungen (→ Abschnitt 2.5). Enthält die Sequenznummer des nächsten Datenbyte, das die Gegenseite erwartet.

- **HL** (**Header Length**, 4 bit): Anzahl der 32-Bit-Worte im Header.
- **NB** (**Nicht benutzt**, 6 bit).
- **FL** (*Flags*, 6 einzelne Bits): **URG**: *Urgent-Pointer*-Feld ist gültig; **ACK**: *Acknowledgement*-Feld ist gültig; **PSH**: *Push*-Funktion; **SYN**: Synchronisieren der Sequenznummern beim Verbindungsaufbau; **FIN**: keine weiteren Daten vom Sender (Verbindungsabbau).
- **Window** (16 bit): Größe des zulässigen Sendefensters in Byte. Enthält die Zahl der Bytes, die der Absender dieses Segments annehmen will, beginnend mit dem im Acknowledgement-Feld angegebenen Wert. Die Fenstergröße kann variieren.
- **Prüfsumme:** Sie wird als Einerkomplement der Summe aller 16-Bit-Worte über den Pseudoheader, den TCP-Header und den TCP-Rumpf berechnet. Der Pseudoheader enthält aus dem IP-Header die Felder Quellen- und Zieladresse, Protokoll und die gesamte Länge des TCP-Segments inklusive Pseudoheader.
- **Urgent Pointer:** zeigt auf das letzte Byte in einer Kette dringlicher Daten (als *out of band data* bezeichnet), die dem Anwendungsprozess des Empfängers schnellstmöglich zu übergeben sind.
- **Options:** spezifiziert optionale (wählbare) Eigenschaften.

Die **Flags URG** und **PSH** zeigen zwei TCP-Merkmale an: *data stream push* und *urgent data signaling*. TCP entscheidet selbst, wann genügend Daten zum Absenden eines Segments vorliegen. Durch ein gesetztes Push-Flag werden alle vorliegenden Daten sofort abgesendet. Beim Empfänger werden die Daten ebenfalls sofort an diesen weitergeleitet. Bei *urgent data signaling* wird der Empfänger über die Dringlichkeit eingetroffener Daten informiert. Er entscheidet aber selbst, wie er darauf reagiert. Für das Feld **Optionen** wurde in RFC 793 nur die **maximale Segmentlänge** (**MSS:** *Maximum Segment Size*, in Byte) spezifiziert, die beim Verbindungsaufbau angegeben werden kann. Später wurden die Optionen *Window Scale Factor* und *Timestamp* ergänzt (s. u.).

TCP-Ports

TCP-Ports sind entweder

- **reserviert** (auch: *privilegiert*, Portnummern 1–255 für TCP/IP-Anwendungen, 256–1023 für bestimmte UNIX-Anwendungen),
- **registriert** (Nummern zwischen 1024 und 49151 werden von IANA registriert) oder
- **privat, dynamisch** (ephemeral, vergänglich; Portnummern zwischen 49152 und 65535).

Ein Client verwendet die reservierte Portnummer (sofern diese existiert) einer gewünschten Anwendung (→ Tabelle 9.5) als Zielport, als Quellenport wählt er eine nicht reservierte Portnummer, die er selbst im Augenblick noch nicht benutzt.

Tabelle 9.5   Reservierte Portnummern (Auswahl)

Nr.	Anwendung	Nr.	Anwendung
20	FTP-Daten	53	DNS
21	FTP-Steuerung	80	WWW
23	Telnet	110	POP3
25	SMTP	119	NNTP

Verbindungsaufbau

Der Verbindungsaufbau wird als Drei-Wege-Handshake bezeichnet, da drei TCP-Segmente auszutauschen sind (→ Bild 9.12). Der Sender wählt eine Sendefolgenummer (SEQ = 4711) und setzt das SYN-Flag. Der Empfänger antwortet – sofern er den Verbindungswunsch annehmen will – mit gesetzten Flags ACK und SYN, mit einer eigenen Sendefolgenummer (SEQ = 5010) und der Empfangsfolgenummer (ACK = 4711 + 1). Diese gibt die nächste, vom Sender erwartete Sendefolgenummer an. Ein drittes Segment zeigt an, dass die Verbindung aufgebaut ist.

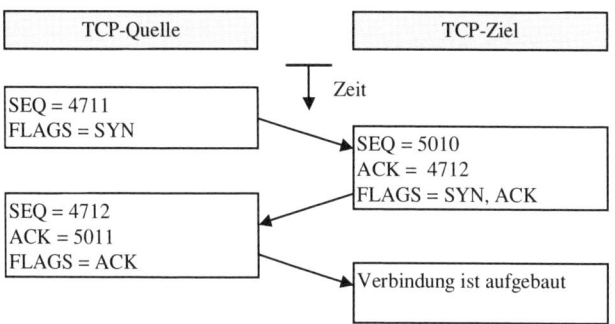

Bild 9.12   Verbindungsaufbau in TCP

Verbindungsabbau

Der Datentransfer wird für beide Richtungen unabhängig voneinander beendet, was den Austausch von vier TCP-Segmenten erforderlich macht (→ Bild 9.13).

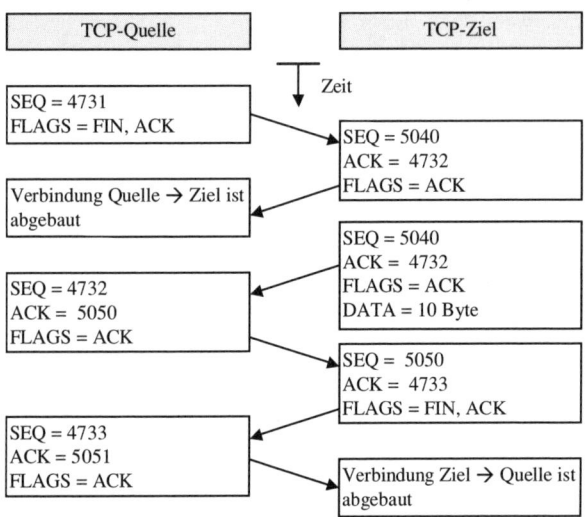

Bild 9.13   Verbindungsabbau in TCP

Simultaneous Open, Simultaneous Close
TCP erlaubt ein gleichzeitiges Öffnen (*open*) beziehungsweise Schließen (*close*) einer Verbindung zwischen zwei TCP-Instanzen. Das gleichzeitige **aktive Öffnen** (*simultaneous open*) setzt voraus, dass beide TCP-Instanzen die Portnummer der Gegenseite kennen und gleichzeitig ein **SYN-Segment** senden. *Simultaneous close* bedeutet, dass zwei TCP-Instanzen, zwischen denen eine Verbindung besteht, gleichzeitig ein **FIN-Segment** senden.

Mechanismen zur Gewährleistung der Zuverlässigkeit
Hierzu gehören die **Behebung** von Paketverlusten, die Wiederholung verfälscht empfangener Pakete und die Ablieferung an den Empfänger in korrekter Reihenfolge. Die **Flusssteuerung** steht mit diesen Aufgaben über die verwendeten Fenstermechanismen im Zusammenhang. TCP muss auch zur **Vermeidung von Überlast** (*congestion avoidance*) im Netz beitragen.
Die **Flusssteuerung** wird mit Hilfe eines Schiebefensterprotokolls (*sliding window*) realisiert. Quittierung und Zuweisung eines Fensters sind jedoch entkoppelt, im Gegensatz zu LLC, HDLC und X.25. Die Fenstergröße hat einen wichtigen Einfluss auf den Durchsatz. TCP arbeitet mit **positiven Quittungen**, die **Summenquittungen** darstellen. Dies bedeutet, dass ab dem ersten, nicht quittierten Paket alle Pakete wiederholt werden, d. h. es gibt **keine selektive Wiederholung**.

Eine wichtige Größe in diesem Zusammenhang ist die **Paketumlaufzeit** (**RTT**, *Round Trip Time*), die vom Empfänger als Zeitdifferenz zwischen dem Senden eines Pakets und dem Empfang der zugehörigen Bestätigung gemessen werden kann. Da die Werte in Abhängigkeit der aktuellen Netzbelastung stark schwanken können, wird ein **gleitender Mittelwert** (**SRTT**, *Smoothed RTT*) gebildet. Aus diesem wird **RTO** (*Retransmission Timeout*) berechnet, das Zeitintervall, nach dessen Ablauf und Ausbleiben einer Quittung ein Segment erneut gesendet wird. Wenn ein wiederholtes Segment nach dem Ablauf von RTO ebenfalls nicht quittiert wird, wird der Wert von RTO vergrößert. Dieser Vorgang kann sich mehrfach wiederholen, bis der Algorithmus eine Verbindung als unterbrochen erklärt.

Die **Überlaststeuerung** (*congestion control*) in TCP ist ein schwieriges Problem. Gründe dafür liegen in dem verbindungs- und zustandslosen Verhalten von IP, das keine Ansatzpunkte für die Erkennung und Steuerung von Überlast bietet. TCP leistet eine Flusssteuerung nur Ende-zu-Ende, so dass hier nur indirekt auf Überlast geschlossen werden kann. Zudem haben die verschiedenen TCP-Instanzen keine Möglichkeit, zwecks Überlaststeuerung zu kooperieren. Damit muss für die Überlaststeuerung auf den Fenstermechanismus zurückgegriffen werden.

Die wichtigsten in TCP verwendeten Verfahren und Algorithmen für Zuverlässigkeit, Fluss- und Überlaststeuerung sind:

- **Slow-Start-Algorithmus:** Die von TCP verwendete Fenstergröße wird am Anfang einer Verbindung klein gewählt und sukzessive erhöht, bis die Raten der gesendeten Pakete und der empfangenen Quittungen gleich werden.
- **Congestion-Avoidance-Algorithmus:** TCP geht davon aus, dass Pakete durch **Überlast** (*congestion*) im Netz verloren gehen. Quittungen, die innerhalb der Zeitspanne RTO nicht eintreffen, führen – genauso wie duplizierte Quittungen – zu einer Reduktion der Senderate.
- **Nagle-Algorithmus:** Interaktive Anwendungen führen zu kurzen TCP-Segmenten, wodurch der Overhead-Anteil (Header) dieser Segmente überwiegt. Verzögerte Bestätigungen erlauben es dem Empfänger eines Segments mit einer Quittung zu warten, um diese zusammen mit eigenen Nutzdaten zu übertragen. Der Nagle-Algorithmus sammelt alle Nutzdaten bis zur nächsten fälligen Quittung, um diese dann in einem Segment zu übertragen.
- **Karn-Algorithmus:** Die Schätzung der RTT kann falsche Werte ergeben, wenn dieselben Segmente wiederholt gesendet wurden. Der Karn-Algorithmus verbessert die Genauigkeit der RTT-Schätzung, indem solche Fälle nicht in die Berechnung eingehen. Hingegen wird dann der RTO-Wert erhöht (*timer backoff*).
- Das **Silly Window Syndrom** bezeichnet eine Situation, in der ein Empfänger wiederholt eine kleine Fenstergröße angibt und der Sender

9

entsprechend kleine Segmente sendet. Dadurch wird die Übertragungsstrecke schlecht ausgenutzt. Durch geeignetes Verhalten von TCP-Sender und -Empfänger kann dieses Problem vermieden werden.
Für TCP existiert eine Anzahl verschiedener Implementierungen, die teilweise unterschiedliche Algorithmen implementieren (→ Tabelle 9.6).

Tabelle 9.6   Maßnahmen zur Überlaststeuerung in verschiedenen TCP-Implementierungen /9.28/

Mechanismus	RFC 1122	TCP Tahoe	TCP Reno
RTT-Varianzschätzung	ja		
Exponentieller RTO-Backoff	ja		
Karn-Algorithmus	ja		
Slow Start	ja		
Dynamische Fenstergröße bei Überlast	ja		
Fast Retransmit	--	ja	ja
Fast Recovery	--	--	ja

Timer

In TCP werden die Phasen Verbindungsaufbau, Verbindungsabbau und die eigentliche Datenübertragung von **Timern** (*Zeitgeber, Wecker*) gesteuert und überwacht (→ Tabelle 9.7). Dadurch ist TCP in der Lage, sich an Veränderungen im Netz anzupassen.

Tabelle 9.7   Timer in TCP

Timerfunktion	Bedeutung
Überwachung des Verbindungsaufbaus	Steuert die Wiederholung des Verbindungsaufbaus bis zum eventuellen Abbruch.
Retransmission Timer	Steuert die Wiederholung von Segmenten, die innerhalb der erwarteten Zeitspanne nicht bestätigt wurden.
Persist Timer	Zur periodischen Abfrage der aktuellen Fenstergröße eines nicht bereiten Empfängers.
Keepalive Timer	Überprüfung der Erreichbarkeit des entfernten Systems nach längeren Kommunikationspausen.
Quiet Timer	Stellt sicher, dass nach dem Neustart eines Endsystems dieses für die Dauer MSL (Maximum Segment Lifetime) keine TCP-Verbindung aufbaut. Damit wird eine unerwünschte Interaktion mit vielleicht noch bestehenden, alten Segmenten verhindert.
2MSL Timer	Wartet beim Verbindungsabbau das Doppelte der MSL ab, um einen möglichen Verlust des letzten ACK-Segments zu verhindern.

Erweiterungen von TCP

- **Path MTU Discovery:** dient der Ermittlung der kleinsten **MTU** (*Maximum Transmission Unit*), die auf einer Verbindung übertragen werden kann. Damit kann im Interesse einer höheren Übertragungseffizienz die **MSS** an die MTU angepasst werden.

- **T/TCP** (*Transactional TCP*, RFC 1379, RFC 1644): ist für Anwendungen bestimmt, die kurze Transaktionen ausführen, also nur wenige Segmente übertragen. Dafür ist der Overhead von sieben Segmenten für Verbindungsauf- und -abbau nicht tragbar. T/TCP fasst die sonst getrennten Segmente für SYN, Daten und FIN zu einem zusammen.

- **Window Scale Option** (RFC 1323): Die Fenstergröße ist ein 16-Bit-Wert und damit auf 65535 Byte begrenzt. Für Übertragungsstrecken mit hoher Geschwindigkeit oder langer Laufzeit ist dieser Wert nicht ausreichend. Die Window Scale Option skaliert deshalb den Wert mit einem Faktor 2^i ($i = 0, ..., 14$). Damit lässt sich eine Fenstergröße von maximal $2^{14} \cdot 65535$ Byte darstellen.

- **Timestamp Option:** Der Sender kann jedes Paket mit einem Zeitstempel versehen. Der Empfänger schickt den Zeitstempel zusammen mit der Quittung zurück. Damit kann der Sender den aktuellen Wert von RTT für jedes Paket berechnen.

- **PAWS** (*Protection Against Wrapped Sequence Numbers*): Da Sequenznummern eine endliche Länge aufweisen, wiederholen sich deren Werte zyklisch. Bei hoher Übertragungsgeschwindigkeit kann dadurch dieselbe Sequenznummer mehrfach existieren, da Segmente mit einer bestimmten **MSL** (*Maximum Segment Lifetime*) gültig bleiben. PAWS ermöglicht durch Zeitstempel eine korrekte Zuordnung.

Die genannten Erweiterungen können beim Verbindungsaufbau vereinbart werden, sofern die beteiligten Endsysteme diese unterstützen.

TCP-Protokollautomat

Das Zustandsdiagramm für TCP bestimmt die möglichen Abläufe im Einzelnen, vgl. /9.32/, /9.33/.

TCP und UDP

TCP leistet eine zuverlässige Übertragung, die verbindungs- und stromorientiert ist. Dafür ist erheblicher Aufwand zur Abarbeitung des TCP-Protokolls erforderlich, der zu einem geringen Durchsatz führt. UDP hingegen überträgt verbindungslos und unzuverlässig, erreicht dafür aber einen höheren Durchsatz.

9.2.4 UDP

UDP (*User Datagram Protocol*, RFC 768) ist im Gegensatz zu TCP ein verbindungsloses, unzuverlässiges Transportprotokoll. UDP kann für verschiedene Protokolle der Anwendungsschicht genutzt werden, die durch eine Portnummer identifiziert werden (**Port-Multiplexing**). Insbesondere werden TFTP (Portnummer 69), DNS (53), SNMP (161) und RPC (111) über UDP abgewickelt. Portnummern für TCP und UDP können verschieden sein, jedoch wird für Dienste, die sowohl mit TCP als auch mit UDP erreichbar sind, eine einheitliche Nummer festgelegt. Der Header von UDP (→ Bild 9.14) ist sehr einfach. Die Portnummern für Sender und Empfänger werden mit je 16 bit codiert. Das Feld Länge gibt die gesamte Länge des Datagramms (inklusive Header) in Byte an. Der Minimalwert ist 8, entsprechend der Länge des Headers. Die Prüfsumme ist optional, ein Wert von 0 zeigt an, dass sie nicht verwendet wurde. Der Algorithmus für die Prüfsumme ist derselbe wie in IP. Da IP jedoch keine Prüfsumme über das Datenfeld überträgt, ist es nicht ratsam, die UDP-Prüfsumme wegzulassen. Die Berechnung der Prüfsumme erfolgt über den UDP-Header, die Daten und den Pseudoheader. Letzterer besteht aus 12 Byte, die die IP-Quellen- und Zieladresse beinhalten. Dadurch wird der Empfänger in die Lage versetzt zu prüfen, ob das Datagramm an der richtigen Adresse (IP-Adresse und Protokollnummer) angekommen ist.

0	16	31	bit

Source Port	Destination Port
Länge	Prüfsumme

Bild 9.14   UDP-Header (RFC 768)

9.3   Zusammenwirken mit Protokollen der Sicherungsschicht

IP lässt sich zusammen mit vielen Protokollen der Sicherungsschicht verwenden. Die Spezifikationen hierfür sind in einer Anzahl von RFCs festgehalten (→ Tabelle 9.8).

Tabelle 9.8   Spezifikationen für das Zusammenwirken IP-Sicherungsschicht

Netztyp	RFC	Netztyp	RFC
Ethernet	894	IPX	1132
IEEE 802	1042 / 1469	FDDI	1188 / 1390
Hyperchannel	1044	X.25	1356
Serial Links (SLIP)	1055	ATM	1483 / 1577
NETBIOS	1088	Frame Relay	1490

9.3.1 ARP

ARP (*Address Resolution Protocol*, RFC 826) übersetzt IP-Adressen in Hardwareadressen. ARP beschränkt sich dabei auf ein physisches Teilnetz. Die Übersetzung wird dynamisch vorgenommen, indem ein Host A mittels Broadcast eine Anfrage-PDU mit der zu übersetzenden IP-Adresse aussendet (→ Bild 9.15). Wenn Host B darin seine IP-Adresse erkennt, antwortet er mit seiner Hardwareadresse.

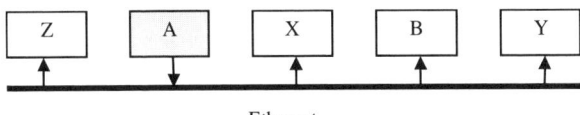

Bild 9.15   Zur Funktion von ARP (RFC 826)

Die bei ARP-Anfragen erhaltenen Adressübersetzungen werden in einem Cache gespeichert. Beim Senden von Paketen wird die Adressübersetzung zuerst im Cache gesucht. Nur falls sie dort nicht gespeichert ist, wird eine ARP-Anfrage gesendet. Einträge im Cache bleiben nur für eine bestimmte Zeit gültig.

9

9.3.2 RARP

RARP (*Reverse Address Resolution Protocol*, RFC 906) ist die Umkehrung von ARP. Rechner ohne eigene Festplatte können es verwenden, um ihre IP-Adresse zu erfahren.

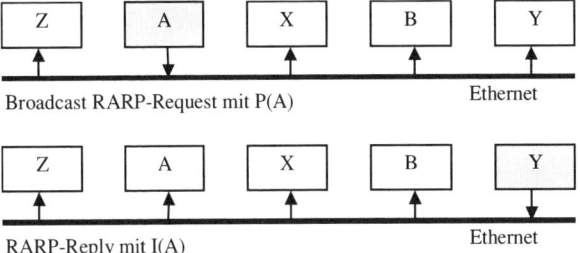

Bild 9.16   Zur Funktion von RARP (RFC 903)

Die RARP-Anfrage eines Hosts A (→ Bild 9.16) wird mittels Broadcast an alle anderen Teilnehmer des Teilnetzes gesendet. Diejenigen Stationen, die als RARP-Server aufgesetzt sind (z. B. Host Y), kennen die IP-Adresse von Host A und teilen diese in einer RARP-Antwort mit. Falls mehrere RARP-Server aktiv sind, empfängt A mehrere Antworten, von denen jedoch nur die erste ausgewertet wird.

9.3.3   BOOTP

BOOTP (*Bootstrap Protocol*, RFC 951, RFC 1542, RFC 1532) ist eine Alternative zu RARP (→ Abschnitt 9.3.2), die es Endsystemen ohne Festplatte erlaubt, ihre eigene IP-Adresse (und weitere Startinformationen, z. B. die Adresse eines Routers und eines Name Server, sowie eine Subnetz-Maske) durch Anfrage bei einem Server herauszufinden, eine Datei in den Arbeitsspeicher zu laden und auszuführen. BOOTP benutzt TFTP für die Dateiübertragung und UDP. BOOTP wird von Anwendungsprogrammen genutzt und ist damit ein Protokoll der Anwendungsschicht.

9.3.4   DHCP

DHCP (*Dynamic Host Configuration Protocol*, RFC 2131, RFC 1531, RFC 1541) ist eine erweiterte Version des BOOTP-Protokolls, die zusätzlich die Fähigkeit einer automatischen und dynamischen Belegung mit wiederverwendbaren (also nicht fest einer Station zugeordneten) IP-Adressen und von Konfigurationsoptionen bietet. Eine dynamische Belegung mit IP-Adressen ist beispielsweise für drahtlose LAN (→ Abschnitt 6.9) erforderlich. Die IP-Adresse und die zugehörige Subnet-Maske werden für eine bestimmte Zeit (Lease-Dauer) einem Knoten zur Verfügung gestellt. DHCP ist interoperabel mit Endsystemen, die BOOTP benutzen, und soll BOOTP langfristig ablösen. DHCP ist – wie BOOTP – ein Protokoll der Anwendungsschicht.

9.4   IP-Routing

▶ Grundbegriffe des Routing → Abschnitt 3.4. Multicast-Routing → Abschnitt 9.7.

9.4.1   Grundlagen

Endsysteme und Router

Endsysteme sind für den Transport ihrer IP-Datagramme auf **Router** angewiesen. Ein Router gehört zu mindestens zwei Teilnetzen, zwischen denen er IP-Datagramme weiterreichen kann. Dieser Vorgang wird als *forwarding* bezeichnet. Router werten die IP-Zieladresse eines Datagramms aus, stellen auf Grund ihrer Routing-Tabelle fest, zu welchem nächsten Router das Datagramm weiterzuleiten ist, und geben es an der entsprechenden Netzschnittstelle aus (→ Bild 9.17).

▶ Hinweis: Router werden in der Teminologie des Internet oft auch als Gateways bezeichnet. Diese Definition des Gateway im OSI-Modell (→ Abschnitt 1.6.5) ist davon verschieden.

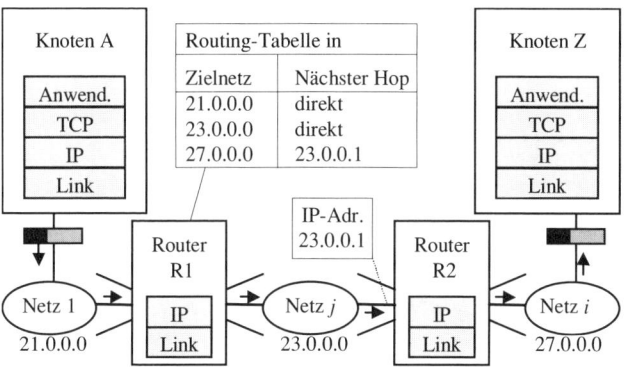

Bild 9.17   Grundsätzlicher Vorgang beim Routing

9

Routing und Forwarding

Die Routing-Tabellen werden von den Routern selbst aufgebaut, indem sie mit Hilfe von **Routing-Protokollen** mit anderen Routern Informationen über existierende Pfade austauschen (→ Bild 9.18). Aus diesen Informationen können dann mit Hilfe von Routing-Algorithmen (→ Abschnitt 3.4.3) geeignete Pfade durch das Netz (Internet) berechnet werden.

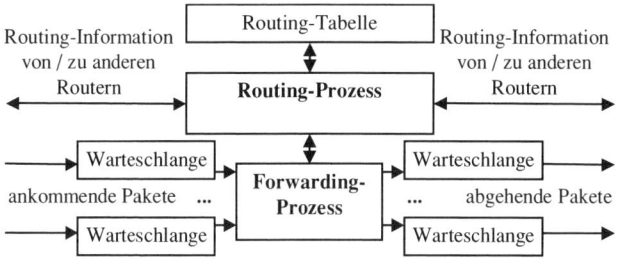

Bild 9.18   Routing und Forwarding

Der Ablauf beim IP-Routing (→ Bild 9.19) unterscheidet mehrere Fälle /9.8/, /9.25/. Der erste Fall – als *direct routing* bezeichnet – bedeutet, dass Ziel und Quelle sich in demselben Subnetz befinden. Fall 2 liegt vor, falls die Quelle ein *source routing* verlangt. Fall 3 wird als *indirect routing* bezeichnet und stellt den Normalfall dar. Die netid (→ Abschnitt 9.2.1) des Ziels wird in der Routing-Tabelle gesucht. Diese enthält die Adresses des nächsten, in Richtung auf das Ziel zu durchlaufenden Routers, an den die Datagramme dann gesendet werden. Fall 4 (*default routing*) tritt ein, wenn für das Zielnetz kein Eintrag in der Routing-Tabelle existiert. Die Datagramme werden dann an einen Router gesendet, der als *default gateway* spezifiziert wurde. Default routing ist insbesondere für Teilnetze sinnvoll, die nur über einen Router mit der Außenwelt verbunden sind (*stub network*).

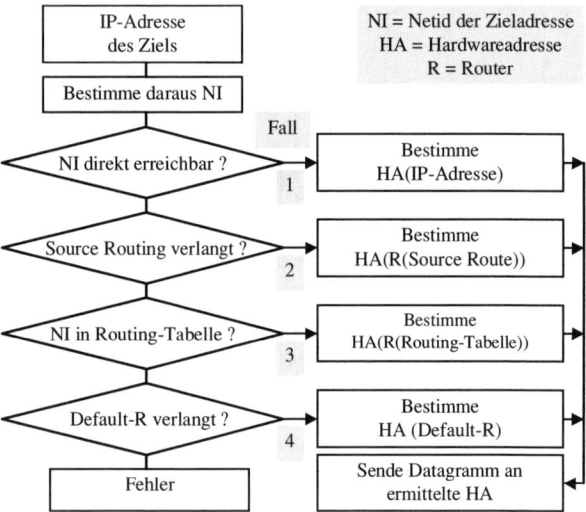

Bild 9.19   Ablauf beim IP-Routing

AS, IGP und EGP

AS (*Autonomes System*) nutzen nach Abschnitt 9.1.1 ein einheitliches Routing-Verfahren. Dies führt zur Einteilung **IGP** (*Interior Gateway Protocol*, zum Einsatz innerhalb eines AS, auch als *Intradomain Routing* bezeichnet) und **EGP** (*Exterior Gateway Protocol*, Einsatz zum Routing zwischen verschiedenen AS, auch *Interdomain Routing*) → Bild 9.20.

9.4.2   Routing-Verfahren

Wichtige Routing-Verfahren sind RIP, OSPF und BGP (→ Bild 9.20). Die unterschiedlichen Eigenschaften führen zu unterschiedlichen

Anwendungsbereichen. Ältere Verfahren werden nach und nach verbessert oder ganz abgelöst.

IGP (Interior Gateway Protocol) → Intradomain Routing	EGP (Exterior Gateway Protocol) → Interdomain Routing
Aufgabe: Routing innerhalb einer Domain (AS)	**Aufgabe:** Routing zwischen verschiedenen Domains (AS)
Verfahren: **OSPF** (größte Verbreitung; Metrik: administrativ; löst RIP ab; Algorithmus: Shortest Path / Link State) **RIP** (verbreitet, RIPv2 für kleine Netze gut geeignet. Metrik: Number of hops, Algorithmus: Distanz-Vektor) **IS-IS** (Metrik: administrativ; Algorithmus: Shortest Path)	**Verfahren:** **BGP** (aktuelle Version: 4 Metrik: verschiedene; Algorithmus: Pfad-Vektor, weder Distanz-Vektor, noch Link State) **EGP** (ein konkretes, jedoch veraltetes Routing-Protokoll, abgelöst durch BGP)

Bild 9.20   Routing-Verfahren: Einteilung und Übersicht

9

Kriterien für die Bewertung und die Auswahl von Routing-Verfahren sind der vorgesehene Einsatz (IGP oder EGP), der verwendete Routing-Algorithmus (Distanz-Vektor oder Link-State), IP-Adressen (klassenbasiert oder klassenlos), die verwendbaren Metriken (Hop Count, Verzögerung, Bandbreite, Zuverlässigkeit), die Skalierbarkeit (Einsatz in kleinen und in großen Netzen), die Konvergenzdauer (Zeitspanne von einer Topologieänderung, z. B. durch Ausfall eines Link, bis zum Erreichen korrekt aufdatierter Routing-Tabellen in allen Routern), die Nutzung alternativer Pfade (load balancing), Anforderungen an Verarbeitungs- und Übertragungsleistung für Routing-Zwecke, Sicherheit gegen böswillige Manipulation und der Aufwand für das genaue Verständnis des Verfahrens sowie für den Entwurf, die Konfiguration und die Fehlersuche.

9.4.3   RIP und OSPF

RIP (*Routing Information Protocol*, RFC 1058, RIP Version 2, RFC 1723) ist ein weit verbreitetes IGP. Es benutzt UDP und gehört deshalb zur Anwendungsschicht. RIP nutzt das Distanzvektor-Verfahren und ist einfach anwendbar. Die Routing-Tabellen werden alle 30 Sekunden mittels Broadcast verteilt. Als Metrik wird die Größe *hop count* (die Anzahl der Hops auf einem Pfad entspricht der Anzahl der Router, die ein Paket zwischen Quelle und Ziel durchläuft) verwendet. Deshalb wird immer der kürzeste Pfad gewählt, selbst wenn längere Pfade mit besseren Eigenschaften verfügbar sind. Der zulässige Maximalwert für hop count beträgt 15, der Wert 16 wird als nicht erreichbar interpretiert. RIP kann zur Vermeidung von geschlossenen Pfaden (Pakete kommen zum Ausgangsrouter zurück und kreisen, bis ihr TTL-Wert auf null gefallen ist) während der Konvergenzdauer die folgenden Maßnahmen nutzen /9.8/:

- *Split horizon*: Pfade, deren Existenz ein Router über eine bestimmte Schnittstelle gelernt hat, werden nicht über diese Schnittstelle wieder ausgesendet.
- *Hold-down timer*: Änderungen in einer Routing-Tabelle werden für eine kurze Zeitspanne eingefroren.
- *Poison reverse*: Wenn ein Pfad aus einer Routing-Tabelle verschwindet, wird dieser nicht einfach aus der Tabelle entfernt, sondern das Ziel wird als nicht erreichbar markiert.

RIPv2 ergänzt Routing-Tabellen durch die folgenden Felder:

- *Route tag*: unterscheidet Pfade innerhalb des jeweiligen RIP-Bereichs von Pfaden, die von außerhalb dieses Bereichs importiert wurden. Dient der Zusammenfassung von Bereichen mit unterschiedlichen Routing-Verfahren.
- *Subnet mask*: enthält die zu einer IP-Adresse gehörige Subnetzmaske. Ermöglicht die Verwendung klassenloser Adressen.
- *Next hop*: enthält die explizite IP-Adresse des nächsten Routers auf dem Weg zum Ziel.

OSPF (*Open Shortest Path First Protocol*, Version 2, RFC 2328) dient zum Austausch von Routing-Informationen zwischen IP-Routern, die zu einem AS gehören. OSPF nutzt einen **Link-State-Algorithmus** und setzt auf **IP** auf. Es soll das ältere RIP ersetzen. OSPF strukturiert ein Netz hierarchisch in **Areas** (Zusammenfassung mehrerer Subnetze), **Backbones** (Zusammenfassung mehrerer Areas, ein Backbone bildet selbst eine Area) und **AS** (Zusammenfassung mehrerer Backbones). Die Router haben demzufolge verschiedene Aufgaben und Bezeichnungen: **interne Router** (innerhalb einer Area oder eines Backbone), **designierte Router** (ein ausgewählter Router in einer Area, der stellvertretend für alle anderen Routing-Informationen mit anderen Areas austauscht), **Area Border Router** (verbindet zwei Areas oder eine Area mit einem Backbone) und **AS Boundary Router** (stellt die Verbindung zu anderen AS her). OSPF konvergiert schneller als RIP und benötigt weniger Bandbreite für die Übertragung von Routing-Informationen.

9.4.4   BGP

BGP (*Border Gateway Protocol*, Version 4, RFC 1771) ist ein Protokoll für das Routing zwischen autonomen IP-Adressdomänen (also ein EGP). Es bietet u. a. Mechanismen zur Unterstützung von **CIDR** (*Classless Interdomain Routing*, RFC 1519). Es löst das ältere **EGP** (*Exterior Gateway Protocol*, RFC 904) ab. BGP benutzt TCP und ist deshalb streng genommen ein Protokoll der Anwendungsschicht. BGP ist ein komplexes Routing-Protokoll. Es erfordert leistungsfähige Router und erhebliche Bandbreite für die Übertragung der Routing-Tabellen. Es wird deshalb von ISPs eingesetzt und von Firmen, die ein Netz aus mehreren AS betreiben. Firmennetze mit mehreren Zugängen zu ISPs können ebenfalls BGP nutzen.

9.5   MPLS

MPLS (*Multi-Protocol Label Switching*) ist ein Verfahren, das das Forwarding (→ Abschnitt 9.4.1) von IP-Paketen nicht mehr auf Basis deren IP-Adresse durchführt. Stattdessen wird jedem Paket zusätzlich ein **Label** (Marke) mitgegeben. Ein Label ist ein kurzer, nicht weiter strukturierter Identifier fester Länge, der von einem Router sehr schnell ausgewertet werden kann. Dadurch lässt sich der Router-Durchsatz (Anzahl der pro Zeiteinheit weitergereichten Pakete) wesentlich erhöhen. Im Gegensatz zu einer IP-Adresse hat ein Label nur lokale Bedeutung für eine Teilstrecke (Link). Das Forwarding geschieht durch *Label Swapping*, d. h. der Router trägt für die nächste Teilstrecke ein neues, passendes Label ein. Die Labels werden von den Routern lokal ermittelt und den Nachbarn mitgeteilt. Basis für die Ermittlung der Labels ist nach wie vor das IP-Routing, das mit den üblichen Verfahren (→ Abschnitt 9.4) durchgeführt wird. MPLS lässt sich in das OSI-Modell nicht genau einordnen, seine Funktion ist jedoch mit den Schichten 2 und 3 verbunden.

9

9.6   Mobile IP

9.6.1   Ziele, Anforderungen

Die Mobilität von IP-Endsystemen eröffnet dem Anwender die Möglichkeit, mit seinem System (Notebook, Rechner im Fahrzeug) unabhängig von seinem aktuellen Aufenthaltsort im Internet präsent zu sein. Dabei werden die folgenden Anforderungen gestellt:

- **Transparenz:** Das mobile Endsystem soll seine gewohnte Adresse behalten. Dadurch wird die Mobilität für Protokolle höherer Schichten unsichtbar.
- **Kompatibilität:** Die Mobilität darf keine Änderungen an Endgeräten oder Routern nach sich ziehen.
- **Sicherheit:** Alle Nachrichten, die zum Einfügen des mobilen Endsystems in das IP-Netz dienen, müssen authentifiziert werden.
- **Effizienz:** Mobile Endgeräte verfügen häufig nur über einen schmalbandigen Zugang zum festen Teil des Internet. Deshalb soll die übertragene Datenmenge möglichst gering sein.
- **Skalierbarkeit:** Die Anzahl mobiler Endgeräte soll sehr groß werden können, ohne dass Änderungen des Verfahrens notwendig werden.

9.6.2 Begriffe zu Mobile IP

Mobile IP (RFC 2002) ist eine Erweiterung des IP-Protokolls, die die Mobilität von Teilnehmern ermöglicht. Eine IP-Adresse ist immer einem festen Netz zugeordnet. Wenn ein Teilnehmer mit seiner IP-Adresse dieses Netz verlässt, kann er durch den Routing-Vorgang also nicht mehr gefunden werden. Änderungen der IP-Adresse des Teilnehmers oder von Routing-Tabellen könnten dieses Problem lösen, sind aber nicht praktikabel. Durch Einführung einiger **zusätzlicher Konzepte** in Mobile IP können die IP-Adressen und die meisten Router unverändert bleiben:

- **MN** (*Mobile Node*): das mobile Endsystem mit seiner ursprünglichen IP-Adresse, die auch in fremden Netzen gültig bleibt.
- **HA** (*Home Agent*): Router im Heimatnetz des MN. Der HA kennt den Aufenthaltsort des MN und sendet ihm Daten mit Hilfe eines Tunnels.
- **FA** (*Foreign Agent*): ein Router im Fremdnetz, in dem sich der MN aktuell aufhält. Er leitet die vom HA empfangenen Pakete an den MN weiter. Der FA ist auch der Standard-Router (*default router*) für den MN und kann diesem eine COA zur Verfügung stellen.
- **COA** (*Care Of Address*): die temporäre IP-Adresse eines MN in einem Fremdnetz. Die COA kann sich auf dem MN oder dem FA befinden.

9.6.3 Abläufe in Mobile IP

Bevor die Kommunikation mit dem MN im Fremdnetz beginnen kann, sind einige Vorbereitungen notwendig (vgl. → Bild 9.21).

HA und FA geben ihre Anwesenheit in ihrem jeweiligen Netz durch periodische Meldungen bekannt. Der MN kennt dadurch die Adressen seines HA und des FA, in dessen Netz er sich aufhält. Der MN meldet sich beim

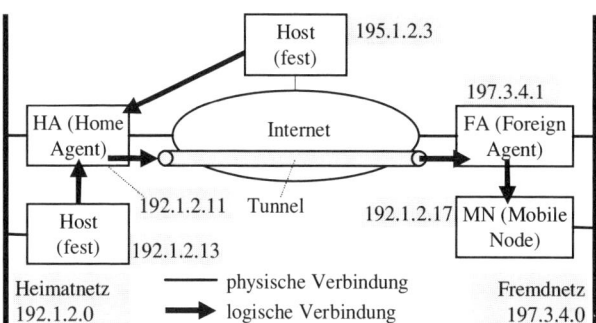

Bild 9.21   Ablauf bei Mobile IP

FA an, der daraufhin mit dem HA Kontakt aufnimmt und diesem eine COA für den MN mitteilt. Die COA ist in der Regel die IP-Adresse des FA. Nun weiß der HA, dass sich der MN im Fremdnetz mit der Netz-ID 197.3.4.0 aufhält. Der Kommunikationsablauf wird beispielsweise durch einen Host (der sich außerhalb oder innerhalb des Heimatnetzes befinden kann, → Bild 9.21) angestoßen, der mit dem MN kommunizieren möchte. Der HA kann Datagramme, die für den MN bestimmt sind, dadurch abfangen, dass er sich als MN ausgibt. Dies geschieht durch einen sog. Proxy ARP, der ähnlich wie der ARP (→ Abschnitt 9.3.1) funktioniert. Jedoch gibt der HA in der ARP-Nachricht die IP-Adresse des MN und seine eigene Hardwareadresse an.

Im nächsten Schritt gibt der HA die abgefangenen Pakete an den FA weiter. Dazu wird ein Tunnel zwischen HA und COA/FA aufgesetzt, indem die originalen IP-Pakete in einem weiteren IP-Paket gekapselt werden. Der Rahmenaufbau (→ Bild 9.22) enthält vor dem originalen IP-Header einen weiteren Header, dessen Quelladresse die des HA und dessen Zieladresse die COA ist.

Der FA entfernt den zusätzlichen IP-Header und gibt das Datagramm weiter an die Hardwareadresse des MN. Die Kommunikation zwischen dem MN und einem festen Host ist einfacher. Der MN gibt die IP-Adresse des festen Hosts und seine eigene, permanente IP-Adresse als Quelladresse an. Die Datagramme werden nach dem für IP üblichen Verfahren übertragen.

Einige **Probleme** bei Mobile IP /9.8/, /9.23/ sind das *triangular routing* und die Kommunikation über Firewalls. Letztere können mittels *reverse tunneling* (RFC 2344) gelöst werden.

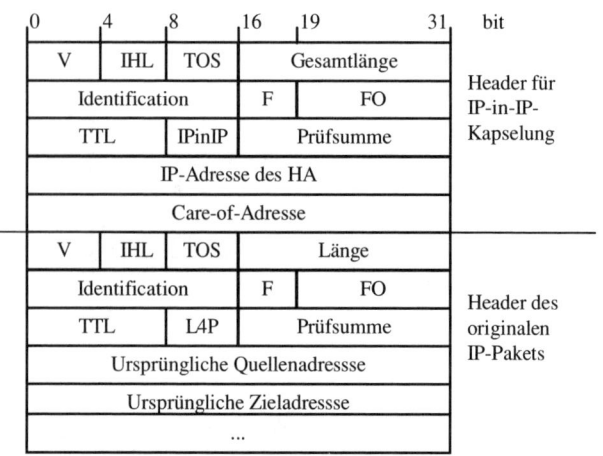

Bild 9.22   Kapselung IP in IP (RFC 2003)

9.7   Multicast und Multimedia

9.7.1   Multicast

Multicast erlaubt es einem Sender, an eine Gruppe von Empfängern zu senden, und beinhaltet damit eine **1:n-Kommunikation** (*one to many*, Gruppenkommunikation). Antworten eines Gruppenmitglieds können an alle anderen Mitglieder weitergegeben werden. Multicast ist häufig mit der Übertragung von Multimediadaten (→ Abschnitt 9.7.2) gekoppelt. Ein Endsystem kann einer **Multicast-Gruppe** beitreten, indem es bei seinem nächstgelegenen Router die Zustellung einer Multicast-Übertragung verlangt. Der Router gibt die Anforderung weiter, bis sie an der Quelle bzw. dem der Quelle am nächsten gelegenen Router ankommt. Voraussetzung dafür ist, dass die Router für Multicast ausgelegt sind (sog. *multicast-aware router*). Da dies nicht für alle existierenden Router zutrifft (diese werden entsprechend als *unicast router* bezeichnet), werden zwischen **Multicast-Routern** Tunnel aufgesetzt, die dazwischen liegende Unicast-Router untertunneln. Im **Tunnel** werden IP-Multicast-Pakete in (normale) IP-Unicast-Pakete gekapselt.

Zu den Protokollen, die für Multicast von Bedeutung sind, gehören IGMP (→ Abschnitt 9.7.3), RTP (→ Abschnitt 9.7.6), MTP (s. u.) und die Multicast-Routingprotokolle (→ Abschnitt 9.7.4).

MTP (*Multicast Transport Protocol*, RFC 1301) bietet einen zuverlässigen Dienst zum Austausch von Benutzerdaten innerhalb einer Gruppe von Benutzern. Die Synchronisationseinrichtung erlaubt es den Gruppenteilnehmern, sich über die Reihenfolge des Empfangs und der Ablieferung von Benutzerdaten abzustimmen. Das Konzept der Gruppenordnung und -abstimmung ist auch als *atomic broadcast* oder *reliable broadcast* bekannt.

9.7.2   Multimedia

Begriffe, Probleme

Multimedia bedeutet die **Integration verschiedener Medien** in einem Dokument. Dabei sind **zeitunabhängige** Medien (Text, Grafik, Bild, genauer Festbild) und **zeitabhängige** Medien (Audio, Video bzw. Bewegtbild) zu unterscheiden. Bei der Integration der Medien ergibt sich das Problem, dass die von den Inhalten vorgegebenen, zeitlichen Beziehungen erhalten bleiben müssen. Dies erfordert Datenraten und Verzögerungen, die relativ genau eingehalten werden müssen. Mit dem konventionellen Best-Effort-Dienst, der durch TCP/IP erbracht wird, ist dies nicht hinreichend möglich. Dienste, die eine vereinbarte Dienstgüte erbringen, werden im Abschnitt 9.8 beschrieben. Multimedia stellt auch durch die höheren Datenmengen und -raten erhöhte Anforderungen an die Netzwerke. Bei vielen Anwendungen ist die Multimedia-Kommunikation zudem mit Multicast-Kommunikationsbeziehungen gekoppelt (→ Abschnitt 11.15).

9

9.7.3   IGMP

IGMP (*Internet Group Management Protocol*, RFC 1112, IGMPv1, RFC 2236, IGMPv2) ermöglicht die Bildung einer Gruppe von Endsystemen (Multicast-Gruppe) und die Verteilung der entsprechenden IP-Datagramme an alle ihre Mitglieder. Eine Endstation kann einer Gruppe dynamisch beitreten und diese auch jederzeit wieder verlassen. IGMP setzt auf IP auf.

IGMP unterscheidet **zwei Ebenen** der Multicast-Unterstützung. **Ebene 1** unterstützt das Senden, nicht aber das Empfangen von Multicast-Datagrammen. Hosts, auf denen Ebene 1 implementiert ist, sind nicht Mitglied einer Multicast-Gruppe. **Ebene 2** umfasst die vollständige Multicast-Unterstützung. IGMP-Nachrichten werden als IP-Datagramme übertragen (→ Bild 9.23).

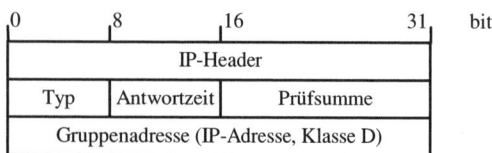

Bild 9.23   IGMP-Rahmenaufbau (IGMPv2)

Die Felder haben die folgende Bedeutung:

- Das erste Feld entspricht dem **IP-Header.**
- Das Feld **Typ** spezifiziert die Bedeutung der Nachricht ·(z. B. Anfrage eines Routers, Antwort von Hosts, betreffend die Gruppenzugehörigkeit).
- Das Feld **Antwortzeit** wird bei der Abfrage der Gruppenzugehörigkeit durch einen Router genutzt, um die Antworten der Hosts zeitlich zu entzerren. Dazu verzögert jeder Host, der der Gruppe angehört, seine Antwort um eine Zeitspanne, die ein zufälliger Bruchteil der vorgegebenen, maximalen Antwortzeit ist. Andere Hosts hören die Antwort ab und verzichten dann darauf, ihre Zugehörigkeit noch zu melden. Zweck dieser Regelung ist es, die Netzbelastung durch IGMP-Nachrichten gering zu halten.
- Die **Prüfsumme** erstreckt sich nur über die IGMP-Nachricht.
- Multicast-Adressen sind Adressen der Klasse D (→ Abschnitt 9.2.1). Die Adresse 224.0.0.1 beispielsweise bedeutet einen Multicast an alle Hosts und Router eines Subnetzes. Die Adresse 0 adressiert alle Gruppen.

IGMP stellt keine Funktionen zum Auffinden einer Multicast-Adresse zur Verfügung. Diese Aufgabe muss auf höheren Schichten gelöst werden. IGMP dient nicht der Bildung vollständiger Multicast-Gruppen über das globale Internet hinweg. Vielmehr ist IGMP beschränkt auf die Distanz zwischen den lokalen Hosts und dem nächstgelegenen Multicast-Router. Die Router verwenden unter sich Multicast-Routingprotokolle (→ Ab-schnitt 9.7.4) um Multicast-Datagramme im Netz zu verteilen.

9.7.4   Multicast-Routingprotokolle

DVMRP (*Distance Vector Multicast Routing Protocol*): Ein Router, der Multicast-Pakete empfängt, muss herausfinden, an welche anderen Router – mit denen er verbunden ist – diese Pakete weiterzuleiten sind. Dazu versendet er Anfragepakete an alle anderen Router.

MOSPF (*Multicast Open Shortest Path First*): Diese Verfahren ist für den Einsatz innerhalb von AS (autonomen Systemen) vorgesehen. MOSPF-Router erstellen Landkarten der Netztopologie inklusive der Multicast-Routerinseln und der Tunnel dazwischen. Daraus wird der bestmögliche Pfad zu einem bestimmten Multicast-Router berechnet.

PIM (*Protocol Independent Multicast*): PIM unterscheidet zwei Betriebsarten: **PIM-dense** und **PIM-sparse**. PIM-dense wird bei Gruppen mit vielen Mitgliedern verwendet. Es funktioniert wie DVMRP, das Netz wird mit Anfragen geflutet. Bei Gruppen mit wenigen Teilnehmern wird PIM-sparse verwendet, das ohne Fluten auskommt. Stattdessen werden *rendezvous points* eingerichtet, an die alle Gruppenmitglieder ihre Pakete senden.

9.7.5 Mbone

Mbone (*Multicast Backbone*) ist ein virtuelles Netz, das auf dem Internet aufsetzt. Es verwendet Multicast- und Unicast-Router sowie Tunnel zwischen Multicast-Routern (→ Abschnitt 9.7.1). Neue Nutzer erhalten Zugang, indem sie in Kooperation mit den Betreibern bestehender Tunnel neue Tunnel aufsetzen. Für den Zugang wird eine genügend breitbandige Verbindung zu einem ISP benötigt, der Multicast unterstützt und über einen Zugang zum Mbone verfügt. Geeignete Protokollstapel (inkl. IGMP) und Anwendungen sind ebenfalls erforderlich (→ Abschnitt 11.15.4).

9.7.6 RTP und RTCP

9

RTP (*Real-Time Transport Protocol*, RFC 1889): ein Transportprotokoll zur Übertragung von Multimedia-Signalen (Audio, Video) über IP-Netze. RTP setzt auf UDP auf, wodurch mehrere Anwendungen mit RTP gleichzeitig möglich sind. Dazu wird keine reservierte UDP-Portnummer verwendet, vielmehr wird pro Sitzung eine Nummer festgelegt, die den Empfängern bekannt sein muss. Es leistet keine Garantien für die zeitgerechte Zustellung der Daten, diese müssen vom darunter liegenden Netz erbracht werden. RTP unterstützt IP-Multicast, kann also für elektronische Konferenzen eingesetzt werden. Dienste in RTP sind:

- *Payload-type identification:* Die Bedeutung der Nutzlast (Nutzdaten) wird durch ein Feld im Header festgelegt.
- *Sequence numbering:* Die Pakete sind nummeriert, was dem Empfänger die Erkennung verlorener Pakete und vertauschter Reihenfolge ermöglicht.
- *Timestamping:* Die Pakete werden mit einem Zeitstempel versehen, diese erlauben dem Empfänger die Wiedergabe der Daten zum korrekten Zeitpunkt (innerhalb gewisser Toleranzen).

RTCP (*RTP Control Protocol*, RFC 1889) ergänzt RTP um Möglichkeiten zur Überwachung der vom Netz erbrachten Leistung während einer RTP-Sitzung und zur Ende-zu-Ende-Kommunikation parallel zur Echtzeitübertragung. Eine Anwendung hierfür sind Anmerkungen, die in einen Videostrom eingeblendet werden sollen. Die in RTCP genutzte Portnummer ist um den Wert eins größer als die von der zugehörigen RTP-Sitzung verwendete. RTCP kennt fünf Nachrichtentypen (→ Tabelle 9.9).

Tabelle 9.9   Nachrichtentypen in RTCP

Typ	Bedeutung
200	Sendebericht
201	Empfangsbericht
202	Beschreibung des Eigentümers der Quelle (Name, Adresse, Anwendungsprogramm, mit dem der Datenstrom erzeugt wurde, ...)
203	Bye (Sender beendet die Sendung)
204	Anwendungsspezifische Nachricht

9.8   Quality of Service

9.8.1   Begriffe, Ansätze

Unter **Dienstgüte (QoS**: *Quality of Service*) versteht man das Verhalten eines Netzes, das bestimmte Arten von Verkehr bevorzugt gegenüber anderen Arten behandelt. Damit ist zunächst nichts über die verwendeten Mechanismen oder die Art und quantitative Festlegung der erreichbaren Güte gesagt. Steinmetz /9.31/ präzisiert: „Dienstgüte kennzeichnet das definierte, kontrollierbare Verhalten eines Systems bezüglich quantitativ messbarer Parameter".

Der Begriff **COS** (*Class Of Service*) drückt aus, dass verschiedene Arten von Verkehr (Daten, Sprache, Video, ...) in Klassen eingeteilt werden, die vom Netz unterschiedlich behandelt werden. Die Anwendung der Begriffe QoS/COS im Zusammenhang mit Multimedia ist also naheliegend. Steinmetz /9.31/ unterscheidet drei Dienstgüteklassen (**COS**: *Class Of Service*):

- **Best-Effort-Dienste:** Dienste, die keine Garantien ermöglichen. Auf der Vermittlungsschicht des Internet erbringt IP einen Best-Effort-Dienst.
- **Vorhersagbare Dienste** (auch historische Dienste): Die Grenzwerte der Dienstgüteparameter sind Schätzungen des vergangenen Verhaltens, die der Dienst auch zukünftig zu erfüllen anstrebt.
- **Garantierte Dienste:** Sie stellen QoS-Garantien zur Verfügung, die durch Dienstgüteparameter (Grenzwerte) entweder deterministisch oder im statistischen Mittel beschrieben werden. Beispiel für einen

deterministischen Parameter ist die Laufzeit bzw. deren Schwankung. Ein statistischer Grenzwert könnte beispielsweise die Fehlerrate sein.

▶ In der OSI-Welt bestehen abweichende Vorstellungen zur Dienstgüte, beispielsweise bezogen auf die Transportschicht (→ Abschnitt 3.6.2).

Welche Anforderungen stellen die Anwendungen?

Nach /9.25/ lassen sich Anwendungen bezüglich ihrer Anforderungen an die Dienstgüte wie folgt einteilen:

- **Echtzeitanwendungen** (Pakete müssen innerhalb festgelegter Zeitgrenzen zugestellt werden) versus Nicht-Echtzeitanwendungen. Die Sprachübertragung im Internet stellt Echtzeitanforderungen, da bei zu großen Verzögerungen der Pakete die Sprache unverständlich wird. FTP (→ Abschnitt 11.10) funktioniert hingegen auch bei großen und stark schwankenden Verzögerungen.

- Echtzeitanwendungen können als **intolerant** (Verluste, also auch die verspätete Ankunft von Paketen, können nicht hingenommen werden) und **tolerant** (gelegentliche Verluste können toleriert werden) klassifiziert werden. Die Sprachübertragung ist tolerant, da einzelne fehlende Abtastwerte des Sprachsignals durch Interpolation vorhandener Werte geschätzt werden können, ohne dass die Qualität des Sprachsignals stark leidet. Steuerungsdaten, beispielsweise für Roboter, müssen jedoch absolut fehlerfrei übertragen werden, da sonst nicht einschätzbare und potenziell gefährliche Folgen eintreten können.

- Im einfachsten Fall sind Echtzeitanwendungen **nichtadaptiv**. **Adaptive** Anwendungen können sich an variierende Übertragungsparameter (in einem gewissen Umfang) anpassen und damit dem Anwender eine höhere subjektive Qualität bieten. Die Übertragung von Sprachsignalen kann verzögerungsadaptiv sein, wenn der Zeitpunkt des Auslesens des Empfangspuffers in Abhängigkeit der gemessenen, mittleren Verzögerung angepasst wird. Eine Bildübertragung kann ratenadaptiv sein, da Algorithmen für die Bildcodierung in der Regel einen Kompromiss zwischen Datenrate und Bildqualität zulassen.

- **Nicht-Echtzeitanwendungen** stellen keine konkreten Anforderungen an die Verzögerung und kommen mit Paketverlusten zurecht (in der Regel durch wiederholte Übertragung). Gleichwohl präferiert der Anwender kurze Verzögerung und geringe Verluste. Anwendungen in dieser Kategorie können interaktiv (WWW, FTP) oder asynchron (E-Mail) sein.

Lösungsansätze für QoS

Die bekannten Ansätze, die eine QoS besser als *best effort* bereitstellen, lassen sich in zwei Kategorien einordnen:

9

- **Feingranulare Ansätze** (*fine-grained*): QoS wird für einzelne Anwendungen bzw. Ströme (flows) zur Verfügung gestellt. Dieser Ansatz wird in den **Integrated Services** (→ Abschnitt 9.8.2) realisiert.
- **Grobgranulare Ansätze** (*coarse-grained*): Der zu bewältigende Verkehr wird in (relativ wenige) Klassen eingeteilt. Jeder Klasse wird ein spezifischer Satz von Dienstgüteparametern zugewiesen. Die **Differentiated Services** (→ Abschnitt 9.8.3) nutzen diesen Ansatz.

▶ Die im Folgenden behandelten Konzepte Integrated Services und Differentiated Services können der *OSI-Schicht 4* zugeordnet werden.

9.8.2   Integrated Services und RSVP

Integrated Services (*IntServ*, **ISA:** *Integrated Services Architecture*) wurde von der IETF 1995–1997 erarbeitet. IntServ ermöglicht QoS-Garantien für Anwendungen, die dieses Verhalten benötigen. Dabei stehen die Eigenschaften **Bandbreite** und **Verzögerung** im Vordergrund. IntServ definiert zwei **Dienstklassen** (*service classes*):

- **Guaranteed Service:** bietet eine harte (d. h. jederzeit eingehaltene) Garantie für Bandbreite und Verzögerung. Diese Dienstklasse wird für intolerante Anwendungen benötigt.
- **Controlled Load:** für tolerante, adaptive Dienste. Dienste dieser Art werden von einem nur schwach belasteten Netz hinreichend gut erbracht. Die Dienstklasse Controlled Load stellt für ihre Dienste ein solches Netzverhalten bereit, obwohl das Netz insgesamt stark belastet sein kann. Ein Warteschlangenmechanismus wie WFQ (s. u.) und eine Verfügbarkeitsprüfung (s. u.) sind die Bestandteile einer geeigneten Lösung.

IntServ arbeitet mit **Reservierungen**, die über **RSVP** (s. u.) getätigt werden. IntServ und RSVP sind jedoch zwei getrennte Konzepte, da IntServ auch andere Reservierungsmechanismen (z. B. ST-2 oder SNMP) verwenden könnte und andererseits RSVP mehr Signalisierungsmöglichkeiten bietet als für IntServ benötigt werden.

IntServ benötigt von der Quelle eine Flussspezifikation (flowspec).

> Ein **Datenstrom** (*flow*) ist eine Folge von Paketen, die von einer Quelle zu einem Ziel zu transportieren sind und dafür dieselbe Route durch das Netz benutzen. Eine **Flussspezifikation** (*flowspec*) ist die Spezifikation der von einer Quelle verlangten Bandbreite und Verzögerung.

Eine Flowspec umfasst zwei Teile: Die **TSpec** (*Traffic Specification*) beschreibt die Variation der angeforderten Bandbreite über der Zeit. Zur

Beschreibung der TSpec wird das Konzept des **Token Bucket Filter** verwendet (→ Bild 9.24). Die Grundidee ist ein Filterprozess, der Token ansammelt, die ihm mit der Rate r zugeführt werden. Die Token werden in einem Bucket gespeichert und für jedes gesendete Byte wird ein Token aus dem Bucket entnommen. Wenn die Zahl der Token null geworden ist, darf nichts weiter gesendet werden. Die Kapazität des Bucket beträgt B Token. Damit können im zeitlichen Mittel Bytes mit der Rate r gesendet werden. Ein Burst der Länge B Bytes kann jedoch in einem sehr kurzen Zeitintervall gesendet werden, falls der Bucket vorher voll war.

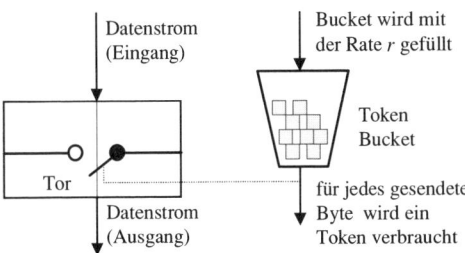

Bild 9.24   Prinzip des Token Bucket Filter

Die **RSpec** (*Request Specification*) beschreibt die vom Netzwerk verlangte Dienstgüte. Die Angabe lautet Controlled Load, ohne weitere Parameter, oder Guaranteed Service mit Angabe einer maximalen Verzögerung.

Weiter benötigt IntServ Netzwerkelemente (Router, Switches) mit **Funktionen** wie:

- **Policing:** Überwachung der Einhaltung der TSpec sowie deren Durchsetzung durch das Verwerfen von Paketen.

- **Admission Control:** Ein zusätzlicher Datenstrom (flow) wird nur zugelassen, wenn das Netz die gewünschte Spezifikation (TSpec, RSpec) erfüllen kann, ohne dass schon bestehende Datenströme beeinträchtigt werden. Die Admission Control begrenzt auch die Summe von Controlled-Load-Verkehr so, dass die Last in dieser Dienstklasse unterhalb einer kritischen Größe bleibt.

- **Classification:** Erkennung von Paketen, die bestimmte QoS-Anforderungen stellen, bzw. zu bestehenden Reservierungen gehören.

- **Queuing and Scheduling:** Organisation der Warteschlangen so, dass die zugesagte Dienstgüte erreicht wird. WFQ (Weighted Fair Queuing) isoliert Controlled-Load-Verkehr von anderem Verkehr, indem getrennt Warteschlangen vorgesehen werden. Jede Warteschlange erhält aufgrund ihrer Priorität einen festen Anteil der verfügbaren Bandbreite.

RSVP (*Resource Reservation Protocol*) ermöglicht es Anwendungen, für ihre Datenströme Ressourcen anzufordern und zu reservieren. RSVP benutzt IP zum Austausch von Reservierungsinformationen. Bei der Zugangskontrolle (admission control) wird überprüft, ob das lokale System aktuell genügend Ressourcen zur Verfügung hat. Die Zugriffskontrolle stellt fest, ob der Benutzer überhaupt die Erlaubnis besitzt, eine Reservierung zu veranlassen. RSVP soll Multicast-Flüsse genauso effizient wie Unicast-Flüsse behandeln. Dazu wird die Reservierung von den Empfängern gesteuert. Reservierungen werden in Routern nur für eine kurze Zeitspanne aufrecht erhalten (dieses Verhalten wird als *soft state* bezeichnet). Sie müssen deshalb von den Empfängern – die einen Datenstrom weiterhin erhalten wollen – periodisch erneuert werden.

9.8.3   Differentiated Services

Bei IntServ werden Ressourcen für einzelne Datenströme (flows) reserviert. Dies bedeutet eine kleine Granularität und einen hohen Aufwand. Bei den **Differentiated Services** (*DiffServ*) wird der Verkehr in eine kleine Anzahl von **Klassen** eingeteilt, denen Ressourcen in unterschiedlichem Umfang zugewiesen werden. Im einfachsten Fall sind **nur zwei Klassen** vorgesehen: *best effort* und *premium*. Die Premium-Klasse erhält Zusicherungen hinsichtlich niedriger Verlustraten und geringer Verzögerung. Die Zugehörigkeit eines Pakets zu einer Klasse kann direkt im Paket vermerkt werden. Dadurch werden Reservierungen für einzelne Datenströme – die einen erheblichen Aufwand verursachen – überflüssig. Die **Markierungen** werden als **DSCP** (*Differentiated Services Code Point*) bezeichnet. Für sie kann das **TOS-Feld** im IPv4-Header (→ Abschnitt 9.2.1) genutzt werden. Der im DSCP-Feld eingetragene Wert legt ein **PHB** (*Per-Hop Behavior*) fest. Allgemein bekannte PHB sind:

- **Standard**, entsprechend dem best effort.
- **EF** (*Expedited Forwarding*): Pakete, die mit EF markiert sind, sollen mit minimaler Verzögerung weitergeleitet werden. Sie haben damit auch eine geringe Verlustwahrscheinlichkeit (Paketverluste entstehen durch Warteschlangenüberläufe, wenn ein ankommendes Paket eine volle Warteschlange antrifft).
- **AF** (*Assured Forwarding*): Nach RFC 2587 wird hier eine Anzahl PHBs definiert, die mit Afxy bezeichnet werden. x und y sind ganze Zahlen zwischen 1 und einem Maximalwert. Alle Pakete mit demselben Wert für x werden in einer Warteschlange gespeichert. Die Verlustwahrscheinlichkeit eines Pakets steigt jedoch mit dem Wert von y. Die

Pakete erhalten also durch Router in Abhängigkeit von x und y eine unterschiedliche Dienstgüte. Als Maximalwerte für x bzw. y werden 4 bzw. 3 empfohlen. Zusätzlich zu den allgemein bekannten PHBs können weitere Verhaltensweisen lokal festgelegt werden.

Das DSCP-Feld muss irgendwann gesetzt werden. Dies kann durch den Host oder – nach festgelegten Regeln – durch einen Router geschehen. Günstig ist es, das Feld beim Eintritt eines Pakets in ein AS zu setzen.

9.8.4 ECN

ECN (*Explicit Congestion Notification*) ist eine Verbesserung der in TCP/IP gebotenen Dienstqualität. In TCP ($\rightarrow$ Abschnitt 9.2.3) wird der Verlust von Segmenten als Folge von Überlast interpretiert. Ein verlorenes Segment liefert keinen Beitrag zur Kommunikation, belastet jedoch das Netz. Der Ansatz von ECN liegt darin, Überlast durch das Setzen eines Bits (**CE**, *Congestion Experienced*) in einem Segment zu signalisieren, jedoch ohne das Paket zu verwerfen. Der Empfänger von Segmenten mit gesetztem CE-Bit sendet eine Nachricht an die Quelle zurück, die diese veranlasst, ihre Senderate zu drosseln.

9

Zur Realisierung des ECN-Mechanismus müssen Router mit einem Warteschlangenmechanismus (*queue management*) ausgestattet sein, der eine Überlastsituation frühzeitig erkennt, anstatt Pakete erst dann zu verwerfen, wenn eine Warteschlange überläuft. **RED** (*Random Early Detection*) ist in IP-Netzen der wichtigste Mechanismus. RED misst die Warteschlangenlänge über Zeiträume von bis zu einigen 100 ms. Beim Überschreiten eines Grenzwertes wird ein kleiner Teil der ankommenden Pakete entsprechend behandelt (das EC-Bit wird gesetzt, falls es nicht vorhanden ist, wird das Paket verworfen). Beim Einsatz von ECN muss davon ausgegangen werden, dass ein Teil der Endsysteme bzw. Router mit ECN umgehen kann, während die restlichen Systeme nichts davon wissen.

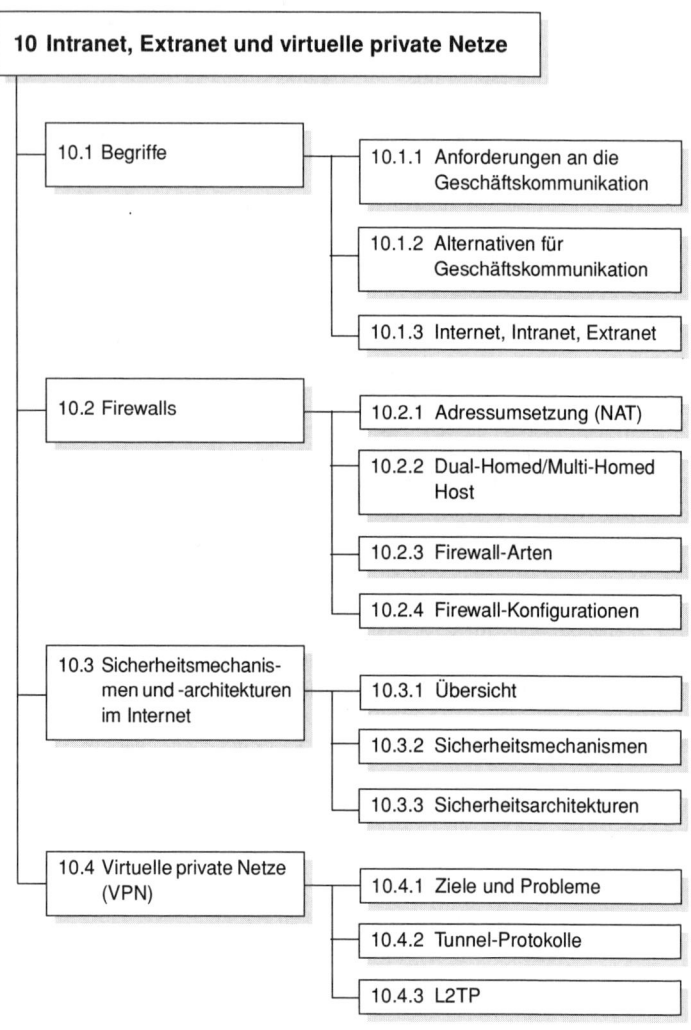

10 Intranet, Extranet und virtuelle private Netze

10.1 Begriffe

10.1.1 Anforderungen an die Geschäftskommunikation

10.1.2 Alternativen für Geschäftskommunikation

10.1.3 Internet, Intranet, Extranet

10.2 Firewalls

10.2.1 Adressumsetzung (NAT)

10.2.2 Dual-Homed/Multi-Homed Host

10.2.3 Firewall-Arten

10.2.4 Firewall-Konfigurationen

10.3 Sicherheitsmechanismen und -architekturen im Internet

10.3.1 Übersicht

10.3.2 Sicherheitsmechanismen

10.3.3 Sicherheitsarchitekturen

10.4 Virtuelle private Netze (VPN)

10.4.1 Ziele und Probleme

10.4.2 Tunnel-Protokolle

10.4.3 L2TP

10 Intranet, Extranet und virtuelle private Netze

10.1 Begriffe

10.1.1 Anforderungen an die Geschäftskommunikation

Elektronische Kommunikation wird für geschäftliche wie für private Zwecke genutzt. An die Geschäftskommunikation werden diverse Anforderungen gestellt, z. B.

- **Erreichbarkeit** (*connectivity*): Alle Mitarbeiter und Geschäftspartner (Kunden, Lieferanten) sollen erreicht werden können.
- **Verfügbarkeit/Zuverlässigkeit** (*availability / reliability*): Die Kommunikation soll jederzeit ohne Einschränkungen möglich sein.
- **Sicherheit** (*security*): Die Kommunikation soll vertraulich und fehlerfrei sein, die Echtheit der Kommunikationspartner und der Nachrichten soll gewährleistet sein.
- **Kosten**: Die Gesamtkosten sollen möglichst niedrig sein.

Diese Anforderungen sind teilweise widersprüchlich. Demzufolge muss eine gute Lösung einen vernünftigen Kompromiss ergeben. Dabei sind verschiedenartige technische und organisatorische Lösungen zu berücksichtigen.

10.1.2 Alternativen für Geschäftskommunikation

In Bild 10.1 sind öffentliche und private Teilnetze zu einem Kommunikationssystem verbunden. Dabei sind die folgenden Teile zu unterscheiden:

- **Private Netze**: befinden sich im Besitz einer Firma/Institution und werden ausschließlich von dieser genutzt. Die Investitionskosten sind vom Besitzer voll zu tragen, dafür fallen keine nutzungsabhängigen Kosten an. Vorschriften zur Technik (Protokolle) müssen nicht beachtet werden. Sicherheitsprobleme spielen in der Regel keine wesentliche Rolle.
- **Öffentliche Netze**: Ein Netzbetreiber finanziert und betreibt ein Netz (oder mehrere Netze), über das seine Kunden kommunizieren können und dafür feste und (oder) nutzungsabhängige Gebühren bezahlen. Die Standards sind vom Netzbetreiber vorgegeben und die Sicherheit ist von größerer Bedeutung.

- **VPN** (*Virtual Private Network*): Ein Netz, das sich wie ein privates Netz verhält, jedoch auf der Infrastruktur eines öffentlichen Netzes aufsetzt. Damit ist die Sicherheit ein zentrales Anliegen. Ein VPN beinhaltet jedoch auch einen eigenen Adressierungsplan sowie eigenes Management und Accounting.

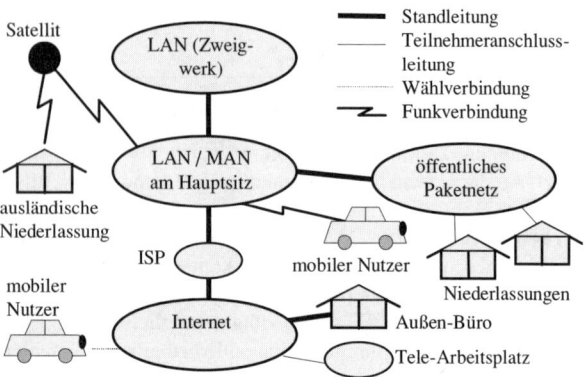

Bild 10.1   Geschäftskommunikation

Die Verbindungen in Bild 10.1 können nach verschiedenen Kriterien eingeordnet werden:

- **Übertragungsmedium:** leitungsgebundene Übertragung (Kupfer- oder Faserkabel), Freiraum-Übertragung (Funk oder optisch).
- **Zeitliche Verfügbarkeit:** transient (Wählverbindung), permanent (Festverbindung).
- **Art der Nutzung:** exklusiv, nichtexklusiv (*shared*).

Anhand der Merkmale der Verbindungen lassen sich die folgenden Fälle von Netzen für die Geschäftskommunikation unterscheiden:

- **WAN** (*Wide Area Network*): ein privates Netz (auch als CN: *Corporate Network* bezeichnet), das im Wesentlichen mit gemieteten Standleitungen aufgebaut ist. Ein WAN kann als **Kernnetz** betrachtet werden, das jedoch zur Erfüllung der Forderung nach vollständiger Erreichbarkeit durch ein Zugangsnetz ergänzt werden muss.
- **RAS** (*Remote Access Service*): ein Netz, das hauptsächlich auf Wähl- leitungen öffentlicher Netze aufsetzt (→ Abschnitt 10.3.3.4). Die Funktion von RAS ist die eines **Zugangsnetzes**.
- Ziel eines **VPN** ist der Ersatz teurer, exklusiver Übertragungswege durch gemeinsam genutzte Leitungen. Die Unterscheidung in Kern- und Zugangsnetz ist hier weniger bedeutsam. Das Internet bietet eine attraktive Basis für die Realisierung von VPN (→ Abschnitt 10.4).

Die Abgrenzung der Begriffe WAN, RAS und VPN ist nicht einheitlich definiert. Tabelle 10.1 mag weiteren Aufschluss geben.

Tabelle 10.1 Charakteristiken von WAN, RAS, VPN im Vergleich

	leitungs-gebunden	Freiraum	transient	perma-nent	exklusiv	nicht-exklusiv
WAN	ja	möglich (Richt-funk)	--	ja	ja	--
RAS	ja	ja	ja	--	ja (Wähl-leitung)	ja (Frei-raum)
VPN	ja	ja	ja (für RAS)	ja	--	ja

📖 Eine ausführliche Darstellung der Themen WAN, RAS und VPN gibt /10.13/.

10.1.3   Internet, Intranet, Extranet

Das **Internet** ist ein öffentliches und offenes Netz. Ein **Intranet** ist ein Netz, das die gleiche Technik (Protokolle) benutzt wie das Internet, aber nur für eine geschlossene Benutzergruppe (z. B. die Mitarbeiter einer Firma) zur Verfügung steht. Ein **Extranet** ist ein Intranet, das zusätzlich ausgewählten Partnern (Kunden, Lieferanten) den Zugang ermöglicht.

10

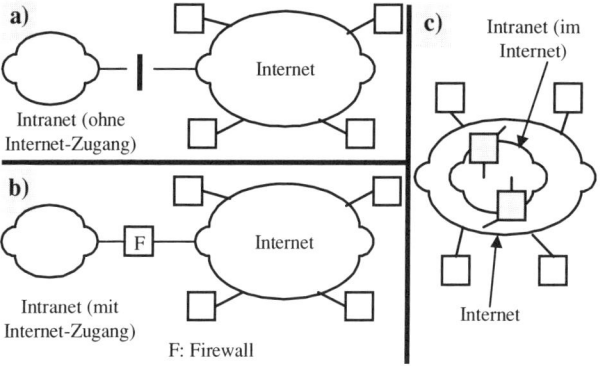

Bild 10.2   Intranet: Varianten a) Intranet ohne Internet-Zugang, b) Intranet mit Zugang über Firewall, c) Intranet im Internet

Ein Intranet kann grundsätzlich ohne Zugang zum Internet existieren (→ Bild 10.2 a). In der Regel wird jedoch ein – unidirektionaler oder selektiver – Internetzugang gewünscht sein (→ Bild 10.2 b). Dadurch wird aber das Problem der Sicherheit des Intranet gegenüber dem Internet aufgeworfen. Die Realisierung eines Intranet auf der Struktur des Internet (→ Bild 10.2 c) ist aus wirtschaftlichen Gründen vorteilhaft. Allerdings stellen sich bei dieser Variante schwerwiegende Sicherheitsprobleme.

▶ Ein Intranet kann auch dadurch abgegrenzt werden, dass es private IP-Adressen nutzt (→ Abschnitt 9.2.1).

10.2   Firewalls

📖 Die Werke /10.3/, /10.6/, /10.10/, /10.11/, /10.13/, /10.16/ befassen sich ausführlich mit Firewalls.

10.2.1   Adressumsetzung (NAT)

> **NAT** (*Network Address Translation*, Adressumsetzung, RFC 1631) ist ein Verfahren, das internen Endsystemen für den Zugriff in das offene Internet eine andere als die eigene IP-Adresse zuordnet. Die eigene (permanente) IP-Adresse wird damit verborgen und durch eine transiente Adresse ersetzt.

NAT wurde ursprünglich entwickelt um das Problem der knappen IP-Adressen zu entschärfen. Dazu wird ein Pool von IP-Adressen eingerichtet. Jedem Anwender wird für die Dauer seiner Internet-Verbindung eine Adresse daraus „leihweise" zur Verfügung gestellt. NAT wird auch verwendet um private IP-Adressen (→ Abschnitt 9.2.1) auf „offizielle" Adressen umzusetzen. Dabei bleibt die tatsächliche Adresse verborgen.

📖 Details zu NAT finden sich in /10.4/, S. 394–400 und in /10.9/, S. 375–379.

10.2.2   Dual-Homed/Multi-Homed Host

Ausgangspunkt ist das Konzept eines *Dual-Homed Host* bzw. *Multi-Homed Host* (→ Bild 10.3). Dieser gehört gleichzeitig zu mehreren (Teil-) Netzen, mit denen er über mehrere Netzwerkschnittstellen in Verbindung steht. Ein solcher Host kann in der Regel Pakete zwischen den Netzen weiterleiten (*forwarding* bzw. *routing*). Wenn diese Funktionen ausgeschaltet sind, sind die Netze (an dieser Stelle) gegeneinander isoliert. Damit kann der Multi-Homed Host als Firewall genutzt werden: Er lässt Pakete auf der Basis festgelegter Kriterien passieren oder nicht.

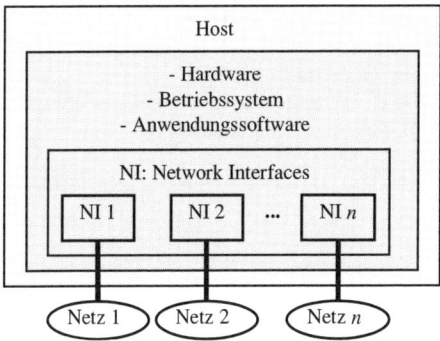

Bild 10.3   Dual-Homed Host (Multi-Homed Host) als Basis für Firewalls

10.2.3   Firewall-Arten

Genau genommen lassen sich verschiedene Arten von **Firewalls** (wörtlich: *Brandmauer*) unterscheiden (→ Bild 10.4). Die jeweilige Bezeichnung wird an der höchsten ausgewerteten OSI-Schicht festgemacht. Ein **Paketfilter** (oder *packet filter*, *screening router*) wertet Pakete bis zur OSI-Schicht 3 aus. Ein *Circuit-Level Gateway* wertet primär Pakete der Transportschicht (Schicht 4) aus, während ein Anwendungs-Gateway (*Application-Level Gateway, Proxy*) bis zur Schicht 7 eingreift.

10

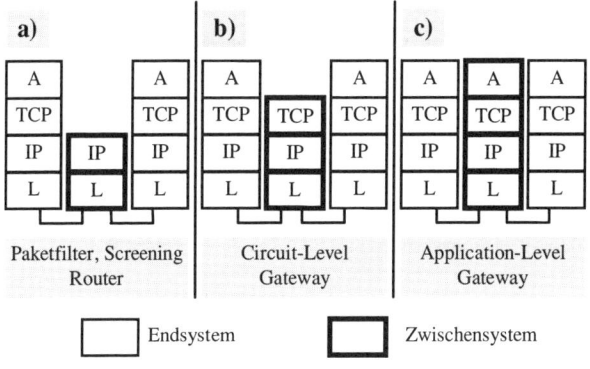

Bild 10.4   Firewall-Typen

Kriterien für die Bewertung von Firewalls können sein:
- die erreichbare Sicherheit und Selektivität (auf welcher Schicht und wie exakt können die Filterregeln definiert werden).
- der erforderliche Aufwand (Hard- und Software, Konfigurationsaufwand).
- der erreichte Durchsatz (z. B. Pakete pro Sekunde).

10.2.3.1   Paketfilter

> Ein **Paketfilter** (*packet filter, screening router*) ist ein Zwischensystem, das IP-Pakete analysiert und diese auf der Basis festgelegter Kriterien weiterleitet oder herausfiltert (blockiert).

Ein Paketfilter kann auch mit dem Oberbegriff **Firewall** bezeichnet werden. Der Paketfilter operiert auf der Basis von **4-Tupeln** aus IP-Adressen und TCP- (bzw. UDP-) Portnummern, jeweils für Quelle und Ziel. Beispielsweise kann das 4-Tupel < 192.12.13.14, 1234, 128.7.6.5, 80 > bedeuten, dass alle Pakete von der Quelle mit der IP-Adresse 192.12.13.14 und der Portnummer 1234 und dem Ziel (IP-Adresse 128.7.6.5, Portnummer 80) herausgefiltert (also nicht weitergeleitet) werden. Eine **Filter-Regel** kann auch mit **Platzhaltern** (wild cards) formuliert werden. Das Tupel < *, *, 128.7.6.5, 80 > schließt die IP-Adresse 128.7.6.5 vom WWW-Zugang (Portnummer 80) vollständig aus. Die Firewall trifft also ihre Entscheidungen auf den OSI-Schichten 3 und 4. Bezüglich der Formulierung der Regeln sind zwei verschiedene Ansätze (→ Bild 10.5) denkbar:
- Alles was nicht explizit verboten ist, ist erlaubt, oder
- alles was nicht explizit erlaubt ist, ist verboten.

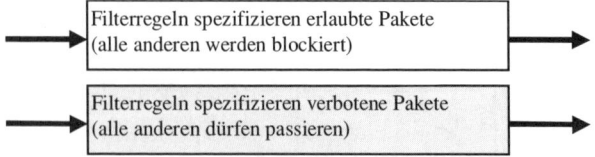

Bild 10.5   Alternativen für Filterregeln

Probleme beim Paketfilter ergeben sich durch folgende Tatsachen:
- Die Existenz vieler Well-Known Ports – deren Zahl noch laufend zunimmt – macht es schwierig, die Filter-Regeln vollständig und korrekt zu halten.

- Die Möglichkeit zur Vergabe dynamischer Portnummern (z. B. bei der Client-Server-Kommunikation und bei RPC) führt zu demselben Problem.
- Die Möglichkeit, den Paketfilter durch Tunneln über ein zugelassenes Port zu unterlaufen. Dazu ist jedoch die Kooperation eines internen Host oder Router erforderlich.

Ein (IP-)Paketfilter kann nur jedes Paket für sich betrachten, da auf der IP-Schicht (Netzwerkschicht) keine Verbindung besteht.

10.2.3.2 Circuit-Level Gateway

Ein Circuit-Level Gateway greift auf der Transportebene ein und hat dadurch die Möglichkeit, die Zuordnung einer Verbindung zu einem Anwendungsprozess zu kennen. Dadurch wird eine Filterung anhand von Benutzern möglich.

Ein Circuit-Level Gateway lässt im Fall von TCP keine Ende-zu-Ende-Verbindung zu. Stattdessen bildet er einen Endpunkt in zwei TCP-Verbindungen: eine vom internen Host zum Gateway, die andere vom Gateway zum externen TCP-User. Die vom Systemadministrator festzulegende Sicherheitsfunktion bestimmt, welche Verbindungen erlaubt sind und welche nicht. Allerdings hat der Circuit-Level Gateway nicht die Möglichkeit, Entscheidungen auf Basis der transportierten Daten zu treffen.

10

SOCKS ist ein Standard für Circuit-Level Gateways, der einen auf SOCKS ausgelegten Client und einen SOCKS-Server auf der Firewall benötigt. Für den eigentlichen Server ist die Verwendung von SOCKS transparent. SOCKSv5 unterstützt verschiedene Authentifikations- und Verschlüsselungsverfahren und die gängigen Tunnelprotokolle (→ Abschnitt 10.4.2).

📖 Details sind in /10.9/, S. 417–424 und in RFC 1928, RFC 1929 und RFC 1961 zu finden.

10.2.3.3 Proxy Server

Ein **Proxy Server** (*Proxy* bedeutet *Stellvertreter*; *Application Level Gateway* ist ein Synonym für Proxy Server) befindet sich in einer Client-Server-Architektur zwischen dem Client und dem Server (→ Bild 10.6). Der Proxy Server wirkt gleichermaßen als Client und als Server und erlaubt eine inhaltliche Kontrolle der übertragenen Daten.

Ein nichttransparenter Proxy wird vom Client (Sender) mit seiner eigenen IP-Adresse adressiert. Ein transparenter Proxy wird hingegen mit der Adresse des Empfängers (Server) adressiert.

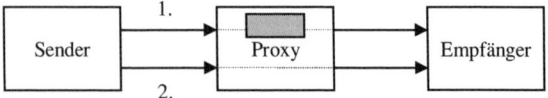

Bild 10.6   Proxy Server (1. nichttransparenter Proxy; 2. transparenter Proxy)

Ein Proxy Server kann beispielsweise eingesetzt werden, wenn eine Firma einige Webseiten allen externen Interessenten zugänglich machen möchte, andere Seiten aber für die eigenen Mitarbeiter an verschiedenen Standorten reservieren möchte. Dies ist mit einer Filter-basierten Firewall nicht möglich, wohl aber mit einem Proxy Server.

10.2.4   Firewall-Konfigurationen

10.2.4.1   Übersicht

Der Einsatz einer einzelnen Firewall kann nicht alle Anforderungen an die Sicherheit eines Intranet abdecken. Deshalb werden häufig zwei oder mehr Firewall-Varianten in Kombination eingesetzt. Einige Firewall-Konfigurationen sind:

- Dual-Homed Firewall (→ Abschnitt 10.2.4.2).
- Screened Host Firewall (→ Abschnitt 10.2.4.3).
- Screened Subnet Firewall (→ Abschnitt 10.2.4.4).

10.2.4.2   Dual-Homed Firewall

Eine Dual-Homed Firewall verwendet einen Dual-Homed Host. Dieser wird als Bastion Host (→ Bild 10.7) bezeichnet und beinhaltet einen Application Gateway. Zwischen das äußere Netzwerkinterface (zum Internet hin) und das Internet kann ein Screening Router geschaltet werden. Dieser lässt nur Pakete passieren, die an den Bastion Host adressiert sind. An das zwischen Bastion Host und Screening Router liegende, äußere Netzwerksegment können Informations-Server und Netzwerkzugriffs-Server angeschlossen werden. Zwischen dem inneren Netzwerkinterface und dem Intranet kann ein weiterer Screening Router liegen.

Die Sicherheit des Bastion Host ist für die Wirksamkeit der Dual-Homed Firewall entscheidend. Da der Bastion Host einen potenziellen Engpass darstellt, können zur Leistungssteigerung mehrere Bastion Hosts parallel betrieben werden. Insgesamt stellt die Dual-Homed Firewall eine einfache und sichere Lösung dar. Alle Dienste, die nicht explizit durch Proxy Server unterstützt werden, werden unterdrückt.

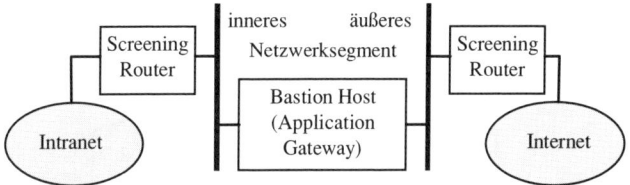

Bild 10.7   Dual-Homed Firewall

10.2.4.3   Screened Host Firewall

Bei der Screened Host Firewall (→ Bild 10.8) ist der Screened Host – ein Application Gateway – nur an das innere Netzwerksegment angeschlossen. Der Screening Router filtert Pakete, die vom Internet kommen oder zu ihm transportiert werden sollen. Die Sicherheit des Screening Router ist kritisch. Insgesamt bietet die Screened Host Firewall eine höhere Flexibilität, jedoch eine geringere Sicherheit als die Dual-Homed Firewall. Die Screened Host Firewall benötigt weniger IP-Adressen als die Dual-Homed Firewall.

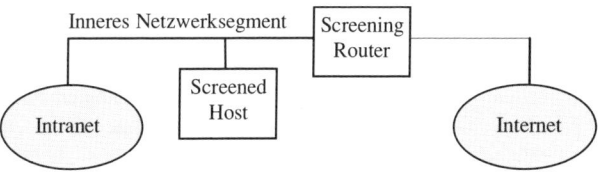

Bild 10.8   Screened Host Firewall

10.2.4.4   Screened Subnet Firewall

Die Screened Subnet Firewall verwendet zwei Screening Router zur Realisierung eines abgeschirmten, inneren Subnetzes (→ Bild 10.9). Diese wird als **DMZ** (*Demilitarized Zone*) oder als **Sandbox** bezeichnet. Die DMZ kann einen Bastion Host (als Application Gateway) enthalten sowie Server, deren Internet-Zugang geschützt werden soll. Die Systeme des

Intranet können vor dem Internet vollständig verborgen bleiben. Ein Angreifer muss beide Screening Router überwinden, um sein Ziel zu erreichen. Die Screened Subnet Firewall bietet im Vergleich zur Screened Host Firewall eine bessere Sicherheit, verlangt dafür aber ein zusätzliches Netzwerk-Segment.

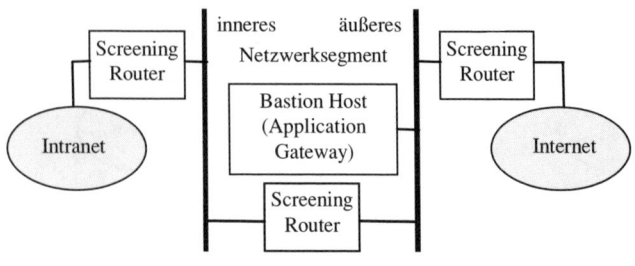

Bild 10.9   Screened Subnet Firewall

10.2.4.5 Distributed Firewalls

Verteilte Firewalls (*distributed firewalls*) stellen ein Konzept dar, das gewisse Nachteile von Firewalls beseitigen soll, ohne die Vorteile zu opfern. Konventionelle Firewalls bilden einen *Single Point of Control* (→ Bild 10.10 a), was die Durchsetzung von **Sicherheitsrichtlinien** (*security policy*) erleichtert. Andererseits stellt eine Firewall auch einen *single point of failure* und einen **Flaschenhals** bezüglich des Durchsatzes dar. Die Netztopologie kann beim Einsatz von Firewalls nicht frei gewählt werden. Zudem ist die Unterscheidung von „äußeren" und „inneren" Netzknoten nicht immer eindeutig, beispielsweise beim Zugang von Teleworkern oder Geschäftspartnern. Das Konzept der Distributed Firewall /10.1/ soll die genannten Nachteile mindern bzw. vermeiden. Dazu werden zwei Grundsätze formuliert:

▪ Sicherheitsrichtlinien werden zentral definiert und
▪ dezentral umgesetzt.

Die Struktur einer Distributed Firewall (→ Bild 10.10 b) unterscheidet innere (geschützte) Knoten, äußere (ungeschützte) Knoten und den für die verteilte Firewall verantwortlichen Management-Knoten (Policy and Management). Der Management-Knoten nimmt die Sicherheitsrichtlinien entgegen, für deren Beschreibung eine spezielle Sprache vorgesehen ist. Die Sicherheitsrichtlinien werden in Anweisungen für die internen Knoten (die als Hosts mit eigener Firewall operieren) umgesetzt und zu diesen heruntergeladen. Dazu wird eine sichere Verbindung auf der Basis von IPSec (→ Abschnitt 10.3.3.2) genutzt. Die inneren Knoten sorgen nun selbst dafür, dass ankommende Pakete gefiltert werden und die Authentizität deren Absender überprüft wird.

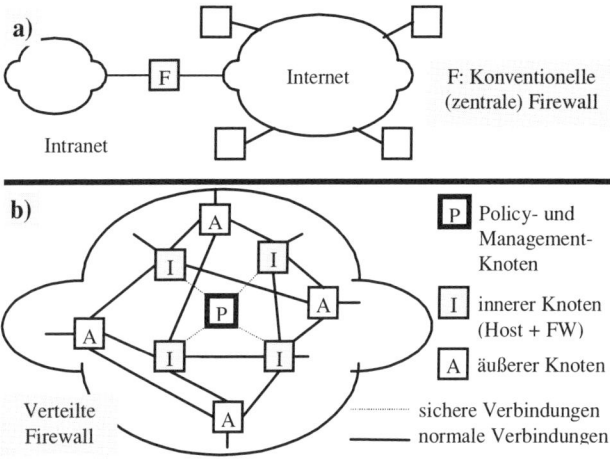

Bild 10.10   Firewall, a) konventionelle Firewall, b) Distributed Firewall

10.3 Sicherheitsmechanismen und -architekturen im Internet

📖 Detaillierte Angaben zu vielen Sicherheitsmechanismen finden sich insbesondere in /10.5/, /10.6/, /10.9/, /10.11/, /10.12/, /10.14/ und /10.15/.

10.3.1 Übersicht

Die Untersuchung und Lösung von **Sicherheitsproblemen** in Netzen geht aus von den möglichen Bedrohungen (→ Abschnitt 5.5.1 und Tabelle 10.2) und den daraus abgeleiteten **Sicherheitszielen** (→ Abschnitt 5.5.1). **Sicherheitsmechanismen** sind Verfahren, die einzelne Aspekte der Sicherheit realisieren. In der Regel werden mehrere Sicherheitsmechanismen kombiniert, um ein gefordertes Sicherheitsniveau zu erreichen. Geeignete Kombinationen werden als **Sicherheitsarchitekturen** bezeichnet. In offenen Netzen liefert die **Kryptographie** (Wissenschaft von der Verschlüsselung → Abschnitt 5.5.2) die Basis für praktisch alle Sicherheitsmechanismen und -architekturen.

Tabelle 10.2   Netzwerk-Angriffe

Bezeichnung	Beschreibung
Denial of Service	Blockierung von Ressourcen durch sinnlose Anfragen hoher Intensität
Address Spoofing	Angabe einer falschen IP-Quellenadresse
Session Hijacking	Übernahme einer bestehenden Sitzung zur Umgehung der Authentifikation
Man-in-the-Middle	Abfangen und Manipulieren von Nachrichten einer Vollduplex-Verbindung
Replay Attack	Einspielen abgehörter und gespeicherter Nachrichten, z. B. für unberechtigtes Login
Detection and Cleanup	Verwischen aller Spuren, die auf einen Angriff hindeuten könnten

10.3.2   Sicherheitsmechanismen

Tabelle 10.3   Sicherheitsmechanismen und -architekturen im Vergleich /10.9/

Sicherheits-mechanismen Sicherheits-architektur → Abschnitt	Zugriffs-kontrolle	Verschlüs-selung	Authenti-fikation	Integritäts-prüfung	Adresse verbergen
NAT → 10.2.1	ja	nein	nein	nein	ja
Paketfilter → 10.2.3.1	ja	nein	nein	nein	nein
SOCKS → 10.2.3.2	ja	nein	ja (Client)	nein	ja
Anw.-Proxy → 10.2.3.3	ja	i. Allg. nein	ja (User)	ja	ja
IPSec → 10.3.3.2	ja	ja (Paket)	ja (Paket)	ja (Paket)	ja
SSL → 10.3.3.3	ja	ja (Daten)	ja (System)	ja	nein
AAA Server → 10.3.3.4	ja (User)	nein	ja (User)	nein	nein

Neben den in Abschnitt 5.5 behandelten Sicherheitsmechanismen Verschlüsselung, Authentifikation und Integritätsprüfung sind zusätzliche Mechanismen (→ Tabelle 10.3) wie Zugriffskontrolle und Adresse verbergen insbesondere im Internet wichtig. Die Zugriffskontrolle prüft, ob ein gewünschter Zugriff erlaubt ist (selbst wenn die Authentifikation ordnungsgemäß erfolgt ist). Das Verbergen der Adresse ist eine Maßnahme zum Schutz gegen die Angriffsform Denial of Service. Dabei versucht der Angreifer einen Dienst (oder einen ganzen Server) zu blockieren, indem er (sinnlose) Anfragen (Aufträge) in großer Zahl absendet.

10.3.3   Sicherheitsarchitekturen

10.3.3.1   Übersicht

> Eine **Sicherheitsarchitektur** ist das Ergebnis der Modifikation oder Ergänzung eines Protokollstapels durch Funktionen, die zur Realisierung bestimmter Sicherheitsziele (→ Abschnitt 5.5) führen oder dazu beitragen.

Eine Übersicht der wichtigsten Sicherheitsarchitekturen für TCP/IP zeigt Bild 10.11.

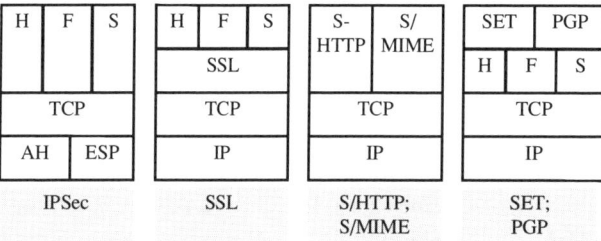

H: HTTP; F: FTP; S: SMTP
IPSec: IP Security Architecture
SSL: Secure Sockets Layer
S-HTTP: Secure HTTP; S-MIME: Secure MIME
SET: Secure Electronic Transactions; PGP: Pretty Good Privacy

Bild 10.11   Sicherheitsarchitekturen im Internet (vgl. /10.2/, S. 31)

Die einzelnen Sicherheitsarchitekturen werden in den nächsten Abschnitten beschrieben.

10

10.3.3.2 IPSec

IPSec (*IP Security*, RFC 1825 bis RFC 1829, RFC 2401 bis 2409) setzt auf der Vermittlungsschicht (IP) mit dem Ziel an, **Vertraulichkeit** und **Authentizität** zu gewährleisten. Dazu wird nur ein Rahmen definiert, in dem verschiedene Verfahren kombiniert werden können. Bestimmte Verfahren (→ Tabelle 10.4) müssen in IPSec unterstützt werden. IPSec kann in IPv4 eingesetzt werden und ist in IPv6 bereits integriert.

Tabelle 10.4   Für IPSec erforderliche Sicherheitsverfahren

Authentifikation	HMAC mit MD5	RFC 2403
	HMAC mit SHA-1	RFC 2404
Encapsulating Secure Payload	DES im CBC-Modus	RFC 2405
	HMAC mit MD5	RFC 2403
	HMAC mit SHA-1	RFC 2404
	Null Authentication	
	Null Encryption	RFC 2410

Die wesentlichen Teile von IPSec sind AH, ESP und IKE.

AH (*Authentication Header*): ein zusätzlicher Header, der direkt nach dem IP-Header eingefügt wird. Zusätzlich wird das Protokoll-Feld im IP-Header auf den Wert 51 gesetzt. Der AH enthält ein Feld **SPI** (*Security Parameters Index*), das das verwendete Sicherheitsverfahren spezifiziert. Da hierfür eine Reihe von Angaben erforderlich ist (Verfahren, Schlüssel, Gültigkeitsdauer des Schlüssels, ...), werden diese in einer **SA** (*Security Association* → Bild 10.12) zusammengefasst. Das SPI-Feld enthält nur die Nummer der verwendeten SA. Die SPI-Werte werden vom Empfänger festgelegt, so dass ein SPI-Wert nur in Abhängigkeit von der Empfängeradresse interpretiert werden kann. Ein weiteres Feld (*authentication data*) enthält die für die Authentifikation erforderlichen Daten.

SA (Security Association):

< SPI, IP-Zieladresse, Sicherheitsprotokoll >

Bild 10.12   Definition einer Security Association

ESP (*Encapsulating Secure Payload*): ist für die Verschlüsselung der Nutzdaten zuständig. Beim Transportmodus (→ Bild 10.13 a) werden nur die Daten des IP-Pakets verschlüsselt, im Tunnelmodus (→ Bild 10.13 b) wird auch der IP-Header verschlüsselt. Die Adresse des Tunnelendpunktes wird in einem vorangestellten (äußeren) IP-Header angegeben. ESP kann in Kombination mit AH oder für sich eingesetzt werden.

IKE (*Internet Key Exchange*): ist für das Aushandeln von Sicherheitsprotokollen und für den Austausch von Schlüsseln zuständig. Im einfachsten Fall sind die Schlüssel bereits auf den Endsystemen installiert (*preshared keys*) oder sie werden mittels eines Zufallswertes und einer Public-Key-Verschlüsselung ermittelt. Der Schlüssel wird als *shared session key* bezeichnet und ist für die Dauer einer Sitzung gültig.

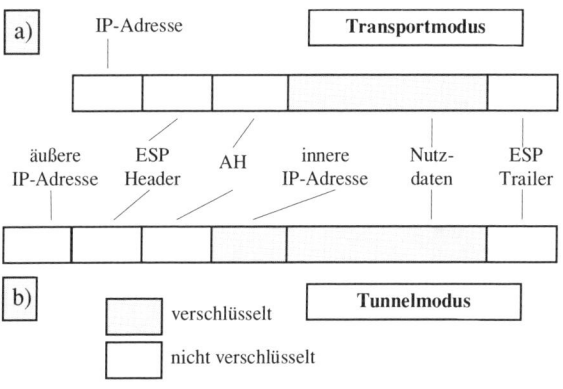

Bild 10.13   IPSec: a) Transportmodus b) Tunnelmodus

📖/10.5/ geht ausführlich auf IPSec ein.

10

10.3.3.3   SSL

SSL (Secure Sockets Layer) wird hauptsächlich in HTTP (→ Abschnitt 11.7.3) verwendet, zur Identifikation dient ein eigener URL-Typ `https` mit der Portnummer 443.

10.3.3.4   AAA

> **AAA** (*Authentication, Authorization, Accounting*) bezieht sich auf die Aufgaben **Authentifikation** (Echtheit des Benutzers feststellen), **Autorisierung** (Zugriffsberechtigung zu den gewünschten Diensten/Inhalten prüfen) und **Kontierung/Leistungserfassung** (Protokollierung von Art und Umfang der genutzten Leistungen).

Diese Aufgaben fallen an, wenn Benutzer – die nicht fest mit einem Netz verbunden sind – Zugang über Wählleitungen, über **mobile** (diese können an verschiedenen Zugangspunkten an ein Netz angeschlossen werden) und **bewegliche** (*roaming*, der Zugangspunkt ändert sich während einer bestehenden Verbindung) Endgeräte verlangen. AAA definiert einen Rahmen für die genannten Aufgaben. Die AAA-Architektur (→ Bild 10.14) sieht einen AAA-Server vor, der eine Datenbank mit benutzerspezifischen Informationen enthält. Die Benutzer kommunizieren mit AAA-Clients, die sich auf Netzwerkkomponenten wie **NAS** (*Network Access Server*) oder Routern befinden.

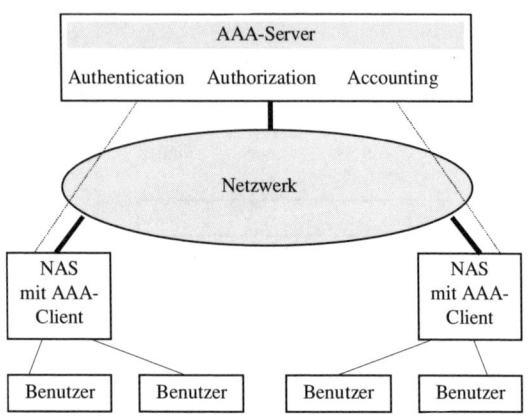

Bild 10.14   AAA-Architektur

Konkrete Protokolle für AAA sind:

- **RADIUS** (Remote Authentication Dial-In User Service, RFC 2058, RFC 2138) ist das wichtigste AAA-Protokoll. RADIUS legt eine Client-Server-Architektur zu Grunde, ein RADIUS-Server kann auch als Proxy-Client für einen anderen RADIUS-Server stehen. Die Kommunikation zwischen Clients und Servern wird authentifiziert, Passwörter werden bei der Übertragung verschlüsselt. Als Authentifikationsmechanismen können unter anderem **PAP** (*Password Authentication Protocol*, dabei werden die User-ID und das Passwort ohne Sicherheit übertragen) und **CHAP** (*Challenge Handshake Authentication Protocol*, der Client authentifiziert sich durch die korrekte Ausführung einer kryptograhischen Operation auf einem vom Server vorgegebenen Wert) verwendet werden.

- **TACACS** (*Terminal Access Controller Access Control System*, RFC 1492) und TACACS+ erfüllen ähnliche Aufgaben wie RADIUS. TACACS+ nutzt TCP als Transportprotokoll, während RADIUS auf UDP aufsetzt. In TACACS+ wird die gesamte Nutzlast verschlüsselt. Authentifikation und Autorisierung können in TACACS+ unabhängig voneinander gelöst werden, während RADIUS die beiden Aufgaben zusammen behandelt.

■ **Diameter** ist (im Gegensatz zu RADIUS und TACACS+) für große Netze konzipiert. Es verwendet viele der in RADIUS enthaltenen Mechanismen, erweitert aber gleichzeitig die von RADIUS gegebenen Grenzen. Diameter ist für Benutzer ausgelegt, die im Netz ihres ISP mobil sind oder auch über Netze fremder ISP zugreifen wollen (→ Tabelle 10.5). Dazu wird zwischen dem Heimat- und dem Fremdnetz ein Diameter Broker eingesetzt, der AAA-relevante Nachrichten zwischen den beiden Netzen austauscht.

Tabelle 10.5   Dial-In und Roaming User

Dial-In User	Roaming User
Benutzer wählt sich in das Netz seines Heimat-ISP ein.	Benutzer wählt sich in ein Fremdnetz (Netz eines fremden ISP) ein, solange er sich im Bereich dieses Netzes befindet. Die Verbindung zum Heimatnetz erfolgt über das Internet, die Authentifikation im Fremdnetz.

📖 /10.8/ gibt einen kurzen Überblick zum Thema AAA.

10.3.3.5   Weitere Sicherheitsarchitekturen

10

S/HTTP (Secure HTTP) verschlüsselt HTTP-Nachrichten (→ Abschnitt 11.7.3) auf der Anwendungsschicht. Dies ist unter anderem für Benutzereingaben in HTML-Formulare sinnvoll. Eine Basic Authentification mit User-ID und Passwort ist möglich, ebenso die Verwendung von Zertifikaten.

S/MIME (*Secure MIME*) ist ein Vorschlag zur Sicherung von Electronic Mail. Als Basis werden eine Public-Key-Verschlüsselung und Zertifikate eingesetzt.

SET (*Secure Electronic Transactions*) wird für sichere Zahlungssysteme im Internet eingesetzt (→ Abschnitt 11.16.4).

PGP (*Pretty Good Privacy*) wird für E-Mail eingesetzt (→ Abschnitt 11.6.5).

10.3.3.6   Sicherheit und Schichtenmodell

Angesichts der vielen verfügbaren Sicherheitsmechanismen und -architekturen ist zu fragen, welche für einen bestimmten Anwendungsfall vorteilhaft sind. Allgemeine Hinweise ergeben sich aus der Schicht, auf der ein Mechanismus implementiert ist /10.5/. Sicherheit auf der Anwendungsschicht kann die Bedürfnisse der Anwendung am besten abdecken.

Andererseits ist dann die Implementierung in jeder Anwendung einzeln vorzunehmen. PGP ist ein Beispiel für Sicherheit auf der Anwendungsschicht. Wenn Sicherheitsfunktionen auf der Transportschicht realisiert werden, bleiben die Anwendungen unberührt. Die Implementierung ist nur auf dem Endsystem möglich und vom Transportprotokoll abhängig. **TLS** (*Transport Layer Security*) ist ein Beispiel, das auf TCP aufsetzt und Authentifikation, Integrität und Vertraulichkeit gewährleistet. Die Realisierung von Sicherheitsfunktionen auf der Netzwerkschicht bietet erhebliche Vorteile, da sie unabhängig von bestimmten Anwendungen und Transportprotokollen möglich ist. Die Vielzahl verschiedener Implementierungen auf höheren Schichten ist dann unnötig. Dadurch gibt es insgesamt weniger Implementierungsfehler und eine stärkere Sicherheit. Ein Nachteil besteht darin, dass die benutzerbezogene Sicherheit schwieriger zu gewährleisten ist, insbesondere auf Multiuser-Systemen. Sicherheitsfunktionen auf der Netzwerkschicht sind insbesondere für VPN und Intranets vorteilhaft.

10.4   Virtuelle private Netze (VPN)

📖 Für Details siehe /10.4/, /10.7/ und /10.13/.

10.4.1   Ziele und Probleme

Private Netze nutzen gemietete Leitungen, die nicht mit anderen Nutzern geteilt werden. Bei virtuellen privaten Netzen werden die exklusiven Leitungen durch ein Netz ersetzt, in das sich mehrere Nutzer teilen. Dafür lassen sich Frame Relay und ATM ohne weitere Maßnahmen einsetzen. Wenn das Internet (IP) verwendet wird, sind Tunnel zur Abschirmung gegen andere Nutzer erforderlich.

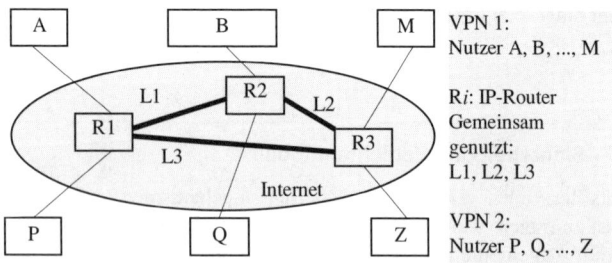

Bild 10.15   Konzept des VPN. VPN1 und VPN2 sind logisch vollständig getrennt

In Bild 10.15 werden die Links L1, L2, L3 von den beiden VPN gemeinsam genutzt. Da jedes VPN von allen anderen und dem offenen Internet isoliert sein soll, werden die Sicherheitsziele durch Verschlüsselung, Authentifikation und Integritätsprüfung realisiert.

10.4.2   Tunnel-Protokolle

Tunnel transportieren Pakete über ein zwischengeschaltetes Netz ($\rightarrow$ Bild 10.16). Sie stellen virtuelle Punkt-zu-Punkt-Verbindungen zweier Knoten dar, zwischen denen eine beliebige Anzahl von Subnetzen liegen darf. Tunnel werden für mehrere Zwecke verwendet:

- Wenn das Quellen- und das Zielnetz andere Protokolle nutzen als das zwischengeschaltete Netz. Beispiele sind die Verbindung zweier IPX-Netze über ein TCP/IP-Netz und das Tunneln von IPv6-Paketen über Netzabschnitte, die nur IPv4 kennen ($\rightarrow$ Abschnitt 9.2.1 unter Koexistenz von IPv4 und IPv6).
- In mobilen IP-Netzen ($\rightarrow$ Abschnitt 9.6.2).
- Bei der Multicast-Kommunikation werden Tunnel zwischen Multicast-Routern genutzt ($\rightarrow$ Abschnitt 9.7.1 und Mbone, Abschnitt 9.7.5).
- Schließlich werden in VPN Tunnel-Protokolle zum sicheren Transport von Paketen genutzt.

In Bild 10.16 beinhaltet das ursprüngliche Paket ein Header-Feld (I) mit einer IP-Adresse im Netz B und ein Nutzlastfeld (N). Für das Passieren des Tunnels wird dem Paket ein weiterer Header mit der IP-Adresse (T) des Tunnelendpunktes vorangestellt. Der Router Ry am Tunnelendpunkt entfernt diesen Header wieder und das Paket wird normal weitergeleitet.

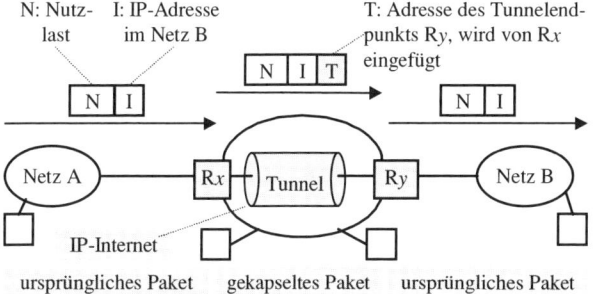

Bild 10.16   Tunnel durch ein zwischengeschaltetes Netz

Beim Tunneln werden Pakete der Nutzer so gekapselt, dass sie am Anfangs- und Endpunkt eines Netzwerkes verstanden werden. Diese

Punkte bilden also die Schnittstellen des Tunnels. Das Tunneln erfordert drei verschiedene Protokolle:

- das gekapselte Protokoll, es enthält die vom Anwender benutzten PDUs,
- das kapselnde Protokoll, das für den Aufbau, die Nutzung und den Abbau eines Tunnels sorgt, und
- das Träger-Protokoll, das zur Übertragung der PDUs des kapselnden Protokolls dient.

Die Verschlüsselung (→ Abschnitt 5.5.3) der Nutzlast in den getunnelten Paketen gewährleistet die für VPN erforderliche Vertraulichkeit. Die IP-Adressen der Endsysteme bleiben dadurch ebenfalls vertraulich.

10.4.3   L2TP

> **L2TP** (Layer 2 Tunneling Protocol) ermöglicht die sichere Verbindung eines mobilen Client über eine Telefon-Wählleitung zu einem ISP (Internet Service Provider) und weiter zu einem privaten LAN.

Ein mobiler Benutzer möchte unterwegs die Dienste des LAN an seinem Arbeitsplatz nutzen. Statt einer direkten Einwahl in das LAN (RAS → Abschnitt 10.1.2) wird die Einwahl bei dem jeweils lokalen ISP (→ Abschnitt 12.3.6) bevorzugt, da dies in niedrigeren Kommunikationskosten resultiert.

PPTP (*Point-to-Point Tunneling Protocol*) und **L2F** (*Layer 2 Forwarding Protocol*) sind ältere Vorschläge für sichere Tunnel, die in **L2TP** (*Layer 2 Tunneling Protocol*) kombiniert wurden. L2TP (→ Bild 10.17) ermöglicht durchgängige Tunnel vom Client oder vom Einwahlpunkt beim ISP (LAC, L2TP Access Concentrator) bis zum Server (LNS, L2TP Network Server) des privaten LAN. Dabei wird zwischen Client und LNS das Protokoll PPP (→ Abschnitt 8.10) eingesetzt. Alle in PPP verwendbaren Protokolle können somit getunnelt werden. Tunnel können von Hosts oder von ISPs eingerichtet werden.

Der L2TP-Protokollstapel (→ Bild 10.18) enthält einige Schichten mehr als der IP-Protokollstapel. L2TP-Tunnel beginnen und enden auf der Netzwerkschicht. Die Nutzlast und ihr IP-Header werden zunächst in einem PPP-Paket gekapselt. Dieses wird mit einem L2TP-Header und davor mit einem weiteren IP-Header versehen, der die IP-Adresse des LNS enthält. Diese Pakete gelangen wie normale IP-Pakete durch das Netz.

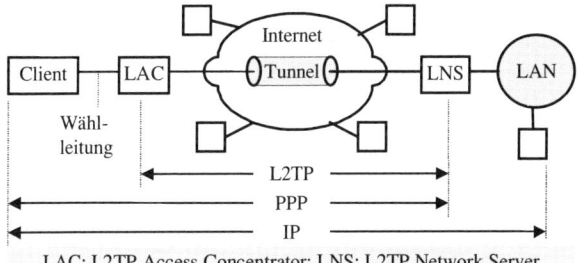

Bild 10.17   Tunnel mit L2TP – Beteiligte Systeme und Abschnitte (vgl. /10.5/, S. 197)

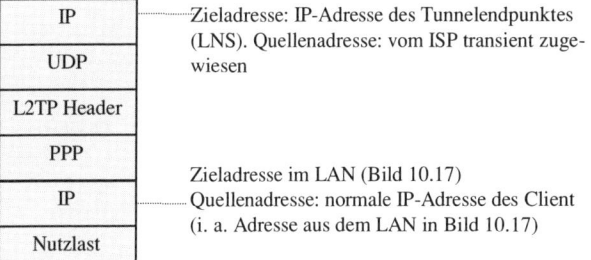

Bild 10.18   Tunnel mit L2TP – Schichtenmodell (vgl. /10.5/, S. 198)

L2TP beinhaltet keine Sicherheitsmechanismen, kann jedoch mit IPSec (→ Abschnitt 10.3.3.2) kombiniert werden.

11 Internet: Dienste und Anwendungen

- 11.1 Dokumente
- 11.2 Internet-Dienste im Überblick
- 11.3 RPC
- 11.4 Verteilte Dateisysteme
- 11.5 Verzeichnisdienste
- 11.6 Elektronische Post
- 11.7 WWW
- 11.8 Standarddienste über TCP/IP
- 11.9 TELNET
- 11.10 Dateitransfer (FTP)
- 11.11 Usenet
- 11.12 Gopher, WAIS
- 11.13 IRC
- 11.14 NTP
- 11.15 Groupware und Multimedia
- 11.16 Electronic Business

11 Internet: Dienste und Anwendungen

11.1 Dokumente

11.1.1 Begriffe

Ein **Dokument** besteht aus einer Menge von mehr oder weniger strukturierten Informationen, die mittels unterschiedlicher Medien (Text, Bild, Sprache) dargestellt sein können. Dokumente sind zur audiovisuellen Wahrnehmung durch Personen bestimmt, können im Rechner erstellt und verarbeitet sowie über Rechnernetze übertragen werden.

Eine **Dokumentenarchitektur** beschreibt den **Inhalt** und die **Struktur** eines Dokuments (→ Bild 11.1). Dazu kommen **Modelle**, die den Umgang mit einem Dokument beschreiben:

- Das **Präsentationsmodell** legt fest, wie ein Dokument für den Benutzer dargestellt wird. Beispielsweise legt die in einer PDF-Datei (→ Abschnitt 11.1.3) enthaltene Formatierungsinformation präzise und vollständig fest, wie das Dokument auf dem Bildschirm und dem Drucker dargestellt wird.
- Das **Manipulationsmodell** beschreibt, wie ein Dokument erstellt oder bearbeitet werden kann. Die dazu verfügbaren Funktionen sind in der Regel implizit durch Editoren (Programme zur Textverarbeitung, Zeichenprogramme etc.) definiert.
- Das **Repräsentationsmodell** gibt an, wie ein Dokument gespeichert und übertragen wird. Dabei sind Aspekte wie effiziente Speicherung und die Übertragung in heterogenen Netzen (Plattformunabhängigkeit) von großer Bedeutung.

Dokumente können **strukturiert**, **semistrukturiert** und **unstrukturiert** sein. Unstrukturierte Textdokumente bestehen aus reinem Fließtext, der nur als lineare Folge von Wörtern und Zeichen behandelt werden kann. Strukturierte Dokumente weisen abgrenzbare Teile (beispielsweise Kapitel, Quellenverzeichnis, ...) auf. Tabellen sind regelmäßig (stark) strukturierte Dokumente, in denen jede Information einer Zelle zugeordnet ist. Semistrukturierte Dokumente beinhalten Merkmale strukturierter und unstrukturierter Art. Zum Ablegen und zum Wiederauffinden müssen Dokumente durch Metadaten ergänzt werden. Metadaten sind Daten über ein Dokument, z. B. Autor, Erstellungsdatum usw.

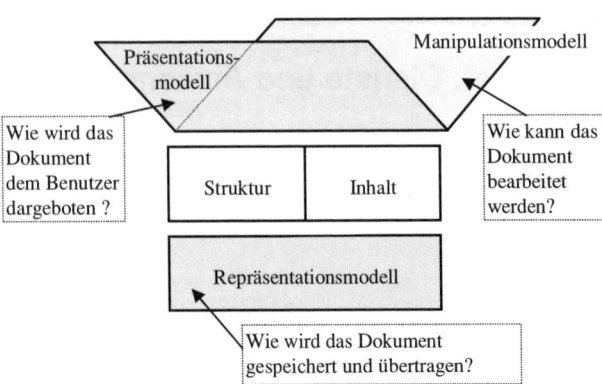

Bild 11.1   Bestandteile einer Dokumentenarchitektur (/11.28/, S. 696)

Zusammengesetzte Dokumente (*Compound Documents*) umfassen Teile, die in verschiedenen Medien (Text, Bild, ...) dargestellt sind. Den Ausgangspunkt bilden Textdokumente, in die Objekte eingebettet werden. Zusammengesetzte Dokumente sind **Multimedia-Dokumente,** wenn sie mindestens ein zeitabhängiges Medium (Bewegtbild, Sprache) enthalten. Hypertext- und Hypermedia-Dokumente (→ Abschnitt 11.7.1) spielen im WWW eine zentrale Rolle.

11.1.2   Zeichencodierung

Zeichencodes legen die Codierung von (darstellbaren) Zeichen durch Bitketten dar. Da es viele unterschiedliche Codes gibt (Bild 11.2 zeigt einige wichtige), muss die Verwendung eines bestimmten Codes vereinbart werden, bevor die Codeworte interpretiert werden können.

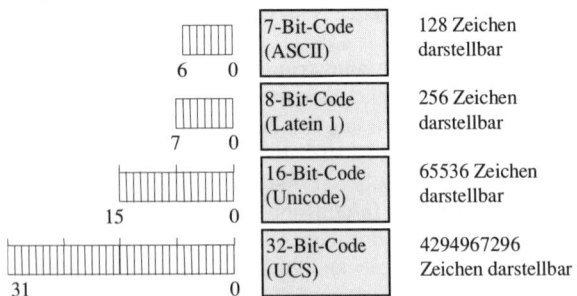

Bild 11.2   Zeichencodes im Überblick

ASCII (*American Standard Code for Information Interchange*) ist eine Zeichencodierung, die Ziffern, Buchstaben und Sonderzeichen mit jeweils 7 bit codiert. Die Sonderzeichen sind entweder druckbare Zeichen (Beispiel: a, B, $, #, ...) oder Steuerzeichen. Der 7-Bit-Code ist in ISO / IEC 646 und in DIN 66003 genormt. ISO/IEC 646 spezifiziert 12 Codewörter, deren Bedeutung in nationalen Normen geregelt werden kann. Die **IRV** (*Internationale Referenzversion*) von ISO/IEC 646 ist mit dem ASCII-Code identisch, ebenso IA5, das internationale Alphabet Nr. 5 der ITU-T. Der Code nach DIN 66003 ist also nicht mit ASCII identisch.

Der **8-Bit-Code** nach ISO/IEC 8859 lässt doppelt so viele Codewörter zu wie der 7-Bit-Code. Die Codetabelle wird in zwei Hälften geteilt. Eine Hälfte ist mit der IRV nach ISO/IEC 646 identisch. Die zweite Hälfte wird für verschiedene Sprachengruppen und Regionen unterschiedlich festgelegt. ISO/IEC 8859 Teil 1 beschreibt den Code Latein 1, der alle westeuropäischen Sprachen abdeckt. In Deutschland ist DIN 66303 die dazu äquivalente Norm.

Unicode ist ein 16-Bit-Code, der von einem Firmenkonsortium entwickelt wurde. Die ersten 256 Einträge der Codetabelle sind mit ISO/IEC 8859 Teil 1 (Latein 1) identisch. Unicode soll primär die Darstellung von Text ermöglichen.

UCS (*Universal Character Set*) ist ein 32-Bit-Code, der in ISO/IEC 10646 genormt ist. Eine Gruppe aus 8 bit wird dort als Oktett, nicht als Byte bezeichnet. Die Codetabelle ist hierarchisch von oben nach unten in Gruppen, Ebenen, Reihen und Zellen organisiert. Die erste Ebene des UCS wird als **BMP** (*Basic Multilingual Plane, Grundebene*) bezeichnet, ihre Codewörter sind mit je zwei Oktetten darstellbar. Die 256 Zellen der ersten Reihe der Grundebene enthalten den Zeichensatz **Latein** nach ISO/IEC 8859 Teil 1. Mit dem UCS lässt sich jedem Zeichen jeder Sprache ein Codewort eindeutig zuordnen.

11

11.1.3   Dateiformate

Eine wichtige Anwendung des Internet ist der Austausch von unstrukturierter Information in Form von Textdokumenten und zusammengesetzten Dokumenten. Dafür sind Dokument- bzw. Dateiformate erforderlich, die eine möglichst plattformunabhängige Darstellung (gleiche Wiedergabe auf unterschiedlichen Plattformen – Rechner und Betriebssystem – am Bildschirm und am Drucker) unter Beachtung der Formatierung eines Dokuments erlauben. Nach der Übertragung eines Dokuments über ein Rechnernetz muss das zur Darstellung verwendete Programm mit dem gelieferten Dateiformat kompatibel sein. Tabelle 11.1 zeigt einige wichtige Dateiformate.

Tabelle 11.1   Wichtige Dateiformate

Endung	Beschreibung
asc	reiner ASCII-Text, mit allen Betriebssystemen lesbar
doc	Word-Dokument
gif	grafics interchange format; Grafikformat mit Mac, Unix und DOS lesbar
hqx	Macintosh-Dateiformat
jpg	JPEG-Grafiken
mpg	Video-Dateien, MPEG-Standard
rtf	rich text format (ASCII-Text mit Formatierung)
sit	Stuffit (Mac)
txt	reine Textdatei
uu bzw. uue	reine Textdatei, mit uuencode (Unix) codiert

RTF (*Rich Text Format*) codiert ein Textdokument und seine Formatierung mit ASCII-Zeichen. RTF-codierte Dokumente können in den meisten Textverarbeitungssystemen dargestellt und auch editiert werden.

PS (*Postscript*) ist eine vektororientierte Seitenbeschreibungssprache für die Ausgabe auf Druckern. Die Vektoren, aus denen die darzustellenden Elemente (Text und Grafik) aufgebaut sind, werden in einer editierbaren Textdatei aus ASCII-Zeichen abgelegt. PS liefert zusammengesetzte Dokumente mit hoher Präzision. PS ist wie auch PDF plattformunabhängig, d. h., die Dokumente werden auf allen Plattformen identisch dargestellt.

PDF (*Portable Document Format*) ist eine Weiterentwicklung von Postscript und wird für Dokumente im Internet häufig verwendet. Zur Darstellung von PDF-Dokumenten wird eine spezielle Software (Acrobat Reader) benötigt. PDF ist für die Beschreibung des endgültigen Erscheinungsbildes eines Dokuments gedacht. Es bietet gegenüber PS Funktionen wie Hyperlinks, Kompression und Verschlüsselung.

Für die Übertragung in Netzen ist es sinnvoll Dateien vorher zu komprimieren. Wichtige Dateiformate und entsprechende Programme für **Kompression** und **Dekompression** → Tabelle 11.2.

Tabelle 11.2   Formate für komprimierte Dateien

Endung	Programm	Bemerkung
arc	ARChine	selten
arj	ARJ, UNARJ	meist DOS
gz	GNU Zip	nicht kompatibel mit Zip

Tabelle 11.2   Formate für komprimierte Dateien (Fortsetzung)

Endung	Programm	Bemerkung
lzh	LHa, LHarc, Larc	DOS
tar	Tape Archive	nur Unix
uue	uuencode, uudecode	nur Unix
Z	compress	nur Unix
zip	PKZIP, PKUNZIP	Unix, DOS, Mac (sehr verbreitet)
jpeg	keines	gepacktes Grafikformat, wird beim Anzeigen ausgepackt
zoo	ZOO	Unix, PC, Mac

11.1.4   Dokumentenarchitekturen

11.1.4.1   SGML

SGML (*Standard Generalized Markup Language*) ist eine **Markup-Sprache** zur Formatierung von Dokumenten. Dabei werden die Formatierungsanweisungen in Form von Auszeichnungen (*Markups*) in den Text eingefügt. Dieses Verfahren unterscheidet sich von dem in Textverarbeitungssystemen verwendeten **WYSIWYG-Prinzip** (*What You See Is What You Get*). Dort wird ein Dokument interaktiv am Bildschirm formatiert.

SGML besteht aus mehreren Teilen:

- SGML ist die Markup-Sprache selbst. Sie ist in ISO 8879 bzw. DIN EN 28879 genormt.
- **DTD** (*Dokumenttyp-Definition*) spezifiziert die für einen Dokumenttyp zulässigen Markups (**Tags**) und Dokumentstrukturen. Diese werden in einer BNF-ähnlichen Sprache definiert.
- Dokumente, die jeweils zu einer DTD gehören.
- Formatierungsstil-Dateien, die in einer eigenen Sprache **DSSSL** (*Document Style Semantics and Specification Language*) definiert werden.

Die Grundidee von SGML (Standard Generalized Markup Language) liegt in der **Trennung von Inhalt** (document content) **und Darstellung** (document presentation). Daraus ergibt sich die Möglichkeit, den Dokumentinhalt für verschiedene Darstellungsformen (gedrucktes Dokument für konventionelle Veröffentlichungen, Bildschirmausgabe für WWW-Dokumente) verschieden zu formatieren, ohne dass sich der Inhalt oder die Struktur des Dokuments ändern. Die Struktur eines Dokuments wird dabei als hierarchische Baumstruktur angenommen (→ Bild 11.3).

11

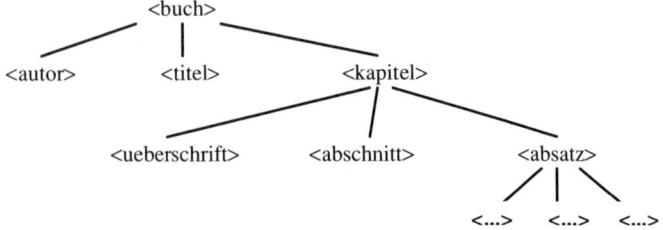

Bild 11.3   Hierarchische Struktur eines SGML-Dokuments

Logische Elemente eines Buches sind in der Regel Kapitel, Abschnitte (Teile eines Kapitels), Unterabschnitte (Teile eines Abschnitts), Absätze, Listen, Tabellen, Abbildungen usw.

Markups (Auszeichnungen) sind Angaben zur Darstellung eines Dokuments, die in seinen (tatsächlichen) Inhalt eingebettet werden. Die Markups werden bei der Präsentation des Dokuments interpretiert und bestimmen das genaue Aussehen der Präsentation. Da die Struktur eines Dokuments auch seine Darstellung bestimmt (z. B. andere Formatierung einer Kapitelüberschrift, Beginn eines Kapitels mit einer neuen Seite), beinhalten die Markups auch Aussagen über die Dokumentstruktur.

Ein Markup (→ Bild 11.4) besteht aus einem eindeutigen Elementnamen, der zwischen fest vereinbarten Begrenzungszeichen (engl. Markup Delimiter) eingeschlossen ist. Als Begrenzungszeichen werden < und > verwendet. Die gesamte Zeichenfolge zwischen <...> wird als Tag bezeichnet. Dabei steht das Zeichen < am Anfang eines Markup, der den Beginn eines Strukturelements anzeigt, während die Zeichenfolge </ ein Markup einleitet, das am Ende eine Strukturelements steht. Das Tag <chapter> steht also am Anfang, das Tag </chapter> am Ende eines Kapitels. Die hierarchische Struktur eines Dokuments spiegelt sich in entsprechend geschachtelten Markups wider.

Markups (Auszeichnungen) kennzeichnen
Strukturelemente eines Dokuments:

ueberschrift	Name eines (Struktur-)Elements
< >	Begrenzer (Delimiter)
<ueberschrift>	Tag (am Anfang eines Strukturelements)
</ueberschrift>	Tag (am Ende eines Strukturelements)

Bild 11.4   Begriffe zu SGML

SGML sieht vor, dass Elementnamen in Tags durch Attribute (zusätzliche Informationen) ergänzt werden können (→ Bild 11.5 a). Die Strukturelemente `chapter` und `section` enthalten Attribute des Typs `id` mit den Werten `sgml` bzw. `content`. Dadurch werden Verweise beschrieben, die bei der Verarbeitung des Dokuments ausgewertet werden können. Beispielsweise könnten die Verweise durch Seiten- oder Abschnittszahlen ersetzt werden.

a) <chapter id="sgml"><heading> SGML- Eine Einführung

<paragraph> ...

<section id="content"><heading>Inhalte und Beschreibung

<paragraph> ...

b) ... in Abschnitt <reference type="section" id="content"></reference> auf Seite <reference type="page" id="content">

Bild 11.5   Attribute in SGML, a) Attribute, b) Verweise (/11.32/, S. 159)

Bild 11.5 b) zeigt, wie Kennzeichnungen referenziert werden können. Das Attribut `type` gibt den Typ des Verweises an, der bei der Darstellung des Dokuments zu erzeugen ist, im Beispiel also `section` (dadurch wird eine Abschnittnummer erzeugt) bzw. `page` (eine Seitenzahl wird erzeugt).
SGML ist die Grundlage für **HTML** (→ Abschnitt 11.7.4), da jede HTML-Version einer SGML-DTD entspricht. **XML** (→ Abschnitt 11.7.7) ist eine reduzierte Variante von SGML, die bei stark reduzierter Komplexität einen gegenüber HTML wesentlich größeren Funktionsumfang aufweisen soll.

11

11.1.4.2   Weitere Dokumentenarchitekturen

Neben SGML gibt es weitere Dokumentenarchitekturen mit unterschiedlicher Verbreitung. **ODA/ODIF** (*Office Document Architecture/Office Document Interchange Format*) ist in ISO 8613 genormt.

11.2   Internet-Dienste im Überblick

Der Begriff Internet-Dienste fasst alle Dienste (Anwendungen) zusammen, die im Schichtenmodell oberhalb von TCP/IP (→ Kapitel 9) eingeordnet sind. Bild 11.6 gibt einen Überblick. Einige Dienste setzen auf TCP, andere auf UDP. Manche Dienste können wahlweise TCP oder UDP als Transportprotokoll nutzen.

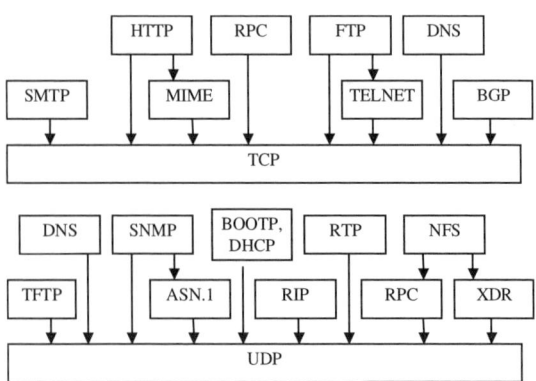

Bild 11.6   Internet-Dienste/Anwendungen im Überblick

11.3   RPC

Der **RPC** (*Remote Procedure Call*, RFC 1057) beinhaltet einen Operationsaufruf auf einem entfernten Knoten (Client-Server-Beziehung) und ist insofern äquivalent zu **ROSE** (→ Abschnitt 4.3.2.3). Da die rechnerinterne Darstellung von Daten in heterogenen Netzen unterschiedlich sein kann, wird für die Codierung von Requests und Responses eine standardisierte **Transfersyntax** (→ Abschnitt 4.2) verwendet. Diese heißt **XDR** (*External Data Representation*, RFC 1014).

11.4   Verteilte Dateisysteme

In verteilten Systemen (*Distributed Systems, Distributed Computing*) ist die **Verteilung von Dateisystemen** auf mehrere Knoten von großer Bedeutung. Konzepte wie **DFS** (*DCE File Service*, DCE steht für *Distributed Computing Environment*) und **NFS** (*Network File System*) haben eine große Verbreitung gefunden. DFS wurde von Anfang an für heterogene Netze entwickelt. NFS (RFC 1094) kommt aus der UNIX-Welt und nutzt RPC (→ Abschnitt 11.3) für die Kommunikation über das Netz. NFS kann unterhalb von RPC auf TCP oder UDP aufsetzen. Für die Kopplung von DFS und NFS sind Gateways verfügbar.

▶ In der Welt der objektorientierten Programmierung werden Objekte auf verschiedene Knoten verteilt. Für die Nutzung von Objekten, die im Netz verteilt sind, existieren so genannte ORB (Object Request Broker). CORBA (Common Object Request Broker Architecture) ist das Konzept mit der größten Verbreitung.

11.5 Verzeichnisdienste

11.5.1 Begriffe, Aufgaben

> Ein **Verzeichnis** (*Directory*) enthält Angaben zu technischen Ressourcen oder zu Personen, die in Netzen verfügbar oder erreichbar sind. Der zugehörige Dienst wird allgemein als **Verzeichnisdienst** (*Directory Service*) bezeichnet. **Namensdienste** (*Naming Service*) bilden logische, leicht merkbare Namen einer Ressource oder Person auf eine (numerische) Netzadresse ab.

11.5.2 DNS

DNS (*Domain Name System*, RFC 1034, 1035) ist eine verteilte Datenbank, die die Abbildung von Endsystemnamen (Zeichenketten) zu IP-Adressen bereitstellt (dabei wird in IP nur die Netz-ID berücksichtigt). DNS benutzt UDP oder TCP zur Diensterbringung. Endsysteme sind **DNS-Clients**, die Server werden als **Domain Name Server** bezeichnet. Jedes Endsystem muss einen **DNS-Auflöser** (*resolver*) lokal implementiert haben, der von den Anwendungsprogrammen aufgerufen werden kann. Der Ablauf bei der Namensauflösung ist in Bild 11.7 ersichtlich.

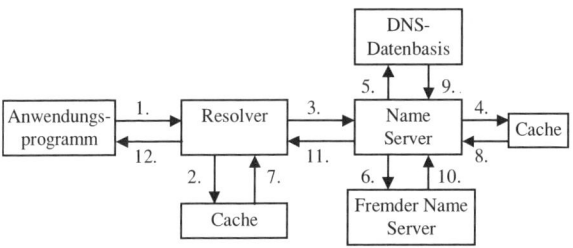

11

1. Anfrage an Resolver
2. Anfrage an Cache, falls positiv weiter mit 7, 12
3. Anfrage an Server
4. Anfrage an Cache, falls positiv weiter mit 8, 11, 12
5. Anfrage an Datenbasis, falls positiv, weiter mit 9, 1, 12
6. Anfrage an fremden Name Server, Antwort über 10, 11, 12

Bild 11.7   Ablauf einer DNS-Anfrage (/11.21/, S. 200)

DNS-Namen sind hierarchisch aufgebaut. Jede **Domäne** kann in **Unterdomänen** gegliedert sein (→ Bild 11.8). Die obersten Domänen der Hierarchie, **TLD** (*Top Level Domains*), umfassen festgelegte Institutionstypen und Länder. Beispiele für Institutionstypen (auch als *Generic Domains* bezeichnet) sind com (commercial), edu (education), org (Non-Profit-Organisationen) und weitere. Länder (*Country Domains*) werden durch ihre Codes nach ISO 3166 bezeichnet. Beispiele: de (Deutschland), fr (Frankreich), uk (Großbritannien). Eine neue Domäne kann nur mit Zustimmung der nächsthöheren Domäne eingerichtet werden. Hingegen können in einer Domäne autonom Subdomänen eingerichtet werden. Die Top Level Domains werden von **ICANN** (→ Abschnitt 12.1.4.5) vergeben, während Domains unter .de vom **DE-NIC** (das deutsche Network Information Center in Karlsruhe) vergeben werden.

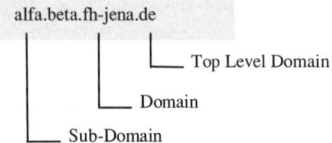

Bild 11.8   Ein vollständiger Domänenname (FQDN Fully Qualified Domain Name)

BIND (*Berkeley Internet Name Daemon*) ist eine weit verbreitete Implementierung eines DNS-Servers für UNIX-Systeme. BIND ist vom Internet Software Consortium erhältlich.

DDNS (*Dynamic DNS*, RFC 2136, RFC 2137) erweitert DNS, indem Name Server Aufträge zur dynamischen Änderung ihrer Datenbasis entgegennehmen können. Damit können Einträge ergänzt, gelöscht oder geändert werden. DDNS kann in einer ungesicherten oder in einer durch Authentifikation gesicherten Variante genutzt werden.

11.5.3   X.500 Directory

X.500 ist das Konzept der ITU-T für **Verzeichnisdienste**. Die in Verzeichnissen nach X.500 verteilt abgelegte Information ist logisch in einem globalen **DIT** (*Directory Information Tree*) organisiert. Für den Zugriff zu einem Namens- oder Verzeichnisdienst ist ein geeignetes Protokoll erforderlich, das hier als **DAP** (*Directory Access Protocol*, standardisiert in X.519) bezeichnet wird. Anfragen werden vom **DUA** (*Directory User Agent*) mittels DAP an den **DSA** (*Directory System Agent*) übermittelt.

11.5.4   LDAP

LDAP (*Lightweight Directory Access Protocol*, RFC 1959, RFC 2251) ist ein **Zugriffsprotokoll für Directories** nach X.500. Der Aufwand für den Zugriff mittels LDAP ist wesentlich geringer als für den Zugriff mittels X.500-DAP. Insbesondere benötigt LDAP keinen OSI-Protokollstapel, es setzt direkt auf TCP und IP auf. Die aktuelle Version 3.0 enthält zusätzliche Funktionen aus **X.509** (spezifiziert Formate für Zertifikate und Verfahren zu deren Überprüfung) zur Authentifizierung von Clients. LDAP wird ergänzt durch **LIPS** (*Lightweight Internet Person Schema*) zur Beschreibung von Personen durch Attribute und **LDIF** (*Lightweight Directory Interchange Format*) zum Austausch von Informationen zwischen LDAP-Servern.

11.5.5 DEN

Ziel von **DEN** (*Directory Enabled Networks*) ist die Integration von Netzwerken und Verzeichnissen. Die im Netzwerk existierenden Ressourcen (Geräte, Betriebssysteme, Anwendungen und Management-Werkzeuge) nutzen das Directory, um

- Informationen über sich selbst bekannt zu geben,
- weitere Ressourcen aufzufinden und
- Informationen über andere Ressourcen einzuholen.

DEN ist mit LDAP kompatibel.

11.6 Elektronische Post

11

11.6.1 Grundbegriffe

Elektronische Post (*electronic mail*) ist eine Nachbildung der Briefpost mit den Mitteln der digitalen Kommunikationstechnik. Eine äquivalente Bezeichnung ist **MHS** (*Message Handling System,* → Bild 11.9). Das **MTS** (*Message Transfer System*) ist die Menge aller **MTA** *(Message Transfer Agent)*. Ein MTA transportiert Nachrichten vom UA zum Mail Server. Ein **UA** (*User Agent*) ist das Applikationsprogramm (Client-Software, Front-End-Applikation), mit dem eine E-Mail (Nachricht) erzeugt, gesendet, empfangen und weitergeleitet wird. Außerdem kann der UA Anhänge (Dateien) an Nachrichten anhängen und ein Adressbuch verwalten. Zwischen Mail Servern werden Nachrichten mittels Store-and-Forward weitergeleitet. Ein Verzeichnisdienst enthält Angaben über vorhandene User und Dienste. E-Mail ist einer der wichtigsten Dienste in Rechnernetzen. E-Mail-Nachrichten können nicht nur zwischen Personen ausgetauscht werden. Sie werden auch in kooperativen, verteilten Anwendungen zunehmend von Bedeutung sein.

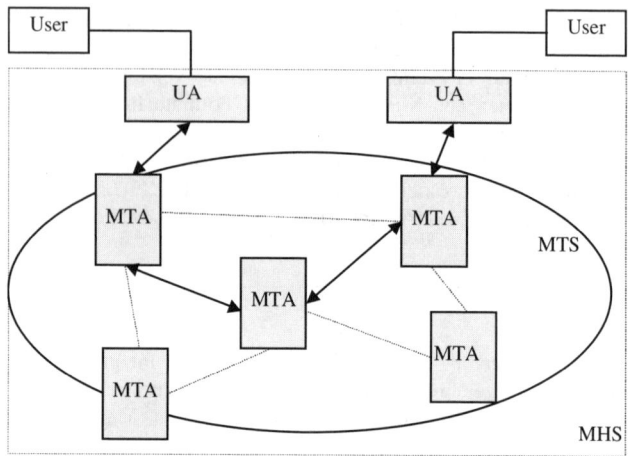

Bild 11.9   Schematischer Aufbau eines MHS

Es gibt verschiedene Electronic-Mail-Systeme. Im Internet ist **SMTP** (*Simple Mail Transfer Protocol*) der Standard (→ Abschnitte 11.6.2– 11.6.5). **X.400** ist der Standard der ITU-T (→ Abschnitt 11.6.6). Zudem gab und gibt es eine Vielzahl proprietärer (herstellerspezifischer) Systeme. Dies kommt in einer reichhaltigen Begriffswelt zum Ausdruck (→ Bild 11.10).

Begriffe aus der Internet-Welt	**Begriffe aus der OSI- bzw. ITU-T-Welt**
SMTP: Protokoll für den Transfer von E-Mail zwischen Mail-Servern, nutzt TCP und IP-Adressen.	**X.400:** Norm der ITU-T für E-Mail.
Mail Server (Post Office): Server, der SMTP nutzt.	**MOTIS** (Message-Oriented Text Interchange System): ISO-Standard (ISO 10021) für E-Mail. Entspricht X.400.
POP (Post Office Protocol): Protokoll zur Kommunikation zwischen Mail Server und Mail Client.	**MHS** (Message Handling System): bezeichnet das Gesamtsystem aus MTS, MTA, UA.
IMAP (Internet Message Access Protocol) : Nachfolger von POP.	**MTS** (Message Transfer System): die Menge aller MTAs.
	MTA (Message Transfer Agent): entspricht dem Mail Server.
	UA (User Agent): entspricht dem Mail Client.

Bild 11.10   Begriffe zu E-Mail

11.6.2   SMTP

SMTP (*Simple Mail Transfer Protocol*, RFC 821, 822) dient der elektronischen Übermittlung von Nachrichten, deren Format in RFC 822 festgelegt ist. SMTP entspricht den MTAs (Message Transfer Agents) in X.400. Zu den Benutzeragenten (User Agents) von X.400 existieren in SMTP entsprechende Funktionen, die das Zusammenstellen und Analysieren von Nachrichtenköpfen nach RFC 822 erledigen. SMTP benutzt TCP, um seine Nachrichten zu befördern.

11.6.3   POP und IMAP

POP3 (*Post Office Protocol*, Version 3, RFC 1725) ist ein Protokoll für den Zugriff des Mail Client auf den Mail Server. POP3 setzt auf TCP auf. Seine wichtigsten Funktionen sind Login beim Mail Server, Authentifikation durch ein Passwort, Abfrage von Nachrichten auf der Mailbox des Servers sowie deren Löschung aus dem permanenten Speicher. Auf der Plattform des Mail Servers muss ein SMTP- und ein POP3-Server installiert sein. **IMAP4** (*Internet Message Access Protocol*, Version 4, RFC 1730) ist eine Erweiterung von POP3 und enthält zusätzliche Funktionen für den Umgang mit Mailboxes und mit Mail-Nachrichten.

11.6.4   MIME

MIME (*Multi-Purpose Internet Mail Extension*, RFC 1521, RFC 1522, RFC 2045–2049) ist ein Mechanismus zur Übertragung unterschiedlicher Datentypen in Mail-Nachrichten. Dies können Medien wie Video und Audio sein, ebenso sind nationale Zeichensätze zulässig. Die Einschränkung auf 7-Bit-ASCII-Zeichen wird also überwunden, obwohl die eigentliche Übertragung nach wie vor mit einer ASCII-Codierung nach RFC 822 erfolgt. MIME-Nachrichten werden durch für den jeweiligen Datentyp geeignete Plugin bzw. Viewer dargestellt. MIME-Nachrichten enthalten u. a.:

- Angabe der verwendeten **MIME-Version**.
- **Content Description:** eine Kurzbeschreibung des Nachrichteninhalts in Textform.
- **Content Transfer Encoding:** Hier wird die zur Übertragung verwendete Codierung angegeben. Verfügbar sind 7-Bit-ASCII-Zeichen, 8-Bit-Zeichen und base64 encoding. Bei den zuletzt genannten Verfahren werden binär codierte Nachrichten in Blöcke von je 64 bit aufgespalten, die dann als Folge von ASCII-Zeichen codiert werden.
- **Content Type:** Angabe des (oder der) in der Nachricht enthaltenen Datentyps (→ Tabelle 11.3). Die Angabe beinhaltet Typ/Subtyp, z. B. image/gif.

11

Tabelle 11.3   Content Types und Subtypen in MIME

Content Type	Bedeutung
Application	Nicht näher spezifizierte binäre Datei, Daten für ein Programm. **Subtypen:** Octet Stream (Bytefolge) und Postscript.
Audio	Sprache, Musik, Geräusche. **Subtyp:** Basic.
Image	Festbild oder Grafik. **Subtypen:** GIF, JPEG.
Message	Eine vollständige E-Mail-Nachricht oder eine Referenz auf die Nachricht (Angabe einer Datei auf einem FTP-Server). **Subtypen:** RFC 822 (nach RFC 822 codiert), Partial (Nachricht wurde für die Übertragung aufgeteilt) und External-body (Nachricht auf Server abgelegt).
Multipart	Mehrteilige Nachricht, jeder Teil hat sein eigenes Content Type und Content Transfer Encoding. **Subtypen:** Mixed: unabhängige Teile mit jeweils eigenem Type und Encoding. Alternative: Dieselbe Nachricht, in verschiedenen Repräsentationen. Parallel: Teile müssen gleichzeitig dargestellt werden, z. B. zur Synchronisation von Bild und Sprache. Digest: Jeder Teil ist eine vollständige Nachricht nach RFC 822.
Text	Unformatierter oder formatierter Text. **Subtypen:** Plain, Richtext.
Video	Bewegtbild. **Subtyp:** MPEG.

11.6.5   PGP

PGP (*Pretty Good Privacy*) ist eine freie, weit verbreitete Software für die **Verschlüsselung von E-Mail** und für deren **Authentifikation** mittels digitaler Signaturen. Zur Verschlüsselung wird **IDEA** ($\rightarrow$ Abschnitt 5.5.3.1) benutzt, für die digitale Signatur das Verfahren nach **Diffie-Hellman** (ein Verfahren zur Vereinbarung eines gemeinsamen Schlüssels ohne Austausch geheimer Information über das Netz). PGP verlangt keine zentrale, vertrauenswürdige Institution zur Schlüsselverwaltung. Stattdessen wird ein Web of Trust verwendet. PGP ist eine Alternative zu S/MIME ($\rightarrow$ Abschnitt 10.3.3.5).

11.6.6   X.400 Message Handling System

X.400 ist ein E-Mail-System, das in den ITU-T-Standards der X.400-Reihe als **MHS**: *Message Handling System* bezeichnet wird. ISO verwendet für dasselbe System in ISO 10021 den Begriff **MOTIS**: *Message-Ori-*

ented Text Interchange System). Ziel von X.400 ist die Interoperabilität von Produkten verschiedener Hersteller und zwischen öffentlichen und privaten Mail-Diensten. X.400 wird in öffentlichen Netzen von den Netzbetreibern angeboten, wobei Übergänge zu anderen Diensten bzw. Netzen ebenfalls verfügbar sind. Dieses E-Mail-System bietet im Vergleich zu SMTP eine höhere Funktionalität, aber auch eine höhere Komplexität. X.400 unterscheidet zwischen **öffentlichen** (ADMD: *Administration Management Domains*, je eine pro Land) und **privaten** (**PRMD:** *Private Management Domains*) **Domains**. Die erste Version von X.400 wurde 1984 genormt (Bezeichnung: X.400/1984) und 1988 sowie 1992 erweitert und verbessert. **X.435** beschreibt die Erweiterung um ein **EDI-Format** (EDI → Abschnitt 11.16.3). **X.400-Adressen** enthalten u. a. die Angaben nach Tabelle 11.4.

Tabelle 11.4   Bestandteile von X.400-Adressen

Symbol	Bedeutung (englisch)	Bedeutung (deutsch)
C	Country	Land
A	Administration Domain	Öffentliche Domäne
P	Private Domain	Private Domäne
S	Surname	Nachname des Benutzers
O	Organization	Name der Institution (Firma, ...)
OU	Organizational Unit	Abteilung oder Bereich

11.7 WWW

11.7.1 Konzept des WWW

Das **WWW** (*World Wide Web*) besteht aus Clients, Servern und Objekten. Die Clients werden als **WWW-Browser** (→ Abschnitt 11.7.9) bezeichnet. Sie rufen von den **WWW-Servern** Objekte ab, um diese auszuwerten. **Objekte** sind elektronische Dokumente und Daten jeglicher Art, insbesondere jedoch **Hypertext-** und **Hypermedia-Dokumente**. Das WWW integriert weitere Internetdienste mit Hilfe der einheitlichen Benutzerschnittstelle des Browsers.

Hypertext- und Hypermedia-Dokumente (→ Bild 11.11) enthalten mehrere Komponenten. **Hypertext** ist Text, der durch **Links** (Verweise) ergänzt wird. Ein Link ist ein Verweis auf eine andere Textstelle oder ein anderes Dokument (Objekt). Links können insbesondere verweisen auf:

■ andere (Text-)Stellen in demselben Dokument (Objekt),

- Objekte (Dateien) innerhalb eines Dateisystems oder Computers und auf
- Objekte (Dateien, Dokumente) in einem Netzwerk.

Hypermedia enthält zu Text und Links zusätzlich **multimediale Anteile** wie Grafik, Bilder (Bewegt- und Festbilder) sowie Sprache (bzw. allgemein Töne).

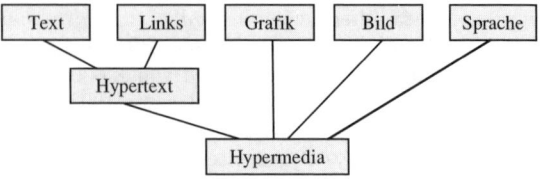

Bild 11.11   Hypertext und Hypermedia

Hypermedia-Dokumente werden mittels **HTML** (→ Abschnitt 11.7.4) beschrieben. Ihr Lagerort (auf einem Server) wird durch eine **URL** (→ Abschnitt 11.7.2) benannt und sie werden mittels **HTTP** (→ Abschnitt 11.7.3) vom Server zum Client übertragen (→ Bild 11.12). Durch die Links bilden Hypermedia-Dokumente ein weltweites Geflecht, auf das sich die Bezeichnung WWW bezieht.

URx:	Wie man ein Dokument adressiert
HTML:	Wie man ein Dokument beschreibt
HTTP:	Wie man ein Dokument transferiert

Bild 11.12   Die wichtigsten Begriffe zu WWW

Nach /11.5/ lassen sich drei Arten von Web-Dokumenten unterscheiden:

- **Statische Dokumente:** Diese werden vom Autor des Dokuments bei dessen Erstellung vollständig beschrieben und in einer Datei auf dem Server abgelegt.
- **Dynamische Dokumente:** Sie werden vom Server erstellt, nachdem sie vom Client angefordert wurden. Dazu benutzt der Server ein Anwendungsprogramm. Die Konsequenz ist, dass ein Dokument je nach Anfrage unterschiedliche Inhalte haben kann.
- **Aktive Dokumente:** Sie werden auf dem Server nicht vollständig beschrieben. Das Dokument enthält ein Programm, das Werte berechnen und innerhalb des Dokuments ausgeben kann. Das Programm wird dem Client zusammen mit dem Dokument übermittelt. Bei der Ausführung auf dem Browser (Client) kann das Programm mit dem Benutzer interagieren und dadurch den Inhalt des Dokuments verändern. Aktive Dokumente werden häufig mittels JavaScript bzw. Java-Applets erstellt.

Informationsinhalte (*Content*) des **WWWs** lassen sich auf verschiedene Weise beschreiben bzw. erzeugen → Abschnitte 11.7.4 bis 11.7.8.

11.7.2 URL, URI, URN

Eine **URL** (*Universal Resource Locator*, RFC 1738) kennzeichnet den Lagerort eines Web-Dokuments durch Angabe des Servers und des Pfades im Dateisystem des Servers (→ Bild 11.13). Der Schema-Teil gibt die Bezeichnung des Dienstes an, z. B. `ftp`, `http`, `gopher`, `news` oder `mailto`. Im schemaspezifischen Teil können `user`, `password` und `url-pfad` entfallen und die Port-Nummer kann per Default (implizit) festgelegt sein. Der Nachteil einer URL liegt darin, dass sie sich bei Veränderungen im Dateisystem eines Servers ändern kann, wodurch das Dokument nicht mehr gefunden wird.

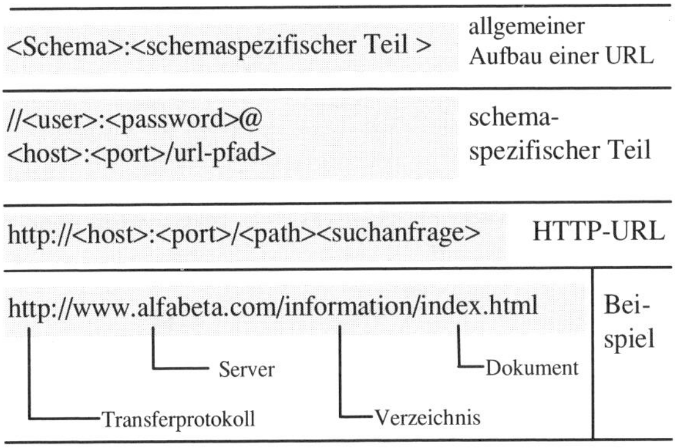

<Schema>:<schemaspezifischer Teil >	allgemeiner Aufbau einer URL
//<user>:<password>@ <host>:<port>/url-pfad>	schema- spezifischer Teil
http://<host>:<port>/<path><suchanfrage>	HTTP-URL
http://www.alfabeta.com/information/index.html	Bei- spiel

Server — Dokument
Transferprotokoll — Verzeichnis

Bild 11.13   Aufbau einer URL

URN (*Universal Resource Names*) geben einen global eindeutigen, langlebigen logischen Namen für ein Dokument an, der keine Aussage über den Lagerort macht. Der Lagerort wird in einem Directory gespeichert und dort erfragt. Mittels URN bleibt ein Dokument also langfristig unter derselben Bezeichnung verfügbar. Zudem kann es repliziert gespeichert werden, wobei der Zugriff auf einen „günstigen" Server erfolgt. **URI** (*Universal Resource Identifier,* RFC 1630) ist der Oberbegriff für URL und URN. Zukünftig kann URI jedoch um weitere Benennungs-Schemata ergänzt werden.

11.7.3   HTTP

HTTP (*Hypertext Transfer Protocol,* Version 1.1, RFC 2068, RFC 2616) ist ein einfaches Protokoll für die Übertragung von **Requests** (*Anforderungen*) zwischen Client und Server und **Responses** (*Antworten*) in der Gegenrichtung (→ Bild 11.14 a). Die beiden Nachrichtentypen sind nach RFC 822 aufgebaut. HTTP setzt auf dem zuverlässigen Transportdienst TCP auf. Die einfache Request-Response-Kette in Bild 11.14 a kann durch Zwischensysteme „verlängert" sein (→ Bild 11.14 b). Dabei kann das Zwischensystem als **Proxy** (wörtlich: Stellvertreter) für den Server wirken, beispielsweise wenn es Anfragen, die an den Server gerichtet sind, aus seinem **Cache** (Zwischenspeicher) beantworten kann. Ein Cache – der sich möglichst lokal zu größeren Gruppen von Clients befinden soll – speichert Server-Antworten für eine bestimmte Zeit, da diese häufig nochmals von Clients verlangt werden. Zwischensysteme werden auch als Sicherheitsmaßnahme (→ Abschnitt 10.2.3) eingesetzt.

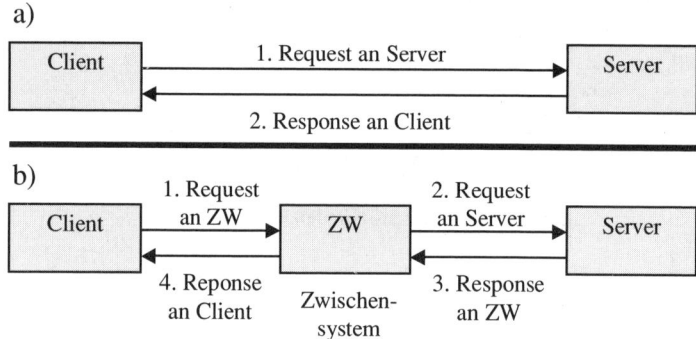

Bild 11.14   Request-Response-Vorgänge bei HTTP

HTTP ist durch die folgenden **Eigenschaften** gekennzeichnet /11.6/:
- HTTP ist ein Protokoll der **Anwendungsschicht**, es setzt auf TCP auf.
- HTTP ist **zustandslos**, d. h. der Server betrachtet jede Anfrage unabhängig von vorhergehenden Anfragen.
- Eine **bidirektionale Übertragung** ist möglich.
- Browser und Server können bestimmte **Merkmale** für die folgenden Datentransfers **aushandeln**.
- **Caches** im Browser und in Proxy Servern werden unterstützt.

Die Request-Methoden in HTTP beschreiben die vom Server auszuführenden Operationen (→ Tabelle 11.5).

Tabelle 11.5   Request-Methoden in HTTP 1.1

Methode	Bedeutung
GET	Mit GET ruft der Client die angegebene Internetadresse auf und holt dort die angegebene Datei vom Server.
HEAD	Mit HEAD holt der Client die Meta-Information zum angegebenen Dokument, nicht aber das Dokument selbst.
PUT *)	Mit PUT sendet der Client Informationen – in der Regel vollständige HTML-Dokumente – zum Server, wo sie abgelegt werden.
POST *)	Der Client sendet Daten an eine existierende URL auf dem Server. In der Regel sind dies Eingaben in Formulare, die vom Client mittels CGI an Server-Anwendungen übergeben werden sollen.
DELETE *)	Zum Löschen von Dokumenten auf dem Server. Voraussetzung ist, dass der Client entsprechende Rechte auf dem Server besitzt.
OPTIONS *)	Der Client kann Informationen über die innerhalb einer Request-Response-Kette möglichen Kommunikationsoptionen einholen.
TRACE *)	Ein Request wird vom Server so an den Client zurückgeschickt, wie er ihn empfangen hat. Für Testzwecke.

*) Optional. Die Methoden LINK, UNLINK wurden in HTTP 1.1 entfernt.

HTTP beinhaltet auch Funktionen zur Steuerung eines Cache → Tabelle 11.6.

11

Tabelle 11.6   Cache-Steuerung

Methode	Bedeutung
Public	Inhalt kann gespeichert und auch von anderen Clients genutzt werden.
Private	Inhalt darf nur einem bestimmten Client wiederholt aus dem Cache zur Verfügung gestellt werden.
No-cache	Dieser Inhalt darf nicht im Cache gespeichert werden. Dies kann z.B. bei vertraulichen Informationen oder bei Abfrageergebnissen sinnvoll sein.
No-store	Diese Information ist empfindlich gegenüber unbefugter Kenntnisnahme. Sie darf im Cache nicht auf einem nichtflüchtigen Speicher abgelegt werden.

Der HTTP-Server informiert den HTTP-Client über das Ergebnis seiner Anfragen mittels eines Statuscodes → Tabelle 11.7.

Tabelle 11.7   HTTP-Statuscodes

Befehl	Erklärung
200	OK: Methode war erfolgreich.
201	Created: zusätzlicher Antwort-Header.
202	Accepted: Bestätigung für die verspätete Ausführung einer Methode.
203	Provisional Information: Nicht die Originalheaderversion; wenn Methoden von einem Proxy ausgeführt werden, wird Zusatzinformation in den Header geschrieben.
204	No Content: Methode war erfolgreich, jedoch keine Antwort im Rest der Response.
300	Multiple Choices: Der Server kann die angeforderte Information aus unterschiedlichen Dateien lesen.
301	Moved Permanently: Die angeforderte Seite ist umgezogen.
302	Moved Temporarily: Die angeforderte Seite ist vorübergehend umgezogen.
304	Not Modified: Nach dem im Header angegebenen Datum wurde nichts mehr an der Seite verändert.
400	Bad Request: Die Anforderung kann nicht ausgeführt werden.
401	Unauthorized: Client ist nicht berechtigt, auf diese Seite zuzugreifen.
402	Payment Required: zukünftiger Befehl für das elektronische Bezahlen einer Seite.
403	Forbidden: Ausführung der Methode verweigert.
404	Not Found: URL wurde nicht gefunden.
405	Method Not Allowed: Methode ist für diese Seite nicht erlaubt.
406	None Acceptable: Verarbeitung der Header ist nicht möglich.
407	Proxy Authentication Required: Proxies sollen verifiziert werden. Zukünftiger Befehl.
408	Request Timeout: Die Methode konnte innerhalb einer Zeitspanne nicht ausgeführt werden.
409	Conflict: Konflikt ensteht, wenn neuere Änderungen überschrieben werden.
410	Gone: Die gewünschte Seite ist nicht mehr vorhanden.
500	Internal Server Error: interner Serverfehler.
501	Not Implemented: Die Methode ist dem Server nicht bekannt.
502	Bad Gateway: Der Server hatte beim Versuch, auf einen anderen Server zuzugreifen, keinen Erfolg.
503	Service Unavailable: keine Möglichkeit die Methode im Moment auszuführen.
504	Gateway Timeout: Zeitspanne wurde überschritten beim Zugriff auf einen anderen Server.

Zu HTTP existiert eine sichere Variante namens **S/HTTP** (Secure HTTP) → Abschnitt 10.3.3.5).

11.7.4   HTML

HTML (*Hypertext Markup Language*) /11.11/, /11.22/, /11.23/, /11.32/ geht wie SGML auch von Textdokumenten aus, die durch Auszeichnungen (Markups) genauer beschrieben werden. Markups in HTML können sich auf die **Struktur** des Dokuments oder auf sein **Layout** beziehen. Im Gegensatz zu SGML sind die in HTML verfügbaren Tags genau und abschließend festgelegt. In der Version 4.0 von HTML (ISO/IEC DIS 15445) sind mehr als 80 Tags spezifiziert. Die Tabellen 11.8 bis 11.16 zeigen einige davon. In den Tabellen sind Anfangstags eingetragen. Endetags – die in der Regel ein Anfangstag abschließen – sind zusätzlich durch das Zeichen / gekennzeichnet. Beispiel: Anfangstag <BODY>, Endetag </BODY>. Tags bestehen aus dem Tagnamen, der durch Attribut ergänzt wird. Seit HTML 4.0 ist eine Menge von 16 Kernattributen definiert, die in fast allen Tags angegeben werden können /11.27/.

Links werden in HTML durch **Anker** (*anchor*) angegeben, die aus dem Tag-Paar `<A HREF = "eineURL">` abc `</A>` bestehen. Zwischen den Tags steht eine Angabe (abc), die auf dem Bildschirm angezeigt wird. Falls der Benutzer darauf klickt, folgt der Browser dem angegebenen Link (eine URL) und lädt das entsprechende Dokument.

HTML-Dokumente bestehen aus einem **Header** und einem **Body**. Neben Fließtext können auch **Tabellen** (*tables*) verwendet werden. **Formulare** (*forms*) erlauben es Benutzern, Daten an den Server zurückzugeben.

11

Tabelle 11.8   Grundlegende Tags in HTML 4.0

<HTML>	Markiert den Beginn bzw. das Ende </HTML> eines HTML-Dokuments
<HEAD>	Beginn des Headers
<BODY>	Beginn des Textkörpers
<FRAME>	Definiert einen Rahmen, der zu einem Frameset <FRAMESET> gehört

Tabelle 11.9   Tags im Header (HTML 4.0)

<BASE>	Basisadresse für alle relativen URLs in diesem Dokument
<META>	Kennzeichnet Metainformation (Information über das Dokument)
<TITLE>	Titel des HTML-Dokuments

Tabelle 11.9   Tags im Header (HTML 4.0) (Fortsetzung)

<ADDRESS>	Kennzeichnet eine Adresse
<LINK>	Kennzeichnet einen Link, der auf eine Datei mit Style Sheets oder Font-Definitionen zeigt
<SCRIPT>	Definiert ein Script innerhalb des Dokuments
<NOSCRIPT>	Spezifiziert eine alternative Darstellung für einen Browser, der JavaScript nicht kennt
<ABBR>	Definiert eine Abkürzung

Tabelle 11.10   Tags für Tabellen (HTML 4.0)

<TABLE>	Tabellendefinition
<CAPTION>	Tabellenüberschrift
<TD>	Tabellenzelle (rable data cell)
<TR>	Definiert eine Zeile einer Tabelle (table row)
<COL>	Spalte (column)
<COLGROUP>	Gruppierung von Spalten
<TH>	Überschriftszeile (text header)
<TBODY>	für Definition des Tabellenhauptteils
<THEAD>	Tabellendefinition
<TFOOT>	Tabellenüberschrift

Tabelle 11.11   Tags für Dokumentteiler (HTML 4.0)

 	Zeilenumbruch (break)
<HR>	Horizontale Linie (horizental rule)
<P>	Absatz (paragraph)
<H1>	Überschrift (heading, H2...H6)

Tabelle 11.12   Tags für Textformatierungen (HTML 4.0)

<BIG>	große Schriftart
<SMALL>	kleine Schriftart
<B>	Fettdruck (bold, unabhängig von Browsereinstellung)
<STRONG>	Fettdruck
<I>	Schrägdruck (italic, unabhängig von Browsereinstellung)
<EM>	Schrägdruck (emphasized)
<U>	unterstrichen
<S>	durchgestrichen (underlined)
<TT>	Schreibmaschinenschrift (teletype)

Tabelle 11.12   Tags für Textformatierungen (HTML 4.0) (Fortsetzung)

<PRE>	unformatierter Text (preformatted)
<CITE>	zitierter Text
<Q>	kurzes Zitat innerhalb einer Zeile (quote)
<CODE>	Programmcode
<SAMP>	Rechnerausgabe
<KBD>	zeigt Text an, der vom User eingegeben werden muss (keyboard)
<VAR>	Variable
<DFN>	Definition
<SUB>	tiefgestellt (subscript)
<SUP>	hochgestellt (superscript)
<CENTER>	mittige Ausrichtung
<DIV>	beinhaltet Stil oder Ausrichtung (div align="center") für ganzen Block
<SPAN>	beinhaltet Stil oder Ausrichtung für einzelne Zeilen
<STYLE>	Stilinformationen für einzelne Elemente
<FRONT>	mit den entsprechenden Attributen (size=..color=...) wird die Schrift bestimmt
<BASEFONT>	der Basisfont für die Seite wird festgelegt
<BLOCK-QUOTE>	als Block abgesetzt
<BDO>	Überlagerung des 2-Richtungen-Algorithmus
<DEL>	hebt gelöschten Text hervor (delete)

11

Tabelle 11.13   Tags für Links und Bilder (HTML 4.0)

<A>	Anker
<IMG>	Bild
<OBJECT>	Object
<PARAM>	ordnet Objekt einen Wert zu
<APPLET>	einfügen von Java-Applet
<AREA>	aktivieren eines Bildbereiches
<MAP>	aktivieren eines Bildbereiches

Tabelle 11.14   Tags für Formulare (HTML 4.0)

<FORM>	Formulardefinition
<SELECT>	Optionsauswahl
<OPTION>	Option
<OPTGROUP>	fasst Optionen zu spezifischer Gruppe zusammen
<TEXTAREA>	mehrzeiliges Eingabefeld
<INPUT>	Formularfeld
<BUTTON>	kreiert einen Absendebutton
<FIELDSET>	gruppiert ähnliche und verwandte Formularfelder
<LEGEND>	ordnet dem Fieldset eine Benennung zu
<LABEL>	Benennung eines Formularfeldes

Tabelle 11.15   Tags für Frameelemente (HTML 4.0)

<FRAMESET>	Fensterunterteilung
<IFRAME>	Frame innerhalb eines Textblockes
<NOFRAME>	Inhalt, wenn kein Frame im Einsatz

Tabelle 11.16   Tags für Listen (HTML 4.0)

<OL>	leitet eine geordnete Liste ein (ordered list)
<UL>	leitet eine ungeordnete Liste ein (unordered list)
<LI>	Listenelement
<DIR>	Verzeichnisliste
<MENU>	Menüliste
<DL>	Definitionsliste, bewirkt Einrückung
<DD>	Definitionsbeschreibung in Liste
<DT>	Terminuseintrag

HTML ist genau eine Dokumentklasse (*Document Class*) von SGML. Im Gegensatz dazu ist **XML** ($\rightarrow$ Abschnitt 11.7.7) eine Sprache zur Beschreibung **verschiedener Dokumentklassen**. HTML ist jedoch keine XML-Anwendung, weil die DTD von HTML nicht XML-konform ist.

11.7.5 CSS

Ein **Style Sheet** beinhaltet eine Formatvorlage, die bestimmt, wie Elemente eines Dokuments wiederzugeben (zu formatieren) sind. Mehrere Style Sheets können nacheinander auf ein Dokument angewendet werden (**CSS**, *Cascading Style Sheets*). Dabei entstehende Konflikte zwischen widersprüchlichen Formatierungsangaben werden durch Vorrangregeln aufgelöst /11.23/.

Während HTML auch das Layout von Dokumenten beschreiben kann, sind die vorhandenen Tags für eine präzise Beschreibung der Präsentation nicht ausreichend. CSS ist eine Ergänzung zu HTML, die diesen Mangel beseitigt. Die Darstellung aller HTML-Elemente kann präzise spezifiziert werden, zusätzlich können die Elemente pixelgenau auf dem Ausgabegerät positioniert werden. CSS Level 1 (CSS-1) wurde in CSS-2 (CSS Level 2) verbessert und erweitert. **CSSP** (*CSS Positioning*) ist Bestandteil von CSS-2 und für die **absolute Positionierung** und das **Layering** (Zuordnung von Dokumentinhalten zu verschiedenen Schichten, die übereinander dargestellt werden) zuständig.

11.7.6 DHTML

DHTML (*Dynamic HTML*) ist ein Begriff für HTML-Dokumente, die auf der Client-Seite dynamisch (zeitlich veränderlich) dargestellt werden und eine Interaktion mit dem Benutzer zulassen /11.23/.

11

Neben HTML selbst beinhalten solche Dokumente **CSS**, **Skripte** und ein **Dokumentobjektmodell**. Skripte sind Programme, die in einer Skriptsprache – einer einfachen, interpretierten Programmiersprache – geschrieben sind. Skriptsprachen wie ECMAScript (JavaScript) ermöglichen die Interaktion des Benutzers mit dem Dokument. Ein **DOM** (*Document Object Model*) bildet die Basis für die Kopplung von Dokumentinhalten mit Skripten, die diese Inhalte verändern können. Das **DOM des W3C** (WWW Consortium) definiert:

- **Datenstrukturen,** wie sie für Skripte sichtbar sind, und **Operationen**, die den Skripten zur Veränderung des Dokuments zur Verfügung stehen. Zur Beschreibung der Datenstrukturen und Operationen wird eine standardisierte Sprache namens **IDL** (*Interface Definition Language*) verwendet. IDL ist unabhängig von einer bestimmten Programmiersprache. Es wurde von der OMG (Object Management Group) im Rahmen von CORBA standardisiert.

- **Language Bindings:** Diese spezifizieren, wie ein in einer bestimmten Programmiersprache geschriebenes Programm auf die per IDL beschriebenen Schnittstellen von Dokumenten zugreift.

Die ursprüngliche Version von DOM ist beschränkt auf Dokumente, die mit HTML, XML und CSS beschrieben sind. Language Bindings sind für Java und ECMAScript spezifiziert.

11.7.7   XML

> **XML** (*Extensible Markup Language*) ist eine Auszeichnungssprache zur Beschreibung von Dokumenten. Insbesondere ist XML eine Untermenge von SGML und kann somit als SGML-Anwendung bezeichnet werden /11.9/, /11.29/.

Damit sind alle XML-Dokumente auch SGML-Dokumente. Die Umkehrung dieser Aussage gilt jedoch nicht. Gegenüber SGML ist XML erheblich einfacher, aber für Anwendungen im WWW hinreichend mächtig. XML wird durch W3C und ISO/IEC JTC 1/SC 34 standardisiert.

Im Gegensatz zu HTML verwendet XML keine fest vorgeschriebenen Tags. Der Anwender kann Tags für seine Zwecke definieren. Die Definitionen werden in einer **DTD** (*Document Type Definition*) abgelegt, die in der Regel ein eigenes Dokument ist, aber auch Teil eines XML-Dokuments sein kann. **Namensräume** werden in XML definiert, um Elemente von DTDs wiederverwenden zu können. Dazu wird eine URL angegeben, die den Zugriff auf dort definierte Elemente und Attribute ermöglicht.

XSL (*Extensible Style Language*) ist eine Sprache zur Beschreibung der Formatierung (des Layouts) von XML-Dokumenten. Die in XML-Dokumenten enthaltenen Tags werden also bezüglich ihrer Wirkungsweise durch ein XSL Style Sheet beschrieben.

XLink (*XML Linking Language*) und **XPointer** (*XML Pointer Language*) sind zwei Vorschläge zur **Definition von Links** in XML. XLink definiert **einfache Links** (wie sie schon aus HTML bekannt sind) und **erweiterte Links**. Letztere verbinden zwei Dokumente über ein drittes Dokument. Mittels XPointer kann auf eine Stelle innerhalb eines Dokuments verwiesen werden. Dabei ist die **absolute Adressierung** einer Stelle mit Hilfe von Schlüsselwörtern möglich. Eine Stelle kann auch **relativ** in Bezug zu einer vorher festgelegten absoluten Adresse angesprochen werden.

XML bildet die Basis für weitere Typen von Dokumentbeschreibungen, die **XML-Anwendungen** darstellen. **SMIL** (*Synchronized Multimedia Integration Language*) erlaubt die Integration von einzelnen Multimediaobjekten in eine zeitlich abgestimmte Multimediapräsentation. **RDF** (*Resource*

Description Framework) befasst sich allgemein mit der Notation von Metadaten. Auf der Basis von RDF werden konkrete Schemata (Datenmodelle) für Metadaten, wie sie für den Benutzer sichtbar werden, entwickelt. Beispiele hierfür sind die zweite Version von **PICS** (*Platform for Internet Content Selection*) und **P3P** (*Platform for Privacy Preferences*). Viele weitere XML-Anwendungen wurden definiert bzw. befinden sich in Entwicklung. **PGML** (*Precision Graphics Markup Language*) und **VML** (*Vector Markup Language*) dienen der Beschreibung und Darstellung von zweidimensionalen Vektorgrafiken. **MathML** (*Mathematical Markup Language*) ist zur Beschreibung mathematischer Formeln bestimmt.

11.7.8 Weitere Markup-Sprachen

XHTML ist eine Neuformulierung von HTML auf Basis einer XML-DTD. Dazu definiert XML einen Namensraum, in dem die bekannten Tags und Attribute von HTML 4 definiert sind.

WML (*WAP Markup Language*, **WAP** steht für *Wireless Application Protocol*) ist eine Markup-Sprache für den WWW-Zugang über schmalbandige Funkverbindungen.

HDML (*Handheld Device Markup Language*) ist eine Untermenge von HTML, die Dokumente in mehreren Abschnitten (sog. Karten) anzeigt. Damit soll auf der kleinen Display-Fläche von Mobiltelefonen und ähnlichen Endgeräten eine für den Benutzer akzeptable Wiedergabe von Dokumenten realisiert werden.

VRML (*Virtual Reality Modeling Language*, als VRML97 in ISO/IEC 14772 genormt) ist eine Sprache zur Beschreibung von dreidimensionalen Objekten und deren Bewegung im Raum. Dreidimensionale und weitere multimediale Objekte können durch Hyperlinks verknüpft werden.

11

11.7.9 Web Browser

Web Browser (to *browse* = stöbern) sind für die Darstellung und Ausgabe von HTML-Dokumenten auf Bildschirmen und Druckern zuständig /11.7/.

Allerdings beschränken sich viele Browser nicht auf diese Grundfunktionen. Sie ermöglichen stattdessen den Zugriff auf viele Internetdienste. Gängige Browser sind durch einen großen Funktionsumfang gekennzeichnet. Sie enthalten u. a. eine **JVM** (*Java Virtual Machine*) zum Ausführen von **Java-Applets**, einen Interpreter für Scriptsprachen wie ECMAScript und Sicherheitsfunktionen wie SSL (→ Abschnitt 10.3.3.3).

Für Dokumente bzw. Inhaltstypen, die der Browser nicht darstellen kann, können so genannte **Plugins** (mitunter auch als *helper applications* bezeichnet) zur Ergänzung installiert werden. Diese sind dann integrale Bestandteile des Browsers, was für den Benutzer angenehm ist. Eine andere Möglichkeit bieten externe Applikationen, die gestartet werden, wenn der Browser einen entsprechenden Inhaltstyp vorfindet.

11.7.10   Web Server

Die Grundfunktion eines Web Servers besteht darin, Anfragen der Clients zu beantworten und diesen die gewünschten Dokumente zuzustellen. Da ein Server in der Regel viele Clients bedient, ist dessen **Leistungsfähigkeit** (*performance*) und **Zuverlässigkeit** (*reliability*) von großer Bedeutung.

Die verwendete Plattform wird häufig auch als Server für weitere Dienste (FTP, E-Mail, ...) genutzt. Die Plattform muss gegen Angriffe aus dem Netz geschützt werden /11.8/. Mitunter muss die Zugriffsberechtigung des Client durch eine Benutzer-ID und ein Passwort überprüft werden. Die Kommunikation zwischen Client und Server kann mittels SSL (Secure Sockets Layer → Abschnitt 10.3.3.3) abgesichert werden.

Web Server sollen in der Lage sein, **dynamische Dokumente** zu generieren und darin Ergebnisse von Datenbankanfragen einzubauen. Die wichtigsten **Konzepte** hierfür sind /11.30/, /11.16/:

- **CGI** (*Common Gateway Interface*): Ein Mechanismus, der – ausgehend von einer WWW-Anfrage – ein Anwendungsprogramm auf dem Server startet. Dieses liefert Daten zur Beantwortung der Anfrage, die vom WWW-Server in ein HTML-Dokument eingefügt und an den Client übermittelt werden. Ein CGI-Skript ist die Menge der Befehle, die die vom Client gewünschte Aktion bewirken.

- **Java Servlets:** Ein in Java geschriebenes Programm, das auf dem Server abläuft. Servlets stellen eine Alternative zu CGI dar. Sie werden durch das Tag `<SERVLET>` in HTML-Dokumente eingebettet.

- **ODBC** (*Open Database Connectivity*), **JDBC** (*Java Database Connectivity*): Standardisierte Schnittstellen (**API:** *Application Programming Interface*), die Anwendungsprogrammen den Zugriff zu Datenbanken ermöglichen. ODBC wird im Umfeld der Programmiersprache C verwendet, JDBC ist eine Variante für Java.

11.7.11   Informationssuche im WWW

> **Suchmaschinen** (*search engines*) sind Anwendungsprogramme, die
> auf bestimmten Web-Servern verfügbar sind und ausgehend von vorge-
> gebenen Suchworten die URLs von Dokumenten liefern, die diese
> Suchworte enthalten /11.2/.

Die im WWW verfügbare Menge an Dokumenten und Informationen ist
riesig. Dadurch wird das Auffinden einer bestimmten Information
(*Resource Discovery*) schwierig. **Suchmaschinen** durchkämmen die
Webseiten systematisch und regelmäßig und führen dabei eine **Volltext-
indizierung** durch. Dabei wird ein **Index** aufgebaut, der **Deskriptoren**
(Suchworte, Schlagworte) und Verweise auf die ihnen zugeordneten
Textstellen enthält.

Das Problem der Volltextindizierung liegt darin, dass bei wenig spezifischen Suchanfragen sehr viele Treffer (Suchergebnisse) gefunden werden
können. Der Benutzer hat dann die Aufgabe diese selbst zu sichten.
Alternativ können **Metadaten** (Deskriptoren, die der Autor oder ein
Bibliothekar zu einem Dokument hinzufügen) zur Beschreibung von
Dokumentinhalten verwendet werden. Dies kann zu besseren Suchergeb-
nissen führen, wenn die Suchanfrage geeignet formuliert wurde. *Dublin
Core Metadata for Resource Discovery* (RFC 2413) beschreibt einen
kleinen Satz standardisierter Metadaten, die mittels des Tags <META> in
HTML-Dokumente eingefügt werden können. RDF (→ Abschnitt 11.7.7)
bietet gegenüber Dublin Core wesentlich erweiterte Möglichkeiten für
die Beschreibung von Metadaten.

11

11.8   Standarddienste über TCP/IP

ECHO (RFC 862): spezifiziert einen einfachen Server, der einem Client
alles zurücksendet, was er von ihm empfangen hat. Der Server ist über
TCP und UDP (jeweils Port 7) erreichbar.

DISCARD (RFC 863): spezifiziert einen einfachen Server, der alles, was
er von einem Client empfangen hat, löscht. Der Server ist über TCP und
UDP (jeweils Port 9) erreichbar.

CHARGEN (RFC 864): spezifiziert einen Server, der einen kontinuierlichen Strom aus willkürlich gewählten Zeichen erzeugt, sofern der Client
den Server über TCP anspricht; bzw. ein Datagramm mit einer beliebigen
Anzahl von verschiedenen Zeichen, falls die Anfrage über UDP gestellt
wird. Die Portnummer ist jeweils 19.

TIME (RFC 868): spezifiziert einen Server, der dem Client die aktuelle Zeit der Server-Maschine liefert. Die Zeit wird als 32-Bit-Integerzahl angegeben, die die verstrichenen Sekunden seit Mitternacht des 1.1.1900 angibt. Der Server ist über TCP und UDP (jeweils Port 37) erreichbar.

DAYTIME (RFC 867): Der Server liefert Datum und Zeit in einer für den Benutzer lesbaren Form. Die TCP- und UDP-Portnummer ist 13.

11.9   TELNET

TELNET (Telecommunications Network Protocol, RFC 854, RFC 855–861 und viele weitere) ist im Rahmen des Protokollstapels TCP/IP die Standardanwendung für das **Einwählen in entfernte Systeme** (engl. *Remote Login*) → Bild 11.15. TELNET setzt auf TCP/IP auf und nutzt auf der Server-Seite die Portnummern 23. Es umfasst die Codierungsregeln, um ein Terminal beim Benutzer mit einem Kommandointerpreter auf dem entfernten System zu verbinden. Das Endgerät auf der Client-Seite wird in der Regel ein Arbeitsplatzrechner sein, der ein Standard-Terminal nachbildet (daher auch der Begriff **Terminalemulation**). Der Typ des Terminals kann beim Verbindungsaufbau ausgehandelt werden.

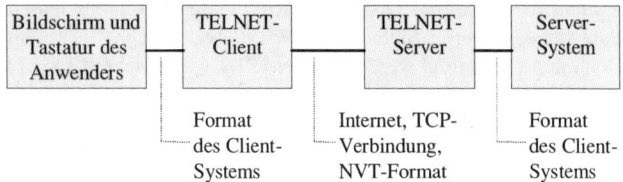

Bild 11.15   Logische Struktur der TELNET-Kommunikation

Zum Verbergen der Heterogenität zwischen Client- und Server-System verwendet TELNET das Konzept des **NVT** (*Network Virtual Terminal*). Dies ist eine standardisierte Schnittstelle zwischen den entfernten Systemen. Sowohl im Client- als auch im Server-System werden die intern verwendeten Zeichencodes und Zeichenfolgen in das NVT-Format umgesetzt.

Teilfunktionen von TELNET sind auch in anderen Anwendungen wie FTP und SMTP integriert oder werden von diesen benutzt. Während FTP nur den Dateitransfer leistet, kann (sofern die dem Client eingeräumten Rechte dies zulassen) mit Hilfe des TELNET-Client die volle Funktionalität des entfernten Server-Systems genutzt werden.

11.10   Dateitransfer (FTP)

FTP (*File Transfer Protocol*, RFC 959) leistet die Übertragung von Dateien zwischen Endsystemen. Es benutzt dazu Funktionen aus dem TELNET- und dem TCP-Protokoll. Durch die Berücksichtigung von Zugriffsrechten (Benutzername und Passwort), Abbildung von Dateinamen zwischen unterschiedlichen Systemen sowie der unterschiedlichen Dateiformate (Binär- oder Textdateien, Zeichencodierung) ist der zuverlässige Dateitransfer eine aufwändige Aufgabe.

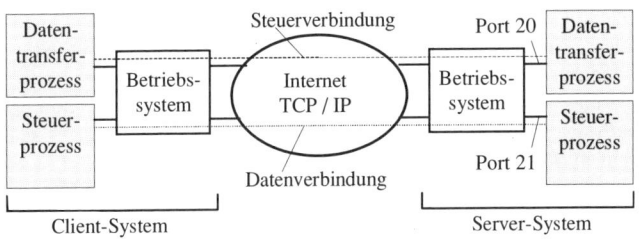

Bild 11.16   Prozesse und Verbindungen bei FTP

FTP benötigt **zwei Vollduplex-Verbindungen,** von denen eine zur Steuerung und die andere zur eigentlichen Dateiübertragung genutzt wird (→ Bild 11.16). Auf der Serverseite werden die Portnummern (→ Abschnitt 9.2.3) 21 für die Steuerverbindung und 20 für die Dateiübertragung verwendet. Die Portnummern auf der Clientseite werden dynamisch zugewiesen. Viele FTP-Server lassen ein Login für gelegentliche Benutzer zu (**Anonymes FTP**). Dazu wird als Benutzername `anonymous` und als Passwort `guest` (bzw. die eigene E-Mail-Adresse) angegeben.

TFTP (*Trivial File Transfer Protocol*, RFC 783) bietet eine zuverlässige Übertragung von Dateien auf der Basis von UDP. Es ist zur Inbetriebnahme (*Bootstrapping*) von Systemen innerhalb eines LAN gedacht. Da es einfach und kompakt ist, kann es im System-EPROM abgelegt werden.

Archie ist eine Datenbank, die Ressourcen auf FTP-Servern verzeichnet. Archie kann mittels TELNET abgefragt werden. Zahlreiche Archie-Clients sind verfügbar.

11

11.11   Usenet

Usenet bezeichnet einen Dienst – ein öffentlich zugängliches **Diskussionsforum** – zum Meinungsaustausch über das Internet, es ist äquivalent zu einem schwarzen Brett /11.7/.

Server nehmen Beiträge entgegen, legen diese in einer baumförmig nach Themen organisierten Struktur ab und beantworten Anfragen der **Clients**. Die in Usenet angebotenen Inhalte werden als **Network News** (kurz: *News*) und die Themengruppen als **Newsgroups** bezeichnet, diese können moderiert oder unmoderiert sein. Für das Usenet gibt es eigene Suchmaschinen. Clients werden als **Newsreader** (diese sind eigenständige Anwendungsprogramme oder in Browser integriert) bezeichnet.

NNTP (*Network News Transfer Protocol*, RFC 1036) ist das Protokoll für die Übertragung von News. Es setzt auf TCP und IP auf. Eine Usenet-Nachricht muss eine gültige E-Mail-Nachricht nach RFC 822 sein und damit die Felder Date:, From:, Newsgroups:, Subject:, Message-ID: und Path: enthalten. RFC 977 spezifiziert die Commands, mit denen NNTP-Clients auf NNTP-Server zugreifen, die Replikation zwischen NNTP-Servern und die von diesen gesendeten Antwort-Codes.

11.12   Gopher, WAIS

Die folgenden Dienste sind durch das WWW weitgehend verschwunden. **Gopher** (RFC 1436) ermöglicht den Zugriff auf weltweit verteilte Daten. Im Unterschied zum WWW kennt Gopher keine Hyperlinks. **Veronica** (Very Easy Rodent-Oriented Net-Wide Index to Computerized Archives) dient der **Suche** nach Informationen in Gopher. Veronica spielt für Gopher dieselbe Rolle wie Archie für FTP.

WAIS (Wide Area Information System, RFC 1625) ist ein Dienst für die Volltextsuche in Datenbanken im Internet. WAIS verwendet den Standard ANSI Z39.50.

11.13   IRC

IRC (*Internet Relay Chat*, wörtlich: plaudern; RFC 1459) erlaubt den Austausch **schriftlicher Nachrichten** in **Echtzeit**. Echtzeit bedeutet, dass die Nachrichten schnellstmöglich übermittelt und auf dem Client zur Anzeige gebracht werden. IRC ist im Unterschied zu E-Mail für die Gruppenkommunikation vorgesehen und wird deshalb als Telekonferenz-System bezeichnet. Dazu existieren **IRC-Server**, die über das Internet miteinander verbunden sind und so ein IRC-Netzwerk bilden. Die Mitglieder einer Gruppe müssen sich bei demselben Server anmelden.

11.14 NTP

NTP (*Network Time Protocol*, Version 3, RFC 1305) ist ein Protokoll zur **Synchronisation** mehrerer rechnerinterner **Uhren** in Internet-Knoten. NTP verwendet eine Hierarchie von Zeitgebern (Uhren). Die primären Zeitgeber sind direkt mit Atomuhren synchronisiert, sekundäre Zeitgeber sind auf die primären Zeitgeber synchronisiert. NTP nutzt UDP als Transportprotokoll und erreicht damit Genauigkeiten im Millisekunden-Bereich. **SNTP** (*Simple Network Time Protocol*, RFC 2030) ist eine einfachere, aber zu NTP kompatible Variante.

11.15 Groupware und Multimedia

11.15.1 Begriffe

Groupware- und Multimedia-Anwendungen sind beide dadurch gekennzeichnet, dass mindestens zwei Teilnehmer miteinander in Wechselwirkung (Interaktion) stehen. Der Begriff **Groupware** stellt den Aspekt der **Kooperation** in den Vordergrund, während **Multimedia** ($\rightarrow$ Abschnitt 9.7.2) den Typ der übertragenen Inhalte (Text und weitere Medientypen) kennzeichnet. Somit ist eine eindeutige Abgrenzung zwischen Groupware und Multimedia nicht möglich.

11

> **Groupware** (auch **CSCW,** *Computer Supported Cooperative Work*) ist ein Oberbegriff für Dienste und Anwendungen, die die Zusammenarbeit von Gruppen unterstützen. Dabei werden wenig strukturierte, häufig veränderliche Abläufe (Prozesse) angenommen. Wenn genau festgelegte Abläufe unterstützt werden, wird der Begriff **Workflow** (wörtlich: Arbeitsablauf) verwendet.

Die Strukturierung von Groupware kann nach den Dimensionen Raum und Zeit erfolgen ($\rightarrow$ Bild 11.17). Die Gruppenmitglieder können alle an demselben Ort oder an verschiedenen Orten sein. Ebenso können sie zur gleichen Zeit (*synchron*) oder zu verschiedenen Zeiten (*asynchron*) an den Aktivitäten der Gruppe teilnehmen.

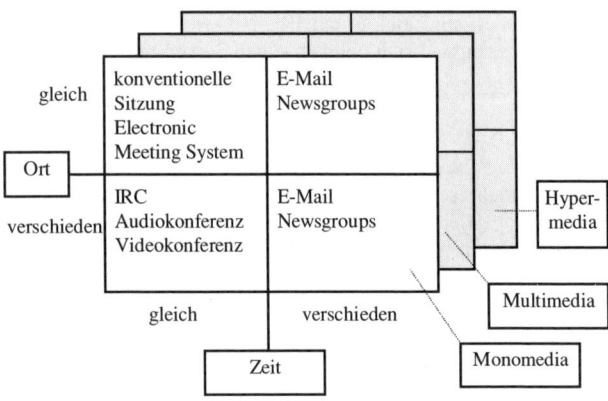

Bild 11.17   Groupware und Multimedia

11.15.2   Dienste und Anwendungen für Groupware

Groupware-Anwendungen lassen sich in die folgenden Gruppen einteilen:
- **Information:** gemeinsam genutzte Datenbanken, die jedoch häufig unstrukturierte Informationen (→ Abschnitt 11.1.1) enthalten. Die Metapher „schwarzes Brett" bringt dies zum Ausdruck. Usenet (→ Abschnitt 11.11) liefert hierfür Ansatzpunkte.
- **Kommunikation:** Hier ist primär Electronic Mail gemeint, die mit Verteilerlisten etc. auch als Groupware-Anwendung betrachtet werden kann.
- **Kooperation:** Zusammenarbeit beispielsweise bei der Erstellung von Dokumenten etc.
- **Koordination:** Kalender, Systeme für das Projektmanagement.

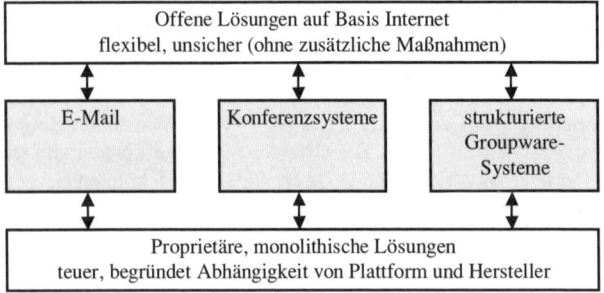

Bild 11.18   Lösungsansätze für Groupware: offen und proprietär

Mehrere der im Kapitel 11 erwähnten Dienste und Anwendungen lassen sich als Komponenten für Groupware verstehen und nutzen. Beispiele sind E-Mail, News, WWW und IRC. Das Ergebnis sind offene, herstellerunabhängige Systeme. Bei Groupware besitzen monolithische, proprietäre Lösungen ebenfalls eine große Bedeutung. Vor- und Nachteile beider Lösungsansätze sind abzuwägen (→ Bild 11.18).

11.15.3   Multimediale Dienste und Anwendungen

Multimedia-Anwendungen in Netzen können mit Stichworten wie Teleteaching, Telelearning, Telemedizin, Teleworking und Telepresence assoziiert werden. Kommunikationstechnische Voraussetzungen in Bezug auf das Internet kommen primär durch Begriffe wie QoS und Multicast (→ Abschnitte 9.8, 9.7) zum Ausdruck.

Multimedia und Internet sind zwei verschiedene technische Entwicklungen, die sich sehr gut ergänzen:
- Das Internet stellt **multimediale Inhalte** (*Contents*) und Dienste einer großen Anzahl von potenziellen Nutzern zur Verfügung. Durch geeignete Konzepte (HTML, integrierte Browser etc.) ist deren Handhabung dennoch einfach.
- Multimedia erhöht andererseits den **Nutzen** des Internet für dessen Anwender.

Nach /11.33/ lassen sich die **Auswirkungen des Internet auf Multimedia** in drei Gruppen einordnen:
- Das Internet stellt dem Content Provider eine im Vergleich zu Speichermedien wie CD-ROM oder DVD scheinbar unbegrenzte **Speicherkapazität** zur Verfügung.
- Die Nutzung von Multimedia im Netz ermöglicht einen wesentlich höheren **Grad an Interaktivität**, als dies bei vorgefertigten Multimedia-Präsentationen der Fall ist. Denn ein Server kann mehr Speicher und Verarbeitungskapazität aufbringen als ein typischer Client. Überdies können Inhalte, die in Echtzeit entstehen (Video- und Tonaufnahmen), mit eingefügt werden.
- Das Internet erlaubt jedem Nutzer den **Zugang** zu digitalen Inhalten, unabhängig davon, ob diese frei zur Verfügung gestellt oder als Ware (Electronic Commerce) angeboten werden. Herkömmliche Massenmedien (Zeitungen, Radio, Fernsehen) nutzen das WWW bereits in erheblichem Umfang.

Multimedia-Anwendungen können lokal oder verteilt ablaufen. **Lokale Multimedia-Anwendungen** betreffen hauptsächlich die Bearbeitung

11

bzw. Erstellung von Multi- und Hypermedia-Dokumenten. Multimediale Dienste und Anwendungen in Netzen (verteilte Anwendungen, distributed multimedia) stellen an die Kommunikationsnetze und -protokolle besondere Anforderungen, die jedoch grundsätzlich lösbar sind. Dabei ist häufig eine Gruppenkommunikation (Multicast) erforderlich. Nach /11.20/ finden die folgenden **Telemedia-Anwendungen** das größte Interesse:

- **Multimedia-Mitteilungssysteme:** Sie erweitern Electronic Mail um die Übermittlung zeitabhängiger Medien. Spezielle Anforderungen ergeben sich aus der Zwischenspeicherung großer Datenmengen.
- **Schreibtisch-Videokonferenzen:** Hierfür häufig eingesetzte Verfahren bzw. Werkzeuge sind: **Whiteboard**, für die gemeinsame Bearbeitung eines Dokuments. Die Bezeichnungen *Document Sharing* und *Joint Editing* werden ebenfalls verwendet. **Application Sharing**, zur Darstellung der Ausgabe und der Benutzereingaben eines von den Konferenzteilnehmern gemeinsam genutzten Programms. Die eingesetzte Anwendungssoftware muss kooperationsbewusst sein.
- **Digitales Fernsehen:** *Video on Demand* soll den individuellen, uneingeschränkten Abruf bestimmter Inhalte ermöglichen. Wegen der hohen Anforderungen an die Video-Server ist *Near Video on Demand* eine leicht realisierbare Lösung, die aber für den Teilnehmer gewisse Einschränkungen bringt.
- **Kiosk-Systeme:** Sie bieten multimediale Inhalte über eine stark vereinfachte Benutzerschnittstelle an.

Beschreibung von Multimedia-Dokumenten: SMIL → Abschnitt 11.7.7.

___

11.15.4   Elektronische Konferenzen

> **Telekonferenzen** bilden mit den Mitteln der Kommunikationsnetze herkömmliche Konferenzen nach. Die Teilnehmer befinden sich an unterschiedlichen Orten, sind aber zur gleichen Zeit aktiv. **Audiokonferenzen** nutzen nur Sprache, während bei **Videokonferenzen** mindestens Bewegtbilder und Sprache als Medien eingesetzt werden.

Videokonferenzen lassen sich nach der genutzten Infrastruktur einteilen: LAN, Telekommunikationsnetz (Einflusssphäre ITU-T) und das Internet (Einflusssphäre IETF). Die Hersteller von Videokonferenzsystemen haben sich in IMTC (International Multimedia Teleconferencing Consortium, www.imtc.org/) organisiert. Entsprechende Standards sind u. a.:

- **ITU-T H.310:** Videokonferenz über ATM.
- **ITU-T H.320:** Audio- und Videoübertragung über ISDN.

- **ITU-T H.323:** Audio- und Videoübertragung über LANs oder andere paketvermittelte Netze.
- **ITU-T H.324:** Audio- und Videoübertragung über schmalbandige Telefonnetze PSTN: (Public Switched Telephone Network).

Diese Standards sind **Rahmenstandards**, die eine ganze Reihe weiterer Standards mit einbeziehen. H.323 ($\rightarrow$ Bild 11.19) ermöglicht Videokonferenzen vom Arbeitsplatzrechner über LANs, Intranets und das Internet. H.323 wird auch für IP-Telefonie (Voice over IP) eingesetzt. Dabei entfällt das Videosignal. Die **in H.323 genutzten Protokolle** sind u. a.:

- **ITU-T H.225:** ist für die Signalisierung beim Verbindungsaufbau zuständig (Originaltitel: Media Stream Packetization and Synchronisation).
- **ITU-T H.245:** für Steuerung und Rückmeldungen während der Verbindungsdauer (Originaltitel: Control of Communications between Multimedia Terminals).
- **ITU-T T.120:** zum Austausch digitaler Daten während der Verbindungsdauer. T.120 ist selbst ein Rahmenstandard für Mehrpunkt-Datenkonferenzen (Audiographic Teleconferencing).
- Zu RTP und RTCP $\rightarrow$ Abschnitt 9.7.6.

Als **Audio-Codecs** sind in H.323 wahlweise vorgesehen:

- **ITU-T G.711:** Audio-Codec mit PCM (56 bzw. 64 kbit/s).
- **ITU-T G.722:** Audio-Codec mit SB-ADPCM (56 kbit/s).
- **ITU-T G.723.1:** Sprachkompressionsverfahren für schmalbandige Anwendungen (6,4 bzw. 5,3 kbit/s), reduzierte Sprachqualität, erhöhte Verzögerung.
- **ITU-T G.726:** Audio-Codec mit ADPCM (16–40 kbit/s) bei guter Sprachqualität.
- **ITU-T G.728:** Sprachkompressionsverfahren mit linearer Prädiktion.

Für Videokonferenzen über einen B-Kanal in ISDN.

Audio / Video-Anwendungen		Signalisierung und Steuerung				Daten-übertragung
Video Codec	Audio Codec	RTCP	H.225 Reg.	H.225 Signali-sierung	H.245 Steuerung	T.120 Daten
RTP						
UDP				TCP		
IP						

Bild 11.19   Protokollarchitektur nach H.323 (/11.6/, S. 548)

- **ITU-T G.729:** Sprachkompressionsverfahren mit linearer Prädiktion (8 kbit/s).

Als **Video-Codecs** stehen zur Wahl:

- **ITU-T H.261:** Video-Codec mit DCT (*Discrete Cosine Transform*) für Datenraten $n \cdot 64$ kbit/s ($n < 30$).
- **ITU-T H.263:** Video-Codec mit DCT, gegenüber H.261 verbessert.

SIP (*Session Initiation Protocol*, RFC 2543) ist von der IETF als Alternative zu H.323 vorgeschlagen worden. Im Gegensatz zu H.323 schlägt SIP weder einen bestimmten Codec vor, noch erfordert es RTP. Zum Austausch von Informationen über eine Konferenz (verwendete Codierung, Portnummern, Multicast-Adresse) ist zusätzlich **SDP** (*Session Description Protocol*, RFC 2327) erforderlich.

Mbone (→ Abschnitt 9.7.5) erlaubt Konferenzen über das Internet. Die Mbone-Anwendungen (→ Tabelle 11.17) nutzen vorwiegend RTP über UDP.

Tabelle 11.17   Mbone-Anwendungen /11.21/

Bezeichnung	Funktion
SDR	Session Directory: zur Ankündigung einer Mbone-Session
NV	Netvideo: Videokonferenzsystem
VIC	Videokonferenzsystem
IVS	Videokonferenzsystem von INRIA
VAT	Visual Audio Tool: Audiokonferenzsystem
RAT	Robust Audio Tool: Audiokonferenzsystem
WB	Whiteboard

11.16   Electronic Business

11.16.1   Begriffe

Electronic Business bedeutet die weitgehende, besser vollständige Unterstützung von Geschäftsprozessen durch Informations- und Kommunikationstechnik. Geografische Distanzen werden dabei durch Rechnernetze überbrückt. **Electronic Commerce** ist ein Teilgebiet des Electronic Business und bezieht sich ausschließlich auf Handelsprozesse.

Geschäftsabläufe können mit Hilfe der Wertkette nach Porter /11.24/ dargestellt werden. Da Kunden und Lieferanten zunehmend in Geschäftsprozesse mit einbezogen werden, werden Wertketten untereinander zuneh-

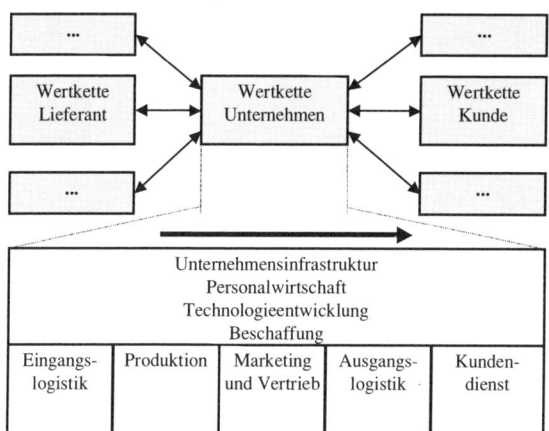

Bild 11.20   Wertketten vernetzter Unternehmen

mend vernetzt (→ Bild 11.20). Je nach konkreter Situation ergeben sich vielfältige Kommunikationsbeziehungen zwischen den Funktionsbereichen der Wertketten der Geschäftspartner. Das Internet repräsentiert eine Kommunikationsbasis, die grundsätzlich alle der an die Kommunikation gestellten Anforderungen erfüllen kann. Konsequenz ist die derzeit zu beobachtende Bedeutung des Internet für Electronic Business bzw. Electronic Commerce.

Electronic Business wird zunächst eingeteilt in **B2B** (*Business to Business*) und **B2C** (*Business to Consumer*). **B2A** (*Business to Administration*) beschreibt die Geschäftsbeziehungen von Unternehmen zu öffentlichen Stellen. **Electronic Government** bezieht sich auf den Einsatz der Informations- und Kommunikationstechnik in Verwaltungsprozessen, wenn der Staatsbürger mit einbezogen ist.

Elektronische Märkte sind in verschiedenen Formen vorstellbar (→ Bild 11.21). Der eigentliche elektronische Markt bringt viele Anbieter und Abnehmer zusammen. Er funktioniert analog zu einem herkömmlichen physischen Markt. **Auktionen** bzw. **Ausschreibungen** funktionieren mit einem Anbieter bzw. Abnehmer. Die Auktion soll einen möglichst hohen Verkaufspreis durchsetzen, während bei der Ausschreibung primär Einkaufspreise minimiert werden sollen. Je nach Ausrichtung eines elektronischen Marktes (Branche, Region, Produkt, ...) sind offene oder geschlossene Benutzergruppen möglich

Auf elektronischen Märkten können materielle und immaterielle Güter gehandelt werden. Für materielle Güter ist eine leistungsfähige Logistik-

11

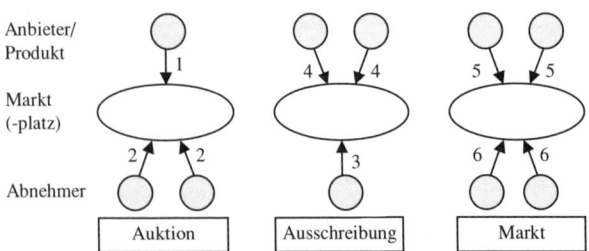

Bild 11.21   Begriffe zu elektronischen Märkten

kette von besonderer Bedeutung. Immaterielle Güter (Musik, Video, Berichte, Bücher, ...) können hingegen über ein Rechnernetz geliefert werden.

Vorteile durch die elektronische Geschäftsabwicklung entstehen primär durch die folgenden Effekte:

- **Höhere Transparenz:** Durch ein einheitliches, überall (ubiquitär) verfügbares Kommunikationssystem haben die Marktteilnehmer einen wesentlich besseren und aktuelleren Informationsstand, der rationale Entscheidungen erleichtert.
- **Geringere Transaktionskosten:** Das einheitliche Kommunikationssystem ist selbst mit relativ niedrigen Nutzungskosten behaftet. Wenn Transaktionen teilweise oder vollständig automatisiert ablaufen, werden die Transaktionskosten entsprechend niedrig.
- **Schnellere Abläufe:** Die Kommunikation in Echtzeit in Verbindung mit (teil-)automatisierten Transaktionen kann die Abläufe erheblich beschleunigen.

Diesen Vorteilen stehen jedoch erhebliche Probleme gegenüber, die nach und nach überwunden werden müssen:

- **Sicherheit:** die Sicherheitsprobleme im offenen Internet (→ Abschnitt 5.5) müssen durch geeignete Maßnahmen gelöst werden (→ Abschnitt 10.3).
- **Vertrauen, Akzeptanz:** Vertrauen im Electronic Business kann erst entstehen, wenn die Lösung der Sicherheitsprobleme und möglicher rechtlicher Probleme aufgezeigt und allgemein bekannt ist. In der Folge wird auch die Akzeptanz zunehmen.
- **Diffusion (Ausbreitung):** Die Anzahl der Teilnehmer in elektronischen Geschäftsprozessen und die getätigten Umsätze werden stark wachsen, sobald die oben genannten Probleme überwunden sind. Bis zu einer weitgehenden Durchdringung und Ergänzung, teilweise vielleicht auch Ablösung der herkömmlichen Geschäftsprozesse, werden jedoch viele Jahre benötigt.

11.16.2 Electronic Banking

Electronic Banking (auch als *Home Banking* oder *Telebanking* bezeichnet) bedeutet die Abwicklung von Bankgeschäften (Informationsabruf, z. B. Kontostand; Durchführung von Transaktionen, z. B. Überweisung) mit Hilfe von Endgeräten, die über ein Netz mit dem Rechner der Bank verbunden sind. Wegen der hohen Sicherheitsanforderungen wurden dafür zunächst **Online-Dienste** genutzt, die als geschlossene und somit relativ sichere Netze betrachtet werden können. Mit der Realisierung von **HBCI** (*Home Banking Computer Interface Standard*) kann Electronic Banking auch auf dem offenen Internet sicher genutzt werden. Electronic Banking kann als Vorläufer von Electronic Business betrachtet werden.

11.16.3 Konzepte für elektronische Märkte

EDI (*Electronic Data Interchange*) wird im B2B-Bereich seit langem verwendet. Dabei wird häufig ein **VAN-Provider** (*Value Added Network*, *Mehrwertnetz*; sagt aus, dass der Netzbetreiber neben dem eigentlichen Datentransport weitere Leistungen erbringt) als Vermittler zwischen den Geschäftspartnern eingeschaltet. Der ANSI-Standard (→ Abschnitt 12.4.4) **X12** sorgt für kompatible Dokumente. Diese bilden die üblichen Geschäftsdokumente nach und sind als ASCII-Dateien mit Datensätzen und -feldern strukturiert. **UN-EDIFACT** (*United Nations EDI for Administration, Commerce and Transport*) ist ein internationaler EDI-Standard (ISO 9735).

EDI ist zukünftig auch auf dem Internet möglich. Als Grundlage für die Beschreibung von Geschäftsdokumenten wird XML (→ Abschnitt 11.7.7) genutzt. Die **CBL** (*Common Business Library*) ist ein entsprechender Standard, der bereits eine gewisse Verbreitung gefunden hat.

OBI (Open Buying on the Internet)
OBI wird vom OBI-Konsortium entwickelt und verfolgt ähnliche Ziele wie EDI. Es verwendet EDI X12-850 zur Dokumentbeschreibung. Für die Authentifizierung sind digitale Zertifikate erforderlich.

M-Commerce (Mobile Commerce)
M-Commerce beruht auf dem drahtlosen Zugang zu elektronischen Märkten mit Hilfe eines Mobiltelefons oder ähnlicher Endgeräte. Aktuelle Prognosen gehen davon aus, dass M-Commerce wichtiger wird als der Zugang über leitungsgebundene Zugangsnetze (→ Kapitel 8). Zur Zeit steht **WAP** (→ Abschnitt 11.7.8) als Mechanismus für M-Commerce im Vordergrund des Interesses.

11

11.16.4   Elektronische Zahlungsverfahren

Zur Beschleuning des Zahlungsverkehrs zwischen Banken werden schon lange spezialisierte Netze eingesetzt. **SWIFT** (*Society for Worldwide Interbank Financial Telecommunication*) verwendet dazu **EDI-Transaktionen**. Der Begriff **EFT** (*Electronic Fund Transfer*) beinhaltet zusätzlich zum Zahlungsverkehr zwischen Banken die Kommunikation zum **POS** (*Point of Sale*), wofür X.25 oder ISDN genutzt werden. Elektronische Zahlungsverfahren sollen den gesamten Zahlungsvorgang über ein Rechnernetz abwickeln, sie sind damit ein wesentlicher Bestandteil des Electronic Commerce. Hierbei ergeben sich **Probleme**, die bei konventionellen Zahlungsverfahren nicht im Vordergrund stehen:

- Beim Electronic Commerce werden u. a. immaterielle Güter zu niedrigen Preisen gehandelt. Die entsprechenden Zahlungsvorgänge werden als **Micro-** (Beträge von einigen DM) oder **Pico-Payment** (Beträge weniger als 1 DM) bezeichnet. Sie sind wirtschaftlich nur sinnvoll, wenn die **Transaktionskosten** für den Zahlungsvorgang wesentlich geringer sind als der Zahlungsbetrag.
- Für die Abwicklung von Geschäftsvorgängen (insbesondere Zahlungsvorgängen) über ein offenes Netz (das Internet) ist die **Sicherheit** gegen monetäre Verluste für alle Beteiligten eine zwingende Voraussetzung. Diese lässt sich durch den kombinierten und sorgfältig abgestimmten Einsatz kryptographischer Verfahren sicherstellen.

Zur Lösung solcher und anderer Probleme wurde eine Anzahl verschiedener **Verfahren** entwickelt, die sich wie folgt **klassifizieren** lassen:

- **Elektronische Geldbörse** (*Pay Before*): Währungseinheiten werden auf einer Smart Card gespeichert und zur Bezahlung abgebucht. Dies ist äquivalent zu Bargeld, weshalb auch die Bezeichnung *Electronic Cash*, *Digital Cash* oder *Geldkarte* verwendet wird. Die elektronische Geldbörse ist zur Bezahlung kleiner Beträge geeignet.
- **Kredit-Verfahren** (*Pay Later*): Bezahlungsvorgänge mittels herkömmlicher Kreditkarten werden vollständig über ein Netz abgewickelt. Das Verfahren ist aufwendig, was am bekanntesten Beispiel **SET** (*Secure Electronic Transactions*) deutlich wird.
- **Debit-Verfahren** (*Pay Now*): Die Bezahlung erfolgt beim Kauf mittels einer Karte, die die sofortige Belastung des Kontos des Käufers ermöglicht. Beispiel ec-Karte. Das Verfahren wird auch als Electronic Cash bezeichnet (obwohl es nicht in die Kategorie elektronische Geldbörse gehört).
- **Währungsbasierte Verfahren:** Hier werden virtuelle (nur elektronisch als Bitmuster bestehende) Währungeinheiten geschaffen. Jede Instanz dieser Währung (äquivalent zu Geldschein oder Münze) wird von einer

zentralen Stelle (z. B. Bank) herausgegeben und mit einer individuellen Nummer versehen. Der Käufer kann seine Währungseinheiten (die z. B. auf einer Festplatte gespeichert sind) zur Bezahlung eines Verkäufers verwenden. Der Verkäufer kann nun mit den erhaltenen Währungseinheiten selbst bezahlen. Oder er kann sie der Bank zurückgeben, die ihm dafür einen entsprechenden Betrag in der offiziellen Währung auf seinem Konto gutschreibt. Auf Grund der Seriennummer kann die Bank die Währungseinheiten wiedererkennen, sie weiß aber nicht, wer diese als Zahlungsmittel benutzt hat. Das Verfahren wahrt also die Anonymität des Inhabers des Zahlungsmittels. Das bekannteste Beispiel währungsbasierter Verfahren ist e-cash der Firma Digicash.

11

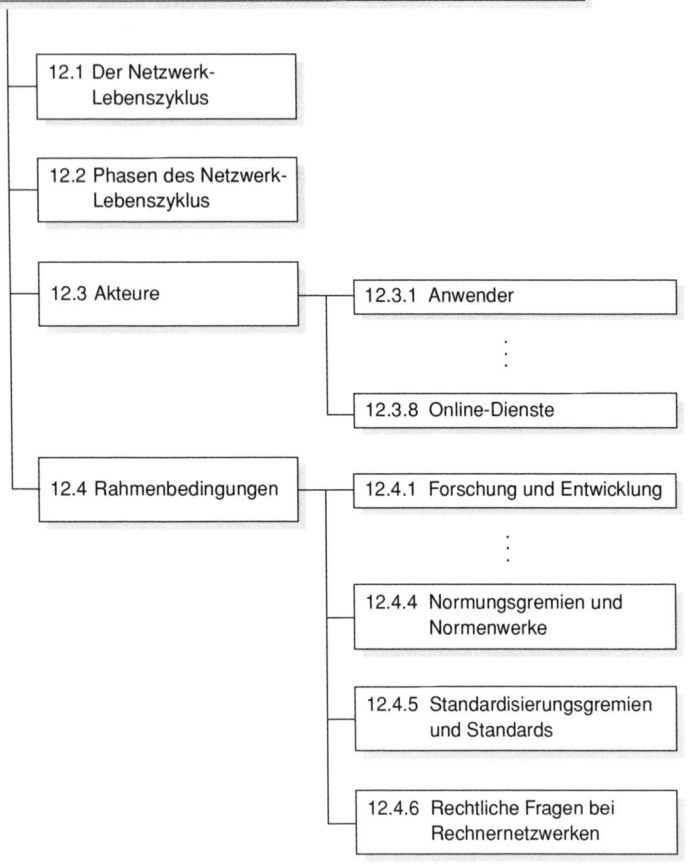

12 Der Lebenszyklus von Rechnernetzen, Akteure und Rahmenbedingungen

12.1 Der Netzwerk-Lebenszyklus

12.2 Phasen des Netzwerk-Lebenszyklus

12.3 Akteure

12.3.1 Anwender

⋮

12.3.8 Online-Dienste

12.4 Rahmenbedingungen

12.4.1 Forschung und Entwicklung

⋮

12.4.4 Normungsgremien und Normenwerke

12.4.5 Standardisierungsgremien und Standards

12.4.6 Rechtliche Fragen bei Rechnernetzwerken

12 Der Lebenszyklus von Rechnernetzen, Akteure und Rahmenbedingungen

12.1 Der Netzwerk-Lebenszyklus

Der Lebenszyklus von Rechnernetzen lässt sich – ähnlich wie der von Software – in einem Phasenmodell darstellen → Bild 12.1. Die Phasen und Akteure werden in den beiden folgenden Abschnitten kurz beschrieben.

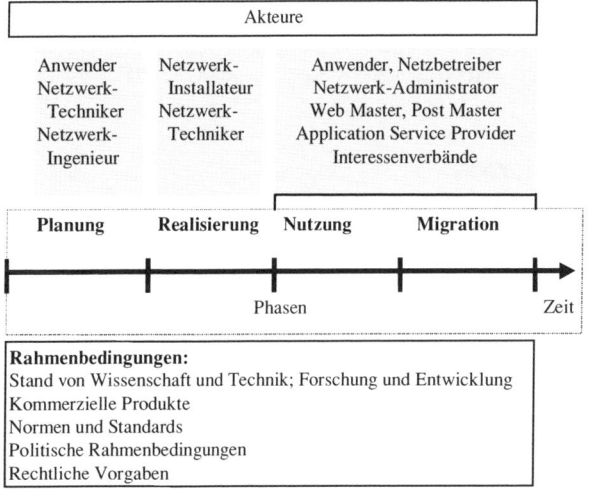

Bild 12.1   Der Netzwerk-Lebenszyklus

Über den Stand der Technik geben die Kapitel 1–11 dieses Taschenbuchs einen knappen, notwendigerweise unvollständigen Überblick. Auf kommerzielle Produkte wird nicht eingegangen, da die erforderliche Seitenzahl viel zu groß und eine Beschränkung auf ausgewählte Produkte problematisch wäre. Zudem ist die Produktlebensdauer in der Regel sehr kurz. Rahmenbedingungen werden im Abschnitt 12.4 behandelt. Die folgenden Kapitel 13 und 14 befassen sich mit den Phasen Planung und Nutzung. Dabei wird die Nutzung primär aus der Sicht des Netzbetreibers bzw. Netzadministrators betrachtet.

12.2   Phasen des Netzwerk-Lebenszyklus

Die **Phasen** des Netzwerk-Lebenszyklus sind:

- Die **Planungsphase** (→ Kapitel 13) ist von grundlegender Bedeutung für den Nutzen, der aus Netzwerkanwendungen entsteht. Die spätere Beseitigung von Planungsmängeln und -fehlern ist aufwändig und langwierig.
- Die **Realisierungsphase** ist auf Basis einer guten Planung eher unproblematisch.
- Die **Nutzungsphase** ist die wichtigste und längste Phase des Netzwerk-Lebenszyklus. Für sie ist ein angemessenes, gut funktionierendes **Netzwerk-** bzw. **Systemmanagement** (→ Kapitel 14) unerlässlich.
- Die **Migrationsphase**: Erfahrungsgemäß ändern sich die Anforderungen an ein Netzwerk mit der Zeit, so dass selbst ein gut geplantes Netzwerk hin und wieder an die aktuelle Situation angepasst werden muss. Dies geschieht in der Migrationsphase. Die erforderlichen Verfahren und Maßnahmen sind weitgehend dieselben wie in der Planungsphase.

12.3   Akteure

Die Akteure im Netzwerk-Lebenszyklus sind **Personen** oder **Institutionen**, die in einer oder in mehreren Phasen beteiligt sind. Die verschiedenen Akteure haben unterschiedliche Aufgaben und müssen unterschiedliche Qualifikationen besitzen.

12.3.1   Anwender

Der **Anwender** (*user*) eines Rechnernetzes ist die wirkliche Ursache für die Realisierung und den Betrieb solcher Netze. Somit kommt den Bedürfnissen des Anwenders die höchste Priorität zu. Technische Eigenschaften und Besonderheiten sind nur von Bedeutung, wenn sie zum Anwendernutzen beitragen.

12.3.2   Akteure im technischen Bereich

Der **Netzwerkplaner** ist für die Planung eines neuen oder die Migration eines bestehenden Netzes zuständig. Der **Netzwerkinstallateur** führt primär Installationen durch, muss aber zur Inbetriebnahme und Fehlersuche manchmal den **Netzwerktechniker** oder **Netzwerkingenieur** zuziehen.

12.3.3 Provider

Ein **Provider** ist allgemein ein Lieferant bzw. Dienstleister. Bei Netzen wird zwischen *Network Provider* (Netzwerkanbieter) und *Service Provider* (Dienstanbieter) unterschieden. Ein Netzwerkanbieter stellt **Netzdienste** (auch als **Transportdienste** bezeichnet) zur Verfügung, deren Eigenschaften höchstens bis zur OSI-Schicht 3 vorgegeben sind. Im Gegensatz dazu werden **(Tele-)Kommunikationsdienste** (auch als **Telematikdienste** bezeichnet) vom Provider bis zur OSI-Schicht 7 spezifiziert. Das Endgerät muss sich an die jeweiligen Vorgaben des Providers halten. Einige Varianten des Provider-Begriffs werden nachfolgend definiert.

12.3.4 Netzbetreiber

Netzbetreiber (*carrier*) betreiben Netze, die sie der Allgemeinheit zur Nutzung anbieten. Damit handelt es sich um **öffentliche Netze**. **Private Netze** (*corporate networks*) werden von Firmen oder Institutionen nur für die eigene Nutzung betrieben. Corporate Networks sind jedoch (außerhalb des LAN-Bereichs) auf Leitungen angewiesen, die von öffentlichen Netzbetreibern gemietet werden. Trotzdem ist die Firma/Institution aus der Sicht des Netzwerkmanagements als Netzbetreiber zu verstehen. Ein Corporate Network kann auch auf dem Wege des **Outsourcing** durch einen Dienstleister für eine auftraggebende Firma realisiert und betrieben werden.

Ein **Reseller** (Wiederverkäufer) ist ein Provider, der Netzdienste anbietet, ohne selbst ein Netzwerkbetreiber zu sein. Dazu kauft er bei einem Netzbetreiber Übertragungskapazität in großen Mengen ein und verkauft sie an seine Kunden weiter.

12.3.5 Access Provider

Access Provider ermöglichen den Zugang zu einem Netzwerk, das dann als **Backbone- oder Kern-Netzwerk** zu verstehen ist. Der Access Provider selbst stellt also ein **Zugangsnetz** zur Verfügung. Dieses kann dem Access Provider selbst oder einem anderen Netzbetreiber gehören.

12.3.6 Service Provider

Ein **Service Provider** bietet Dienste an, die bis zur Schicht 7 des OSI-Modells oder darüber hinaus reichen.

- **ISP** (*Internet Service Provider*): Ein ISP betreibt ein Netz, das mit dem Internet verbunden ist und IP-Datagramme mit diesem austauschen kann. Die Größe des Netzes kann von lokal bis global reichen. Die Zugangspunkte des Netzes werden als **PoP** (*Point of Presence*) bezeichnet, sie sollen möglichst nah beim Nutzer sein, damit zwischen Nutzer und PoP eine Zugangsleitung mit Ortstarif ausreichend ist. Der ISP betreibt i. Allg. verschiedene Server (DNS-Server, E-Mail Server, WWW-Server, ...). ISPs sind mit mehreren anderen ISPs verbunden, um Datagramme ohne lange Umwege weiterleiten zu können. Verbindungen zu zentralen Austauschpunkten sind ebenfalls vorteilhaft. Viele ISPs bieten weitere Leistungen an.

- **Content Hosting**: Eine Dienstleistung eines Providers, der seinem Kunden Server zur Verfügung stellt, auf denen der Kunde seine Inhalte anbieten kann. Erspart dem Kunden den Betrieb eines eigenen Servers (24 h · 365 Tage im Jahr) und eine Standleitung vom Server zum ISP.
- **Server Housing**: Im Gegensatz zum Content Housing ist beim Server Housing der Server im Besitz des Kunden. Physisch befindet sich der Server jedoch beim Provider, der auch für dessen Betrieb verantwortlich ist.
- Interessengruppen der Service Provider sind EuroISPA (*European Internet Service Provider Association*) bzw. eco (*Electronic Commerce Forum*) (www.eco.de/).

12.3.7   Content Provider

Content Provider stellen (Informations-)Inhalte zu Verfügung. Dazu bereiten sie (existierende) Informationen so auf, dass die Darstellung dem World Wide Web angemessen ist. Im Tätigkeitsgebiet des Content Providers gibt es eine Anzahl verschiedenartiger **Akteure**, z. B.:

- **WebDesigner**: Umsetzung von Papierdokumenten in ansprechende, mit Hyperlinks und sonstigen Funktionen versehene elektronische Dokumente ($\rightarrow$ Kapitel 11.7).
- **Autoren** bzw. Dozenten, die Lehrinhalte für Teleteaching und Telelearning aufbereiten.
- **Web Master**: Betrieb einer Webseite (Einfügen neuer Inhalte, Fehlerbeseitigung in elektronischen Dokumenten).
- **Post Master**: Betrieb von Mail Servern.
- Ersteller und Betreiber von **Suchmaschinen bzw. Katalogen** ($\rightarrow$ Kapitel 11.7.11).
- **Portalbetreiber:** Anbieter von Webseiten, die den Zugang zu einem breiten Informations-, Dienstleistungs- und Warenangebot aus einem bestimmten Themenbereich vereinfachen.

12.3.8   Online-Dienste

Online-Dienste sind primär Informationsdienste, die geordnete Informationen aus vielen Bereichen anbieten. Beispiele: Fahr- und Flugpläne,

Verkehrsinformation, Börsenkurse, Wetter, Nachrichten etc. Anbieter kommerzieller Datenbanken zählen ebenfalls zu den Online-Diensten, die ihre Leistungen gegen eine monatliche Gebühr und nutzungsabhängige Tarife anbieten. Daneben bieten Online-Dienste auch Kommunikationsdienste (z. B. Electronic Mail, Diskussionsgruppen).

12.4   Rahmenbedingungen

12.4.1   Forschung und Entwicklung

Rechnernetze im Allgemeinen und das Internet im Besonderen sind durch eine rasche Entwicklung gekennzeichnet. Deshalb ist es für viele der am Netzwerk-Lebenszyklus Beteiligten wichtig, über aktuelle Forschungsrichtungen informiert zu sein. Wichtige Quellen sind unter anderem:

- Große **Fachgesellschaften** (IEEE: Institute of Electrical and Electronics Engineers, ACM: Association for Computing Machinery, ISOC: Internet Society, ITG/VDE: Informationstechnische Gesellschaft). Diese veranstalten regelmäßig Tagungen über aktuelle Entwicklungen.
- Supranationale **Forschungsprogramme** wie z. B. EUREKA (European Collaborative Program for Technology Research and Development) und weitere Programme zeigen Trends auf.
- Hersteller- bzw. anbieterübergreifende **Forschungsinstitute**. Beispiel: Eurescom (European Institute for Research and Strategic Studies in Telecommunications) (www.eurescom.de/) beschäftigt sich mit der längerfristigen Harmonisierung europäischer Netze und der darauf verfügbaren Dienste. An Eurescom sind mehr als 20 europäische Netzbetreiber beteiligt.
- **Nationale Forschungsprogramme**.

12.4.2   Politische Rahmenbedingungen

Politische Rahmenbedingungen lassen sich an den Stichworten **Globalisierung** und **Deregulierung** festmachen. Globalisierung ist in der Telekommunikation keine neue Erscheinung, das Telefonnetz ist schon seit langer Zeit ein globales Netz.

Telekommunikation war hingegen in der Vergangenheit durch (häufig staatliche) **Monopole** gekennzeichnet. Ziel einer Deregulierung (Liberalisierung) sollte es sein, den Wettbewerb zu fördern. Ein signifikanter Schritt zur Deregulierung erfolgte in den USA 1968. In Europa setzte die Deregulierung zuerst in Großbritannien ein (1982) und wurde durch die **EU** (Europäische Union) entscheidend vorangetrieben. **ONP** (*Open Net-*

12

working Provision) formuliert die Prinzipien für einen offenen, diskriminierungsfreien Zugang zu Netzen und Diensten sowohl für Nutzer als auch für andere Netzanbieter. Die EU-Grünbücher von 1994 und 1995 waren wichtige Meilensteine. Deregulierung bedeutet keine völlige Freigabe des Wettbewerbs. Vielmehr werden Regulierungsbehörden (→ Abschnitt 12.4.6.3) eingesetzt, die knappe Ressourcen verwalten und für faire Chancen der Wettbewerber (insbesondere gegenüber dem **Ex-Monopolisten**, *incumbent operator*) sorgen. Die **WTO** (*World Trade Organization*, www.wto.org/) beschloss 1997 das *WTO Basic Telecomms Agreement*. Es legt die Öffnung der Märkte der Unterzeichnerländer für Telekommunikationsdienstleistungen, Endgeräte und Ausrüstungen der Vermittlungs- und Übertragungstechnik fest.

12.4.3   Normen und Standards

Normen und **Standards** sind für die Kommunikation in ausgedehnten Netzen von zentraler Bedeutung. Einerseits müssen unterschiedliche Endgeräte mit dem Netz sowie untereinander problemlos kommunizieren können, andererseits sollen Netze verschiedener Betreiber ebenfalls ohne wesentliche Anpassungen miteinander verbunden werden können.

Normen werden von **staatlich anerkannten Gremien** entwickelt. Sie sollen einen breiten Konsens darstellen, weshalb ihre Erarbeitung sehr viel Zeit benötigt. Deshalb können Normen, gemessen an der raschen Entwicklung der Rechnernetze und des Internet, bei ihrer Verabschiedung schon veraltet sein oder nicht mehr den neuesten Stand der Technik repräsentieren. **Standards** werden hingegen von lockeren Zusammenschlüssen (**Konsortien** etc.) aus Institutionen und Firmen entwickelt und publiziert. Damit ist die **Aktualität** meistens sichergestellt. Jedoch werden besonders wichtige Themenbereiche oft von mehreren, konkurrierenden Zusammenschlüssen bearbeitet, was dem potentiellen Anwender die Festlegung auf einen Standard erschwert.

Normen wie Standards leben davon, dass Hersteller grundsätzlich vergleichbarer Produkte sich an die Vorgaben halten. Dies wird als **Konformität** zur Norm/zum Standard bezeichnet. Die Konformität der Produkte soll zu deren **Interoperabilität** (die Fähigkeit zur problemlosen, uneingeschränkten Zusammenarbeit) führen. In der Praxis ergibt sich aus Konformität leider nicht immer die Interoperabilität. Kommunikationsprodukte sind häufig komplex, d. h. sie bestehen aus vielen Teilen (Hard- und Software-Blöcken), die in ihrem Zusammenwirken zu sehr unterschiedlichen Verhaltensweisen führen. Die Normen und Standards sind entsprechend umfangreich. Dies führt zu zwei **Problemen**, die meistens für eine mangelnde Interoperabilität verantwortlich sind:

- Der Umfang der Norm/des Standards führt dazu, dass oft **nur ein Teil der Vorgaben** in einem Produkt **realisiert** wird. Wenn nun zwei Hersteller zwei verschiedene Untermengen (*subsets*) an Vorgaben realisieren, ist die Interoperabilität zumindest eingeschränkt.

- Der Umfang einer Norm/eines Standards führt zusammen mit den bekannten Problemen, einen Sachverhalt sprachlich eindeutig und vollständig zu formulieren, zu **Interpretationsspielräumen**. Falls verschiedene Entwickler zu verschiedenen Interpretationen kommen, ist die Interoperabilität ebenfalls gefährdet.

Die Tabelle 12.1 fasst die wesentlichen Charakteristiken von Normen und Standards zusammen.

Tabelle 12.1   Normen und Standards im Vergleich

Normen (de jure)	Standards (de facto)
anerkanntes (öffentliches bzw. rechtlich anerkanntes) Normengremium	"freier" Zusammenschluss von Institutionen und Firmen
langer Entstehungsprozess, deshalb i. Allg. nicht besonders aktuell	relativ frühzeitig verfügbar
breite Akzeptanz	oft wird eine Vielfalt konkurrierender Entwürfe angeboten

12.4.4   Normungsgremien und Normenwerke

Normungsgremien sind globale, regionale (Europa, Nordamerika, Asien, ...) oder nationale Gremien. Für eine globale Kommunikation wie auch zur Verhinderung von Handelshemmnissen ist es sinnvoll, Normen Top-Down einzuführen. D. h., dass zuerst globale Normen publiziert werden, die dann unverändert als regionale und nationale Normen übernommen werden. Im Bereich der Kommunikationstechnik sind die folgenden Normungsgremien von besonderer Bedeutung:

- **ISO**: *International Standardization Organization* (http://www.iso.ch/): eine 1946 gegründete Untereinrichtung der **UNESCO**. Sie ist für die globale Normung in vielen Gebieten zuständig. ISO ist eine **Dachorganisation** der nationalen Normungsgremien. Deutschland wird durch DIN vertreten.

- **IEC** (*International Electrotechnical Commission*): eine 1906 gegründete Einrichtung der UN (United Nations) zur Standardisierung im Bereich der Elektrotechnik und Elektronik. Deutschland wird durch die **DKE** (Deutsche Elektrotechnische Kommission) vertreten.

12

- **ITU-T** (*International Telecommunications Union, Telecommunications Standardization Sector,* http://www.itu.ch/): Eine Unterorganisation der UN, die für die weltweite Standardisierung im Bereich öffentlicher Kommunikationsnetze zuständig ist. Bis 1992 trug die ITU-T den Namen **CCITT** (*Comité Consultatif International Télégraphique et Téléphonique*). Die ITU-T publiziert Empfehlungen (die de facto Normen sind), die eine Basis für die globale Telekommunikation bilden. Die Empfehlungen sind in Serien thematisch gegliedert (→ Tabelle 12.2).

Tabelle 12.2   Empfehlungen der ITU-T (Ausgewählte Reihen)

Reihe	Inhalte
D	Grundlegende Begriffe für Charging, Tarife, Abrechnung
E	Nummerierung, Adressierung
F	Nicht-Telefoniedienste: Telematik-, Verzeichnis-, E-Mail-Dienste
G	Übertragungstechnik und Netze
H	Verwendung von Leitungen für andere Dienste als Telefonie, insbes. für multimediale Anwendungen
I	ISDN, B-ISDN
M	Management/Wartung von Telekommunikationssystemen
O	Messgeräte, Messverfahren, Leistungsmessung
Q	Zeichengabe, Vermittlungstechnik
T	Terminals für Telematikdienste
V	Datenübertragung mittels Modems über das Fernsprechnetz
X	Datenübertragung über digitale Netze, OSI (Open Systems Interconnection)
Z	Dokumentations- und Programmiersprachen

- Regional in Europa: **CEN** (*Comité Européen de Normalisation*) bzw. **CENELEC** (*Comité Européen de Normalisation Electrotechnique*). Beide sind vergleichbar mit ISO bzw. IEC.
- Nationale Gremien, die u. a. Normen zur Kommunikationstechnik herausgeben, sind **DIN** (Deutsches Institut für Normung e. V., http://www.din.de/), **AFNOR** (Association Française de Normalisation, http://www.afnor.fr/), **ANSI** (American National Standards Institute, http://www.ansi.org/), **BSI** (British Standards Institution, http://www.bsi-global.com), **JSA** (Japanese Standards Association).

12.4.5 Standardisierungsgremien und Standards

Institutionen, die wichtige Standards im Bereich der Kommunikationstechnik herausgeben, sind insbesondere:

IEEE (*Institute of Electrical and Electronics Engineers*, www.ieee.org/): Ein weltweiter Ingenieurverband, der insbesondere bei der Standardisierung von LANs eine zentrale Rolle spielt.

IETF (*Internet Engineering Task Force*, www.ietf.org/): Diese Organisation bearbeitet kurz- und mittelfristige technische Probleme des Internet. Sie besteht aus ca. 10 Bereichen (areas) mit jeweils einigen Arbeitsgruppen. Die **IRTF** (*Internet Research Task Force*) koordiniert Forschungsaktivitäten zum Internet. Sie ist jedoch weit weniger bedeutsam als die IETF, in der de facto die meisten Forschungsaufgaben bearbeitet werden. Das **IAB** (*Internet Architecture Board*, → Bild 12.12) steuert die Arbeiten von IETF und IRTF. Die **ISOC** (*Internet Society*) wurde 1992 als internationale Organisation zur Förderung des Internet gegründet. Sie ist organisatorisch dem IAB übergeordnet. **ICANN** (*Internet Corporation for Assigned Names and Numbers*) vergibt Adressen und legt die Bedeutung von Konstanten fest, die in Protokollen vorkommen (Beispiel: Portnummern). **IANA** (*Internet Assigned Numbers Authority*) war bis 1998 für diese Aufgaben zuständig.

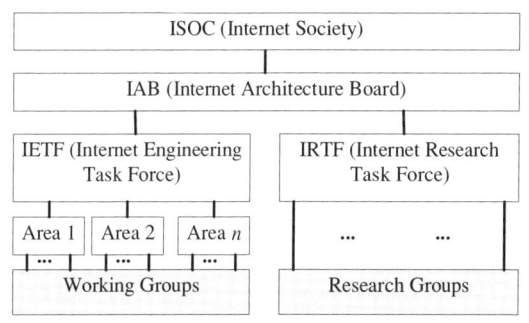

Bild 12.2   Struktur des IAB seit 1989

Die Standards des Internet werden in sog. **RFC** (*Request For Comment*) publiziert. RFCs sind technische Berichte, die online und kostenlos von vielen Servern (z. B. http://www.rfc-editor.org/) heruntergeladen werden können. Der RFC 1602 (The Internet Standards Process, Revision 2) beschreibt den Standardisierungsprozess und teilt die RFCs in die folgenden **Kategorien** ein:

- *Internet standard*: ein ausgereifter, gültiger Standard. Steht (möglicherweise) am Ende der Folge proposed standard $\rightarrow$ draft standard $\rightarrow$ Internet standard.
- *Draft standard*: ein Entwurf, der bereits überprüft wurde und in zwei unabhängigen Implementierungen realisiert wird.
- *Proposed standard*: ein Vorschlag, der bereits überprüft wurde.
- *Experimental*: ein Konzept, das versuchsweise eingesetzt wird, aber nicht als Standard vorgeschlagen wird.
- *Historic*: ein veraltetes Konzept, das nicht mehr eingesetzt werden soll.

Jedes Protokoll wird mit einem **Status** versehen, der seine Anwendung bestimmt. Der Status *required* verlangt eine Implementierung in allen Systemen, die TCP/IP benutzen. *Recommended* (der Einsatz wird empfohlen), *elective* (kann wahlweise eingesetzt werden), *limited use* (nicht zur allgemeinen Anwendung) und *not recommended* (nicht einsetzen) sind weitere, mögliche Statusangaben.

ETSI (*European Telecommunications Standards Institute*, www.etsi.fr/): Standardisierungsgremium, das auf Initiative der EU 1988 gegründet wurde. Dadurch wurde der Einfluss der nationalen Gremien geschwächt, die Position der Hersteller gestärkt und der Standardisierungsprozess beschleunigt. ETSI publiziert **ETS** (*European Telecommunication Standard*), die als nicht-zwingende Empfehlungen gelten, sofern sie nicht von der EU oder nationalen Normungsgremien als Normen übernommen werden. **I-ETS** (*Interim ETS*) sind provisorische, also noch nicht ausgereifte Standards. **ETR** (*European Technical Report*) können Vorläufer von ETS sein. **TBR** (*Technical Bases for Regulation*) dokumentieren Untersuchungen, die sich mit technischen Aspekten der Deregulierung befassen.

ECMA (*European Computer Manufacturers Association*, www.ecma.ch/): Europäischer Verband der Computerhersteller, wurde zur beschleunigten Entwicklung von Standards für Informations- und Kommunikationsdienste gegründet.

Die rasche technische Entwicklung hat zu einer Vielzahl von Gruppierungen geführt (als **Konsortien, Allianzen, Foren** etc. bezeichnet), die eng umgrenzte Sachgebiete bearbeiten und zugehörige Standards publizieren und versuchen, diese durchzusetzen. Eine kleine Auswahl davon:

Für ATM: ATM-Forum (http://www.atmforum.com/)

Für SDH / Sonet:

Für Frame Relay: Frame Relay Forum (http://www.frforum.com/)

Für xDSL: ADSL Forum (http://www.adsl.com/)

Für drahtlose LANs: Wireless LAN Alliance (http://www.wlana.com/)

Für Mobilfunknetze: Third Generation Partnership Project (http://www.3gpp.org/)

12.4.6 Rechtliche Fragen bei Rechnernetzwerken

12.4.6.1 Gesetzliche Vorgaben

Im Bereich der Rechnernetze können grundsätzlich **drei große Blöcke** von Gesetzen und Rechtsvorschriften von Bedeutung sein (→ Bild 12.3):

- **TKG** (**Telekommunikationsgesetz**): Es regelt die liberalisierte (deregulierte) Kommunikationswelt und ist seit 1996 in Kraft. Das TKG befindet sich im Zuständigkeitsbereich des Bundes und ist ein Rahmengesetz, das durch viele Verordnungen ergänzt und ausgestaltet wird (→ Abschnitt 12.4.6.2). Es gilt beispielsweise nicht für private LAN.

- **TDG** (**Teledienstegesetz**, genauer: *Gesetz über die Nutzung von Telediensten*): regelt Teledienste (Dienste, die individuell abrufbar sind) und bezieht sich somit auf die **Individualkommunikation** (→ Abschnitt 12.4.6.4). Zuständig ist der Bund.

- **MDStV** (**Mediendienste-Staatsvertrag**): Mediendienste sind „das Angebot und die Nutzung von an die Allgemeinheit gerichteten Informations- und Kommunikationsdiensten ... in Text, Ton oder Bild". Damit handelt es sich um Massenkommunikation, die in den Zuständigkeitsbereich der Länder fällt. Mittels des Staatsvertrags werden in allen Bundesländern einheitliche Rahmenbedingungen für Mediendienste geschaffen.

Das TKG befasst sich mit den technischen Mitteln für die Telekommunikation, während TDG und MDStV Inhalte und Nutzungsformen betreffen.

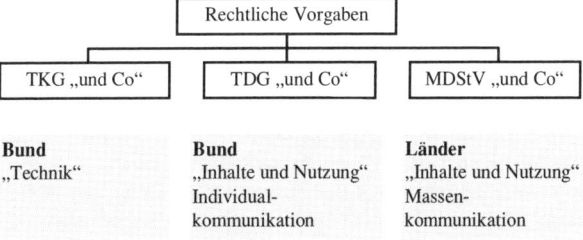

12

Bild 12.3 Übersicht wichtiger, gesetzlicher Vorgaben

12.4.6.2 Das Telekommunikationsgesetz

Telekommunikation ist nach § 3 Nr. 16 TKG „der technische Vorgang des Aussendens, Übermittelns und Empfangens von Nachrichten jeglicher Art in Form von Zeichen, Sprache, Bildern oder Tönen mittels Telekommunikationsanlagen". **Telekommunikationsdienstleistungen** sind nach § 3 Nr. 18 TKG „das gewerbliche Angebot von Telekommunikation einschließlich des Angebots von Übertragungswegen für Dritte". **Telekommunikationsdienstleistungen für die Öffentlichkeit** sind nach § 3 Nr. 19 TKG für „beliebige natürliche oder juristische Personen und nicht lediglich für die Teilnehmer geschlossener Benutzergruppen" gedacht.

Eine **Lizenz** (Zulassung durch die Regulierungsbehörde) ist erforderlich, wenn Übertragungswege die Grenze eines Grundstücks überschreiten und für Telekommunikationsdienstleistungen für die Öffentlichkeit genutzt werden.

Das TKG wird durch zahlreiche Verordnungen ergänzt /12.13/. Die **EV** (**Telekommunikations-Entgeltregulierungsverordnung**) soll sicherstellen, dass die finanziellen Aufwendungen für Telekommunikationsdienstleistungen tragbar bleiben und dass marktbeherrschende Anbieter ihre Preise nicht nach Belieben festlegen können. Maßstab für die Preisbildung sind die Kosten einer effizienten Leistungsbereitstellung. Die Prüfung der Entgelte kann vor Markteinführung (Sprachtelefondienst, Angebot an Übertragungswegen, besonderer Netzzugang) oder danach (für alle anderen Telekommunikationsdienstleistungen) erfolgen. Entgelte vor Markteinführung können für die einzelne Dienstleistung (Einzelgenehmigung) oder für einen Korb mit mehreren Dienstleistungen (Price-Cap-Verfahren) genehmigt werden.

Die **NZV** (**Netzzugangsverordnung**, genauer: Rechtsverordnung über besondere Netzzugänge) soll sicherstellen, dass marktbeherrschende (Netz-)Anbieter ihren Endkunden und anderen Netzbetreibern den Netzzugang zu fairen Bedingungen erlauben. Die NZV unterscheidet zwei Arten von **Netzzugangsleistungen**:

- **Allgemeiner Netzzugang**: für Endkunden. Wird in der **TKV** (Telekommunikations-Kundenschutzverordnung) näher geregelt.
- **Besonderer Netzzugang**: regelt die Zusammenschaltung von Netzen verschiedener Anbieter (**Interconnection**). Dies beinhaltet auch den physischen Zugang eines konkurrierenden Anbieters zum Netz des marktbeherrschenden Anbieters (**Kollokation**).

Das **Entbündelungsgebot** der NZV bestimmt, dass nicht benötigte Leistungen nicht abgenommen und demzufolge nicht bezahlt werden müssen.

12.4.6.3 Regulierungsbehörden

Aufsichtsgremien sind auf Basis der gesetzlichen Vorgaben zuständig für die Erteilung von Lizenzen zum Betrieb von Netzen, für die Zulassung von Endgeräten, für die Frequenzzuteilung und weitere Aufgaben. Das **TKG** sieht in § 66 die **RegTP** (**Regulierungsbehörde für Telekommunikation und Post**, http://www.regtp.de/) vor, die als oberste Bundesbehörde dem Bundesministerium für Wirtschaft untersteht.

CEPT (*Conférence Européenne des Postes et Télécommunications*) bildet durch ihre Unterorganisation **ECTRA** (*European Committee on Telecommunications Regulatory Affairs*) einen Zusammenschluss europäischer Regulierungsbehörden. **ETO** (*European Telecommunications Office*, www.eto.dk/) bearbeitet im Auftrag von ECTRA Regulierungfragen mit europaweiter Bedeutung.

12.4.6.4 Das Teledienstegesetz

Das TDG (Teledienstegesetz) versteht unter Telediensten „elektronische Informations- und Kommunikationsdienste, die für eine individuelle Nutzung von kombinierbaren Daten wie Zeichen, Bilder oder Töne bestimmt sind".

§ 2 Abs. 2 TDG nennt als Beispiele Telebanking, Telespiele, Teleshopping, Datendienste und Angebote zur Nutzung des Internet. Teledienste sind im Rahmen der Gesetze zulassungs- und anmeldefrei. Jedoch sind Anforderungen des allgemeinen Rechts bezüglich Zulassung und Anmeldung (z. B. Gewerbeordnung, §§ 4 und 6 TKG) zu beachten.

12.4.6.5 Datenschutz

12

Datenschutz und Telekommunikation stehen in einem engen Zusammenhang. Der Schutz personenbezogener Daten ist im **BDSG** (**Bundesdatenschutzgesetz**) und in den **LDSG** (**Länderdatenschutzgesetze**) geregelt. Das TKG formuliert in § 87 das **Fernmeldegeheimnis**. § 89 TKG und die **TDSV** (**Telekommunikationsdienstunternehmen-Datenschutzverordnung**) regeln den Datenschutz im Bereich der Telekommunikationsdienste detaillierter. Andererseits bestehen für Zwecke der Strafverfolgung und des Verfassungsschutzes rechtliche Möglichkeiten zur Überwachung der Kommunikation. Relevante Rechtsvorschriften sind u. a. in der **FÜV** (**Fernmeldeverkehr-Überwachungsverordnung**), in §§ 100a, 102, 103, 94 StPO und im **G-10-Gesetz** (Gesetz zur Beschränkung des Brief-, Post- und Fernmeldegeheimnisses) enthalten.

12.4.6.6   Kryptographie und Signaturen

Die **Verschlüsselung** von Nachrichten durch die Nutzer ist vom Grundgesetz geschützt. Wenn die Verschlüsselung jedoch durch Anbieter von Telekommunikationsdienstleistungen vorgenommen wird, müssen diese den Ermittlungsbehörden nach § 8 Abs. 4 eine Entschlüsselung ermöglichen.

Digitale Signaturen sind die Basis des elektronischen Rechtsverkehrs. Sie sind einer Person – und damit den von dieser Person elektronisch übertragenen Dokumenten – eindeutig zugeordnet. Dadurch kann die **Authentizität** (Echtheit) und **Verbindlichkeit** (*non-repudiation*) solcher Dokumente gewährleistet werden. Voraussetzung für den Einsatz elektronischer Signaturen ist eine Reihe technischer und organisatorischer Maßnahmen, die im **SigG (Signaturgesetz)** und in der **SigV (Signaturverordnung)** geregelt sind. Dazu gehören:

- Die Einrichtung von **Zertifizierungsstellen**, die eine Genehmigung der RegTP benötigen.
- Die Zertifizierungsstellen geben **Zertifikate** aus, die die Zuordnung eines Signaturschlüssels zu einer bestimmten Person bestätigen.
- Die Zertifizierungsstellen müssen eine Reihe von **Pflichtdienstleistungen** erfüllen, z. B. die Identifikation des Antragstellers, Generierung eines Schlüssels für den Antragsteller und dessen sichere Übergabe, Betrieb eines Online-Verzeichnisses und eines Online-Sperrdienstes für Zertifikate.
- Zur Gewährleistung der technischen Sicherheit dürfen **nur geprüfte Verfahren und Komponenten** eingesetzt werden.
- **Kontrolle** der Zertifizierungsstellen durch die RegTP.

12.4.6.7   Recht des elektronischen Geschäftsverkehrs

Die Sicherheit der durchgeführten Transaktionen ist eine grundlegende Anforderung für den elektronischen Geschäftsverkehr. Elektronische Willenserklärungen müssen vor Verfälschung und Fälschung sicher sein, die Identifikation des Ausstellers muss zuverlässig möglich sein. Dies wird durch digitale Signaturen (→ Abschnitt 12.4.6.6) gewährleistet. Digital signierte Dokumente erfüllen jedoch nicht die Schriftform und sind keine Urkunden.

Der Schutz des Verbrauchers ist auch im elektronischen Geschäftsverkehr erforderlich. Allgemeine Geschäftsbedingungen, Verbraucherkredite, Verträge für das Telelearning, Preisangaben und Preistransparenz sind relevante Stichworte /12.13/. Der Anbieter muss sich durch Angabe von Name und Adresse identifizieren.

Der Schutz von Marken und Namen und die Einhaltung der Regeln des Wettbewerbsrechts sind weitere Aspekte. Der elektronische Zahlungsverkehr benötigt ebenso eine angemessene Rechtsgrundlage. Die Schaffung und Verwaltung von Zahlungseinheiten (→ Abschnitt 11.16.4) ist ein Bankgeschäft, das nur von Banken erbracht werden darf und damit der staatlichen Bankenaufsicht untersteht.

12

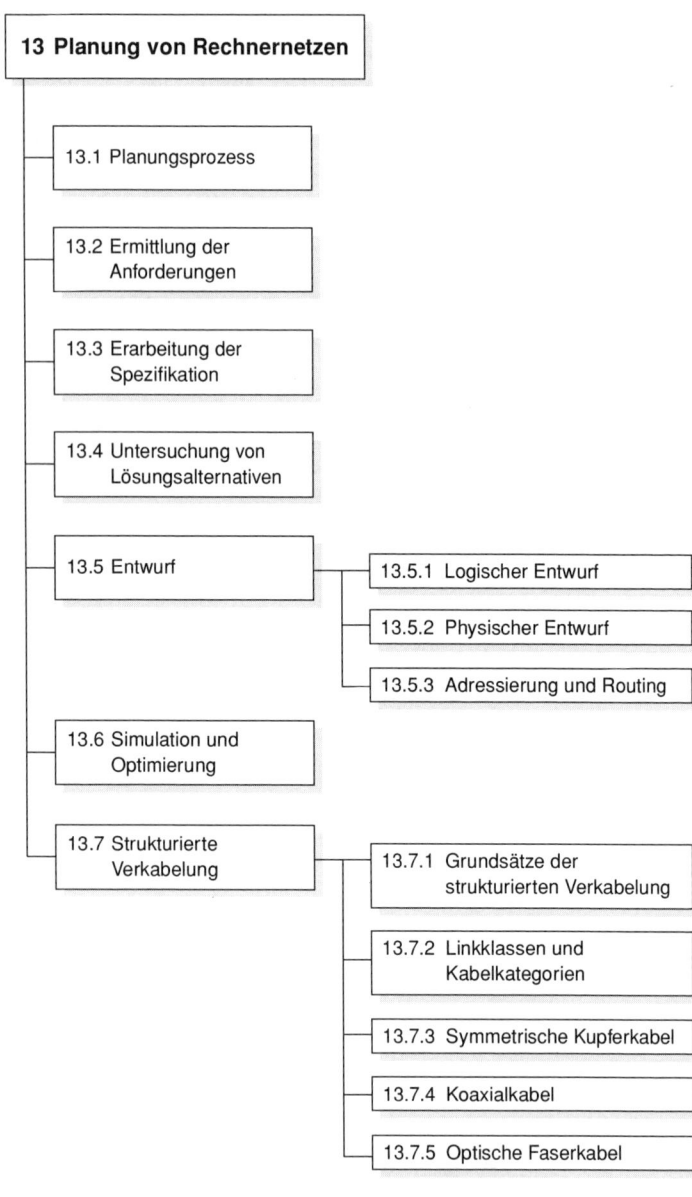

13 Planung von Rechnernetzen

13.1 Planungsprozess

13.2 Ermittlung der Anforderungen

13.3 Erarbeitung der Spezifikation

13.4 Untersuchung von Lösungsalternativen

13.5 Entwurf

- 13.5.1 Logischer Entwurf
- 13.5.2 Physischer Entwurf
- 13.5.3 Adressierung und Routing

13.6 Simulation und Optimierung

13.7 Strukturierte Verkabelung

- 13.7.1 Grundsätze der strukturierten Verkabelung
- 13.7.2 Linkklassen und Kabelkategorien
- 13.7.3 Symmetrische Kupferkabel
- 13.7.4 Koaxialkabel
- 13.7.5 Optische Faserkabel

13 Planung von Rechnernetzen

  Einen Überblick der Planung von Rechnernetzen geben /13.11/, /13.9/ und /13.12/. /13.4/ geht ausführlich auf Algorithmen ein. Adressierung und Routing werden in /13.1/, /13.2/ vertieft behandelt.

13.1 Planungsprozess

Im Lebenszyklus von Rechnernetzen (→ Bild 12.1) ist die Planung die erste Phase. Die Planungsphase (→ Bild 13.1) lässt sich in mehrere Teile gliedern /13.11/, eine grobe Einteilung unterscheidet Anforderungsanalyse und Entwurf. Das Vorgehen bei der Synthese ist *top-down*. Da in der Praxis heuristische Verfahren eingesetzt werden, muss jeder Syntheseschritt durch einen Analyseschritt – der *bottom-up* zu verstehen ist – verifiziert werden. Mehrfache, iterative Durchläufe können erforderlich werden, falls die Analyse unbefriedigende Eigenschaften ergibt.

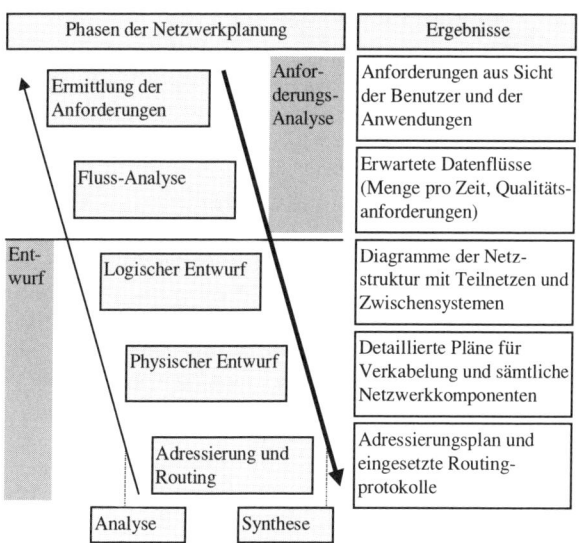

Bild 13.1   Aufgaben in der Planungsphase

Rechnernetze sollen dem Anwender Dienste liefern, die ihn bei der Erfüllung seiner Aufgaben unterstützen. Deshalb kann für Planungszwecke das Netz zunächst als monolithischer Block betrachtet werden (→ Bild 13.2). Oberhalb des Netzes sind im Sinne eines Schichtenmodells zu betrachten:

- Die **Plattform** (*platform*, Rechner wie Workstation oder Großrechner mit dem jeweils zugehörigen Betriebssystem).
- Die **Applikation** (Anwendungssoftware, *application*).
- Der **Anwender** (*user*), bei interaktiven Anwendungen ist dies eine Person, bei eingebetteten (diese laufen ohne Interaktion mit einem Benutzer ab) Anwendungen ein Programm.

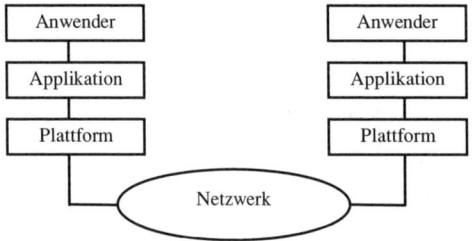

Bild 13.2   Schichtenmodell für Planungszwecke /13.11/

In der Praxis wird ein Netz nicht immer vollständig neu geplant. Die Erweiterung oder Optimierung bestehender Netze ist eine häufig vorkommende Aufgabe. Sie ist bezüglich der Planung leichter. Im existierenden Netz können durch Messungen Daten erfasst werden, die als **Planungsgrundlage** (*baseline*) verwendet werden können.

Für neue Netze wird oft – zumindest für WAN-Anteile – ein Provider beauftragt. Das Thema Planung ist dann einfacher und beinhaltet hauptsächlich die Auswahl eines Providers, die Festlegung der Anforderungen an ein **SLA** (*Service Level Agreement*) und die Planung des Netzzugangs. Unter dem Stichwort **Outsourcing** können auch Planung, Realisierung und Betrieb eines Netzes durch einen Lieferanten ausgeführt werden. In den folgenden Abschnitten wird der Prozess für die Planung eines Netzes von Grund auf skizziert, vgl. /13.11/.

13.2   Ermittlung der Anforderungen

Anforderungen an Netze entstehen durch Anwendungsprogramme, die auf den vernetzten Rechnern eingesetzt werden und dadurch zum Netzwerkverkehr beitragen. Der Benutzer sollte idealerweise in der Lage sein anzugeben, wann, wie lange und in welcher Weise er mit einem Programm arbeitet. Außerdem weiß der Benutzer wenigstens ungefähr, welche Wartezeiten akzeptabel sind und welche Dienstgüte und Zuverlässigkeit er haben möchte. Daraus lassen sich Werte für die erforderliche Datenrate und für zulässige Verzögerungszeiten ableiten. Dienstgüte und Zuverlässigkeit wirken sich später auf die Wahl der Netzwerktechnologie (Übertragungsprotokolle) bzw. der Topologie aus. Anforderungen werden – wie üblich – am besten in Interviews mit den Anwendern ermittelt. Eine geeignete Dokumentation der erfassten Anforderungen ist von großer Bedeutung. Die Anforderungen müssen verifiziert (abgesichert) und schließlich festgeschrieben werden.

13.3   Erarbeitung der Spezifikation

Die eher qualitativen Anforderungen sind in eine Spezifikation umzusetzen. Aus der Kenntnis der geografischen Verteilung der Anwender lässt sich eine **Topologie** grob entwerfen. Eng benachbarte Anwender werden demselben LAN zugeordnet. Dies ist in den **Bereichen** A, B, C (→ Bild 13.3) zu sehen. Falls sich *Cluster* (Anhäufungen) von LAN-Inseln ergeben (dies ist im Bereich C anzunehmen), können diese durch ein LAN mit höherer Hierarchiestufe gekoppelt werden. Ein MAN kann ebenfalls Bestandteil der Topologie sein (Bereich D). Die LAN-Inseln werden anschließend verbunden. Bei größeren Distanzen sind dazu WAN-Strecken bzw. ein WAN erforderlich. Isolierte Benutzer (Bereich E) müssen ebenfalls mit einbezogen werden. Der Entwurf einer Topologie zu einem frühen Zeitpunkt zieht eine Aufspaltung der Aufgabe in kleinere und damit besser beherrschbare Teilaufgaben nach sich.

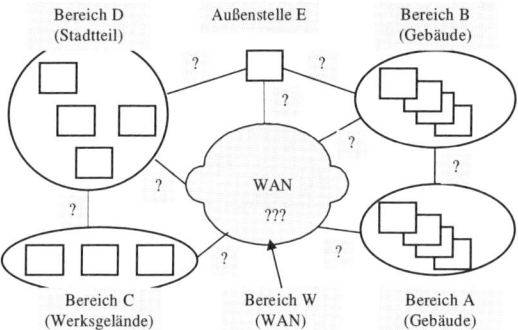

13

Bild 13.3   Entwurf einer vorläufigen Topologie (die mit ? markierten Bereiche werden später festgelegt)

Im nächsten Schritt werden nach /13.11/ **Flüsse** (*flows*) und zugehörige **Flussspezifikationen** (*flow specifications*) erarbeitet. Ein Fluss ist eine Menge von Paketen, die bestimmte, gemeinsame Attribute aufweisen, z. B. Ziel- und Quellenadresse oder den Typ der transportierten Information. Flüsse werden nach Tabelle 13.1 klassifiziert. Je nach Typ wird in der Flussspezifikation der Durchsatz (in bit/s), die zulässige Verzögerung im Netz (in ms) und die geforderte Verfügbarkeit (in %) angegeben. Diese Werte lassen sich aus den vom Benutzer spezifizierten Anforderungen ableiten oder zumindest abschätzen.

Tabelle 13.1   Fluss-Typen und deren Parameter (√: spezifiziert; --: nicht spezifiziert)

Fluss-Typ	Durchsatz	Verzögerung	Zuverlässigkeit
Best Effort	√	--	--
Spezifiziert	√	√ (summarisch)	√ (summarisch)
Garantiert	√	√ (individuell)	√ (individuell)

Einzelne Flüsse werden zu zusammengesetzten Flüssen und zusammengesetzte Flüsse wiederum zu Backbone-Flüssen aggregiert (zusammengesetzt). Backbone-Flüsse treten in einem übergeordneten Netz (Backbone) auf, sind also nur vorhanden, wenn das Netz hierarchisch strukturiert ist. Der Einfachheit halber wird für spezifizierte Flüsse nur die Verzögerung als Minimalwert aller Einzelwerte und die Zuverlässigkeit als Maximalwert aller Einzelwerte angegeben. Für garantierte Flüsse werden dagegen alle Werte individuell erfasst. Auf diese Weise lässt sich pro Netz (bzw. Netzabschnitt) die geforderte Leistung, ausgedrückt durch Bandbreite, Verzögerung und Zuverlässigkeit angeben.

In einem weiteren Schritt sind Rahmenbedingungen für zulässige Lösungen festzulegen. Dabei kann beispielsweise eine Technologie bevorzugt werden, mit der schon Erfahrungen gemacht wurden. Andererseits ist es häufig sinnvoll, eine Technologie zu wählen, die bereits einen großen Marktanteil besitzt, z. B. Ethernet (OSI-Schicht 2) und TCP/IP (OSI-Schichten 3, 4).

13.4   Untersuchung von Lösungsalternativen

Die vorgegebenen Rahmenbedingungen lassen mehr oder weniger Lösungsalternativen zu. Diese sind zu skizzieren, wozu Erfahrung, die Kenntnis von Fallstudien, die Mitwirkung von Beratern oder auch eine systematische Suche nach Varianten hilfreich sind. Die ermittelten Lösungsalternativen können nun bezüglich der Kriterien Eignung, Angemessenheit, Zuverlässigkeit, Sicherheit, Kosten, Ausbaufähigkeit und

Migration (späterer Übergang zu einer anderen Lösung, die auf Grund veränderter Anforderungen notwendig werden kann) bewertet werden.

Einige wenige Lösungsalternativen können weiter untersucht werden mit dem Ziel, deren Qualität iterativ zu verbessern. Am Ende dieses Schrittes steht die endgültige Auswahl einer Lösung.

13.5 Entwurf

Der Entwurf eines Netzes wird zweckmäßig in die Schritte logischer Entwurf, physischer Entwurf sowie Adressierung und Routing gegliedert /13.11/. Adressierung und Routing gehören zwar zum logischen Entwurf, können aber erst dann geeignet festgelegt werden, wenn der physische Entwurf festgeschrieben ist.

13.5.1 Logischer Entwurf

Der logische Entwurf /13.11/ umfasst verschiedene Teilaufgaben. Input, Teilaufgaben und Output dieser Phase sind in Bild 13.4 zusammengefasst.

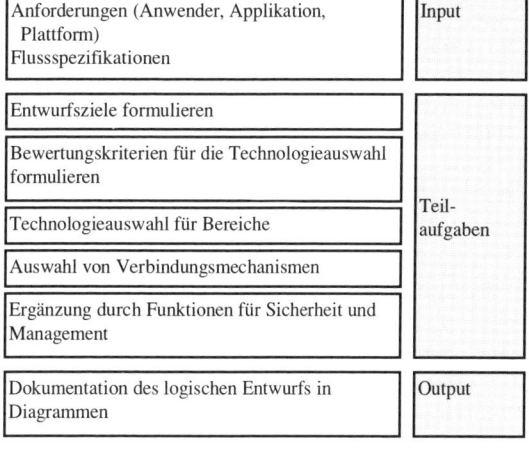

Anforderungen (Anwender, Applikation, Plattform) Flussspezifikationen	Input
Entwurfsziele formulieren	
Bewertungskriterien für die Technologieauswahl formulieren	
Technologieauswahl für Bereiche	Teil-aufgaben
Auswahl von Verbindungsmechanismen	
Ergänzung durch Funktionen für Sicherheit und Management	
Dokumentation des logischen Entwurfs in Diagrammen	Output

13

Bild 13.4   Logischer Entwurf: Input, Teilaufgaben, Output

Entwurfsziele beim logischen Entwurf können sein:

- minimale Realisierungs- oder Betriebskosten.
- maximale Leistung (*performance*) hinsichtlich eines oder mehrerer Parameter.

- Einfachheit der Anwendung und des Managements.
- angemessene Sicherheit.
- Flexibilität gegenüber geänderten oder neuen Anforderungen.

Die **Bewertungskriterien** für die Technologieauswahl ergeben sich aus den Entwurfszielen. Das wichtigste Kriterium ist die Flussspezifikation, deren Erfüllung eine Muss-Bedingung ist. Weitere Kriterien sind die Verfügbarkeit von Broadcasts. Diese sind bei Ethernet (→ Abschnitt 6.2) schon im Funktionsprinzip enthalten, bei NBMA-Verfahren (Non-Broadcast Multiple Access, Beispiel ATM → Abschnitt 7.7) müssen Broadcasts mit zusätzlichem Aufwand nachgebildet werden. Die Verwendung verbindungsloser oder verbindungsorientierter Kommunikation (→ Abschnitt 3.1.2) ist ebenfalls ein Bewertungskriterium. Anhand dieser Kriterien wird die **Technologieauswahl** für Bereiche (in der Regel einzelne LANs) getroffen.

Verbindungsmechanismen stellen die Verbindung zwischen einzelnen Bereichen her (bei der Verwendung gemeinsamer Medien, shared media, ist der Verbindungsmechanismus implizit vorhanden). Alternativen sind die Verwendung von Brücken, LAN-Switches, ATM Switching, Frame Switching und Routing auf der Netzwerkschicht. Verbindungsmechanismen können Switching und Routing kombinieren. Dadurch soll das Verhalten auf der Netzwerk- und auf der Sicherungsschicht optimiert werden. Entsprechende Mechanismen sind **LANE** *(LAN Emulation)*, **MPOA** *(Multiprotocol Over ATM)* und **NHRP** *(Next-Hop Resolution Protocol)*. Die Anforderungen an die Zuverlässigkeit (→ Abschnitt 13.3) werden erfüllt, indem redundante Verbindungsmechanismen vorgesehen werden.

Funktionen für Sicherheit → Abschnitt 5.5, Kapitel 10; für Management → Abschnitt 14.1.

13.5.2   Physischer Entwurf

Beim physischen Entwurf /13.11/ wird der logische Entwurf um ortsabhängige Information ergänzt. Alternativen für die Verkabelung sind zu prüfen. In der Regel wird eine strukturierte Verkabelung (→ Abschnitt 13.7) vorteilhaft sein. Die Platzierung der Netzkomponenten im Gebäude ist anhand verschiedener Kriterien zu ermitteln. Der physische Entwurf muss exakt und vollständig dokumentiert werden, da er die Basis für Stücklisten (Beschaffung der Netzkomponenten etc.), für die Installation und für die spätere Wartung bildet.

13.5.3 Adressierung und Routing

Die Festlegung von **Adressierung** und **Routing** /13.11/ schließt den Netzwerkentwurf ab. Die im Abschnitt 13.3 ermittelten Bereiche werden zu größeren Einheiten (in der Regel **Funktionsbereiche**, die Benutzer mit gleichen oder ähnlichen Aufgaben enthalten) zusammengefasst. Alle Funktionsbereiche zusammen bilden schließlich ein (evtl. mehrere) **autonome Systeme** (AS). Damit sind Zahl, Ort und Zweck (Interior Gateway, Exterior Gateway, ...) der Router im Netz festgelegt. Die **Adressierungsstrategie** (Annahme: IP-Adressierung auf der Netzwerkschicht) muss die Adressen so auf die Bereiche verteilen, dass der Routing-Aufwand möglichst gering wird. Dazu werden Konzepte wie *subnetting*, *variablelength subnetting* und *supernetting* (CIDR) eingesetzt. Die **Routing-Strategie** muss geeignete Routingprotokolle ermitteln (eines für alle Bereiche oder eine Kombination von höchstens zwei für IGP und EGP). Die Aspekte Hierarchie und Redundanz (Verfügbarkeit alternativer Pfade) spielen hier eine wichtige Rolle.

13.6 Simulation und Optimierung

Ein Netzwerkentwurf mit Hilfe des beschriebenen, heuristischen Verfahrens sollte verifiziert werden, bevor das Netz aufgebaut wird. Da eine mathematische Analyse sehr schwierig sein kann, wird eine Simulation des Netzes bevorzugt. Dabei wird das Verhalten des Netzes mit Hilfe eines geeigneten Programms (Simulator) nachgebildet. Das Netz wird in vereinfachter Form beschrieben und sein Verhalten wird für verschiedene Lastsituationen simuliert. Dadurch ergeben sich Hinweise auf die Robustheit des Netzes bei variierender Last. Iterative Verbesserungen des Entwurfs sind durch zyklische Wiederholung der Schritte „Entwurf verändern – neu simulieren" möglich. Arbeits- und Rechenaufwand sind bei diesem Vorgehen relativ hoch. /13.9/ gibt eine kurze Charakterisierung einiger Simulationswerkzeuge.

Nach Abschluss der Netzwerkplanung und der Installation folgt die Phase Betrieb (→ Kapitel 14).

13

13.7 Strukturierte Verkabelung

📖 Einen Überblick zur strukturierten Verkabelung geben /13.3/ und /13.5/. Hinweise finden sich auch in /13.8/, /13.14/ und /13.7/. Kupferkabel werden in /13.13/, Glasfaserkabel in /13.10/ behandelt.

13.7.1   Grundsätze der strukturierten Verkabelung

Der Abschnitt 13.7 bezieht sich auf LANs. **Ziele** der strukturierten Verkabelung sind:

- **Übersichtlichkeit**: bei der Planung, der Installation und im Betrieb (bei Fehlersuche und Migration),
- **Flexibilität**: die Nutzung für verschiedene LAN-Konzepte wie Ethernet und Token Ring soll möglich sein, ebenso für alle erforderlichen Dienste (Daten, Sprache und Bild) und
- **Zukunftssicherheit**: es soll vermieden werden, dass in Anbetracht der raschen technischen Entwicklung die Verkabelung regelmäßig ausgetauscht werden muss. Eine Lebensdauer von mindestens 10 Jahren wird angestrebt.

Um diese Ziele erreichen zu können, wurde in der Normung (s. u.) eine standardisierte Struktur mit drei Ebenen (→ Bild 13.5) vorgesehen:

- **Primärbereich** (auch: *Campus Backbone* oder **Standortverkabelung**). Als maximale Distanz zwischen Campusverteiler und Gebäudeverteiler sind 1500 m vorgesehen. Die wichtigsten Anforderungen sind hohe Übertragungsraten und Ausfallsicherheit. Dafür bieten sich Glasfasern als Übertragungsmedium an.
- **Sekundärbereich** (auch: **Gebäudebackbone**). Die Anforderungen entsprechen denen im Primärbereich, die maximale Distanz zwischen Gebäude- und Etagenverteiler beträgt 500 m.
- **Tertiärbereich** (auch: **Etagenverkabelung**). Die maximale Distanz zwischen Etagenverteiler und Wandsteckdose beträgt 90 m.

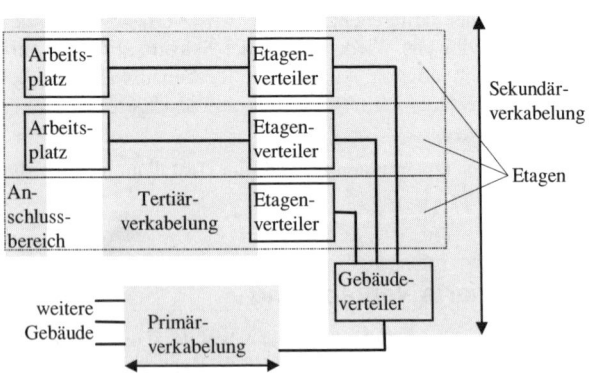

Bild 13.5   Strukturierte Verkabelung

Die wichtigsten Normen für die strukturierte Verkabelung sind ISO/IEC 11801 (weltweit gültig), die daraus abgeleitete europäische Norm ist EN 50173, in den USA wird EIA/TIA 568A verwendet. Die nationale Norm ist E DIN 44312-5.

13.7.2 Linkklassen und Kabelkategorien

In der Norm EN 50173 werden **Linkklassen** definiert ($\to$ Tabelle 13.2), die die Qualität einer gesamten Übertragungsstrecke inkl. Kabel, Steckverbindungen etc. spezifizieren. Die hierfür wichtigen Parameter sind die **Dämpfung** *a*, das **Nahnebensprechen** (NEXT, *Near End Crosstalk*) und der **ACR-Wert** (*Attenuation to Crosstalk Ratio*). Letzterer ergibt sich aus ACR = NEXT – *a*, wobei alle Werte in dB einzusetzen sind.

Tabelle 13.2   Linkklassen nach ISO/IEC 11801 bzw. EN 50173

Klasse	Bandbreite spezifiziert bis	Anwendungen
A	bis 100 kHz	Telefonie (analoge Übertragung), X.21, ISDN S_0
B	bis 1 MHz	X.21, ISDN S_0
C	bis 16 MHz	X.21, ISDN S_{2m}, 10BASE-T, Token Ring 4 und 16 Mbit/s
D	bis 100 MHz	100BASE-TX, ATM 155 Mbit/s, Gigabit-Ethernet
E	bis 200 MHz	ATM 155 Mbit/s, Gigabit-Ethernet
F	bis 600 MHz	ATM 622 Mbit/s, Gigabit-Ethernet

Für verschiedene Linkklassen sind unterschiedliche Kabeltypen geeignet. Je nach Anforderungen sind symmetrische Kabel (Twisted Pair), Koaxialkabel oder optische Faserkabel zu wählen. TIA/EIA teilt symmetrische

Tabelle 13.3   Kabelkategorien nach TIA/EIA (√: spezifiziert; --: nicht spezifiziert)   **13**

Kat.	spezifizierte Bandbreite	Wellenwiderstand spezifiziert	Dämpfung (bei der spezifizierten Bandbreite)	NEXT (bei der spezifizierten Bandbreite)
1	--	--	--	--
2	1 MHz	√	2,6 dB/100m	--
3	16 MHz	√	13,1 dB/100m	23 dB
4	20 MHz	√	10,2 dB/100m	36 dB
5	100 MHz	√	22,0 dB/100m	32 dB
6	200 MHz	√	30 dB/100 m	40 dB
7	600 MHz	√	50 dB/100 m	60 dB

Dämpfung = Transmissionsdämpfung, NEXT = Nahnebensprechen

Kabel in die Kategorien 1–7 ein. Die Kategorien 1 und 2 werden nicht für die Datenübertragung verwendet, für die Kategorien 3 und höher sind Anwendungen nach Klasse C und höher (→ Tabelle 13.3) vorgesehen. Aus der Kombination von Kabeltyp und Linkklasse ergeben sich überbrückbare Distanzen (→ Tabelle 13.4).

Tabelle 13.4   Distanz bei verschiedenen Linkklassen/Kabelkategorien

Kategorie	Klasse A	Klasse B	Klasse C	Klasse D
3	2 km	500 m	100 m	--
4	3 km	600 m	150 m	--
5	3 km	700 m	160 m	100 m
6	nur Klasse E: 100 m			
7	nur Klasse F: 100 m			
--	Glasfaser: Multimode 2 km, Monomode 3 km			

13.7.3   Symmetrische Kupferkabel

Symmetrische Kabel werden als **UTP** (*Unshielded Twisted Pair*) oder **STP** (*Shielded Twisted Pair*) bezeichnet. Falls das gesamte Kabel nochmals geschirmt ist, lautet die Bezeichnung **S/STP** oder **S/UTP**, das vorangestellte S bedeutet *Screened*. Tabelle 13.5 enthält weitere Informationen zu den Kabeltypen.

Tabelle 13.5   Begriffe für Kabel mit verdrillten Doppeladern (Twisted Pair)

Kabel	UTP	STP	S/STP	S/UTP
Adernpaare	2 oder 4	2	2 oder 4	2 oder 4
Adernpaare einzeln abgeschirmt	nein	ja	ja	nein
Gesamtschirmung	nein	ja	ja	ja
Wellenwiderstand	100 Ω	150 Ω	100 Ω	100 Ω

13.7.4   Koaxialkabel

Koaxialkabel sind noch in großem Umfang im Einsatz. Sie werden jedoch zunehmend durch Kabel mit TP und optische Faserkabel verdrängt. Tabelle 13.6 stellt die wichtigsten Koaxialkabeltypen zusammen.

Tabelle 13.6   Verbreitete Koaxialkabel

Wellen-widerstand	Anwendung	Spezifikation nach MIL-C-17G
50 Ω	Ethernet-LAN (IEEE 802.3) 10BASE5, 10BASE2	RG-58C/U: Thin Ethernet RG-8A/U: Thick Ethernet
75 Ω	LAN in Breitbandtechnik (Token Bus)	RG-6, RG-11
93 Ω	ARCnet-LAN, IBM-3270-Terminal	RG-62
105 Ω	IBM-5250-Terminal (IBM AS/400)	Twinax-Kabel

Die wichtigsten Daten für Ethernet-Kabel sind aus Tabelle 13.7 ersichtlich.

Tabelle 13.7   Koaxialkabel für Ethernet

Spezifikation	RG-58 (C oder U)	RG-8A/U
Anwendung	10BASE2 (Thin Ethernet (grauer Mantel), Cheaper-net (schwarzer Mantel)	10BASE5 (Thick Ether-net, Yellow Cable, (gelber Mantel)
Wellenwiderstand	(50 ± 3) Ω	(50 ± 2) Ω
Dämpfung	4,6 dB/100 m (10 MHz)	1,7 dB/100 m (10 MHz)
Signalausbreitungs-geschwindigkeit	0,77 c ($> 0,65$ c)	(0,83–0,86) c ($> 0,77$ c)
Außendurchmesser	4,62 mm	10,3 mm
min. Biegeradius	5 cm	25 cm

13.7.5   Optische Faserkabel

Glasfaserkabel werden in der Primär- und Sekundärverkabelung in großem Umfang eingesetzt. Dabei werden **Multimode-Fasern** bei Wellenlängen von 850 nm und 1300 nm verwendet. Bei höheren Übertragungsgeschwindigkeiten von 622 Mbit/s und 2,4 Gbit/s werden zunehmend **Singlemode-Fasern** bei 1550 nm eingesetzt. Im Primär- und Sekundärbereich von strukturierten Verkabelungen werden Multimode-Gradientenfasern mit einem Kern- bzw. Manteldurchmesser von 62,5 μm bzw. 125 μm eingesetzt.

13

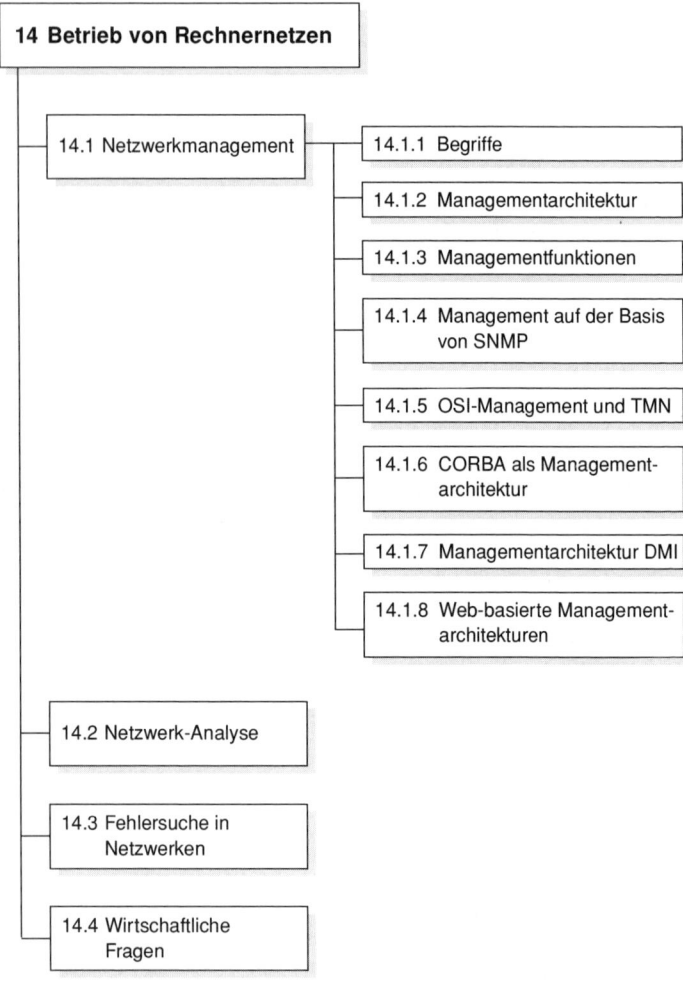

14 Betrieb von Rechnernetzen

14.1 Netzwerkmanagement

14.1.1 Begriffe

14.1.2 Managementarchitektur

14.1.3 Managementfunktionen

14.1.4 Management auf der Basis von SNMP

14.1.5 OSI-Management und TMN

14.1.6 CORBA als Management-architektur

14.1.7 Managementarchitektur DMI

14.1.8 Web-basierte Management-architekturen

14.2 Netzwerk-Analyse

14.3 Fehlersuche in Netzwerken

14.4 Wirtschaftliche Fragen

14 Betrieb von Rechnernetzen

14.1 Netzwerkmanagement

📖/14.6/ und /14.10/ geben eine kurze Übersicht des Netzwerkmanagements. /14.3/ ist eine umfassende Darstellung, während /14.13/ das Internet-Management sehr ausführlich darstellt.

14.1.1 Begriffe

Netzwerkmanagement (*network management*) ist die Durchführung aller Prozesse zur Planung, Konfiguration, Überwachung, Steuerung, Fehlerbehebung und Verwaltung von Netzwerken unter Einsatz der dazu benötigten Hard- und Softwarewerkzeuge.

Nach dieser Definition ist das Netzwerkmanagement eine **Querschnittsaufgabe** über alle Phasen des Netzwerk-Lebenszyklus (→ Bild 12.1). Die Betreiber öffentlicher Netze verwenden den Begriff **OAM** (*Operation, Administration, Management*). Das **Systemmanagement** (→ Bild 14.1) befasst sich mit Endsystemen, während das **Anwendungsmanagement** sich um verteilte Anwendungen bzw. Dienste kümmert. Ergänzend ist ein **Informationsmanagement** erforderlich, dessen Objekte verteilte Datenbestände sind. Wünschenswert ist ein **integriertes Management**, das Netzwerk-, System- und Anwendungsmanagement mit einbezieht.

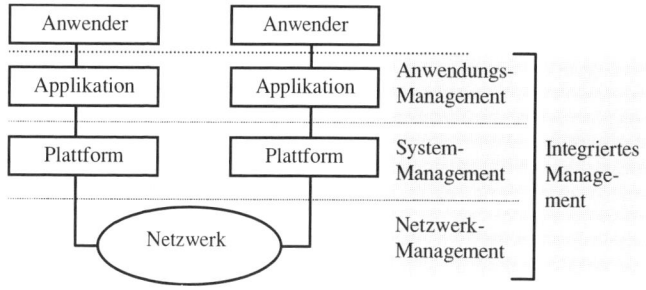

Bild 14.1   Begriffe zum Management

14

Das Netzwerkmanagement lässt sich in zwei **Teilaufgaben** gliedern:

- Die **Netzwerk-Überwachung** (*network monitoring*), die den Zustand und das Verhalten von Endsystemen, Zwischensystemen und Subnetzen erfasst und analysiert.

- Die **Netzwerk-Steuerung** (*network control*) soll in das Netz und seine Bestandteile eingreifen, um unerwünschte oder ungünstige Zustände zu beheben bzw. in Richtung auf einen erwünschten Sollzustand zu verbessern.

Beide Teilaufgaben beziehen sich auf die in Abschnitt 14.1.3 genannten fünf Managementfunktionen.

14.1.2   Managementarchitektur

Eine Managementarchitektur für ein integriertes Management in heterogenen Systemen besteht aus mehreren Teilen /14.3/:

- **Informationsmodell:** zur Beschreibung der Managementobjekte (das sind Abstraktionen der Ressourcen, auf denen das Management operiert). In Bild 14.2 kommt das Informationsmodell in den **MIB** (*Management Information Base*) und der Datenbank der **NMS** (*Network Management Station*) zum Ausdruck.

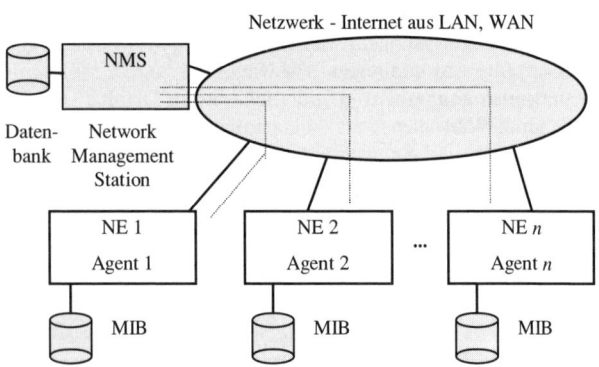

NE: Network Element, kann Zwischen- oder Endsystem sein

Bild 14.2   Netzwerk und Netzwerkmanagement

- **Organisationsmodell:** beschreibt Akteure (Manager, Agenten, ...) und ihre Rollen sowie die Art der Kooperation zwischen den Akteuren.
- **Kommunikationsmodell:** beschreibt die für das Management eingesetzten Kommunikationsvorgänge (gestrichelte Verbindungen in Bild 14.2).
- **Funktionsmodell:** strukuriert die Managementfunktionalität.

14.1.3 Managementfunktionen

Das Funktionsmodell einer Managementarchitektur unterscheidet verschiedene **Funktionsbereiche**. Die **OSI-Managementarchitektur** (ISO 10164 bzw. ITU-T X.700) definiert **fünf Funktionsbereiche**, die nach den Anfangsbuchstaben ihrer englischsprachigen Bezeichnungen mit dem Kürzel **FCAPS** benannt werden:

- **Fault Management** (*Fehlermanagement*): Funktionen zur frühzeitigen Erkennung von Fehlerzuständen und zur Lokalisierung der Fehlerquellen.
- **Configuration Management** (*Konfigurationsmanagement*): Abfrage und Änderung der Konfiguration der verwalteten Systembestandteile.
- **Accounting Management** (*Abrechnungsmanagement*): Erfassung der Ressourcennutzung pro Nutzer als Basis für die Abrechnung.
- **Performance Management** (*Leistungsmanagement*): Überwachung der vom Netz erbrachten Leistung, Erkennung von Leistungsengpässen und daraus resultierende Leistungsoptimierung.
- **Security Management** (*Sicherheitsmanagement*): Schutz von Komponenten und Diensten vor Missbrauch und unberechtigtem Zugriff.

14.1.4 Management auf der Basis von SNMP

SNMP (*Simple Network Management Protocol*) ist Teil der **TCP/IP-Welt** (weshalb es auch als **Internet-Management** bezeichnet wird, obwohl der Anwendungsbereich primär auf LANs ausgerichtet ist) und bildet die Grundlage für die meisten **herstellerübergreifenden** Managementlösungen für Rechnernetze. Herstellerübergreifend bedeutet hier, dass die im Netzwerk eingesetzten Geräte von verschiedenen Herstellern stammen können und trotzdem von einem SNMP-Manager verwaltet werden können.

14

SNMP definiert:

- Ein grundsätzliches Modell für das Netzwerkmanagement (→ Bild 14.2). Dieses beinhaltet Hardware, Software, Datenbasen und Kommunikationsprotokolle.

- **SMI** (*Structure of Management Information*, RFC 1155; RFC 1902 für SNMPv2). SMI beschreibt, wie die **MO** (*Managed Object*) – das sind die Variablen, die in der **MIB** (*Management Information Base*) enthalten sind – definiert werden.
- Eine **NMS** (*Network Management Station*) mit Software für das Netzwerkmanagement **NMA** (*Network Management Application*).
- Die zu verwaltenden Netzwerkkomponenten (unterschiedlich als *Managed Node*, **MNE**: *Managed Network Entity* oder **NE**: *Network Element* bezeichnet) werden durch die NMS überwacht und gesteuert. Auf den NE werden die Netzwerkmanagementfunktionen durch **MA** (*Management Agent*) (Software) ausgeführt. Agenten spielen die Rolle von Servern, Manager sind Clients.
- Ein Protokoll **SNMP** (*Simple Network Management Protocol*, RFC 1157) zum Austausch von Management-PDUs, die eine Menge von Commands sowie Status- und Fehlermeldungen beinhalten können.

Eine MIB stellt die Menge der Variablen dar, die in einem NE vorkommen. MIB2 kennt 10 Gruppen von Variablen (→ Tabelle 14.1). Für die Beschreibung wird ASN.1/BER (→ Abschnitt 4.2.2) verwendet. Zusätzlich wird jede Variable durch einen global eindeutigen Identifier gekennzeichnet. Dazu wird das Schema nach Bild 14.3 verwendet. Der Präfix 1.3.6.1.2.1 bezeichnet eine MIB-Datenbasis. Der Identifier 1.3.6.1.2.1.4.3 benennt die IP-Gruppe (4) und darin die dritte Variable (3). Diese heißt ipInReceivers und zählt die Anzahl der IP-Datagramme, die von diesem NE empfangen wurden.

Tabelle 14.1   Gruppen der MIB2

Gruppe	Enthaltene Objekte	Anzahl der Objekte
System (1)	Grundlegende Systeminformation	7
Interfaces (2)	Netzwerk-Interfaces	23
AT (3)	Adressübersetzung (address translation)	3
IP (4)	Internet-Protokoll	38
ICMP (5)	Internet Control Message Protocol	26
TCP (6)	Transmission Control Protocol	19
UDP (7)	User Datagram Protocol	7
EGP (8)	Exterior Gateway Protocol	18
Transmission (10)	Informationen über Netzschnittstellen	--
SNMP (11)	SNMP Application Entities	30

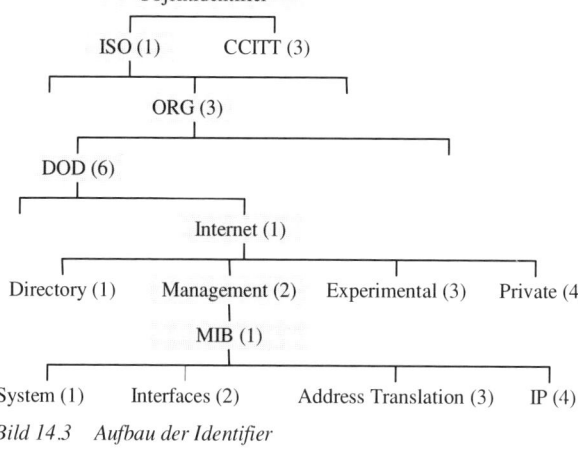

Bild 14.3   Aufbau der Identifier

Die Funktionen in SNMPv2 werden anhand der verfügbaren PDUs ersichtlich (→ Tabelle 14.2).

Tabelle 14.2   PDUs in SNMPv2

PDU	Gesendet von–an	Bedeutung
GetRequest	NMS → MA	Manager fordert den Wert einer Variablen (Tabelleneintrag) an
GetNextRequest	NMS → MA	Manager fordert nächsten Tabelleneintrag an, ohne dessen genauen Namen zu kennen
GetBulkRequest	NMS → MA	Manager fordert einen Block von Variablenwerten an, z. B. mehrere Zeilen einer Tabelle
Response	MA → NMS	Agent antwortet auf Anfrage des Managers
SetRequest	NMS → MA	Manager setzt eine Variable auf dem NE
Trap	MA → NMS	Agent informiert Manager über Ausnahmesituation. Wird asynchron (nicht als Folge eines Request) gesendet
Inform	NMS → NMS	NMS informiert eine andere NMS über verfügbare Daten

14

Mit Get...Request fordert der Manager Daten an, die mit GetResponse vom Agenten zurückgeliefert werden. Ein Trap meldet Ereignisse, deren Eintreten vom Agenten festgestellt wurde. Beispiele für Ereignisse sind der Ausfall oder die erneute Verfügbarkeit eines Link oder ein Neustart des Agenten. Inform wird für die Kommunikation zwischen NMS verwendet. Dies bedeutet die Existenz mehrerer NMS, also ein verteiltes Management.

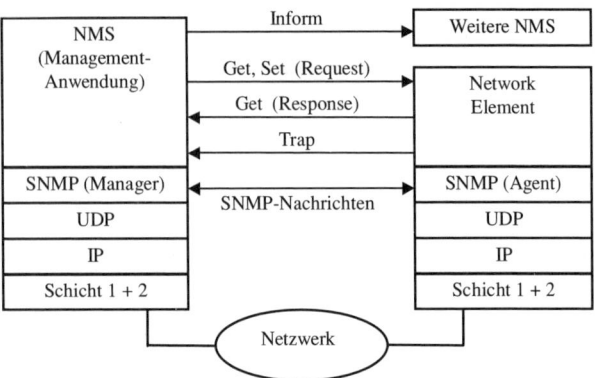

Bild 14.4   SNMP: Protokollstapel und PDUs

SNMP setzt auf UDP auf ($\rightarrow$ Bild 14.4). Die Portnummer ist 161 bzw. für Traps 162. SNMP existiert in drei Versionen $\rightarrow$ Tabelle 14.3.

Tabelle 14.3   Versionen von SNMP

Version	Charakterisierung	Bedeutung
v1	Abfragen von Tabellen ist aufwändig. Kommunikation nur zwischen Manager und Agent. Sicherheitsmaßnahmen nur rudimentär.	Seit ca. 1992 De-facto-Standard für das Netzwerk-Management.
v2	Verbesserungen gegenüber SNMPv1, insbesondere im Bereich der Sicherheit.	Seit 1993. Noch geringe Akzeptanz. Sicherheitskonzept umstritten.
v3	Modulares Konzept, ermöglicht die Integration bisheriger Versionen. Verbesserte Sicherheit gegen Missbrauch.	Seit 1997.

RMON (*Remote Monitoring*) bietet gegenüber MIB erweiterte Möglichkeiten zur Erfassung statistischer Daten auf der physischen und auf der Link-Schicht. Tabelle 14.4 nennt die entsprechenden Gruppen der RMON1-MBIB. RMON-Agenten (auch als RMON Probe bezeichnet) können als eigenständige Systeme oder als Zusatz zu Routern oder Switches realisiert werden. RMON ist für Ethernet (→ Abschnitt 6.2) und Token Ring (Abschnitt 6.3) definiert. Es ermöglicht die Überwachung des Zustands und der Leistung ganzer Netzsegmente. **RMON 2** (RFC 2021, → Tabelle 14.5) soll über die Betrachtung von Netzsegmenten hinausgehen und den Zustand und die Leistung von Netzwerkanwendungen und der Ende-zu-Ende-Kommunikation erfassen.

Tabelle 14.4   Gruppen in RMON1-MIB (1–9: Ethernet, 10: zusätzlich für Token Ring) (RFC 1757, RFC 1513)

Gruppe	Bedeutung
Statistics(1)	Statistik über Kollisionen, Broadcasts, CRC-Fehler etc.
History (2)	Speicherung von Statistikdaten über einen Zeitraum.
Alarm (3)	Definition von Alarmschwellen. Löst Trap-Nachricht an NMS aus, falls eine Variable eine Schwelle überschreitet.
Host (4)	Führt eine Tabelle für jeden Host mit Statistiken wie Anzahl gesendeter und empfangener Pakete, Anzahl von Fehlern etc.
HostTopN (5)	Erweitert die Gruppe Host durch sortierte Angaben über diejenigen N Hosts, die die Statistik bezüglich festgelegter Messgrößen anführen. Die Auswertung wird lokal vom Agenten durchgeführt.
Matrix (6)	Gibt für Paare von Hosts die Menge der ausgetauschten Pakete und der aufgetretenen Fehler an.
Filter (7)	Spezifiziert Kriterien für die Filterung von Paketen, die als Start-Stop-Bedingung für Capture (8) verwendet werden.
Capture (8)	Pakete, die in Filter (7) ausgefiltert werden, werden zur späteren Analyse durch die NMS gespeichert.
Event (9)	Zum Definieren von Ereignissen, die bestimmte Aktionen auslösen. Die Aktionen können an anderer Stelle in der MIB definiert sein.
Token Ring Statistics and History (10)	Statistik für Zahl und Status der aktiven Stationen im Ring, Überwachung von MAC-Frames etc.

14

Tabelle 14.5   Gruppen in RMON2-MIB (zusätzlich zu RMON1)
(RFC 2021)

Gruppe	Bedeutung
protocol directory (11)	Verzeichnis der Protokolle, die eine RMON Probe interpretieren kann.
protocol distribution (12)	Verkehrsstatistik (Paketanzahl, Byteanzahl) sortiert nach Protokolltyp.
address mapping (13)	Zuordnung Netzwerkadressen zu MAC-Adressen.
network layer host (14)	Statistik der Verkehrsmenge pro Host auf Basis der Netzwerkadresse.
network layer matrix (15)	Verkehrsstatistik zwischen Paaren von Hosts auf Basis der Netzwerkadressen.
application layer host (16)	Statistik der Verkehrsmenge pro Host sortiert nach Anwendungsprotokollen.
application layer matrix (17)	Verkehrsstatistik zwischen Paaren von Hosts auf Basis der Anwendungsprotokolle.
user history collection (18)	Erfassung von Verlaufsdaten auf Basis der Gruppen alarm (3) und history (2).
probe configuration (19)	Definiert standardisierte Konfigurationsparameter für RMON Probes.
conformance (20)	Information zur Beurteilung der Interoperabilität von RMON-Implementierungen.

Die RMON-Spezifikationen werden für Netze mit Switches (Bezeichnung: SMON), für Hochgeschwindigkeitsnetze (HC-MIB, High Capacity) und für die Ermittlung von Antwortzeiten auf der Anwendungsebene (ART-MIB, Application Response Time) erweitert.

RMON kann als Werkzeug für das Netzwerkmanagement wie auch für die Netzwerk-Analyse (→ Abschnitt 14.2) verwendet werden.

14.1.5   OSI-Management und TMN

Das **OSI-Management** /14.3/ wird in ISO 7498-4 (Open Systems Interconnection – Basic Reference Model, Part 4: Management Framework) definiert. Das **Funktionsmodell** mit seinen Funktionsbereichen (→ Abschnitt 14.1.3) ist in ISO 10164 genormt. Das **Informationsmodell SMI** (*Structure of Management Information*, ISO 10165) verwendet einen vollständig objektorientierten Ansatz mit Klassen, Instanzen, Vererbung und Polymorphie. Dieser ist gegenüber dem Internet-Management komplexer, aber leistungsfähiger. Das **Organisationsmodell** unterscheidet die Manager- und die Agentenrolle. OSI-Systeme können beide

Rollen gleichzeitig spielen, bzw. die Rolle kann sich dynamisch ändern. Das **Kommunikationsmodell** setzt auf dem OSI-Schichtenmodell (→ Abschnitt 1.2) auf. Zwischen den Anwendungsprozessen wird Managementinformation über **SMAE**s (*System Management Application Entity*) ausgetauscht, die ihrerseits spezielle Dienste (CMIS) nutzen.

CMIS (*Common Management Information Service*, ISO 9596) dient dem Zugriff auf entfernte Managementobjekte. Die MIB weist eine Baumstruktur auf, auf die CMIS vollständig zugreifen kann. CMIS ist ein verbindungsorientierter Dienst und setzt auf ACSE und ROSE (→ Abschnitt 4.3.2) auf. **CMIP** (*Common Management Information Protocol*, ISO 9596) wird von CMIS zum Transport von Netzwerkmanagementinformationen genutzt. CMIP setzt auf dem OSI-Protokollstapel auf. **CMOT** (*CMIP Over TCP/IP*) ist eine Variante, die auf TCP/IP aufsetzt. **CMOL** (*CMIP Over LLC*) ist eine Variante für das Management von Ethernet und Token Ring, die die LLC-Schicht (→ Abschnitt 6.1.3) nach IEEE 802.2 nutzt.

Das OSI-Management ist die Basis für **TMN** (*Telecommunications Management Network*). TMN wird für das verteilte Management im Bereich der Telekommunikation eingesetzt, nicht aber im Bereich der Datenkommunikation.

14.1.6   CORBA als Managementarchitektur

CORBA (*Common Object Request Broker Architecture*) wurde zur Unterstützung verteilter, objektorientierter Anwendungen entwickelt. Damit bildet es auch eine gute Basis zur Lösung von Managementaufgaben, insbesondere im Bereich des Systemmanagements. CORBA ist Teil der **OMA** (*Object Management Architecture*), die von der **OMG** (*Object Management Group*, www.omg.org/) standardisiert wird.

14.1.7   Managementarchitektur DMI

Die **DMTF** (*Desktop Management Task Force*) (www.dmtf.org/) ist eine Gruppe von Herstellern, die Arbeitsplatzrechner (Endsysteme) in das Netzwerkmanagement mit einbeziehen wollen. **DMI** (*Desktop Management Interface*) ist die Managementarchitektur der DMTF. DMI und die Internet-Managementarchitektur (SNMP) sind in vieler Hinsicht, insbesondere in den Informationsmodellen, sehr ähnlich. DMI kann mit dem Internet-Management integriert werden.

14

14.1.8   Web-basierte Managementarchitekturen

Die **Grundidee** der Web-basierten Managementarchitekturen /14.3/ besteht darin, dass

- Intranets und damit WWW-Dienste weit verbreitet sind und
- Web-Browser auf allen Plattformen verfügbar sind.

Damit können **Web-Browser** als universelle, grafische Benutzerschnittstellen auch für das Netz- und Systemmanagement eingesetzt werden. **Zwei Ansätze** für offene (herstellerunabhängige) Managementarchitekturen sind:

- Die **JMAPI Architecture** (*Java Management API*) (http://java.sun.com/products/JavaManagement) stellt neben einer Managementarchitektur eine umfangreiche, frei verfügbare Klassenbibliothek für das Management zur Verfügung.
- Die **WBEM Initiative** (*Web Based Enterprise Management*) entwickelt eine weitere Architektur für das herstellerunabhängige Netzwerk- und Systemmanagement über Web-Browser. Sie wird als **HMM** (*Hypermedia Management*) bezeichnet und umfasst **HMMP** (*Hypermedia Management Protocol*), **HMMS** (*Hypermedia Management Schema*, neu als CIM bezeichnet und von der DMTF weiter entwickelt) und **CIMOM** (*CIM Object Manager*, früher HMOM, *Hypermedia Object Manager*).

CIM (*Common Information Model*) ist das Informationsmodell für HMM. Es stellt einen objektorientierten, programmiersprachenunabhängigen Ansatz dar. Das grundlegende Informationsmodell wird als Meta-Schema bezeichnet und wird mit Hilfe von **UML** (*Unified Modelling Language*) als Modellierungsnotation definiert.

14.2   Netzwerk-Analyse

> **Netzwerk-Analyse** ist die laufende Überwachung eines operationellen Netzes. Dabei wird die tatsächlich vorhandene Last und die erbrachte Leistung (Parameter: Durchsatz, Verzögerung, Fehlerrate, Anteil verlorener Pakete, ...) ermittelt.

📖 Die Thematik wird in /14.7/, /14.14/, /14.1/ ausführlich behandelt. /14.4/ und /14.5/ stellen messtechnische Aspekte in den Vordergrund.

Teilaufgaben der Netzwerk-Analyse sind **Messung** (Ermittlung der Rohdaten) und **Analyse** (Verdichtung der Daten und Interpretation der Ergebnisse).

Messungen können als taktische oder strategische Messungen /14.6/ angelegt sein:

- **Taktische Messungen:** werden bei Bedarf vor Ort eingesetzt für vorbeugende Messungen, bei Änderungen im Netz (Konfigurationsänderungen, Inbetriebnahme zusätzlicher Knoten) und zur Fehlersuche.
- **Strategische Messungen:** liefern die Basisinformation für die Überwachung und das Management von Netzen. Die Messungen werden permanent durchgeführt und analysiert. Die wichtigsten Werkzeuge sind **SNMP** und **RMON** (→ Abschnitt 14.1.4).

Im Internet sind Analysen der Netzleistung im Zusammenhang mit QoS (→ Abschnitt 9.8) wichtig /14.2/. Ein ISP kann im Rahmen eines SLA (Service Level Agreement) eine bestimmte Dienstgüte garantieren. Natürlich ist der Kunde wie auch der ISP daran interessiert, die Einhaltung der Vereinbarung zu überwachen. Der Kunde kann nur Messungen Ende-zu-Ende durchführen. Zwei einfache Werkzeuge sind:

- **PING** (*Packet Internet Groper*): nutzt ein Echo-Request-Paket des Protokolls ICMP (→ Abschnitt 9.2.2), das durch einen Echo-Reply beantwortet wird. Wiederholte Messungen der Antwortzeiten lassen auf die Netzlast auf dem durchlaufenen Pfad schließen (sofern Laufzeitunterschiede nicht durch Routing-Instabilität verursacht werden). Zusätzlich kann der Anteil verlorener Pakete ausgewertet werden.
- **TRACEROUTE** (tracert in Windows NT) ist eine Verfeinerung von PING. Es generiert eine Sequenz von UDP-Datagrammen mit zunehmender Lebensdauer (TTL). TRACEROUTE misst die Zeit zwischen der Erzeugung eines Pakets und dem Empfang eines ICMP-Pakets mit der Meldung „TTL exhausted". Die Quellenadresse der ICMP-Meldung wird ebenfalls ausgewertet. Damit lässt sich der von den Paketen genommene Pfad inklusive der Laufzeiten auf den Teilstrecken ermitteln.

Zur zuverlässigen Interpretation der Messungen sind weitere Auswertungen erforderlich. Neben PING und TRACEROUTE sind für TCP/IP in UNIX-/ LINUX-Systemen weitere Analysewerkzeuge enthalten (→ Tab. 14.6).

14

Tabelle 14.6 TCP/IP Diagnose und Troubleshooting (vgl. RFC 1147, RFC 1470)

Kommando	Funktion
ifconfig	Interface-Konfiguration. Zur Ermittlung fehlerhafter IP-Adressen, Netzmasken und Broadcast-Adressen.
route	Routingtabellen des Kernels (Betriebssystemkern). Zur Ermittlung fehlender oder falscher Routen in einem Knoten.
ping	Prüft die Erreichbarkeit eines entfernten Rechners. Gibt Statistik über Laufzeit und Paketverluste.

Tabelle 14.6   TCP/IP Diagnose und Troubleshooting
(vgl. RFC 1147, RFC 1470) (Fortsetzung)

Kommando	Funktion
traceroute	Zeigt die Route eines Pakets durch das Netz an.
arp	Adressumsetzung IP-Adresse zu MAC-Adresse. Zur Ermittlung fehlerhafter IP-Adressen in Hosts.
netstat	Netzstatistik oder -status. Liefert zahlreiche Informationen.
ripquery	Abfrage von RIP-Routern.
echo, discard, daytime	Zum Testen der höheren Schichten des TCP/IP-Protokollstapels.
tcpdump	Typ und Inhalt von IP-Paketen werden dem Benutzer angezeigt.
icmpinfo	ICMP-Nachrichten werden dem Benutzer angezeigt.
spray	Zum Test der Bandbreite einer Verbindung.
nslookup, dig, host	Zum Test von DNS-Einträgen.

Im Gegensatz zu seinem Kunden kann der ISP – insbesondere in seinem eigenen Netz – umfassendere Messungen vornehmen. Hier ist zunächst die Auswertung der von SNMP (→ Abschnitt 14.1.4) sowieso erfassten Daten nahe liegend. Messungen der QoS können nichtintrusiv (ohne aktiven Eingriff in das Kommunikationssystem) oder intrusiv sein. Die nichtintrusive Messung wertet die Ankunftsrate der Pakete beim Empfänger aus und schließt daraus auf das Verhalten des Netzes zurück. Eine Voraussetzung für den Einsatz dieser Methode ist die genaue Kenntnis des Verhaltens der Anwendung, die den Paketstrom generiert. Dennoch kann die Zuverlässigkeit der Ergebnisse problematisch sein.

Die intrusive Messung sendet – wie PING und TRACEROUTE – selbst Pakete in das Netz. Durch Vergleich gesendeter und dadurch ausgelöster, empfangener Pakete lassen sich Kenngrößen zum Verhalten des Netzes ermitteln. Diese werden jedoch erst relevant, wenn sich das Netz auf dem benutzten Pfad bereits in Überlast befindet.

14.3 Fehlersuche in Netzwerken

In Netzen können transiente oder permanente Fehler auftreten, die unter anderem durch Störungen, ungenügende Qualität von Übertragungsstrecken, fehlerhafte Kommunikationssoftware sowie durch transiente oder permanente Hardwareausfälle verursacht sein können.

📖 Weiterführende Literatur: /14.7/, /14.8/.

Die Lokalisierung der Fehlerursache kann schwierig sein, da Übertragungswege, Zwischen- und Endsysteme allein oder im Zusammenwirken Fehler auslösen können. Eine effiziente Fehlersuche muss systematisch auf Basis des OSI-Schichtmodells durchgeführt werden. Die Auswertung von strategischen Messungen (→ Abschnitt 14.2) kann erste Anhaltspunkte für mögliche Fehlerursachen liefern. Für taktische Messungen existieren Werkzeuge (→ Tabelle 14.7), die sich im LAN oder WAN auf den genannten Schichten einsetzen lassen.

Tabelle 14.7   Werkzeuge für taktische Messungen /14.7/

Werkzeug	OSI-Schicht (Anwendung)	Messungen
Multimeter	1 (LAN)	Widerstand, Spannung.
Kabeltester	1 (LAN)	Kabellänge, Dämpfung, Widerstand, Nebensprechen, Reflexionen, Signalrauschen.
OTDR (Optical Time Domain Reflectometer)	1 (LAN)	Dämpfungsprofil von Glasfaserstrecken (Lage und Dämpfung von Übergängen).
Oszilloskop	1 (LAN)	Für Detailuntersuchungen zeitlicher Vorgänge auf der physischen Schicht.
Spektrumanalysator	1 (LAN)	Frequenzspektren von Störsignalen.
Schnittstellentester (Break-out-Box)	1 (WAN)	Anzeige der Aktivität auf Schnittstellenleitungen. Modifikation der Verbindungen (zur Fehlersuche).
Logikanalysator	1 (WAN)	Aufzeichnung des zeitlichen Verlaufs vieler digitaler Signale, Erkennung bestimmter Kombinationen von Signalzuständen.
Bitfehlerratentester	1 (WAN)	Messung von Bitfehlerraten (auch Langzeitmessungen).

14

Tabelle 14.7   Werkzeuge für taktische Messungen /14.7/ (Fortsetzung)

Werkzeug	OSI-Schicht (Anwendung)	Messungen
LAN- bzw. WAN-Protokollanalysator	2–7 (LAN, WAN)	Analyse der auf einem Netz ausgeführten Protokolle (welche, wie, wer mit wem).
Software-Agenten, Hilfsprogramme	3–7 (LAN, WAN)	Ermittlung anwendungsspezifischer Betriebskenngrößen, z. B. Antwortzeiten in Client-Server-Systemen. Zur Überwachung der Einhaltung von SLA (Service Level Agreement) erforderlich.

Eine wichtige Rolle spielen Protokollanalysatoren. Sie sollen den Verkehr auf einem Netz aufzeichnen und analysieren. Die Analyse setzt die Kenntnis des PDU-Aufbaus auf den einzelnen Schichten voraus. Ein Protokollanalysator soll hinreichend viele der unterschiedlichen Protokolle/Protokollfamilien interpretieren können. Zur Analyse zeitlicher Abläufe müssen die erfassten PDUs mit Zeitstempeln versehen werden. Da nicht alle beobachteten Pakete gespeichert werden können, sind Filterfunktionen erforderlich, die interessierende Pakete herausfiltern. Die Filterkriterien sollen flexibel wählbar sein. Pakete sollen u. a. erfasst werden können nach Ziel- und Quellenadressen, Länge und Typ (z. B. Broadcast). Die Analyse ermittelt Fehlertypen (z. B. CRC-Fehler, unzulässiger Pakettyp, Paket durch Kollision beschädigt), Anzahl der Pakete pro Kategorie und Statistiken für Last und Durchsatz.

Protokollanalysatoren sollen auch Messungen auf verschiedenen Übertragungsmedien und auf mehreren Kanälen ermöglichen. Dazu sind teilweise Testfunktionen für die Schicht 1 – die als eigenständige Geräte, Tabelle 14.7, verfügbar sind – auch in Protokollanalysatoren enthalten.

14.4   Wirtschaftliche Fragen

Die Kosten eines Netzes (primäre Kostenelemente sind Investitions- und Betriebskosten) sind durch die Anwender zu tragen.

Accounting (Leistungserfassung) ist das Sammeln von abrechnungsrelevanten Daten in den Netzknoten. Die genutzten Leistungen werden auf der Basis festgelegter **Tarife** (*Preise, charging scheme*) berechnet (charging) und zusammen mit weiteren, nutzungsunabhängigen Tarifelementen dem Kunden in Rechnung gestellt (*billing*).

Die SG 3 (Study Group) der ITU-T (Tariff and Accounting Principles including related Telecommunications Economic and Policy Issues) ist für diesen Fragenkreis zuständig.

In der Regel enthalten Tarife **nutzungsunabhängige** (einmalige oder periodische Gebühr, *flat rate*) und **nutzungsabhängige** (Nutzungszeitpunkt und -dauer, überbrückte Entfernung) Elemente. Tarife werden von den Netzbetreibern auf Grund ihrer Kostenstruktur und weiterer Überlegungen festgelegt (pricing). Die Tarife für Übertragungswege und Sprachtelefondienst von Anbietern mit marktbeherrschender Stellung müssen jedoch von der Regulierungsbehörde genehmigt werden. Das Verfahren ergibt sich aus dem Telekommunikationsgesetz (TKG, Dritter Teil) und der Telekommunikations-Entgeltregulierungsverordnung (TEntgV).

14

Abkürzungsverzeichnis

AAA	Authentication, Authorization, Accounting
AAL	ATM Adaptation Layer
AARE	A-Associate Response/Confirm
AARQ	A-Associate Request/Indication
ABM	Asynchronous Balanced Mode
ABR	Available Bit Rate
ABRT	A-Abort Request/Indication
AC	Access Control
ACID	Atomicity, Consistency, Isolation, Durability
ACK	Acknowledgement
ACL	Asynchronous Connectionless Link
ACM	Association for Computing Machinery
ACPM	Association Control Protocol Machine
ACR	Attenuation to Crosstalk Ratio
ACSE	Association Control Service Element
ADM	Add Drop Multiplexer
ADMD	Administration Management Domain
ADSL	Asymmetric Digital Subscriber Line
AES	Advanced Encryption Standard
AF	Assured Forwarding
AFI	Authority and Format Identifier
AFNOR	Association Française de Normalisation
AH	Authentication Header
AM	Amplitudenmodulation
AMI	Alternate Mark Inversion
ANSI	American National Standards Institute
AON	Active Optical Network
AP	Anwendungsprozess
APDU	Application PDU
API	Application Programming Interface
APS	Automatic Protection System
ARCNET	Attached Resource Computing Network
ARM	Asynchronous Response Mode
ARP	Address Resolution Protocol
ART	Application Response Time
ARQ	Automatic Repeat Request
AS	Autonomes System
ASCII	American Standard Code for Information Interchange
AS-Interface	Aktor-Sensor-Interface
ASE	Application Service Element
ASN.1	Abstract Syntax Notation One
AT	Address Translation
ATM	Asynchronous Transfer Mode

15

ATDM	Asynchronous Time Division Multiplex
ATU	ADSL Terminal Unit
ATU-C	ADSL Terminal Unit, Central Office
ATU-R	ADSL Terminal Unit, Remote
AU	Administrative Unit, Access Unit
AUG	Administrative Unit Group
AUI	Attachment Unit Interface
AUTH	Autentifikation
B2A	Business to Administration
B2B	Business to Business
B2C	Business to Consumer
BA	Basisanschluss
BAS	Basic Activity Set
BBS	Bulletin Board System
BCS	Basic Combined Subset
BDSG	Bundesdatenschutzgesetz
BECN	Backward Explicit Congestion Notification
BER	Basic Encoding Rules
BGP	Border Gateway Protocol
B-ICI	Broadband Interchange Carrier Interconnect
BIND	Berkeley Internet Name Daemon
B-ISDN	Broadband Integrated Services Digital Network
BMP	Basic Multilingual Plane
BNF	Backus Naur Form
BOOTP	Bootstrap Protocol
BPDU	Bridge Protocol Data Unit
BORSCHT	Battery Feed, Overvoltage Protection, Ringing, Signaling, Coding, Hybrid, Testing
BRAN	Broadband Radio Access Network
BRA	Basic Rate Access
BRI	Basic Rate Interface
BSC	Binary Synchronous Communication
BSI	British Standards Institute
BSS	Basic Synchronized Subset; Basic Service Set
BT	Burst Tolerance
BUS	Broadcast and Unknown Server
CA	Collision Avoidance
CAC	Connection (Call) Admission Control
CAN	Controller Area Network
CAS	Channel Associated Signalling
CAP	Carrierless Amplitude Phase Modulation
CASE	Common Application Service Element
CBC	Chain Block Cipher
CBDS	Connectionless Broadband Data Service
CBL	Common Business Library

CBR	Constant Bit Rate
CC	Call Control, Connection Control; Count-Down-Counter
CCITT	Comité Consultatif International Télégraphique et Téléphonique
CCR	Commitment, Concurrency, and Recovery
CCRSE	Commitment, Concurrency and Recovery Service Element
CCS	Common Channel Signalling
CDDI	Copper Distributed Data Interface
CDM	Code Division Multiplex
CDMA	Code Division Multiple Access
CD-ROM	Compact Disc Read-Only Memory
CDV	Cell Delay Variation
CDVT	Cell Delay Variation Tolerance
CE	Congestion Experienced
CEN	Comité Européen de Normalisation
CENELEC	Comité Européen de Normalisation Electrotechnique
CEPT	Conference Européenne des Postes et Télécommunications
CER	Cell Error Rate
CFB	Cipher Feedback
CFI	Canonical Format Indicator
CGI	Common Gateway Interface
CHAP	Challenge Handshake Authentication Protocol
CIDR	Classless Interdomain Routing
CIM	Common Information Model
CIMOM	CIM Object Manager
CIR	Committed Information Rate
CLNP	Connectionless Network Protocol
CLNS	Connectionless Network Service
CLP	Cell Loss Priority
CLR	Cell Loss Ratio
CMI	Code Mark Inversion
CMIP	Common Management Information Protocol
CMIS	Common Management Information Service
CMOL	CMIP Over LLC
CMOM	CIM Object Manager
CMOT	CMIP Over TCP/IP
CMR	Cell Misinsertion Rate
CN	Corporate Network
COA	Care Of Address
CONS	Connection Oriented Network Service
CORBA	Common Object Request Broker Architecture
COS	Class of Service
CPCS	Common Part Convergence Sublayer
CPE	Customer Premises Equipment
CRC	Cyclic Redundancy Check
CS	Convergence Sublayer
CSCW	Computer-Supported Cooperative Work
CSMA	Carrier Sense Multiple Access

15

CSMA/CA	CSMA/Collision Avoidance
CSMA/CD	CSMA/Collision Detect
CSS	Cascading Style Sheets
CSSP	CSS Positioning
CTD	Cell Transfer Delay
CTS	Clear-To-Send
CVSD	Continuous Variable Slope Delta Modulation
DA	Destination Address
DAC	Dual Attachment Concentrator
DAD	Draft Addendum
DAP	Directory Access Protocol
DAS	Dual Attachment Station
DCC	Data Country Code
DCD	Data Carrier Detect
DCE	Data Communications Equipment, Data Circuit-Terminating Equipment; Distributed Computing Environment
DCS	Digital Cross-Connect System
DCT	Discrete Cosine Transform
DDCMP	Digital Data Communications Message Protocol
DDNS	Dynamic DNS
DDoS	Distributed Denial of Service
DE	Discard Eligibility
DEE	Datenendeinrichtung
DEN	Directory-Enabled Networks
DE-NIC	Deutsches Network Information Center
DES	Data Encryption Standard
DFS	DCE File Service
DFWMAC	Distributed Foundation Wireless MAC
DHCP	Dynamic Host Configuration Protocol
DHTML	Dynamic HTML
DIN	Deutsches Institut für Normung e.V.
DIS	Disconnect, Draft International Standard
DISC	Disconnect
DIT	Directory Information Tree
DKE	Deutsche Elektrotechnische Kommission
DL	Data Link
DLCI	Data Link Connection Identifier
DM	Deltamodulation; Disconnected Mode
DMI	Desktop Management Interface
DMT	Discrete Multitone
DMTF	Desktop Management Task Force
DMZ	Demilitarized Zone
DNA	Digital Network Architecture
DNIC	Data Network Identification Code
DNS	Domain Name System
DOCSIS	Data-Over-Cable System Interface Specification

DOD	Department Of Defense
DOM	Document Object Model
DOS	Denial Of Service
DP	Distributed Periphery
DPCM	Differential Pulse Code Modulation
DPSK	Differential Phase Shift Keying
DQDB	Distributed Queue Dual Bus
DS	Directory Service, Distributed System
DSi	Digital Signal Level ($i = 1 \ldots 5$)
DSA	Directory System Agent
DSAP	Destination Service Access Point
DSCP	Differentiated Services Code Point
DSE	Data Switching Exchange
DSL	Digital Subscriber Line
DSLAM	Digital Subscriber Loop Access Multiplexer
DSP	Domain Specific Part
DSR	Data Set Ready
DSS 1	Digital Signalling System No.1
DSSS	Direct Sequence Spread Spectrum
DSSSL	Document Style Semantics and Specification Language
DSU	Digital Service Unit
DTD	Document Type Definition
DTE	Data Terminal Equipment
DTR	Data Terminal Ready; Dedictated Token Ring
DTMF	Dual Tone Multiple Frequency
DTP	Distributed Transaction Processing
DUA	Directory User Agent
DÜE	Datenübertragungseinrichtung
DVD	Digital Versatile Disc
DVMRP	Distance Vector Multicast Routing Protocol
DXI	Data Exchange Interface
ECB	Electronic Code Book
ECMA	European Computer Manufacturers Association
ECN	Explicit Congestion Notification
ECSD	Enhanced Circuit Switched Data
ECTRA	European Committee on Telecommunications Regulatory Affairs
ED	Ending Delimiter
EDGE	Enhanced Data Rates for GSM Evolution
EDI	Electronic Data Interchange
EDIFACT	EDI For Administration, Commerce, and Transport
EF	Expedited Forwarding
EFT	Electronic Fund Transfer
EGP	Exterior Gateway Protocol
EGPR	Enhanced GPRS
EIA	Electronic Industries Association
EIB	Europäischer Installationsbus

15

ELAN	Emulated LAN
EMC	Electromagnetic Compatibility
EMV	Elektromagnetische Verträglichkeit
EOF	End Of Frame
EOT	End Of Text
EPA	Enhanced Performance Architecture
EPROM	Erasable and Programmable Read Only Memory
ES	End System
ESI	End System Identifier
ESP	Encapsulating Secure Payload
ESS	Extended Service Set
ETO	European Telecommunications Office
ETR	European Technical Report
ETS	European Telecommunication Standard
ETSI	European Telecommunications Standards Institute
EUREKA	European Collaborative Program for Technology Research and Development
Euro ISPA	European Internet Service Provider Association
EV	Telekommunikations-Entgeltregulierungsverordnung
FA	Foreign Agent
FC	Frame Control
FCFS	First Come First Served
FCS	Frame Check Sequence
FDDI	Fiber Distributed Data Interface
FDL	Fieldbus Data Link
FDM	Frequency Division Multiplex
FDMA	Frequency Division Multiple Access
FEC	Forward Error Correction
FECN	Forward Explicit Congestion Notification
FECT	Far End Crosstalk
FEXT	Far End Crosstalk
FFT	Fast Fourier Transform
FHSS	Frequency Hopping Spread Spectrum
FIPS	Federal Information Processing Standard
FITL	Fiber In The Loop
FL	Flag
FM	Frequenzmodulation
FMS	Fieldbus Message Specification
FO	Fragment Offset
FR	Frame Relay
FRAD	Frame Relay Access Device
FRMR	Frame Reject
FS	Frame Status
FSAN	Full Service Access Network
FSK	Frequency Shift Keying
FSN	Full Service Network

FTAM	File Transfer, Access and Management
FTP	File Transfer Protocol
FTT	Fiber To The x (x ist Platzhalter)
FTTB	Fiber To The Building
FTTC	Fiber To The Curb
FTTH	Fiber To The Home
FUNI	Frame UNI
FÜV	Fernmeldeverkehrsüberwachungsverordnung
GAN	Global Area Network
GFC	Generic Flow Control
GFI	General Format Identifier
GFR	Guaranteed Frame Rate
GIF	Gradient Index Fiber
GMII	Gigabit Medium-Independent Interface
GMSK	Gaussian Minimum Shift Keying
GPRS	General Packet Radio Service
GSM	Global System for Mobile Communication
HA	Home Agent
HBCI	Home Banking Computer Interface Standard
HCS	Header Check Sequence
HDB	High Density Bipolar
HDLC	High Level Data Link Control
HDML	Handheld Device Markup Language
HDSL	High Bit Rate Digital Subscriber Line
HEC	Header Error Control
HFC	Hybrid Fiber Coax
HIPPI	High-Performance Parallel Interface
HL	Hop Limit; Header Length
HMAC	Hashed Message Authentication Code
HMM	Hypermedia Management
HMMP	Hypermedia Management Protocol
HMMS	Hypermedia Management Schema
H-Mux	Hybrid Multiplexer
HODSP	High-Order Domain Specific Part
HSCSD	High Speed Circuit Switched Data
HSTR	High-Speed Token Ring
HTML	Hypertext Markup Language
HTTP	Hypertext Transfer Protocol
I	Information
IAB	Internet Architecture Board
IANA	Internet Assigned Numbers Authority
ICANN	Internet Corporation for Assigned Names and Numbers
ICD	International Code Designator
ICI	Interface Control Information; Intercarrier Interface

15

ICMP	Internet Control Message Protocol
ICR	Initial Cell Rate
ID	Interface Data
IDEA	International Data Encryption Algorithm
IDI	Initial Domain Identifier
IDL	Interface Definition Language
IDP	Initial Domain Part
IDS	Intrusion Detection System
IDU	Interface Data Unit
IEC	International Electrotechnical Commission
IEEE	Institute for Electrical and Electronic Engineers
I-ETS	Interim ETS
IETF	Internet Engineering Task Force
IGMP	Internet Group Management Protocol
IGP	Interior Gateway Protocol
IHL	Internet Header Length
IKE	Internet Key Exchange
IMAP 4	Internet Message Access Protocol, Version 4
IMTC	International Multimedia Teleconferencing Consortium
IN	Intelligent Network
IP	Internet Protocol
IPCP	IP Control Protocol
IPSEC	IP Security
IPX	Internetwork Packet Exchange
IRC	Internet Relay Chat
IrDA	Infrared Data Association
IRTF	Internet Research Task Force
IRV	Internationale Referenzversion
IS	International Standard; Intermediate System
ISA	Integrated Services Architecture
ISDN	Integrated Services Digital Network
ISL	Inter-Switch Link
ISN	Initial Sequence Number
ISO	International Standards Organization
ISOC	Internet Society
ISO/IEC JTC 1	ISO/IEC Joint Technical Committee 1
ISP	Internet Service Provider
ISUP	ISDN User Part
ITG/VDE	Informationstechnische Gesellschaft
ITU	International Telecommunications Union
ITU-T	ITU Telecommunications Standardization Sector
ITU-R	ITU Radiocommunications Standardization Sector
IWU	Interworking Unit
JDBC	Java Database Connectivity
JMAPI	Java Management API
JPEG	Joint Photographic Experts Group

JSA	Japanese Standards Association
JTM	Job Transfer and Manipulation
JTME	Job Transfer and Manipulation Entity
JVM	Java Virtual Machine
L2F	Layer 2 Forwarding Protocol
L2TP	Layer 2 Tunneling Protocol
LAN	Local Area Network
LANE	LAN Emulation
LANE-LNNI	LAN Emulation NNI
LANE-LUNI	LAN Emulation UNI
LAPB	Link Access Procedure, Balanced Mode
LAPD	Link Access Procedure for D Channel
LAPF	Link Access Procedure for Frame Mode Bearer Services
LCI	Logical Channel Identifier
LCN	Logical Channel Number
LCP	Link Control Protocol
LDAP	Lightweight Directory Access Protocol
LDIF	Lightweight Directory Interchange Format
LDSG	Länderdatenschutzgesetz
LIPS	Lightweight Internet Person Schema
LEC	LAN Emulation Client
LED	Light-Emitting Diode
LECS	LAN Emulation Configuration Server
LES	LAN Emulation Server
LEO	Low Earth Orbit
LIS	Logical IP Subnet
LL	Local Loopback
LLC	Logical Link Control
LLI	Link Layer Interface
LMDS	Local Multipoint Distribution System
LMI	Local Management Interface
LSP	Link State Packet
LWL	Lichtwellenleiter
MA	Management Agent
MAC	Media Access Control
MAN	Metropolitan Area Network
MAP	Manufacturing Automation Protocol
MARS	Multicast Address Resolution Protocol
Math ML	Mathematical Markup Language
MAU	Medium Attachment Unit
Mbone	Multicast Backbone
MCR	Minimum Cell Rate
MD	Message Digest
MDStV	Mediendienste-Staatsvertrag
MExE	Mobile Station Execution Environment

15

MFV	Mehrfrequenz-Wahlverfahren
MHS	Message Handling System
MIB	Management Information Base
MII	Media Independent Interface
MIME	Multi-Purpose Internet Mail Extension
MMDS	Multichannel Multipoint Distribution System
MMS	Manufacturing Message Service, Manufacturing Message Specification
MMS43	Modified Monitored Sum 43
MN	Mobile Node
MNE	Managed Network Entity
MNP	Microcom Networking Protocol
MO	Managed Object
MOSPF	Multicast Open Shortest Path First
MOTIS	Message-Oriented Text Interchange System
MPEG	Motion Picture Experts Group
MPOA	Multiprotocol Over ATM
MPLS	Multi-Protocol Label Switching
MSAU	Multi Station Access Unit
MSL	Maximum Segment Lifetime
MSOH	Multiplex Section Overhead
MSS	Maximum Segment Size
MTA	Message Transfer Agent
MTP	Multicast Transport Protocol
MTP	Message Transfer Part
MTS	Message Transfer System
MTU	Maximum Transmission Unit
MUX	Multiplexer
MVDS	Multichannel Video Distribution System
N	Network
NACK	Negative Acknowledgement
NAK	Negative Acknowledgement
NAS	Network Access Server
NAT	Network Address Translation
NB	Nicht benutzt
NBMA	Non Broadcast Multiple Access
NCP	Network Control Protocol
NE	Network Element
NETBIOS	Network Basic Input Output System
NETBLT	Network Block Transfer Protocol
NEXT	Near End Crosstalk
NFS	Network File System
NH	Next Header
NHRP	Next-Hop Resolution Protocol
NLPID	Network Layer Protocol Identifier
NMA	Network Management Application

NMS	Network Management Station
NNI	Network-Node Interface
NNTP	Network News Transfer Protocol
NPDU	Network Protocol Data Unit
NRM	Normal Response Mode
NRT-VBR	Non-Real-Time VBR
NRZ	Non-Return to Zero
NRZI	Non-Return to Zero Inverted
NSAP	Network Service Access Point
NT	Network Termination
NTN	National Terminal Number
NTP	Network Time Protocol
NVT	Network Virtual Terminal
NZV	Netzzugangsverordnung
OAM	Operation, Administration, Management
OBI	Open Buying on the Internet
OC	Optical Carrier
ODA	Office Document Architecture
ODBC	Open Database Connectivity
ODIF	Office Document Interchange Format
OFB	Output Feedback
OLT	Optical Line Termination
OLTP	Online Transaction Processing
OMA	Object Management Architecture
OMG	Object Management Group
ONP	Open Network Provision
ONU	Optical Network Unit
ORB	Object Request Broker
OSI	Open Systems Interconnection
OSPF	Open Shortest Path First
OTDR	Optical Time Domain Reflectometer
OUI	Organizationally Unique Identifier
P	Presentation Layer
P3P	Platform for Privacy Preferences
PA	Process Automation; Pre-Arbitrated
PAD	Packet Assembler/Disassembler
PAM	Pulsamplitudenmodulation
PAN	Personal Area Network
PAP	Password Authentication Protocol
PAWS	Protection Against Wrapped Sequence Numbers
PCI	Protocol Control Information; Peripheral Component Interconnect
PCM	Pulscodemodulation
PCR	Peak Cell Rate
PDA	Personal Digital Assistant
PDF	Portable Document Format

15

PDH	Plesiochrone digitale Hierarchie
PDM	Pulsdauermodulation
PDU	Protocol Data Unit
PFM	Pulsfrequenzmodulation
PGML	Precision Graphic Markup Language
PGP	Pretty Good Privacy
PHB	Per-Hop Behavior
PHY	Physical (Layer)
PICS	Platform for Internet Content Selection
PID	Protocol Identification
PIM	Protocol Independent Multicast
PMP-Rifu	Punkt-zu-Mehrpunkt-Richtfunk
PING	Paket Internet Groper
PLCP	Physical Layer Convergence Protocol
PLP	Packet Level Protocol, Packet Layer Protocol
PLS	Physical Signaling
PM	Physical Medium Sublayer; Phasenmodulation
PMD	Physical Medium Dependent
PMX	Primärmultiplexanschluss
PNNI	Private Network-Network Interface, Private Network-Node Interface
POH	Path Overhead
PON	Passive Optical Network
PoP	Point Of Presence
POP	Post Office Protocol
POS	Point Of Sale
POTS	Plain Old Telephone System
PPM	Pulsphasenmodulation
PPP	Point-to-Point Protocol
PPTP	Point-to-Point Tunneling Protocol
PR	Protocol
PRA	Primary Rate Access
PRI	Primary Rate Interface
PRMD	Private Management Domain
PS	Postscript
PSAP	Presentation Service Access Point
PSH	Push-Funktion
PSK	Phase-Shift Keying
PSN	Packet Switched Data Network
PSTN	Public Switched Telephone Network
PT	Payload Type
PTI	Packet Type Identification, Payload Type Identifier
PVC	Permanent Virtual Circuit
QA	Queued Arbitrated
QAM	Quadrature Amplitude Modulation
QoS	Quality of Service

RADIUS	Remote Authentication Dial-In User Service
RAI	Remote Alarm Indication
RARP	Reverse Address Resolution Protocol
RAS	Remote Access Service
RC	Rivest's Cipher; Request Counter
RD	Request Disconnect
RDA	Remote Database Access
RDF	Resource Description Framework
RDP	Reliable Data Protocol
RED	Random Early Detection
REG	Regenerator
RegTP	Regulierungsbehörde für Telekommunikation und Post
REJ	Reject
RFA	Remote File Access
RFC	Request For Comment
RI	Ring Indication
RIM	Request Initialization Mode
RIP	Routing Information Protocol
RIPE	Réseaux IP Européens
RIPEMD	RIPE Message Digest
RL	Remote Loopback
RLSD/CD	Received Line Signal Detector/Carrier Detector
RMON	Remote Monitoring
RNR	Receive Not Ready
ROSE	Remote Operations Service Element
RPC	Remote Procedure Call
RR	Receive Ready
RS	Recommended Standard
RSA	Rivest, Shamir, Adleman
RSET	Reset
RSOH	Repeater Section Overhead
Rspec	Request specification
RSVP	Resource Reservation Protocol
RTCP	RTP Control Protocol
RTF	Rich Text Format
RTO	Retransmission Timeout
RTP	Real-Time Transport Protocol
RTR	Remote Transmission Request
RTS	Request To Send
RTSE	Reliable Transfer Service Element
RTT	Round Trip Time
RT-VBR	Real-Time Variable Bit Rate
RxC	Receiver Clock
RxD	Received Data
RZ	Return to Zero

15

S	Session; Supervisory
SA	Security Association; Source Address
SABM	Set Asynchronous Balanced Mode
SABME	Set Asynchronous Balanced/Extended Mode
SAN	Storage Area Network; System Area Network
SAP	Service Access Point
SAR	Segmentation and Reassembly
SARM	Set Asynchronous Response Mode
SARME	Set Asynchronous Response/Extended Mode
SAS	Single Attachment Station
SASE	Specific Application Service Element
SB-ADPCM	Sub-Band Adaptive Differential Pulse Code Modulation
SC	Subcommittee
SCCP	Signal Connection Control Part
SCO	Synchronous Connection Oriented Link
SCR	Sustained Cell Rate
SD	Start Delimiter
SDH	Synchrone digitale Hierarchie, Synchronous Digital Hierachy
SDLC	Synchronous Data Link Control
SDMA	Space Division Multiple Access
SDSL	Symmetric DSL, Single Pair DSL
SDP	Session Description Protocol
SDU	Service Data Unit
SECBR	Severely-Errored Cell Block Ratio
SEL	Selector
SERCOS	Serial Real Time Communication System
SET	Secure Electronic Transactions
SGML	Standard Generalized Markup Language
SHA-1	Secure Hash Algorithm
S/HTTP	Secure HTTP
SigG	Signaturgesetz
SigV	Signaturverordnung
SIM	Subscriber Identity Module
SIP	Session Initiation Protocol
S-ISDN	Schmalband-ISDN
SLA	Service Level Agreement
SLIP	Serial Line Interface Protocol
SMAE	System Management Application Entity
SMDS	Switched Multimegabit/Metropolitan Data Service
SMI	Structure of Management Information
SMIL	Synchronized Multimedia Integration Language
S/MIME	Secure MIME
SMON	Switch Monitor
SMS	Short Message Service; Selective Multicast Server
SMT	Station Management
SMTP	Simple Mail Transfer Protocol
SNA	Systems Network Architecture

SNAP	Subnetwork Access Protocol
SNMP	Simple Network Management Protocol
SNRM	Set Normal Response/Mode
SNRME	Set Normal Response/Extended Mode
SNTP	Simple Network Time Protocol
SOF	Start Of Frame
SOH	Section Overhead
SONET	Synchronous Optical Network
SPDU	Session PDU
SPF	Shortest Path First
SPI	Security Parameter Index
SQD	Signal Quality Detector
SQL	Structured Query Language
SREJ	Selective Reject
SRTT	Smoothed RTT
SS#7	Signalling System No. 7
SSAP	Session SAP; Source SAP
SSL	Secure Sockets Layer
S/STP	Screened STP
ST	Stream Protocol
ST 2	Internet Stream Protocol, Version 2
STDM	Synchronous Time Division Multiplex
STM	Synchronous Transfer Mode; Synchronous Transport Module
STP	Shielded Twisted Pair
STS	Synchronous Transport Signal
S/UTP	Screened UTP
SVC	Switched Virtual Circuit
SWIFT	Society for Worldwide Interbank Financial Telecommunication
T	Transport
TACACS	Terminal Access Controller Access Control System
TAE	Technische Anschlusseinheit
TAXI	Transparent Asynchronous Receive/Transmit Interface
TBR	Technical Bases for Regulation
TC	Transmission Convergence (Sublayer); Transmitter Clock
TClass	Traffic Class
TCM	Trellis Code Modulation
TCP	Transmission Control Protocol
TCP/IP	Transmission Control Protocol/Internet Protocol
TCU	Trunk Coupling Unit
TDD	Time Division Duplex
TDG	Teledienstgesetz, Gesetz über die Nutzung von Telediensten
TDM	Time Division Multiplex
TDMA	Time Division Multiple Access
TDSV	Telekommunikationsdienstunternehmen-Datenschutzverordnung
TE	Terminal Equipment
TELNET	Telecommunications Network Protocol

15

TEST	Test
TFTP	Trivial File Transfer Protocol
THT	Token Hold Time
TIA	Telecommunications Industry Association
TIF	Tag Control Information
TKG	Telekommunikationsgesetz
TKV	Telekommunikations-Kundenschutzverordnung
TLD	Top Level Domain
TLS	Transport Layer Security
TLV	Type Length Value
TM	Test Mode; Terminal-Multiplexer
TMN	Telecommunications Management Network
TOP	Technical Office Protocol
TOS	Type Of Service
TP	Transaction Processing; Twisted Pair
TPDU	Transport Protocol Data Unit
TPID	Tag Protocol Identifier
TRT	Token Rotation Time
TSAP	Transport Service Access Point
TSDU	Transport Service Data Unit
TSpec	Traffic Specification
TTCP	Transactional TCP
TTL	Time To Live
TTP	Trusted Third Party
TTR	Timed Token Rotation Protocol
TTRT	Target TRT
TU	Tributary Unit
TUG	Tributary Unit Group
TxC	Transmitter Clock
TxD	Transmit Data
U	Unnumbered
UA	User Agent; Unnumbered Acknowledgment
UADSL	Universal ADSL
UAWG	Universal ADSL Working Group
UBR	Unspecified Bit Rate
UCS	Universal Character Set
UD	User Data
UDP	User Datagram Protocol
UI	Unnumbered Information
ULP	Upper Layer Protocol
UML	Unified Modelling Language
UMTS	Universal Mobile Telecommunication System
UN	United Nations
UN-EDIFACT	United Nations EDI For Administration, Commerce, and Transport
UNI	User Network Interface
UP	Unnumbered Poll

UPC	Usage Parameter Control
URG	URGent Pointer Field
URI	Universal Resource Identifier
URL	Universal Resource Locator
URN	Universal Resource Name
USB	Universal Serial Bus
UTOPIA	Universal Test and Operation Physical Interface for ATM
UTP	Unshielded Twisted Pair
V	Version
VAN	Value Added Network
VBR	Variable Bit Rate
VC	Virtual Channel; Virtual Container
VCC	Virtual Channel Connection
VCI	Virtual Channel Identifier
VDSL	Very High Bit Rate DSL
VG	Voice Grade
VLAN	Virtual LAN
VML	Vector Markup Language
VMTP	Versatile Message Transaction Protocol
VP	Virtual Path
VPC	Virtual Path Connection
VPI	Virtual Path Identifier
VPN	Virtual Private Network
VRML	Virtual Reality Modeling Language
VT	Virtual Terminal
W3C	World Wide Web Consortium
WAIS	Wide Area Information System
WAN	Wide Area Network
WATM	Wireless ATM
WAP	Wireless Application Protocol
WBEM	Web-Based Enterprise Management
WCDMA	Wide Band CDMA
WDM	Wavelength Division Multiplex
WFQ	Weighted Fair Queuing
WLAN	Wireless LAN
WLL	Wireless Local Loop
WML	Wireless Markup Language
WTO	World Trade Organization
WWW	World Wide Web
WYSIWYG	What You See Is What You Get
XDR	External Data Representation
xDSL	DSL in einer der Varianten ADSL, HDSL, SDSL, VDSL, ...
XHTML	HTML-Reformulierung mittels XML
XID	Exchange Identification

15

XLink	XML Linking Language
XML	Extensible Markup Language
XNS	Xerox Network System
XPointer	XML Pointer Laguage
XSL	Extensible Style Language

Literaturverzeichnis

1 Basiskonzepte: Strukturen

/1.1/   *Black, U.:* OSI – A Model for Computer Communications Standards. Englewood Cliffs, NJ: Prentice-Hall, 1991

/1.2/   *Böcking, S.:* Objektorientierte Netzwerkprotokolle. Bonn: Addison-Wesley, 1997

/1.3/   *Conrads, D.:* Datenkommunikation. Braunschweig/Wiesbaden: Vieweg, 3. Aufl., 1996

/1.4 a/   *Ferretti, V.:* Wörterbuch der Elektronik, Datentechnik und Telekommunikation. Teil 1: Deutsch – Englisch. Berlin: Springer, 2. Aufl., 2000

/1.4 b/   Teil 2: Englisch – Deutsch, 2. Aufl., 2000

/1.5/   *Halsall, F.:* Data Communications, Computer Networks and Open Systems. Harlow: Addison-Wesley, 4th. ed., 1996

/1.6/   *Kaderali, F.:* Digitale Kommunikationstechnik, Band 1, 2. Braunschweig/Wiesbaden: Vieweg, 1991 und 1995

/1.7/   *Keshav, S.:* An Engineering Approach to Computer Networks. Reading, MA: Addison-Wesley, 1997

/1.8/   *Klußmann, N.:* Lexikon der Kommunikations- und Informationstechnik. Heidelberg: Hüthig, 2. Aufl., 2000

/1.9/   *Krüger, G.; Reschke, D.:* Lehr- und Übungsbuch Telematik. München: Fachbuchverlag Leipzig, 2000

/1.10/   *Mühlhäuser, M.:* Verteilte Systeme. Kap. D10 in *Rechenberg, P.; Pomberger, G. (Hrsg.):* Informatik-Handbuch. München: Hanser, 2. Aufl., 1999

/1.11 a/   *Perlman, R.:* Interconnections – Bridges, Routers, Switches, and Internetworking Protocols, 2nd. ed., Reading: Addison-Wesley, 2000

/1.11 b/   *Perlman, R.:* Bridges, Router, Switches und Internetworking-Protokolle. München: Addison-Wesley, 2000

/1.12/   *Peterson, L.; Davie, B.:* Computer Networks. San Francisco, CA: Morgan Kaufmann, 2nd. ed., 2000

/1.13/   *Plattner, B.; Schulthess, P.:* Rechnernetze. Kap. C6 in *Rechenberg, P.; Pomberger, G. (Hrsg.):* Informatik-Handbuch. München: Hanser, 2. Aufl., 1999

/1.14/   *Proebster, W.:* Rechnernetze – Technik, Protokolle, Systeme, Anwendungen. München: Oldenbourg, 1998

/1.15/   *Schürmann, B.:* Rechnerverbindungsstrukturen – Bussysteme und Netzwerke. Braunschweig/Wiesbaden: Vieweg, 1997

/1.16/   *Sheldon, T.:* Encyclopedia of Networking. Berkeley, CA: Osborne/McGraw-Hill, 2nd. ed., 1998

/1.17/   *Stallings, W.:* Data and Computer Communications. Upper Saddle River, NJ: Prentice-Hall, 5th. ed., 1997

/1.18 a/   *Tanenbaum, A.:* Computer Networks. Upper Saddle River, NJ: Prentice-Hall:, 3rd. ed, 1996

16

/1.18 b/   *Tanenbaum, A.*: Computernetzwerke. München: Prentice-Hall, 3. Aufl.,
           1998

/1.19/   *Walrand, J.; Varaiya, P.*: High-Performance Communication Networks.
           San Francisco: Morgan Kaufmann, 2nd. ed., 2000

2 Basiskonzepte: Kommunikation über Teilstrecken (Punkt-zu-Punkt)

/2.1/   *Bergmann, F.; Gerhardt, H.-J. (Hrsg.)*: Taschenbuch Telekommunikation.
           München: Fachbuchverlag Leipzig, 1999

/2.2/   *Bergmann, F.; Gerhardt, H.-J. (Hrsg.)*: Handbuch der Telekommunikation.
           München: Fachbuchverlag Leipzig, 2000

/2.3/   *Bluschke, A.*: Digitale Leitungs- und Aufzeichnungscodes. Berlin: VDE-
           Verlag, 1992

/2.4/   *Bossert, M.*: Kanalcodierung. Stuttgart: Teubner, 2. Aufl., 1998

/2.5/   *Bossert, M.; Breitbach, M.*: Digitale Netze. Stuttgart: Teubner, 1999

/2.6 a/   *Comer, D.*: Computer Networks and Internets. Upper Saddle River, NJ:
           Prentice-Hall, 2nd. ed., 1999

/2.6 b/   *Comer, D.*: Computernetzwerke und Internet. Haar: Markt und Technik,
           2000

/2.7/   *Conrads, D.*: Datenkommunikation. Braunschweig/Wiesbaden: Vieweg,
           3. Aufl., 1996

/2.8/   *Freyer, U.*: Nachrichten-Übertragungstechnik. München: Hanser, 4. Aufl.,
           2000

/2.9/   *Gibson, J. (ed.)*: The Communications Handbook. Boca Raton, FL: CRC
           Press, 1996

/2.10/   *Göbel, J.*: Kommunikationstechnik – Grundlagen und Anwendungen. Hei-
           delberg: Hüthig, 1999

/2.11/   *Halsall, F.*: Data Communications, Computer Networks and Open Sys-
           tems. Harlow: Addison-Wesley, 4th. ed., 1996

/2.12/   *Henning, P.*: Taschenbuch Multimedia. München: Fachbuchverlag Leip-
           zig, 2000

/2.13/   *Herter, E.; Lörcher, W.*: Nachrichtentechnik. München: Hanser, 8. Aufl.,
           2000

/2.14/   *Kaderali, F.*: Digitale Kommunikationstechnik, Band 1, 2. Braunschweig/
           Wiesbaden: Vieweg, 1991 und 1995

/2.15/   *Kammeyer, K. D.*: Nachrichtenübertragung. Stuttgart: Teubner, 2. Aufl.,
           1996

/2.16/   *Krüger, G.; Reschke, D.*: Lehr- und Übungsbuch Telematik. München:
           Fachbuchverlag Leipzig, 2000

/2.17/   *Lin, S.; Costello, D. J.*: Error Control Coding: Fundamentals and Applica-
           tions. Englewood Cliffs, NJ: Prentice-Hall, 1983

/2.18/   *Lochmann, D.*: Digitale Nachrichtentechnik. Berlin: Verlag Technik,
           2. Aufl., 1997

/2.19/   *Lüke, H. D.*: Signalübertragung – Grundlagen der digitalen und analogen
           Nachrichtenübertragungssysteme. Berlin: Springer, 7. Aufl., 1999

/2.20/ *Mäusl, R.*: Analoge Modulationsverfahren. Heidelberg: Hüthig, 2. Aufl., 1992

/2.21/ *Mäusl, R.*: Digitale Modulationsverfahren. Heidelberg: Hüthig, 4. Aufl., 1995

/2.22/ *Mynbaev, D.; Scheiner, L.*: Fiber-Optic Communications Technology. Upper Saddle River, NJ: Prentice-Hall, 2001

/2.23/ *Pehl, E.*: Digitale und analoge Nachrichtenübertragung. Heidelberg: Hüthig, 2. Aufl., 2001

/2.24/ *Proakis, J. G.*: Digital Communications. New York: McGraw-Hill, 3rd. ed., 1995

/2.25/ *Proebster, W.*: Rechnernetze – Technik, Protokolle, Systeme, Anwendungen. München: Oldenbourg, 1998

/2.26/ *Queck, U.*: Kupferkabel für Kommunikationsaufgaben. München: Pflaum, 2000

/2.27/ *Schwartz, M.*: Information Transmission, Modulation and Noise. New York: McGraw-Hill, 1980

/2.28/ *Stallings, W.*: Local and Metropolitan Area Networks. Upper Saddle River, NJ: Prentice-Hall, 6th. ed., 2000

/2.29/ *Stallings, W.*: Data and Computer Communications. Upper Saddle River, NJ: Prentice-Hall, 5th. ed., 1997

/2.30/ *Stein, S.*: Modern Communication Principles. New York: McGraw-Hill 1967

/2.31/ *Steinmetz, R.*: Multimedia-Technologie. Berlin: Springer, 2. Aufl., 1999

/2.32/ *Walrand, J.; Varaiya, P.*: High-Performance Communication Networks. San Francisco: Morgan Kaufmann, 2nd. ed., 2000

/2.33/ *Wrobel, C.*: Optische Übertragungstechnik in der Praxis. Heidelberg: Hüthig, 2. Aufl., 1998

3 Basiskonzepte: Kommunikation in Netzwerken (Ende-zu-Ende)

/3.1/   *Berkowitz, H.*: Designing Routing and Switching Architectures. Indianapolis, IN: Macmillan Technical Publishing, 1999

/3.2/   *Black, U.*: ATM – Foundation for Broadband Networks. Vol. I. Upper Saddle River, NJ: Prentice-Hall, 2nd. ed., 1999

/3.3/   *Black, U.*: OSI – A Model for Computer Communications Standards. Englewood Cliffs, NJ: Prentice-Hall:, 1991

/3.4   *Bossert, M.; Breitbach, M.*: Digitale Netze. Stuttgart: Teubner, 1999

/3.5 a/ *Comer, D.*: Computer Networks and Internets. Upper Saddle River, NJ: Prentice-Hall, 2nd. ed., 1999

/3.5 b/ *Comer, D.*: Computernetzwerke und Internet. Haar: Markt und Technik, 2000

/3.6/   *Conrads, D.*: Datenkommunikation. Braunschweig/Wiesbaden: Vieweg, 3. Aufl., 1996

/3.7/   *Halsall, F.*: Data Communications, Computer Networks and Open Systems. Harlow: Addison-Wesley, 4th. ed., 1996

16

/3.8/   *Iren, S.; Amer, P.; Conrad, P.:* The Transport Layer: Tutorial and Survey. ACM Computing Surveys 31(1999)4, S. 360–405

/3.9/   *Krüger, G.; Reschke, D.:* Lehr- und Übungsbuch Telematik. München: Fachbuchverlag Leipzig, 2000

/3.10 a/ *Perlman, R.:* Interconnections – Bridges, Routers, Switches, and Internetworking Protocols, 2nd. ed., Addison-Wesley: Reading, 2000

/3.10 b/ *Perlman, R.:* Bridges, Router, Switches und Internetworking-Protokolle. München: Addison-Wesley, 2000

/3.11/   *Plattner, B.; Schulthess, P.:* Rechnernetze. Kap. C6 in *Rechenberg, P.; Pomberger, G. (Hrsg.):* Informatik-Handbuch. München: Hanser, 2. Aufl., 1999

/3.12/   *Proebster, E.:* Rechnernetze – Technik, Protokolle, Systeme, Anwendungen. München: Oldenbourg, 1998

/3.13/   *Siegmund, G.:* Technik der Netze. Heidelberg: Hüthig, 4. Aufl., 1999

/3.14/   *Stallings, W.:* Data and Computer Communications. Upper Saddle River, NJ: Prentice-Hall, 5th. ed., 1997

/3.15 a/ *Tanenbaum, A.:* Computer Networks. Upper Saddle River, NJ: Prentice-Hall:, 3rd. ed, 1996

/3.15 b/ *Tanenbaum, A.:* Computernetzwerke. München: Prentice-Hall, 3. Aufl., 1998

4 Basiskonzepte: Kommunikation zwischen Anwendungen/Anwendern

/4.1/   *Black, U.:* OSI – A Model for Computer Communications Standards. Englewood Cliffs, NJ: Prentice-Hall, 1991

/4.2/   *Halsall, F.:* Data Communications, Computer Networks and Open Systems. Harlow: Addison-Wesley, 4th. ed., 1996

/4.3/   *Hebrawi, B.:* Open Systems Interconnection: Upper Layer Standards and Practices. New York: McGraw-Hill, 1993

/4.4/   *Kerner, H.:* Rechnernetze nach OSI. Bonn: Addison-Wesley, 3. Aufl., 1995

/4.5/   *Mühlhäuser, M.:* Verteilte Systeme. Kap. D10 in *Rechenberg, P.; Pomberger, G. (Hrsg.):* Informatik-Handbuch. München: Hanser, 2. Aufl., 1999

/4.6/   *Proebster, W.:* Rechnernetze – Technik, Protokolle, Systeme, Anwendungen. München: Oldenbourg, 1998

/4.7 a/   *Tanenbaum, A.:* Computer Networks. Upper Saddle River, NJ: Prentice-Hall:, 3rd. ed, 1996

/4.7 b/   *Tanenbaum, A.:* Computernetzwerke. München: Prentice-Hall, 4. Aufl., 1999

5 Basiskonzepte: Eigenschaften der Rechnernetzwerke

/5.1/   *Bengel, G.:* Verteilte Systeme – Client-Server-Computing für Studenten und Praktiker. Braunschweig/Wiesbaden: Vieweg, 2000

/5.2/   *Bergmann, F.; Gerhardt, H.-J. (Hrsg.):* Taschenbuch Telekommunikation. München: Fachbuchverlag Leipzig, 1999

/5.3/   *Black, U.*: Emerging Communications Technologies. Upper Saddle River: Prentice-Hall, 2nd. ed., 1997

/5.4/   *Böcking, S.:* Objektorientierte Netzwerkprotokolle. Bonn: Addison-Wesley, 1997

/5.5/   *Buchmann, J.*: Einführung in die Kryptographie. Berlin: Springer, 1999

/5.6/   *Demuth, T.*: Privatsphäre im World Wide Web. c't, Heft 6, 2000, S. 196–201

/5.7/   *Fumy, W.; Kessler, V.*: Kryptologie und Datensicherheit. Kap. B3 in *Rechenberg, P.; Pomberger, G. (Hrsg.)*: Informatik-Handbuch. München: Hanser, 2. Aufl., 1999

/5.8/   *Hammond, J.; O'Reilly, P.*: Performance Analysis of Local Computer Networks, Reading, MA: Addison-Wesley, 1986

/5.9/   *Kaderali, F.*: Digitale Kommunikationstechnik, Band 2. Braunschweig/Wiesbaden: Vieweg, 1995

/5.10/   *Kleinrock, L.*: Queuing Theory, Vol. II: Computer Applications. New York: Wiley, 1976

/5.11/   *Krüger, G.; Reschke, D.*: Lehr- und Übungsbuch Telematik. München: Fachbuchverlag Leipzig, 2000

/5.12/   *Murhammer, M. W. et. al.:* TCP/IP Tutorial and Technical Overview. Upper Saddle River, NJ: Prentice-Hall, 6th. ed., 1998

/5.13/   *Peterson, L. L.; Davie, B. S.:* Computer Networks. San Francisco, CA: Morgan Kaufmann, 2nd. ed., 2000

/5.14/   *Proebster, W.*: Rechnernetze – Technik, Protokolle, Systeme, Anwendungen. München: Oldenbourg, 1998

/5.15/   *Robertazzi, T. G.*: Computer Networks and Systems: Queuing Theory and Performance Evaluation. Berlin: Springer, 3rd. ed., 2000

/5.16 a/   *Schneier, B.*: Applied Cryptography. New York: Wiley, 1995

/5.16 b/   *Schneier, B.*: Angewandte Kryptographie. Protokolle, Algorithmen und Sourcecode in C. München: Addison-Wesley, 1996

/5.17/   *Schwartz, M.*: Telecommunication Networks: Protocols, Modeling and Analysis. Reading, MA: Addison-Wesley, 1991

/5.18/   *Simon, E.*: Distributed Information Systems. London: McGraw-Hill, 1996

/5.19/   *Stallings, W.*: Cryptography and Network Security. Upper Saddle River, NJ: Prentice-Hall, 2nd. ed., 1999

/5.20/   *Strobel, S.*: Distributed Denial-of-Service-Angriffe. iX, Heft 8, 2000, S. 102–105

/5.21/   *Stuck, B.; Arthurs, E.*: A Computer Communications Network Performance Analysis Primer. Englewood Cliffs, NJ: Prentice-Hall, 1985

16

6 Konzepte: Lokale Netzwerke (LAN)

/6.1/   *Bossert, M.; Breitbach, M.*: Digitale Netze. Stuttgart: Teubner, 1999

/6.2/   *Breyer, R.; Riley, S.*: Switched, Fast and Gigabit Ethernet. Indianapolis, IN: Macmillan Technical Publishing, 3rd. ed., 1999

/6.3/   *Busse, R.:* Feldbussysteme im Vergleich. München: Pflaum, 1996

/6.4 a/   *Comer, D.:* Computer Networks and Internets. Upper Saddle River, NJ: Prentice-Hall, 2nd. ed., 1999

/6.4 b/   *Comer, D.:* Computernetzwerke und Internet. Haar: Markt und Technik, 2000

/6.5/   *Conrads, D.:* Datenkommunikation. Braunschweig/Wiesbaden: Vieweg, 3. Aufl., 1996

/6.6/   *Dietrich, D. et. al. (eds.):* Fieldbus Technology. Proceedings of the Field-bus Conference 1999. Berlin: Springer, 1999

/6.7/   *Frazier, H.; Johnson, H.:* Gigabit Ethernet: From 100 to 1'000 Mbps. IEEE Internet Computing 3(1999)1, S. 24–31

/6.8/   *Furrer, F. J.:* Ethernet TCP/IP für die Industrieautomation. Heidelberg: Hüthig, 2. Aufl., 2000

/6.9/   *Geier, J.:* Wireless LANs. Indianapolis, IN: Macmillan Technical Publishing, 1999

/6.10/   *Held, G.:* Virtual LANs – Construction, Implementation, and Management. New York: Wiley, 1997

/6.11/   *Jain, R.:* FDDI Handbook. Reading, MA: Addison-Wesley, 1994

/6.12/   *Kriesel, W.; Heimbold, T.; Telschow, D.:* Bustechnologien für die Automation. Heidelberg: Hüthig, 2. Aufl., 2000

/6.13/   *Krüger, G.; Reschke, D. (Hrsg):* Lehr- und Übungsbuch Telematik. München: Fachbuchverlag Leipzig, 2000

/6.14/   *Kyas, O.:* LAN/WAN Troubleshooting. Bonn: MITP-Verlag, 1999

/6.15/   *Larisch, D.:* Netzwerkpraxis für Anwender. München: Hanser, 3. Aufl., 2000

/6.16/   *Mirchandani, S.; Kanna, R.:* FDDI – Technologies and Applications. New York: Wiley, 1993

/6.17/   *Mohl, D.:* 10-Gigabit-Ethernet und drahtlose Netze. LANline 10/2000, S. 72–79

/6.18/   *O'Driscoll, G.:* The Essential Guide to Home Networking Technologies. Upper Saddle River, NJ: Prentice-Hall, 2001

/6.19/   *Partridge, C.:* Gigabit Networking. Addison-Wesley 1994

/6.20 a/ *Perlman, R.:* Interconnections – Bridges, Routers, Switches, and Internetworking Protocols, 2nd. ed., Addison-Wesley: Reading, 2000

/6.20 b/ *Perlman, R.:* Bridges, Router, Switches und Internetworking-Protokolle. München: Addison-Wesley, 2000

/6.21/   *Peterson, L. L.; Davie, B. S.:* Computer Networks. San Francisco, CA: Morgan Kaufmann, 2nd. ed., 2000

/6.22/   *Polke, M. (Hrsg.):* Prozessleittechnik. München: Oldenbourg, 2. Aufl., 1994

/6.23/   *Proebster, W.:* Rechnernetze – Technik, Protokolle, Systeme, Anwendungen. München: Oldenbourg, 1998

/6.24/   *Reissenweber, B.:* Feldbussysteme. München: Oldenbourg, 1998

/6.25/   *Rom, R.; Sidi, M.:* Multiple Access Protocols. Springer: Berlin, 1990

/6.26/   *Scherff, B.; Haese, E.; Wenzek, H. R.:* Feldbussysteme in der Praxis. Berlin: Springer, 1999

/6.27 a/ *Schiller, J.:* Mobile Communications. Harlow: Addison-Wesley, 2000

/6.27 b/ *Schiller, J.:* Mobilkommunikation. München: Addison-Wesley, 2000

/6.28/ *Schnell, G. (Hrsg.):* Bussysteme in der Automatisierungstechnik. Braunschweig/Wiesbaden: Vieweg, 3. Aufl, 1999

/6.29/ *Siegmund, G.:* Technik der Netze. Heidelberg: Hüthig, 4. Aufl., 1999

/6.30/ *Spurgeon, C.:* Ethernet – The Definitive Guide. Sebastopol, CA: O'Reilly, 2000

/6.31/ *Stallings, W.:* Local and Metropolitan Area Networks. Upper Saddle River, NJ: Prentice-Hall, 6th. ed., 2000

/6.32 a/ *Tanenbaum, A.:* Computernetzwerke. München: Prentice-Hall, 4. Aufl., 1999

/6.32 b/ *Tanenbaum, A.:* Computer Networks. Upper Saddle River, NJ: Prentice-Hall:, 3rd. ed, 1996

/6.33/ *Traeger, D.:* LAN – Praxis lokaler Netze. Wiesbaden: Teubner, 3. Aufl., 2000

/6.34/ *Walrand, J.; Varaiya, P.:* High-Performance Communication Networks. San Francisco, CA: Morgan Kaufmann, 2nd. ed., 2000

/6.35/ *Zenk, A.:* Lokale Netze. München: Addison-Wesley, 6. Aufl., 2000

7 Konzepte: Großflächige Netzwerke (MAN und WAN)

/7.1/ *Bergmann, F.; Gerhardt, H.-J. (Hrsg.):* Taschenbuch Telekommunikation. München: Fachbuchverlag Leipzig, 1999

/7.2/ *Bergmann, F.; Gerhardt, H.-J. (Hrsg.):* Handbuch der Telekommunikation. München: Fachbuchverlag Leipzig, 2000

/7.3 a/ *Black, U.:* ATM – Foundation for Broadband Networks. Vol. I. Upper Saddle River, NJ: Prentice-Hall, 2nd. ed., 1999

/7.3 b/ *Black, U.:* ATM – Signaling in Broadband Networks. Vol. II. Upper Saddle River, NJ: Prentice-Hall, 1998

/7.3 c/ *Black, U.:* ATM – Internetworking with ATM. Vol. III. Upper Saddle River, NJ: Prentice-Hall, 1998

/7.4/ *Bossert, M.; Breitbach, M.:* Digitale Netze. Stuttgart: Teubner, 1999

/7.5/ *Conrads, D.:* Datenkommunikation – Verfahren, Netze, Dienste. Vieweg: Braunschweig/Wiesbaden, 3. Aufl., 1966

/7.6/ *Conti, M.; Gregori, E.; Lenzini, L.:* Metropolitan Area Networks. Berlin: Springer, 1997

/7.7/ *Dittmann, R. u.a.:* Das DQDB-Zugriffsprotokoll in Hochgeschwindigkeitsnetzen und der IEEE-Standard 802.6. Informatik-Spektrum 16(1993), S. 143–158

/7.8/ *Downes, K. et. al.: Internetworking Technologies Handbook.* Indianapolis, IN: Macmillan Technical Publishing, 2nd. ed., 1998

/7.9/ *Eberspächer, J.; Vögel, H.-J.:* GSM Global System for Mobile Communication. Stuttgart: Teubner, 3. Aufl., 2001

/7.10/ *Feit, S.:* Wide Area High Speed Networks. Indianapolis, IN: Macmillan Technical Publishing, 1999

16

/7.11/   *Georg, O.:* Telekommunikationstechnik – Handbuch für Praxis und Lehre. Berlin: Springer, 2. Aufl., 2000

/7.12/   *Haaß, W.-D.:* Handbuch der Kommunikationsnetze. Berlin: Springer, 1997

/7.13/   *Halsall, F.:* Data Communications, Computer Networks and Open Systems. Harlow: Addison-Wesley, 4th. ed., 1996

/7.14/   *Kanbach, A.; Körber, A.:* ISDN – Die Technik. Heidelberg: Hüthig, 3. Aufl., 1999

/7.15/   *Kiefer, R.:* Digitale Übertragung in SDH- und PDH-Netzen. Renningen-Malmsheim: Expert-Verlag, 3. Aufl., 1998

/7.16/   *Krüger, G.; Reschke, D.:* Lehr- und Übungsbuch Telematik. München: Fachbuchverlag Leipzig, 2000

/7.17/   *Kyas, O.:* LAN/WAN Troubleshooting. Bonn: MITP-Verlag, 1999

/7.18/   *Proebster, W.:* Rechnernetze – Technik, Protokolle, Systeme, Anwendungen. München: Oldenbourg, 1998

/7.19/   *Russel, D.:* The Principles of Computer Networking, Cambridge University Press: Cambridge, 1989

/7.20/   *Stallings, W.:* Local and Metropolitan Area Networks. Upper Saddle River, NJ: Prentice-Hall, 6th. ed., 2000

/7.21/   *Stallings, W.:* High-Speed Networks: TCP/IP and ATM Design Principles. Upper Saddle River, NJ: Prentice-Hall, 1998

/7.22/   *Stallings, W.:* ISDN and Broadband ISDN, with Frame Relay and ATM. Upper Saddle River, NJ: Prentice-Hall, 4th. ed., 1995

/7.23/   *Walrand, J.; Varaiya, P.:* High-Performance Communication Networks. San Francisco, CA: Morgan Kaufmann, 2nd. ed., 2000

8 Konzepte: Zugang zu WAN und MAN

/8.1/   *Abe, G.:* Residential Broadband. Indianapolis, IN: Cisco Press, 2nd. ed., 2000

/8.2/   *Asatani, K.; Maeda, Y.:* Access Network Architectural Issues for Future Telecommunication Systems. IEEE Communications Magazine 36(1998)8, S. 110–114

/8.3/   *Berezak-Lazarus, N.:* ADSL- Auf der Überholspur durch die Multimedia-Welt. Bonn: MITP-Verlag, 1999

/8.4/   *Bergmann, F.; Gerhardt, H.-J. (Hrsg.):* Handbuch Telekommunikation. München: Hanser, 2000

/8.5 a/   *Black, U.:* Advanced Internet Technologies. Upper Saddle River, NJ: Prentice-Hall, 1999

/8.5 b/   *Black, U.:* Internet-Technologien der Zukunft. München: Addison-Wesley, 2000

/8.6/   *Bossert, M.; Breitbach, M.:* Digitale Netze. Stuttgart: Teubner, 1999

/8.7/   *Carlson, J.:* PPP Design and Debugging. Reading, MA: Addison-Wesley, 2nd. ed., 2000

/8.8/   *Conrads, D.:* Datenkommunikation – Verfahren, Netze, Dienste. Vieweg: Braunschweig/Wiesbaden, 3. Aufl., 1966

/8.9/   *Dostert, K.*: Powerline-Kommunikation. Poing: Franzis, 2000

/8.10/   *Eberspächer, J.; Vögel, H.-J.:* GSM Global System for Mobile Communication. Stuttgart: Teubner, 3. Aufl., 2001

/8.11/   *Führer, D.:* ADSL – High-Speed Multimedia per Telefon. Heidelberg: Hüthig, 2000

/8.12/   *Heatley, D. et. al.*: Optical Wireless: The Story So Far. IEEE Communications Magazine 36(1998)12, S. 72–82

/8.13/   *Kanbach, A.; Körber, A.*: ISDN – Die Technik. Heidelberg: Hüthig, 3. Aufl., 1999

/8.14/   *Kyas, O.:* LAN/WAN Troubleshooting. Bonn: MITP-Verlag, 1999

/8.15/   *Lackerbauer, I.*: ADSL, TDSL, KsyDSL. München: Markt und Technik, 2000

/8.16/   *LoCicero, J.; Patel, B.*: Line Coding. Ch. 29 in *Gibson, J.* (ed.): The Communications Handbook. Boca Raton, FL: CRC Press, 1997

/8.17/   *Nikolai, D. u. a.*: Turbolader für Funk-Bits. c't Heft 19, 2000, S. 190–197

/8.18/   *Noerpel, A.; Lin, Y.*: Wireless Local Loop. IEEE Personal Communications 5(1998)3, S. 74–80

/8.19/   *Peterson, L. L.; Davie, B. S.:* Computer Networks. San Francisco, CA: Morgan Kaufmann, 2nd. ed., 2000

/8.20/   *Proebster, W.*: Rechnernetze – Technik, Protokolle, Systeme, Anwendungen. München: Oldenbourg, 1998

/8.21/   *Rauschmeyer, D.*: ADSL/VDSL Principles. Indianapolis, IN: Macmillan Technical Publishing, 1998

/8.22 a/   *Starr, T.; Cioffi, J. M.; Silverman, P. J.:* Understanding Digital Subscriber Line Technology. Upper Saddle River, NJ: Prentice-Hall, 1999

/8.22 b/   *Starr u. a.:* xDSL: Eine Einführung. München: Addison-Wesley, 2000

/8.23/   *Varshney, U.; Vetter, R.:* Emerging Mobile and Wireless Networks. Communications ACM 43(2000)6, S. 73–81

/8.24 a/   *Walke, B.*: Mobilfunknetze und ihre Protokolle. Stuttgart: Teubner, Band 1 und

/8.24 b/   2, 2. Aufl., 2000

/8.25/   *Walrand, J.; Varaiya, P.:* High-Performance Communication Networks. San Francisco, CA: Morgan Kaufmann, 2nd. ed., 2000

9 Internet: Das offene, globale Netzwerk

/9.1/   *Badach, A.; Hoffmann, E.*: Technik der IP-Netze. München: Hanser, 2000

/9.2 a/   *Black, U.:* Advanced Internet Technologies. Upper Saddle River, NJ: Prentice-Hall, 1999

/9.2 b/   *Black, U.:* Internet-Technologien der Zukunft. München: Addison-Wesley, 2000

/9.3/   *Black, U.*: IP Routing Protocols. Upper Saddle River, NJ: Prentice-Hall, 2000

16

/9.4/   *Böcking, S.:* Objektorientierte Netzwerkprotokolle. Bonn: Addison-Wesley, 1997

/9.5/   *Bradner, S.; Mankin, A.:* Ipng – Internet Protocol Next Generation. Reading, MA: Addison-Wesley, 1996

/9.6/   *Braun, T.:* Ipng – Neue Internet-Dienste und virtuelle Netze. Heidelberg: dpunkt-Verlag, 1999

/9.7 a/ *Comer, D.:* Computer Networks and Internets. Upper Saddle River, NJ: Prentice-Hall, 2nd. ed., 1999

/9.7 b/ *Comer, D.:* Computernetzwerke und Internet. Haar: Markt und Technik, 2000

/9.8/   *Comer, D.:* Internetworking with TCP/IP, Vol. I. Upper Saddle River, NJ: Prentice-Hall, 4th. ed., 2000

/9.9/   *Comer, D.; Stevens, D. L.:* Internetworking with TCP/IP, Vol. II. Upper Saddle River, NJ: Prentice-Hall 3rd. ed., 1999

/9.10/   *Comer, D.; Stevens, D. L.:* Internetworking with TCP/IP, Vol. III, BSD Socket Version. Upper Saddle River, NJ: Prentice-Hall, 2nd. ed, 1996

/9.11/   *Crowcroft, J. et. al. (eds.):* Quality of Future Internet Services. Lecture Notes in Computer Science, vol. 1922. Berlin: Springer, 2000

/9.12/   *Davie, B.; Rekhter, Y.:* MPLS – Technology and Applications. San Francisco, CA: Morgan Kaufmann, 2000

/9.13/   *Doraswamy, N.; Harkins, D.:* IPSec – The New Security Standard for the Internet. Upper Saddle River, NJ: Prentice-Hall, 1999

/9.14/   *Greenberg, E.:* Network Application Frameworks. Reading, MA: Addison-Wesley, 1999

/9.15 a/ *Halabi, B.:* Internet Routing Architectures. Indianapolis, IN: Cisco Press, 1997

/9.15 b/ *Halabi, B.:* Internet-Routing-Architekturen. München: Hanser, 1998

/9.16/   *Hall, E. A.:* Internet Core Protocols. Sebastopol, CA: O'Reilly, 2000

/9.17/   *Huitema, C.:* Routing in the Internet. Upper Saddle River, NJ: Prentice-Hall, 2nd. ed, 2000

/9.18 a/ *Hunt, C.:* TCP/IP Network Administration. Sebastopol, CA: O'Reilly, 2nd. ed., 1997

/9.18 b/ *Hunt, C.:* TCP/IP Netzwerkadministration. Köln: O'Reilly, 2. Aufl., 1998

/9.19/   *Kilkki, K.:* Differentiated Services for the Internet. Indianapolis, IN: Macmillan Technical Publishing, 1999

/9.20/   *Krüger, G.; Reschke, D.:* Lehr- und Übungsbuch Telematik. München: Fachbuchverlag Leipzig, 2000

/9.21/   *Miller, C. K.:* Multicast Networking and Applications. Reading, MA: Addison-Wesley, 1999

/9.22/   *Murhammer, M. W. et. al.:* TCP/IP Tutorial and Technical Overview. Upper Saddle River, NJ: Prentice-Hall, 6th. ed., 1998

/9.23/   *Perkins, C.:* Mobile IP, Design Principles and Practices. Reading, MA: Addison-Wesley, 1998

/9.24 a/   *Perlman, R.:* Interconnections – Bridges, Routers, Switches, and Internet-working Protocols. 2nd. ed., Addison-Wesley: Reading, 2000

/9.24 b/   *Perlman, R.:* Bridges, Router, Switches und Internetworking-Protokolle. München: Addison-Wesley, 2000

/9.25/   *Peterson, L.; Davie, B.:* Computer Networks. San Francisco, CA: Morgan Kaufmann, 2nd. ed., 2000

/9.26/   Proceedings of the ACM Sigcomm 2000 Conference: Applications, Technologies, Architectures and Protocols for Computer Communication. Computer Communication Review 30(2000)4

/9.27/   *Solomon, J.:* Mobile IP: The Internet Unplugged. Upper Saddle River, NJ: Prentice-Hall, 1997

/9.28/   *Stallings, W.:* High-Speed Networks: TCP/IP and ATM Design Principles. Upper Saddle River, NJ: Prentice-Hall, 1998

/9.29/   *Steenstrup, M. (ed.):* Routing in Communications Networks. Englewood Cliffs: Prentice-Hall, 1995

/9.30/   *Steffen, A.; Darimont, A.:* Der Netzwerkadministrator. Bonn: Addison-Wesley, 2000

/9.31/   *Steinmetz, R.:* Multimedia-Technologie. Berlin: Springer, 2. Aufl., 1999

/9.32 a/   *Stevens, W. R.:* TCP/IP Illustrated, Vol. 1: The Protocols. Reading, MA: Addison-Wesley, 1994

/9.32 b/   *Stevens, W. R., Wright, G.:* TCP/IP Illustrated, Vol. 2: The Implementation. Reading, MA: Addison-Wesley, 1995

/9.32 c/   *Stevens, W. R.:* TCP/IP Illustrated, Vol. 3: TCP for Transactions, HTTP, NNTP and the UNIX Domain Protocols. Reading, MA: Addison-Wesley, 1996

/9.33 a/   *Stevens, W. R.:* UNIX Network Programming, vol. 1: Networking APIs: Sockets and XTI. Upper Saddle River, NJ: Prentice-Hall, 2nd. ed., 1998

/9.33 b/   *Stevens, W. R.:* UNIX Network Programming, vol. 2: Interprocess Communications. Upper Saddle River, NJ: Prentice-Hall, 2nd. ed., 1999

/9.34 a/   *Washburn, K.; Evans, J.:* TCP/IP – Running a Successful Network. Harlow: Addison-Wesley, 2nd. ed., 1996

/9.34 b/   *Washburn, K.; Evans, J.:* TCP/IP. München: Addison-Wesley, 2. Aufl., 1997

/9.35/   *Wittmann, R.; Zitterbart, M.:* Multicast – Protokolle und Anwendungen. Heidelberg: dpunkt-Verlag, 1999

/9.36/   *Xiao, X., Ni, L.:* Internet QoS: A Big Picture. IEEE Network 13(1999)2, S. 8–18

10 Intranet, Extranet und Virtuelle Private Netzwerke

16

/10.1/   *Bellovin, S.:* Distributed Firewalls. http://www.research.att.com/~smb/papers/disfw.pdf

/10.2/   *Bhimani, A.:* Securing the Commercial Internet. Communications of the ACM, 39(1996)6, S. 29–35

/10.3/   *Cheswick, W.; Bellovin, S.:* Firewalls and Internet Security. Reading, MA: Addison-Wesley, 1994

/10.4/ *Comer, D.:* Internetworking with TCP/IP, Vol. I. Upper Saddle River, NJ: Prentice-Hall, 4th. ed., 2000

/10.5/ *Doraswamy, N.; Harkins, D.:* IPSec – The New Security Standard for the Internet. Upper Saddle River, NJ: Prentice-Hall, 1999

/10.6/ *Fuhrberg, K.:* Internet-Sicherheit – Browser, Firewalls und Verschlüsselung. München: Hanser, 2. Aufl., 2000

/10.7/ *Klein, T.; Böhmer, W.:* VPNs: Virtual Private Networks. Bonn: MITP-Verlag, 2000

/10.8/ *Metz, C.:* AAA Protocols: Authentication, Authorization, and Accounting for the Internet. IEEE Internet Computing 3(1999)6, S. 75–79

/10.9/ *Murhammer, M. W. et. al.:* TCP/IP Tutorial and Technical Overview. Upper Saddle River, NJ: Prentice-Hall, 6th. ed., 1998

/10.10/ *Pohlmann, N.:* Firewall-Systeme. Bonn: MITP-Verlag, 3. Aufl., 2000

/10.11/ *Oppliger, R.:* Internet and Intranet Security. Norwood, MA: Artech House, 1998

/10.12/ *Schmeh, K.:* Safer Net – Kryptographie im Internet und Intranet. Heidelberg: dpunkt-Verlag, 1998

/10.13/ *Scott, C.; Wolfe, P.; Erwin, M.:* Virtual Private Networks. Sebastopol, CA: O'Reilly, 2nd. ed., 1999

/10.14/ *Selke, G.:* Kryptographie – Verfahren, Ziele, Einsatzmöglichkeiten. Köln: O'Reilly, 1999

/10.15/ *Stallings, W.:* Cryptography and Computer Security: Principles and Practice. Upper Saddle River, NJ: Prentice-Hall, 2nd. ed., 1999

/10.16/ *Zwicky, E.; Cooper, S.:* Building Internet Firewalls. Sebastopol, CA: O'Reilly, 2nd. ed., 2000

11 Internet: Dienste und Anwendungen

/11.1/ *Alpar, P.:* Kommerzielle Nutzung des Internet. Berlin: Springer, 2. Aufl., 1998

/11.2/ *Babiak, U.:* Effektive Suche im Internet. Köln: O'Reilly, 3. Aufl., 1999

/11.3 a/ *Black, U.:* Advanced Internet Technologies. Upper Saddle River, NJ: Prentice-Hall, 1999

/11.3 b/ *Black, U.:* Internet-Technologien der Zukunft. München: Addison-Wesley, 2000

/11.4/ *Bohn, W.; Flik, T.:* Zeichen- und Zahlendarstellungen. Kap. B1 in *Rechenberg, P.; Pomberger, G. (Hrsg.):* Informatik-Handbuch. München: Hanser, 2. Aufl., 1999

/11.5 a/ *Comer, D.:* Computer Networks and Internets. Upper Saddle River, NJ: Prentice-Hall, 2nd. ed., 1999

/11.5 b/ *Comer, D.:* Computernetzwerke und Internet. Haar: Markt und Technik, 2000

/11.6/ *Comer, D.:* Internetworking with TCP/IP, Vol. I. Upper Saddle River, NJ: Prentice-Hall, 4th. ed., 2000

/11.7/ *Conner-Sax; Krol:* The Whole Internet – The Next Generation. Sebastopol, CA: O'Reilly, 1999

/11.8/   *Garfinkel, S.; Spafford, G.*: Web Security and Commerce. Sebastopol, CA: O'Reilly, 1997

/11.9 a/   *Goldfarb, C.; Prescod, P.*: The XML Handbook. Upper Saddle River, NJ: Prentice-Hall, 1998

/11.9 b/   *Goldfarb, C.; Prescod, P.*: XML-Handbuch. München: Markt und Technik, 1999

/11.10/   *Greenberg, E.*: Network Application Frameworks. Reading, MA: Addison-Wesley, 1999

/11.11/   *Heindl, E.; Maier, K.*: Der Webmaster. Bonn: Addison-Wesley, 2. Aufl., 2000

/11.12/   *Henning, P.*: Taschenbuch Multimedia. München: Fachbuchverlag Leipzig, 2000

/11.13/   *Killelea, P.*: Web Performance Tuning. Sebastopol, CA: O'Reilly, 1998

/11.14/   *Kyas, O:* Internet professionell. Bonn: MITP-Verlag, 2. Aufl., 2000

/11.15/   *Larisch, D.*: Verzeichnisdienste im Netzwerk. NDS, Active Directory und andere. München: Hanser, 3. Aufl., 2000

/11.16/   *Loeser, H.*: Techniken für Web-basierte Datenbankanwendungen. Informatik Forsch. Entw. 13(1988), S. 196–216

/11.17/   *Magee, S.; Tripp, L.*: Guide to Standards and Specifications for Designing Web Software. Boston, MA: Artech House, 1998

/11.18/   *Merz, M.*: Elektronische Dienstemärkte – Modelle und Mechanismen des Electronic Commerce. Berlin: Springer, 1999

/11.19/   *Merz, M.*: Electronic Commerce – Marktmodelle, Anwendungen und Technologie. Heidelberg: dpunkt, 1999

/11.20/   *Mühlhäuser, M.*: Multimedia. Kap. E2 in *Rechenberg, P.; Pomberger, G. (Hrsg.)*: Informatik-Handbuch. München: Hanser, 2. Aufl., 1999

/11.21/   *Murhammer, W. et. al.*: TCP/IP Tutorial and Technical Overview. Upper Saddle River, NJ: Prentice-Hall, 6th. ed., 1998

/11.22/   *Musciano, C.; Kennedy, B.*: HTML – Das umfassende Referenzwerk. Bonn: O'Reilly, 2. Aufl., 1999

/11.23/   *Niederst, J.*: Web Design in a Nutshell. Sebastopol, CA: O'Reilly, 1999

/11.24/   *Porter, M. E.*: Wettbewerbsstrategie. Frankfurt am Main: Campus, 10. Aufl., 1999

/11.25/   *Quercia, V.*: Internet in a Nutshell (deutsche Ausgabe). Köln: O'Reilly, 1998

/11.26/   *Rutkowski, A.*: A Millenium Internet Mosaic, IEEE Internet Computing 4(2000)1, S. 44–46 und 20 weitere Beiträge

/11.27/   *Spainhour, S.; Eckstein, R.*: WebMaster in a Nutshell. Sebastopol, CA: O'Reilly, 2nd. ed., 1999

/11.28/   *Steinmetz, R.*: Multimedia-Technologie. Berlin: Springer, 2. Aufl., 1999

/11.29/   *Tolksdorf, R.*: XML und darauf basierende Standards: Die neuen Auszeichnungssprachen des Web. Informatik-Spektrum 22(1999)6, S. 407–421

/11.30/   *Turau, V.*: Techniken zur Realisierung Web-basierter Anwendungen. Informatik-Spektrum 22(1999), S. 3–12

16

/11.31/   *Udell, J.:* Practical Internet Groupware. Sebastopol, CA: O'Reilly, 1999

/11.32/   *Wilde, E.:* World Wide Web – Technische Grundlagen. Berlin: Springer, 1999

/11.33/   *Wynblatt, M. et. al.:* Multimedia Applications on the Internet, Ch. 28 in *Furht, B. (ed.)*: Handbook of Internet and Multimedia Systems and Applications, Boca Raton: CRC Press, FL, 1999

12 Der Lebenszyklus von Rechnernetzen

/12.1/   *Bergmann, F.; Gerhardt, H.-J. (Hrsg.)*: Taschenbuch Telekommunikation. München: Fachbuchverlag Leipzig, 1999

/12.2/   Computerrecht. München: dtv, 3. Aufl., 1999

/12.3/   *Heindl, E.; Maier, K.:* Der Web-Master – Praktische Realisierung der Internetpräsenz. Bonn: Addison-Wesley, 2. Aufl., 2000

/12.4/   *Hoeren, T.; Queck, R. (Hrsg.):* Rechtsfragen der Informationsgesellschaft. Berlin: Erich Schmidt Verlag, 1998

/12.5/   *Hoeren, T.; Schüngel, M. (Hrsg.):* Rechtsfragen der digitalen Signatur. Berlin: Erich Schmidt Verlag, 1999

/12.6/   *Holznagel, B.; Hoeren, T.:* Rechtliche Rahmenbedingungen des elektronischen Zahlungsverkehrs. Berlin: Erich Schmidt Verlag, 1999

/12.7/   *Koch, F.:* Internet-Recht. München: Oldenbourg, 1998

/12.8/   *Kyas, O.:* LAN/WAN Troubleshooting. Bonn: MITP-Verlag, 1999

/12.9/   *Manssen, G. (Hrsg.):* Telekommunikations- und Multimediarecht. Berlin: Erich Schmidt Verlag, 1999

/12.10/   *Niederst, J.:* Web Design in a Nutshell. Sebastopol, CA: O'Reilly, 1998

/12.11/   *Spainhour, S.; Eckstein, R.:* Webmaster in a Nutshell. Sebastopol, CA: O'Reilly, 2nd. ed., 1999

/12.12/   *Steffen, A.; Darimont, A.:* Der Netzwerkadministrator. München: Addison-Wesley, 2000

/12.13/   Telekommunikations- und Multimediarecht. München: dtv, 2. Aufl., 2000

/12.14/   *Wende, I.:* Normen und Spezifikationen. Kap. G1 und G2 in: *Rechenberg, P.; Pomberger, G. (Hrsg.)*: Handbuch der Informatik. München: Hanser, 2. Aufl., 1999

13 Planung von Rechnernetzen

/13.1/   *Berkowitz, H. C.:* Designing Addressing Architectures for Routing and Switching. Indianapolis, IN: Macmillan Technical Publishing, 1999

/13.2/   *Berkowitz, H. C.:* Designing Routing and Switching Architectures for Enterprise Networks. Indianapolis, IN: Macmillan Technical Publishing, 1999

/13.3/   *Blümel, B.; Kuhle, B.; Lepper, R.:* Universalverkabelungssysteme für die Inhouse-Kommunikation. Heidelberg: Hüthig, 1995

/13.4/   *Cahn, R. S.:* Wide Area Network Design. San Francisco, CA: Morgan Kaufmann, 1998

/13.5/   *Dittrich, J.; Thienen, U. v.:* Moderne Datenverkabelung. Bonn: MITP, 2. Aufl., 1999

/13.6/   *Kershenbaum, A.:* Telecommunications Network Design Algorithms. New York: McGraw-Hill, 1993

/13.7/   *Kyas, O.:* LAN/WAN Troubleshooting. Bonn: MITP-Verlag, 1999

/13.8/   *Larisch, D.:* Netzwerkpraxis für Anwender. München: Hanser, 3. Aufl., 2000

/13.9/   *Mann-Rubinson, T.; Terplan, K.:* Network Design – Management and Technical Perspectives. Boca Raton, FL: CRC Press, 1999

/13.10/ *Mayer, M.; Zisler, H.:* Glasfasernetzwerke in der Praxis – Planung, Beschaffung, Installation. München: Hüthig & Pflaum, 2000

/13.11/ *McCabe, J. D.:* Practical Computer Network Analysis and Design. San Francisco, CA: Morgan Kaufmann, 1998

/13.12/ *Oppenheimer, P.:* Top-Down Network Design. Indianapolis, IN: Macmillan Technical Publishing, 1999

/13.13/ *Queck, U.:* Kupferkabel für Kommunikationsaufgaben. München: Pflaum, 2000

/13.14/ *Zenk, A.:* Lokale Netze – Die Technik fürs 21. Jahrhundert. München: Addison-Wesley, 6. Aufl., 2000

14 Betrieb von Rechnernetzen

/14.1/   *Buchanan, R.:* The Art of Testing Network Systems. New York: Wiley, 1996

/14.2/   *Ferguson, P.; Huston, G.:* Quality of Service. New York: Wiley, 1988

/14.3/   *Hegering, H.-G.; Abeck, S.; Neumair, B.:* Integriertes Management vernetzter Systeme. Heidelberg: dpunkt, 1999

/14.4/   *Holzmann, J.; Plate, J.:* Messtechnik für Computernetze. München: Pflaum, 1997

/14.5/   *Kiefer, R.:* Meßtechnik in digitalen Netzen. Heidelberg: Hüthig, 1997

/14.6/   *Krüger, G.; Reschke, D.:* Lehr- und Übungsbuch Telematik. München: Fachbuchverlag Leipzig, 2000

/14.7/   *Kyas, O.:* LAN/WAN Troubleshooting. Bonn: MITP-Verlag, 1999

/14.8/   *McKnight, L.; Bailey, J. (eds.):* Internet Economics. Cambridge, MA: MIT Press, 1997

/14.9/   *Oppenheimer, P.:* Top-Down Network Design. Indianapolis, IN: Macmillan Technical Publishing, 1999

/14.10/ *Proebster, W.:* Rechnernetze – Technik, Protokolle, Systeme, Anwendungen. München: Oldenbourg, 1998

/14.11/ *Sidor, D. J.:* TMN Standards. IEEE Communications Mag., 36(1998)3, S. 54–64

/14.12/ *Sloman, M. (ed.):* Network and Distributed Systems Management. Reading, MA: Addison-Wesley, 1994

/14.13/ *Stallings, W.:* SNMP, SNMPv2, SNMPv3, and RMON 1 and 2. Reading, MA: Addison-Wesley, 3rd. ed., 1999

16

/14.14/ *Walther, F. R.:* Networker's Guide – LAN Analysis and Windows Troubleshooting. München: Markt & Technik, 2000 (auf Deutsch geschrieben, trotz englischsprachigem Titel)

Verzeichnis englisch-deutscher Begriffe

A

abort	Verbindungsabbruch
access network	Zugangsnetz
access point	Zugangspunkt
access transparency	Zugriffstransparenz
acknowledgement	Quittung
active monitor	aktiver Monitor
activity	Aktivität
accounting	Leistungserfassung
accounting management	Abrechnungsmanagement
address mapping	Adressauflösung
address resolution	Adressauflösung
address spoofing	(falsche) Adresse vortäuschen
alarm	Alarm
all network broadcast	Rundsendung in alle Netze
all-subnets-directed broadcast	Rundsendung in alle Teilnetze
anchor	Anker
application	Applikation, Anwendungssoftware
application layer	Anwendungsschicht
application-level gateway	Anwendungsschicht-Gateway
application logic	Verarbeitungslogik
application server	Anwendungsserver
atomic broadcast	atomare Rundsendung (alle Teilnehmer empfangen oder keiner)
authentication	Authentifikation
authenticity	Authentizität, Echtheit
automatic repeat	Übertragungswiederholung
availability	Verfügbarkeit

B

backoff	Rückzug (vom Übertragungsmedium) und warten bis zum nächsten Zugriff
bandwith	Bandbreite
baseline	Planungsgrundlage
bearer service	Trägerdienste
best effort	bestmögliche Diensterbringung
billing	Verrechnung
bit stuffing	Bitstopfen
block	Block

block code	Blockcode
blueprint	Bauplan
bridge	Brücke
broadcast	Rundsendung
(to) browse	stöbern
browser	Anwendungsprogramm zum Durchsuchen von Dokumenten
burst error	Bündelfehler
business logic	Verarbeitungslogik für Geschäftsanwendungen
bypass switch	Überbrückungsschalter
byte oriented	byteorientiert

C

cache	Zwischenspeicher
call	Anruf, Verbindung
campus backbone	Verkabelung zwischen Gebäuden, Primärbereich
capture	festhalten, speichern
carrier	Träger (eines modulierten Signals); Netzbetreiber
carrier sense	Träger erfassen (abhören)
cell	Zelle
channel coding	Kanalcodierung
charging scheme	Tarifschema
circuit-level gateway	Transportschicht-Gateway
circuit switching	Leitungsvermittlung
cladding	Mantel
client	(Dienst-)Nutzer
close	schließen
coarse grained	grobgranular
code division multiplexing	Codemultiplex
code violation	Codeverletzung
collision detect	Kollisionserkennung
collision domain	Kollisionsdomäne, Kollisionsbereich
communications server	Kommunikationsserver
compatibility	Kompatibilität
compound document	zusammengesetztes Dokument
configuration	Konfiguration
configuration management	Konfigurationsmanagement
configure acknowledgement	Bestätigung einer Konfigurationsänderung
configure request	Anforderung einer Konfigurationsänderung
conformance	Konformität, Übereinstimmung
congestion	Überlast
congestion advoidance	Überlastvermeidung
congestion control	Überlaststeuerung

connectivity	Erreichbarkeit
constructed	zusammengesetzt(-er Typ)
content	Informationsinhalt
control	Steuerung
control plane	Steuerungsebene
convolutional code	Faltungscode
core	Kern
corporate network	Firmennetz (privates Netz)
cryptography	Kryptographie
country domain	landesspezifischer Adressenbereich
curb	Straßenrand
cut-through switch	Switch mit geringer Verzögerung
cycle master	Zyklusgenerator

D

data link layer	Sicherungsschicht
data compression	Datenkompression
data stream push	Flag zum sofortigen Senden von Daten (TCP)
database server	Datenbankserver
datagram	Datagramm (verbindungsloses Paket)
dedicated medium	dediziertes (privates) Medium
delay	Laufzeit, Verzögerung
demand priority access	prioritätsgesteuerter Zugriff
default	normal, Normalfall
default gateway	Standard-Gateway
default router	Standard-Router
default routing	Routing über Standard-Router
demultiplexing	demultiplexen
denial of service	Dienstblockade (denial: Ablehnung)
destination	Ziel
destination unreachable	Ziel nicht erreichbar
detection and cleanup	erkennen und verwischen
direct routing	direkte Wegwahl
directory	Verzeichnis
directory service	Verzeichnisdienst
disconnect	Verbindungsabbau
distributed firewall	verteilte Firewall
distributed system	Verteilung
distribution	Verteilung (von Systemen); statistische Verteilung
document class	Dokumentklasse
document content	Dokumentinhalt
document imaging	Dokumentverwaltung (durch optische Erfassung)
document presentation	Dokumentdarstellung

17

dotted decimal notation	Dezimalnotation
downward multiplexing	Abwärts-Multiplexen
downstream	stromabwärts
draft standard	Entwurf eines Standards
dual-homed	Zugehörigkeit zu zwei Netzen
dual stack operation	Betrieb mit zwei Protokollstapeln

E

early token release	frühe Aussendung eines Frei-Tokens
echo cancellation	Echounterdrückung, Echokompensation
echo reply	Echo-Antwort
echo request	Echo-Anforderung
end system	Endsystem
entity	Instanz
error control	Fehlersicherung
error correction	Fehlerkorrektur
error detection	Fehlererkennung
error detected	Fehler erkannt
event	Ereignis
experimental	experimentell
extension header	Erweiterungsvorspann

F

failure	Ausfall
failure transparency	Fehlertransparenz
fault management	Fehlermanagement
field bus	Feldbus
file server	Datei-Server
filter	Filter
fine-grained	feingranular
firewall	(wörtlich) Brandmauer
flag	Markierung, Rahmenbegrenzung
flooding	Fluten
flow	Datenstrom, Strom, Fluss
flow control	Flusssteuerung
flow specification	Flussspezifikation
forwarding	Weitergabe von Paketen
forward error correction	(automatische) Fehlerkorrektur
frame	Rahmen
frame control	Rahmensteuerung
frame synchronisation	Rahmensynchronisation
full duplex	vollduplex
functional unit	Funktionseinheit

G

generic domain	allgemeine Domäne (für Institutionstypen)
grade of service	Dienstgüte

H

header	Vorspann, (Paket)Kopf
historic	historisch
history	Vorgeschichte
hold	(fest)halten
hold-down timer	Zeitgeber für das Festhalten (von Routing-Tabellen)
hop count	Zählwert (für überbrückte Teilstrecken)
hub	Sternkoppler

I

imaging	Bilderfassung (z.B. mittels Kamera)
incumbent operator	Ex-Monopolist
indirect routing	indirekte Wegwahl
integrity	Integrität
interface	Schnittstelle
intermediate system	Zwischensystem
internet standard	Internet-Standard
inverse multiplexing	inverses Multiplexen
invoker	Initiator (einer Verbindung)

J

jam signal	Kollisionsanzeige
jitter	Schwankung der Verzögerungszeit

K

key	Schlüssel
key escrow	Schlüssel-Hinterlegung
key management	Schlüsselmanagement
key recovery	Schlüssel-Rekonstruktion

L

label swapping	Label-Austausch
last mile	letzter Kilometer
latency	Laufzeit
layer management	Schichtenmanagement
learning bridge	lernfähige Brücke
leased line	Standleitung, Mietleitung
line coding	Leitungscodierung

17

link	Teilstrecke
link management	Übertragungssteuerung
load	Last
load balancing	Lastausgleich
location transparence	Ortstransparenz
loss	Verlust

M

major-sync-point	Hauptsynchronisationspunkt
manageability	Management-Fähigkeit
management plane	Managementebene
man-in-the-middle	Mittelsmann (im negativen Sinn)
markup	Auszeichnung (in einem Dokument)
matrix	Matrix
message	Nachricht
message switching	Nachrichtenvermittlung
minor-sync-point	Nebensynchronisationspunkt
monitor	Monitor, Überwachungseinrichtung
multicast address	Gruppenadressen
multicast-aware router	Multicast-bewusster Router
multi-homed host	Host, der zu mehreren Netzen gehört
multiplexing	Multiplexen

N

naming service	Namensdienst
national significant number	nationale Kennung
negative acknowledgement	negative Quittung
network identification	Netzwerk-Identifikation (Nummer)
network control	Netzwerk-Steuerung
network layer	Vermittlungsschicht, Netzwerkschicht
network management	Netzwerkmanagement
network monitoring	Netzwerk-Überwachung
next hop	nächster Knoten (auf dem Weg zum Ziel)
non-repudiation	Nicht-Abstreitbarkeit, Verbindlichkeit
not recommended	nicht zur Verwendung empfohlen

O

one to many	einer zu vielen
open	öffnen
out of band data	Datenübertragung außerhalb des normalen Weges
optical fiber	optischer Wellenleiter
out of band signalling	Außer-Band-Signalisierung
overprovisioning	Überdimensionierung (eines Netzes)

P

packet	Paket
packet filter	Paketfilter
packet switching	Paketvermittlung
padding bytes	Füllzeichen
pad	Füllbit
park	parken (Zustand mit niedrigem Energieverbrauch)
pay before	Bezahlung durch elektronische Geldbörse
pay later	Bezahlung mittels Kredit(-karte)
pay now	Bezahlung durch Lastschrift
payload	Nutzlast, Nutzdaten
payload type identification	Nutzlast-Identifikation
peering point	Knoten zur Verknüpfung gleichrangiger Netze
performance	Leistungsfähigkeit
performance evaluation	Leistungsbewertung
performer	Ausführender
performance management	Leistungsmanagement (Management zur Sicherstellung der Leistung)
performance transparency	Leistungstransparenz
physical layer	Bitübertragungsschicht
piggyback acknowledgement	Huckepack-Quittung
plain text	Klartext
plane	Ebene
plane management	Ebenenmanagement
platform	Plattform
plug and play	zusammenstecken und (sofort) benutzen
poison reverse	(wörtlich) Gegengift
polling	Abfrage, Aufruf
port-based switch	Switch, an dessen Ports (Anschlüssen) einzelne Systeme (Arbeitsplatzrechner) angeschlossen sind
premium	gehobene Qualität
presentation	Darstellung
presentation layer	Darstellungsschicht
pricing	Preisbildung
primary station	primäre Station
primitive	einfach
print server	Druckserver
priority	Priorität; Vorrang
privacy	Vertraulichkeit
probe	Sonde
process field bus	Feldbus für die Prozessautomatisierung
processing	Verarbeitung
protective ground	Schutzerde

17

protocol	Protokoll
protocol data unit	Protokolldateneinheit
protocol control information	Protokollinformation
proxy	Stellvertreter
proxy server	stellvertretender Server
public key cryptography	unsymmetrische Verschlüsselung

Q

quality of service	Dienstgüte
queue management	Warteschlangenverwaltung
queuing system	Warteschlangensystem

R

rate control	Ratensteuerung
recommended	(zum Einsatz) empfohlen
recombining	Vereinigung
reliability	Zuverlässigkeit
reliable broadcast	zuverlässige Rundsendung (alle Teilnehmer empfangen)
remote login	Einwählen in ein entferntes System
remote loopback	Schleife über das entfernte Ende einer Verbindung
rendezvous point	Treffpunkt
reservation	Reservation
resilience	Störausgleichsverhalten
resolver	Auflöser (Namensauflöser)
responder	Beantworter
response	Antwort
response time	Antwortzeit
request	Anforderung
requester	Initiator
required	erforderlich
resource discovery	Auffinden von Information, Betriebsmitteln, ...
reverse tunneling	Rückwärts-Tunneln
roaming	(wörtlich) wandern
robustness	Robustheit
round robin	reihum
route discovery	Wegeermittlung
route tag	Kennzeichnung der Herkunft einer Route (RIP)
routing	Wegewahl, Wegwahl

S

scalability	Skalierbarkeit
scrambling	Verwürfelung
screening router	Paketfilter

secondary station	sekundäre Station
security	Sicherheit
security management	Sicherheitsmanagement
security policy	Sicherheitsrichtlinien
segment-based switch	Switch, an dessen Ports (Anschlüssen) ganze Netzwerksegmente angeschlossen sind
sequence number	Folgenummer
service	Dienst
service class	Dienstklasse
service data unit	Benutzerdateneinheit
service provider	Diensterbringer, Dienstanbieter
service user	Dienstnutzer
session hijacking	(gewaltsame) Übernahme einer Sitzung
session layer	Kommunikationssteuerungsschicht, Sitzungsschicht
shared medium	gemeinsam genutztes Medium, Diffusionsnetz
signaling, signalling	Zeichengabe, Signalisierung
simultaneous close	gleichzeitiges Schließen (einer Verbindung)
simultaneous open	gleichzeitiges Öffnen (einer Verbindung)
single point of control	(ein) einziger Eingriffspunkt
single point of failure	einzelne Stelle, deren Ausfall zu einem Gesamtausfall führt
sliding window	Schiebefenster
sniff	schnüffeln
source	Quelle
source coding	Quellencodierung
source routing	Wegvorgabe durch das Quellensystem
space division multiplexing	Raummultiplex
split horizon	(wörtlich) geteilter Horizont
splitting	Teilung
standby monitor	passiver Monitor
statistics	statistische Angaben
store-and-forward switch	Switch mit Zwischenspeicherung
stream oriented	stromorientiert
structured	strukturiert, zusammengesetzt(-er Typ)
stub network	Netzwerk mit nur einem Anschluss nach außen
subnet-directed broadcast	Rundsendung im Teilnetzwerk/Subnetzwerk
subnet mask	Subnetz-Maske
subnetting	Subnetz-Adressierung
supernetting	Bildung von Übernetzen
switch	Schalter, Vermittlungseinrichtung
switched circuit	durchgeschaltete Leitung
switched media	geschaltetes Medium
switching hub	Hub (Sternkoppler) mit Switch-Funktion

17

T

thick Ethernet	Ethernet mit dickem Koaxialkabel (10 BASE 5)
thin Ethernet	Ethernet mit dünnem Koaxialkabel (10 BASE 2)
three tier architecture	dreischichtige (Client/Server)-Architektur
throughput	Durchsatz
time division multiplex	Zeitmultiplex
timer	Zeitgeber, Wecker
timer backoff	Erhöhung der Zeitschranke des RTO-Zeitgebers
time slot	Zeitschlitz
time out	Zeitüberwachung
timestamp	Zeitstempel
timestamping	Anbringen eines Zeitstempels
token	(wörtlich) Marke
token frame	Rahmen, der ein Token beinhaltet
trailer	Nachspann
translation bridge	übersetzende Brücke
transparent bridge	transparente Brücke (lernende Brücke)
transport layer	Transportschicht
trellis coded modulation	Kombination von Leitungscodierung und Modulation. trellis: (wörtlich) Netz
triangular routing	Dreieck-Routing
twisted pair	Kabel mit verdrillten Doppeladern
two-tier architecture	zweischichtige (Client/Server)-Architektur

U

upstream	stromaufwärts
unicast	1:1-Kommunikation
unicast router	Router für 1:1-Kommunikation
upward multiplexing	Aufwärts-Multiplexen
urgent data signaling	Anzeige dringender Daten
usability	Brauchbarkeit, Gebrauchsfähigkeit
user	Anwender
user plane	Anwenderebene
utilization	Auslastung

W

well known port	allgemein festgelegtes Port
window scale faktor	Fenster-Skalierungsfaktor
wrap around	Übergang von Sequenznummer vom höchsten zum niedrigsten Wert

Sachwortverzeichnis

18

18

18

C

18

18

18

18

I

18

J

18

K

M

18

18

18

Q

18

18

18

18

U

18

18

W

18